P9-CJF-469

ʌ	come [kʌm]		
ɑː	after [ˈɑːftə]	wie	*Bahn*
æ	flat [flæt]	wie	*Wäsche*
ə	arrival [əˈraɪvl]	wie	*bitte*
e	men [men]	wie	*hätte*
ɜː	first [fɜːst]	wie	*flirten*
ɪ	city [ˈsɪtɪ]	wie	*Mitte*
iː	see [siː]	wie	*nie*
ɒ	shop [ʃɒp]	wie	*Gott*
ɔː	course [kɔːs]	wie	*Lord*
ʊ	good [gʊd]	wie	*Mutter*
uː	too [tuː]	wie	*Schuh*
aɪ	night [naɪt]	wie	*Neid*
aʊ	now [naʊ]	wie	*blau*
əʊ	home [həʊm]	von [ə] zu [ʊ] gleiten	
eə	air [eə]	wie	*Bär*
eɪ	eight [eɪt]	wie	*ai*
ɪə	near [nɪə]	von [ɪ] zu [ə] gleiten	
ɔɪ	join [dʒɔɪn]	wie	*neu*
ʊə	tour [tʊə]	wie	*Kur*
j	yes [jes], tube [tjuːb]	wie	*jetzt*
w	way [weɪ], one [wʌn]	wie [uː], Lippen gerundet	
ŋ	thing [θɪŋ]	wie	*Ding*
r	room [ruːm]	nicht gerollt, Zunge am Gaumen	
s	see [siː]	wie	*lassen*
z	is [ɪz], zero [ˈzɪərəʊ]	wie	*lesen*
ʃ	shop [ʃɒp]	wie	*Scholle*
tʃ	cheap [tʃiːp]	wie	*tschüs*
ʒ	television [ˈtelɪvɪʒn]	wie	*Genie*
dʒ	just [dʒʌst]	wie	*Job*
θ	thanks [θæŋks]	wie *Faß*, aber gelispelt	
ð	that [ðæt]	wie *Sense*, aber gelispelt	
v	very [ˈverɪ]	wie deutsches *w*	
x	loch [lɒx]	wie	*ach*
ː	bedeutet Längung des voranstehenden Vokals		

LANGENSCHEIDTS
UNIVERSAL-WÖRTERBUCH

ENGLISCH

ENGLISCH-DEUTSCH
DEUTSCH-ENGLISCH

Vollständige Neubearbeitung 1992

LANGENSCHEIDT

BERLIN · MÜNCHEN · WIEN
ZÜRICH · NEW YORK

Bearbeitet von
Holger Freese, Helga Krüger, Brigitte Wolters

Inhaltsverzeichnis

*Als Warenzeichen geschützte Wörter sind durch das Zeichen
TM kenntlich gemacht. Ein Fehlen dieses Zeichens ist keine
Gewähr dafür, daß dieses Wort als Handelsname frei verwendet
werden darf.*

Auflage: 5. | *Letzte Zahlen*
Jahr: 1996 95 94 93 | *maßgeblich*

© *1957, 1976, 1992*
Langenscheidt KG, Berlin und München
Druck: Druckhaus Langenscheidt, Berlin-Schöneberg
Printed in Germany · ISBN 3-468-18122-1

Hinweise für den Benutzer

1. Stichwort. Das Wörterverzeichnis ist alphabetisch geordnet und verzeichnet im englisch-deutschen Teil auch die unregelmäßigen Verb- und Pluralformen an ihrer alphabetischen Stelle. Im deutsch-englischen Teil werden die Umlautbuchstaben ä, ö, ü wie a, o, u behandelt. Das „ß" wird wie „ss" eingeordnet.

Die Angabe der weiblichen Formen erfolgt im deutsch-englischen Teil im Stichwort normalerweise durch eingeklammertes „(in)", z. B. „Lehrer(in)" oder durch die Genusangabe, z. B. „Abgeordnete *m, f*".

Die **Tilde** (~, bei veränderter Schreibung des Anfangsbuchstabens 2) ersetzt entweder das ganze Stichwort oder den vor dem senkrechten Strich (|) stehenden Teil:

foot ... **~ball** = football
approv|al ... **~e** = approve
Bäcker|(in) ... **~ei** = Bäckerei
house ... **2 of Commons** = House of Commons
Beginn ... **~en** = beginnen

Die Tilde ersetzt in Anwendungsbeispielen das unmittelbar vorangehende halbfette Stichwort, das auch selbst mit einer Tilde gebildet sein kann:

distance ... *in the* ~ = in the distance
after ... **~noon** ... *good* ~ = good afternoon
ab|beißen ... ; **~biegen** ... *nach rechts (links)* ~ = ... abbiegen

2. Aussprache. 2.1 Die Aussprache des englischen Stichworts steht in eckigen Klammern und wird durch die Symbole der International Phonetic Association wiedergegeben. (Die Erklärung der phonetischen Zeichen siehe vorderer Buchdeckel innen!)

4

Aus Gründen der Platzersparnis wird in der Lautschriftklammer oft die Tilde (∼) verwendet. Sie ersetzt den Teil der Lautschrift, der sich gegenüber der vorhergehenden Umschrift nicht verändert:

abuse 1. [əˈbjuːs] ... **2.** [∼z]

Häufig wird auch nur eine Teilumschrift gegeben, z. B. **blotting paper** [ˈblɒtɪŋ].

2.2 Die Betonung der englischen Wörter wird durch das Zeichen ' für den Hauptakzent vor der zu betonenden Silbe angegeben:

onion [ˈʌnjən] — **advantage** [ədˈvɑːntɪdʒ]
administration [∼ˈstreɪʃn]
'lighthouse — **'∼ing glass** (magnifying glass)
∼'loyal (disloyal) — **∼-of-'fact** (matter-of-fact)

Bei zusammengesetzten, aber getrennt geschriebenen Stichwörtern oder bei zusammengeschriebenen Stichwörtern, die die Betonung in der Mitte des Wortes haben, gilt die Betonung und Aussprache der jeweiligen Einzelbestandteile:

bank account — irrecoverable

2.3 Endsilben ohne Lautschrift. Um Raum zu sparen, werden die häufigsten Endungen der englischen Stichwörter hier einmal mit Lautschrift aufgelistet. Sie erscheinen im Wörterverzeichnis in der Regel ohne Umschrift (sofern keine Ausnahmen vorliegen):

-ability [-əˈbɪlətɪ]	-ance [-əns]	-cious [-ʃəs]
-able [-əbl]	-ancy [-ənsɪ]	-cy [-sɪ]
-age [-ɪdʒ]	-ant [-ənt]	-dom [-dəm]
-al [-(ə)l]	-ar [-ə]	-ed [-d; -t; -ɪd]*
-ally [-əlɪ]	-ary [-ərɪ]	-edness [-dnɪs;
-an [-ən]	-ation [-eɪʃn]	-tnɪs; -ɪdnɪs]*

-ee [-iː]	-iness [-ɪnɪs]	-oid [-ɔɪd]
-en [-n]	-ing [-ɪŋ]	-or [-ə]
-ence [-əns]	-ish [-ɪʃ]	-o(u)r [-ə]
-ency [-ənsɪ]	-ism [-ɪzəm]	-ous [-əs]
-ent [-ənt]	-ist [-ɪst]	-ry [-rɪ]
-er [-ə]	-istic [-ɪstɪk]	-ship [-ʃɪp]
-ery [-ərɪ]	-ite [-aɪt]	-(s)sion [-ʃn]
-ess [-ɪs]	-ity [-ətɪ; -ɪtɪ]	-sive [-sɪv]
-ful [-fʊl]	-ive [-ɪv]	-some [-səm]
-ial [-əl]	-ization [-aɪˈzeɪʃn]	-ties [-tɪz]
-ian [-ən]	-ize [-aɪz]	-tion [-ʃn]
-ible [-əbl]	-izing [-aɪzɪŋ]	-tional [-ʃənl]
-ic(s) [-ɪk(s)]	-less [-lɪs]	-tious [-ʃəs]
-ical [-ɪkl]	-ly [-lɪ]	-trous [-trəs]
-ie [-ɪ]	-ment(s) [-mənt(s)]	-try [-trɪ]
-ily [-ɪlɪ; -əlɪ]	-ness [-nɪs]	-y [-ɪ]

* [-d] nach Vokalen und stimmhaften Konsonanten
  [-t] nach stimmlosen Konsonanten
  [-ɪd] nach auslautendem d und t

Plural -s:
[-z] nach Vokalen und stimmhaften Konsonanten
[-s] nach stimmlosen Konsonanten

Das englische Alphabet

a [eɪ], b [biː], c [siː], d [diː], e [iː], f [ef], g [dʒiː], h [eɪtʃ], i [aɪ],
j [dʒeɪ], k [keɪ], l [el], m [em], n [en], o [əʊ], p [piː], q [kjuː], r [ɑː],
s [es], t [tiː], u [juː], v [viː], w [ˈdʌbljuː], x [eks], y [waɪ], z [zed]

3. Arabische Ziffern. Ein Wechsel der Wortart innerhalb
eines Stichwortartikels wird im englisch-deutschen Teil durch
halbfette arabische Ziffern gekennzeichnet. Die Wortart wird
nur dann angegeben, wenn dies zum Verständnis notwendig
ist:

control ... **1.** kontrollieren ... **2.** Kontrolle *f*
but ... **1.** *cj* aber, jedoch ... **2.** *prp* außer

6

4. Sachgebiet. Das Sachgebiet, dem ein Stichwort oder eine seiner Bedeutungen angehört, wird durch Abkürzungen oder ausgeschriebene Hinweise kenntlich gemacht. Die vor einer Übersetzung stehende abgekürzte Sachgebietsbezeichnung gilt für die folgenden durch Komma getrennten Übersetzungen. Steht im englisch-deutschen Teil hinter der Sachgebietsbezeichnung ein Doppelpunkt, so gilt sie für mehrere folgende Übersetzungen, auch wenn diese durch ein Semikolon voneinander abgetrennt sind:

manager ... *econ.*: Manager(in); Führungskraft *f*; ...

5. Sprachebene. Die Kennzeichnung der Sprachebene durch Abkürzungen wie F, *sl.* etc. bezieht sich auf das jeweilige Stichwort. Die Übersetzung wurde möglichst so gewählt, daß sie auf der gleichen Sprachebene wie das Stichwort liegt.

6. Grammatische Hinweise. Eine Liste der unregelmäßigen englischen Verben befindet sich im Anhang auf S. 572.

Im englisch-deutschen Teil stehen die unregelmäßigen Verbformen bzw. bei Substantiven die unregelmäßigen Pluralformen in runder Klammer hinter dem Stichwort:

do ... (*did, done*) — **bring** ... (*brought*)
shelf ... (*pl shelves* [~vz])

Im deutsch-englischen Teil werden die unregelmäßigen englischen Verben mit einem Stern * gekennzeichnet:

baden ... take* *od.* have* a bath; ... swim*

7. Übersetzungen. Sinnverwandte Übersetzungen eines Stichworts werden durch Komma voneinander getrennt. Mehrere Bedeutungen eines Wortes werden durch ein Semikolon getrennt.

Unübersetzbare Stichwörter werden in *Kursivschrift* erläutert:

lemon squash *Brt. Getränk aus gesüßtem Zitronenkonzentrat u. Wassser.*

7

Die Angabe der weiblichen Formen erfolgt bei den Übersetzungen im englisch-deutschen Teil durch eingeklammertes „(in)", z. B. „Lehrer(in)" oder durch die Genusangabe, z. B. „Abgeordnete *m, f*".

Vor der Übersetzung stehen im englisch-deutschen Teil (kursiv) die Akkusativobjekte von Verben und mit Doppelpunkt kursive Erläuterungen zur Übersetzung:

abandon ... *Hoffnung etc.* aufgeben
blow² ... *Sicherung:* durchbrennen

Im deutsch-englischen Teil wird ein Doppelpunkt gesetzt:

befolgen ... *Vorschrift:* a. observe; *Gebote:* keep*
Bauer¹ ... *Schach:* pawn

Hinter der Übersetzung kann (kursiv und in Klammern) ein Substantiv zur Erläuterung stehen:

beat ... Runde *f* ... (*e-s Polizisten*)

Wird das Stichwort (Verb, Adjektiv oder Substantiv) von bestimmten Präpositionen regiert, so werden diese mit den deutschen bzw. englischen Entsprechungen, der jeweiligen Bedeutung zugeordnet, angegeben:

aim ... zielen (*at* auf, nach)
indication ... (*of*) (An)Zeichen *n* (für); Hinweis *m* (auf)
Bericht *m* report (*über* on)

Hat eine Präposition in der Übersetzung keine direkte Entsprechung, so wird nur die Rektion gegeben:

correspond ... (*with, to*) entsprechen (*dat*)

8. Anwendungsbeispiele in Auszeichnungsschrift und ihre Übersetzungen stehen nach der Grundübersetzung eines Stichworts bzw. der Wortart, auf die sich das Beispiel bezieht:

mean³ ... meinen ... **be ~t for** bestimmt sein für
catch ... **2.** ... *v/t* (auf-, ein)fangen ... **~ (a) cold** sich erkälten
Beginn ... start; **zu ~** at the beginning

8

9. Rechtschreibung. Unterschiede in der britischen und amerikanischen Rechtschreibung werden in der folgenden Weise angedeutet:

catalogue, *Am.* -log, deutsch-engl. Teil: catalog(ue)
colo(u)r (= *Am.* color)
travel(l)er (= *Am.* traveler)
kidnap(p)er (= *Am.* kidnaper)
centre, *Am.* -ter, deutsch-engl. Teil: cent|re, *Am.* -er
defen|ce, *Am.* -se

10. Abkürzungen

a. also, auch
abbr. abbreviation, Abkürzung
acc accusative, Akkusativ
adj adjective, Adjektiv, Eigenschaftswort
adv adverb, Adverb, Um-
standswort
aer. aeronautics, Luftfahrt
agr. agriculture, Landwirt-
schaft
Am. (originally or chiefly)
American English, (ur-
sprünglich oder hauptsächlich) amerikanisches Eng-
lisch
amer. amerikanisch, *American*
anat. anatomy, Anatomie,
Körperbaulehre
appr. approximately, etwa
arch. architecture, Architektur
ast. astronomy, Astronomie;
astrology, Astrologie
attr attributive, attributiv, bei-
fügend

biol. biology, Biologie
bot. botany, Botanik, Pflan-
zenkunde
brit. britisch, *British*
Brt. British English, britisches
Englisch
bsd. besonders, *especially*
chem. chemistry, Chemie
cj conjunction, Konjunktion,
Bindewort
comp comparative, Komparativ, Höherstufe
cond conditional, konditional,
Bedingungs...
contp. contemptuously, verächtlich
dat dative, Dativ
eccl. ecclesiastical, kirchlich
econ. economic term, Wirtschaft
EDV elektronische Datenverarbeitung, *electronic data
processing*
e-e eine, *a (an)*
EG Europäische Gemein-
schaft, *European Community*

9

electr. electrical engineering, Elektrotechnik
e-m einem, to a (an)
e-n einen, a (an)
e-r einer, of a (an), to a (an)
e-s eines, of a (an)
et. etwas, something
etc. etcetera, usw.
euphem. euphemistic, euphemistisch, verhüllend
F *familiär, familiar;* Umgangssprache, *colloquial language*
f *feminine,* weiblich
fig. figuratively, bildlich, im übertragenen Sinn
gastr. gastronomy, Kochkunst
GB Great Britain, Großbritannien
gen genitive, Genitiv
geogr. geography, Geographie, Erdkunde
geol. geology, Geologie
ger gerund, Gerundium
gr. grammar, Grammatik
hist. history, Geschichte; *historical,* inhaltlich veraltet
hunt. hunting, Jagd
impers impersonal, unpersönlich
int interjection, Interjektion, Ausruf
j. jemand, someone
j-m jemandem, to someone
j-n jemanden, someone
j-s jemandes, of someone
jur. jurisprudence, Rechtswissenschaft
konstr. konstruiert, *constructed*

ling. linguistics, Sprachwissenschaft
m *masculine,* männlich
mar. maritime term, Schiffahrt
math. mathematics, Mathematik
m-e meine, my
med. medicine, Medizin
metall. metallurgy, Hüttenkunde
meteor. meteorology, Wetterkunde
mil. military, militärisch
min. mineralogy, Gesteinskunde
m-m meinem, to my
m-n meinen, my
mot. motoring, Kraftfahrwesen
m-r meiner, of my, to my
m-s meines, of my
mst meistens, mostly, usually
mus. musical term, Musik
n *neuter,* sächlich
nom nominative, Nominativ
od. oder, *or*
opt. optics, Optik
o.s. oneself, sich
östr. österreichisch, *Austrian*
paint. painting, Malerei
parl. parliamentary term, parlamentarischer Ausdruck
pass passive, Passiv
ped. pedagogy, Schulwesen
pers personal, persönlich
phls. philosophy, Philosophie
phot. photography, Fotografie
phys. physics, Physik

10

physiol. physiology, Physiologie

pl plural, Plural, Mehrzahl

poet. poetic, dichterisch

pol. politics, Politik

poss possessive, possessiv, besitzanzeigend

post. post and telecommunications, Post- u. Fernmeldewesen

pp past participle, Partizip Perfekt, Mittelwort der Vergangenheit

pred predicative, prädikativ, als Aussage gebraucht

pres present, Präsens, Gegenwart

pres p present participle, Partizip Präsens, Mittelwort der Gegenwart

pret preterite, Präteritum, 1. Vergangenheit

print. printing, Buchdruck

pron pronoun, Pronomen, Fürwort

prp preposition, Präposition, Verhältniswort

psych. psychology, Psychologie

rail. railway, Eisenbahn

reflex reflexive, reflexiv, rückbezüglich

rel relative, relativ

s substantive, Substantiv, Hauptwort

s-e seine, his, one's

sg singular, Singular, Einzahl

sl. slang, Slang

s-m seinem, to his, to one's

s-n seinen, his, one's

s.o. someone, jemand

s-r seiner, of his, of one's, to his, to one's

s-s seines, of his, of one's

s.th. something, etwas

südd. süddeutsch, Southern German

sup superlative, Superlativ, Höchststufe

tech. technology, Technik

tel. telegraphy, Telegrafie

teleph. telephony, Fernsprechwesen

thea. theatre, Theater

TM trademark, Warenzeichen

TV television, Fernsehen

typ. typography, Buchdruck

u. und, and

univ. university, Hochschulwesen

USA United States, Vereinigte Staaten

V vulgar, vulgär, unanständig

v/aux auxiliary verb, Hilfszeitwort

vb verb, Verb, Zeitwort

vet. veterinary medicine, Tiermedizin

v/i intransitive verb, intransitives Verb, nichtzielendes Zeitwort

v/t transitive verb, transitives Verb, zielendes Zeitwort

z. B. zum Beispiel, for instance

zo. zoology, Zoologie

zs.-, Zs.- zusammen, together

Zssg(n) Zusammensetzung (-en), compound word(s)

→ siehe, see, refer to

A

a [ə, *betont* eɪ], *vor Vokal:* **an** [ən, *betont* æn] ein(e)

abandon [ə'bændən] verlassen; *Hoffnung etc.* aufgeben

abbey ['æbɪ] Abtei *f*

abbreviat|e [ə'briːvɪeɪt] (ab-)kürzen; **~ion** [~'eɪʃn] Abkürzung *f*

ABC [eɪbiː'siː] Abc *n*

abdicate ['æbdɪkeɪt] *Amt etc.* niederlegen; abdanken

abdom|en ['æbdəmen] Unterleib *m*; **~inal** [~'dɒmɪnl] Unterleibs...

abduct [əb'dʌkt] entführen

abhor [əb'hɔː] verabscheuen; **~rence** [~'hɒrəns] Abscheu *m*; **~rent** verhaßt, zuwider

ability [ə'bɪlətɪ] Fähigkeit *f*

able ['eɪbl] fähig, tüchtig, geschickt; **be ~ to** imstande sein zu, können

abnormal [æb'nɔːml] anomal, abnorm

aboard [ə'bɔːd] an Bord

abolish [ə'bɒlɪʃ] abschaffen

abominable [ə'bɒmɪnəbl] abscheulich, scheußlich

aboriginal [æbə'rɪdʒənl] eingeboren, einheimisch

abortion [ə'bɔːʃn] Fehlgeburt *f*; Schwangerschaftsabbruch *m*, Abtreibung *f*

about [ə'baʊt] **1.** *prp* um (... herum); herum in (*dat*); um, gegen (**~ noon**); über (*acc*); bei, auf (*dat*), an (*dat*) (**I had no money ~ me**); im Begriff, dabei; **2.** *adv* herum, umher; in der Nähe, da; ungefähr

above [ə'bʌv] **1.** *prp* über, oberhalb; über, mehr als; **~ all** vor allem; **2.** *adv* (dr)oben; darüber (hinaus); **3.** *adj* obig, obenerwähnt

abrasion [ə'breɪʒn] (Haut-)Abschürfung *f*

abridge [ə'brɪdʒ] kürzen

abroad [ə'brɔːd] im *od.* ins Ausland; überall(hin)

abrupt [ə'brʌpt] abrupt, plötzlich; kurz, schroff

abscess ['æbsɪs] Abszeß *m*

absence ['æbsəns] Abwesenheit *f*; Fehlen *n*

absent ['æbsənt] abwesend; geistesabwesend; **be ~** fehlen; **~-minded** zerstreut

absolute ['æbsəluːt] absolut, vollkommen, völlig

absolve [əb'zɒlv] freisprechen

absorb [əb'sɔːb] absorbieren, auf-, einsaugen; **~ed in** vertieft in; **~ent** absorbierend; **~ cotton** *Am.* Watte *f*

abstain [əbˈsteɪn] sich enthalten (*from gen*)

abstinen|ce [ˈæbstɪnəns] Abstinenz *f*, Enthaltsamkeit *f*; **~t** abstinent, enthaltsam

abstract 1. [ˈæbstrækt] abstrakt; **2.** [~ˈstrækt] abstrahieren; **~ed** zerstreut

absurd [əbˈsɜːd] absurd; lächerlich

abundan|ce [əˈbʌndəns] Überfluß *m*; **~t** reichlich

abus|e 1. [əˈbjuːs] Mißbrauch *m*; Beschimpfung *f*; **2.** [~z] mißbrauchen; beschimpfen; **~ive** [~sɪv] beleidigend

abyss [əˈbɪs] Abgrund *m*

academ|ic [ækəˈdemɪk] akademisch; **~y** [əˈkædəmɪ] Akademie *f*

accelerat|e [əkˈseləreɪt] beschleunigen; *mot.* Gas geben; **~or** Gaspedal *n*

accent [ˈæksent] Akzent *m*

accept [əkˈsept] an-, entgegennehmen; akzeptieren; hinnehmen

access [ˈækses] Zugang *m*; *Computer:* Zugriff *m* (to auf); *fig.* Zutritt *m*; **~ary** [əkˈsesərɪ] *jur.* Mitschuldige *m*, *f*; **~ible** [əkˈsesəbl] (leicht) zugänglich; **~ion** [ækˈseʃn] Antritt *m* (*e*-*s Amtes*)

accessory [əkˈsesərɪ] Zubehörteil *n*, *Mode:* Accessoire *n*, *pl. a.* Zubehör *n*; *jur.* Mitschuldige *m*, *f*

accident [ˈæksɪdənt] Unfall *m*, Unglück(sfall *m*) *n*; Zufall *m*; **by ~** zufällig; **~al** [~ˈdentl] zufällig; versehentlich

acclimat|e [əˈklaɪmət] → **~ize (to)** (sich) akklimatisieren (an)

accommodat|e [əˈkɒmədeɪt] unterbringen; Platz haben für, fassen; anpassen (to *dat od.* an *acc*); *j-m* aushelfen; **~ion** [~ˈdeɪʃn] (*Am. mst pl*) Unterkunft *f*

accompan|iment [əˈkʌmpənɪmənt] Begleitung *f*; **~y** begleiten

accomplice [əˈkʌmplɪs] Komplize *m*, -zin *f*

accomplish [əˈkʌmplɪʃ] erreichen; leisten; **~ed** fähig; vollendet, perfekt

accord [əˈkɔːd] **1.** Übereinstimmung *f*; **of one's own ~** von selbst; **with one ~** einstimmig; **2.** übereinstimmen; **~ance:** *in ~ with* entsprechend, gemäß; **~ing: ~ to** laut, nach; **~ingly** (dem)entsprechend

account [əˈkaʊnt] **1.** Konto *n* (**with** bei); Rechnung *f*; Bericht *m*; Rechenschaft *f*; *give an ~ of* Bericht erstatten über; *on ~* auf keinen Fall; *on ~ of* wegen; *take into ~*, *take ~ of* berücksichtigen; **2. ~ for** Rechenschaft über *et.* ablegen; (sich) erklären; **~ant** Buchhalter(in)

accumulat|e [əˈkjuːmjʊleɪt] (sich) ansammeln *od.* (an)häufen; **~or** Akkumulator *m* (*a. Computer*)

accuracy [ˈækjʊrəsɪ] Genauigkeit *f*; **∼te** [ˈ∼rət] genau

accusation [ækjuːˈzeɪʃn] *jur.* Anklage *f*; An-, Beschuldigung *f*; **∼e** [əˈkjuːz] *jur.* anklagen (*of gen od.* wegen); beschuldigen (*of gen*); **∼ed:** *the* ∼ der *od.* die Angeklagte, die Angeklagten *pl*

accustom [əˈkʌstəm] gewöhnen (*to* an); *get* **∼ed to** sich gewöhnen an; **∼ed** gewohnt

ace [eɪs] As *n* (*a. fig.*)

ache [eɪk] **1.** weh tun; **2.** *anhaltender Schmerz*

achieve [əˈtʃiːv] Ziel erreichen, *Erfolg* erzielen; **∼ment** Leistung *f*

acid [ˈæsɪd] **1.** sauer; *fig.* bissig; **2.** Säure *f*; **∼ rain** saurer Regen

acknowledge [əkˈnɒlɪdʒ] anerkennen; zugeben; *Empfang* bestätigen; **∼(e)ment** Anerkennung *f*

acoustics [əˈkuːstɪks] *pl e-s Raumes:* Akustik *f*

acquaint [əˈkweɪnt] bekannt *od.* vertraut machen; *be* **∼ed with** *j-n, et.* kennen; **∼ance** Bekanntschaft *f*; Bekannte *m, f*

acquire [əˈkwaɪə] erwerben

acquit [əˈkwɪt] freisprechen

acrid [ˈækrɪd] scharf, beißend

across [əˈkrɒs] **1.** *prp* (*quer*) über (*acc*); (quer) durch; jenseits (*gen*), auf der anderen Seite von (*od. gen*); **2.** *adv*

(quer) hin- *od.* herüber; (quer) durch; drüben

act [ækt] **1.** handeln; sich verhalten *od.* benehmen; (ein-)wirken; *thea.* spielen, *Stück* a. aufführen; **∼ as** fungieren als; **2.** Tat *f*, Handlung *f*; *jur.* Gesetz *n*; *thea.* Akt *m*; (*Programm*)Nummer *f*; **∼ion** Handlung *f* (*a. thea.*), Tat *f*; *Film etc.:* Action *f*; *tech.* Funktionieren *n*; (Ein)Wirkung *f*; *jur.* Klage *f*, Prozeß *m*; *mil.* Gefecht *n*, Einsatz *m*

active [ˈæktɪv] aktiv; tätig; lebhaft; **∼ity** [ˈʌˈtɪvɪtɪ] Aktivität *f*

actor [ˈæktə] Schauspieler *m*; **∼ress** [ˈ∼trɪs] Schauspielerin *f*

actual [ˈæktʃʊəl] wirklich

acute [əˈkjuːt] scharf(sinnig); spitz; *med.* akut

ad [æd] F → *advertisement*

adapt [əˈdæpt] (sich) anpassen; *Text* bearbeiten; **∼ation** [ædæpˈteɪʃn] Anpassung *f*; Bearbeitung *f*; **∼er, ∼or** [əˈdæptə] Adapter *m*

add [æd] hinzufügen

addict [ˈædɪkt] Süchtige *m, f*; **∼ed** [əˈdɪktɪd]: *be* ∼ *to* ... ...süchtig sein

addition [əˈdɪʃn] Hinzufügung *f*, Zusatz *m*; *math.* Addition *f*; *in* ∼ außerdem, zusätzlich zu; **∼al** zusätzlich

address [əˈdres] **1.** *Worte etc.* richten (*to* an), *j-n* anreden *od.* ansprechen; adressieren;

2. Adresse *f*, Anschrift *f*; Rede *f*, Ansprache *f*; **~ee** [ædre'si:] Empfänger(in)

adequate ['ædikwət] angemessen

adhe|re [əd'hiə]: **~ to** haften *od.* kleben an; *fig.* festhalten an; **~sive** [~'hi:siv] Klebstoff *m*; **~ plaster** Heftpflaster *n*; **~ tape** Klebstreifen *m*; *Am.* Heftpflaster *n*

adjacent [ə'dʒeisənt] angrenzend, -stoßend (**to** an)

adjective ['ædʒiktiv] *gr.* Adjektiv *n*, Eigenschaftswort *n*

adjoin [ə'dʒɔin] (an)grenzen *od.* (-)stoßen an

adjourn [ə'dʒə:n] verschieben, (sich) vertagen

adjust [ə'dʒʌst] anpassen; *tech.* einstellen, regulieren; **~able** verstellbar

administ|er [əd'ministə] verwalten; *Arznei* geben, verabreichen; *Recht* sprechen; **~ration** [~'streiʃn] Verwaltung *f*; Verabreichung *f*; *bsd. Am.* Regierung *f*, Amtsdauer *f*; **~rative** [~'ministrətiv] Verwaltungs...; **~rator** [~treitə] Verwalter *m*; Verwaltungsbeamte *m*

admirable ['ædmərəbl] bewundernswert, großartig

admiral ['ædmərəl] Admiral *m*

admir|ation [ædmə'reiʃn] Bewunderung *f*; **~e** [əd'maiə] bewundern; verehren; **~er** [~rə] Verehrer(in)

admiss|ible [əd'misəbl] zulässig; **~ion** [~'miʃn] Ein-, Zutritt *m*; Aufnahme *f*; Eintritt(sgeld *n*) *m*; Eingeständnis *n*; **~ free** Eintritt frei

admit [əd'mit] einlassen; zulassen; zugeben; **~tance** Zutritt *m*

adolescent [ædəʊ'lesnt] jugendliche *m*, *f*

adopt [ə'dɒpt] adoptieren; **~ion** Adoption *f*

ador|able [ə'dɔ:rəbl] bezaubernd, entzückend; **~e** [ə'dɔ:] anbeten, verehren

adult ['ædʌlt] **1.** erwachsen; **2.** Erwachsene *m*, *f*

adultery [ə'dʌltəri] Ehebruch *m*

advance [əd'vɑ:ns] **1.** *v/t* vorrücken, -schieben; *Zeitpunkt* vorverlegen; *Argument* vorbringen; (be)fördern; *Preis* erhöhen; *Geld* vorauszahlen, vorschießen; *v/i* vordringen, -rücken; Fortschritte machen; **2.** Vorrücken *n*; Fortschritt *m*; Vorschuß *m*; (Preis)Erhöhung *f*; **in ~** im voraus; vorher; **~ booking** Vor(aus)bestellung *f*; *thea.* Vorverkauf *m*; **~ payment** Vorauszahlung *f*; **~d** vorgerückt, fortgeschritten; fortschrittlich

advantage [əd'vɑ:ntidʒ] Vorteil *m*; **take ~ of** ausnutzen; **~ous** [ædvən'teidʒəs] vorteilhaft, günstig

adventur|e [əd'ventʃə] Abenteuer *n*; **~er** [~rə] Abenteurer *m*; **~ous** [~rəs] abenteuerlustig; abenteuerlich

adverb ['ædvɜːb] *gr.* Adverb *n*, Umstandswort *n*

adversary ['ædvəsəri] Gegner(in)

advertis|e ['ædvətaiz] inserieren; Reklame machen (für), werben für; ankündigen; **~ement** [əd'vɜːtismənt] (Zeitungs)Anzeige *f*, Inserat *n*; → **~ing** ['ædvətaiziŋ] Werbung *f*, Reklame *f*

advice [əd'vais] Rat(schlag) *m*; *take s.o.'s* **~** j-s Rat befolgen

advis|able [əd'vaizəbl] ratsam; **~e** [~z] j-m raten; j-n beraten; **~er** Berater(in)

aerial ['eəriəl] Luft...; *bsd.* Brt. Antenne *f*

aero|bics [eə'rəubiks] Aerobic *n*; **~plane** ['eərəplein] Brt. Flugzeug *n*

aesthetic [iːs'θetik] ästhetisch

affair [ə'feə] Angelegenheit *f*; Affäre *f*, Verhältnis *n*

affect [ə'fekt] beeinflussen; *med.* angreifen, befallen; bewegen, rühren

affection [ə'fekʃn] Liebe *f*, Zuneigung *f*; **~ate** [~fnət] liebevoll, herzlich

affinity [ə'finəti] *chem.* Affinität *f*; (geistige) Verwandtschaft; Neigung *f*

affirm [ə'fɜːm] versichern; beteuern; bestätigen; **~ation** [æfə'meiʃn] Versicherung *f*;

Beteuerung *f*; Bestätigung *f*; **~ative** [ə'fɜːmətiv] **1.** *adj* bejahend, zustimmend; **2.** *s:* *answer in the* **~** bejahen

afflict [ə'flikt] plagen

affluent ['æfluənt] reich, wohlhabend; **~ society** Wohlstandsgesellschaft *f*

afford [ə'fɔːd] sich leisten

affront [ə'frʌnt] Beleidigung *f*

afraid [ə'freid]: *be* **~** (*of*) sich fürchten *od.* Angst haben (vor)

African ['æfrikən] **1.** afrikanisch; **2.** Afrikaner(in)

after ['ɑːftə] **1.** *prp* räumlich: hinter (... her), nach; *zeitlich, fig.:* nach; **~ all** schließlich; doch; **~ that** danach; **2.** *adv* nachher, hinterher, danach; **3.** *adj* später; **4.** *cj* nachdem; **~'noon** Nachmittag *m*; *in the* **~** am Nachmittag; *this* **~** heute nachmittag; *good* **~** nachmittags: guten Tag; **~ward(s** Brt.) ['~wəd(z)] später, nachher, hinterher

again [ə'gen] wieder; noch einmal

against [ə'genst] gegen; an

age [eidʒ] **1.** Alter *n*; Zeit(alter *n*) *f*; *at the* **~ of** im Alter von; *of* **~** volljährig; *under* **~** minderjährig; *five years of* **~** fünf Jahre alt; *for* **~s** F seit e-r Ewigkeit; **2.** altern; alt werden; **~d** ['eidʒid] alt, betagt; [eidʒd] im Alter von

agency ['eidʒənsi] Agentur *f*; Geschäftsstelle *f*, Büro *n*

agenda [əˈdʒendə] Tagesordnung f

agent [ˈeɪdʒənt] Agent m, Vertreter m; Makler m; Wirkstoff m, Mittel n

aggress|ion [əˈgreʃn] bsd. mil. Angriff m, Aggression f; **~ive** [~sɪv] aggressiv; **~or** [~sə] Angreifer m

agile [ˈædʒaɪl] beweglich

agitate [ˈædʒɪteɪt] schütteln, (um)rühren; aufregen; j-n aufhetzen; hetzen (**against** gegen); **~ion** [~ˈteɪʃn] Aufregung f; Agitation f

ago [əˈgəʊ] zeitlich: vor; **long ~** vor langer Zeit

agon|izing [ˈægənaɪzɪŋ] qualvoll; **~y** Qual f

agree [əˈgriː] v/i einig werden, sich einigen; zustimmen, einverstanden sein; gleicher Meinung sein; übereinstimmen; Speise: bekommen; v/t vereinbaren; bsd. Brt. sich einigen auf; **~able** [~ɪ-] angenehm; **~ment** [~iː-] Übereinstimmung f; Vereinbarung f; Abkommen n; Einigung f

agricultur|al [ægrɪˈkʌltʃərəl] landwirtschaftlich; **~e** [~/ʃə] Landwirtschaft f

ahead [əˈhed] vorn; voraus, vorwärts; **~ of** vor, voraus

aid [eɪd] **1.** helfen; **2.** Hilfe f

ailing [ˈeɪlɪŋ] kränkelnd

aim [eɪm] **1.** v/i zielen (**at** auf, nach); beabsichtigen; v/t Waffe richten (**at** auf); **2.** Ziel n; Absicht f

air¹ [eə] **1.** Luft f; **by ~** auf dem Luftweg; **in the open ~** im Freien; **on the ~** im Rundfunk od. Fernsehen; **2.** (aus)lüften

air² [~] Miene f, Aussehen n

'air|base Luftstützpunkt m; **'~bed** Luftmatratze f; **'~brake** Druckluftbremse f; **'~-conditioned** mit Klimaanlage; **'~conditioning** Klimaanlage f; **'~craft** (pl -craft) Flugzeug n; **'~craft carrier** Flugzeugträger m; **'~field** Flugplatz m; **~ force** Luftwaffe f; **~ hostess** Stewardeß f; **~ letter** Luftpost(leicht)brief m; **'~lift** Luftbrücke f; **'~line** Fluggesellschaft f; **~mail** Luftpost f; **by ~** mit Luftpost; **'~plane** Am. Flugzeug n; **~pollution** Luftverschmutzung f; **'~port** Flughafen m, -platz m; **~ pressure** Luftdruck m; **'~sick** luftkrank; **'~space** Luftraum m; **~ terminal** Flughafenabfertigungsgebäude n; **'~tight** luftdicht; **~ traffic** Flugverkehr m; **'~traffic control** Flugsicherung f; **'~traffic controller** Fluglotse m; **'~way** Fluggesellschaft f; **2.**

aisle [aɪl] arch. Seitenschiff n; Gang m

ajar [əˈdʒɑː] Tür: angelehnt

alarm [əˈlɑːm] **1.** Alarm m; Alarmvorrichtung f, -anlage f; Wecker m; Angst f, Unruhe f; **give** od. **raise the ~** Alarm geben; *fig.* Alarm schlagen; **2.** alarmieren; ängstigen, beunruhigen; **~ clock** Wecker m

alcohol ['ælkəhɔl] Alkohol m; **~ic** [~'hɒlɪk] **1.** alkoholisch; **2.** Alkoholiker(in)

ale [eɪl] Ale n (*helles, obergäriges Bier*)

alert [ə'lɜːt] **1.** auf der Hut, wachsam; **2.** (Alarm)Bereitschaft f; Alarm(signal n) m; **3.** alarmieren

alibi ['ælɪbaɪ] Alibi n

alien ['eɪljən] **1.** ausländisch; fremd; **2.** Ausländer(in); Außerirdische m, f

alight [ə'laɪt] (**alighted** od. **alit**) aussteigen, absteigen, absitzen; *Vogel:* sich niederlassen; *aer.* landen

alike [ə'laɪk] gleich; ähnlich

alimony ['ælɪmənɪ] Unterhalt(szahlung f) m

alive [ə'laɪv] lebend, am Leben; lebendig; lebhaft

all [ɔːl] **1.** *adj* all, gesamt, ganz; jede(r, -s), alle *pl*; **2.** *adv* ganz, gänzlich; **3.** *pron* alles, alle *pl*; **~ at once** auf einmal, plötzlich; **~ but** fast; **~ of us** wir alle; **~ over** überall; **~ right** in Ordnung; **~ the better** so oder besser; **~ the time** die ganze Zeit; (**not**) **at ~** überhaupt (nicht); **not at ~!** F nichts zu danken!; **for ~ I care** meinetwegen; **for ~ I know**

soviel ich weiß; **two ~** *Sport:* 2:2

alleged [ə'ledʒd] angeblich

allergic [ə'lɜːdʒɪk] allergisch (**to** gegen); **~y** ['ælədʒɪ] Allergie f

alleviate [ə'liːvɪeɪt] mildern

alley ['ælɪ] Gasse f; Pfad m; *Bowling:* Bahn f

alliance [ə'laɪəns] Bund m, Bündnis n; **~ied** [ə'laɪd, *attr* 'ælaɪd] verbündet; verbunden (**with,** **to** mit)

allocate ['æləʊkeɪt] zuteilen

allot [ə'lɒt] zuteilen, zuweisen

allow [ə'laʊ] erlauben, gestatten; bewilligen, gewähren; zugestehen; *Summe* geben; anerkennen, gelten lassen; **~ for** berücksichtigen; **be ~ed** dürfen; **~ance** Erlaubnis f; Bewilligung f; Taschengeld n; Zuschuß m, Beihilfe f; Rabatt m; Nachsicht f

alloy ['ælɔɪ] Legierung f

all|-purpose Allzweck..., Universal...; **~'round** vielseitig, Allround...

allude [ə'luːd]: **~ to** anspielen auf

alluring [ə'ljʊərɪŋ] verlockend

allusion [ə'luːʒn] Anspielung f

all-wheel drive Allradantrieb m

ally 1. [ə'laɪ]: **~ (o.s.)** sich vereinigen od. verbünden; **2.** ['ælaɪ] Verbündete m, f

almighty [ɔːl'maɪtɪ] allmächtig

almond ['ɑːmənd] Mandel f

almost ['ɔ:lməust] fast, beinahe

alms [ɑ:mz] pl Almosen n

alone [ə'ləun] allein

along [ə'lɒŋ] **1.** prp entlang, längs, an ... vorbei; **2.** adv weiter, vorwärts; ~ **with** zs. mit; *all* ~ F die ganze Zeit

aloud [ə'laud] laut

alphabet ['ælfəbet] Alphabet n; ~**ical** [~'betɪkl] alphabetisch

alpine ['ælpaɪn] Alpen...

already [ɔ:l'redɪ] bereits, schon

also ['ɔ:lsəu] auch, ebenfalls

altar ['ɔ:ltə] Altar m

alter ['ɔ:ltə] (ver-, ab-, um)ändern; sich (ver)ändern; ~**ation** [~'reɪʃn] (Ver-, Ab-, Um)Änderung f

alternate 1. ['ɔ:ltəneɪt] abwechseln (lassen); **2.** [~'tɜ:nət] abwechselnd; '~**ing** current Wechselstrom m; ~**ive** [~'tɜ:nətɪv] **1.** alternativ, Ersatz...; **2.** Alternative f, Wahl f

although [ɔ:l'ðəu] obwohl

altitude ['æltɪtju:d] Höhe f

altogether [ɔ:ltə'geðə] ganz (u. gar), völlig; alles in allem

alumin|ium [ælju'mɪnɪəm], Am. ~**um** [ə'lu:mənəm] Aluminium n

always ['ɔ:lweɪz] immer

am [æm] ich bin

amateur ['æmətə] Amateur (-in)

amaze [ə'meɪz] erstaunen, verblüffen; ~**ement** (Er-) Staunen n, Verblüffung f; ~**ing** erstaunlich

ambassad|or [æm'bæsədə] pol. Botschafter m; ~**ress** [~drɪs] pol. Botschafterin f

amber ['æmbə] Bernstein n; Verkehrsampel: Gelb(licht) n; *at* ~ bei Gelb

ambiguous [æm'bɪgjuəs] zwei-, vieldeutig; unklar

ambiti|on [æm'bɪʃn] Ehrgeiz m; ~**ous** ehrgeizig

ambulance ['æmbjuləns] Krankenwagen m

ambush ['æmbuʃ] **1.** Hinterhalt m; **2.** aus dem Hinterhalt überfallen; auflauern

amen [ɑ:'men] int amen!

amend [ə'mend] verbessern; Gesetz abändern, ergänzen; ~**ment** Verbesserung f; parl. Abänderungs-, Ergänzungsantrag m; ~**s** (Schaden)Ersatz m

amenity [ə'mi:nətɪ] oft pl Annehmlichkeit(en pl) f

American [ə'merɪkən] **1.** amerikanisch; **2.** Amerikaner(in)

amiable ['eɪmjəbl] liebenswürdig, freundlich

amicable ['æmɪkəbl] freund(schaft)lich, a. jur. gütlich

ammunition [æmju'nɪʃn] Munition f

amnesty ['æmnəstɪ] Amnestie f

among(st) [ə'mʌŋ(st)] (mitten) unter, zwischen

amount [ə'maunt] **1.** Betrag

m, Summe *f*; Menge *f*; **2.** ~
to sich belaufen auf, betra-
gen; hinauslaufen auf
ample ['æmpl] weit, groß, geräumig; reichlich
amplif|ier ['æmplfaɪə] Ver-
stärker *m*; **~y** ['~aɪ] verstärken
amputate ['æmpjʊteɪt] amputieren, abnehmen
amuse [ə'mjuːz] amüsieren;
unterhalten; **~ement** Unterhaltung *f*; Zeitvertreib *m*; **~
arcade** Spielsalon *m*; **~ park**
Am. Vergnügungspark *m*,
Rummelplatz *m*; **~ing** lustig
an [ən, *betont* æn] ein(e)
anaemia [ə'niːmjə] Anämie *f*,
Blutarmut *f*
analogous [ə'næləgəs] analog, entsprechend; **~y** [~dʒɪ]
Analogie *f*, Entsprechung *f*
analy|se, *Am. a.* **~ze**
['ænəlaɪz] analysieren, zerlegen, gründlich untersuchen;
~sis [ə'næləsɪs] (*pl* **-ses**
[~siːz]) Analyse *f*
anatomy [ə'nætəmɪ] Anatomie *f*
ancest|or ['ænsestə] Vorfahr
m; **~ress** ['~trɪs] Vorfahrin *f*
anchor ['æŋkə] **1.** Anker *m*; **2.**
(ver)ankern
anchovy ['æntʃəvɪ] An(s)cho-
vis *f*, Sardelle *f*
ancient ['eɪnʃənt] (ur)alt
and [ænd] und
anemia *Am.* → **anaemia**
angel ['eɪndʒəl] Engel *m*
anger ['æŋgə] **1.** Zorn *m*, Är-

ger *m*, Wut *f*; **2.** (ver)ärgern
angle¹ ['æŋgl] Winkel *m*
angle² ['~] angeln; **~r** Ang-
ler(in)
Anglican ['æŋglɪkən] **1.** angli-
kanisch; **2.** Anglikaner(in)
angry ['æŋgrɪ] verärgert, ärgerlich, böse
anguish ['æŋgwɪʃ] Qual *f*
angular ['æŋgjʊlə] wink(e)-
lig; knochig
animal ['ænɪml] **1.** Tier *n*; **2.**
animalisch, tierisch
animate 1. ['ænɪmeɪt] *v/t* beleben; anregen, aufmuntern;
2. ['~mət] *adj* belebt, lebend;
lebhaft; **~d cartoon** Zei-
chentrickfilm *m*; **~ion**
[~'meɪʃn] Lebhaftigkeit *f*;
(Zeichen)Trickfilm *m*; *Computer:* bewegtes Bild
animosity [ænɪ'mɒsɪtɪ]
Feindseligkeit *f*
ankle ['æŋkl] (Fuß)Knöchel *m*
annex 1. [ə'neks] *v/t* annek-
tieren; **2** *a.* **~e** ['æneks] *s*
Anbau *m*, Nebengebäude *n*
anniversary [ænɪ'vɜːsərɪ]
Jahrestag *m*
announce [ə'naʊns] ankündigen; bekanntgeben; *TV
etc.:* ansagen; **~ment** Ankündigung *f*; Bekanntgabe *f*;
TV etc.: Ansage *f*; Durchsa-
ge *f*; **~r** *TV etc.:* Ansager(in)
annoy [ə'nɔɪ] ärgern; **be ~ed**
sich ärgern; **~ance** Ärger *m*;
Belästigung *f*, Störung *f*;
~ing ärgerlich; lästig
annual ['ænjʊəl] jährlich

annul [ə'nʌl] annullieren

anonymous [ə'nɒnɪməs] anonym

anorak ['ænəræk] Anorak *m*

another [ə'nʌðə] ein anderer; e-e andere, ein anderes; noch ein(er, -e, -es), ein zweiter, e-e zweite, ein zweites

answer ['ɑːnsə] **1.** Antwort *f*; **2.** antworten (auf *od.* to auf); beantworten; **~** *the bell od. door* die Tür öffnen, aufmachen; **~** *the telephone* ans Telefon gehen; **~** *for* einstehen für; sich *j-m gegenüber* verantworten

ant [ænt] Ameise *f*

antelope ['æntɪləʊp] Antilope *f*

antenna [æn'tenə] (*pl* **-nae** [~niː]) *zo.* Fühler *m*; (*pl* **-nas**) *bsd. Am.* Antenne *f*

anthem ['ænθəm] Hymne *f*

anti|... [ænti] Gegen..., gegen..., Anti..., anti...; **~biotic** [~baɪ'ɒtɪk] Antibiotikum *n*; **~body** Antikörper *m*, Abwehrstoff *m*

anticipat|e [æn'tɪsɪpeɪt] voraussehen, ahnen; erwarten; zuvorkommen; vorwegnehmen; **~ion** [~'peɪʃn] (Vor-)Ahnung *f*; Erwartung *f*; Vorwegnahme *f*

anti|clockwise [ænti'klɒkwaɪz] gegen den Uhrzeigersinn; **~dote** ['~dəʊt] Gegengift *n*, -mittel *n*; **~freeze** *mot.* Frostschutzmittel *n*

antipathy [æn'tɪpəθɪ] Antipathie *f*, Abneigung *f*

antiquated ['æntɪkweɪtɪd] veraltet

antiqu|e [æn'tiːk] **1.** antik, alt; **2.** Antiquität *f*; **~ity** [~'ɪkwəti] Altertum *n*

antiseptic [æntɪ'septɪk] **1.** antiseptisch; **2.** Antiseptikum *n*

antisocial [æntɪ'səʊʃl] asozial; ungesellig

antlers ['æntləz] *pl* Geweih *n*

anxiety [æŋ'zaɪətɪ] Angst *f*, Sorge *f*

anxious ['æŋkʃəs] besorgt; gespannt (*for* auf); bestrebt

any ['enɪ] **1.** *adj u. pron* (irgend)ein(e), einige *pl*, etwas; jede(r, -s) (beliebig); nicht kein; *at* **~** *time* jederzeit; **2.** *adv* irgend(wie), (noch) etwas; **~body** (irgend) jemand; jeder; **~how** irgendwie; trotzdem; jedenfalls; **~one** → **anybody**; **~thing** (irgend) etwas; alles; **~ but** alles andere als; **~ else?** (sonst) noch etwas?; *not* **~** nichts; **~way** → **anyhow**; **~where** irgendwo(hin); überall; *not* **~** nirgendwo(hin)

apart [ə'pɑːt] auseinander, getrennt, für sich; beiseite; **~** *from* abgesehen von

apartment [ə'pɑːtmənt] *Am.* Wohnung *f*; *mst pl* Raum *m*

apathetic [æpə'θetɪk] apathisch, teilnahmslos

ape [eɪp] (Menschen)Affe m
aperture ['æpətjʊə] Öffnung
f; *phot*. Blende f
apologize [ə'pɒlədʒaɪz] sich
entschuldigen; **~y** Entschuldigung f
apoplexy ['æpəʊpleksɪ]
Schlaganfall m
apostle [ə'pɒsl] Apostel m
apostrophe [ə'pɒstrəfɪ] Apostroph m, Auslassungszei-
chen n
appal(l) [ə'pɔːl] entsetzen;
~ling F entsetzlich
apparatus [æpə'reɪtəs] (*pl
-tus, -tuses*) Apparat m
apparent [ə'pærənt] augen-
scheinlich, offensichtlich;
scheinbar
appeal [ə'piːl] **1.** *jur*. Berufung einlegen; **~ to** j-n dringend bitten (*for* um); appellieren an, sich wenden an;
gefallen, zusagen; **2.** *jur*.
Berufung f, Revision f;
dringende Bitte; Appell
m; Anziehung(skraft) f,
Wirkung f
appear [ə'pɪə] erscheinen;
scheinen, aussehen; *TV etc.*:
auftreten; **~ance** [~rəns] Erscheinen n, Auftreten n;
Aussehen n, das Äußere; *mst
pl* (An)Schein m
appendicitis [əpendɪ'saɪtɪs]
Blinddarmentzündung f
appendix [ə'pendɪks] (*pl -dix-
es, -dices* [~dɪsiːz]) *Buch*:
Anhang m; *a. vermiform* **~**
Blinddarm m

appetite ['æpɪtaɪt] (*for*) Appetit m (auf); Verlangen n
(nach), Lust f (auf); **~izing**
['~zɪŋ] appetitanregend
applaud [ə'plɔːd] applaudie-
ren, Beifall klatschen; **~se**
[~z] Applaus m, Beifall m
apple ['æpl] Apfel m; **~ pie**
gedeckter Apfelkuchen; **~
sauce** Apfelmus n
appliance [ə'plaɪəns] Gerät n
applicable ['æplɪkəbl] an-
wendbar (*to* auf); zutreffend
applica|nt ['æplɪkənt] An-
tragsteller(in); Bewerber
(-in); **~tion** [~'keɪʃn] Gesuch
n, Antrag m; Bewerbung f;
Anwendung f, Auftragen n
(*e-r Salbe etc.*)
apply [ə'plaɪ] beantragen (*for
acc*); sich bewerben (*for* um);
verwenden (*to* für); anwen-
den (*to* auf); betätigen; auflegen, -tragen (*to* auf); zutreffen (*to* auf)
appoint [ə'pɔɪnt] festsetzen,
bestimmen; ernennen, beru-
fen; **~ment** Verabredung f,
Termin m; Ernennung f
appreciat|e [ə'priːʃɪeɪt] schät-
zen, würdigen, zu schätzen
wissen; **~ion** [~ʃn] Würdi-
gung f; Anerkennung f
apprehen|d [æprɪ'hend] fest-
nehmen, verhaften; **~sion**
[~ʃn] Besorgnis f; Festnahme
f, Verhaftung f; **~sive** [~sɪv]
besorgt (*for* um; *that* daß)
apprentice [ə'prentɪs] **1.** Aus-
zubildende m, f, Lehrling m;

2. in die Lehre geben; **~ship** Lehrzeit f; Lehre f

approach [əˈprəʊtʃ] **1.** v/i sich nähern; v/t sich nähern (dat); herangehen od. herantreten an; **2.** (Heran)Nahen n; Annäherung f; Zugang m

appropriate [əˈprəʊprɪət] passend, geeignet

approval [əˈpruːvl] Billigung f; Anerkennung f; Beifall m; **~e** [~v] billigen, genehmigen

approximate [əˈprɒksɪmət] annähernd, ungefähr

apricot [ˈeɪprɪkɒt] Aprikose f

April [ˈeɪprəl] April m

apron [ˈeɪprən] Schürze f

apt [æpt] Bemerkung etc.: treffend; neigend (**to do** zu tun)

aquatic [əˈkwætɪk] Wasser...

aquiline [ˈækwɪlaɪn] Adler...; **~ nose** Adlernase f

Arab [ˈærəb] Araber(in); **~ic** [~ɪk] arabisch

arable [ˈærəbl] anbaufähig; Acker...

arbiter [ˈɑːbɪtə] Schiedsrichter m; **~rary** [~ˈtrərɪ] willkürlich, eigenmächtig; **~rate** [~ˈtreɪt] schlichten

arbo(u)r [ˈɑːbə] Laube f

arc [ɑːk] (Licht)Bogen m

arcade [ɑːˈkeɪd] Arkade f

arch¹ [ɑːtʃ] **1.** Bogen m; Gewölbe n; Wölbung f; **2.** (sich) wölben; krümmen

arch² [~] Erz...

archaeology [ɑːkɪˈɒlədʒɪ] Archäologie f

archaic [ɑːˈkeɪɪk] veraltet

archangel [ˈɑːkeɪndʒəl] Erzengel m; **~bishop** [ɑːtʃˈbɪʃəp] Erzbischof m; **~eology** Am. → archaeology

archer [ˈɑːtʃə] Bogenschütze m; **~y** [~rɪ] Bogenschießen n

architect [ˈɑːkɪtekt] Architekt(in); **~ure** [~ktʃə] Architektur f

archives [ˈɑːkaɪvz] pl Archiv n

archway [ˈɑːtʃweɪ] Bogen (-gang) m

arctic [ˈɑːktɪk] arktisch

ardent [ˈɑːdənt] fig. feurig, glühend; begeistert, eifrig

are [ɑː] pl u. 2. sg pres von be

area [ˈeərɪə] Fläche f; Gebiet n; Bereich m; **~ code** Am. teleph. Vorwahl(nummer) f

arena [əˈriːnə] Arena f

Argentine [ˈɑːdʒəntaɪn] **1.** argentinisch; **2.** Argentinier(in)

argue [ˈɑːgjuː] argumentieren; streiten; diskutieren

argument [ˈɑːgjəmənt] Argument n; Streit m

arid [ˈærɪd] dürr, trocken

arise [əˈraɪz] (arose, arisen) entstehen; auftauchen; **~n** [əˈrɪzn] pp von arise

arithmetic [əˈrɪθmətɪk] Rechnen n

ark [ɑːk] Arche f

arm¹ [ɑːm] Arm m; Armlehne f; Ärmel m

arm² [~] (sich) bewaffnen; aufrüsten

armament [ˈɑːməmənt] Aufrüstung f

armchair [ɑːm'tʃeə] Lehnstuhl *m*

armistice [ɑːmɪstɪs] Waffenstillstand *m*

armo(u)r [ɑːmə] 1. Rüstung *f*, Panzer *m* (*a. zo.*); 2. panzern

'armpit Achselhöhle *f*

arms [ɑːmz] *pl* Waffen *pl*

army [ɑːmɪ] Armee *f*, Heer *m*

aroma [ə'rəʊmə] Aroma *n*, Duft *m*

arose [ə'rəʊz] *pret von* **arise**

around [ə'raʊnd] 1. *adv* (rings)herum; umher, herum; in der Nähe, da; 2. *prp* um (... herum) in ... herum

arouse [ə'raʊz] (auf)wecken; aufrütteln; erregen

arrange [ə'reɪndʒ] (an)ordnen; festsetzen, -legen; arrangieren; vereinbaren; **~ment** Anordnung *f*; Vereinbarung *f*; Vorkehrung *f*

arrears [ə'rɪəz] *pl* Rückstand *m*, -stände *pl*

arrest [ə'rest] 1. Verhaftung *f*; 2. verhaften; aufhalten

arriv|al [ə'raɪvl] Ankunft *f*; **~e** [.v] (an)kommen, eintreffen; **~ at** *fig.* erreichen, kommen *od.* gelangen zu

arrogant [ˈærəgənt] arrogant, überheblich

arrow [ˈærəʊ] Pfeil *m*

arsenic [ˈɑːsnɪk] Arsen *n*

arson [ˈɑːsn] Brandstiftung *f*

art [ɑːt] Kunst *f*; *pl* Geisteswissenschaften *pl*

arter|ial [ɑː'tɪərɪəl] Arteri-

en...; **~ road** Hauptverkehrsstraße *f*; **~y** [ˈɑːtərɪ] Arterie *f*, Schlagader *f*; (Haupt)Verkehrsader *f*

article [ˈɑːtɪkl] Artikel *m*

articulate 1. [ɑː'tɪkjʊleɪt] artikulieren, deutlich (aus)sprechen; 2. [.lət] klar; *zo.* gegliedert

artificial [ɑːtɪ'fɪʃl] künstlich

artisan [ɑːtɪ'zæn] (Kunst-) Handwerker *m*

artist [ˈɑːtɪst] Künstler(in); **~ic** [ɑː'tɪstɪk] künstlerisch

as [æz] *adv* wie; ebenso wie (z. B.); 2. *cj* (so) wie; als, während; da, weil; ~ ... ~ (eben)so ... wie; **~ for** was ... (an)betrifft; **~ Hamlet** als Hamlet

ascend [ə'send] (auf)steigen; **2sion Day** [.ʃn] Himmelfahrtstag *m*; **~t** [.t] Aufstieg *m*; Besteigung *f*; Steigung *f*

ascetic [ə'setɪk] asketisch

ash¹ [æʃ] Esche(nholz *n*) *f*

ash² [.] *a.* **~es** Asche *f*

ashamed [ə'ʃeɪmd] beschämt; **be ~ of** sich *e-r* Sache *od. j-s* schämen

ash| bin, ~ can *Am.* → **dustbin**

ashore [ə'ʃɔː] *adv od.* ans Ufer; **go ~** an Land gehen

'ash|tray Aschenbecher *m*; **2 Wednesday** Aschermittwoch *m*

Asia|n [ˈeɪʃn], **~tic** [eɪʃɪ'ætɪk] 1. asiatisch; 2. Asiat(in)

aside [ə'saɪd] beiseite, auf die Seite

ask [ɑːsk] *v/t j-n* fragen; *j-n* fragen nach; bitten um; *j-n* bitten, fragen (**for** um); einladen; verlangen (**of** von); *v/i* fragen; **~ for** bitten um; fragen nach

askew [ə'skjuː] schief

asleep [ə'sliːp] schlafend; *be* (**fast, sound**) **~** (fest) schlafen; *fall* **~** einschlafen

asparagus [ə'spærəgəs] Spargel *m*

aspect ['æspekt] Aspekt *m*, Seite *f*, Gesichtspunkt *m*

asphalt ['æsfælt] **1.** Asphalt *m*; **2.** asphaltieren

aspic ['æspɪk] Aspik *m*, *n*

ass [æs] Esel *m*

assassin [ə'sæsɪn] *pol.* Mörder(in), Attentäter(in); **~ate** [~eɪt] *bsd. pol.* ermorden; **~ation** [~'neɪʃn] (*bsd.* politischer) Mord, Ermordung *f*, Attentat *n*

assault [ə'sɔːlt] **1.** Angriff *m*; **2.** angreifen; überfallen

assembl|age [ə'semblɪdʒ] (An)Sammlung *f*; Versammlung *f*; *tech.* Montage *f*; **~e** [~bl] (sich) versammeln; *tech.* montieren; **~y** Versammlung *f*; *tech.* Montage *f*; **~y line** Fließband *n*

assent [ə'sent] **1.** Zustimmung *f*; **2.** (**to**) zustimmen (*dat*); billigen (*acc*)

assert [ə'sɜːt] behaupten, erklären; geltend machen

assess [ə'ses] (zur Steuer) veranlagen (**at** mit); schätzen, (be)werten

asset ['æset] *econ.* Aktivposten *m*; *pl econ.* Aktiva *pl*; *pl jur.* Vermögen *n*; *fig.* Vorzug *m*, Plus *n*; Gewinn *m*

assign [ə'saɪn] an-, zuweisen; bestimmen; zuschreiben; **~ment** Anweisung *f*; Aufgabe *f*, Auftrag *m*

assimilate [ə'sɪmɪleɪt] (sich) angleichen *od.* anpassen

assist [ə'sɪst] *j-m* helfen, beistehen; **~ance** Hilfe *f*, Beistand *m*; **~ant** Assistent(in), Mitarbeiter(in); (**shop**) **~** *Brt.* Verkäufer(in)

associat|e 1. [ə'səʊʃɪeɪt] vereinigen, -binden, zs.-schließen; assoziieren; verkehren; **2.** [~ʃɪət] Kolleg|e *m*, -in *f*; Teilhaber(in); **~ion** [~eɪʃn] Vereinigung *f*, Verbindung *f*; Verein *m*; Assoziation *f*

assort|ed [ə'sɔːtɪd] gemischt; **~ment** *econ.* Sortiment *n*, Auswahl *f*

assume [ə'sjuːm] annehmen

assur|ance [ə'ʃɔːrəns] Zu-, Versicherung *f*; *bsd. Brt.* (Lebens)Versicherung *f*; Sicherheit *f*, Gewißheit *f*; Selbstsicherheit *f*; **~e** [ə'ʃɔː] *j-m* versichern; *bsd. Brt.* Leben versichern; **~ed 1.** sicher; **2.** *bsd. Brt.* Versicherte *m*, *f*

asthma ['æsmə] Asthma *n*

astonish [ə'stɒnɪʃ] in Erstaunen setzen; **be ~ed** erstaunt sein (**at** über); **~ing** erstaunlich; **~ment** (Er)Staunen *n*

astrology [ə'strɒlədʒɪ] Astrologie *f*

astronaut ['æstrənɔːt] Astronaut(in), Raumfahrer(in)

astronomy [ə'strɒnəmɪ] Astronomie *f*

asylum [ə'saɪləm] Asyl *n*

at [æt] *prp* Ort: in, an, bei, auf; *Richtung*: at, nach, gegen, zu; *Beschäftigung*: bei, beschäftigt mit, in; *Art u. Weise, Zustand*: in, bei, zu, unter; *Preis etc.*: für, um; *Zeit, Alter*: um, bei; **~ the cleaner's** in der Reinigung; **~ the door** an der Tür; **~ 10 pounds** für 10 Pfund; **~ 18** mit 18 (Jahren); **~ 5 o'clock** um 5 Uhr; → **all** 3

ate [et] *pret von* eat

athlete ['æθliːt] (Leicht)Athlet(in), Sportler(in); **~ic** [~'letɪk] athletisch; **~ics** *sg* Leichtathletik *f*

Atlantic [ət'læntɪk] atlantisch

atmosphere ['ætməsfɪə] Atmosphäre *f*

atom ['ætəm] Atom *n*; **~ bomb** Atombombe *f*

atomic [ə'tɒmɪk] atomar, Atom...; **~ bomb** Atombombe *f*; **~ energy** Atomenergie *f*; **~ pile** Atomreaktor *m*; **~ power** Atomkraft *f*; **~ waste** Atommüll *m*

atomizer ['ætəmaɪzə] Zerstäuber *m*

atrocious [ə'trəʊʃəs] gräßlich; **~ty** [~'ɒsɪtɪ] Scheußlichkeit *f*; Greueltat *f*

attach [ə'tætʃ] (**to**) befestigen, anbringen (an), anheften, ankleben (an); *Wichtigkeit etc.* beimessen; **be ~ed to** hängen an

attack [ə'tæk] **1.** angreifen; **2.** Angriff *m*; *med.* Anfall *m*

attempt [ə'tempt] **1.** versuchen; **2.** Versuch *m*

attend [ə'tend] *v/t* (ärztlich) behandeln; *Kranke* pflegen; teilnehmen an, *Vorlesung etc.* besuchen; *fig.* begleiten; *v/i* anwesend sein; erscheinen; **~ on** j-n bedienen; **~ to** j-n (*in e-m Geschäft*) bedienen; **~ to** beachten, achten auf; sich kümmern um; **~ance** Dienst *m*, Bereitschaft *f*; Pflege *f*; Anwesenheit *f*; Erscheinen *n*; Besucher(zahl *f*) *pl*, Beteiligung *f*; **~ant** Begleiter(in); *Museum, Park etc.*: Aufseher(in), Wächter(in); (*Tank*)Wart *m*

attention [ə'tenʃn] Aufmerksamkeit *f*; **~ive** [~tɪv] aufmerksam

attic ['ætɪk] Dachboden *m*

attitude ['ætɪtjuːd] (Ein)Stellung *f*; Haltung *f*

attorney [ə'tɜːnɪ] *Am.* Rechtsanwalt *m*, -anwältin *f*; Bevollmächtigte *m*, *f*; (**power of**) **~** Vollmacht *f*

attract [ə'trækt] anziehen;

Aufmerksamkeit erregen; **~ion** [~kʃn] Anziehung(skraft) f; Reiz m; Attraktion f; **~ive** anziehend; attraktiv; reizvoll

attribute¹ [ə'trɪbjuːt] zuschreiben (**to** *dat*); zurückführen (**to** auf)

attribute² ['ætrɪbjuːt] Attribut n

auction ['ɔːkʃn] **1.** Auktion f, Versteigerung f; **2.** *mst* **~ off** versteigern

audaci|ous [ɔː'deɪʃəs] unverfroren; verwegen; **~ty** [ɔː'dæsətɪ] Kühnheit f; Unverfrorenheit f

audible ['ɔːdəbl] hörbar

audience ['ɔːdjəns] Publikum n, Zuhörer(schaft f) pl, Zuschauer pl, Besucher pl, Leser(kreis m) pl; Audienz f

audit ['ɔːdɪt] *econ.* **1.** Buchprüfung f; **2.** prüfen; **~or** *econ.* Buchprüfer m; **~orium** [~'tɔːrɪəm] Zuschauerraum m

August ['ɔːgəst] August m

aunt [ɑːnt] Tante f

austere [ɒ'stɪə] streng

Australian [ɒ'streɪljən] **1.** australisch; **2.** Australier(in)

Austrian ['ɒstrɪən] **1.** österreichisch; **2.** Österreicher(in)

authentic [ɔː'θentɪk] authentisch; echt

author ['ɔːθə] Urheber(in); Autor(in), Verfasser(in)

authori|tative [ɔː'θorɪtətɪv] gebieterisch, herrisch; autoritativ, maßgeblich; **~ty**

[~rətɪ] Autorität f; Vollmacht f; Kapazität f; *mst pl* Behörde(n pl) f; **~ze** ['ɔːθəraɪz] autorisieren

auto|biography [ɔːtəʊbaɪ-'ɒgrəfɪ] Autobiographie f; **~graph** ['ɔːəgrɑːf] Autogramm n

automat|e ['ɔːtəʊmeɪt] automatisieren; **~ic** [~ə'mætɪk] automatisch; **~ion** [~-'meɪʃn] Automation f; **~on** [ɔː'tɒmətən] (pl **-ta** [~tə], **-tons**) Automat m

automobile [~təʊməʊbiːl] *bsd. Am.* Auto(mobil) n

autonomy [ɔː'tɒnəmɪ] Autonomie f

autumn ['ɔːtəm] Herbst m

auxiliary [ɔːg'zɪljərɪ] **1.** Hilfs...; **2.** Hilfskraft f; Hilfsverb n

available [ə'veɪləbl] verfügbar, vorhanden; erreichbar; *econ.* lieferbar, vorrätig

avalanche ['ævəlɑːntʃ] Lawine f

avaric|e ['ævərɪs] Habsucht f; **~ious** [~'rɪʃəs] habgierig

avenge [ə'vendʒ] rächen

avenue ['ævənjuː] Allee f; Hauptstraße f

average ['ævərɪdʒ] **1.** Durchschnitt m; **2.** durchschnittlich, Durchschnitts...

aversion [ə'vɜːʃn] Abneigung f

avert [ə'vɜːt] abwenden

aviary ['eɪvjərɪ] Voliere f

aviation [eɪvɪ'eɪʃn] Luftfahrt f

27

backspace key

avid ['ævɪd] gierig (**for** nach)
avoid [əˈvɔɪd] (ver)meiden, ausweichen
awake [əˈweɪk] **1.** wach, munter; **2.** (*awoke od. awaked, awoken od. awaked*) *v/t* (auf)wecken; *v/i* auf-, erwachen; **~n** [_ən] → *awake* 2
award [əˈwɔːd] **1.** Preis *m*, Auszeichnung *f*; **2.** *Preis etc.* verleihen
aware [əˈweə]: *be ~ of s.th.* et. wissen *od.* kennen, sich e-r Sache bewußt sein; *become ~ of s.th.* et. merken
away [əˈweɪ] **1.** *adv u. adj* weg; fort; (weit) entfernt; immer weiter, d(a)rauflos; **2.** *adj Sport:* Auswärts...
awe [ɔː]: **1.** (Ehr)Furcht *f*; **2.**

(Ehr)Furcht einflößen
awful ['ɔːfʊl] furchtbar
awkward ['ɔːkwəd] ungeschickt, unbeholfen, linkisch; unangenehm; unhandlich, unpraktisch; *Zeitpunkt etc.*: ungünstig
awl [ɔːl] Ahle *f*, Pfriem *m*
awning ['ɔːnɪŋ] Plane *f*; Markise *f*
awoke [əˈwəʊk] *pret von awake* 2; **~n** [_ən] *pp von awake* 2
awry [əˈraɪ] schief
ax(e) [æks] Axt *f*, Beil *n*
axis ['æksɪs] (*pl axes* ['_siːz]) Achse *f*
axle ['æksl] (Rad)Achse *f*
azure ['æʒə] azur-, himmelblau

B

baboon [bəˈbuːn] Pavian *m*
baby ['beɪbɪ] **1.** Baby *n*, Säugling *m*; **2.** Baby..., Säuglings...; Klein...; **~ carriage** *Am.* Kinderwagen *m*; **~hood** ['_hʊd] Säuglingsalter *n*; **'~sit** (*-sat*) babysitten; **'~sitter** Babysitter(in)
bachelor ['bætʃələ] Junggeselle *m*; **~ girl** Junggesellin *f*
back [bæk] **1.** *s* Rücken *m*; Rückseite *f*; (Rück)Lehne *f*; hinterer *od.* rückwärtiger Teil; *Sport:* Verteidiger *m*; **2.** *adj* Hinter-, Rück..., hintere(r, -s), rückwärtig; **3.** *adv*

zurück; rückwärts; **4.** *v/t a.* **~ up** unterstützen; *a.* **~ up** zurückbewegen, rückwärts fahren lassen; wetten *od.* setzen auf; *v/i oft* **~ up** sich rückwärts bewegen, zurückgehen *od.* -fahren, *mot. a.* zurückstoßen; '**~bone** Rückgrat *n*; '**~comb** *Haar* toupieren; '**~fire** Früh-, Fehlzündung *f*; '**~ground** Hintergrund *m*; '**~hand** *Sport:* Rückhand *f*; '**~ing** Unterstützung *f*; '**~pack** *bsd. Am.* Rucksack *m*; **~ seat** Rücksitz *m*; '**~space** (**key**)

Schreibmaschine, Computer: Rück(stell)taste *f*; **'~stairs** *pl* Hintertreppe *f*; **'~stroke** Rückenschwimmen *n*; **'~up** Unterstützung *f*; *tech.* Ersatzgerät *n*; **~ward** ['~wəd] **1.** *adj* Rückwärts...; zurückgeblieben; rückständig; **2.** *adv* (*a.* **~wards** ['~wədz]) rückwärts, zurück; **~'yard** *Brt.* Hinterhof *m*

bacon ['beɪkən] Frühstücksspeck *m*

bacteria [bæk'tɪərɪə] *pl* Bakterien *pl*

bad [bæd] schlecht; böse, schlimm

bade [bæd] *pret von* bid 1

badge [bædʒ] Abzeichen *n*; Button *m*; Dienstmarke *f*

badger ['bædʒə] Dachs *m*

'badly schlecht, schlimm; *he is ~ off* es geht ihm sehr schlecht

baffle ['bæfl] verwirren

bag [bæg] Beutel *m*; Sack *m*; Tüte *f*; Tasche *f*

baggage ['bægɪdʒ] *bsd. Am.* (Reise)Gepäck *n*; **~ car** *Am. rail.* Gepäckwagen *m*; **~ check** *Am.* Gepäckschein *m*; **~ room** *Am.* Gepäckaufbewahrung(sstelle) *f*

baggy ['bægɪ] F bauschig; *Hose:* ausgebeult

'bagpipes *pl* Dudelsack *m*

bail [beɪl] **1.** Kaution *f*; **2.** *s.o.* *out* j-n gegen Kaution freibekommen

bailiff ['beɪlɪf] *Brt.* Gerichtsvollzieher *m*

bait [beɪt] Köder *m* (*a. fig.*)

bak|e [beɪk] backen; *Ziegel* brennen; dörren; **~d potatoes** *pl ungeschälte, im Ofen gebackene Kartoffeln;* **'~er** Bäcker *m*; **~ery** ['~ərɪ] Bäckerei *f*; **'~ing powder** Backpulver *n*

balance ['bæləns] **1.** Waage *f*; Gleichgewicht *n* (*a. fig.*); *econ.* Bilanz *f*; *econ.* Saldo *m*, Guthaben *n*; *econ.* Restbetrag *m*; **2.** *v/t* ab-, erwägen; im Gleichgewicht halten, balancieren; *Konten etc.* ausgleichen; *v/i* balancieren; *econ.* sich ausgleichen; **'~d** ausgewogen, -geglichen; **~ sheet** Bilanz *f*

balcony ['bælkənɪ] Balkon *m*

bald [bɔːld] kahl

bale [beɪl] *econ.* Ballen *m*

ball [bɔːl] Ball *m*; Kugel *f*; Knäuel *m* (*a.* V *Hoden:* Eier *pl*; *Tanzen:* Ball *m*

ballad ['bæləd] Ballade *f*

ball bearing [bɔːl'beərɪŋ] Kugellager *n*

ballet ['bæleɪ] Ballett *n*

balloon [bə'luːn] Ballon *m*

ballot ['bælət] **1.** Stimmzettel *m*; (*bsd.* geheime) Wahl; **2.** (*for*) stimmen (für), (*bsd.* in geheimer Wahl) wählen (*acc*); **~ box** Wahlurne *f*

ball|point (pen) ['bɔːlpɔɪnt] Kugelschreiber *m*; **'~room** Ball-, Tanzsaal *m*

balm [bɑːm] Balsam m

balustrade [bælə'streid] Balustrade f

bamboo [bæm'buː] Bambus m

ban [bæn] **1.** (amtliches) Verbot; **2.** verbieten

banana [bə'nɑːnə] Banane f

band [bænd] Band n; Streifen m; Schar f, Gruppe f; (bsd. Räuber)Bande f; (Musik)Kapelle f, (Jazz-, Rocketc.)Band f

bandage ['bændidʒ] **1.** Binde f; Verband m; **2.** bandagieren; verbinden

'Band-Aid TM Am. Heftpflaster n

bandit ['bændit] Bandit m

'band|leader Bandleader m; **'∼master** Kapellmeister m

bang [bæŋ] **1.** heftiger Schlag; Knall m; mst if Frisur: Pony m; **2.** Tür zuschlagen

banish ['bæniʃ] verbannen

banister ['bænistə] a. pl Treppengeländer n

bank¹ [bæŋk] **1.** econ. Bank f (Blut-, Daten- etc.)Bank f; **2.** v/t Geld bei e-r Bank einzahlen; v/i ein Bankkonto haben

bank² [∼] **1.** (Fluß- etc.)Ufer n; (Erd)Wall m; Böschung f; (Sand-, Wolken)Bank f

bank| account Bankkonto n; **∼ bill** Am. → **bank note**; **'∼book** Sparbuch n; **'∼er** Bankier m, F Banker m; **∼ holiday** Brt. gesetzlicher Feiertag; **∼ note** Banknote f,

Geldschein m; **∼ rate** Diskontsatz m

bankrupt ['bæŋkrʌpt] **1.** bankrott; go ∼ in Konkurs gehen, Bankrott machen; **2.** Bankrott machen; **∼cy** ['∼rəptsi] Bankrott m

banner ['bænə] Transparent n

banns [bænz] pl Aufgebot n

banquet ['bæŋkwit] Bankett n

banter ['bæntə] necken

bapti|sm ['bæptizəm] Taufe f; **∼ze** [∼'taiz] taufen

bar [bɑː] **1.** Stange f, Stab m; (Quer)Latte f; Gitter n; (Gold- etc.)Barren m; Schranke f; mus. Taktstrich m; mus. ein Takt m; (dicker) Strich; Hotel: Bar f; Lokal n, Imbißstube f; a ∼ of chocolate ein Riegel (a. e-e Tafel) Schokolade; a ∼ of soap ein Riegel od. Stück Seife; **2.** zu-, verriegeln; (ver)hindern

barbecue ['bɑːbikjuː] Bratrost m, Grill m; Barbecue n

barbed wire [bɑːbd 'waiə] Stacheldraht m

barber ['bɑːbə] (Herren)Friseur m

bar code Strichkode m

bare [beə] **1.** nackt; kahl; leer; knapp; **2.** entblößen; fig. enthüllen; **'∼foot** barfuß; **'∼ly** kaum

bargain ['bɑːgin] **1.** Abschluß m, Handel m; vorteilhaftes Geschäft; it's a ∼! abgemacht!; **2.** (ver)handeln

barge [bɑːdʒ] Lastkahn m

bark

bark¹ [baːk] Rinde f, Borke f

bark² [~] **1.** bellen; **2.** Bellen n

barley ['baːlɪ] Gerste f

barn [baːn] Scheune f

barometer [bə'rɒmɪtə] Barometer n

barracks ['bærəks] sg Kaserne f

barrel ['bærəl] Faß n; (Gewehr)Lauf m; **~ organ** Drehorgel f

barren ['bærən] unfruchtbar

barricade [bærɪ'keɪd] Barrikade f

barrier ['bærɪə] Schranke f, Barriere f, Sperre f; fig. Hindernis n

barrister ['bærɪstə] Brt. (plädierender) Rechtsanwalt

barrow ['bærəʊ] Karre(n m) f

barter ['baːtə] **1.** Tausch(handel) m; **2.** (ein)tauschen

base¹ [beɪs] gemein

base² [~] **1.** Basis f, Grundlage f, Fundament n; mil. Standort m; mil. Stützpunkt m; **2.** gründen, stützen (on, upon auf); **'~ball** Baseball(spiel n) m; **'~less** grundlos; **'~ment** Kellergeschoß m

bashful ['bæʃful] schüchtern

basic ['beɪsɪk] **1.** grundlegend, Grund...; **2.** pl Grundlagen pl; **'~ally** im Grunde

basin ['beɪsn] Becken n; Schüssel f

basis ['beɪsɪs] (pl **-ses** ['~siːz]) Basis f; Grundlage f

bask [baːsk] sich sonnen

basket ['baːskɪt] Korb m;

'~ball Basketball(spiel n) m

bass [beɪs] mus. Baß m

bastard ['baːstəd] Bastard m

bat¹ [bæt] Fledermaus f

bat² [~] Schlagholz n, Schläger m

batch [bætʃ] Stoß m, Stapel m

bath [baːθ] **1.** (pl **baths** [~ðz]) Bad(ewanne f) n; **have a ~** Brt., **take a ~** Am. baden; ein Bad nehmen; **2.** Brt. baden

bathe [beɪð] v/t Wunde, Am. Kind baden; v/i Am. baden; Brt. baden, schwimmen

bathing ['beɪðɪŋ] Baden n; Bade...; **~ costume**, **~ suit** Badeanzug m

'bath|robe Bademantel m; Am. Morgenrock m; **'~room** Badezimmer n; Am. Toilette f; **~ towel** Badetuch n

baton ['bætən] Taktstock m; Sport: (Staffel)Stab m

batter ['bætə] **1.** heftig schlagen; mißhandeln; verbeulen; **2.** Rührteig m; **~y** ['~rɪ] Batterie f

battle ['bætl] Schlacht f (of bei); fig. Kampf m; **'~field**, **'~ground** Schlachtfeld n

Bavarian [bə'veərɪən] **1.** bay(e)risch; **2.** Bayer(in)

bawdy ['bɔːdɪ] obszön

bawl [bɔːl] brüllen, schreien

bay [beɪ] Bai f, Bucht f; Erker m; **~ window** Erkerfenster n

bazaar [bə'zaː] Basar m

be [biː] (was od. were, been) sein; Passiv, beruflich: werden; **she is reading** sie liest

before

(gerade); *it is me* F ich bin es;
how much is (are) ...? was
kostet (kosten) ...?; *there is,
there are* es gibt

beach [biːtʃ] Strand *m*;
'**~wear** Strandkleidung *f*

beacon ['biːkən] Leucht-,
Signalfeuer *n*

bead [biːd] (Glas- *etc.*)Perle *f*

beak [biːk] Schnabel *m*

beaker ['biːkə] Becher *m*

beam [biːm] **1.** Balken *m*;
(Leit)Strahl *m*; strahlendes
Lächeln; **2.** strahlen

bean [biːn] Bohne *f*

bear¹ [beə] Bär *m*

bear² [~] (*bore, borne od. geboren: born*) tragen; zur
Welt bringen; ertragen, aushalten, ausstehen; '**~able**
['~rəbl] erträglich

beard [biəd] Bart *m*

bearer ['beərə] Träger(in);
Überbringer(in)

bearing ['beərɪŋ] (Körper)Haltung *f*; Beziehung *f*

beast [biːst] Tier *n*; Bestie *f*

beat [biːt] **1.** (*beat, beaten
od. beat*) schlagen; (ver)prü-
geln; besiegen; übertreffen;
~ it! F hau ab!; *~ up* F j-n
zs.-schlagen; **2.** Schlag *m*;
mus.: Takt *m*; Beat(musik *f*)
m; Runde *f*, Revier *n* (*e-s Polizisten*); '**~en** *pp von* beat 1

beauti|ful ['bjuːtəful] schön;
'**~y** Schönheit *f*

beaver ['biːvə] Biber *m*

became [bɪ'keɪm] *pret von*
become

because [bɪ'kɒz] weil; *~ of*
wegen

beckon ['bekən] (zu)winken

become [bɪ'kʌm] (*became,
become*) werden (*of* aus);
sich schicken für; *j-m* stehen;
~ing kleidsam

bed [bed] Bett *n*; *Tier:* Lager
n; *agr.* Beet *n*; Unterlage *f*; *~
and breakfast* Zimmer *n* mit
Frühstück; '**~clothes** *pl*
Bettwäsche *f*; '**~ding** Bett-
zeug *n*; Streu *f*; '**~ridden**
bettlägerig; '**~room** Schlaf-
zimmer *n*; '**~side:** *at the ~*
am Bett; *~ lamp (table)*
Nachttischlampe *f* (-tisch
m); '**~sit** F, '**~sitter,** '**~'sitting room** *Brt.* möbliertes
Zimmer; Einzimmerappar-
tement *n*; '**~spread** Tages-
decke *f*; '**~stead** Bettgestell
n; '**~time** Schlafenszeit *f*

bee [biː] Biene *f*

beech [biːtʃ] Buche *f*

beef [biːf] Rindfleisch *n*; '**~tea**
(Rind)Fleischbrühe *f*

'**bee|hive** Bienenkorb *m*,
-stock *m*; '**~line: make a ~
for** F schnurstracks zugehen
auf

been [biːn] *pp von* be

beer [bɪə] Bier *n*

beet [biːt] (Runkel)Rübe *f*

beetle ['biːtl] Käfer *m*

beetroot ['biːtruːt] rote
Beete

before [bɪ'fɔː] **1.** *adv* räumlich:
vorn, voran; *zeitlich:* vorher,
zuvor; **2.** *cj* bevor, ehe; **3.** *prp*

vor; **~hand** zuvor, (im) voraus

beg [beg] *et.* erbitten (*of s.o.* von j-m); betteln (um)

began [bɪˈgæn] *pret von* begin

beget [bɪˈget] (*begot, begotten*) *Kind* zeugen

beggar [ˈbegə] Bettler(in)

begin [bɪˈgɪn] (*began, begun*) beginnen, anfangen; **~ner** Anfänger(in); **~ning** Beginn *m*, Anfang *m*

begot [bɪˈgɒt] *pret von* beget; **~ten** *pp von* beget

begun [bɪˈgʌn] *pret von* begin

behalf [bɪˈhɑːf]: **on** (*Am. a in*) **~ of** im Namen von

behave [bɪˈheɪv] sich benehmen; **~io(u)r** [~vjə] Benehmen *n*

behind [bɪˈhaɪnd] **1.** *prp* hinter; **2.** *adv* hinten, dahinter; nach hinten; **3.** *adj* im Rückstand *od.* Verzug (**with, in** mit); **4.** s F Hintern *m*

being [ˈbiːɪŋ] (Da)Sein *n*; Wesen *n*

belated [bɪˈleɪtɪd] verspätet

belch [beltʃ] aufstoßen, rülpsen; *Rauch etc.* speien

belfry [ˈbelfrɪ] Glockenturm *m*

Belgian [ˈbeldʒən] **1.** belgisch; **2.** Belgier(in)

belief [bɪˈliːf] Glaube *m* (*in* an); Überzeugung *f*

believe [bɪˈliːv] glauben (*in* an); **~r** Gläubige *m, f*

bell [bel] Glocke *f*; Klingel *f*

belligerent [bɪˈlɪdʒərənt] streitlustig, aggressiv

bellow [ˈbeləʊ] **1.** brüllen; **2.** Brüllen *n*; Grölen *n*; **~s** *pl, sg* Blasebalg *m*

belly [ˈbelɪ] F: Bauch *m*; Magen *m*

belong [bɪˈlɒŋ] gehören; angehören (**to** *dat*); **~ings** *pl* Habseligkeiten *pl*

beloved [bɪˈlʌvd] **1.** (innig) geliebt; **2.** Geliebte *m, f*

below [bɪˈləʊ] **1.** *adv* unten; nach unten; **2.** *prp* unter(halb)

belt [belt] Gürtel *m*; Gurt *m*; Zone *f*, Gebiet *n*; *tech.* Treibriemen *m*

bench [bentʃ] (Sitz- *etc.*)Bank *f*

bend [bend] **1.** Biegung *f*, Krümmung *f*, Kurve *f*; **2.** (*bent*) (sich) biegen *od.* krümmen; beugen

beneath [bɪˈniːθ] **1.** *adv* unten; darunter; **2.** *prp* unter(halb)

benediction [benɪˈdɪkʃn] Segen *m*

benefactor [ˈbenɪfæktə] Wohltäter *m*

beneficial [benɪˈfɪʃl] vorteilhaft, günstig, nützlich

benefit [ˈbenɪfɪt] **1.** Nutzen *m*, Vorteil *m*; Wohltätigkeitsveranstaltung *f*; (*Sozial-, Versicherungs- etc.*)Leistung *f*; (*Arbeitslosen*)Unterstützung *f*; (*Kranken*)Geld *n*; **2.** nützen; **~ by od. from** Vorteil haben von *od.* durch

benevolent [bɪˈnevələnt] wohltätig; wohlwollend

benign [bɪˈnaɪn] *med.* gutartig

bent [bent] *pret u. pp von* **bend** 2

bequeath [bɪˈkwiːð] vermachen, hinterlassen

bereaved [bɪˈriːvd] Hinterbliebene *m, f*

beret [ˈbereɪ] Baskenmütze *f*

berry [ˈberɪ] Beere *f*

berth [bɜːθ] *mar.* Liege-, Ankerplatz *m; mar.* Koje *f; rail.* (Schlafwagen)Bett *n*

beside [bɪˈsaɪd] *prp* neben; ~ **o.s.** außer sich (**with** vor); → **point** 1; ~**s** [~z] 1. *adv* außerdem; 2. *prp* außer, neben

best [best] 1. *adj* beste(r, -s), größte(r, -s), meiste; 2. *adv* am besten; 3. *s der, die, das* Beste; **at** ~ bestenfalls; **do one's** ~ sein möglichstes tun; **make the** ~ **of** das Beste machen aus; **all the** ~! alles Gute!; ~ **man** (*pl* -**men**) engster Freund des Bräutigams bei dessen Hochzeit; '~**seller** Bestseller *m*

bet [bet] 1. Wette *f;* 2. (**bet** *od.* **betted**) wetten; **you** ~ F und ob!

betray [bɪˈtreɪ] verraten; ~**al** Verrat *m*

better [ˈbetə] 1. *adj* besser; **he is** ~ es geht ihm besser; 2. *s das* Bessere; 3. *adv* besser

between [bɪˈtwiːn] 1. *adv* dazwischen; 2. *prp* zwischen; unter

beverage [ˈbevərɪdʒ] Getränk *n*

beware [bɪˈweə] sich in acht nehmen, sich hüten

bewilder [bɪˈwɪldə] verwirren

beyond [bɪˈjɒnd] 1. *adv* darüber hinaus; 2. *prp* jenseits; über ... hinaus

bi... [baɪ] zwei...

bias [ˈbaɪəs] Neigung *f;* Vorliebe *f;* Vorurteil *n;* ~(**s)ed** voreingenommen

bib [bɪb] Lätzchen *n*

Bible [ˈbaɪbl] Bibel *f*

biblical [ˈbɪblɪkl] biblisch

bibliography [bɪblɪˈɒɡrəfɪ] Bibliographie *f*

biceps [ˈbaɪseps] (*pl* ~) Bizeps *m*

bicker [ˈbɪkə] sich zanken

bicycle [ˈbaɪsɪkl] Fahrrad *n*

bid [bɪd] 1. (**bid** *od.* **bade**, **bid** *od.* **bidden**) *econ.* bieten; 2. *econ.:* Gebot *n;* Angebot *n;* '~**den** *pp von* **bid** 1

biennial [baɪˈenɪəl] zweijährlich; zweijährig

bier [bɪə] (Toten)Bahre *f*

big [bɪɡ] groß; F großspurig

bigamy [ˈbɪɡəmɪ] Bigamie *f*

bike [baɪk] F (Fahr)Rad *n*

bilateral [baɪˈlætərəl] bilateral

bilberry [ˈbɪlbərɪ] Blau-, Heidelbeere *f*

bile [baɪl] Galle *f*

bilingual [baɪˈlɪŋɡwəl] zweisprachig

bill[1] [bɪl] Schnabel *m*

bill[2] [~] Rechnung *f; pol.* (Gesetzes)Vorlage *f;* Plakat *n; Am.* Banknote *f,* Geldschein

billboard

34

m; '~board *Am.* Reklameta-
fel *f*; '~fold *Am.* Brieftasche *f*

billiards ['bɪljədz] *sg* Billard *n*

billion ['bɪljən] Milliarde *f*

bill| of delivery *econ.* Liefer-
schein *m*; **~ of exchange**
econ. Wechsel *m*

bin [bɪn] (großer) Behälter

binary ['baɪnərɪ] Binär...

bind [baɪnd] (an-,
ein-, fest-, ver-, zs.-)binden;
verpflichten; '~er (*bsd.*
Buch)Binder(in); **~ing** Einband
m, (*Akten- etc.*)Deckel *m*;
'~ing **1.** bindend, verbindlich; **2.** (Buch)Einband *m*;
Einfassung *f*, Borte *f*;
(Ski)Bindung *f*

binoculars [bɪ'nɒkjʊləz] *pl*
Fernglas *n*

biodegradable [baɪəʊdɪ-
'greɪdəbl] biologisch abbaubar

biography [baɪ'ɒɡrəfɪ] Biographie *f*

biolog|ical [baɪəʊ'lɒdʒɪkl]
biologisch; **~y** [~'ɒlədʒɪ] Biologie *f*

birch [bɜːtʃ] Birke *f*

bird [bɜːd] Vogel *m*; **~ of pas-**
sage Zugvogel *m*; **~ of prey**
Raubvogel *m*; **~ sanctuary**
Vogelschutzgebiet *n*

biro ['baɪərəʊ] *TM Brt.* Kugelschreiber *m*

birth [bɜːθ] Geburt *f*; Herkunft *f*; **give ~ to** gebären,
zur Welt bringen; **date of ~**
Geburtsdatum *n*; **~ certifi-**
cate Geburtsurkunde *f*; **~**

control Geburtenregelung *f*,
-kontrolle *f*; '~day Geburtstag *m*; **happy ~!** alles Gute
od. herzlichen Glückwunsch
zum Geburtstag!; '~place
Geburtsort *m*; '~rate Ge-
burtenziffer *f*

biscuit ['bɪskɪt] *Brt.* Keks *m*, *n*

bishop ['bɪʃəp] Bischof *m*;
Schach: Läufer *m*

bit¹ [bɪt] Stück(chen) *n*; **a ~** ein
bißchen; ziemlich

bit² [~] *Computer:* Bit *n*

bit³ [~] *pret von* **bite** 2

bitch [bɪtʃ] Hündin *f*; *sl. von*
e-r *Frau:* Miststück *n*

bite [baɪt] **1.** Biß *m*; F Bissen
m, Happen *m*; **2.** (*bit*, *bitten*)
(an)beißen; *Insekt:* beißen,
stechen; *Pfeffer:* brennen

bitten ['bɪtn] *pp von* **bite** 2

bitter ['bɪtə] **1.** bitter; *fig.* ver-
bittert; **2.** *pl* Magenbitter *m*

black [blæk] **1.** schwarz; **2.**
schwarz machen; *Brt. econ.*
boykottieren; **~ out** ab-, verdunkeln; **3.** Schwarze *m*, *f*;
'~berry Brombeere *f*; '~bird
Amsel *f*; '~board (Schul-,
Wand)Tafel *f*; **~ box** Flug-
schreiber *m*; **~en** schwarz
machen *od.* werden; **~ eye**
blaues Auge, Veilchen *n*;
'~head *med.* Mitesser *m*; **~**
ice Glatteis *n*; '~mail **1.** Er-
pressung *f*; **2.** *j-n* erpressen;
'~mailer Erpresser(in); '~
market Schwarzmarkt *m*;
'~ness Schwärze *f*; '~out
Blackout *n*, *m*; Ohnmacht *f*

~ pudding Blutwurst *f*; **'~smith** Schmied *m*

bladder ['blædə] *anat.* Blase *f*

blade [bleɪd] Halm *m*; (*Säge-, Schulter- etc.*)Blatt *n*; (*Propeller*)Flügel *m*; Klinge *f*

blame [bleɪm] **1.** tadeln; **~ s.o. for s.th.** j-m die Schuld geben an et.; **2.** Tadel *m*; Schuld *f*

blank [blæŋk] **1.** leer; unbeschrieben; *econ.* Blanko...; **2.** freier Raum, Lücke *f*; Leerzeichen *n*; unbeschriebenes Blatt; *Lotterie:* Niete *f*

blanket ['blæŋkɪt] **1.** (Woll-, Bett)Decke *f*; **2.** zudecken

blare [bleə] *Radio etc.:* brüllen, plärren; *Trompete:* schmettern

blast [blɑːst] **1.** Windstoß *m*; *Blasinstrument:* Ton *m*; Explosion *f*; Druckwelle *f*; Sprengung *f*; **2.** *v/t* sprengen; *fig.* zunichte machen; *v/i:* **~ off** *Rakete:* abheben, starten; **~!** verdammt!; **~ furnace** Hochofen *m*; **'~-off** *Rakete:* Start *m*

blatant ['bleɪtənt] offenkundig

blaze [bleɪz] **1.** Flamme(n *pl*) *f*, Feuer *n*; **2.** lodern

blazer ['bleɪzə] Blazer *m*

bleach [bliːtʃ] bleichen

bleak [bliːk] öde, kahl; *fig.* trost-, freudlos, trüb, düster

bleat [bliːt] blöken

bled [bled] *pret u. pp von* **bleed**

bleed [bliːd] (**bled**) bluten;

fig. F schröpfen; **'~ing** Bluten *n*, Blutung *f*

bleep [bliːp] Piepton *m*

blemish ['blemɪʃ] **1.** Fehler *m*; Makel *m*; **2.** verunstalten

blend [blend] **1.** (sich) (ver)mischen; *Wein* verschneiden; **2.** Mischung *f*; *Verschnitt m*; **'~er** Mixer *m*

bless [bles] (**blessed** *od.* **blest**) segnen; (*God*) **~ you!** alles Gute!; Gesundheit!; **~ me!, ~ my soul!** F du meine Güte!; **~ed** ['~ɪd] selig, gesegnet; **'~ing** Segen *m*

blest [blest] *pret u. pp von* **bless**

blew [bluː] *pret von* **blow²**

blind [blaɪnd] **1.** blind (*fig. to* gegenüber); *Kurve etc.:* unübersichtlich; **2.** Rouleau *n*, Rollo *n*, Jalousie *f*; **the ~** *pl* die Blinden *pl*; **3.** blenden; blind machen (*fig. to* für, gegen); **~ alley** Sackgasse *f*; **'~fold** *j-m* die Augen verbinden; **~ spot** *mot.* Rückspiegel: toter Winkel

blink [blɪŋk] blinzeln, zwinkern; blinken

bliss [blɪs] (Glück)Seligkeit *f*

blister ['blɪstə] Blase *f*

blizzard ['blɪzəd] Blizzard *m*, Schneesturm *m*

bloated ['bləʊtɪd] aufgedunsen, aufgebläht

bloc [blɒk] *pol.* Block *m*

block [blɒk] **1.** Block *m*, Klotz *m*; Baustein *m*; (Bau)Klötzchen *n*; (*Schreib-, No-*

blockade 36

tiz)Block *m*; *bsd. Am.* (Häuser)Block *m*; Verstopfung *f*; *geistige* Sperre; *a. ~ of flats Brt.* Wohnhaus *n*; **2.** *a. ~ up* (ab-, ver)sperren, blockieren, verstopfen

blockade [blɔˈkeɪd] **1.** Blokkade *f*; **2.** blockieren

blockage [ˈblɔkɪdʒ] Blockade *f*; Blockierung *f*

block letters *pl* Blockschrift *f*

bloke [bləʊk] *Brt.* F Kerl *m*

blond [blɔnd] blond; hell

blood [blʌd] Blut *n*; Blut...; *in cold ~* kaltblütig; *~* **bank** Blutbank *f*; *~* **donor** Blutspender(in); *~* **group** Blutgruppe *f*; *'~less* blutlos, -leer; unblutig; *~* **poisoning** Blutvergiftung *f*; *~* **pressure** Blutdruck *m*; *~* **relation,** *~* **relative** Blutsverwandte *r, f*; *~* **sample** Blutprobe *f*; *'~shed* Blutvergießen *n*; *'~shot* blutunterlaufen; *'~stream* Blut(bahn *f*) *n*; *~* **transfusion** Bluttransfusion *f*; *~* **vessel** Blutgefäß *n*; *'~y* blutig; *Brt.* F verdammt, verflucht

bloom [bluːm] **1.** Blüte *f*; **2.** blühen

blossom [ˈblɔsəm] *bsd. bei Bäumen*: **1.** Blüte *f*; **2.** blühen

blot [blɔt] **1.** Klecks *m*; *fig.* Makel *m*; **2.** beklecksen; *fig.* beflecken

blotting paper [ˈblɔtɪŋ] Löschpapier *n*

blouse [blaʊz] Bluse *f*

blow[1] [bləʊ] Schlag *m*, Stoß *m*

blow[2] [~] (*blew, blown*) blasen, wehen; keuchen, schnaufen; explodieren; *Reifen*: platzen; *Sicherung*: durchbrennen; *~ one's nose* sich die Nase putzen; *~ up* (in die Luft) sprengen; *Foto* vergrößern; in die Luft fliegen; explodieren (*a. fig.*); *'~dry* fönen; *~n pp von* **blow**[2]; *'~out: they had a ~* mot. ihnen ist ein Reifen geplatzt; *'~up* Explosion *f*; *phot.* Vergrößerung *f*; F Wutausbruch *m*; Krach *m*

blue [bluː] blau; F melancholisch, traurig; *~bell bsd.* wilde Hyazinthe *f*; *~berry* [ˈ~bərɪ] Blau-, Heidelbeere *f*; *~print phot.* Blaupause *f*

blues [bluːz] *pl od. sing mus.* Blues *m*; F Melancholie *f*

bluff[1] [blʌf] Steilufer *n*

bluff[2] [~] bluffen

blunder [ˈblʌndə] **1.** Fehler *m*, Schnitzer *m*; **2.** e-n (groben) Fehler machen

blunt [blʌnt] stumpf; *fig.* offen; *'~ly* frei heraus

blur [blɜː] **1.** Fleck *m*; undeutlicher Eindruck, verschwommene Vorstellung; **2.** verwischen; verschmieren; *phot.* verwackeln; *Sinne* trüben

blush [blʌʃ] **1.** Erröten *n*; **2.** erröten, rot werden

boar [bɔː] Eber *m*; Keiler *m*

board [bɔːd] **1.** Brett *n*, Diele

f, Planke *f*; (*Anschlag-, Schach- etc.*)Brett *n*; (Wand-)Tafel *f*; Pappe *f*; Ausschuß *m*, Kommission *f*; Kost *f*, Verpflegung *f*; ~ **and lodging** Kost u. Logis, Wohnung u. Verpflegung; ~ (**of directors**) Vorstand *m*; Aufsichtsrat *m*; **on** ~ an Bord; im Zug od. Bus; **2.** dielen, täfeln, verschalen; an Bord gehen; einsteigen in; verpflegen; in Pension sein wohnen (**with** bei); '~**er** Kostgänger(in); Pensionsgast *m*; Internatsschüler(in)

'**boarding**| **card** *aer*. Bordkarte *f*; '~**house** Pension *f*, Fremdenheim *n*; ~ **pass** *aer*. Bordkarte *f*; ~ **school** Internat *n*

boast [bəʊst] **1.** Prahlerei *f*; Stolz *m*; **2.** prahlen

boat [bəʊt] Boot *n*; Schiff *n*

bob¹ [bɒb] sich auf u. ab bewegen

bob² [~] *Haare* kurz schneiden

bobby ['bɒbɪ] *Brt.* F Polizist: Bobby *m*

bobsleigh ['bɒbsleɪ] *a.* **bob-sled** *Sport:* Bob *m*

bodice ['bɒdɪs] Mieder *n*

bodily ['bɒdɪlɪ] körperlich

body ['bɒdɪ] Körper *m*; (*oft* **dead** ~) Leiche *f*; Körperschaft *f*, Gruppe *f*; Hauptteil *m*, Text(teil) *m*; *mot.* Karosserie *f*; '~**guard** Leibwache *f*; Leibwächter *m*; ~ **odo(u)r**

Körpergeruch *m*; '~**work** Karosserie *f*

bog [bɒg] Sumpf *m*, Morast *m*

bogus ['bəʊgəs] Schwindel...

boil¹ [bɔɪl] Geschwür *n*, Furunkel *m*, *n*

boil² [~] kochen, sieden; '~**er** Dampfkessel *m*; Boiler *m*; ~**er suit** Overall *m*

boisterous ['bɔɪstərəs] stürmisch; lärmend; wild

bold [bəʊld] kühn; dreist

bolster ['bəʊlstə] Keilkissen *n*

bolt [bəʊlt] **1.** Bolzen *m*; Riegel *m*; Blitz(strahl) *m*; **2.** *upright* kerzengerade; **3.** *v/t* verriegeln; *v/i* davonlaufen

bomb [bɒm] **1.** Bombe *f*; **2.** bombardieren

bond [bɒnd] *econ.* Schuldverschreibung *f*, Obligation *f*; *fig.* Bande *pl*

bone [bəʊn] Knochen *m*; Gräte *f*

bonfire ['bɒnfaɪə] Freudenfeuer *n*; Feuer *n* im Freien

bonnet ['bɒnɪt] Haube *f*; *Brt.* Motorhaube *f*

bonus ['bəʊnəs] Bonus *m*, Prämie *f*; Gratifikation *f*

book [bʊk] **1.** Buch *n*; Heft *n*, Liste *f*; Notizbuch *n*, -block *m*; **2.** *Reise etc.* buchen; *Eintritts-, Fahrkarte* lösen; *Zimmer etc.* (vor)bestellen; *Gepäck* aufgeben; ~ **in** *bsd. Brt.* sich (im *Hotel*) eintragen; ~ **in at** übernachten in; ~**ed up** ausgebucht, -verkauft, Ho-

bookable   38

tel: belegt; '**~able** im Vorverkauf erhältlich; '**~case** Bücherschrank *m*; '**~ing clerk** Fahrkartenverkäufer(in), Schalterbeamt|e *m*, -in *f*; '**~ing office** Fahrkartenschalter *m*; (*Theateretc*.)Kasse *f*, Vorverkaufsstelle *f*; '**~keeper** Buchhalter(in); '**~keeping** Buchhaltung *f*, -führung *f*; **~let** ['~lɪt] Broschüre *f*; '**~mark(er)** Lesezeichen *n*; '**~seller** Buchhändler(in); '**~shop** Buchhandlung *f*; '**~stall** Bücherstand *m*; Zeitungskiosk *m*, -stand *m*

boom¹ [buːm] Boom *m*, Aufschwung *m*, Hochkonjunktur *f*

boom² [~] dröhnen

boost [buːst] **1.** hochschieben; *Preise* in die Höhe treiben; *Produktion etc.* ankurbeln; *electr.* Spannung verstärken; *tech. Druck* erhöhen; *fig.* stärken, Auftrieb geben; **2.** Auftrieb *m*; (Ver)Stärkung *f*

boot [buːt] Stiefel *m*; *Brt. mot.* Kofferraum *m*

booth [buːð] (*Markt- etc*.)Bude *f*; (*Messe*)Stand *m*; (*Wahl- etc*.)Kabine *f*; (*Telefon*)Zelle *f*

'**bootlace** Schnürsenkel *m*

booze [buːz] F **1.** saufen; **2.** *von Alkohol*: Zeug *n*, Stoff *m*

border ['bɔːdə] **1.** Rand *m*; Einfassung *f*; Grenze *f*; **2.** einfassen; grenzen (**on** an)

bore¹ [bɔː] **1.** Bohrloch *n*; *tech.* Kaliber *n*; **2.** bohren

bore² [~] **1.** Langweiler *m*; *bsd. Brt.* F langweilige *od.* lästige Sache; **2.** *j-n* langweilen; **be ~d** sich langweilen

bore³ [~] *pret von* **bear²**

boring ['bɔːrɪŋ] langweilig

born [bɔːn] **1.** *pp von* **bear²**; **2.** *adj* geboren

borne [bɔːn] *pp von* **bear²**

borrow ['bɒrəʊ] (sich) *et.* (aus)borgen *od.* leihen

bosom ['buzəm] Busen *m*

boss [bɒs] F Boss *m*, Chef *m*; '**~y** herrisch

botan|ical [bə'tænɪkl] botanisch; **~y** ['bɒtənɪ] Botanik *f*

botch [bɒtʃ] verpfuschen

both [bəʊθ] beide(s); **~ of them** alle beide; **~ ... and** sowohl ... als (auch)

bother ['bɒðə] **1.** Belästigung *f*, Störung *f*, Mühe *f*; **2.** belästigen, stören; **don't ~!** bemühen Sie sich nicht!

bottle ['bɒtl] **1.** Flasche *f*; **2.** in Flaschen abfüllen; **~ bank** *Brt.* Altglascontainer *m*; '**~neck** *fig.* Engpaß *m*

bottom ['bɒtəm] Boden *m*, Berg: Fuß *m*; Unterseite *f*; Grund *m*; F Hintern *m*

bought [bɔːt] *pret u. pp von* **buy**

boulder ['bəʊldə] Felsbrokken *m*

bounce [baʊns] **1.** Sprung *m*, Satz *m*; **2.** *Ball*: aufprallen *od.* springen (lassen); sprin-

bramble

gen, hüpfen, stürmen; F
Scheck: platzen

bound¹ [baʊnd] **1.** *pret u. pp
von* bind; **2.** *adj:* be ~ to do
s.th. et. tun müssen

bound² [~] unterwegs (**for**
nach)

bound³ [~] **1.** Sprung *m*, Satz
m; **2.** springen, hüpfen; auf-,
abprallen

bound⁴ [~] **1.** *mst pl* Grenze *f*,
fig. a. Schranke *f*; **2.** begrenzen; **'~ary** Grenze *f*; **'~less**
grenzenlos

bouquet [buˈkeɪ] Bukett *n*,
Strauß *m*; *Wein:* Blume *f*

boutique [buːˈtiːk] Boutique *f*

bow¹ [baʊ] **1.** Verbeugung *f*;
2. *v/i* sich verbeugen (**to** vor);
v/t beugen, *Kopf* neigen

bow² [~] *mar.* Bug *m*

bow³ [bəʊ] Bogen *m*; Schleife *f*

bowel [ˈbaʊəl] Darm *m*, *pl a.*
Eingeweide *pl*

bowl¹ [bəʊl] Schale *f*, Schüssel *f*; *(Zucker)*Dose *f*; Napf
m; *(Pfeifen)*Kopf *m*

bowl² [~] **1.** *(Bowling-, Kegel-)*
Kugel *f*; **2.** Bowlingkugel rollen; *Kricketball* werfen;
'~ing Bowling *n*; Kegeln *n*;
~ing alley Bowling-, Kegelbahn *f*

box¹ [bɒks] Kasten *m*, Kiste *f*,
Büchse *f*; Schachtel *f*; *tech.*
Gehäuse *n*; Postfach *n*; *Brt.*
*(Telefon)*Zelle *f*; *jur.* Zeu-
genstand *m*; *thea.* Loge *f*; *für
Pferde od. Autos:* Box *f*; F
Fernseher: Kasten *m*

box² [~] **1.** boxen; ~ **s.o.'s
ears** j-n ohrfeigen; **2.** ~ **on
the ear** Ohrfeige *f*; *vor* Boxer *m*; **'~ing** Boxen *n*, Box-
sport *m*; **~ing Day** *Brt.* der
zweite Weihnachtsfeiertag

box office *thea. etc.* Kasse *f*

boy [bɔɪ] Junge *m*, Knabe *m*

boycott [ˈbɔɪkɒt] boykottieren

'boy|friend Freund *m* (*e-s
Mädchens*); **'~ish** jungenhaft; **~ scout** Pfadfinder *m*

bra [brɑː] Büstenhalter *m*; BH *m*

brace [breɪs] **1.** *tech.* Strebe *f*,
Stützbalken *m*; *(Zahn-)*
Klammer *f*, *(-)*Spange *f*; **2.**
Brt. Hosenträger *pl*; **2.** *tech.*
verstreben

bracelet [ˈbreɪslɪt] Armband *n*

bracket [ˈbrækɪt] *tech.* Träger
m, Halter *m*, Stütze *f*; *print.*
Klammer *f*

brag [bræɡ] prahlen

braid [breɪd] **1.** Zopf *m*; Borte
f, Tresse *f*; **2.** flechten

brain [breɪn] *anat.* Gehirn *n*,
oft pl fig. Verstand *m*;
'~storm: *have a* ~ *Brt.* F geistig weggetreten sein; *Am.* F
→ **brainwave**; **'~storming**
Brainstorming *n*; **~s trust**
Brt., **~ trust** *Am.* Berater-
gruppe; Brain-Trust *m*;
'~washing Gehirnwäsche *f*;
'~wave F Geistesblitz *m*

braise [breɪz] *gastr.* schmoren

brake [breɪk] **1.** Bremse *f*; **2.**
bremsen

bramble [ˈbræmbl] Brom-

beerstrauch m; Brombeere f
branch [brɑːntʃ] **1.** Ast m,
Zweig m; Branche f; Filiale f,
Zweigstelle f; fig. Zweig m;
2. oft ~ **off** sich verzweigen;
abzweigen
brand [brænd] (Handels-,
Schutz)Marke f, Warenzeichen n; Ware: Sorte f
brand-'new (funkel)nagelneu
brass [brɑːs] Messing n; ~
band Blaskapelle f
brassière ['bræsiə] Büstenhalter m
brat [bræt] Balg m, Gör n
brave [breiv] tapfer, mutig
brawl [brɔːl] Rauferei f
breach [briːtʃ] fig. Bruch m
bread [bred] Brot n
breadth [bredθ] Breite f
break [breik] **1.** Bruch m (a.
fig.); Pause f; Unterbrechung f; Umschwung m; F
Chance f; give s.o. a ~ j-m
e-e Chance geben; take a ~
e-e Pause machen; at ~ of
day bei Tagesanbruch; bad
~ F Pech n; lucky ~ F Dusel
m, Schwein n; **2.** (broke,
broken) v/t (ab-, auf-,
durch-, zer)brechen; zerschlagen, -trümmern, kaputtmachen; (a. ~ in) Tiere
zähmen, abrichten; Pferd
zureiten; Code etc. knacken;
Nachricht (schonend) mitteilen; v/i brechen, a. fig.;
(zer)brechen, (-)reißen, kaputtgehen; Wetter: umschlagen; Tag: anbrechen; ~ away

ab-, losbrechen; sich losreißen; ~ **down** ein-, niederreißen; Haus abreißen; zs.-brechen (a. fig.); tech. versagen,
mot. e-e Panne haben; scheitern; ~ **in** einbrechen, -dringen; Tür aufbrechen; ~ **off**
abbrechen; ~ **out** ausbrechen; ~ **up** abbrechen, beenden, schließen; (sich) auflösen; Ehe etc.: zerbrechen,
auseinandergehen; **~age**
['~idʒ] Bruch m; '**~down**
Zs.-bruch m; mot. Panne f
breakfast ['brekfəst] **1.** Frühstück n; have ~ → **2.** frühstücken
breast [brest] Brust f; '**~stroke** Brustschwimmen n
breath [breθ] Atem(zug) m;
Hauch m
breathalyse ['breθəlaiz] mot.
F (ins Röhrchen) blasen lassen; '**~r** mot. F Röhrchen n
breathe [briːð] atmen
breath|less ['breθlis] atemlos; '**~taking** atemberaubend
bred [bred] pret u. pp von
breed 2
breeches ['britʃiz] pl Kniebund-, Reithose f
breed [briːd] **1.** Rasse f,
Zucht f; **2.** (bred) sich fortpflanzen; Tiere etc. züchten;
'**~er** Züchter(in); Zuchttier
n; phys. Brüter m; '**~ing**
Fortpflanzung f; (Tier-)
Zucht f; Erziehung f
breeze [briːz] Brise f

brew [bru:] Bier brauen; Tee etc. zubereiten, aufbrühen; '~er Brauer m; ~ery ['bruǝrɪ] Brauerei f

bribe [braɪb] **1.** Bestechungsgeld n, -geschenk n; **2.** bestechen; ~ry ['~ǝrɪ] Bestechung f

brick [brɪk] Ziegel(stein) m, Backstein m; Brt. Baustein m; (Bau)Klötzchen n; '~layer Maurer m

bride [braɪd] Braut f; '~groom ['~grom] Bräutigam m; '~smaid ['~zmeɪd] Brautjungfer f

bridge [brɪdʒ] Brücke f

bridle ['braɪdl] **1.** Zaum m; **2.** (auf)zäumen; zügeln; ~ path Reitweg m

brief [bri:f] **1.** kurz; knapp; **2.** instruieren, genaue Anweisung geben; '~case Aktentasche f

briefs [bri:fs] pl Slip m

bright [braɪt] hell, glänzend, strahlend; heiter; gescheit; '~en, a. ~ up heller machen, auf-, erhellen; aufheitern; sich aufhellen; '~ness Helligkeit f; Glanz m; Gescheitheit f

brillian|ce, ~cy ['brɪljǝns, '~sɪ] Glanz m, Leuchten n; fig. Brillanz f; '~t **1.** glänzend; hervorragend, brillant; **2.** Brillant m

brim [brɪm] Rand m; Krempe f; ~ful(l) randvoll

bring [brɪŋ] (brought) (mit-, her)bringen; j-n dazu brin-

gen (to do zu tun); ~ about zustande bringen; bewirken; ~ forth hervorbringen; ~ round, ~ to Ohnmächtigen wieder zu sich bringen; ~ up Kind auf-, großziehen

brink [brɪŋk] Rand m (a. fig.)

brisk [brɪsk] flott; lebhaft

bristle ['brɪsl] **1.** Borste f; (Bart)Stoppel f; **2.** a. ~ up Fell: sich sträuben

British ['brɪtɪʃ] **1.** britisch; **2.** the ~ pl die Briten pl

brittle ['brɪtl] spröde

broad [brɔːd] breit; weit; Tag: hell; Wink etc.: deutlich; Witz: derb; Akzent: breit, stark; allgemein; '~cast **1.** (-cast od. -casted) im Rundfunk od. Fernsehen bringen; übertragen; senden; **2.** Rundfunk, TV: Sendung f; Übertragung f; '~caster Rundfunk-, Fernsehsprecher(in); '~en verbreitern, erweitern; '~jump Am. Weitsprung m; '~minded großzügig, tolerant

brochure ['brǝʊʃǝ] Broschüre f, Prospekt m

broke [brǝʊk] **1.** pret von break; **2.** F pleite, abgebrannt; ~n **1.** pp von break; **2.** zerbrochen, kaputt; gebrochen (a. fig.); zerrüttet; ~n-hearted untröstlich

broker ['brǝʊkǝ] Makler(in)

bronchitis [brɒŋ'kaɪtɪs] Bronchitis f

bronze [brɒnz] **1.** Bronze *f*; **2.** bronzefarben; Bronze...

brooch [brəʊtʃ] Brosche *f*

brood [bruːd] **1.** Brut *f*; Brut...; **2.** brüten (*a. fig.*)

brook [brʊk] Bach *m*

broom [bruːm] Besen *m*

broth [brɒθ] (Kraft-, Fleisch-)Brühe *f*

brothel ['brɒθl] Bordell *n*

brother ['brʌðə] Bruder *m*; **~s and sisters** *pl* Geschwister *pl*; **~-in-law** ['~rɪnlɔː] Schwager *m*; **~ly** brüderlich

brought [brɔːt] *pret u. pp von* **bring**

brow [braʊ] (Augen)Braue *f*; Stirn *f*

brown [braʊn] **1.** braun; **2.** bräunen; braun werden

browse [braʊz] grasen, weiden; **~ through a book** in e-m Buch schmökern

bruise [bruːz] **1.** Quetschung *f*, blauer Fleck; **2.** quetschen; Frucht anstoßen

brush [brʌʃ] **1.** Bürste *f*; Pinsel *m*; (*Hand*)Feger *m*; Unterholz *n*; **2.** bürsten; fegen; streifen; **~ up** Kenntnisse auffrischen, -frischen

brusque [bruːsk] barsch

Brussels sprouts [brʌsl'spraʊts] *pl* Rosenkohl *m*

brutal ['bruːtl] brutal; **~ity** ['~tælətɪ] Brutalität *f*

brute [bruːt] Scheusal *n*

bubble ['bʌbl] **1.** (*Luft- etc.*) Blase *f*; **2.** sprudeln

buck¹ [bʌk] **1.** Bock *m*; **2.** bocken

buck² [~] *Am. sl.* Dollar *m*

bucket ['bʌkɪt] Eimer *m*

buckle ['bʌkl] **1.** Schnalle *f*, Spange *f*; **2. ~ on** umschnallen

'buckskin Wildleder *n*

bud [bʌd] **1.** Knospe *f*; **2.** knospen

buddy ['bʌdɪ] F Kumpel *m*

budgerigar ['bʌdʒərɪgɑː] Wellensittich *m*

budget ['bʌdʒɪt] Budget *n*, Etat *m*

buff [bʌf] F *in Zssgn:* ...fan *m*; ...experte *m*

buffalo ['bʌfələʊ] (*pl* **~[o[e]s**) Büffel *m*

buffer ['bʌfə] *tech.* Puffer *m*

buffet¹ ['bʌfɪt] Büfett *n*, Anrichte *f*

buffet² ['bʊfeɪ] (*Frühstücks-etc.*)Büfett *n*, Theke *f*

bug [bʌg] **1.** *zo.* Wanze *f*; *Am.* Insekt *n*; F Bazillus *m*; *tech.* F Wanze *f*; F Defekt *m*, *Computer:* Fehler *m* im Programm; **2.** F Wanzen anbringen

buggy ['bʌgɪ] *Am.* Kinderwagen *m*

build [bɪld] **1.** (*built*) (er)bauen, errichten; **2.** Körperbau *m*, Statur *f*; **~er** Erbauer *m*; Bauunternehmer *m*; **~ing** Gebäude *n*, Bau...

built [bɪlt] *pret u. pp von* **build** **1**; **~-in** eingebaut, Einbau...; **~-up area** bebautes Gelände; Wohngebiet *n*

bulb [bʌlb] Zwiebel *f*, Knolle *f*; *electr.* (Glüh)Birne *f*

bulge [bʌldʒ] **1.** (Aus)Bauchung *f*, Ausbuchtung *f*; **2.** sich (aus)bauchen; hervorquellen

bulk [bʌlk] Umfang *m*, Größe *f*, Masse *f*; Großteil *m*; **~y** umfangreich; sperrig

bull [bʊl] Bulle *m*, Stier *m*; '**~dog** Bulldogge *f*; '**~doze** planieren

bullet ['bʊlɪt] Kugel *f*

bulletin ['bʊlətɪn] Bulletin *n*, Tagesbericht *m*; **~ board** *Am.* Schwarzes Brett

bullock ['bʊlək] Ochse *m*; '**~'s-eye: hit the ~** ins Schwarze treffen (*a. fig.*)

bully ['bʊlɪ] **1.** Tyrann *m*; **2.** tyrannisieren

bum [bʌm] *Am.* F **1.** Gammler *m*; Tippelbruder *m*; Saukerl *m*; **2.** schnorren; **~ around, ~ about** herumgammeln

bumblebee ['bʌmblbiː] Hummel *f*

bump [bʌmp] **1.** heftiger Schlag *m*; Stoß *m*; Beule *f*; Unebenheit *f*; **2.** stoßen; rammen; prallen; zs.-stoßen; holpern; '**~er** Stoßstange *f*; '**~y** holp(e)rig, uneben

bun [bʌn] süßes Brötchen *n*; (Haar)Knoten *m*

bunch [bʌntʃ] Bündel *n*, Bund *n*; F Verein *m*, Haufen *m*; **~ of flowers** Blumenstrauß *m*; **~ of grapes** Weintraube *f*

bundle ['bʌndl] **1.** Bündel *n*, Bund *n*; **2.** *a.* **~ up** bündeln

bungalow ['bʌŋgələʊ] Bungalow *m*

bungle ['bʌŋgl] verpfuschen

bunk [bʌŋk] Koje *f*; **~ bed** Etagenbett *n*

bunny ['bʌnɪ] Häschen *n*

buoy [bɔɪ] Boje *f*

burden ['bɜːdn] **1.** Last *f*, *fig. a.* Bürde *f*; **2.** belasten

burger ['bɜːgə] *gastr.* Hamburger *m*

burglar ['bɜːglə] Einbrecher *m*; **~ize** ['~raɪz] *Am.* → **burgle**; **~ary** [*f*] Einbruch *m*; **~e** ['~gl] einbrechen (in)

burial ['berɪəl] Begräbnis *n*, Beerdigung *f*

burly ['bɜːlɪ] stämmig

burn [bɜːn] **1.** Verbrennung *f*, Brandwunde *f*; Brandstelle *f*; **2.** (**burnt** *od.* **burned**) (ver-, an)brennen; **~t** [~t] *pret u. pp von* **burn** 2

burp [bɜːp] F rülpsen

burst [bɜːst] **1.** (**burst**) bersten, (zer)platzen; zerspringen; (auf)sprengen, zum Platzen bringen; **into tears** in Tränen ausbrechen; **2.** Bersten *n*, Platzen *n*; *fig.* Ausbruch *m*

bury ['berɪ] ver-, begraben; verschütten; beerdigen

bus [bʌs] Bus *m*

bush [bʊʃ] Busch *m*, Strauch *m*

bushy ['bʊʃɪ] buschig

business ['bɪznɪs] Geschäft *n*

Arbeit f, Beschäftigung f; Beruf m; Angelegenheit f; Sache f; Aufgabe f; **on ~** geschäftlich, beruflich; *that's none of your ~* das geht Sie nichts an; → *mind* 2; **~ hours** *pl* Geschäftszeit f; **'~like** sachlich; **'~man** (*pl* **-men**) Geschäftsmann m; **~ trip** Geschäftsreise f; **'~woman** (*pl* **-women**) Geschäftsfrau f

bus stop Bushaltestelle f
bust¹ [bʌst] Büste f
bust² [~]: **go ~** F pleite gehen
bustle ['bʌsl] **1.** geschäftiges Treiben; **2.** geschäftig hin u. her eilen

busy ['bɪzɪ] **1.** beschäftigt; geschäftig, fleißig; *Straße:* belebt; *Tag:* arbeitsreich; *Am. teleph.* besetzt; **be ~ doing s.th.** damit beschäftigt sein, et. zu tun; **2.** (**~ o.s.**) sich beschäftigen

but [bʌt] **1.** *cj* aber, jedoch; sondern; allein; **~ then** (*again*) and(e)rerseits; *he could not ~ laugh* er mußte einfach lachen; **2.** *prp* außer; *all ~ him* alle außer ihm; *the last ~ one* der vorletzte; *the next ~ one* der übernächste; *nothing ~* nichts als

butcher ['butʃə] Fleischer m
butler ['bʌtlə] Butler m
butter ['bʌtə] **1.** Butter f; **2.** mit Butter bestreichen; **'~cup** Butterblume f; **'~fly** Schmetterling m

buttocks ['bʌtəks] *pl* Gesäß n
button ['bʌtn] **1.** Knopf m; Button m, (Ansteck)Plakette f; **2.** *mst* **~ up** zuknöpfen; **'~hole** Knopfloch n
buttress ['bʌtrɪs] Strebepfeiler m
buxom ['bʌksəm] drall
buy [baɪ] (**bought**) (an-, ein)kaufen; **~er** Käufer(in)
buzz [bʌz] **1.** Summen n, Surren n; **2.** summen, surren
buzzard ['bʌzəd] Bussard m
buzzer ['bʌzə] Summer m
by [baɪ] **1.** *prp räumlich:* (nahe *od.* dicht) bei *od.* an, neben (*side ~ side* Seite an Seite); vorbei *od.* vorüber an; *zeitlich:* bis um, bis spätestens; *Tageszeit:* während, bei (*~ day* bei Tage); per, mit, durch (*~ bus* mit dem Bus); nach, ...weise (*~ the dozen* dutzendweise); nach, gemäß (*~ my watch* nach *od.* auf m-r Uhr); von (*~ nature* von Natur aus); *Urheber, Ursache:* von, durch (*a play ~* ... ein Stück von ...; *~ o.s.* allein); um (*~ an inch* um 1 Zoll); *math.* mal (*2 ~ 4*); *math. geteilt* durch (*6 ~ 3*); **2.** *adv* vorbei, vorüber (→ *go by, pass by*); nahe, dabei, beiseite (→ *put by*)
by... bei Neben...; **by-...**
bye [baɪ], *a.* **'~'bye** *int* F Wiedersehen!, Tschüs!
'by|-election Nachwahl f; **'~gone 1.** vergangen; **2.** *let*

call

~s *be* **~s** laß(t) das Vergangene ruhen; **'~pass** Umgehungsstraße *f;* Umleitung *f; med.* Bypass *m;* **'~product** Nebenprodukt *n;* **'~road**

Neben-, Seitenstraße *f;* **'~stander** Zuschauer(in) **byte** [baɪt] *Computer:* Byte *n* **by|way** ['baɪweɪ] → *byroad;* **'~word** Inbegriff *m*

C

cab [kæb] Taxi *n*
cabbage ['kæbɪdʒ] Kohl *m*
cabin ['kæbɪn] Hütte *f;* Kabine *f; mar. a.* Kajüte *f*
cabinet ['kæbɪnɪt] *pol.* Kabinett *n;* (*Kartei- etc.*)Schrank *m;* Vitrine *f*
cable ['keɪbl] **1.** Kabel *n* (*a. electr.*), (Draht)Seil *n;* **2.** telegrafieren; kabeln; *TV* verkabeln; **~ car** Seilbahn *f*
cab| rank, '**~stand** Taxistand *m*
cackle ['kækl] gackern, schnattern
cactus ['kæktəs] (*pl* **-tuses, -ti** ['~taɪ]) Kaktus *m*
café ['kæfeɪ] Café *n*
cafeteria [kæfɪ'tɪərɪə] Cafeteria *f, a.* Kantine *f*
cage [keɪdʒ] **1.** Käfig *m; Bergbau:* Förderkorb *m;* **2.** einsperren
cake [keɪk] Kuchen *m,* Torte *f; Schokolade:* Tafel *f; Seife:* Stück *n,* Riegel *m*
calamity [kə'læmətɪ] Katastrophe *f*
calculat|e ['kælkjʊleɪt] berechnen; kalkulieren, schätzen; **~ion** [~'leɪʃn] Berech-

nung *f* (*a. fig.*), Kalkulation *f;* '**~or** *Gerät:* Rechner *m*
calendar ['kælɪndə] Kalender *m*
calf¹ [kɑːf] (*pl* **calves** [~vz])
calf² [~] (*pl* **calves** [~vz]) Kalb *n*
calibre, calibrate *Am.* **-ber** ['kælɪbə] Kaliber *n*
call [kɔːl] **1.** Ruf *m; teleph.* Anruf *m,* Gespräch *n; aer., Computer:* Aufruf *m;* Aufforderung *f;* (kurzer) Besuch; **on ~** auf Abruf, in Bereitschaft; **make a ~** telefonieren; **2.** *v/t* rufen; (ein)berufen; *teleph.* j-n anrufen; *aer., Computer:* aufrufen; nennen; wecken; *Aufmerksamkeit* lenken (*to* auf); *v/i* rufen; *teleph.* anrufen; **be ~ed** heißen; **~ s.o. names** j-n beschimpfen, j-n beleidigen; **~ at** gehen zu, besuchen; *rail.* halten in; *Hafen* anlaufen; **~ back** wiederkommen; *teleph.* zurückrufen; **~ for** rufen nach; um *Hilfe* rufen; erfordern, verlangen; *et.* anfordern; *et.* abholen; **~ off** absagen; **~ on s.o.** j-n besuchen;

box Telefonzelle f; '~er An-
rufer(in); Besucher(in)

callous ['kæləs] schwielig; fig.
gefühl-, herzlos

calm [kɑːm] **1.** still, ruhig;
windstill; **2.** (Wind)Stille f;
Ruhe f; **3.** oft ~ **down** besänftigen, (sich) beruhigen

calorie ['kælərɪ] Kalorie f

calves [kɑːvz] pl von calf¹,²

came [keɪm] pret von come

camel ['kæml] Kamel n

camera ['kæmərə] Kamera f,
Fotoapparat m

camomile ['kæməʊmaɪl] Kamille f

camouflage ['kæməflɑːʒ] **1.**
Tarnung f; **2.** tarnen

camp [kæmp] **1.** Lager n; **2.**
zelten, campen

campaign [kæm'peɪn] **1.** mil.
Feldzug m, fig. a. Kampagne
f; pol. Wahlkampf m; **2.** Am.
kandidieren

camp| chair Klapp-, Cam-
pingstuhl m; '~er Cam-
per(in), Zeltler(in); Am.
Campingbus m; '~ground
bsd. Am. → campsite; '~ing
Camping n, Zelten n; '~site
Lagerplatz m; Camping-,
Zeltplatz m

can¹ [kæn] v/aux (pret could)
ich, du etc. kann(st) etc.

can² [~] **1.** (Blech)Kanne f;
(Blech-, Konserven)Dose f,
(-)Büchse f; **2.** eindosen

Canadian [kə'neɪdjən] **1.** ka-
nadisch; **2.** Kanadier(in)

canal [kə'næl] Kanal m

canary [kə'neərɪ] Kanarienvogel m

cancel ['kænsl] (durch-,
aus)streichen; Fahrschein
etc. entwerten; rückgängig
machen; Abonnement etc.
kündigen; absagen

cancer ['kænsə] Krebs m

candid ['kændɪd] offen

candidate ['kændɪdət] Kan-
didat(in), Bewerber(in)

candle ['kændl] Kerze f;
'~stick Kerzenleuchter m

cando(u)r ['kændə] Offenheit
f, Aufrichtigkeit f

candy ['kændɪ] bsd. Am. Süßigkeiten pl; Bonbon m, n

cane [keɪn] bot. Rohr n;
Stock m

canned [kænd] Dosen...,
Büchsen...; ~ **fruit** Obstkon-
serven pl

cannon ['kænən] (pl ~[s]) Kanone f

cannot ['kænɒt] ich, du etc.
kann(st) etc. nicht

canny ['kænɪ] gerissen, schlau

canoe [kə'nuː] Kanu n

can opener bsd. Am. → tin
opener

canopy ['kænəpɪ] Baldachin m

cant [kænt] Jargon m

can't [kɑːnt] → cannot

canteen [kæn'tiːn] Kantine f;
Feldflasche f; Brt. Be-
steck(kasten m) n

canter ['kæntə] **1.** kurzer Galopp: Kanter m; **2.** kantern

canvas ['kænvəs] Segel-
tuch n; Zeltleinwand f;

paint. Leinwand *f*

canyon ['kænjən] Cañon *m*

cap [kæp] Kappe *f*, Mütze *f*, Haube *f*; (Verschluß)Kappe *f*, (Schutz)Haube *f*; Deckel *m*

capability [keɪpə'bɪlətɪ] Fähigkeit *f*; **~le** fähig (*of* zu)

capacity [kə'pæsətɪ] (Raum-)Inhalt *m*; Fassungsvermögen *n*, Kapazität *f*; (Leistungs)Fähigkeit *f*

cape[1] [keɪp] Kap *n*

cape[2] [~] Cape *n*, Umhang *m*

capital ['kæpɪtl] **1.** Hauptstadt *f*; Großbuchstabe *m*; *econ.* Kapital *n*; **2.** Kapital...; Haupt...; großartig

capitalism ['kæpɪtəlɪzəm] Kapitalismus *m*; **~t** Kapitalist *m*

capital letter Großbuchstabe *m*; **~ punishment** Todesstrafe *f*

capitulate [kə'pɪtʃʊleɪt] kapitulieren

capricious [kə'prɪʃəs] launenhaft

capsize [kæp'saɪz] kentern

capsule ['kæpsjuːl] Kapsel *f*

captain ['kæptɪn] Kapitän *m*; *mil.* Hauptmann *m*

caption ['kæpʃn] Überschrift *f*; Bildunterschrift *f*; *Film:* Untertitel *m*

captivate ['kæptɪveɪt] *fig.* gefangennehmen, fesseln; **~e** Gefangene *m, f*; **~ity** [~'tɪvətɪ] Gefangenschaft *f*

capture ['kæptʃə] fangen, gefangennehmen

car [kɑː] Auto *n*, Wagen *m*;

Ballon: Gondel *f*; *Aufzug:* Kabine *f*

caravan ['kærəvæn] Karawane *f*; *Brt.* Wohnwagen *m*

caraway ['kærəweɪ] Kümmel *m*

carbohydrate [kɑːbəʊ'haɪdreɪt] Kohle(n)hydrat *n*

carbon ['kɑːbən] Kohlenstoff *m*; *a.* **~ copy** Durchschlag *m*; *a.* **~ paper** Kohlepapier *f*

carburet(t)er, **~et(t)or** [kɑːbə'retə] *mot.* Vergaser *m*

card [kɑːd] Karte *f*; **~board** Pappe *f*

cardiac ['kɑːdɪæk] Herz...

cardigan ['kɑːdɪgən] Strickjacke *f*

cardinal ['kɑːdɪnl] **1.** hauptsächlich, Haupt...; **2.** Kardinal *m*; **~ number** Grundzahl *f*

card index Kartei *f*

care [keə] **1.** Sorge *f*; Sorgfalt *f*, Vorsicht *f*; Obhut *f*, Fürsorge *f*; Pflege *f*; **~ of** (*abbr. c/o*) Adresse: bei ...; **take ~!** aufpassen auf; aufpassen auf; *with* **~!** Vorsicht!; **2.** sich sorgen, sich kümmern (*about* um); Interesse haben (*for* an); **~ for** sorgen für, sich kümmern um; **I don't ~!** meinetwegen

career [kə'rɪə] Karriere *f*

'care|free sorgenfrei; **~ful** vorsichtig; sorgfältig; *be* **~!** paß auf!, gib acht!; **~less** nachlässig; unachtsam

caress [kə'res] **1.** Liebkosung

caretaker   48

f; **2.** liebkosen; streicheln

'care|taker Hausmeister *m;*
'_worn abgehärmt

cargo ['kɑ:gəʊ] *(pl* **-go[e]s**
Ladung *f*

caricature ['kærɪkətjʊə] Karikatur *f*

carnation [kɑ:'neɪʃn] Nelke *f*

carnival ['kɑ:nɪvl] Karneval *m*

carol ['kærəl] Weihnachtslied *n*

carp [kɑ:p] Karpfen *m*

car park *Brt.* Parkplatz *m;*
Parkhaus *n*

carpenter ['kɑ:pəntə] Zimmermann *m*

carpet ['kɑ:pɪt] Teppich *m*

car pool Fuhrpark *m;* Fahrgemeinschaft *f*

carriage ['kærɪdʒ] Kutsche *f;
Brt. rail.* (Personen)Wagen
m; Transport(kosten *pl) m*

carrier ['kærɪə] Spediteur *m;
Fahrrad etc.:* Gepäckträger
m; **_ bag** *bsd. Brt.* Trag(e)tasche *f,* -tüte *f*

carrot ['kærət] Karotte *f,*
Mohrrübe *f*

carry ['kærɪ] tragen; befördern; bei sich haben *od.* tragen; **_ on** fortführen, -setzen;
betreiben; **_ out,** **_ through**
durch-, ausführen; **_cot** *Brt.*
(Baby)Trag(e)tasche *f*

cart [kɑ:t] Karren *m*

cartilage ['kɑ:tɪlɪdʒ] Knorpel *m*

carton ['kɑ:tən] (Papp)Karton *m;* Milch: Tüte *f; Zigaretten:* Stange *f*

cartoon [kɑ:'tu:n] Cartoon
m, n; Karikatur *f;* Zeichen-

trickfilm *m*

cartridge ['kɑ:trɪdʒ] Patrone
f; phot. (Film)Patrone *f,*
(-)Kassette *f; Plattenspieler:*
Tonabnehmer *m*

carve [kɑ:v] *Fleisch* zerlegen,
tranchieren; schnitzen; meißeln; **_er** (Holz)Schnitzer
m; Bildhauer *m;* **'_ing**
Schnitzerei *f*

car wash Autowäsche *f;*
Waschanlage *f,* -straße *f*

case¹ [keɪs] Kiste *f,* Kasten *m;*
Koffer *m;* Etui *n*

case² [~] Fall *m (a. med., jur.);*
in _ (that) falls

cash [kæʃ] **1.** Bargeld *n;* Barzahlung *f;* **_ down** gegen bar;
in _ bar; **_ in advance** gegen
Vorauszahlung; **_ on delivery** *(abbr. COD)* (per) Nachnahme; **short of _** knapp bei
Kasse; **2.** *Scheck etc.* einlösen; **_ desk** *Warenhaus etc.:*
Kasse *f;* **_ dispenser** Geldautomat *m;* **_ier** [~'ʃɪə] Kassierer(in)

cask [kɑ:sk] Faß *n*

casket ['kɑ:skɪt] Kästchen *n;
bsd. Am.* Sarg *m*

cassette [kə'set] (Film-,
Band- *etc.*)Kassette *f;* **_
deck** Kassettendeck *n;* **_ radio** Radiorecorder *m;* **_ recorder** Kassettenrecorder *m*

cassock ['kæsək] Soutane *f*

cast [kɑ:st] **1.** Wurf *m; tech.*
Guß(form *f) m;* Abguß *m,*
Abdruck *m; med.* Gips(verband) *m; thea.* Besetzung *f;*

49   **cautious**

2. (*cast*) (ab-, aus)werfen;
tech. gießen, formen; *thea.*
Stück besetzen; *Rollen* verteilen (*to* an); *be ~ down* niedergeschlagen *od.* deprimiert
sein; *~ off mar.* losmachen;
Maschen abnehmen

caste [kɑːst] Kaste *f*

caster → **castor**

cast| **iron** Gußeisen *n*; **~·'iron**
gußeisern

castle ['kɑːsl] Burg *f*; Schloß
n; *Schach:* Turm *m*

castor ['kɑːstə] Laufrolle *f*;
(Salz- *etc.*)Streuer *m*; *~ oil*
Rizinusöl *n*

castrate [kæ'streit] kastrieren

casual ['kæʒʊəl] zufällig; gelegentlich; *Bemerkung:* beiläufig; *Blick:* flüchtig; lässig;
~ wear Freizeitkleidung *f*;
~·ty [*'-.ti*] Verletzte *m, f*; Ver-
unglückte *m, f*; *mil.* Verwun-
dete *m*, Gefallene *m*; **casualties** *pl* Opfer *pl* (*e-r Katastrophe*), *mil.* Verluste *pl*; *a. ~
ward* Unfallstation *f*

cat [kæt] Katze *f*

catalogue, *Am.* **-log** ['kætə-
lɒg] **1.** Katalog *m*; **2.** katalo-
gisieren

catalytic converter [kætə'lɪtɪk
kən'vɜːtə] *mot.* Katalysator *m*

catarrh [kə'tɑː] Katarrh *m*

catastrophe [kə'tæstrəfɪ] Katastrophe *f*

catch [kætʃ] **1.** Fangen *n*;
Fang *m*, Beute *f*; Haken *m*
(*a. fig.*); (*Tür*)Klinke *f*; Verschluß *m*; **2.** (*caught*) *v/t*

(auf-, ein)fangen; packen,
fassen, ergreifen; erwischen;
Zug etc. (noch) kriegen; verstehen; hängenbleiben mit;
sich *~ e-r Krankheit* infizieren; (*a*) *cold* sich erkälten; *v/i*
sich verfangen, hängenblei-
ben; klemmen; *~ up (with*)
einholen; **'~·er** Fänger *m*;
'~·ing packend; *med.* anstek-
kend (*a. fig.*); **'~·word**
Schlagwort *n*; Stichwort *n*

category ['kætəgərɪ] Kategorie *f*

cater ['keitə] Speisen u. Getränke liefern (*for* für); sorgen (*for* für); **~·er** ['~·rə] Lieferant *m od.* Lieferfirma *f* für
Speisen u. Getränke

caterpillar ['kætəpɪlə] Raupe
f; *~ tractor TM* Raupen-
schlepper *m*

cathedral [kə'θiːdrəl] Dom
m, Kathedrale *f*

Catholic ['kæθəlɪk] **1.** katho-
lisch; **2.** Katholik(in)

catkin ['kætkɪn] *bot.* Kätzchen *n*

cattle ['kætl] (Rind)Vieh *n*

caught [kɔːt] *pret u. pp von*
catch 2

cauliflower ['kɒlɪflaʊə] Blu-
menkohl *m*

cause [kɔːz] **1.** Ursache *f*,
Grund *m*; Sache *f*; **2.** verursachen; veranlassen

caution ['kɔːʃn] **1.** Vorsicht *f*;
Warnung *f*; Verwarnung *f*;
2. warnen; verwarnen

cautious ['kɔːʃəs] vorsichtig

cave 50

cave [keɪv] Höhle *f*

cavern ['kævən] Höhle *f*

cavity ['kævətɪ] Loch *n*

CD [siː'diː] (*abbr. für* **compact disc**) CD(-Platte) *f*

cease [siːs] aufhören; beenden; **~'fire** Feuereinstellung *f*; Waffenstillstand *m*

ceiling ['siːlɪŋ] Decke *f*

celebrate ['selɪbreɪt] feiern; **'~ed** berühmt (*for* für, wegen); **~ion** [~'breɪʃn] Feier *f*

celebrity [sɪ'lebrətɪ] Berühmtheit *f*

celery ['selərɪ] Sellerie *m*, *f*

cell [sel] Zelle *f*

cellar ['selə] Keller *m*

cello ['tʃeləʊ] Cello *n*

cellophane ['seləʊfeɪn] *TM* Zellophan *n*

cement [sɪ'ment] **1.** Zement *m*; Kitt *m*; **2.** zementieren; (ver)kitten

cemetery ['semɪtrɪ] Friedhof *m*

censor ['sensə] zensieren

cent [sent] *Am.* Cent *m*

centenary [sen'tiːnərɪ], *Am.* **~nial** [~'tenjəl] Hundertjahrfeier *f*

center *Am.* → **centre**

centigrade ['sentɪgreɪd]: **10 degrees ~** 10 Grad Celsius; **'~metre**, *Am.* **'~meter** Zentimeter *m*, *n*

central ['sentrəl] zentral; Haupt...; Zentral...; Mittel(punkts)...; **~ heating** Zentralheizung *f*; **'~ize** zentralisieren; **~ processing unit** (*abbr.* **CPU**) Compu-

ter: Zentraleinheit *f*

centre, *Am.* **-ter** ['sentə] **1.** Mitte *f*, *a. fig.* Zentrum *n*, Mittelpunkt *m*; **2.** *tech.* zentrieren

century ['sentʃʊrɪ] Jahrhundert *n*

ceramics [sɪ'ræmɪks] *pl* Keramik *f*

cereal ['sɪərɪəl] **1.** Getreide...; **2.** Getreide(pflanze *f*) *n*; Getreideflocken *pl*

ceremony ['serɪmənɪ] Zeremonie *f*; Feier *f*

certain ['sɜːtn] sicher; bestimmt; gewiß; *a ~* **Mr S.** ein gewisser Herr S.; **'~ly** sicher, bestimmt; *Antwort:* aber sicher, natürlich; **'~ty** Sicherheit *f*, Bestimmtheit *f*

certificate [sə'tɪfɪkət] Bescheinigung *f*, Attest *n*; Zeugnis *n*; **~ of birth** Geburtsurkunde *f*; **~fy** ['sɜːtɪfaɪ] *et.* bescheinigen

chafe [tʃeɪf] warm reiben; (sich) aufreiben

chaffinch ['tʃæfɪntʃ] Buchfink *m*

chain [tʃeɪn] **1.** Kette *f*; **2.** (an)ketten; fesseln

chair [tʃeə] Stuhl *m*, Sessel *m*; *fig.* Vorsitz *m*; **~ lift** Sessellift *m*; **'~man** (*pl* **-men**) Vorsitzende *m*; **'~woman** (*pl* **-women**) Vorsitzende *f*

chalk [tʃɔːk] Kreide *f*

challenge ['tʃælɪndʒ] **1.** Herausforderung *f*; **2.** herausfordern; **'~r** *bsd. Sport:* Her-

chart

ausforderer *m*, -forderin *f*
chamber ['tʃeɪmbə] Kammer
f; '**.maid** Zimmermädchen *n*
chamois ['ʃæmwaː] Gemse *f*,
a. ~ **leather** [*mst* '-ʃæmɪ] Sä-
mischleder *n*; Fensterleder *n*
champagne [ʃæm'peɪn]
Champagner *m*; Sekt *m*
champion ['tʃæmpjən] *Sport*:
Meister(in) *f*; Verfechter(in)
f; '**.ship** Meisterschaft *f*
chance [tʃɑːns] **1.** Zufall *m*;
Chance *f*, (günstige) Gelegenheit; Aussicht *f* (**of** auf);
Möglichkeit *f*; **by** ~ zufällig;
take a ~ es darauf ankommen lassen; **take no** ~**s** nichts
riskieren (wollen); **2.** riskieren; **3.** zufällig
chancellor ['tʃɑːnsələ] Kanz-
ler *m*
chandelier [ʃændə'lɪə] Kronleuchter *m*
change [tʃeɪndʒ] **1.** (sich)
(ver)ändern *od.* verwandeln;
wechseln; (ver)tauschen;
Geld (um)wechseln; *Teile*
(aus)wechseln; *mot.*, *tech.*
schalten; sich umziehen; ~
(*trains, planes etc.*) umsteigen; **2.** (Ver)Änderung *f*,
Wechsel *m*; Abwechslung *f*;
(Aus)Tausch *m*; Wechsel-
geld *n*; Kleingeld *n*; **for a** ~
zur Abwechslung
channel ['tʃænl] Kanal *m*
chaos ['keɪɒs] Chaos *n*; **.tic**
[-'ɒtɪk] chaotisch
chap [tʃæp] F Bursche *m*
chapel ['tʃæpl] Kapelle *f*

chaplain ['tʃæplɪn] Kaplan *m*
chapped [tʃæpt] *Hände, Lippen*: aufgesprungen, rissig
chapter ['tʃæptə] Kapitel *n*
char [tʃɑː] verkohlen
character ['kærəktə] Charakter *m*; Ruf *m*, Leumund *m*;
Roman etc.: Figur *f*, Gestalt
f, *pl a.* Charaktere *pl*;
Schriftzeichen *n*, Buchstabe
m; **.istic** [-'rɪstɪk] **1.** charak-
teristisch (**of** für); **2.** charakteristisches Merkmal; **.ize**
['-raɪz] charakterisieren
charge [tʃɑːdʒ] **1.** *Batterie
etc.* (auf)laden, *Gewehr etc.*
laden; *j-n* beschuldigen *od.*
anklagen (**with** e-r *Sache*, *a.
jur.*); *econ. j-n* belasten (**with**
mit *e-m Betrag*); beauftra-
gen; berechnen, verlangen,
fordern (**for** für); ~ **at** losgehen auf; **2.** *Batterie, Gewehr
etc.*: Ladung *f*; Preis *m*; Forderung *f*; Gebühr *f*; *a. pl* Un-
kosten *pl*, Spesen *pl*; Beschuldigung *f*, *a. jur.* Ankla-
ge(punkt *m*) *f*; Schützling *m*;
free of ~ kostenlos; **be in** ~ **of**
verantwortlich sein für
charit|able ['tʃærətəbl] wohl-
tätig; nachsichtig; '**.y** Nächstenliebe *f*; Wohltätigkeit *f*
charm [tʃɑːm] **1.** Charme *m*,
Zauber *m*; Talisman *m*,
Amulett *n*; **2.** bezaubern;
.ing charmant, bezaubernd
chart [tʃɑːt] (*See-*, *Himmels-*,
Wetter-)Karte *f*; Diagramm
n, Schaubild *n*; *pl* Charts

pl, Hitliste(n *pl*) *f*

charter ['tʃɑːtə] **1.** Urkunde *f*; Charta *f*; Chartern *n*; **2.** chartern; **~ flight** Charterflug *m*

charwoman ['tʃɑːwʊmən] (*pl -women*) Putzfrau *f*

chase [tʃeɪs] **1.** jagen, Jagd machen auf; rasen, rennen; *a.* **~ away** verjagen, -treiben; **2.** (Hetz)Jagd *f*

chasm ['kæzəm] Kluft *f*, Abgrund *m* (*a. fig.*)

chassis ['ʃæsi] (*pl ~* ['~siz]) Fahrgestell *n*

chaste [tʃeɪst] keusch

chat [tʃæt] F **1.** plaudern, schwatzen; **2.** Schwatz(en *n*) *m*; **~ show** Talk-Show *f*

chatter ['tʃætə] **1.** plappern, schwatzen, schnattern; *Zähne:* klappern; **2.** Geplapper *n*, Geschnatter *n*; *Zähne:* klappern *n*; **~box** F Plappermaul *n*

chatty ['tʃæti] F geschwätzig

chauffeur ['ʃəʊfə] Chauffeur *m*

cheap [tʃiːp] billig; schäbig, gemein

cheat [tʃiːt] **1.** betrügen; **2.** Betrug *m*, Schwindel *m*

check [tʃek] **1.** Schach(stellung *f*) *n*; Hemmnis *n*, Hindernis *n* (*on* für); Einhalt *m*; Kontrolle *f*, Überprüfung *f*; *Am.* Scheck *m* (*for* über); *Am.* Kassenzettel *m*, Rechnung *f*; Kontrollabschnitt *m*, -schein *m*; *Am.* Gepäckschein *m*; *Am.* Garderobenmarke *f*; Schachbrett-, Karomuster *n*; karierter Stoff;

hold *od.* **keep in ~** *fig.* in Schach halten; **keep a ~ on** unter Kontrolle halten; **2.** *v/i* (plötzlich) innehalten; **~ in** sich (*in e-m Hotel*) anmelden; einstempeln; *aer.* einchecken; **~ out** *aus e-m Hotel* abreisen; ausstempeln; **~ up** (*on*) *e-e Sache* nachprüfen, *e-e Sache*, *j-n* überprüfen; *v/t* Schach bieten; hemmen, hindern; drosseln, bremsen; zurückhalten; checken, kontrollieren, überprüfen; *Am. auf e-r Liste* abhaken; *Am.* in der Garderobe abgeben; (als Reisegepäck) aufgeben; **~book** *Am.* Scheckbuch *n*, -heft *n*; **~ card** *Am.* Scheckkarte *f*; **~ed** kariert

checker|board ['tʃekəbɔːd] *Am.* Dame-, Schachbrett *n*; **~ed** *Am.* → **chequered**; **~s** *sg Am.* Dame(spiel *n*) *f*

'check|-in Anmeldung *f* (*in e-m Hotel*); Einstempeln *n*; *aer.* Einchecken *n*; **~ counter** *aer.* Abfertigungsschalter *m*; **~ing account** *Am.* Girokonto *n*; **~list** Check-, Kontrolliste *f*; **~mate 1.** (Schach)Matt *n*; **2.** (schach)matt setzen; **~out** Abreise *f* (*aus e-m Hotel*); Ausstempeln *n*; Kasse *f*; **~point** Kontrollpunkt *m*; **~room** *Am.* Garderobe(nraum *m*) *f*; *Am.* Gepäckaufbewahrung *f*; **~up** *med.* F Check-up *m*

cheek [tʃiːk] Backe *f*, Wange

f; F Frechheit *f*; '**_bone** Backenknochen *m*; '**_y** frech

cheer [tʃɪə] **1.** Hoch(ruf *m*) *n*, Beifall(sruf) *m*; Auf-, Ermunterung *f*; **_s!** *Brt.* F prost!; **2.** *v/t* Beifall spenden, hochleben lassen; *a.* **_on** anspornen, anfeuern; *a.* **_up** aufmuntern, aufheitern; *v/i* Beifall spenden, jubeln; *a.* **_up** Mut fassen; **_up!** Kopf hoch!; '**_ful** vergnügt, fröhlich; *Raum, Wetter etc.*: freundlich, heiter; **_io** [ʌrɪ'əʊ] *int Brt.* F mach's gut!, tschüs!; prost!; '**_less** freudlos; *Raum, Wetter etc.*: unfreundlich

cheese [tʃiːz] Käse *m*

cheetah ['tʃiːtə] Gepard *m*

chef [ʃef] Küchenchef *m*

chemical ['kemɪkl] **1.** chemisch; **2.** Chemikalie *f*

chemist ['kemɪst] Chemiker(in); Apotheker(in), Drogist(in); **_'s shop** Apotheke *f*; Drogerie *f*; **_ry** Chemie *f*

cheque [tʃek] *Brt.* Scheck *m*; **crossed ~** Verrechnungsscheck *m*; **_account** *Brt.* Girokonto *n*; '**_book** *Brt.* Scheckbuch *n*, -heft *n*; **_card** *Brt.* Scheckkarte *f*

chequered ['tʃekəd] *bsd. Brt.* kariert; *fig.* wechselvoll

cherry ['tʃerɪ] Kirsche *f*

chess [tʃes] Schach(spiel) *n*; '**_board** Schachbrett *n*

chest [tʃest] Kiste *f*; Truhe *f*; *anat.* Brust(kasten *m*) *f*; **~ of**

drawers Kommode *f*

chestnut ['tʃesnʌt] **1.** Kastanie *f*; **2.** kastanienbraun

chew [tʃuː] (zer)kauen; '**_ing gum** Kaugummi *m*

chick [tʃɪk] Küken *n*

chicken ['tʃɪkɪn] Huhn *n*; Küken *n*; *als Nahrung:* Hähnchen *n*, Hühnchen *n*; **_pox** [pɒks] Windpocken *pl*

chicory ['tʃɪkərɪ] Chicorée *f*, *a.* Zichorie *f*

chief [tʃiːf] **1.** Chef *m*; Häuptling *m*; **2.** erste(r, -s), oberste(r, -s), Ober..., Haupt...; wichtigste(r, -s); '**_ly** hauptsächlich

chilblain ['tʃɪlbleɪn] Frostbeule *f*

child [tʃaɪld] (*pl* **children** ['tʃɪldrən]) Kind *n*; '**_birth** Geburt *f*, Entbindung *f*; '**_hood** ['_hʊd] Kindheit *f*; '**_ish** kindlich; kindisch; '**_less** kinderlos; '**_like** kindlich; '**_minder** ['_maɪndə] *Brt.* Tagesmutter *f*; '**_ren** ['tʃɪldrən] *pl* von *child*

chill [tʃɪl] **1.** Kältegefühl *n*, Frösteln *n*; Kälte *f*, Kühle *f*; Erkältung *f*; **2.** (ab)kühlen; *j-n* frösteln lassen; **3.** *adj* = '**_y** kalt, frostig, kühl

chime [tʃaɪm] **1.** (Glocken)Geläute *n*, *mst pl* Glockenspiel *n*; **2.** läuten; *Uhr:* schlagen

chimney ['tʃɪmnɪ] Schornstein *m*

chimpanzee [tʃɪmpən'ziː] Schimpanse *m*

chin [tʃɪn] Kinn *n*

china ['tʃaɪnə] Porzellan *n*

Chinese [tʃaɪ'niːz] 1. chinesisch; 2. Chinese *m*, -in *f*

chink [tʃɪŋk] Ritze *f*, Spalt *m*

chip [tʃɪp] 1. Splitter *m*, Span *m*, Schnitzel *n*, *m*; Chip *m*, Spielmarke *f*; *Computer:* Chip *m*; *pl:* Brt. Pommes frites *pl*; Am. (Kartoffel)Chips *pl*; 2. anschlagen

chirp [tʃɜːp] zwitschern

chisel ['tʃɪzl] 1. Meißel *m*; 2. meißeln

chivalrous ['ʃɪvlrəs] ritterlich

chive(s *pl*) [tʃaɪv(z)] Schnittlauch *m*

chlorine ['klɔːriːn] Chlor *n*

chocolate ['tʃɒkələt] Schokolade *f*; Praline *f*; **~s** *pl* Pralinen *pl*, Konfekt *n*

choice [tʃɔɪs] 1. Wahl *f*; Auswahl *f*; 2. ausgesucht (gut)

choir ['kwaɪə] Chor *m*

choke [tʃəʊk] 1. würgen; erwürgen, erdrosseln; erstiken; *a.* **~ up** verstopfen; 2. *mot.* Choke *m*, Luftklappe *f*

cholesterol [kə'lestərɒl] Cholesterin *n*

choose [tʃuːz] (*chose, chosen*) (aus)wählen

chop [tʃɒp] 1. Hieb *m*, Schlag *m*; (*Schweine-, Lamm-*)Kotelett *n*; 2. (zer)hacken; **~down** fällen; **~per** Hackmesser *n*; F Hubschrauber *m*; **~stick** Eßstäbchen *n*

chord [kɔːd] Saite *f*; Akkord *m*

chore [tʃɔː] schwierige *od.* unangenehme Aufgabe

chorus ['kɔːrəs] Chor *m*; Refrain *m*; *Revue:* Tanzgruppe *f*

chose [tʃəʊz] *pret von* choose; **~n** *pp von* choose

Christ [kraɪst] Christus *m*

christen ['krɪsn] taufen

Christian ['krɪstʃən] 1. christlich; 2. Christ(in) *f*; **~ity** [~tɪ'ænətɪ] Christentum *n*; **~ name** Vorname *m*

Christmas ['krɪsməs] Weihnachten *n u. pl*; at **~** zu Weihnachten; **→ merry; ~ Day** erster Weihnachtsfeiertag; **~ Eve** Heiliger Abend

chrome [krəʊm] Chrom *n*

chromium ['krəʊmɪəm] Metall: Chrom *n*

chronic ['krɒnɪk] chronisch; ständig, (an)dauernd

chronicle ['krɒnɪkl] Chronik *f*

chronological [krɒnə'lɒdʒɪkl] chronologisch

chrysanthemum [krɪ'sænθəməm] Chrysantheme *f*

chubby ['tʃʌbɪ] rundlich

chuck [tʃʌk] F schmeißen

chuckle ['tʃʌkl]: **~ (to o.s.)** (stillvergnügt) in sich hineinlachen

chum [tʃʌm] F Kumpel *m*

chunk [tʃʌŋk] Klotz *m*, (dickes) Stück

church [tʃɜːtʃ] Kirche *f*; **~yard** Kirch-, Friedhof *m*

chute [ʃuːt] Stromschnelle *f*; Rutsche *f*, Rutschbahn *f*; F Fallschirm *m*

cider ['saɪdə] Apfelwein m

cigar [sɪ'gɑː] Zigarre f

cigarette, Am. a. **-ret** [sɪgə'ret] Zigarette f

cinder ['sɪndə] Schlacke f; **~ella** [~'relə] Aschenbrödel n, -puttel n; **~track** Sport: Aschenbahn f

cine|camera ['sɪnɪ] (Schmal-) Filmkamera f; **~film** Schmalfilm m

cinema ['sɪnəmə] Brt. Kino n

cinnamon ['sɪnəmən] Zimt m

cipher ['saɪfə] **1.** Chiffre f; **2.** chiffrieren, verschlüsseln

circle ['sɜːkl] **1.** Kreis m; thea. Rang m; fig. Kreislauf m; **2.** (um)kreisen

circuit ['sɜːkɪt] Runde f, Rundreise f, -flug m; electr. Strom-, Schaltkreis m; **short ~** Kurzschluß m

circular ['sɜːkjʊlə] **1.** (kreis)rund, kreisförmig; Kreis...; **2.** Rundschreiben n

circulat|e ['sɜːkjʊleɪt] zirkulieren, im Umlauf sein; in Umlauf setzen; **~ing library** Leihbücherei f; **~ion** [~'leɪʃn] (a. Blut)Kreislauf m, Zirkulation f; econ. Umlauf m

circum|ference [sə'kʌmfərəns] math. Umfang f; **~scribe** ['sɜːkəmskraɪb] math. umschreiben; begrenzen, einschränken; **~stance** ['~stəns] Umstand m; mst pl (Sach)Lage f, Umstände pl; pl Verhältnisse pl; in od. un-der no **~s** unter keinen Um-

ständen, auf keinen Fall; in od. **under the ~s** unter diesen Umständen

circus ['sɜːkəs] Zirkus m; Brt. runder Platz

cistern ['sɪstən] Wasserbehälter m; Toilette: Spülkasten m; Zisterne f

citizen ['sɪtɪzn] Bürger(in); Städter(in); Staatsangehörige m, f; **~ship** Staatsangehörigkeit f

city ['sɪtɪ] (Groß)Stadt f; the 2 die (Londoner) City; **~** centre Brt. Innenstadt f, City f; **~ hall** Rathaus n

civic ['sɪvɪk] städtisch, Stadt...; **~s** sg Staatsbürgerkunde f

civil ['sɪvl] staatlich, Staats...; (staats)bürgerlich, Bürger...; zivil, Zivil...; jur. zivilrechtlich; höflich

civilian [sɪ'vɪljən] **1.** Zivilist m; **2.** zivil, Zivil...

civiliz|ation [sɪvɪlaɪ'zeɪʃn] Zivilisation f, Kultur f; **~e** ['~laɪz] zivilisieren

civil| rights [(Staats)Bürgerrechte pl; **~ servant** Staatsbeam|te m, -tin f; **~ service** Staatsdienst m; **~ war** Bürgerkrieg m

claim [kleɪm] **1.** Anspruch m, Anrecht n (to auf); Forderung f; Behauptung f; **2.** beanspruchen; fordern; behaupten

clammy ['klæmɪ] feuchtkalt, klamm

clamo(u)r ['klæmə] lautstark verlangen (*for* nach)

clamp [klæmp] Zwinge *f*

clan [klæn] Clan *m*, Sippe *f*

clap [klæp] **1.** Klatschen *n*; Klaps *m*; **2.** klatschen

claret ['klærət] roter Bordeaux(wein) *m*; Rotwein *m*

clarinet [klærə'net] Klarinette *f*

clarity ['klærətɪ] Klarheit *f*

clash [klæʃ] **1.** Zs.-stoß *m*; Konflikt *m*; **2.** zs.-stoßen; nicht zs.-passen

clasp [klɑːsp] **1.** Schnalle *f*, Spange *f*, (Schnapp)Verschluß *m*; Griff *m*; **2.** umklammern, (er)greifen; befestigen, schließen; **~ knife** (*pl* - **knives**) Taschenmesser *n*

class [klɑːs] **1.** Klasse *f*; (Bevölkerungs)Schicht *f*, (Schul-) Klasse *f* (Unterrichts)Stunde *f*; Kurs *m*; *Am.* Schulabgänger *etc.*: Jahrgang *m*; **2.** einteilen, -ordnen, -stufen

classic ['klæsɪk] **1.** Klassiker *m*; **2.** klassisch; **~al** klassisch

classi|fication [klæsɪfɪ'keɪʃn] Klassifizierung *f*, Einteilung *f*; **~fied** ['~faɪd] *mil.*, *pol.* geheim; **~** *ad*(**vertisement**) Kleinanzeige *f*; **~fy** ['~faɪ] klassifizieren, einstufen

class|mate Mitschüler(in); **'~room** Klassenzimmer *n*

clatter ['klætə] klappern

clause [klɔːz] *jur.* Klausel *f*

claw [klɔː] **1.** Klaue *f*, Kralle *f*; *Krebs*: Schere *f*; **2.**

(zer)kratzen; sich krallen

clay [kleɪ] Ton *m*, Lehm *m*

clean [kliːn] **1.** *adj* rein, sauber; *sl.* clean (*nicht mehr drogenabhängig*); **2.** *adv* völlig, total; **3.** *v/t* reinigen, säubern, putzen; **~ out** reinigen; **~ up** gründlich reinigen; aufräumen; '**~er** Reiniger *m*; Rein(e)machefrau *f* (*Fenster- etc.*)Putzer *m*; → **dry cleaner('s)**

cleanse [klenz] reinigen, säubern; '**~r** Reinigungsmittel *n*

clear [klɪə] **1.** *adj* klar; hell; rein; klar, deutlich; frei (*of* von) (*a. fig.*); *econ.* Netto..., Rein...; **2.** *adv* klar; hell; deutlich; los, weg (*of* von); **3.** *v/t* wegräumen (*oft* **~ away**); freimachen, (ab)räumen; *Computer*: löschen; reinigen, säubern; freisprechen (*of* von); *v/i* klar *od.* hell werden; *Nebel*: sich verziehen; **~ off!** *F* hau ab!; **~ out** *F* abhauen; auf-, ausräumen, entfernen; **~ up** *Verbrechen etc.* aufklären; aufräumen; *Wetter*: aufklaren; **~ance** ['~rəns] Räumung *f* Freigabe *f*; **~ance sale** Räumungs-, Ausverkauf *m*; **~ing** ['~rɪŋ] Lichtung *f*; '**~ly** klar, deutlich; offensichtlich

cleft [kleft] Spalt *m*, Spalte *f*

clemen|cy ['klemənsɪ] Milde *f*, Nachsicht *f*; **~t** ['~nt] *Wetter*: mild

close

clench [klentʃ] Lippen etc.
(fest) zs.-pressen, Zähne
zs.-beißen; Faust ballen

clergy ['klɜːdʒɪ] die Geistli-
chen pl; '**~man** (pl **-men**)
Geistliche m

clerk [klɑːk] (Büro- etc.)An-
gestellte m, f, (Bank-,
Post)Beamt|e m, -in f; Am.
Verkäufer(in)

clever ['klevə] clever; klug,
gescheit; gerissen; geschickt

click [klɪk] **1.** Klicken n; **2.**
klicken; zu-, einschnappen

client ['klaɪənt] jur.
Klient(in), Mandant(in);
Kund|e m, -in f

cliff [klɪf] Klippe f

climacteric [klaɪ'mæktərɪk]
physiol. Wechseljahre pl

climate ['klaɪmɪt] Klima n

climax ['klaɪmæks] Höhepunkt m

climb [klaɪm] klettern (auf);
(er-, be)steigen; '**~er** Berg-
steiger(in); bot. Kletterpflanze f

cling [klɪŋ] (**clung**) (**to**) kleben
(an), haften (an); festhalten
(an), sich klammern (an);
sich (an)schmiegen (an);
'**~film** bsd. Brt. Frischhaltefolie f

clinic ['klɪnɪk] Klinik f; '**~al**
klinisch

clink [klɪŋk] **1.** klingen od.
klirren (lassen); **2.** Klirren n

clip¹ [klɪp] **1.** (aus)schneiden;
scheren; **2.** Schnitt m; (Film-
etc.)Ausschnitt m; (Vi-

deo)Clip m; Schur f

clip² [~] **1.** (Heft-, Büro-
etc.)Klammer f; **2.** a. **~ on** anklammern

clipp|ers ['klɪpəz] pl, a. **pair
of ~** (Nagel- etc.)Schere f;
Haarschneidemaschine f;
'**~ing** bsd. Am. (Zei-
tungs)Ausschnitt m

clitoris ['klɪtərɪs] Klitoris f

cloak [kləʊk] Umhang m;
'**~room** Garderobe f; Brt.
Toilette f

clock [klɒk] **1.** (Wand-,
Stand-, Turm)Uhr f; **2.**
Sport: Zeit stoppen; **~ in**, **~
on** einstempeln; **~ out**, **~ off**
ausstempeln; **~ radio** Radiowecker m; '**~wise** im Uhrzei-
gersinn; '**~work** Uhrwerk n;
like ~ wie am Schnürchen

clod [klɒd] (Erd)Klumpen m

clog [klɒg] **1.** (Holz)Klotz m;
Holzschuh m; **2.** a. **~ up** verstopfen

cloister ['klɔɪstə] Kreuzgang
m; Kloster n

close 1. [kləʊs] adj nah; Ergebnis etc.: knapp; genau,
gründlich; stickig, schwül;
eng(anliegend); Freund: eng,
Verwandte(r): nah; **2.** [kləʊs]
adv eng, nahe, dicht; **~ by**
ganz in der Nähe; **~ at hand**
nahe bevorstehend; **3.**
[kləʊz] s Ende n, Schluß m;
4. [kləʊz] v/t (ab-, ver-,
zu)schließen, zumachen; Betrieb etc. schließen; Straße
etc. sperren; beenden, be-

schließen; v/i sich schließen; schließen, zumachen; ~ **down** schließen; *Betrieb* stilllegen; ~ **in** Dunkelheit, Nacht: hereinbrechen; ~ **up** (ab-, ver-, zu)schließen; *Straße etc.* sperren; aufrücken, aufschließen; ~**d** [~zd] geschlossen; gesperrt (**to** für)

closet ['klɒzɪt] (Wand-) Schrank *m*

close-up ['kləʊsʌp] *phot. etc.*: Nah-, Großaufnahme *f*

closing time ['kləʊzɪŋ] Laden-, Geschäftsschluß *m*; Polizeistunde *f*

clot [klɒt] 1. Klumpen *m*, Klümpchen *n*; ~ **of blood** Blutgerinnsel *n*; 2. gerinnen

cloth [klɒθ] Stoff *m*, Tuch *n*; Lappen *m*, Tuch *n*

clothe [kləʊð] (an-, be)kleiden; einkleiden

clothes [kləʊðz] *pl* Kleider *pl*, Kleidung *f*; ~**brush** Kleiderbürste *f*; ~ **hanger** Kleiderbügel *m*; '~line Wäscheleine *f*; ~**peg** *Brt.*, '~pin *Am.* Wäscheklammer *f*

cloud [klaʊd] 1. Wolke *f*; 2. (sich) bewölken; (sich) trüben; '~burst Wolkenbruch *m*; '~y bewölkt; trüb

clove [kləʊv] Gewürznelke *f*

clover ['kləʊvə] Klee *m*

clown [klaʊn] Clown *m*

club [klʌb] 1. Knüppel *m*; (Golf)Schläger *m*; Klub *m*; *pl Karten:* Kreuz *n*; 2. einknüppeln auf, prügeln

cluck [klʌk] gackern; glucken

clue [kluː] Anhaltspunkt *m*, Spur *f*

clump [klʌmp] Klumpen *m*

clumsy ['klʌmzɪ] unbeholfen

clung [klʌŋ] *pret u. pp von* **cling**

clutch [klʌtʃ] 1. Kupplung *f*; 2. umklammern; (er)greifen

coach [kəʊtʃ] 1. Reisebus *m*; *Brt.* rail. (Personen)Wagen *m*; Kutsche *f*; *Sport:* Trainer(in)/Nachhilfelehrer(in); 2. Nachhilfeunterricht geben; *Sport:* trainieren

coagulate [kəʊ'ægjʊleɪt] gerinnen (lassen)

coal [kəʊl] Kohle *f*

coalition [kəʊə'lɪʃn] Koalition *f*

'coalmine Kohlenbergwerk *n*

coarse [kɔːs] grob; vulgär

coast [kəʊst] 1. Küste *f*; 2. *Fahrrad:* im Freilauf fahren; '~al Küsten...; '~guard Küstenwache *f*

coat [kəʊt] 1. Mantel *m*; Fell *n*; Anstrich *m*, Schicht *f*; 2. *mit Glasur:* überziehen; *mit Farbe:* (an)streichen; '~hanger Kleiderbügel *m*; '~ing Überzug *m*, Anstrich *m*, Schicht *f*; Mantelstoff *m*; ~ **of arms** Wappen *n*

coax [kəʊks] überreden

cob [kɒb] Maiskolben *m*

cobbled street ['kɒbld] Straße *f* mit Kopfsteinpflaster

cobweb ['kɒbweb] Spinnennetz *n*, Spinnwebe *f*

cocaine [kəʊ'keɪn] Kokain *n*

cock [kɒk] **1.** *zo.* Hahn *m*; **2.** aufrichten, schiefstellen

cockatoo [kɒkə'tu:] Kakadu *m*

cockchafer ['kɒktʃeɪfə] Maikäfer *m*

'cockpit Cockpit *n*

cockroach ['kɒkrəʊtʃ] Schabe *f*

'cocktail Cocktail *m*

cocoa ['kəʊkəʊ] Kakao *m*

coconut ['kəʊkənʌt] Kokosnuß *f*

cocoon [kə'ku:n] Kokon *m*

cod [kɒd] Kabeljau *m*, Dorsch *m*

coddle ['kɒdl] verhätscheln

code [kəʊd] **1.** Code *m*; Regel: Kodex *m*; **2.** verschlüsseln, chiffrieren; codieren

cod-liver oil [kɒdlɪvər'ɔɪl] Lebertran *m*

coexist [kəʊɪg'zɪst] nebeneinander bestehen; **~ence** Koexistenz *f*

coffee ['kɒfɪ] Kaffee *m*; **~ bar** *Brt.* Café *n*

coffin ['kɒfɪn] Sarg *m*

cog [kɒg] (Rad)Zahn *m*; **'~wheel** Zahnrad *n*

coherent [kəʊ'hɪərənt] zusammenhängend

coil [kɔɪl] **1.** *v/t a.* **~ up** aufwikkeln, -rollen; *v/i* sich schlängeln od. winden; **2.** Rolle *f*; *electr.* Spule *f*; *med.* Spirale *f*

coin [kɔɪn] **1.** Münze *f*; **2.** prägen

coincide [kəʊɪn'saɪd] zs.-fal-

len; übereinstimmen; **~nce** [~'ɪnsɪdəns] Zufall *m*; Übereinstimmung *f*

cold [kəʊld] **1.** kalt; *I'm (feeling)* **~** mir ist kalt, ich friere; → *blood*; **2.** Kälte *f*; Erkältung *f*

coleslaw ['kəʊlslɔ:] Krautsalat *m*

colic ['kɒlɪk] Kolik *f*

collaborate [kə'læbəreɪt] zs.-arbeiten

collaps|e [kə'læps] **1.** zs.-brechen; einstürzen; **2.** Zs.-bruch *m*; **~ible** zs.klappbar, Falt..., Klapp...

collar ['kɒlə] Kragen *m*; *Hund:* Halsband *n*; **~bone** Schlüsselbein *n*

colleague ['kɒli:g] Kolleg|e *m*, -in *f*

collect [kə'lekt] **1.** *v/t* (ein-)sammeln; *Geld* kassieren; abholen; *v/i* sich versammeln; **2.** *adv: a.* **~on delivery** *(abbr. COD) Am.* (per) Nachnahme; *call* **~** *Am.* ein R-Gespräch führen; **~ call** *Am.* R-Gespräch *n* mit *fig.* gefaßt; **~ion** [~kʃn] Sammlung *f*; *econ.* Eintreibung *f*; Abholung *f*; *bsd. Brt.* Briefkasten: Leerung *f*; *eccl.* Kollekte *f*; **~ive** gemeinsam; **~or** Sammler(in); Steuereinnehmer *m*

college ['kɒlɪdʒ] College *n*; Fachhochschule *f*

collide [kə'laɪd] zs.-stoßen

colliery ['kɒljərɪ] *bsd. Brt.* Zeche *f*, Grube *f*

collision [kə'lɪʒn] Zs.-stoß *m*
colloquial [kə'ləʊkwɪəl] umgangssprachlich
colon ['kəʊlən] Doppelpunkt *m*; *anat.* Dickdarm *m*
colonel ['kɜːnl] Oberst *m*
colony ['kɒlənɪ] Kolonie *f*
colo(u)r ['kʌlə] 1. Farbe *f*; *mil.* Fahne *f*, *mar.* Flagge *f*; Farb...; 2. färben; sich (ver)färben; erröten; **~bar** Rassenschranke *f*; **'~blind** farbenblind; **'~ed 1.** bunt; Farb..; **2.** *pl konstr.* Farbige *pl*; **'~fast** farbecht; **'~ful** farbenprächtig; *fig.* bewegt, schillernd
colt [kəʊlt] (Hengst)Fohlen *n*
column ['kɒləm] Säule *f*; *print.* Spalte *f*
comb [kəʊm] 1. Kamm *m*; 2. kämmen
combat ['kɒmbæt] 1. Kampf *m*; 2. bekämpfen
combin|ation [kɒmbɪ'neɪʃn] Verbindung *f*, Kombination *f*; **~e 1.** [kəm'baɪn] (sich) verbinden; 2. ['kɒmbaɪn] *econ.* Konzern *m*; *a.* **~ harvester** Mähdrescher *m*
combust|ible [kəm'bʌstəbl] brennbar; **~ion** Verbrennung *f*
come [kʌm] (*came, come*) kommen; kommen, gelangen; kommen, geschehen, sich ereignen; **~ about** geschehen, passieren; **~ across** auf j-n od. et. stoßen; **~ along** mitkommen; -gehen; **~ apart**

auseinanderfallen; **~ away** sich lösen, *Knopf etc.:* ab-, losgehen; **~ by** zu et. kommen; *Besucher:* vorbeikommen; **~ down** *Preise:* sinken; **~ for** abholen kommen, kommen wegen; **~ forward** sich melden; **~ home** nach Hause kommen; **~ in** *Nachricht etc.:* eintreffen; *Zug:* einlaufen; **in!** herein!; **~ off** *Knopf etc.:* ab-, losgehen; **~ on!** los!, komm!; *Besucher:* vorbeikommen; F wieder zu sich kommen; **~ through** durchkommen; **~ round** *Krankheit etc.* überstehen, -leben; **~ to** sich belaufen auf; wieder zu sich kommen; **~ to see** besuchen
comed|ian [kə'miːdjən] Komiker *m*; **~y** ['kɒmədɪ] Komödie *f*
comfort ['kʌmfət] 1. Komfort *m*, Bequemlichkeit *f*; Trost *m*; 2. trösten; **~able** komfortabel, behaglich, bequem
comic(al) ['kɒmɪk(əl)] komisch, humoristisch; **~s** *pl* Comics *pl*; Comic-Hefte *pl*
comma ['kɒmə] Komma *n*
command [kə'mɑːnd] 1. Befehl *m*; Beherrschung *f*; *mil.* Kommando *n*; 2. befehlen; *mil.* kommandieren; verfügen über; beherrschen; **~er** Kommandeur *m*, Befehlshaber *m*; Kommandant *m*; **~er in chief** [~ərɪn'tʃiːf] Oberbefehlshaber *m*; **~ment** Gebot *n*

commemorat|e [kəˈmeməreit] gedenken (gen); **~ion** [ˌ~ˈreiʃn]: *in ~ of* zum Gedenken an

comment [ˈkɒment] **1.** (*on*) Kommentar *m* (zu); Bemerkung *f* (zu); Anmerkung *f* (zu); *no ~!* kein Kommentar!; **2.** (*on*) kommentieren (*acc*); sich äußern (über) (zu); **~ary** [ˈ~əntəri] Kommentar *m* (*on* zu); **~ator** [ˈ~əntertə] Kommentator *m*, Rundfunk, TV: *a.* Reporter(in)

commerce [ˈkɒmɜːs] Handel *m*

commercial [kəˈmɜːʃl] **1.** Geschäfts..., Handels...; kommerziell, finanziell; **2.** Rundfunk, TV: Werbespot *m*; **~ize** [ˌ~əlaiz] kommerzialisieren, vermarkten; **~ television** Werbefernsehen *n*; **~ travel(l)er** Handelsvertreter(in)

commission [kəˈmiʃn] **1.** Auftrag *m*; Kommission *f* (*a. econ.*), Ausschuß *m*; Provision *f*; **2.** beauftragen; *et. in* Auftrag geben; **~er** [ˌ~ʃnə] Beauftragte *m, f*

commit [kəˈmit] anvertrauen, übergeben; *Verbrechen etc.* begehen, verüben; verpflichten (*to* zu), festlegen (*to* auf); **~ment** Verpflichtung *f*; Engagement *n*; **~tee** [ˌ~ti] Ausschuß *m*, Komitee *n*

common [ˈkɒmən] **1.** gemeinsam; allgemein; alltäglich;

gewöhnlich, einfach; **2.** Gemeindeland *n*; **in ~** gemeinsam; **'~er** Bürgerliche *m, f*; **~ law** Gewohnheitsrecht *n*; **2 Market** Gemeinsamer Markt; **'~place 1.** Gemeinplatz *m*; **2.** alltäglich; **~ room** Gemeinschaftsraum *m*; **'~s** *pl: the 2 Brt. parl.* das Unterhaus; **~ sense** gesunder Menschenverstand

commotion [kəˈməʊʃn] Aufregung *f*; Aufruhr *m*

communal [ˈkɒmjʊnl] Gemeinde...; Gemeinschafts...

communicat|e [kəˈmjuːnikeit] *v/t* mitteilen; *Krankheit* übertragen (*to* auf); *v/i* in Verbindung stehen; sich verständigen; sich verständlich machen; **~ion** [ˌ~ˈkeiʃn] Verständigung *f*, Kommunikation *f*; Verbindung *f*; *pl* Fernmeldewesen *n*; **~ions satellite** Nachrichtensatellit *m*; **~ive** [kəˈmjuːnikətiv] gesprächig

Communion [kəˈmjuːnjən] *eccl.* Kommunion *f*, Abendmahl *n*

communis|m [ˈkɒmjʊnizəm] Kommunismus *m*; **~t** [ˌ~ist] **1.** Kommunist(in); **2.** kommunistisch

community [kəˈmjuːnəti] Gemeinschaft *f*; Gemeinde *f*

commut|ation [kɒmjuːˈteiʃn] *jur.* (Straf)Umwandlung *f*; *Am. rail. etc.* Pendeln *n*; **~ ticket** *Am. rail. etc.* Dauer-,

commute 62

Zeitkarte *f*; **~e** [kə'mju:t] *v/t jur. Strafe* umwandeln (*to* in); *v/i rail. etc.* pendeln; **~er** Pendler(in); **~ train** Pendler-, Nahverkehrszug *m*

compact 1. ['kɒmpækt] *s* Puderdose *f*; **2.** [kəm'pækt] *adj* kompakt; eng, gedrängt; *Stil:* knapp; **~ disc → CD**

companion [kəm'pænjən] Begleiter(in); Gefährt|e *m*, -in *f*; Handbuch *n*, Leitfaden *m*; **~ship** Gesellschaft *f*

company ['kʌmpəni] Gesellschaft *f*; *econ.* Gesellschaft *f*, Firma *f*; *mil.* Kompanie *f*; *thea.* Truppe *f*; **keep s.o. ~** j-m Gesellschaft leisten

compar|able ['kɒmpərəbl] vergleichbar; **~ative** [kəm-'pærətɪv] **1.** *adj* verhältnismäßig; **~ degree → 2.** *s gr.* Komparativ *m*; **~e** [~'peə] *v/t* vergleichen; *v/i* sich vergleichen (lassen); **~ison** [~'pærɪsn] Vergleich *m*

compartment [kəm'pɑ:tmənt] Fach *n*; *rail.* Abteil *n*

compass ['kʌmpəs] Kompaß *m*; *pl*, *a.* **pair of ~es** Zirkel *m*

compassion [kəm'pæʃn] Mitleid *n*; **~ate** [~ʃənət] mitleidig, -fühlend

compatible [kəm'pætəbl] vereinbar; **be ~** (**with**) zs.-passen, *Computer etc.:* kompatibel (mit)

compel [kəm'pel] zwingen

compensate ['kɒmpenseɪt] j-n entschädigen; *et.* ersetzen; **~ion** [~'seɪʃn] Ausgleich *m*; (Schaden)Ersatz *m*, Entschädigung *f*

compete [kəm'pi:t] sich (mit)bewerben (**for** um); konkurrieren; *Sport:* (am Wettkampf) teilnehmen

competen|ce, ~cy ['kɒmpɪtəns, ~sɪ] Fähigkeit *f*; *jur.* Zuständigkeit *f*, Kompetenz *f*; **~t** ['~nt] fähig, tüchtig

competit|ion [kɒmpɪ'tɪʃn] Wettbewerb *m*; Konkurrenz *f*; **~ive** [kəm'petətɪv] konkurrierend; konkurrenzfähig; **~or** [~tɪtə] Mitbewerber(in); Konkurrent(in); *Sport:* Teilnehmer(in)

compile [kəm'paɪl] zs.-stellen; **~r** *Computer:* Compiler *m*, Übersetzer *m*

complacen|ce, ~cy [kəm-'pleɪsns, ~sɪ] Selbstzufriedenheit *f*; **~t** [~nt] selbstzufrieden

complain [kəm'pleɪn] sich beklagen *od.* beschweren (**about** über; **to** bei); klagen (**of** über); **~t** [~t] Klage *f*, Beschwerde *f*; *med.* Leiden *n*

complete [kəm'pli:t] **1.** vollständig; vollzählig; **2.** vervollständigen; beenden

complexion [kəm'plekʃn] Gesichtsfarbe *f*, Teint *m*

complicat|e ['kɒmplɪkeɪt] komplizieren; **~ed** kompliziert; **~ion** [~'keɪʃn] Komplikation *f*

compliment 1. ['kɒmplɪmənt] Kompliment *n*; **2.**

['⌐ment] *j-m* ein Kompliment machen (*on* für)

component [kəm'pəʊnənt] (Bestand)Teil *m*

compos|e [kəm'pəʊz] zs.-setzen *od.* -stellen; *mus.* komponieren; **be ⌐d of** bestehen *od.* sich zs.-setzen aus; ~ **o.s.** sich beruhigen; **⌐ed** ruhig, gelassen; **⌐er** Komponist (-in); **⌐ition** [kɒmpə'zɪʃn] Zs.-setzung *f*; Komposition *f*; Aufsatz *m*; **⌐ure** [kəm'pəʊʒə] Fassung *f*

compound [kəm'paʊnd] *v/t* zs.-setzen; **2.** ['kɒmpaʊnd] *adj* zs.-gesetzt; *med.* Bruch: kompliziert; **3.** ['kɒmpaʊnd] *s* Zs.-setzung *f*; *chem.* Verbindung *f*; *gr.* zs.-gesetztes Wort; **⌐ interest** Zinseszinsen *pl*

comprehen|d [kɒmprɪ'hend] begreifen, verstehen; **⌐sion** [⌐ʃn] Verständnis *n*; *past* ~ unfaßbar, unfaßlich; **⌐sive** [⌐sɪv] **1.** umfassend; **2.** *a.* ~ **school** *Brt.* Gesamtschule *f*

compress [kəm'pres] zs.-drücken, -pressen

compromise ['kɒmprəmaɪz] **1.** Kompromiß *m*; **2.** *v/t* aufs Spiel setzen; kompromittieren, bloßstellen; *v/i* e-n Kompromiß schließen

compuls|ion [kəm'pʌlʃn] Zwang *m*; **⌐ive** [⌐sɪv] zwingend, Zwangs...; *psych.* zwanghaft; **⌐ory** [⌐sərɪ] obligatorisch, Pflicht...

compunction [kəm'pʌŋkʃn] Gewissensbisse *pl*

computer [kəm'pju:tə] Computer *m*, Rechner *m*; **⌐-controlled** computergesteuert; **⌐ize** [⌐raɪz] (sich) auf Computer umstellen; computerisieren, mit Hilfe e-s Computers errechnen *od.* zs.-stellen; **~ science** Informatik *f*; **~ scientist** Informatiker(in)

comrade ['kɒmreɪd] Kamerad *m*; (Partei)Genosse *m*

conceal [kən'si:l] verbergen, -stecken; verheimlichen

conceit [kən'si:t] Einbildung *f*, Dünkel *m*; **⌐ed** eingebildet

conceiv|able [kən'si:vəbl] denk-, vorstellbar; **⌐e** [⌐'si:v] *v/i* schwanger werden; *v/t* Kind empfangen; sich *et.* vorstellen *od.* denken

concentrate ['kɒnsəntreɪt] (sich) konzentrieren

conception [kən'sepʃn] Vorstellung *f*, Begriff *m*; *biol.* Empfängnis *f*

concern [kən'sɜːn] **1.** Angelegenheit *f*; Sorge *f*; *econ.* Geschäft *n*, Unternehmen *n*; **2.** betreffen, angehen; beunruhigen; ~ **o.s. with** sich beschäftigen mit; **⌐ed** besorgt

concert ['kɒnsət] Konzert *n*; **⌐o** [kən'tʃeɪtəʊ] (Solo)Konzert *n*

concession [kən'seʃn] Zugeständnis *n*; Konzession *f*

conciliatory [kən'sɪliətərɪ] versöhnlich, -mittelnd

concise [kən'saɪs] kurz, knapp

conclu|de [kən'kluːd] folgern, schließen; **~sion** [~ʒn] (Ab)Schluß m, Ende n; (Schluß)Folgerung f; **~sive** [~sɪv] schlüssig

concrete ¹ ['kɒnkriːt] konkret

concrete ² [~] Beton m

concussion (of the brain) [kən'kʌʃn] Gehirnerschütterung f

condemn [kən'dem] verurteilen (a. jur.); für unbewohnbar etc. erklären; **~ation** [kɒndem'neɪʃn] Verurteilung f

condens|ation [kɒnden-'seɪʃn] Kondensation f; **~e** [kən'dens] kondensieren; zs.-fassen; **~ed milk** Kondensmilch f; **~er** Kondensator m

condescend [kɒndɪ'send] sich herablassen; **~ing** herablassend

condition [kən'dɪʃn] 1. Zustand m; Sport: Form f; Bedingung f; pl Verhältnisse pl; **on ~ that** unter der Bedingung, daß; 2. bedingen; in Form bringen; **~al** [~ʃənl] bedingt, abhängig

condole [kən'dəʊl] sein Beileid ausdrücken; **~nce** oft pl Beileid n

condom ['kɒndəm] Kondom n, m

conduct 1. ['kɒndʌkt] Führung f; Verhalten n, Betra-

gen n; 2. [kən'dʌkt] führen; phys. leiten; mus. dirigieren; **~ed tour** Führung f (of durch); **~or** [~'dʌktə] Führer m; Schaffner m; mus. Zugbegleiter m; mus. Dirigent m; phys. Leiter m; Blitzableiter m; **~ress** [~'dʌktres] Schaffnerin f

cone [kəʊn] Kegel m; Am. Eistüte f; bot. Zapfen m

confection [kən'fekʃn] Konfekt n; **~er** [~ʃnə] Konditor m; **~ery** [~ʃnərɪ] Süßwaren pl; Konditorei f

confederation [kɒnfedə-'reɪʃn] Bund m, Bündnis n

confer [kən'fɜː] v/t Titel etc. verleihen; v/i sich beraten; **~ence** ['kɒnfərəns] Konferenz f

confess [kən'fes] gestehen; beichten; **~ion** [~'feʃn] Geständnis n; Beichte f; **~ional** [~'feʃənl] Beichtstuhl m; **~or** [~'fesə] Beichtvater m

confide [kən'faɪd] ~ **in s.o.** sich j-m anvertrauen

confiden|ce ['kɒnfɪdəns] Vertrauen n; Selbstvertrauen n; **~t** überzeugt, zuversichtlich; selbstsicher; **~tial** [~'denʃl] vertraulich

confine [kən'faɪn] beschränken; einsperren; **be ~d of** entbunden werden von; **~ment** Haft f; Entbindung f

confirm [kən'fɜːm] bestätigen; eccl.: konfirmieren; firmen; **~ation** [kɒnfə'meɪʃn]

Bestätigung f; *eccl.:* Konfirmation f; Firmung f; **~ed** Gewohnheit *etc.:* fest; überzeugt

confiscate ['kɒnfɪskeɪt] beschlagnahmen, konfiszieren

conflict 1. ['kɒnflɪkt] Konflikt *m;* **2.** [kən'flɪkt] im Widerspruch stehen (**with** zu)

conform [kən'fɔːm] (**to**) (sich) anpassen (*dat;*) übereinstimmen (mit)

confront [kən'frʌnt] gegenüberstellen; sich *e-m* Problem *etc.* stellen; konfrontieren

confus|e [kən'fjuːz] verwechseln; verwirren; **~ed** verwirrt; verworren; **~ing** verwirrend; **~ion** [~ʒn] Verwirrung f; Durcheinander n

congested [kən'dʒestɪd] überfüllt; verstopft; **~ion** [~tʃən] Blutandrang *m; a.* **traffic ~** (Verkehrs)Stau *m*

congratulat|e [kən'grætʃʊleɪt] *j-n* beglückwünschen; *j-m* gratulieren; **~ion** [~'leɪʃn] Glückwunsch *m;* **~s!** (ich) gratuliere!, herzlichen Glückwunsch!

congregat|e ['kɒŋgrɪgeɪt] sich versammeln; **~ion** [~'geɪʃn] *eccl.* Gemeinde f

congress ['kɒŋgres] Kongreß *m*

conifer ['kɒnɪfə] Nadelbaum *m*

conjunction [kən'dʒʌŋkʃn] *gr.* Konjunktion f

conjunctivitis [kəndʒʌŋktɪ-'vaɪtɪs] Bindehautentzündung f

conjur|e ['kʌndʒə] zaubern; [kən'dʒʊə] beschwören; **~er,** **~or** ['kʌndʒərə] Zauberer *m,* Zauberkünstler *m*

connect [kə'nekt] verbinden; *electr.* anschließen (**to** an); *rail. etc.* Anschluß haben (**with** an); **~ed** verbunden; (logisch) zs.-hängend; **~ion** Verbindung f; Anschluß *m;* Zs.-hang *m*

conquer ['kɒŋkə] erobern; besiegen; **~or** ['~rə] Eroberer *m*

conquest ['kɒŋkwest] Eroberung f

conscience ['kɒnʃəns] Gewissen *n*

conscientious [kɒnʃɪ'enʃəs] gewissenhaft; **~ objector** Wehrdienstverweigerer *m*

conscious ['kɒnʃəs] bei Bewußtsein; bewußt; **~ness** Bewußtsein *n*

conscript 1. [kən'skrɪpt] *mil.* einberufen; **2.** ['kɒnskrɪpt] *mil.* Wehr(dienst)pflichtige *m;* **~ion** [kən'skrɪpʃn] *mil.:* Einberufung f; Wehrpflicht f

consecutive [kən'sekjʊtɪv] aufeinanderfolgend

consent [kən'sent] **1.** Zustimmung f; **2.** zustimmen

consequen|ce ['kɒnsɪkwəns] Folge f, Konsequenz f; Bedeutung f; **~tly** ['~tlɪ] folglich, daher

conserv|ation [kɒnsə'veɪʃn]

Erhaltung *f*; Natur-, Umweltschutz *m*; **~ationist** [~nɪst] Natur-, Umweltschützer(in); **~ative** [kən'sɜːvətɪv] **1.** konservativ; **2.** *pol. mst* 2 Konservative *m, f*; **~atory** [~'sɜːvətrɪ] Treibhaus *n*; Wintergarten *m*; **~e** [~'sɜːv] erhalten, bewahren; konservieren

consider [kən'sɪdə] nachdenken über; betrachten als, halten für; sich überlegen; in Betracht ziehen, berücksichtigen; **~able** [~rəbl] ansehnlich, beträchtlich; **~ably** bedeutend, (sehr) viel; **~ate** [~rət] aufmerksam, rücksichtsvoll; **~ation** [~'reɪʃn] Erwägung *f*, Überlegung *f*; Rücksicht(nahme) *f*; **~ing** [~'sɪdərɪŋ] in Anbetracht (der Tatsache, daß)

consign [kən'saɪn] zusenden; **~ment** (Waren)Sendung *f*

consist [kən'sɪst]: **~ of** bestehen aus; **~ence**, **~ency** [~əns, ~ənsɪ] Konsistenz *f*, Beschaffenheit *f*; Konsequenz *f*; **~ent** übereinstimmend; konsequent

consol|ation [kɒnsə'leɪʃn] Trost *m*; **~e** [kən'səʊl] trösten

consonant ['kɒnsənənt] Konsonant *m*, Mitlaut *m*

conspicuous [kən'spɪkjʊəs] deutlich sichtbar; auffallend

conspir|acy [kən'spɪrəsɪ] Verschwörung *f*; **~e** [~'spaɪə] sich verschwören

constable ['kʌnstəbl] *Brt.* Polizist *m*

constant ['kɒnstənt] konstant, gleichbleibend; (be-)ständig, (an)dauernd

consternation [kɒnstə'neɪʃn] Bestürzung *f*

constipat|ed ['kɒnstɪpeɪtɪd] *med.* verstopft; **~ion** [~'peɪʃn] *med.* Verstopfung *f*

constituen|cy [kən'stɪtjʊənsɪ] Wählerschaft *f*; Wahlkreis *m*; **~t** (wesentlicher) Bestandteil; *pol.* Wähler(in)

constitute ['kɒnstɪtjuːt] ernennen, einsetzen; bilden, ausmachen

constitution [kɒnstɪ'tjuːʃn] *pol.* Verfassung *f*; Konstitution *f*, körperliche Verfassung; **~al** [~ənl] konstitutionell; *pol.* verfassungsmäßig

constrain|ed [kən'streɪnd] gezwungen, unnatürlich; **~t** [~t] Zwang *m*

construct [kən'strʌkt] bauen, konstruieren; **~ion** [~kʃn] Konstruktion *f*; Bau(werk *n*) *m*; *under* ~ im Bau (befindlich); **~ion site** Baustelle *f*; **~ive** konstruktiv; **~or** Erbauer *m*, Konstrukteur *m*

consul ['kɒnsəl] Konsul *m*; **~ general** Generalkonsul *m*; **~ate** ['~sjʊlət] Konsulat *n*; **~ general** Generalkonsulat *n*

consult [kən'sʌlt] *v/t* konsultieren, um Rat fragen; in *e-m* Buch nachschlagen; *v/i* (sich) beraten; **~ant** (fachmänni-

sche[r]) Berater(in); *Brt.*
Facharzt *m*, -ärztin *f*; **~ation**
[kɒnsəl'teɪʃn] Konsultation
f, Beratung *f*; **~ing hour**
Sprechstunde *f*; **~ing room**
Sprechzimmer *n*

consume [kən'sjuːm] *Essen
etc.* zu sich nehmen, verzeh-
ren; **~er** Verbraucher(in);
~er goods *pl* Konsumgüter
pl; **~er society** Konsum-
gesellschaft *f*; **~ption**
[~'sʌmpʃn] Verbrauch *m*

contact ['kɒntækt] **1.** Berührung *f*, Kontakt *m*; Verbindung *f*; **2.** sich in Verbindung
setzen mit; **~ lens** Kontakt-
linse *f*, Haftschale *f*

contagious [kən'teɪdʒəs] ansteckend (*a. fig.*)

contain [kən'teɪn] enthalten;
~er Behälter *m*; Container *m*

contaminat|e [kən'tæmɪneɪt]
verunreinigen; infizieren,
vergiften, verseuchen; **~ion**
[~'neɪʃn] Verunreinigung *f*;
Infizierung *f*, Vergiftung *f*;
Verseuchung *f*

contemplate ['kɒntempleɪt]
nachdenken über

contemporary [kən'tem-
pərərɪ] **1.** zeitgenössisch; **2.**
Zeitgenosse *m*, -in *f*

contempt [kən'tempt] Verachtung *f*; **~ible** verab-
scheuungswürdig; **~uous**
[~tʃʊəs] geringschätzig, verächtlich

content [¹ ['kɒntent] Gehalt *m*
(**of** an); *mst pl* Inhalt *m*

content [² [kən'tent] **1.** zufrieden; **2.** zufriedenstellen; **~
o.s. with** sich begnügen mit;
~ed zufrieden

contest **1.** ['kɒntest] (Wett-)
Kampf *m*; Wettbewerb *m*; **2.**
[kən'test] sich bewerben um;
bestreiten, *jur.* anfechten;
~ant [kən'testənt] (Wettkampf)Teilnehmer(in)

context ['kɒntekst] Zs.-hang
m

continent ['kɒntɪnənt] Kontinent *m*, Erdteil *m*; **the ~** *Brt.*
das (europäische) Festland;
~al [~'nentl] kontinental

continu|al [kən'tɪnjʊəl] an-
dauernd, ständig; immer
wiederkehrend; **~ation**
[~'eɪʃn] Fortsetzung *f*; Fort-
bestand *m*, -dauer *f*; **~e**
[~'tɪnjuː] *v/t* fortsetzen, -fah-
ren mit; beibehalten; **to be
~d** Fortsetzung folgt; *v/i*
fortfahren; andauern; (fort-)
bestehen; (fort)bleiben; **~ity**
[kɒntɪ'njuːətɪ] Kontinuität *f*;
~ous [kən'tɪnjʊəs] ununterbrochen

contort [kən'tɔːt] verdrehen,
-renken; verzerren, -ziehen

contour ['kɒntʊə] Kontur *f*,
Umriß *m*

contracept|ion [kɒntrə-
'sepʃn] Empfängnisverhü-
tung *f*; **~ive** [~tɪv] *adj* u.
s empfängnisverhütend(es
Mittel)

contract 1. ['kɒntrækt] Vertrag *m*; **2.** [kən'trækt] (sich)

zs.-ziehen; e-n Vertrag abschließen; sich vertraglich verpflichten; **~or** [kən'træktə] *a. building* ~ Bauunternehmer *m*

contradict [kɒntrə'dɪkt] widersprechen; **~ion** [~kʃn] Widerspruch *m*; **~ory** [~təri] (sich) widersprechend

contrary ['kɒntrərɪ] **1.** entgegengesetzt (**to** dat); gegensätzlich; **2.** Gegenteil *n*; **on the** ~ im Gegenteil

contrast 1. ['kɒntrɑːst] Gegensatz *m*; Kontrast *m*; **2.** [kən'trɑːst] *v/t* gegenüberstellen, vergleichen; *v/i* im Gegensatz stehen (**with** zu)

contribut|e [kən'trɪbjuːt] beitragen, -steuern (**to** zu); spenden (**to** für); **~ion** [kɒntrɪ'bjuːʃn] Beitrag *m*

contrive [kən'traɪv] zustande bringen; es fertigbringen

control [kən'trəʊl] **1.** kontrollieren; beherrschen; überwachen; *tech.* steuern, regeln, regulieren; **2.** Kontrolle *f*, Herrschaft *f*, Macht *f*, Beherrschung *f*; *tech.* Reg(e)lung *f*, Regulierung *f*; *tech.* Regler *m*; *mst pl tech.* Steuerung *f*, Steuervorrichtung *f*; **be in** ~ **of** *et.* leiten *od.* unter sich haben; **bring** (*od.* **get**) **under** ~ unter Kontrolle bringen; **get out of** ~ außer Kontrolle geraten; **lose** ~ **of** die Herrschaft *od.* Kontrolle verlieren über; **lose** ~ **of o.s.**

die (Selbst)Beherrschung verlieren; ~ **centre** (*Am.* **center**) Kontrollzentrum *n*; ~ **desk** Schaltpult *n*; **~ler** Fluglotse *m*; ~ **lever** Schalthebel *m*; ~ **panel** Schalttafel *f*; ~ **tower** *aer.* Kontrollturm *m*, Tower *m*

controvers|ial [kɒntrə'vɜːʃl] umstritten; **~y** ['~vɜːsɪ] Kontroverse *f*, Streitfrage *f*

convalesce [kɒnvə'les] gesund werden; **~nce** [~ns] Rekonvaleszenz *f*, Genesung *f*; **~nt** [~nt] Rekonvaleszent(in), Genesende *m*, *f*

convenien|ce [kən'viːnjəns] Annehmlichkeit *f*, Bequemlichkeit *f*; *Brt.* Toilette *f*; **all** (**modern**) **~s** aller Komfort; **~t** bequem; günstig, passend

convent ['kɒnvənt] (Nonnen)Kloster *n*

convention [kən'venʃn] *Brauch:* Konvention *f*, Sitte *f*; Zs.-kunft *f*, Tagung *f*, Versammlung *f*; Abkommen *n*; **~al** [~ʃənl] konventionell

conversation [kɒnvə'seɪʃn] Konversation *f*, Gespräch *n*, Unterhaltung *f*; **~al** [~ʃənl] umgangssprachlich

conversion [kən'vɜːʃn] Umwandlung *f*; *math.* Umrechnung *f*; *eccl.* Bekehrung *f*; ~ **table** Umrechnungstabelle *f*

convert [kən'vɜːt] um-, verwandeln; *math.* umrechnen; *eccl.* bekehren; **~ible 1.** um-

verwandelbar; **2.** *mot.* Kabrio(lett) *n*

convey [kən'veɪ] befördern, transportieren; überbringen, -mitteln; *Ideen etc.* mitteilen; **~ance** Beförderung *f*, Transport *m*; Übermittlung *f*; Verkehrsmittel *n*; **~er (belt)** Förderband *n*

convict [kən'vɪkt] *jur.* **(of)** überführen (*gen*); verurteilen (wegen); **2.** ['kɒnvɪkt] Strafgefangene *m, f*; Verurteilte *m, f*; **~ion** [kən'vɪkʃn] *jur.* Verurteilung *f*; Überzeugung *f*

convinc|e [kən'vɪns] überzeugen; **~ing** überzeugend

convoy ['kɒnvɔɪ] Konvoi *m*

convuls|ion [kən'vʌlʃn] Krampf *m*, Zuckung *f*; **~ive** [~sɪv] krampfhaft

coo [kuː] gurren

cook [kʊk] **1.** Koch *m*; Köchin *f*; **2.** kochen; **~book** *bsd. Am.* Kochbuch *n*; **~er** *Brt.* Herd *m*; **~ery** Kochen *n*, Kochkunst *f*; **~ery book** *bsd. Brt.* Kochbuch *n*; **~ie** *Am.* (süßer) Keks

cool [kuːl] **1.** kühl; *fig.* kalt(blütig), gelassen; **2.** (sich) abkühlen

cooperat|e [kəʊ'ɒpəreɪt] zusammenarbeiten; mitwirken; **~ion** [~reɪʃn] Zs.-arbeit *f*, Mitwirkung *f*, Hilfe *f*; **~ive** [~'ɒpərətɪv] zs.-arbeitend; kooperativ, hilfsbereit; Gemeinschafts...; Genossenschafts...

coordinate [kəʊ'ɔːdɪneɪt] koordinieren, abstimmen

cop [kɒp] F *Polizist(in)*: Bulle *m*

cope [kəʊp]: **~ with** fertigwerden mit

copier ['kɒpɪə] Kopiergerät *n*, Kopierer *m*

copilot ['kəʊpaɪlət] Kopilot *m*

copious ['kəʊpjəs] reichlich

copper ['kɒpə] **1.** Kupfer *n*; Kupfermünze *f*; **2.** kupfern

copy ['kɒpɪ] **1.** Kopie *f*; Abschrift *f*; Nachbildung *f*; Durchschlag *m*, -schrift *f*; *Buch etc.*: Exemplar *n*; *print.* (Satz)Vorlage *f*; **fair ~** Reinschrift *f*; **rough ~** Rohentwurf *m*; **2.** kopieren, abschreiben; e-e Kopie anfertigen von; nachbilden, nachahmen; **'~right** Urheberrecht *n*, Copyright *n*

coral ['kɒrəl] Koralle *f*

cord [kɔːd] **1.** Schnur *f* (*a. electr.*), Strick *m*; Kordsamt *m*; **2.** ver-, zuschnüren

cordial ['kɔːdjəl] Fruchtsaftkonzentrat *n*

cordial² [~] herzlich

cordon ['kɔːdn]: **~ off** abriegeln, absperren

corduroy ['kɔːdərɔɪ] Kord (-samt) *m*; *pl* Kordhose *f*

core [kɔː] **1.** Kerngehäuse *n*; Kern *m, fig. a. das* Innerste; **2.** entkernen; **~ time** *Brt.* Kernzeit *f*

cork [kɔːk] **1.** Kork(en) *m*; **2.** zu-, verkorken; **'~screw** Korkenzieher *m*

corn[1] [kɔːn] **1.** Korn *n*, Getreide *n*; *Am.* Mais *m*; **2.** (ein)pökeln

corn[2] [~] *med.* Hühnerauge *n*

corner ['kɔːnə] **1.** Ecke *f*; Winkel *m*; *bsd. mot.* Kurve *f*; Fußball: Eckball *m*, Ecke *f*; *fig.* schwierige Lage, Klemme *f*; **2.** Eck...; **3.** *fig.* in die Enge treiben; '~**ed** ...eckig; ~ **kick** *Fußball:* Eckstoß *m*

cornet ['kɔːnɪt] *Brt.* Eistüte *f*

coronary ['kɔrənərɪ] **1.** ~ **thrombosis** (*pl* -ses [~siːz]) Herzinfarkt *m*

coronation [kɔrə'neɪʃn] Krönung *f*

coroner ['kɔrənə] *jur.* Coroner *m* (*Untersuchungsbeamter*)

corporat|e ['kɔːpərət] gemeinsam; Firmen...; ~**ion** [~ə'reɪʃn] *jur.* Körperschaft *f*; Gesellschaft *f*, Firma *f*; *Am.* Aktiengesellschaft *f*; Stadtverwaltung *f*

corpse [kɔːps] Leiche *f*

corral [kə'rɑːl, *Am.* kə'ræl] Korral *m*, Hürde *f*, Pferch *m*

correct [kə'rekt] **1.** korrekt, richtig; *Zeit:* a. genau; **2.** korrigieren; berichtigen, verbessern; ~**ion** [~kʃn] Korrektur *f*; Berichtigung *f*

correspond [kɔrɪ'spɔnd] (*with, to*) entsprechen (*dat*), übereinstimmen (mit); korrespondieren; ~**ence** Entsprechung *f*, Übereinstimmung *f*; Korrespondenz *f*,

Briefwechsel *m*; ~**ent** Briefpartner(in); Korrespondent(in); ~**ing** entsprechend

corridor ['kɔrɪdɔː] Korridor *m*, Flur *m*, Gang *m*

corroborate [kə'rɔbəreɪt] bestätigen

corro|de [kə'rəʊd] zerfressen; rosten; ~**sion** [~ʒn] Korrosion *f*

corrugated ['kɔrəgeɪtɪd] gewellt; ~ **iron** Wellblech *n*

corrupt [kə'rʌpt] **1.** korrupt; bestechlich; **2.** bestechen; ~**ion** [~pʃn] Verdorbenheit *f*; Korruption *f*, Bestechung *f*

cosmetic [kɔz'metɪk] **1.** kosmetisch; **2.** Kosmetikartikel *m*; ~**ian** [~mə'tɪʃn] Kosmetikerin *f*

cosmonaut ['kɔzmənɔːt] Kosmonaut(in), Raumfahrer(in)

cost [kɔst] **1.** Kosten *pl*; Preis *m*; **2.** (*cost*) kosten; '~**ly** kostspielig, teuer; ~ **of living** Lebenshaltungskosten *pl*

costume ['kɔstjuːm] Kostüm *n*; Tracht *f*; ~ **jewel(le)ry** Modeschmuck *m*

cosy ['kəʊzɪ] gemütlich

cot [kɔt] Kinderbett(chen) *n*

cottage ['kɔtɪdʒ] Cottage *n*, (kleines) Landhaus; ~ **cheese** Hüttenkäse *m*

cotton [kɔtn] Baumwolle *f*; (Baumwoll)Garn *n*; ~ **wool** *Brt.* Watte *f*

couch [kaʊtʃ] Couch *f*

couchette [kuːˈʃet] *rail. im Liegewagen:* Platz *m*

cough [kɒf] **1.** Husten *m*; **2.** husten

could [kʊd] *pret von* **can**¹

council [ˈkaʊnsl] Rat(sversammlung *f*) *m*; *Brt.* Gemeinderat *m*; Stadtrat *m*; **~ house** *Brt.* gemeindeeigenes Wohnhaus *n* (*mit niedrigen Mieten*); **~(l)or** [ˈ~slə] Ratsmitglied *n*, Stadtrat *m*, -rätin *f*

counsel [ˈkaʊnsl] **1.** (Rechts)Anwalt *m*; Rat(-schlag) *m*; Beratung *f*; **2.** *j-m* raten; zu *et* raten; **~(l)or** [ˈ~slə] Berater(in); *bsd. Am.* Anwalt *m*

count¹ [kaʊnt] zählen; **~ on** zählen auf, sich verlassen auf, rechnen mit

count² [~] Graf *m*

countdown [ˈkaʊntdaʊn] Countdown *m*, *n* (*a. fig.*)

countenance [ˈkaʊntənəns] Gesichtsausdruck *m*

counter¹ [ˈkaʊntə] *tech.* Zähler *m*; Spielmarke *f*

counter² [ˈ~] Ladentisch *m*; Theke *f*; Schalter *m*

counter³ [ˈ~] entgegen (**to** *dat*); Gegen...

counter|act [kaʊntəˈrækt] entgegenwirken; *Wirkung* neutralisieren; **~balance 1.** [ˈ~bæləns] Gegengewicht *n*; **2.** [~ˈbæləns] *v/t* ein Gegengewicht bilden zu, ausgleichen; **~clockwise** *Am.* →

anticlockwise; ~espionage [ˈ~r'espjəna:ʒ] Spionageabwehr *f*; **~feit 1.** falsch, gefälscht; **2.** Fälschung *f*; **3.** *Geld etc.* fälschen; **~foil** (Kontroll)Abschnitt *m*; **~part** Gegenstück *n*; genaue Entsprechung

countess [ˈkaʊntɪs] Gräfin *f*

countless [ˈkaʊntlɪs] zahllos, unzählig

country [ˈkʌntrɪ] Land *n*; **in the ~** auf dem Lande; **~man** (*pl -men*) Landsmann *m*; Landbewohner *m*; **~side** (ländliche) Gegend; Landschaft *f*; **~woman** (*pl -women*) Landsmännin *f*; Landbewohnerin *f*

county [ˈkaʊntɪ] *Brt.* Grafschaft *f*; *Am.* (Land)Kreis *m*

couple [ˈkʌpl] **1.** Paar *n*; **a ~ of** zwei; *F* ein paar; **2.** (*zs.-*)koppeln; verbinden

coupon [ˈkuːpɒn] Gutschein *m*; Bestellzettel *m*

courage [ˈkʌrɪdʒ] Mut *m*; **~ous** [kəˈreɪdʒəs] mutig

courier [ˈkʊrɪə] Eilbote *m*, Kurier *m*; Reiseleiter(in)

course [kɔːs] Kurs *m*; (*Renn*)Bahn *f*, (-)Strecke *f*; (*Golf*)Platz *m*; (Ver)Lauf *m*; *Speise:* Gang *m*; Kurs *m*, Lehrgang *m*; **of ~** natürlich

court [kɔːt] **1.** *jur.* Gericht *n*; Hof *m* (*a. e-s Fürsten*); (*Tennis- etc.*)Platz *m*; **2.** werben um; weitere Gefahr

courte|ous [ˈkɜːtjəs] höflich; **~sy** [ˈ~tɪsɪ] Höflichkeit *f*

'court|house Gerichtsgebäude n; **~ martial** Militärgericht n; **~ order** Gerichtsbeschluß m; **'~room** Gerichtssaal m; **'~yard** Hof m

cousin ['kʌzn] Cousin m, Vetter m; Cousine f

cove [kəʊv] kleine Bucht

cover ['kʌvə] **1.** Decke f; Deckel m; Deckel m, Einband m; (Schutz)Umschlag m; Umschlagseite f; Hülle f, Futteral n; Überzug m, Bezug m; Abdeck-, Schutzhaube f; mil. etc. Deckung f; Schutz m; econ. Deckung f, Sicherheit f; Gedeck n; **2.** (be-, zu)decken; sich erstrecken über; Strecke zurücklegen; decken, schützen; econ. (ab)decken; versichern; Presse etc.: berichten über; Sport: Gegenspieler decken; **~ up** verheimlichen, -tuschen; **~ age** ['~rɪdʒ] Versicherungsschutz m, (Schadens)Deckung f; Presse etc.: Berichterstattung f

cow [kaʊ] Kuh f

coward ['kaʊəd] Feigling m; **~ice** ['~ɪs] Feigheit f; **~ly** feig(e)

cower ['kaʊə] kauern

cowslip ['kaʊslɪp] Schlüsselblume f; Am. Sumpfdotterblume f

coy [kɔɪ] schüchtern

cozy ['kəʊzɪ] Am. → **cosy**

crab [kræb] Krabbe f; Taschenkrebs m

crack [kræk] **1.** s Knall m; Sprung m, Riß m; Spalt(e f) m, Ritze f; (heftiger) Schlag; **2.** adj f erstklassig; **3.** v/i krachen, knallen; (zer)springen; Stimme: überschnappen; fig. (a. ~ **up**) zs.-brechen; **get ~ing** F loslegen; v/t knallen mit (Peitsche); zerbrechen; Nuß, F Code, Safe etc. knakken; Witz reißen; **'~er** ungesüßter Keks: Cracker m, Kräcker m; Schwärmer m, Knallfrosch m und Knallbonbon m, n; **~le** ['~kl] knistern

cradle ['kreɪdl] **1.** Wiege f; **2.** wiegen, schaukeln

craft [krɑːft] Handwerk n; Boot(e pl) n, Schiff(e pl) n, Flugzeug(e pl) n; **'~sman** (pl **-men**) Handwerker m; **'~y** schlau

crag [kræg] Fels(enspitze f) m

cram [kræm] (voll)stopfen

cramp [kræmp] Krampf m; tech. Krampe f

cranberry ['krænbərɪ] Preiselbeere f

crane [kreɪn] zo. Kranich m; tech. Kran m

crank [kræŋk] Kurbel f; F komischer Kauz, Spinner m

crash [kræʃ] **1.** zertrümmern; krachen, knallen; krachend einstürzen, zs.-krachen; econ. zs.-brechen; mot. verunglücken (mit), e-n Unfall haben (mit), zs.-stoßen; aer. abstürzen (mit); **2.** Krach(en *n*) *m*; *econ.* Zs.-bruch *m*, (Börsen)Krach *m*; *mot.* Unfall *m*, Zs.-stoß *m*; *aer.* Absturz *m*; **~ course** Schnell-, Intensivkurs *m*; **~ diet** radikale Schlankheitskur; **~ helmet** Sturzhelm *m*; **~ landing** Bruchlandung *f*

crate [kreɪt] (Latten)Kiste *f*

crater ['kreɪtə] Krater *m*

crave [kreɪv] verlangen

crawl [krɔːl] kriechen; krabbeln; *Schwimmen:* krauleln

crayfish ['kreɪfɪʃ] Flußkrebs *m*; Languste *f*

crayon ['kreɪən] Buntstift *m*

craz|e [kreɪz] Manie *f*, Verrücktheit *f*; *the latest* **~** der letzte Schrei; **'~y:** (*about*) verrückt (nach)

creak [kriːk] knarren, quietschen

cream [kriːm] **1.** Rahm *m*, Sahne *f*; Creme *f*; *fig.* Auslese *f*, Elite *f*; **2.** creme(farben); **~ cheese** Rahmkäse *m*; **'~y** sahnig

crease [kriːs] **1.** (Bügel)Falte *f*; **2.** falten; (zer)knittern

creat|e [kriː'eɪt] (er)schaffen; verursachen; **~ion** Schöpfung *f*; **~ive** schöpferisch, kreativ; **~or** Schöpfer *m*; **~ure** ['~tʃə] Geschöpf *n*, Kreatur *f*

crèche [kreɪʃ] (Kinder)Krippe *f*; *Am.* (Weihnachts)Krippe *f*

credible ['kredəbl] glaubwürdig; glaubhaft

credit ['kredɪt] **1.** *econ.* Kredit *m*; *econ.* Guthaben *n*, Haben *n*; Glaube(n) *m*; Ansehen *n*; Anerkennung *f*; **2.** *econ.* Betrag zuschreiben; glauben (*dat*); **'~able** anerkennenswert; **~ card** Kreditkarte *f*; **'~or** Gläubiger *m*

credulous ['kredjʊləs] leichtgläubig

creed [kriːd] Glaubensbekenntnis *n*

creek [kriːk] *Brt.* kleine Bucht; *Am.* kleiner Fluß

creep [kriːp] (*crept*) kriechen; schleichen; **'~er** Kletterpflanze *f*; **'~y** grus(e)lig

cremat|e [krɪ'meɪt] einäschern; **~ion** Einäscherung *f*, Feuerbestattung *f*

crept [krept] *pret. u. pp von* **creep**

crescent ['kresnt] Halbmond *m*, Mondsichel *f*

cress [kres] Kresse *f*

crest [krest] *zo.* Haube *f*, Büschel *n*; (Hahnen)Kamm *m*; Bergrücken *m*, Kamm *m*; (Wellen)Kamm *m*; Wappen *n*; **'~fallen** *fig.* niedergeschlagen

crevasse [krɪ'væs] Gletscherspalte *f*

crevice ['krevɪs] Spalte *f*

crew [kruː] Besatzung *f*, Mannschaft *f*

crib [krɪb] **1.** *Am.* Kinderbettchen *n*; Krippe *f*; *Schule:* Spickzettel *m*; **2.** *Schule:* F spicken

cricket ['krɪkɪt] *zo.* Grille *f*; *Sport:* Kricket *n*

crime [kraɪm] Verbrechen *n*

criminal ['krɪmɪnl] **1.** kriminell; Straf...; **2.** Verbrecher(in), Kriminelle *m, f*

crimson ['krɪmzn] karmesin-, feuerrot

cringe [krɪndʒ] sich ducken

cripple ['krɪpl] **1.** Krüppel *m*; **2.** zum Krüppel machen, verkrüppeln; lähmen

crisis ['kraɪsɪs] (*pl* **-ses** ['-siːz]) Krise *f*

crisp [krɪsp] **1.** knusp(e)rig; *Gemüse:* frisch, fest; *Luft etc.:* scharf, frisch; *Haar:* kraus; **2.** *pl Brt.* (Kartoffel-)Chips *pl*

critic ['krɪtɪk] Kritiker(in); **'~al** kritisch; gefährlich; **~ism** ['-sɪzəm] Kritik *f*; **~ize** ['-saɪz] kritisieren

croak [krəʊk] krächzen; *Frosch:* quaken

crochet ['krəʊʃeɪ] häkeln

crockery ['krɒkərɪ] *bsd. Brt.* Geschirr *n* (*aus Steingut*)

crocodile ['krɒkədaɪl] Krokodil *n*

crocus ['krəʊkəs] Krokus *m*

crook [krʊk] **1.** Krümmung *f*, Biegung *f*; *F* Gauner *m*; **2.** (sich) krümmen; **~ed** ['-ɪd] gekrümmt, krumm

crop [krɒp] **1.** *zo.* Kropf *m*; Ernte *f*; **2.** *Haar* kurz schneiden, stutzen

cross [krɒs] **1.** Kreuz *n*; *biol.* Kreuzung *f*; **2.** (sich) kreu-

zen; *Straße* überqueren; *Plan etc.* durchkreuzen; *biol.* kreuzen; **~ off, ~ out** aus-, durchstreichen; **~ o.s.** sich bekreuzigen; **~ one's legs** die Beine übereinanderschlagen; *keep one's fingers ~ed* den Daumen drücken *od.* halten; **3.** *adj* böse, ärgerlich; **'~bar** *Sport:* Tor-, Querlatte *f*; **'~breed** *biol.* Kreuzung *f*; **~'country** Querfeldein...; **~'country skiing** Skilanglauf *m*; **~ed cheque** *Brt.* Verrechnungsscheck *m*; **~examine** ins Kreuzverhör nehmen; **'~eyed: be ~** schielen; **'~ing** (*Straßen- etc.*)Kreuzung *f*; Straßenübergang *m*; *Brt.* Fußgängerüberweg *m*; *mar.* Überfahrt *f*; **'~roads** *pl od. sg* (Straßen)Kreuzung *f*; *fig.* Scheideweg *m*; **~'section** Querschnitt *m*; **'~walk** *Am.* Fußgängerüberweg *m*; **'~word** (**puzzle**) Kreuzworträtsel *n*

crotch [krɒtʃ] *Hose, Körper:* Schritt *m*

crouch [kraʊtʃ] sich bücken *od.* ducken

crow[^1] [krəʊ] Krähe *f*

crow[^2] [~] **1.** krähen; **2.** Krähen *n*

crowd [kraʊd] **1.** (Menschen-) Menge *f*; **2.** (zs.-)strömen, sich drängen; *Straßen etc.* bevölkern; **'~ed** (**with**) überfüllt (mit), voll (von)

cup

crown [kraʊn] **1.** Krone f; Kron...; **2.** krönen

crucial [ˈkruːʃl] entscheidend

cruci|fixion [kruːsɪˈfɪkʃn] Kreuzigung f; **~fy** [ˈ⁓faɪ] kreuzigen

crude [kruːd] roh, unbearbeitet; fig. roh, grob; **~ (oil)** Rohöl n

cruel [ˈkruːəl] grausam; hart; '**~ty** Grausamkeit f

cruet [ˈkruːɪt] Essig-, Ölfläschchen n; Gewürzständer m

cruise [kruːz] **1.** kreuzen, e-e Kreuzfahrt machen; **2.** Kreuzfahrt f

crumb [krʌm] Krume f, Krümel m; **~le** [ˈ⁓bl] zerkrümeln

crumple [ˈkrʌmpl] (zer)knittern

crunch [krʌntʃ] (geräuschvoll) (zer)kauen; knirschen

crush [krʌʃ] **1.** Gedränge n, Gewühl n; **lemon ~** Zitronensaft m; **2.** sich drängen; zerquetschen; zerdrücken; zerkleinern, -mahlen; auspressen; fig. nieder-, zerschmettern; Aufstand etc. niederwerfen

crust [krʌst] Kruste f

crutch [krʌtʃ] Krücke f

cry [kraɪ] **1.** schreien, rufen (for nach); weinen; heulen, jammern; **2.** Schrei m, Ruf m; Geschrei n; Weinen n

crystal [ˈkrɪstl] Kristall m; (a. **~ glass**) Kristall(glas) n; Am. Uhrglas n; **~lize**

[ˈ⁓təlaɪz] kristallisieren

cub [kʌb] (Raubtier)Junge f

cube [kjuːb] Würfel m; Kubikzahl f

cubic [ˈkjuːbɪk] Kubik..., Raum...; **~le** [ˈ⁓kl] Kabine f

cuckoo [ˈkuːku] Kuckuck m

cucumber [ˈkjuːkʌmbə] Gurke f

cuddle [ˈkʌdl] an sich drücken, hätscheln

cue [kjuː] Stichwort n; Wink m, Fingerzeig m

cuff [kʌf] Manschette f, (Ärmel-, Am. a. Hosen)Aufschlag m; **~ link** Manschettenknopf m

cul-de-sac [ˈkʌldəsæk] Sackgasse f

culminate [ˈkʌlmɪneɪt] gipfeln; **~ion** [⁓ˈneɪʃn] fig. Höhepunkt m

culottes [kjuːˈlɒts] pl Hosenrock m

culprit [ˈkʌlprɪt] Täter(in), Schuldige m, f

cult [kʌlt] Kult m

cultivate [ˈkʌltɪveɪt] anbauen, bebauen; kultivieren; fördern; **~ion** [⁓ˈveɪʃn] Anbau m, Bebauung f

cultur|al [ˈkʌltʃərəl] kulturell, Kultur...; **~e** [ˈ⁓tʃə] Kultur f; (Tier)Zucht f

cumbersome [ˈkʌmbəsəm] lästig; unhandlich, schwer

cunning [ˈkʌnɪŋ] **1.** schlau, listig; **2.** List f, Schlauheit f

cup [kʌp] Tasse f; Becher m; Sport: Cup m, Pokal m;

~board ['kʌbəd] Schrank *m*; **~ final** Pokalendspiel *n*

cupola ['kju:pələ] Kuppel *f*

cup tie Pokalspiel *n*

curable ['kjʊərəbl] heilbar

curb [kɜ:b] *Am.* Bordstein *m*

curd [kɜ:d] *oft pl* Quark *m*; **~le** ['~dl] gerinnen (lassen)

cure [kjʊə] **1.** Kur *f*, Heilverfahren *n*; Heilung *f*; (Heil)Mittel *n*; **2.** heilen; trocknen; (ein)pökeln

curi|osity [kjʊərɪ'ɒsətɪ] Neugier *f*; Rarität *f*; Sehenswürdigkeit *f*; **~ous** ['~əs] neugierig; seltsam

curl [kɜ:l] **1.** ~ Locke *f*; (Rauch)Ring *m*; **2.** (sich) locken *od.* kräuseln; **~ up** *Rauch:* in Ringen hochsteigen; sich zs.-rollen; **~er** Lockenwickler *m*; **~y** gelockt, lockig

currant ['kʌrənt] Johannisbeere *f*, Korinthe *f*

curren|cy ['kʌrənsɪ] *econ.* Währung *f*; **foreign ~** Devisen *pl*; **~t 1.** Monat, *Ausgaben etc.:* laufend; gegenwärtig, aktuell; üblich, gebräuchlich; **~ events** *pl* Tagesereignisse *pl*; **2.** Strömung *f*, Strom *m* (*beide a. fig.*); *electr.* Strom *m*; **~t account** *Brt.* Girokonto *n*

curriculum [kə'rɪkjələm] (*pl* **-la** [~lə], **-lums**) Lehr-, Studienplan *m*; **~ vitae** [~'vi:taɪ] Lebenslauf *m*

curse [kɜ:s] **1.** Fluch *m*; **2.** (ver)fluchen; **~d** ['~ɪd] verflucht

cursor ['kɜ:sə] *Computer:* Cursor *m*, Leuchtmarke *f*

cursory ['kɜ:sərɪ] flüchtig

curt [kɜ:t] barsch, schroff

curtain ['kɜ:tn] Vorhang *m*

curts(e)y ['kɜ:tsɪ] **1.** Knicks *m*; **2.** knicksen

curve [kɜ:v] **1.** Kurve *f*, Krümmung *f*, Biegung *f*; **2.** (sich) krümmen *od.* biegen

cushion ['kʊʃn] **1.** Kissen *n*; **2.** polstern; *Stoß* dämpfen

custard ['kʌstəd] Vanillesoße *f*

custody ['kʌstədɪ] Haft *f*; Obhut *f*; *jur.* Sorgerecht *n*

custom ['kʌstəm] Brauch *m*, Gewohnheit *f*; *econ.* Kundschaft *f*; **~ary** üblich; **~er** Kund|e, -in *f*

customs [kʌstəmz] *pl* Zoll *m*; **~ clearance** Zollabfertigung *f*; **~ inspection** Zollkontrolle *f*; **~ officer** Zollbeamte *m*

cut [kʌt] **1.** Schnitt *m*; Schnittwunde *f*; (Fleisch)Schnitte *f*, Stück *n*; *Holz:* Schnitt *m*; *Edelsteine:* Schliff *m*; Kürzung *f*, Senkung *f*; **cold ~s** *pl* Aufschnitt *m*; **2.** (*cut*) (ab-, an-, be-, durch-, zer)schneiden; *Edelsteine* schleifen; *mot.* Kurve schneiden; *Löhne etc.* kürzen; *Preise* herabsetzen, senken; *Karten* abheben; **~ a tooth** e-n Zahn be-

dancing

kommen, zahnen; ~ *down* Bäume fällen; (sich) einschränken; ~ *in* in s.o. mot. j-n schneiden; j-n unterbrechen; ~ *off* abschneiden; unterbrechen, trennen; *Strom* sperren; ~ *out* ausschneiden; *Kleid etc.* zuschneiden

cute [kju:t] schlau, clever; niedlich, süß

cuticle ['kju:tɪkl] Nagelhaut f

cutlery ['kʌtlərɪ] Besteck n

cutlet ['kʌtlɪt] (*Kalbs-, Lamm*)Kotelett n

cut|-'price *Brt.*, ~'**rate** *Am.* ermäßigt, herabgesetzt

cutt|er ['kʌtə] Zuschneider(in); (*Glas-, Diamant*)Schleifer m; Schneidewerkzeug n, -maschine f;

Film: Cutter(in); *mar.* Kutter m; '~**ing 1.** schneidend, Schneid(e)...; **2.** *bsd. Brt.* (*Zeitungs*)Ausschnitt m

cycl|e ['saɪkl] **1.** Zyklus m; **2.** radfahren, radeln; '~**ing** Radfahren n; '~**ist** Radfahrer(in), Motorradfahrer(in)

cylinder ['sɪlɪndə] Zylinder m, Walze f, Trommel f

cynic ['sɪnɪk] Zyniker(in); ~**al** zynisch

cypress ['saɪprəs] Zypresse f

cyst [sɪst] Zyste f

Czech [tʃek] **1.** Tschech|e m, -in f; **2.** tschechisch

Czechoslovak [tʃekəʊ'sləʊvæk] **1.** Tschechoslowak|e m, -in f; **2.** tschechoslowakisch

D

dab [dæb] be-, abtupfen

dachshund ['dækshʊnd] Dackel m

dad [dæd] F, '~**dy** Papa m, Vati m

daffodil ['dæfədɪl] gelbe Narzisse, Osterglocke f

daft [dɑ:ft] F doof, dämlich

dagger ['dægə] Dolch m

dahlia ['deɪljə] Dahlie f

daily ['deɪlɪ] **1.** täglich; **2.** Tageszeitung f; a. ~ **help** *Brt.* Putzfrau f

dainty ['deɪntɪ] zierlich; wählerisch, verwöhnt

dairy ['deərɪ] Molkerei f;

Milchgeschäft n

daisy ['deɪzɪ] Gänseblümchen n

dam [dæm] **1.** (Stau)Damm m; **2.** a. ~ **up** stauen

damage ['dæmɪdʒ] **1.** Schaden m; *pl jur.* Schadenersatz m; **2.** beschädigen; schaden

damn [dæm] a. ~**ed** verdammt; ~ *it!* F verflucht!

damp [dæmp] **1.** feucht; **2.** Feuchtigkeit f; **3.** a. ~**en** an-, befeuchten; dämpfen

danc|e [dɑ:ns] **1.** tanzen; **2.** Tanz m; Tanz(veranstaltung f) m; '~**er** Tänzer(in); '~**ing** Tanzen n; Tanz...

dandelion ['dændɪlaɪən] *bot.*
Löwenzahn *m*

dandruff ['dændrʌf] (Kopf-)
Schuppen *pl*

Dane [deɪn] Däne *m*, -in *f*

danger ['deɪndʒə] Gefahr *f*;
~ous ['ˌdʒərəs] gefährlich

dangle ['dæŋgl] baumeln *od.*
herabhängen (lassen)

Danish ['deɪnɪʃ] dänisch

dar|e [deə] es *od. et.* wagen;
how ~ you! was fällt dir ein!;
~ing ['ˌrɪŋ] kühn, wagemutig; gewagt, verwegen

dark [dɑːk] **1.** dunkel; finster;
fig. düster, trüb(e); finster; **2.**
Dunkel(heit *f*) *n*; *after ~*
nach Einbruch der Dunkelheit; **~en** ['ˌən] verdunkeln;
dunkel *od.* dunkler machen;
dunkel werden, sich verdunkeln; **'~ness** Dunkelheit *f*

darling ['dɑːlɪŋ] **1.** Liebling
m; **2.** lieb; F goldig

darn [dɑːn] stopfen

dart [dɑːt] **1.** (Wurf)Pfeil *m*;
Satz *m*, Sprung *m*; **2.** sausen,
flitzen, huschen; schleudern

dash [dæʃ] **1.** schleudern,
schmettern; *Hoffnungen etc.*
zerstören, zunichte machen;
stürmen, stürzen; **~ off** davonstürzen; **2.** Schlag *m*;
Schuß *m* (*Rum etc.*), Spritzer *m*
(*Salz etc.*), Spritzer *m* (*Zitrone*); Gedankenstrich *m*;
Sprint *m*; *make a ~ for* losstürzen auf; **'~board** Armaturenbrett *n*; **'~ing** schneidig, forsch

data ['deɪtə] *pl* (*oft sg*) Daten
pl, Angaben *pl*; *Computer:*
Daten *pl*; **~ bank, ~ base**
Datenbank *f*; **~ capture** Datenerfassung *f*; **~ processing** Datenverarbeitung *f*;
~ protection Datenschutz *m*;
~ storage Datenspeicher *m*

date¹ [deɪt] Dattel *f*

date² [deɪt] **1.** Datum *n*;
Zeit(punkt *m*) *f*; Termin *m*;
Verabredung *f*; *bsd. Am.* F
(Verabredungs)Partner(in);
out of ~ veraltet, unmodern;
up to ~ zeitgemäß, modern,
auf dem laufenden; **2.** datieren; *bsd. Am.* F sich verabreden mit, gehen mit; **'~d** veraltet, überholt

daub [dɔːb] (be)schmieren

daughter ['dɔːtə] Tochter *f*;
~-in-law ['ˌrɪnlɔː] Schwiegertochter *f*

dawdle ['dɔːdl] (herum)trödeln, (-)bummeln

dawn [dɔːn] **1.** (Morgen-)
Dämmerung *f*; **2.** dämmern

day [deɪ] Tag *m*; *oft pl* (Lebens)Zeit *f*; **~ off** (dienst)freier Tag; *by ~* bei Tag(e); *~
after ~* Tag für Tag; *~ in ~ out*
tagaus, tagein; *in those ~s*
damals; *one ~* e-s Tages; *the
other ~* neulich; *the ~ after
tomorrow* übermorgen; *the
~ before yesterday* vorgestern; *let's call it a ~!* Feierabend!, Schluß für heute!;
'~break Tagesanbruch *m*;
'~dream (mit offenen Au-

gen) träumen; '**~light** Tageslicht n; '**~light saving time** Sommerzeit f; '**~light** Tagesheim n, -stätte f; '**~return** Brt. Tagesrückfahrkarte f

dazed [deɪzd] benommen

dazzle ['dæzl] blenden

dead [ded] **1.** tot; gestorben; gefühllos; unempfindlich (**to** für); gleichgültig (**to** gegen); bsd. econ. flau; völlig, total; plötzlich, abrupt; **~ tired** todmüde; **2. the ~** pl die Toten pl; **in the ~ of night** mitten in der Nacht; **~en** ['dedn] dämpfen, abschwächen; abstumpfen (**to** gegen); **~ end** Sackgasse f (a. fig.); **~ heat** Sport: totes Rennen; **~line** letzter Termin; Stichtag m; '**~lock** toter Punkt; '**~ly** tödlich; Tod...

deaf [def] taub; schwerhörig; **~-and-dumb** taubstumm; **~en** ['defn] taub machen; '**~ening** ohrenbetäubend; '**~mute** taubstumm

deal [diːl] **1.** (**dealt**) Karten: geben; **~s.** Drogen: dealen; oft **~ out** aus-, verteilen; **~** econ. handeln mit; **~ with** sich befassen od. beschäftigen mit; handeln von; mit et. od. j-m fertig werden; econ. Geschäfte machen mit; **2.** Abkommen n; F Geschäft n; Handel m; Karten: Geben n; Menge f; **it's a ~!** abgemacht!; **a good ~** (ziemlich) viel; **a great ~ of** sehr viel;

'**~er** Händler(in); sl. Drogen: Dealer m; Karten: Geber(in); sl. mst pl econ. Geschäfte pl; Umgang m; **~t** [delt] pret u. pp von **deal 1**

dean [diːn] Dekan m

dear [dɪə] **1.** lieb; teuer; **≳ Sir,** (in Briefen) Sehr geehrter Herr (Name); **2.** Liebste m, f, Schatz m; **3.** int (oh) **~...** **~ me!** du liebe Zeit!; ach herrje!; '**~ly** innig, herzlich

death [deθ] Tod(esfall) m

debat|able [dɪ'beɪtəbl] umstritten; **~e** [**~**eɪt] **1.** Debatte f, Diskussion f; **2.** debattieren

debit ['debɪt] econ. **1.** Soll n; **2.** Konto belasten

debris ['deɪbriː] Trümmer pl

debt [det] Schuld f; **be in ~** Schulden haben, verschuldet sein; '**~or** Schuldner(in)

debug [diː'bʌg] F entwanzen; Computer: Fehler im Programm suchen u. beheben

decade ['dekeɪd] Jahrzehnt n

decaffeinated [diː'kæfɪneɪtɪd] koffeinfrei

decanter [dɪ'kæntə] Karaffe f

decay [dɪ'keɪ] **1.** zerfallen; verfallen; Zahn: kariös od. schlecht werden; verfallen; schwach werden; **2.** Zerfall m; Verfaulen n

deceit [dɪ'siːt] Betrug m

deceive [dɪ'siːv] Person: täuschen, Sache: a. trügen

December [dɪ'sembə] Dezember m

decency 80

decen|cy ['di:snsɪ] Anstand
m; **'.t** anständig

decept|ion [dɪ'sepʃn] Täuschung f; **.ive** [.tɪv] täuschend, trügerisch

decide [dɪ'saɪd] (sich) entscheiden; sich entschließen; beschließen; **.d** entscheiden

decimal ['desɪml] dezimal, Dezimal...

decipher [dɪ'saɪfə] entziffern

decis|ion [dɪ'sɪʒn] Entscheidung f; Entschluß m; **.ive** [dɪ'saɪsɪv] entscheidend; entschieden, -schlossen

deck [dek] mar. Deck n; bsd. Am. Spiel n, Pack m (Spiel-)Karten; **'.chair** Liegestuhl m

declar|ation [dekləˈreɪʃn] Erklärung f; **.e** [dɪ'kleə] erklären; deklarieren; verzollen

decline [dɪ'klaɪn] **1.** abnehmen, zurückgehen; (höflich) ablehnen; **2.** Abnahme f, Rückgang m, Verfall m

declutch [di:'klʌtʃ] mot. auskuppeln

decode [di:'kəʊd] decodieren, entschlüsseln

decompose [di:kəm'pəʊz] (sich) zersetzen

decorat|e ['dekəreɪt] (aus-)schmücken, verzieren; dekorieren; tapezieren; (an)streichen; mit Orden etc. auszeichnen; **.ion** [.'reɪʃn] Schmuck m, Dekoration f; Verzierung f; Orden m; **.ive** ['.rətɪv] dekorativ, Zier...; **.or** ['.reɪtə] Dekorateur m;

Maler m u. Tapezierer m

decoy ['di:kɔɪ] Lockvogel m

decrease 1. ['di:kri:s] Abnahme f; **2.** [di:'kri:s] abnehmen, (sich) verringern

dedicat|e ['dedɪkeɪt] widmen; **.ion** [.'keɪʃn] Widmung f

deduce [dɪ'dju:s] schließen (from aus); ableiten

deduct [dɪ'dʌkt] Betrag abziehen (from von); **.ion** [.kʃn] Abzug m; (Schluß-)Folgerung f, Schluß m

deed [di:d] Tat f; jur. (Übertragungs)Urkunde f

deep [di:p] tief (a. fig.); **'.en** (sich) vertiefen, fig. a. (sich) steigern a. (sich) verstärken; **.'freeze 1.** Tiefkühl-, Gefriertruhe f; **2. (-froze, -frozen)** tiefkühlen, einfrieren; **.'frozen food** Tiefkühlkost f; **'.fry** fritieren

deer [dɪə] Hirsch m; Reh n

defeat [dɪ'fi:t] **1.** besiegen, schlagen; zunichte machen, vereiteln; **2.** Niederlage f

defect ['di:fekt] Defekt m, Fehler m; Mangel m; **.ive** [dɪ'fektɪv] schadhaft, defekt

defence [dɪ'fens] Verteidigung f

defend [dɪ'fend] verteidigen; **.ant** jur. Angeklagte m, f

defens|e [dɪ'fens] Am. → defence; department; **.ive 1.** defensiv; **2.** Defensive f

defer [dɪ'fɜ:] verschieben

defiant [dɪ'faɪənt] herausfordernd; trotzig

deficien|cy [dɪˈfɪʃnsɪ] Mangel
m, Fehlen n; **~t** mangelhaft,
unzureichend
deficit [ˈdefɪsɪt] Defizit n,
Fehlbetrag m
defin|e [dɪˈfaɪn] definieren,
erklären, bestimmen; **~ite**
[ˈdefɪnɪt] bestimmt, klar;
endgültig, definitiv; '**~itely**
bestimmt; **~ition** [ˌ~ˈnɪʃn] Definition f, Erklärung f, Bestimmung f; phot., TV etc.:
Schärfe f; **~itive** [dɪˈfɪnɪtɪv]
endgültig, definitiv
deflect [dɪˈflekt] ablenken
deform [dɪˈfɔːm] deformie-
ren; entstellen, verunstalten;
~ity Mißbildung f
defrost [diːˈfrɒst] entfrosten;
Gerät: abtauen; Essen: auftauen
defy [dɪˈfaɪ] trotzen; sich widersetzen; herausfordern
degenerate 1. v/i [dɪˈdʒen-
əreɪt] degenerieren; **2.** [ˌ~rət]
adj degeneriert
degrade [dɪˈɡreɪd] degradie-
ren; erniedrigen
degree [dɪˈɡriː] Grad m; Stufe f; univ. (akademische)
Grad; **by ~s** allmählich
dehydrate [diːˈhaɪdreɪt] v/t
das Wasser entziehen; v/i
austrocknen; **~d vegetables**
pl Trockengemüse n
de-ice [diːˈaɪs] enteisen
deity [ˈdiːɪtɪ] Gottheit f
dejected [dɪˈdʒektɪd] niedergeschlagen
delay [dɪˈleɪ] **1.** aufschieben;

verzögern; aufhalten; **be ~ed**
rail., etc. Verspätung haben;
2. Aufschub m; Verzögerung
f; rail., etc. Verspätung f
delegat|e 1. [ˈdelɪɡət] Dele-
gierte m, f; **2.** [ˈ~ɡeɪt] abord-
nen, delegieren; übertragen;
~ion [~ˈɡeɪʃn] Abordnung f,
Delegation f
delete [dɪˈliːt] (aus)streichen;
Computer: löschen
deliberate [dɪˈlɪbərət] bewußt, absichtlich, vorsätzlich; bedächtig; **~ly** absichtlich
delica|cy [ˈdelɪkəsɪ] Zartheit
f; Feingefühl n; Empfind-
lichkeit f; Delikatesse f; **~te**
[ˈ~ət] zart; fein; zierlich; zerbrechlich; delikat, heikel;
empfindlich; **~tessen** [~ˈtesn]
pl Delikatessen pl, Feinkost
f; sg Feinkostgeschäft n
delicious [dɪˈlɪʃəs] köstlich
delight [dɪˈlaɪt] **1.** Vergnügen
n, Entzücken n; **2.** entzükken, erfreuen; **~ful** entzük-
kend
delinquen|cy [dɪˈlɪŋkwənsɪ]
Kriminalität f; **~t 1.** straffäl-
lig; **2.** Straffällige m, f
delirious [dɪˈlɪrɪəs] im Deliri-
um, phantasierend
deliver [dɪˈlɪvə] aus-, (ab)lie-
fern; Briefe zustellen; Rede
halten; befreien, erlösen; **be
~ed of** med. entbunden werden von; **~y** [~rɪ] Lieferung f;
Post: Zustellung f; Vor-
trag(sweise f) m; med. Ent-

bindung f; → **cash** 1; **~y van** Lieferwagen m

delude [dɪ'luːd] täuschen

deluge ['deljuːdʒ] Überschwemmung f; fig. Flut f

delusion [dɪ'luːʒn] Täuschung f; Wahn(vorstellung f) m

demand [dɪ'mɑːnd] **1.** Forderung f (**for** nach); Anforderung f (**on** an); Nachfrage f (**for** nach); **on ~** auf Verlangen; **2.** verlangen, fordern; (fordernd) fragen nach; **~ing** anspruchsvoll

demented [dɪ'mentɪd] wahnsinnig

demi... [demɪ] Halb..., halb...

demo ['deməʊ] F Demonstration: Demo f

democra|cy [dɪ'mɒkrəsɪ] Demokratie f; **~t** ['deməkræt] Demokrat(in) m; **~tic** [~'krætɪk] demokratisch

demolish [dɪ'mɒlɪʃ] abreißen; fig. zunichte machen

demonstrat|e ['demənstreɪt] demonstrieren; beweisen; zeigen; vorführen; **~ion** [~'streɪʃn] Demonstration f; **~or** Demonstrant(in)

den [den] zo. Höhle f (a. fig.)

denial [dɪ'naɪəl] Leugnen n; Ablehnung f

denims ['denɪmz] pl Jeans pl

denomination [dɪnɒmɪ'neɪʃn] eccl. Konfession f; econ. Nennwert m

dens|e [dens] dicht; fig. begriffsstutzig; **~ity** ['~ətɪ] Dichte f

dent [dent] **1.** Beule f, Delle f; **2.** ver-, einbeulen

dent|al [dentl] Zahn...; **~ist** Zahnarzt m, -ärztin f; **~ure** ['~tʃə] mst pl (Zahn)Prothese f

deny [dɪ'naɪ] ab-, bestreiten, (ab)leugnen, dementieren; j-m et. abschlagen

deodorant [diː'əʊdərənt] De(s)odorant n, Deo n

depart [dɪ'pɑːt] abreisen; abfahren; aer. abfliegen; abweichen (**from** von)

department [dɪ'pɑːtmənt] Abteilung f, univ. a. Fachbereich m; pol. Ministerium n; **~ of Defense / of the Interior / of State** Am. Verteidigungs- / Innen- / Außenministerium n; **~ store** Kaufm, Warenhaus n

departure [dɪ'pɑːtʃə] Abreise f; Abfahrt f; Abflug m; **~ lounge** Abflughalle f

depend [dɪ'pend] (**on**) sich verlassen (auf); abhängen (von); angewiesen sein (auf); *that ~s* das kommt darauf an; **~able** zuverlässig; **~ant** (Familien)Angehörige m, f; **~ence:** (**on**) Abhängigkeit (von); Vertrauen (auf); **~ent:** (**on**) abhängig (von); angewiesen (auf)

deplor|able [dɪ'plɔːrəbl] beklagenswert; **~e** [~ː] mißbilligen

deport [dɪ'pɔːt] ausweisen, abschieben; deportieren

desk

deposit [dɪ'pɒzɪt] **1.** absetzen, abstellen, niederlegen; (sich) ablagern *od.* absetzen; deponieren; *Bank: Betrag* einzahlen; *Betrag* anlegen; *Bank:* **2.** *chem.* Ablagerung *f*, *geol. a.* (*Erz- etc.*) Lager *n*; Deponierung *f*; *Bank:* Einzahlung *f*; Anzahlung *f*

depot ['depəʊ] Depot *n*

depraved [dɪ'preɪvd] verdorben, -kommen

depress [dɪ'pres] (nieder)drücken; deprimieren; bedrücken; **~ed** deprimiert, niedergeschlagen; **~ed area** Notstandsgebiet *n*; **~ion** [~ʃn] Depression *f* (*a. econ.*), Niedergeschlagenheit *f*; Vertiefung *f*, Senke *f*; *meteor.* Tief(druckgebiet) *n*

deprive [dɪ'praɪv]: **~ s.o. of s.th.** j-m et. nehmen; **~d** benachteiligt

depth [depθ] Tiefe *f*

deput|ation [depjʊ'teɪʃn] Abordnung *f*; **~ize** [~taɪz]: **~ for** j-n vertreten; **~y 1.** (Stell-)Vertreter(in); Abgeordnete *m*, *f*; *Am.* Hilfssheriff *m*; **2.** stellvertretend

derail [dɪ'reɪl]: **be ~ed** entgleisen

deranged [dɪ'reɪndʒd] geistesgestört

derelict ['derəlɪkt] heruntergekommen, baufällig

deri|de [dɪ'raɪd] verhöhnen, -spotten; **~sion** [~ʒn] Hohn

m, Spott *m*; **~sive** [~aɪsɪv], **~sory** [~ərɪ] höhnisch, spöttisch

derive [dɪ'raɪv]: **~ from** abstammen von; herleiten von; *Nutzen* ziehen aus

derogatory [dɪ'rɒgətərɪ] abfällig, geringschätzig

descend [dɪ'send] hinuntergehen; abstammen (**from** von); **~ant** Nachkomme *m*

descent [dɪ'sent] Hinuntergehen *n*; Abstieg *m*; Gefälle *n*; *aer.* Niedergehen *n*; Abstammung *f*, Herkunft *f*

descri|be [dɪ'skraɪb] beschreiben; **~ption** [~'skrɪpʃn] Beschreibung *f*

desert¹ ['dezət] Wüste *f*

desert² [dɪ'zɜːt] verlassen, im Stich lassen; *mil.* desertieren

deserve [dɪ'zɜːv] verdienen

design [dɪ'zaɪn] **1.** entwerfen, *tech.* konstruieren; **2.** Design *n*, Entwurf *m*, (Konstruktions)Zeichnung *f*; Design *n*, Muster *n*; Gestaltung *f*

designate ['dezɪgneɪt] bestimmen

designer [dɪ'zaɪnə] Designer(in); *tech.* Konstrukteur(in); Modeschöpfer(in)

desir|able [dɪ'zaɪərəbl] wünschenswert; begehrenswert; **~e** [~aɪə] **1.** wünschen; begehren; **2.** Wunsch *m*; Verlangen *n*, Begierde *f*

desk [desk] Schreibtisch *m*; *Restaurant etc.:* Kasse *f*; Empfang *m*, Rezeption *f*

desolate 84

desolate ['desələt] einsam, verlassen; trostlos

despair [dɪ'speə] 1. verzweifeln (of an); 2. Verzweiflung f

desperate ['despərət] verzweifelt; ~ion [~'reɪʃn] Verzweiflung f

despise [dɪ'spaɪz] verachten

despite [dɪ'spaɪt] trotz

despondent [dɪ'spɒndənt] mutlos, verzagt

dessert [dɪ'zɜːt] Nachtisch m, Dessert n

destin|ation [destɪ'neɪʃn] Bestimmungsort m; Reiseziel n; Ziel n; ~e ['~ɪn] bestimmen; '~y Schicksal n

destitute ['destɪtjuːt] mittellos, (völlig) verarmt

destroy [dɪ'strɔɪ] zerstören, vernichten; Tier töten, einschläfern

destruct|ion [dɪ'strʌkʃn] Zerstörung f; ~ive [~tɪv] zerstörend; schädlich

detach [dɪ'tætʃ] (ab-, los-)trennen, (los)lösen; ~ed Haus: Einzel...; distanziert

detail ['diːteɪl] Detail n, Einzelheit f

detain [dɪ'teɪn] aufhalten; jur. in Haft behalten

detect [dɪ'tekt] entdecken; ~ion Entdeckung f; Aufdeckung f; ~ive Detektiv m, Kriminalbeamte m; ~ive novel od. story Kriminalroman m; ~or Detektor m

detention [dɪ'tenʃn] jur. Haft f; Schule: Nachsitzen n

deter [dɪ'tɜː] abschrecken

detergent [dɪ'tɜːdʒənt] Reinigungs-, Waschmittel n

deteriorate [dɪ'tɪərɪəreɪt] sich verschlechtern

determin|ation [dɪtɜːmɪ'neɪʃn] Entschluß m; Entschlossenheit f; Feststellung f; ~e [dɪ'tɜːmɪn] et. beschließen, Zeitpunkt etc. bestimmen; feststellen, ermitteln; (sich) entscheiden; sich entschließen; ~ed entschlossen

deterrent [dɪ'terənt] 1. abschreckend; 2. Abschreckungsmittel n

detest [dɪ'test] verabscheuen

detonate ['detəneɪt] v/t zünden; v/i detonieren

detour ['diːtuə] Umweg m; Am. (Verkehrs)Umleitung f

deuce [djuːs] Kartenspiel, Würfeln: Zwei f; Tennis: Einstand m

devalu|ation [diːvæljuˈeɪʃn] Abwertung f; ~e [~ˈvæljuː] abwerten

devastat|e ['devəsteɪt] verwüsten; ~ing verheerend

develop [dɪ'veləp] (sich) entwickeln; erschließen; ~er phot. Entwickler m; (Stadt-)Planer m; ~ing country Entwicklungsland n; ~ment Entwicklung f

deviate ['diːvɪeɪt] abweichen

device [dɪ'vaɪs] Vorrichtung f, Gerät n; Einfall m; Trick m

devil ['devl] Teufel m; '~ish teuflisch

digest

devious ['diːvjəs] gewunden, krumm (*a. fig.*); unaufrichtig; *Mittel*: fragwürdig

devise [dɪ'vaɪz] (sich) ausdenken

devote [dɪ'vəʊt] widmen (*to dat*); **~d** ergeben; hingebungsvoll; eifrig, begeistert

devour [dɪ'vaʊə] verschlingen

devout [dɪ'vaʊt] fromm; sehnlich, innig

dew [djuː] Tau *m*

dext|erity [dek'sterətɪ] Geschicklichkeit *f*; **~(e)rous** ['~st(ə)rəs] geschickt

diabetes [daɪə'biːtiːz] Diabetes *m*, Zuckerkrankheit *f*

diagonal [daɪ'ægənl] **1.** diagonal; **2.** Diagonale *f*

diagram ['daɪəgræm] Diagramm *n*

dial ['daɪəl] **1.** Zifferblatt *n*; *teleph.* Wählscheibe *f*; Skala *f*; **2.** *teleph.* wählen

dialect ['daɪəlekt] Dialekt *m*

dialling code ['daɪəlɪŋ] *Brt. teleph.* Vorwahl(nummer) *f*; **~ tone** *Brt. teleph.* Freizeichen *n*

dialogue, *Am.* **-log** ['daɪəlɒg] Dialog *m*

dial tone *Am. teleph.* Freizeichen *n*

diameter [daɪ'æmɪtə] Durchmesser *m*

diamond ['daɪəmənd] Diamant *m*; *Karten*: Karo *n*

diaper ['daɪəpə] *Am.* Windel *f*

diaphragm ['daɪəfræm]

Zwerchfell *n*; *phot.* Blende *f*; *teleph.* Membran(e) *f*; *med.* Diaphragma *n*

diarrh(o)ea [daɪə'rɪə] *med.* Durchfall *m*

diary ['daɪərɪ] Tagebuch *n*; Taschen-, Terminkalender *m*

dice [daɪs] **1.** (*pl* **~**) Würfel *m*; **2.** in Würfel schneiden

dictat|e [dɪk'teɪt] diktieren; **~ion** Diktat *n*; **~or** Diktator *m*; **~orship** Diktatur *f*

dictionary ['dɪkʃənrɪ] Wörterbuch *n*

did [dɪd] *pret von* **do**

die¹ [daɪ] sterben; eingehen, verenden; **~ of hunger/ thirst** verhungern / verdursten; **~ away** *Wind*: sich legen; *Ton*: verhallen; *Licht*: verlöschen; **~ down** → **~ away**; *Aufregung etc.*: sich legen; **~ out** aussterben

die² [daɪ] *Am.* Würfel *m*

diet ['daɪət] **1.** Nahrung *f*, Ernährung *f*, Kost *f*; Diät *f*; **2.** Diät halten, diät leben

differ ['dɪfə] sich unterscheiden; *Meinungen*: auseinandergehen; anderer Meinung sein; **~ence** ['dɪfrəns] Unterschied *m*; Differenz *f*; Meinungsverschiedenheit *f*; **~ent** verschieden; anders; **~entiate** [~'renʃɪeɪt] (sich) unterscheiden

difficult ['dɪfɪkəlt] schwierig, schwer; **~y** Schwierigkeit *f*

dig [dɪg] (**dug**) graben

digest 1. [dɪ'dʒest] verdauen;

2. ['daɪdʒest] Auslese f, Auswahl f; **~ible** [dɪ'dʒestəbl] verdaulich; **~ion** [dɪ'dʒestʃən] Verdauung f

digit ['dɪdʒɪt] math.: Ziffer f, Stelle f; **~al** Digital...

digni|fied ['dɪgnɪfaɪd] würdevoll; **~ty** ['~tɪ] Würde f

digress [daɪ'gres] abschweifen

digs [dɪgz] pl Brt. F Bude f

dike [daɪk] Deich m

dilapidated [dɪ'læpɪdeɪtɪd] verfallen, baufällig

dilate [daɪ'leɪt] (sich) ausdehnen ed. (aus)weiten

diligent ['dɪlɪdʒənt] fleißig

dilute [daɪ'lju:t] verdünnen

dim [dɪm] **1.** (halb)dunkel, düster; Licht: schwach, trüb(e); undeutlich; **2.** (sich) verdunkeln ed. trüben; **~ the headlights** Am. abblenden

dime [daɪm] Am. Zehncentstück n

dimension [dɪ'menʃn] Dimension f, Maß n, Abmessung f; pl off Dig. Ausmaß n

dimin|ish [dɪ'mɪnɪʃ] (sich) vermindern ed. verringern; **~utive** [~jʊtɪv] winzig

dimple ['dɪmpl] Grübchen n

dine [daɪn] speisen, essen; **~r** im Restaurant: Gast m; Am. Imbißstube f; rail. Speisewagen m

dingy ['dɪndʒɪ] schmuddelig

dining ['daɪnɪŋ] Speisewagen m; **~ room** Speise-, Eßzimmer n; **~ table** Eßtisch m

dinner ['dɪnə] (Mittag-, Abend)Essen n; Diner n, Festessen n; **~ jacket** Smoking m; **~ party** Diner n, Abendgesellschaft f; **~time** Essens-, Tischzeit f

dioxide [daɪ'ɒksaɪd] Dioxyd n; **~in** [~sɪn] Dioxin n

dip [dɪp] **1.** (ein-, unter)tauchen; sich senken, abfallen; **~ the headlights** bsd. Brt. mot. abblenden; **2.** (Ein-, Unter)Tauchen n; ein kurzes Bad; Boden: Senke f

diphtheria [dɪf'θɪərɪə] Diphtherie f

diploma [dɪ'pləʊmə] Diplom n

diploma|cy [dɪ'pləʊməsɪ] Diplomatie f; **~t** ['dɪpləmæt] Diplomat m; **~tic** [~ə'mætɪk] diplomatisch

dire ['daɪə] schrecklich; äußerste(r, -s), höchste(r, -s)

direct [dɪ'rekt] **1.** richten, lenken; leiten; Film etc.: Regie führen bei; Brief etc. adressieren; j-n anweisen; et. anordnen; j-m den Weg zeigen (**to** zu, nach); **2.** direkt, gerade; **~ current** Gleichstrom m; **~ion** Richtung f; Leitung f; Film etc.: Regie f; Anweisung f, Anleitung f; Anordnung f; **~s** pl (**for use**) Gebrauchsanweisung f; **~ion indicator** mot. Richtungsanzeiger m, Blinker m; **~ly** direkt; sofort; **~or** Direktor(in), Leiter(in); Film etc.:

Regisseur(in); **~ory** [~tərɪ]
Telefonbuch n

dirt [dɜːt] Schmutz m, Dreck
m; **~'cheap** F spottbillig;
'~y 1. schmutzig, dreckig;
gemein; **2.** beschmutzen

disabled [dɪs'eɪbld] behindert; invalid

disadvantage [dɪsəd'vɑːn-
tɪdʒ] Nachteil m; **~ous**
[dɪsædvɑːn'teɪdʒəs] nachteilig, ungünstig

disagree [dɪsə'griː] nicht
übereinstimmen; anderer
Meinung sein (**with** als);
Essen: nicht bekommen
(**with** dat); **~able** [~'grɪəbl]
unangenehm; **~ment** [~'griː-
mənt] Meinungsverschiedenheit f

disappear [dɪsə'pɪə] verschwinden; **~ance** [~rəns]
Verschwinden n

disappoint [dɪsə'pɔɪnt] enttäuschen; **~ing** enttäu-
schend; **~ment** Enttäu-
schung f

disapprove [dɪsə'pruːv] miß-
billigen (**of** s.th. et.)

disarm [dɪs'ɑːm] entwaffnen;
pol. abrüsten; **~ament**
[~əmənt] pol. Abrüstung f

disaster [dɪ'zɑːstə] Unglück
n, Katastrophe f; **~rous**
[~strəs] katastrophal

disbe|lief [dɪsbɪ'liːf]: **in ~** un-
gläubig; **~lieve** [~'liːv] nicht
glauben

disc [dɪsk] Scheibe f; (Schall-)
Platte f; Parkscheibe f; anat.

Bandscheibe f; Computer →
disk; slipped ~ Bandscheibenvorfall m

discern [dɪ'sɜːn] wahrnehmen, erkennen

discharge [dɪs'tʃɑːdʒ] **1.** v/t
aus-, entladen; Gewehr etc.
abfeuern; ausstoßen, med.
absondern; entlassen; jur.
freisprechen; Verpflichtun-
gen erfüllen, nachkommen;
v/i münden (**into** in); med. eitern; electr. sich entladen; **2.**
Entladen n; Abfeuern n;
Ausstoß m; med. Absonde-
rung f, Ausfluß m; electr.
Entladung f; Entlassung f;
Erfüllung f (e-r Pflicht)

discipline ['dɪsɪplɪn] Disziplin f

dis|claim [dɪs'kleɪm] ab-, be-
streiten; **~close** aufdecken;
enthüllen

disco ['dɪskəʊ] F Disko f

dis|colo(u)r [dɪs'kʌlə] (sich)
verfärben; **~comfort** Unbe-
hagen n; **~concert** [~kən-
'sɜːt] beunruhigen; **~con-
nect** trennen; Strom etc. abstellen; **~consolate** [~'kɒn-
sələt] untröstlich

discontent [dɪskən'tent] Unzufriedenheit f; **~ed** unzufrieden

discotheque ['dɪskətek]
Diskothek f

discount ['dɪskaʊnt] Preis-
nachlaß m, Rabatt m, Skonto m, n

discourage [dɪs'kʌrɪdʒ] entmutigen; abschrecken, *j-m* abraten

discover [dɪ'skʌvə] entdecken; **~er** [~rə] Entdecker(in); **~y** [~rɪ] Entdeckung *f*

dis|credit [dɪs'kredɪt] **1.** in Verruf *od.* Mißkredit bringen; **2.** Mißkredit *m*; **~creet** [dɪ'skriːt] diskret; besonnen; **~crepancy** [dɪ'skrepənsɪ] Diskrepanz *f*, Widerspruch *m*; **~cretion** [dɪ'skreʃn] Diskretion *f*; Ermessen *n*, Gutdünken *n*; **~criminate** [dɪ'skrɪmɪnet] unterscheiden; **~ against** *j-n* benachteiligen, diskriminieren

discus ['dɪskəs] (*pl* **-cuses, -ci** ['~kaɪ]) Diskus *m*

discuss [dɪ'skʌs] diskutieren, besprechen; **~ion** [~ʃn] Diskussion *f*, Besprechung *f*

disease [dɪ'ziːz] Krankheit *f*

dis|embark [dɪsɪm'bɑːk] von Bord gehen (lassen); *Waren* ausladen; **~engage** lösfreimachen; *tech.* aus-, loskuppeln; **~entangle** entwirren; **~figure** entstellen

disgrace [dɪs'greɪs] **1.** Schande *f*; **2.** Schande bringen über; **~ful** unerhört

disguise [dɪs'gaɪz] **1.** (*o.s.* sich) verkleiden *od.* maskieren; *Stimme etc.* verstellen; *et.* verbergen; **2.** Verkleidung *f*; Verstellung *f*

disgust [dɪs'gʌst] **1.** Ekel *m*, Abscheu *m*; **2.** anekeln; empören; **~ing** ekelhaft

dish [dɪʃ] (flache) Schüssel, Schale *f*; Gericht *n*, Speise *f*; *the* **~es** *pl* das Geschirr; **'~cloth** Spüllappen *m*

dishevel(l)ed [dɪ'ʃevld] zerzaust, wirr

dishonest [dɪs'ɒnɪst] unehrlich; **~y** Unehrlichkeit *f*

dishono(u)r [dɪs'ɒnə] **1.** Schande *f*; **2.** Schande bringen über; *econ.* Wechsel nicht honorieren *od.* einlösen

'dish|washer Geschirrspülmaschine *f*; **'~water** Spülwasser *n*

dis|illusion [dɪsɪ'luːʒn] desillusionieren; **~inclined** abgeneigt

disinfect [dɪsɪn'fekt] desinfizieren; **~ant** Desinfektionsmittel *n*

dis|inherit [dɪsɪn'herɪt] enterben; **~integrate** (sich) auflösen; zerfallen; **~interested** uneigennützig; F un-, desinteressiert

disk [dɪsk] *bsd. Am.* → *disc*; *Computer:* Diskette *f*; **~ drive** Diskettenlaufwerk *n*; **~ette** [dɪs'ket, 'dɪskət] Diskette *f*

dis|like [dɪs'laɪk] **1.** Abneigung *f*; **2.** nicht leiden können, nicht mögen; **~locate** *med.* sich *den Arm etc.* ver*od.* ausrenken; **~loyal** treulos, untreu

dismal ['dɪzməl] trostlos

dis|mantle [dɪs'mæntl] de-

montieren; **~may** [~'meɪ] **1.**
bestürzen; **2.** Bestürzung f
dismiss [dɪs'mɪs] entlassen;
wegschicken; *Thema etc.* fallenlassen; **~al** Entlassung f
dis|obedience [dɪsə'biːdjəns]
Ungehorsam m; **~obedient**
ungehorsam; **~obey** nicht
gehorchen
disorder [dɪs'ɔːdə] Unordnung
f, Durcheinander n; Aufruhr
m, Unruhen pl; *med.* Störung f; **~ly** unordentlich; *jur.*
ordnungswidrig
dis|organized [dɪs'ɔːgənaɪzd]
in Unordnung; **~'own** nichts
zu tun haben wollen mit
dis|paraging [dɪs'pærɪdʒɪŋ]
geringschätzig; **~passion-
ate** [~'spæʃnət] sachlich;
~patch [~'spætʃ] (ab)senden
dispens|ary [dɪs'pensərɪ]
Krankenhaus- *etc.* Apotheke f; **~e** [~z] aus-, verteilen;
~ with verzichten auf; **~er**
tech. Spender m; *(Geld-
etc.)*Automat m; **~ing
chemist** *Brt.* Apotheker(in)
disperse [dɪs'pɜːs] (sich) zerstreuen; sich verteilen
displace [dɪs'pleɪs] verrük-
ken, -schieben; verdrängen;
j-n ablösen; verschleppen
display [dɪs'pleɪ] **1.** zeigen;
Waren auslegen, -stellen; **2.**
*(Schaufenster)*Auslage f;
Ausstellung f; Display n,
(Sichtbild)Anzeige f
displease [dɪs'pliːz] mißfal-
len

dispos|able [dɪs'pəʊzəbl]
Einweg..., Wegwerf...; **~al**
Beseitigung f, Entsorgung f;
be / put at s.o.'s ~ j-m zur
Verfügung stehen / stellen;
~e [~z] anordnen; **~ of** beseitigen; **~ed** geneigt; **~ition**
[~pə'zɪʃn] Veranlagung f
dis|proportionate [dɪsprə-
'pɔːʃnət] unverhältnismäßig;
~'prove widerlegen
dispute [dɪ'spjuːt] streiten
(über *acc*); **2.** [~, 'dɪspjuːt]
Disput m; Streit m
dis|qualify [dɪs'kwɒlɪfaɪ] dis-
qualifizieren; **~regard** nicht
beachten; **~respectful** un-
respektlos; **~rupt** [~'rʌpt] unterbrechen, stören
dissatis|faction [dɪssætɪs-
'fækʃn] Unzufriedenheit f;
~fied [~'sætɪsfaɪd] unzufrieden
dissen|sion [dɪ'senʃn] Mei-
nungsverschiedenheit(en pl)
f; **~t 1.** Meinungsverschiedenheit f; **2.** anderer Meinung sein *(from* als)
dissociate [dɪ'səʊʃɪeɪt] trennen; **~ o.s. from** sich distan-
zieren von
dissolute ['dɪsəluːt] ausschweifend
dissolution [dɪsə'luːʃn] Auf-
lösung f
dis|solve [dɪ'zɒlv] (sich) auf-
lösen; **~suade** [dɪ'sweɪd] *j-m*
abraten / *j-n* abbringen *(from
doing* davon, *et.* zu tun)
distan|ce ['dɪstəns] Entfer-

nung *f*; Ferne *f*; Strecke *f*; Distanz *f*; **in the ~** in der Ferne; **~t** entfernt; fern

distaste [dɪsˈteɪst] Widerwille *m*; Abneigung *f*

distinct [dɪˈstɪŋkt] verschieden (**from** von); deutlich, klar; **as ~ from** im Unterschied zu; **~ion** Unterscheidung *f*; Unterschied *m*; Auszeichnung *f*; Rang *m*; **~ive** unverwechselbar

distinguish [dɪˈstɪŋgwɪʃ] unterscheiden; kennzeichnen; **~ed** hervorragend, ausgezeichnet; vornehm

distort [dɪˈstɔːt] verdrehen, *Gesicht* verzerren, *Tatsachen etc. a.* entstellen

distract [dɪˈstrækt] ablenken; **~ed** beunruhigt, besorgt; außer sich; **~ion** Ablenkung *f*, oft *pl* Zerstreuung *f*; Wahnsinn *m*

distraught [dɪˈstrɔːt] außer sich (**with** vor)

distress [dɪˈstres] **1.** Leid *n*, Sorge *f*; Schmerz *m*; Not(lage) *f*; **2.** beunruhigen, mit Sorge erfüllen; **~ed area** Notstandsgebiet *n*; **~ signal** Notsignal *n*

distribute [dɪˈstrɪbjuːt] verausteilen, verteilen; **~ion** [~ˈbjuːʃn] Verteilung *f*; Verbreitung *f*; **~or** [~ˈstrɪbjutə] Verteiler *m* (*a. tech.*); *econ.* Großhändler *m*

district [ˈdɪstrɪkt] Bezirk *m*; Gegend *f*, Gebiet *n*

distrust [dɪsˈtrʌst] **1.** Mißtrauen *n*; **2.** mißtrauen

disturb [dɪsˈtɜːb] stören; beunruhigen; **~ance** Störung *f*

disused [dɪsˈjuːzd] stillgelegt

ditch [dɪtʃ] Graben *m*

dive [daɪv] **1.** (unter-)tauchen; e-n Kopfsprung (*aer.* Sturzflug) machen, springen; hechten (**for** nach); **2.** (Kopf)Sprung *m*; *aer.* Sturzflug *m*; **~r** Taucher(in)

diverge [daɪˈvɜːdʒ] abweichen

divers|e [daɪˈvɜːs] verschieden; **~ion** [~ʃn] Ablenkung *f*; Zerstreuung *f*, Zeitvertreib *m*; *Brt.* (Verkehrs)Umleitung *f*; **~ity** [~sətɪ] Vielfalt *f*

divert [daɪˈvɜːt] ablenken; *Brt. Verkehr etc.* umleiten

divide [dɪˈvaɪd] **1.** *v/t* teilen; ver-, aufteilen; trennen; *math.* dividieren, teilen (**by** durch); entzweien; *v/i* sich teilen; sich aufteilen; *math.* sich dividieren *od.* teilen lassen (**by** durch); **2.** Wasserscheide *f*

divine [dɪˈvaɪn] göttlich

diving [ˈdaɪvɪŋ] Tauchen *n*; *Sport*: Wasserspringen *n*; Taucher...; **~ board** Sprungbrett *n*

divis|ible [dɪˈvɪzəbl] teilbar; **~ion** [~ʒn] Teilung *f*; Trennung *f*; *mil., math.* Division *f*; Abteilung *f*

divorce [dɪˈvɔːs] **1.** (Ehe-)Scheidung *f*; **get a ~** sich scheiden lassen (**from** von);

2. *jur.* *j-n, Ehe* scheiden; **get ~d** sich scheiden lassen

dizzy ['dɪzɪ] schwind(e)lig

do [du:] *(did, done)* *v/t* tun, machen; *Speisen* zubereiten; *Zimmer* aufräumen, machen; *Geschirr* abwaschen; *Wegstrecke etc.* zurücklegen, schaffen; F *Strafe* absitzen; ~ *London* F London besichtigen; **have one's hair done** sich die Haare machen *od.* frisieren lassen; **have done reading** fertig sein mit Lesen; *v/i* handeln, sich verhalten; genügen, reichen; **that will ~** das genügt; ~ **well** gut abschneiden; *s-e Sache* gut machen; *bei der Vorstellung:* **how ~** *you* guten Tag; *v/aux in Fragesätzen:* ~ **you know him?** kennst du ihn?; *in verneinten Sätzen:* **I don't know** ich weiß nicht; *zur Verstärkung:* ~ **be quick** beeil dich doch; *v/t u. v/i Ersatzverb zur Vermeidung von Wiederholungen:* ~ **you like London?** – **I** ~ gefällt dir London? – ja; *in Frageanhängseln:* **he works hard, doesn't he?** er arbeitet hart, nicht wahr?; ~ **away with** beseitigen, weg-, abschaffen; **I'm done in** F ich bin geschafft; ~ **up** *Kleid etc.* zumachen; *Haus etc.* instand setzen; *Päckchen* zurechtmachen, -schnüren; ~ **o.s. up** sich zurechtmachen; **I could**

~ **with** ... ich könnte ... vertragen; ~ **without** auskommen ohne

doc [dɔk] F → **doctor**

docile ['dəʊsaɪl] fügsam

dock[^1] [dɔk] **1.** Dock *n*; Kai *m*, Pier *m*; *pl* Docks *pl*, Hafenanlagen *pl*; **2.** *mot.* Schiff (ein)docken; *Raumschiff* koppeln; *v/i* docken; *im Hafen od.* am Kai anlegen; *Raumschiff:* andocken

dock[^2] [~] Anklagebank *f*

dock|er ['dɔkə] Dock-, Hafenarbeiter *m*; ~**yard** Werft *f*

doctor ['dɔktə] Doktor *m*, Arzt *m*, Ärztin *f*

document 1. ['dɔkjʊmənt] Dokument *n*, Urkunde *f*, *pl* Akten *pl*; **2.** ['~ment] dokumentarisch *od.* urkundlich belegen; ~**ary (film)** ['~'men-tərɪ] Dokumentarfilm *m*

dodge [dɔdʒ] (rasch) zur Seite springen; ausweichen; sich drücken (vor)

doe [dəʊ] Hirschkuh *f*; (Reh)Geiß *f*, Ricke *f*; Hase, Kaninchen: Weibchen *n*

dog [dɔg] Hund *m*; ~**-eared** mit Eselsohren; ~**ged** ['~ɪd] verbissen, hartnäckig; ~**gie**, ~**gy** ['dɔgɪ] Hündchen *n*

dogmatic [dɔg'mætɪk] dogmatisch

dog-tired hundemüde

do-it-yourself [du:ɪtjə'self] **1.** Heimwerken *n*; **2.** Heimwerker-

dole [dəʊl] **1.** *Brt.* F Stempel-

doll   92

geld n; **be** od. **go on the ~**
stempeln gehen; **2. ~ out**
sparsam ver- od. austeilen
doll [dɒl] Puppe f
dollar ['dɒlə] Dollar m
dolphin ['dɒlfɪn] Delphin m
dome [dəom] Kuppel f
domestic [dəo'mestɪk] **1.**
häuslich; Haus(halts)...; inländisch, Inlands...; Binnen...; Innen...; **2.** Hausangestellte m, f; **~ animal**
Haustier n; **~ate** [‿keɪt] Tier
zähmen; **be ~d** häuslich sein;
~ flight Inlandsflug m; **~
trade** Binnenhandel m
domicile ['dɒmɪsaɪl] (jur.
ständiger) Wohnsitz
domin|ant ['dɒmɪnənt] do-
minierend, vorherrschend;
~ate ['‿neɪt] beherrschen;
dominieren; **~ation** [‿'neɪʃn]
(Vor)Herrschaft f; **~eering**
[‿'nɪərɪŋ] herrisch
donate [dəo'neɪt] spenden
(a. Blut etc.); **~ion** Spende f
done [dʌn] pp von **do**; getan;
erledigt; fertig; gastr. gar;
well ~ durchgebraten
donkey ['dɒŋkɪ] Esel m
donor ['dəonə] Spender(in)
doom [du:m] **1.** Schicksal n,
Verhängnis n; **2.** verurteilen,
-dammen; **~sday** ['‿mz-] der
Jüngste Tag
door [dɔ:] Tür f; **~bell** Tür-
klingel f; **~handle** Türgriff
m, -klinke f; **~keeper** Pförtner m; **~man** (pl **-men**) (li-
vrierter) Portier; **~mat**

(Fuß)Abtreter m; **~plate**
Türschild n; **~step** Türstufe
f; **~way** Türöffnung f
dope [dəop] **1.** F Rauschgift:
Stoff m; Dopingmittel n; Betäubungsmittel n; sl. Trottel
m; **2.** F j-m Stoff geben; do-
pen
dormitory ['dɔ:mɪtrɪ] Schlaf-
saal m; Am. Studenten-
wohnheim n
dose [dəos] Dosis f
dot [dɒt] **1.** Punkt m; **on the
~** F auf die Sekunde pünktlich; **2.** punktieren, tüpfeln,
sprenkeln, übersäen
dote [dəot]: **~ on** vernarrt sein
in
'dotted line punktierte Linie
double ['dʌbl] **1.** adj doppelt,
Doppel..., zweifach; **2.** adv
doppelt; **3.** s das Doppel-
te; Doppelgänger(in); Film,
TV: Double n; **4.** vb (sich)
verdoppeln; **~ up** with sich
krümmen vor; **~ bed** Dop-
pelbett n; **~ bend** S-Kurve f;
~'check genau nachprüfen;
~'cross F ein doppeltes od.
falsches Spiel treiben mit;
~'decker Doppeldecker m;
~'park in zweiter Reihe parken; **~'quick 1.** adj: **in ~
time → 2.** adv F im Eil-
tempo, fix; **~ room** Doppel-,
Zweibettzimmer n; **~s** (pl **~**)
Tennis: Doppel n
doubt [daot] **1.** bezweifeln; **2.**
Zweifel m; **no ~** zweifellos,
fraglos, ohne Zweifel; **~ful**

zweifelhaft; '**~less** zweifellos, ohne Zweifel

dough [dəʊ] Teig *m*; '**~nut**
Schmalzkringel *m*

dove [dʌv] Taube *f*

dowel ['daʊəl] Dübel *m*

down¹ [daʊn] **1.** *adv* nach unten, her-, hinunter; unten; **2.**
adj nach unten (gerichtet),
Abwärts...; niedergeschlagen; down; **3.** *prp* her-, hinunter; **4.** *v/t* niederschlagen,
zu Fall bringen; F *Getränk*
runterkippen

down² [daʊn] **1.** Daunen *pl*; Flaum
m

down|cast niedergeschlagen;
Blick: gesenkt; '**~fall** *fig.*
Sturz *m*; '**~hearted** niedergeschlagen; '**~hill** abwärts,
bergab; abschüssig; *Ski-
sport:* Abfahrts...; **~pay-
ment** Anzahlung *f*; '**~pour**
Platzregen *m*; '**~right** völlig,
ausgesprochen

downs [daʊnz] *pl* Hügelland
n

down|stairs 1. [daʊn'steəz]
adv die Treppe her- *od.* hinunter, nach unten; unten; **2.**
['~steəz] *adj* im unteren
Stockwerk (gelegen); '**~-
to-'earth** realistisch, praktisch; '**~town** *bsd. Am.* **1.**
[~'taʊn] in die *od.* der Innenstadt; im Geschäftsviertel; **2.**
['~taʊn] Geschäftsviertel *n*,
Innenstadt *f*, City *f*;
'**~ward(s)** ['~wəd(z)] nach
unten *od.* abwärts

dowry ['daʊərɪ] Mitgift *f*

doze [dəʊz] **1.** dösen; **~ off**
einnicken, -dösen; **2.** Nik-
kerchen *n*

dozen ['dʌzn] Dutzend *n*

drab [dræb] trist, eintönig

draft [drɑːft] **1.** Entwurf *m*;
econ. Wechsel *m*, Tratte *f*;
Am. mil. Einberufung *f*; *Am.*
→ draught; **2.** entwerfen,
Brief etc. aufsetzen; *Am. mil.*
einberufen; **~ee** [~'tiː] *Am.*
Wehr(dienst)pflichtige *m*

drag [dræg] schleppen, ziehen, zerren, schleifen; **~ on**
fig. sich in die Länge ziehen;
'**~lift** Schlepplift *m*

dragon ['drægən] Drache *m*;
'**~fly** Libelle *f*

drain [dreɪn] **1.** *v/t* abfließen
lassen; entwässern; austrin-
ken, leeren; *v/i:* **~ off** *od.*
away abfließen, ablaufen; **2.**
Abfluß(rohr *n*, -kanal) *m*;
Entwässerungsgraben *m*;
'**~age** ['~ɪdʒ] Abfließen *n*,
Ablaufen *n*; Entwässerung *f*;
Kanalisation *f*; Abwasser *n*;
'**~pipe** Abflußrohr *n*

drake [dreɪk] Enterich *m*, Er-
pel *m*

drama ['drɑːmə] Drama *n*;
~tic [drə'mætɪk] dramatisch;
'**~tist** ['~tɪst] Dramatiker *m*; **~tize** ['dræmətaɪz]
dramatisieren

drank [dræŋk] *pret von* **drink** 1

drape [dreɪp] drapieren; '**~ry**
['~ərɪ] *Brt.* Textilien *pl*; **~s** *pl*
Am. schwere Vorhänge *pl*

drastic ['dræstɪk] dra-
stisch

draught [drɑːft] (*Am.* **draft**)
(Luft- *etc.*)Zug *m*; Zug(luft
f) *m*; Zug *m*, Schluck *m*;
Schiff: Tiefgang *m*; *Brt.*:
(Dame)Stein *m*; *pl* (*sg
konstr.*) Dame(spiel *n*) *f*;
beer on ~, ~ beer Bier *n* vom
Faß, Faßbier *n*; '**~board** Brt.
Damebrett *n*; '**~sman** (*pl
-men*) *bsd. Brt.* (Konstruktions)Zeichner *m*; *Brt.* (Dame)Stein *m*; '**~swoman** (*pl
-women*) *bsd. Brt.* (Konstruktions)Zeichnerin *f*; '**~y**
bsd. Brt. zugig

draw [drɔː] **1.** (**drew, drawn**)
v/t ziehen; *Vorhänge* auf- *od.*
zuziehen; *Wasser* schöpfen;
Atem holen; *Tee* ziehen lassen; *fig. Menge* anziehen; *Interesse* auf sich ziehen; *zeichnen*; *Geld* abheben; *Scheck*
ausstellen; *v/i Kamin, Tee
etc.*: ziehen; *Sport*: unentschieden spielen; **~ back** zu-
rückweichen; **~ out** *Geld* abheben; *fig.* in die Länge ziehen; **~ up** *Schriftstück* aufsetzen; *Wagen etc.*: (an)hal-
ten; vorfahren; **2.** Ziehen *n*;
Lotterie: Ziehung *f*; *Sport*:
Unentschieden *n*; *fig.* Attraktion *f*, Zugnummer *f*;
'**~back** Nachteil *m*; '**~bridge**
Zugbrücke *f*

drawer¹ [drɔː] Schublade *f*,
-fach *n*

drawer² ['drɔːə] Zeichner(in);

econ. Aussteller(in) (*e-s
Schecks etc.*)

drawing ['drɔːɪŋ] Zeichnen *n*;
Zeichnung *f*; **~ board** Reiß-
brett *n*; **~ pin** *Brt.* Reißzwecke *f*; **~ room** Salon *m*

drawn [drɔːn] **1.** *pp von* **draw**
1; **2.** *Sport*: unentschieden

dread [dred] **1.** (sich) fürchten, (große) Angst haben *od.*
sich fürchten vor; **2.** (große)
Angst, Furcht *f*; '**~ful**
schrecklich, furchtbar

dream [driːm] **1.** Traum *m*; **2.**
(**dreamed** *od.* **dreamt**) träumen; '**~er** Träumer(in); **~t**
[dremt] *pret u. pp von* **dream**
2; '**~y** verträumt

dreary ['drɪərɪ] trostlos;
trüb(e); F langweilig

dregs [dregz] *pl* (Boden)Satz
m; *fig.* Abschaum *m*

drench [drentʃ] durchnässen

dress [dres] **1.** Kleidung *f*;
Kleid *n*; **2.** (sich) ankleiden
od. anziehen; zurechtmachen; *Salat* anmachen; *Haar*
frisieren; *Wunde etc.* verbinden; **get ~ed** sich anziehen; **~
circle** *thea.* erster Rang

dressing ['dresɪŋ] Ankleiden
n; *med.* Verband *m*; *Salatso-
ße*: Dressing *n*; *Am. gastr.*
Füllung *f*; **~ gown** Morgen-
mantel *m*, -rock *m*; **~ room**
thea. (Künstler)Garderobe
f; *Sport*: (Umkleide)Ka-
bine *f*; **~ table** Toilettentisch
m

'**dress|maker** (*bsd.* Damen-)

Schneider(in); **~ rehearsal** Generalprobe f

drew [dru:] pret von **draw** 1

dribble ['dribl] sabbern; tropfen; Sport: dribbeln

drier ['draiə] → **dryer**

drift [drift] **1.** v/i getrieben werden, treiben (a. fig.); Schnee, Sand: wehen, sich häufen; fig. sich treiben lassen; v/t (dahin)treiben; **2.** Treiben n; (Schnee)Verwehung f, (Schnee-, Sand)Wehe f; fig. Strömung f, Tendenz f

drill [dril] **1.** Bohrer m; mil. Drill m; Exerzieren n; **2.** bohren; drillen

drink [drink] **1.** (drank, drunk) trinken; **2.** Getränk n; Drink m; **~er** Trinker(in); **'~ing water** Trinkwasser n

drip [drip] **1.** tropfen od. tröpfeln (lassen); **2.** Tropfen n; med. Tropf(infusion f) m; **~'dry** bügelfrei; **'~ping** Bratenfett n

drive [draiv] **1.** (drove, driven) fahren; (an)treiben; **~ s.o. mad** j-n verrückt machen; **2.** Fahrt f; Aus-, Spazierfahrt f; Zufahrt(sstraße) f, (private) Auffahrt f; tech. Antrieb m; Computer: Laufwerk n; psych. Trieb m; fig. Schwung m, Elan m; **left-|right-hand ~** Links-| Rechtssteuerung f

'drive-in Auto..., Drive-in-...

driven ['drivn] pp von **drive** 1

driver ['draivə] Fahrer(in);

~'s license Am. Führerschein m

'driveway Auffahrt f

driving ['draiviŋ] (an)treibend; tech. Treib..., Antriebs...; **~ force** treibende Kraft; **~ instructor** Fahrlehrer(in); **~ lesson** Fahrstunde f; **~ licence** Brt. Führerschein m; **~ school** Fahrschule f; **~ test** Fahrprüfung f

drizzle ['drizl] **1.** nieseln; **2.** Niesel-, Sprühregen m

droop [dru:p] (schlaff) herabhängen (lassen)

drop [drop] **1.** Tropfen m; Bonbon m, n; fig. (Ab)Fall m, Sturz m (a. Preise); **2.** v/i (herab)tropfen; (herunter-) fallen; a. Preise etc.: sinken, fallen; Wind: sich legen; v/t tropfen lassen; fallen lassen; Bemerkung etc. fallenlassen; Fahrgast etc. absetzen; Augen, Stimme senken; **~ s.o. a few lines** j-m ein paar Zeilen schreiben; **~ in** (kurz) hereinschauen; **~ out** die Schule/das Studium abbrechen; aussteigen (of aus Politik etc.); **'~out** (Schul-, Studien)Abbrecher m; Aussteiger m

drought [draut] Dürre f

drove [drəuv] pret von **drive** 1

drown [draun] ertrinken; ertränken; **be ~ed** ertrinken

drowsy ['drauzi] schläfrig

drudge [drʌdʒ] sich (ab)plagen

drug 96

drug [drʌg] **1.** Arzneimittel *n*, Medikament *n*; Droge *f*, Rauschgift *n*; **be on ~s** rauschgift-, drogensüchtig sein; **2.** *j-m* Medikamente geben; *j-n* unter Drogen setzen; ein Betäubungsmittel beimischen; Betäuben; **~ addict** Drogen-, Rauschgiftsüchtige *m*, *f*; **~gist** ['.ɪst] *Am.*: Inhaber(in) e-s Drugstores; **'~store** *Am.*: Apotheke *f*; Drugstore *m*

drum [drʌm] **1.** Trommel *f*; *anat.* Trommelfell *n*; *pl mus.* Schlagzeug *n*; **2.** trommeln; **'~mer** Trommler *m*; Schlagzeuger *m*

drunk [drʌŋk] **1.** *pp von* **drink** 1; **2.** betrunken; **get ~** sich betrinken; **3.** Betrunkene *m*, *f*; **→ ~ard** ['~əd] Trinker(in); Säufer(in); **'~en** betrunken; **~ driving** Trunkenheit *f* am Steuer

dry [draɪ] **1.** trocken; *Wein etc.*: trocken, herb; **2.** (ab)trocknen; dörren; trocknen, trocken werden; **~ up** aus-, eintrocknen; versiegen; **'clean** chemisch reinigen; **~ cleaner('s)** *Geschäft*: chemische Reinigung; **'cleaning** chemische Reinigung; **'~er**, *a.* **drier** Trockner *m*

dual ['dju:əl] doppelt; **~ carriageway** *Brt.* durch Mit-

telstreifen vom Gegenverkehr getrennte (Schnell)Straße

dub [dʌb] synchronisieren

dubious ['dju:bjəs] zweifelhaft

duchess ['dʌtʃɪs] Herzogin *f*

duck [dʌk] **1.** Ente *f*; *Brt.* F Schatz *m*; **2.** (unter)tauchen; (sich) ducken

due [dju:] **1.** *adj* zustehend; gebührend; angemessen; *econ.* fällig; *zeitlich* fällig; **~ to** wegen; **be ~ to** zurückzuführen sein auf; **2.** *adv* direkt, genau (*nach Osten etc.*); **3.** *s pl* Gebühren *pl*

duel ['dju:əl] Duell *n*

dug [dʌg] *pret u. pp von* **dig**

duke [dju:k] Herzog *m*

dull [dʌl] **1.** matt, glanzlos; dumpf; *Wetter etc.*: trüb; langweilig; schwer von Begriff, dumm; *Klinge etc.*: stumpf; *econ.* flau, schleppend; **2.** abstumpfen; schwächen; *Schmerz* betäuben

dumb [dʌm] stumm; sprachlos; *bsd. Am.* F doof, dumm

dum(b)founded [dʌm-ˈfaʊndɪd] verblüfft, sprachlos

dummy ['dʌmɪ] **1.** Attrappe *f*; *Brt.* Schnuller *m*; **2.** Schein...

dump [dʌmp] **1.** (hin)plumpsen *od.* (-)fallen lassen, hinwerfen; *Schutt etc.* auskippen, abladen; *econ.* zu Dumpingpreisen verkaufen; *Computer:* *Daten* auf Diskette *etc.* abspeichern; **2.** Schutt-

Abfallhaufen *m*; (Schutt-, Müll)Abladeplatz *m*

dumpling ['dʌmplɪŋ] Knödel *m*, Kloß *m*

dune [dju:n] Düne *f*

dung [dʌŋ] Mist *m*, Dung *m*

dungarees [dʌŋɡə'ri:z] *pl* Latzhose *f*

dupe [dju:p] Betrogene *m, f*

duplex ['dju:pleks] Doppel..; ~ (**apartment**) *Am*. Maison(n)ette(wohnung) *f*

duplicate 1. ['dju:plɪkət] doppelt; genau gleich; **2.** ['~] ['~keit] ein Duplikat anfertigen von; kopieren, vervielfältigen; ~ **key** Zweit-, Nachschlüssel *m*

dura|ble ['djʊərəbl] haltbar; dauerhaft; **~tion** [~'reɪʃn] Dauer *f*

during ['djʊərɪŋ] während

dusk [dʌsk] (Abend)Dämmerung *f*

dust [dʌst] **1.** Staub *m*; **2.** *v/t* abstauben; (be)streuen; *v/i* Staub wischen; **~bin** *Brt*.: Abfall-, Mülleimer *m*; Abfall-, Mülltonne *f*; **~cart**

Brt. Müllwagen *m*; ~ **cover** Schutzumschlag *m*; '**~er** Staubtuch *n*; ~ **jacket** Schutzumschlag *m*; '**~man** (*pl* -**men**) *Brt.* Müllmann *m*; '**~pan** Kehrschaufel *f*; '**~y** staubig

Dutch [dʌtʃ] **1.** holländisch; **2.** *the* ~ *pl* die Holländer *pl*

duty ['dju:tɪ] Pflicht *f*; Aufgabe *f*; *econ.* Zoll *m*; Dienst *m*; **be on** ~ Dienst haben; **be off** ~ dienstfrei haben; **~'free** zollfrei

dwarf [dwɔ:f] (*pl* ~**s** [~fs], **dwarves** [~vz]) Zwerg(in)

dwell [dwel] (**dwelt** *od.* **dwelled**) wohnen

dwelt [dwelt] *pret u. pp von* **dwell**

dwindle ['dwɪndl] abnehmen

dye [daɪ] färben

dying ['daɪɪŋ] sterbend

dynamic [daɪ'næmɪk] dynamisch; **~s** *mst sg* Dynamik *f*

dynamite ['daɪnəmaɪt] Dynamit *n*

dysentery ['dɪsntrɪ] *med.* Ruhr *f*

E

each [i:tʃ] **1.** *adj, pron* jede(r, -s); ~ *other* einander, sich; **2.** *adv* je, pro Person / Stück

eager ['i:ɡə] eifrig; begierig

eagle ['i:ɡl] Adler *m*

ear¹ [ɪə] Ohr *n*; Gehör *n*

ear² [~] Ähre *f*

ear|ache ['ɪəreɪk] Ohrenschmerzen *pl*; '**~drum** Trommelfell *n*

earl [ɜ:l] *britischer* Graf

early ['ɜ:lɪ] früh; bald; zu früh

earmark versehen (**for** für)

earn [ɜ:n] Geld *etc.* verdienen

earnest ['ɜːnɪst] **1.** ernst (-haft); **2.** *in* ~ im Ernst

earnings ['ɜːnɪŋz] *pl* Verdienst *m*, Einkommen *n*

'**ear**|**phones** *pl* Kopfhörer *pl*; '~**ring** Ohrring *m*; '~**shot**: *within / out of* ~ in / außer Hörweite

earth [ɜːθ] **1.** Erde *f*; Welt *f*; *Brt. electr.* Erdung *f*; **2.** *Brt. electr.* erden; ~**en** ['ɜːθn] irden; '~**enware** Steingut(geschirr) *n*; '~**ly** irdisch; '~**quake** Erdbeben *n*; '~**worm** Regenwurm *m*

ease [iːz] **1.** Leichtigkeit *f*; Bequemlichkeit *f*; (Gemüts)Ruhe *f*; Sorglosigkeit *f*; *at* (*one's*) ~ ruhig, entspannt; *be od. feel at* ~ sich wohl fühlen; *be od. feel ill at* ~ sich (in s-r Haut) nicht wohl fühlen; **2.** erleichtern; beruhigen; *Schmerzen* lindern

easel ['iːzl] Staffelei *f*

easily ['iːzɪlɪ] leicht, mühelos

east [iːst] **1.** Osten *m*; **2.** östlich, Ost...; **3.** nach Osten, ostwärts

Easter ['iːstə] Ostern *n*; Oster...

east|**erly** ['iːstəlɪ], ~**ern** ['~ən] östlich, Ost...; ~**ward**(**s**) ['~wəd(z)] ostwärts, nach Osten

easy ['iːzɪ] leicht, mühelos; einfach; bequem; gemächlich, gemütlich; ungezwungen, natürlich; *take it* ~!

immer mit der Ruhe!; ~ **chair** Sessel *m*

eat [iːt] (*ate*, *eaten*) essen; *Tier*: fressen; zerfressen; ~ *up* aufessen; '~**able** eß-, genießbar; ~**en** ['iːtn] *pp von* **eat**

eaves [iːvz] *pl* Traufe *f*; '~**drop** lauschen; ~ *on s.o.* j-n belauschen

ebb [eb] **1.** Ebbe *f*; **2.** zurückgehen; ~ *away* abnehmen, verebben; ~ *tide* Ebbe *f*

ebony ['ebənɪ] Ebenholz *n*

echo ['ekəʊ] **1.** (*pl* -*oes*) Echo *n*; **2.** widerhallen

eclipse [ɪ'klɪps] (Sonnen-, Mond)Finsternis *f*

ecocide ['iːkəsaɪd] Umweltzerstörung *f*

ecolog|**ical** [iːkə'lɒdʒɪkl] ökologisch, Umwelt...; ~ *balance* ökologisches Gleichgewicht; ~**y** [iː'kɒlədʒɪ] Ökologie *f*

economic [iːkə'nɒmɪk] (staats-, volks)wirtschaftlich, Wirtschafts...; rentabel, wirtschaftlich; ~**al** wirtschaftlich, sparsam; ~**s** *sg* Volkswirtschaft(slehre) *f*

econom|**ist** [ɪ'kɒnəmɪst] Volkswirt(schaftler) *m*; ~**ize**: ~ *on* sparsam umgehen mit; ~**y** Wirtschaft(ssystem *n*) *f*; Wirtschaftlichkeit *f*

ecosystem ['iːkəʊsɪstəm] Ökosystem *n*

ecstasy ['ekstəsɪ] Ekstase *f*

eddy ['edɪ] **1.** Wirbel *m*, Strudel *m*; **2.** wirbeln

elector

edg|e [edʒ] **1.** Rand *m*; Kante *f*; Schneide *f*; **on ~** → **edgy**; **2.** umsäumen, einfassen; **'~y** nervös; gereizt

edible ['edɪbl] eßbar

edit ['edɪt] *Texte* herausgeben; *Zeitung etc.* als Herausgeber leiten; *Computer:* editieren; **~ion** [ɪ'dɪʃn] Ausgabe *f*; **~or** ['edɪtə] Herausgeber(in); Redakteur(in); **~ori-al** [edɪ'tɔːrɪəl] Leitartikel *m*; Redaktions...

educat|e ['edʒʊkeɪt] erziehen, (aus)bilden; **'~ed** gebildet; **~ion** [,~'keɪʃn] Erziehung *f*; (Aus)Bildung *f*; Bildungs-, Schulwesen *n*; **~ional** pädagogisch, Unterrichts...

eel [iːl] Aal *m*

effect [ɪ'fekt] **1.** (Aus)Wirkung *f*; Effekt *m*, Eindruck *m*; *take* **~** in Kraft treten; **2.** bewirken; **~ive** wirksam

effeminate [ɪ'femɪnət] weibisch

effervescent [efə'vesnt] sprudelnd, schäumend

efficien|cy [ɪ'fɪʃnsɪ] (Leistungs)Fähigkeit *f*; **~t** tüchtig, (leistungs)fähig

effort ['efət] Anstrengung *f*, Bemühung *f*; Mühe *f*; **'~less** mühelos

effusive [ɪ'fjuːsɪv] überschwenglich

egg [eg] Ei *n*; **'~cup** Eierbecher *m*; **'~head** *Intellektueller:* F Eierkopf *m*

egocentric [egəʊ'sentrɪk] egozentrisch

Egyptian [ɪ'dʒɪpʃn] **1.** ägyptisch; **2.** Ägypter(in)

eiderdown ['aɪdə] Eiderdaunen *pl*; Daunendecke *f*

eight [eɪt] acht; **~een** ['eɪ'tiːn] achtzehn; **~h** [eɪtθ] **1.** achte(r, -s); **2.** Achtel *n*; **'~y** achtens; **~ieth** ['.~tɪəθ] achtzigste(r, -s); **'~y** achtzig

either ['aɪðə, *Am.* 'iːðə] jede(r, -s), irgendeine(r, -s) (*von zweien*); beides; **~ ... or** entweder ... oder; *not* **~** auch nicht

ejaculate [ɪ'dʒækjʊleɪt] ejakulieren

eject [ɪ'dʒekt] *j-n* hinauswerfen; *tech.* ausstoßen

elaborate 1. [ɪ'læbərət] sorgfältig *od.* kunstvoll (aus)gearbeitet; **2.** [.~eɪt] sorgfältig ausarbeiten

elapse [ɪ'læps] *Zeit:* vergehen

elastic [ɪ'læstɪk] **1.** elastisch, dehnbar; **2.** *Brt. a.* ~ **band** Gummiband *n*

elated [ɪ'leɪtɪd] begeistert

elbow ['elbəʊ] **1.** Ell(en)bogen *m*; Biegung *f*; *tech.* Knie *n*; **2.** *mit dem Ellbogen* stoßen, drängen

elder¹ ['eldə] **1.** ältere(r, -s); **2.** *der, die* Ältere

elder² ['~] Holunder *m*

elde|rly ['eldəlɪ] ältlich, ältere(r, -s); **~st** ['~ɪst] *Bruder, Schwester etc.:* älteste(r, -s)

elect [ɪ'lekt] **1.** *j-n* wählen; **2.** designiert, zukünftig; **~ion** [.~kʃn] Wahl *f*; **~or** Wäh-

electorate   100

ler(in); _Am._ Wahlmann _m_;
~orate [~ərət] Wähler _pl_
electric [ɪ'lektrɪk] elektrisch;
Elektro...; **~al** elektrisch;
blanket Heizdecke _f_; **~ian**
[~'trɪʃn] Elektriker _m_; **~ity**
[~'trɪsɪtɪ] Elektrizität _f_
electrify [ɪ'lektrɪfaɪ] elektrifi-
zieren; elektrisieren
electronic [ɪlek'trɒnɪk] elek-
tronisch; Elektronen...; **~**
data processing elektronische Datenverarbeitung;
~s _sg_ Elektronik _f_
elegan|ce ['elɪɡəns] Eleganz
_f_; **'~t** elegant, geschmackvoll
element ['elɪmənt] Element
_n_; _pl_ Anfangsgründe _pl_;
~al [~'mentl] elementar;
~ary [~'mentərɪ] elementar,
wesentlich; Anfangs...; **~**
school _Am._ Grundschule _f_
elephant ['elɪfənt] Elefant _m_
elevat|e ['elɪveɪt] (hoch-,
er)heben; **~ion** [~'veɪʃn] (Boden)Erhebung _f_, (An)Höhe
_f_; **'~or** _Am._ Aufzug _m_, Fahrstuhl _m_; _aer._ Höhenruder _n_
eleven [ɪ'levn] elf; **~th** [~θ] elf-
te(r, -s)
eligible ['elɪdʒəbl] berechtigt
eliminat|e [ɪ'lɪmɪneɪt] beseiti-
gen, entfernen; _Gegner_ ausschalten; (_Sport:_ **be ~d**) aus-
scheiden; **~ion** [~'neɪʃn] Beseitigung _f_; Ausscheidung _f_
(_a. Sport_); Ausschaltung _f_
elk [elk] Elch _m_
ellipse [ɪ'lɪps] Ellipse _f_
elm [elm] Ulme _f_

elope [ɪ'ləʊp] durchbrennen
eloquent ['eləkwənt] beredt
else [els] sonst, weiter, außerdem; andere(r, -s); **anything**
~? sonst noch etwas?; **no**
one ~ sonst niemand; **or ~**
sonst, andernfalls; **~'where**
anderswo(hin)
elu|de [ɪ'luːd] ausweichen,
sich entziehen; **~sive** aus-
weichend, schwer faßbar
emaciated [ɪ'meɪʃɪeɪtɪd] ab-
gemagert, ausgemergelt
emancipate [ɪ'mænsɪpeɪt]
emanzipieren
embalm [ɪm'bɑːm] einbalsa-
mieren
embankment [ɪm'bæŋkmənt]
(Erd)Damm _m_; (Bahn-,
Straßen)Damm _m_; Ufer-
straße _f_
embargo [em'bɑːɡəʊ] (_pl_
-**goes**) Embargo _n_; (Handels)Sperre _f_, (-)Verbot _n_
embark [ɪm'bɑːk] an Bord gehen; _et._ anfangen (**on** _acc_)
embarrass [ɪm'bærəs] in
Verlegenheit bringen; **~ed**
verlegen; **~ing** peinlich; **~**
ment Verlegenheit _f_
embassy ['embəsɪ] _pol._ Botschaft _f_
embed [ɪm'bed] (ein)betten
embers ['embəz] _pl_ Glut _f_
embezzle [ɪm'bezl] unterschlagen, veruntreuen
embitter [ɪm'bɪtə] _j-n_ verbit-
tern
embolism ['embəlɪzəm] Em-
bolie _f_

embrace [ɪm'breɪs] **1.** (sich) umarmen; **2.** Umarmung f.

embroider [ɪm'brɔɪdə] (be-) sticken; *fig.* ausschmücken; **~y** [~rɪ] Stickerei f.

embryo ['embrɪəʊ] Embryo m.

emerald ['emərəld] **1.** Smaragd m; **2.** smaragdgrün.

emerge [ɪ'mɜːdʒ] auftauchen; *Wahrheit etc.*: sich herausstellen.

emergency [ɪ'mɜːdʒənsɪ] Notlage f, -fall m; Not...; *in* **an ~** im Ernst- od. Notfall; **~ call** Notruf m; **~ exit** Notausgang m; **~ landing** *aer.* Notlandung f; **make an ~** notlanden; **~ number** Notruf(nummer f) m.

emigra|nt ['emɪɡrənt] Auswanderer m, Emigrant(in); **~te** [~eɪt] auswandern, emigrieren; **~tion** [~'ɡreɪʃn] Auswanderung f, Emigration f.

eminent ['emɪnənt] berühmt.

emotion [ɪ'məʊʃn] Emotion f, Gefühl n; Rührung f, Ergriffenheit f; **~al** emotional; gefühlsbetont; gefühlvoll.

emperor ['empərə] Kaiser m.

empha|sis ['emfəsɪs] (pl **-ses** [~siːz]) Nachdruck m; Betonung f; **~size** betonen; **~tic** [ɪm'fætɪk] nachdrücklich.

empire ['empaɪə] Reich n, Imperium n; Kaiserreich n.

employ [ɪm'plɔɪ] *j-n* beschäftigen; an-, einstellen; **~ee** [emplɔɪ'iː] Arbeitnehmer(in), Angestellte m, f; **~er** [ɪm-'plɔɪə] Arbeitgeber(in); **~ment** Beschäftigung f, Arbeit f, (An)Stellung f.

empress ['emprɪs] Kaiserin f.

empt|iness ['emptɪnɪs] Leere f (a. fig.); **~y 1.** leer; **2.** (aus)leeren; sich leeren.

emulate ['emjʊleɪt] wetteifern mit; nacheifern.

enable [ɪ'neɪbl] es *j-m* möglich machen; *et.* möglich machen.

enact [ɪ'nækt] *Gesetz* erlassen; verfügen.

enamel [ɪ'næml] Email(le f) n; Glasur f; Zahnschmelz m; Nagellack m.

enchant [ɪn'tʃɑːnt] bezaubern, entzücken.

encircle [ɪn'sɜːkl] umgeben, einkreisen, umzingeln.

enclos|e [ɪn'kləʊz] einschließen, umgeben; *Brief:* beilegen, -fügen; **~ure** [~ʒə] Einzäunung f; Gehege n; *Brief:* Anlage f.

encounter [ɪn'kaʊntə] **1.** begegnen, treffen; *auf Schwierigkeiten etc.* stoßen; **2.** Begegnung f; *mil.* Zs.-stoß m.

encourage [ɪn'kʌrɪdʒ] ermutigen; unterstützen; **~ment** Ermutigung f; Unterstützung f.

encouraging [ɪn'kʌrɪdʒɪŋ] ermutigend.

end [end] **1.** Ende n, Schluß m; Zweck m, Ziel n; *in the ~* am Ende, schließlich; *stand* *on ~ Haare:* zu Berge stehen; **2.** beenden; enden, aufhören; ~ *up* enden; laden

endanger [ɪn'deɪndʒə] gefährden

endearing [ɪn'dɪərɪŋ] gewinnend; liebenswert

endeavo(u)r [ɪn'devə] **1.** bemüht sein; **2.** Bemühung *f*

endive ['endaɪv] Endivie *f*

'endless endlos

endorse [ɪn'dɔːs] billigen, unterstützen; *Scheck* indossieren; **~ment** *econ.* Indossament *n*, Giro *n*

endur|ance [ɪn'djʊərəns] Ausdauer *f*; ~ **test** Belastungsprobe *f*; **~e** [~ʊə] ertragen

enemy ['enəmɪ] **1.** Feind *m*; **2.** feindlich

energ|etic [enə'dʒetɪk] energisch; tatkräftig; **~y** Energie *f*; **~-saving** energiesparend

enforce [ɪn'fɔːs] durchsetzen

engage [ɪn'geɪdʒ] *v/t j-n* einanstellen, engagieren; (**o.s.** sich) verpflichten; *tech.* einrasten lassen, *Gang* einlegen; *j-s Aufmerksamkeit* auf sich ziehen; *v/i* sich verpflichten; *tech.* einrasten, ineinandergreifen; ~ *in* sich beschäftigen mit; **~d** beschäftigt; *Platz, Toilette, Brt. teleph.* besetzt; verlobt (**to** mit); **get** ~ sich verloben (**to** mit); **~tone** Besetzzeichen *n*; **~ment** Verlobung *f*; Verabredung *f*; Verpflichtung *f*

engaging [ɪn'geɪdʒɪŋ] *Lächeln etc.:* gewinnend

engine ['endʒɪn] Motor *m*; Lokomotive *f*; ~ **driver** Lokomotivführer *m*

engineer [endʒɪ'nɪə] Ingenieur(in), Techniker(in); Maschinist *m*; *Am.* Lokomotivführer *m*; **~ing** [~rɪŋ] Technik *f*, Ingenieurwesen *n*

English ['ɪŋglɪʃ] **1.** englisch; **2. the** ~ *pl* die Engländer *pl*; **'~man** (*pl* -**men**) Engländer *m*; **'~woman** (*pl* -**women**) Engländerin *f*

engrav|e [ɪn'greɪv] (ein)gravieren, (-)meißeln, einschnitzen; **~ing** (Kupfer-, Stahl-) Stich *m*, Holzschnitt *m*

engrossed [ɪn'grəʊst] vertieft, -sunken (**in** in)

enigma [ɪ'nɪgmə] Rätsel *n*

enjoy [ɪn'dʒɔɪ] Vergnügen *od.* Gefallen finden *od.* Freude haben an; genießen; *did you* ~ *it?* hat es dir gefallen?; ~ **o.s.** sich amüsieren *od.* gut unterhalten; **~able** angenehm, erfreulich; **~ment** Vergnügen *n*, Freude *f*; Genuß *m*

enlarge [ɪn'lɑːdʒ] (sich) vergrößern *od.* erweitern; **~ment** Vergrößerung *f*

enlighten [ɪn'laɪtn] aufklären, belehren

enliven [ɪn'laɪvn] beleben

enormous [ɪ'nɔːməs] enorm, ungeheuer, gewaltig

enough [ɪ'nʌf] genug

enquire, enquiry → *inquire, inquiry*

enraged [ɪnˈreɪdʒd] wütend

enrapture [ɪnˈræptʃə] hinreißen, entzücken

enrich [ɪnˈrɪtʃ] bereichern

enrol(l) [ɪnˈrəʊl] (sich) einschreiben *od.* -tragen

ensure [ɪnˈʃɔː] garantieren

entangle [ɪnˈtæŋgl] verwickeln, -wirren

enter [ˈentə] *v/t* (hinein-, herein)gehen, (-)kommen, (-)treten in, eintreten, -steigen in, betreten; einreisen in; *mar.*, *rail.* einlaufen, -fahren in; eindringen in; *Namen etc.* eintragen, -schreiben; *Computer:* eingeben; *Sport:* melden, nennen; *fig.* eintreten in, beitreten; *v/i* eintreten, herein-, hineinkommen, gehen; *thea.* auftreten; sich eintragen *od.* -schreiben *od.* anmelden; *Sport:* nennen

enterprise [ˈentəpraɪz] Unternehmen *n*; Betrieb *m*; Unternehmungsgeist *m*; **'~ing** unternehmungslustig

entertain [entəˈteɪn] unterhalten; bewirten; **~er** Unterhaltungskünstler(in), Entertainer(in); **~ment** Unterhaltung *f*, Entertainment *n*

enthrall [ɪnˈθrɔːl] *fig.* fesseln

enthusias|m [ɪnˈθjuːzɪæzəm] Enthusiasmus *m*, Begeisterung *f*; **~t** [~st] Enthusiast(in); **~tic** [~ˈæstɪk] enthusiastisch, begeistert

entice [ɪnˈtaɪs] (ver)locken

entire [ɪnˈtaɪə] ganz; vollständig; **~ly** völlig

entitle [ɪnˈtaɪtl] betiteln; berechtigen (**to** zu)

entrails [ˈentreɪlz] *pl* Eingeweide *pl*

entrance [ˈentrəns] Eintreten *n*, -tritt *m*; Ein-, Zugang *m*; Zufahrt *f*; Einlaß *m*, Ein-, Zutritt *m*; *thea.* Auftritt *m*; **~ fee** Eintritt(sgeld *n*) *m*; Aufnahmegebühr *f*

entranced [ɪnˈtrɑːnst] entzückt, hingerissen

entrust [ɪnˈtrʌst] *et.* anvertrauen; *j-n* betrauen

entry [ˈentrɪ] Eintreten *n*, -tritt *m*; Einreise *f*; Beitritt *m*; Einlaß *m*, Zutritt *m*; Zu-, Eingang *m*, Einfahrt *f*; Eintrag(ung *f*) *m*; Lexikon: Stichwort *n*; *Sport:* Nennung *f*, Meldung *f*; **~ form** Anmeldeformular *n*; **~ visa** Einreisevisum *n*

envelop [ɪnˈveləp] (ein)hüllen, einwickeln; **~e** [ˈenvələʊp] (Brief)Umschlag *m*

envi|able [ˈenvɪəbl] beneidenswert; **'~ous** neidisch

environment [ɪnˈvaɪərənmənt] Umgebung *f*; Umwelt *f*; **~al** [~ˈmentl] Umwelt...; **~ pollution** Umweltverschmutzung *f*; **~ protection** Umweltschutz *m*; **~alist** [~təlɪst] Umweltschützer(in)

environs [ɪnˈvaɪərənz] *pl* Umgebung *f* (*e-s Ortes etc.*)

envisage [ɪn'vɪzɪdʒ] sich et. denken

envoy ['envɔɪ] Gesandte m

envy ['envɪ] **1.** Neid m (of auf); **2.** beneiden (s.o. s.th. j-n um et.)

epidemic [epɪ'demɪk] Epidemie f, Seuche f

epidermis [epɪ'dɜːmɪs] Oberhaut f

epilepsy ['epɪlepsɪ] Epilepsie f

epilogue, Am. **-log** ['epɪlɒg] Epilog m, Nachwort n

episode ['epɪsəʊd] Episode f; Rundfunk, TV: Folge f

epitaph ['epɪtɑːf] Grabinschrift f

epoch ['iːpɒk] Epoche f

equal ['iːkwəl] **1.** adj gleich; ebenbürtig; **be ~ to** gleichen; entsprechen; e-r Aufgabe etc. gewachsen sein; **2.** s Gleichgestellte m, f; **3.** v/t gleichkommen; **~ity** [ɪ'kwɒlətɪ] Gleichheit f, -berechtigung f; **~ize** ['iːkwəlaɪz] gleichmachen, -setzen, -stellen; angleichen; Sport: Rekord einstellen; **~izer** Sport: Ausgleich(streffer) m; **~ly** gleich

equat|e [ɪ'kweɪt] gleichsetzen, -stellen; **~ion** [~ʒn] math. Gleichung f

equator [ɪ'kweɪtə] Äquator m

equilibrium [iːkwɪ'lɪbrɪəm] Gleichgewicht n

equip [ɪ'kwɪp] ausrüsten, -statten; **~ment** Ausrüstung f, -stattung f; tech. Einrichtung f, Anlage f

equivalent [ɪ'kwɪvələnt] **1.** gleichbedeutend (**to** mit); gleichwertig, äquivalent; **be ~ to** entsprechen (dat); **2.** Äquivalent n, Gegenwert m

era ['ɪərə] Ära f, Zeitalter n

eradicate [ɪ'rædɪkeɪt] ausrotten (a. fig.)

erase [ɪ'reɪz] ausstreichen, -radieren; Tonband löschen; **~r** Radiergummi m

erect [ɪ'rekt] **1.** aufgerichtet, aufrecht; **2.** aufrichten; errichten; aufstellen; **~ion** [~kʃn] Errichtung f; Aufstellung f; Bau m, Gebäude n; physiol. Erektion f

ero|de [ɪ'rəʊd] zer-, wegfressen; geol. erodieren; **~sion** [~ʒn] geol. Erosion f

erotic [ɪ'rɒtɪk] erotisch

err [ɜː] (sich) irren

errand ['erənd] Besorgung f, Botengang m; **run ~s** Besorgungen machen

erratic [ɪ'rætɪk] sprunghaft

error ['erə] Irrtum m, Fehler m

erupt [ɪ'rʌpt] Vulkan, Ausschlag, Streit etc.: ausbrechen; **~ion** [~pʃn] Ausbruch m; med. Ausschlag m

escalate ['eskəleɪt] eskalieren; Preise etc.: steigen; **~ion** [~'leɪʃn] Eskalation f; **~or** Rolltreppe f

escape [ɪ'skeɪp] **1.** v/t entfliehen, -kommen; dem Gedächtnis entfallen; v/i fliehen, entkommen; sich

even

retten; *Flüssigkeit:* auslaufen; *Gas:* ausströmen; **2.** Entkommen n, Flucht f; **have a narrow ~** mit knapper Not davonkommen; **~ chute** aer. Notrutsche f

escort 1. ['eskɔːt] Begleiter(in); Eskorte f; **2.** [ɪ'skɔːt] begleiten; eskortieren

especial [ɪ'speʃl] besondere(r, -s); **~ly** besonders

espionage ['espɪənɑːʒ] Spionage f

essay ['eseɪ] Essay m, n, Aufsatz m

essential [ɪ'senʃl] **1.** wesentlich; unentbehrlich; **2.** mst pl das Wesentliche, Hauptsache f; **~ly** im wesentlichen

establish [ɪ'stæblɪʃ] errichten, einrichten, gründen; be-, nachweisen; **~ o.s.** sich etablieren od. niederlassen; **~ment** Er-, Einrichtung f; Gründung f; Unternehmen n, Firma f

estate [ɪ'steɪt] Landsitz m, Gut n; Brt. (Wohn)Siedlung f; Brt. Industriegebiet n; jur.: Besitz m; Nachlaß m; **~ agent** Grundstücks-, Immobilienmakler m; Grundstücksverwalter m; **~ car** Brt. Kombiwagen m

esthetic Am. = aesthetic

estimate 1. ['estɪmeɪt] (ab-, ein)schätzen; beurteilen, bewerten; **e-n** Kostenvoranschlag machen; **2.** ['estɪmət]

Schätzung f, Kostenvoranschlag m; **~ion** [estɪ'meɪʃn] Achtung f, Wertschätzung f

estrange [ɪ'streɪndʒ] entfremden

estuary ['estjʊərɪ] Flußmündung f *(ins Meer)*

etch [etʃ] ätzen; in Kupfer stechen; radieren; **~ing** Kupferstich m; Radierung f

etern|al [ɪ'tɜːnl] ewig; **~ity** [~nətɪ] Ewigkeit f

ether ['iːθə] Äther m

ethic|al ['eθɪkl] ethisch; **~s** ['~ks] sg Ethik f; pl Moral f

Eurocheque ['jʊərəʊtʃek] Brt. Euroscheck m

European [jʊərə'piːən] **1.** europäisch; **2.** Europäer(in)

evacuate [ɪ'vækjʊeɪt] evakuieren; *Haus etc.* räumen

evade [ɪ'veɪd] ausweichen; umgehen, vermeiden

evaluate [ɪ'væljʊeɪt] (ab-) schätzen; bewerten

evaporate [ɪ'væpəreɪt] verdunsten od. verdampfen (lassen); **~d milk** Kondensmilch f

evasi|on [ɪ'veɪʒn] Umgehung f, Vermeidung f; *(Steuer-)* Hinterziehung f; **~ve** [~sɪv] ausweichend

eve [iːv] mst 2 Vorabend m, -tag m *(e-s Festes)*

even ['iːvn] **1.** adv selbst, sogar; **not ~** nicht einmal; **~ if** selbst wenn; **2.** adj eben, flach, gerade; gleichmäßig; ausgeglichen; gleich, identisch; *Zahl:* gerade; **get ~ with s.o.** es j-m heimzahlen

evening ['i:vnɪŋ] Abend *m; in the ~* abends, am Abend; **this ~** heute abend; **good ~** guten Abend; **~ classes** *pl* Abendkurs *m,* -unterricht *m;* **~ dress** Abendkleid *n;* Frack *m;* Smoking *m;* **~ paper** Abendzeitung *f*

event [ɪ'vent] Ereignis *n;* Fall *m; Sport:* Disziplin *f;* Wettbewerb *m; at all ~s* auf alle Fälle

eventually [ɪ'ventʃʊəlɪ] schließlich

ever ['evə] immer (wieder); je(mals); **~ since** seitdem; **'~green** immergrüne Pflanze; Evergreen *m, n;* **~lasting** ewig

every ['evrɪ] jede(r, -s); **~ other day** jeden zweiten Tag, alle zwei Tage; **~ now and then** ab u. zu, hin u. wieder; **'~body → everyone'; '~day** (all)täglich; Alltags...; **'~one** jeder(mann); alle; **'~thing** alles; **'~where** überall(hin)

evict [ɪ'vɪkt] *jur.:* zur Räumung zwingen; ausweisen

eviden|ce ['evɪdəns] *jur.* Beweis(e *pl*) *m;* (Zeugen)Aussage *f;* (An)Zeichen *n,* Spur *f; give ~* aussagen; **~t** augenscheinlich, offensichtlich

evil ['i:vl] **1.** übel, böse; **2.** Übel *n; das* Böse

evoke [ɪ'vəʊk] (herauf)beschwören; wachrufen

evolution [i:və'lu:ʃn] Entwicklung *f;* Evolution *f*

evolve [ɪ'vɒlv] (sich) entwickeln

ewe [ju:] Mutterschaf *n*

ex- [eks] ex...., ehemalig

exact [ɪg'zækt] **1.** exakt, genau; **2.** fordern, verlangen; **~ly** exakt, genau

exaggerat|e [ɪg'zædʒəreɪt] übertreiben; **~ion** [~'reɪʃn] Übertreibung *f*

exam [ɪg'zæm] F Examen *n*

examin|ation [ɪgzæmɪ'neɪʃn] Untersuchung *f;* Prüfung *f,* Examen *n; jur.* Vernehmung *f;* **~e** [~'zæmɪn] untersuchen; *ped.* prüfen (*in* in; *on* über); *jur.* vernehmen, -hören; **~er** *ped.* Prüfer(in)

example [ɪg'zɑ:mpl] Beispiel *n; for ~* zum Beispiel

exasperated [ɪg'zæspəreɪtɪd] wütend, aufgebracht

excavat|e ['ekskəveɪt] ausgraben, -baggern; **~ion** [~'veɪʃn] Ausgrabung *f;* **~or** ['~veɪtə] Bagger *m*

exceed [ɪk'si:d] überschreiten; übertreffen; **~ingly** äußerst

excel [ɪk'sel] übertreffen (*o.s.* sich selbst); sich auszeichnen; **~lent** ausgezeichnet

except [ɪk'sept] **1.** ausnehmen; **2.** außer; **~ for** bis auf (*acc*); **~ion** [~pʃn] Ausnahme *f;* **~ional(ly)** außergewöhnlich

excerpt ['eksɜ:pt] Auszug *m*

exhilarating

excess [ɪkˈses] Übermaß n, -fluß m (of an); Überschuß m; pl Exzesse pl; **~ baggage** aer. Übergepäck n; **~ fare** (Fahrpreis)Zuschlag m; **~ive** übermäßig, -trieben; **~ luggage** bsd. Brt. aer. Übergepäck n; **~ postage** Nachporto n, -gebühr f

exchange [ɪksˈtʃeɪndʒ] **1.** (aus-, ein-, um)tauschen (**for** gegen); Geld (um)wechseln; **2.** (Aus-, Um)Tausch m; econ. (Um)Wechseln n; econ. Börse f; Fernsprechstube f (Fernsprech)Amt n, Vermittlung f; **rate of ~, ~ rate** Wechselkurs m; **~ bill of exchange; foreign exchange**

Exchequer [ɪksˈtʃekə]: **the ~** Brt. Finanzministerium n

excit|able [ɪkˈsaɪtəbl] reizbar, (leicht) erregbar; **~e** [~ait] er-, aufregen; anregen; **~ed** erregt, aufgeregt; **~ement** Auf-, Erregung f; **~ing** er-, aufregend, spannend

exclaim [ɪkˈskleɪm] (aus)rufen

exclamation [ekskləˈmeɪʃn] Ausruf m; **~ mark**, Am. a. **~ point** Ausrufezeichen n

exclude [ɪkˈskluːd] ausschließen; **~sion** [~ʒn] Ausschluß m; **~sive** [~sɪv] ausschließlich; exklusiv

excursion [ɪkˈskɜːʃn] Ausflug m

excuse 1. [ɪkˈskjuːz] entschuldigen; **~ me** entschuldi-

ge(n Sie)!, Verzeihung!; **2.** [~uːs] Entschuldigung f

execut|e [ˈeksɪkjuːt] aus-, durchführen; mus. etc. vortragen; hinrichten; **~ion** [~ˈkjuːʃn] Aus-, Durchführung f; mus. Vortrag m; Hinrichtung f; **~ive** [ɪgˈzekjʊtɪv] **1.** ausübend, vollziehend, pol. Exekutiv...; **2.** pol. Exekutive f; econ. leitende(r) Angestellte(r)

exemplary [ɪgˈzemplərɪ] beispielhaft; abschreckend

exempt [ɪgˈzempt] befreit

exercise [ˈeksəsaɪz] **1.** Übung f; (körperliche) Bewegung; Übung(sarbeit) f; Schulaufgabe f; **take ~** sich Bewegung machen; **2.** Macht etc. ausüben; üben, trainieren; sich Bewegung machen; **~ book** (Schul-, Schreib)Heft n

exert [ɪgˈzɜːt] Einfluß etc. ausüben; **~ o.s.** sich anstrengen; **~ion** [~ʃn] Anstrengung f

exhaust [ɪgˈzɔːst] **1.** erschöpfen; Vorräte ver-, aufbrauchen; **2.** Auspuff m; a. **~ fumes** pl Auspuff-, Abgase pl; **~ed** erschöpft; **~ion** Erschöpfung f; **~ pipe** Auspuffrohr n

exhibit [ɪgˈzɪbɪt] **1.** ausstellen; fig. zeigen, zur Schau stellen; **2.** Ausstellungsstück n; jur. Beweisstück n; **~ion** [eksɪˈbɪʃn] Ausstellung f

exhilarating [ɪgˈzɪləreɪtɪŋ] erregend, berauschend

exile ['eksaıl] **1.** Exil *n*; **2.** ins Exil schicken

exist [ıg'zıst] existieren; vorkommen; bestehen; leben (**on** von); **~ence** Existenz *f*; Vorkommen *n*; **~ent** existierend; **~ing** bestehend

exit ['eksıt] **1.** Ausgang *m*; Ausfahrt *f*; *thea.* Abgang *m*; **2.** *thea.* (er, sie, geht) ab

exotic [ıg'zɒtık] exotisch

expan|d [ık'spænd] ausbreiten; (sich) ausdehnen *od.* erweitern; *econ. a.* expandieren; **~se** [~ns] weite Fläche; **~sion** Ausbreitung *f*; Ausdehnung *f*, Erweiterung *f*

expect [ık'spekt] erwarten; F vermuten, glauben, annehmen; **be ~ing** F in anderen Umständen sein; **~ant mother** werdende Mutter; **~ation** [ekspek'teıʃn] Erwartung *f*

expedient [ık'spi:djənt] **1.** zweckdienlich, -mäßig; **2.** (Hilfs)Mittel *n*

expedition [ekspı'dıʃn] Expedition *f*

expel [ık'spel] (**from**) vertreiben (aus); ausweisen (aus); ausschließen (von, aus)

expen|diture [ık'spendıtʃə] Ausgaben *pl*, (Kosten)Aufwand *m*; **~se** [~ns] Ausgabe *pl*; *pl* Unkosten *pl*, Spesen *pl*; **at the ~** of auf Kosten von; **at s.o.'s ~** auf j-s Kosten; **~sive** teuer, kostspielig

experience [ık'spıərıəns] **1.** Erfahrung *f*; Erlebnis *n*; **2.** erfahren; erleben; *et.* durchmachen; **~d** erfahren

experiment 1. [ık'sperımənt] Experiment *n*, Versuch *m*; **2.** [~ment] experimentieren

expert ['eksp3:t] **1.** Expert|e *m*, -in *f*, Sachverständige *m*, *f*, Fachmann *m*, -frau *f*; **2.** erfahren; fachmännisch

expir|e [ık'spaıə] ablaufen; erlöschen; verfallen; **~y** [~rı] Ablauf *m*, Ende *n*

expl|ain [ık'spleın] erklären; **~anation** [eksplə'neıʃn] Erklärung *f*

explicit [ık'splısıt] deutlich

explode [ık'spləud] explodieren; zur Explosion bringen; sprengen

exploit [ık'sploıt] ausbeuten

explor|ation [eksplə'reıʃn] Erforschung *f*; Untersuchung *f*; **~e** [ık'splɔ:] erforschen; untersuchen; **~er** [~rə] Forscher(in)

explos|ion [ık'spləuʒn] Explosion *f*; **~ve** [~sıv] **1.** explosiv; **2.** Sprengstoff *m*

export 1. [ık'spɔ:t] exportieren, ausführen; **2.** ['ekspɔ:t] Export *m*, Ausfuhr *f*; *pl* Export(güter *pl*) *m*; **~ation** [ekspɔ:'teıʃn] Ausfuhr *f*; **~er** [ık'spɔ:tə] Exporteur *m*

expose [ık'spəuz] *Waren* ausstellen; *phot.* belichten; *fig.*; *et.* aufdecken; *j-n* entlarven, bloßstellen; **~ to** dem Wetter, e-r Gefahr etc. aussetzen

exposition [ekspəʊ'zɪʃn]
Ausstellung f

exposure [ɪk'spəʊʒə] fig.:
Aussetzen n, Ausgesetztsein
n (**to** dat); Unterkühlung f;
phot.: Belichtung f; Aufnahme f; Bloßstellung f,
Enthüllung f, -larvung f; ~
meter Belichtungsmesser m

express [ɪk'spres] **1.** v/t ausdrücken, äußern; ~ **o.s.** sich
ausdrücken; **2.** s Schnellzug
m; bsd. Brt. Eilbote f; **3.** adv bsd. Brt. durch Eilboten; **4.** adj Expreß...,
Eil..., Schnell...; ausdrücklich; **ion** [~ʃn] Ausdruck m;
ive [~sɪv] ausdrucksvoll; ~
train Schnellzug m; **way**
Am.: Schnellstraße f; Autobahn f

expulsion [ɪk'spʌlʃn] Vertreibung f; Ausweisung f; Ausschluß m

extend [ɪk'stend] (aus)dehnen, (-)weiten; Hand etc.
ausstrecken; Betrieb etc. vergrößern, ausbauen; Frist,
Paß etc. verlängern; sich
erstrecken od. erstrecken;
sion [~ʃn] Ausdehnung f;
Vergrößerung f, (Frist)Verlängerung
f; arch. Erweiterung f, Anbau
m; teleph. Nebenanschluß m,
Apparat m; **sive** [~sɪv] ausgedehnt; fig.: umfangreich;
beträchtlich; **t** Ausdehnung
f; Umfang m, (Aus)Maß n

exterior [ɪk'stɪərɪə] **1.** äußere(r,

-s), Außen...; **2.** das Äußere

exterminate [ɪk'stɜːmɪneɪt]
ausrotten

external [ɪk'stɜːnl] äußere(r,
-s), äußerlich, Außen...

extinct [ɪk'stɪŋkt] ausgestorben; Vulkan: erloschen

extinguish [ɪk'stɪŋgwɪʃ] (aus-)
löschen, ausmachen; **er**
(Feuer)Löscher m

extra ['ekstrə] **1.** zusätzlich,
Extra..., Sonder...; extra, besonders; **be** ~ gesondert berechnet werden; ~ **charge**
Zuschlag m; **2.** Sonderleistung f; bsd. mot. Extra n;
Zuschlag m; Extrablatt n;
Film: Statist(in)

extract 1. [ɪk'strækt] herausziehen, -holen; Zahn ziehen;
tech. Öl etc. gewinnen; **2.**
['ekstrækt] Extrakt m;
(Buch- etc.) Auszug m

extradite ['ekstrədaɪt] Verbrecher ausliefern

extraordinary [ɪk'strɔːdnrɪ]
außerordentlich, -gewöhnlich; ungewöhnlich

extravagan|ce [ɪk'strævəgəns] Verschwendung f; Extravaganz f; **t** verschwenderisch; extravagant

extreme [ɪk'striːm] **1.** äußerste(r, -s), größte(r, -s), höchste(r, -s); extrem; **2.** das
Äußerste, Extrem n; **ely**
äußerst, höchst; **ity**
[~'streməti] das Äußerste;
(höchste) Not; pl Gliedmaßen pl, Extremitäten pl

extrovert ['ekstrəʊvɜːt] extrovertiert

exuberant [ɪɡ'zjuːbərənt] üppig; überschwenglich

exult [ɪɡ'zʌlt] jubeln

eye [aɪ] **1.** Auge n; Öhr n; Öse f; fig. Blick m; **2.** betrachten, mustern; '**~ball** Augapfel

m; '**~brow** Augenbraue f; '**~glasses** pl Brille f; '**~lash** Augenwimper f; '**~lid** Augenlid n; '**~liner** Eyeliner m; **~ shadow** Lidschatten m; '**~sight** Augen(licht n) n; Sehkraft f; '**~witness** Augenzeug|e m, -in f

F

fable ['feɪbl] Fabel f

fabric ['fæbrɪk] Stoff m, Gewebe n; fig. Struktur f

fabulous ['fæbjʊləs] sagenhaft

facade [fə'sɑːd] Fassade f

face [feɪs] **1.** Gesicht n; das Äußere; Vorderseite f; Zifferblatt n; **~ to ~** Auge in Auge; **2.** ansehen; gegenüberstehen, -liegen, -sitzen

face value Nennwert m

facil|itate [fə'sɪlɪteɪt] et. erleichtern; **~ity** Leichtigkeit f; Gewandtheit f; pl Einrichtungen pl, Anlagen pl

fact [fækt] Tatsache f; **in ~, as a matter of ~** tatsächlich

factor ['fæktə] Faktor m

factory ['fæktərɪ] Fabrik f

faculty ['fækltɪ] Fähigkeit f; Gabe f; univ. Fakultät f; Am. univ. Lehrkörper m

fade [feɪd] (ver)welken (lassen); Farben: verblassen

fag [fæg] Brt. F Glimmstengel m; **~ end** Brt. F Kippe f

fail [feɪl] versagen; mißlingen,

fehlschlagen; nachlassen; Kandidat: durchfallen (lassen); Prüfung nicht bestehen; im Stich lassen; **~ure** ['~jə] Versagen n; Fehlschlag m; Mißerfolg m; Versager m

faint [feɪnt] **1.** schwach, matt; **2.** Ohnmacht f; **3.** ohnmächtig werden

fair¹ [feə] (Jahr)Markt m; econ. Messe f

fair² [~] gerecht, anständig, fair; recht gut, ansehnlich; Wetter: schön; Himmel: klar; Haar: blond; Haut: hell; Frau (veraltet): schön, hübsch; **play ~** fair spielen; fig. sich an die Spielregeln halten; '**~ly** gerecht; ziemlich; '**~ness** Gerechtigkeit f, Fairneß f

fairy ['feərɪ] Fee f; **~ tale** Märchen n

faith [feɪθ] Glaube m; Vertrauen n; '**~ful** treu; genau

fake [feɪk] **1.** Fälschung f; Schwindel m; Schwindler(in) f; **2.** fälschen

falcon ['fɔːlkən] Falke m
fall [fɔːl] **1.** Fall(en n) m; Sturz m; Am. Herbst m; pl Wasserfall m; **2.** (*fell, fallen*) fallen, stürzen; *Nacht:* hereinbrechen; sinken; ~ *back on* zurückgreifen auf; ~ *for* hereinfallen auf; F sich in j-n verknallen; ~ *ill*, ~ *sick* krank werden; ~ *in love with* sich verlieben in; '~**en** pp von *fall 2*

false [fɔːls] falsch
falsify ['fɔːlsɪfaɪ] fälschen
falter ['fɔːltə] schwanken; zaudern; straucheln; *Stimme:* stocken; stammeln
fame [feɪm] Ruhm m
familiar [fə'mɪljə] vertraut, bekannt, gewohnt; *Ton etc.:* ungezwungen; **~ity** [~'ærətɪ] Vertrautheit f; oft pl (plumpe) Vertraulichkeit f; **~ize** [~'mɪljəraɪz] vertraut machen
family ['fæməlɪ] Familie f; ~ *doctor* Hausarzt m; ~ *name* Familien-, Nachname m
famine ['fæmɪn] Hungersnot f
famous ['feɪməs] berühmt
fan¹ [fæn] Fächer m; Ventilator m
fan² [~] (*Sport- etc.*) Fan m
fanatic [fə'nætɪk] Fanatiker(in); **~(al)** fanatisch
fan belt Keilriemen m
fanciful ['fænsɪfʊl] phantasievoll; seltsam
fancy ['fænsɪ] **1.** Phantasie f; Einbildung f; plötzlicher Einfall m; Laune f; Vorliebe f,

Neigung f; **2.** ausgefallen; Phantasie...; **3.** sich vorstellen; sich einbilden; gern haben od. mögen; '~**dress** *pl* Kostümfest n; '~**goods** *pl* Modeartikel *pl*; kleine Geschenkartikel *pl*; '~**work** feine Handarbeit
fang [fæŋ] Reiß-, Fangzahn m; Giftzahn m; Hauer m
fantastic [fæn'tæstɪk] phantastisch
fantasy ['fæntəsɪ] Phantasie f
far [fɑː] **1.** adj fern, entfernt, weit; **2.** adv fern, weit; ~ *away*, ~ *off* weit weg od. entfernt; *as* ~ *as* soweit (wie)
fare [feə] Fahrgeld n, -preis m, Flugpreis m; Fahrgast m; Kost f, Nahrung f; ~ *well* **1.** int leb(en Sie) wohl!; **2.** Abschied m, Lebewohl n
farfetched [fɑː'fetʃt] weithergeholt
farm [fɑːm] **1.** Bauernhof m, Farm f; **2.** Land bewirtschaften; '~**er** Bauer m, Landwirt m, Farmer m; '~**house** Bauernhaus n
farsighted [fɑː'saɪtɪd] bsd. Am. med. weitsichtig
fart [fɑːt] V **1.** Furz m; **2.** furzen
farthe|r ['fɑːðə] comp von *far*; **~st** [~ɪst] sup von *far*
fascinate ['fæsɪneɪt] faszinieren; '~**ing** faszinierend; **~ion** [~'neɪʃn] Faszination f
fashion ['fæʃn] Mode f; *in / out of* ~ modern / unmo-

fashionable

dern; '**~able** modisch, elegant; **in** Mode

fast¹ [fɑːst] schnell; fest; (wasch)echt; **be ~** Uhr: vorgehen

fast² [~] **1.** Fasten n; **2.** fasten

fasten ['fɑːsn] befestigen, festmachen, anschnallen, anbinden, zuknöpfen, zu-, verschnüren; Blick etc. richten (**on** auf); sich schließen lassen; '**~er** Verschluß m

fast food Schnellgericht(e pl) n

fast|lane mot. Überholspur f; **~ train** Schnellzug m

fat [fæt] **1.** dick, contp. fett; fett(ig); **2.** Fett n

fatal ['feɪtl] tödlich

fate [feɪt] Schicksal n

father ['fɑːðə] Vater m; '**~hood** ['~hʊd] Vaterschaft f; '**~-in-law** ['~rɪnlɔː] Schwiegervater m; '**~less** vaterlos; '**~ly** väterlich

fatigue [fə'tiːg] **1.** Ermüdung f (a. tech.); **2.** ermüden

fat|ten ['fætn] dick machen od. werden; mästen; '**~ty** fettig

faucet ['fɔːsɪt] Am. (Wasser)Hahn m

fault [fɔːlt] Fehler m; Defekt m; Schuld f; **find ~ with** etwas auszusetzen haben an; '**~less** fehlerfrei, tadellos; '**~y** fehlerhaft, tech. a. defekt

favo(u)r ['feɪvə] **1.** Gunst f, Wohlwollen n; Gefallen m; **in ~ of** zugunsten von od. gen; **be in ~ of** für et. sein; **do**

s.o. a ~ j-m e-n Gefallen tun; **2.** begünstigen; vorziehen; unterstützen, für et. sein; favorisieren; '**~able** ['~rəbl] günstig; vorteilhaft; '**~ite** ['~rɪt] **1.** Liebling m; Favorit(in); **2.** Lieblings...

fax [fæks] **1.** (Tele)Fax n; **2.** (tele)faxen

fear [fɪə] **1.** Furcht f, Angst f (**of** vor); **2.** (be)fürchten; sich fürchten vor; '**~ful** furchtbar; '**~less** furchtlos

feast [fiːst] eccl. Fest n; Festmahl n, -essen n

feat [fiːt] große Leistung

feather ['feðə] Feder f; pl Gefieder n; **~ bed** Unterbett n

feature ['fiːtʃə] **1.** (Gesichts)Zug m; (charakteristisches) Merkmal; Zeitung etc.: Feature m; a. **~ film** Haupt-, Spielfilm m; **2.** groß herausbringen od. -stellen

February ['febrʊərɪ] Februar m

fed [fed] pret u. pp von **feed** 2

federal ['fedərəl] pol. Bundes...; **~tion** [~'reɪʃn] Bundesstaat m; Staatenbund m; (Sport- etc.)Verband m

fee [fiː] Gebühr f; Honorar n

feeble ['fiːbl] schwach

feed [fiːd] **1.** Füttern n, Fütterung f; F Mahlzeit f; Futter n; **2.** (**fed**) v/t füttern; Familie ernähren; tech. Maschine speisen; Computer: eingeben; **be fed up with** et. satt haben; v/i Tier: fressen;

Mensch: F futtern; sich ernähren (**on** von); '**.back** *electr.* Feedback *n*, Rückkopp(e)lung *f*; Feedback *n*, Zurückleitung *f* (*von Informationen*) (**to** an)

feel [fi:l] (**felt**) (sich) fühlen; befühlen; empfinden; sich anfühlen; '**.er** Fühler *m*; '**.ing** Gefühl *n*

feet [fi:t] *pl von* foot

fell [fel] **1.** *pret von* fall 2; **2.** niederschlagen; fällen

fellow ['feləʊ] Gefährte *m*, -in *f*, Kamerad(in); F Kerl *m*, Bursche *m*; ~ **citizen** Mitbürger(in); ~ **countryman** (*pl* -men) Landsmann *m*

felony ['feləni] Kapitalverbrechen *n*

felt[1] [felt] *pret u. pp von* feel

felt[2] [~] Filz *m*; ~ **tip**, ~ **tip(ped) pen** Filzschreiber *m*, -stift *m*

female ['fi:meɪl] **1.** weiblich; **2.** *zo.* Weibchen *n*

femini|ne ['feminɪn] weiblich; '**.st** Feminist(in)

fen [fen] Sumpfland *n*

fence [fens] **1.** Zaun *m*; **2.** *v/t* ~ **in** ein-, umzäunen; *v/i* fechten; '**.ing** Fechten *n*

fend [fend]: ~ **for o.s.** für sich selbst sorgen; '**.er** *Am.* Kotflügel *m*; Kamingitter *n*

ferment 1. ['fɜ:ment] Ferment *n*; Gärung *f*; Unruhe *f*; **2.** [fə'ment] gären; **~ation** [fɜ:men'teɪʃn] Gärung *f*

fern [fɜ:n] Farn(kraut *n*) *m*

ferocious [fə'rəʊʃəs] wild

ferry ['feri] **1.** Fähre *f*; **2.** (in e-r Fähre) übersetzen

fertil|e ['fɜ:taɪl] fruchtbar; **~ity** [fə'tɪlətɪ] Fruchtbarkeit *f*; **~ize** ['fɜ:tɪlaɪz] befruchten; düngen; '**~izer** (*bsd.* Kunst)Dünger *m*

fervent ['fɜ:vənt] glühend, leidenschaftlich

fester ['festə] eitern

festiv|al ['festəvl] Fest *n*; Festival *n*, Festspiele *pl*; '**~** [~vl] festlich; **~ity** [~'stɪvətɪ] Festlichkeit *f*

fetch [fetʃ] holen

feud [fju:d] Fehde *f*

fever ['fi:və] Fieber *n*; **~ish** ['~rɪʃ] fieb(e)rig; *fig.* fieberhaft

few [fju:] wenige; *a* ~ ein paar, einige

fiancé [fɪ'ɒnseɪ] Verlobte *m*; **~e** [~] Verlobte *f*

fib [fɪb] F flunkern

fib|re, *Am.* **-er** ['faɪbə] Faser *f*; **~rous** ['~brəs] faserig

fickle ['fɪkl] launenhaft, launisch; *Wetter*: unbeständig

fiction ['fɪkʃn] Erfindung *f*; Prosa-, Romanliteratur *f*

fictitious [fɪk'tɪʃəs] erfunden

fiddle ['fɪdl] **1.** Fiedel *f*, Geige *f*; **2.** *mus.* fiedeln; *a.* ~ **about** *od.* **around** herumtrödeln; '**~r** Geiger(in)

fidelity [fɪ'delətɪ] Treue *f*; Genauigkeit *f*

fidget ['fɪdʒɪt] nervös machen; (herum)zappeln

field 114

field [fiːld] Feld *n*; *Sport*:
Spielfeld *n*; Gebiet *n*; Bereich *m*; **~ events** *pl* Sprung-
u. Wurfdisziplinen *pl*; **~
glasses** *pl* Feldstecher *m*

fiend [fiːnd] Teufel *m*; (*Frisch-
luft- etc.*)Fanatiker(in)

fierce [fɪəs] wild; heftig

fiery [ˈfaɪərɪ] glühend; feurig

fif|teen [fɪfˈtiːn] fünfzehn; **~th**
[fɪfθ] **1.** fünfte(r, -s) **2.** Fünf-
tel *n*; **~thly** fünftens; **~tieth**
[ˈ-tɪθ] fünfzigste(r, -s); **~ty**
fünfzig; **~ty-ˈfifty** F fifty-fif-
ty, halbe-halbe

fig [fɪg] Feige *f*

fight [faɪt] **1.** Kampf *m*;
Rauferei *f*, Schlägerei *f*;
2. (*fought*) (be)kämpfen;
kämpfen gegen *od.* mit; sich
schlagen; **~er** Kämpfer *m*;
Sport: Boxer *m*, Fighter *m*

figurative [ˈfɪgərətɪv] bildlich

figure [ˈfɪgə] **1.** Figur *f*; Gestalt *f*; Zahl *f*, Ziffer *f*; **2.** erscheinen, vorkommen; sich
et. vorstellen; *Am.* meinen,
glauben; **~ out** herausbekommen; *Lösung* finden;
schlau werden aus; **~ skating** Eiskunstlauf *m*

filch [fɪltʃ] F klauen, stibitzen

file¹ [faɪl] **1.** (Akten)Ordner
m, Karteikasten *m*; Akte *f*;
Akten *pl*, Ablage *f*; *Computer*: Datei *f*; Reihe *f*; **on ~**
bei den Akten; **2. a. ~ away**
Briefe etc. ablegen

file² [~] Feile *f*; **2.** feilen

filing cabinet [ˈfaɪlɪŋ] Akten-
schrank *m*

fill [fɪl] (sich) füllen; an-, aus-,
vollfüllen; **~ in** *Namen* einsetzen; (*Am. a. ~ out*) *Formular* ausfüllen; **~ up** vollfüllen;
volltanken; sich füllen

fillet, *Am. a.* **filet** [ˈfɪlɪt] Filet *n*

filling [ˈfɪlɪŋ] Füllung *f*;
(Zahn)Plombe *f*; **~ station**
Tankstelle *f*

film [fɪlm] **1.** Film *m*; (*Plastik*)Folie *f*; **2.** (ver)filmen

filter [ˈfɪltə] **1.** Filter *m*, *tech.
mst n*; **2.** filtern; **~ tip** Filter
m; → **~-tipped cigarette**
Filterzigarette *f*

filth [fɪlθ] Schmutz *m*; **~y**
schmutzig; *fig.* unflätig

fin [fɪn] *zo.* Flosse *f*; *Am.*
Schwimmflosse *f*

final [ˈfaɪnl] **1.** letzte(r, -s);
End..., Schluß...; endgültig;
2. *Sport*: Finale *n*; *mst pl*
Schlußexamen *n*, -prüfung *f*;
~ly [ˈ-nəlɪ] endlich

financ|e [faɪˈnæns] **1.** Finanz-
wesen *n*; *pl* Finanzen *pl*;
2. finanzieren; **~ial** [~nʃl]
finanziell; **~ier** [~nsɪə] Fi-
nanzier *m*

finch [fɪntʃ] Fink *m*

find [faɪnd] **1.** (*found*) finden;
(*a. ~ out*) herausfinden; *jur.*
j-n für (*nicht*) *schuldig* erklären; **2.** Fund *m*

fine¹ [faɪn] **1.** *adj* fein; schön;
ausgezeichnet; dünn; *I'm ~*
mir geht es gut; **2.** *adv* klein;
fein; F sehr gut, bestens

fine² [~] **1.** Geldstrafe f, Bußgeld n; **2.** mit e-r Geldstrafe belegen

finger ['fɪŋgə] **1.** Finger m; **2.** befühlen; **~nail** Fingernagel m; **~print** Fingerabdruck m; **~tip** Fingerspitze f

finicky ['fɪnɪkɪ] f pingelig

finish ['fɪnɪʃ] **1.** (be)enden, aufhören (mit); a. **~off** vollenden, zu Ende führen, erledigen; a. **~up** od. **off** aufessen, austrinken; **2.** Ende f, Vollendung f, letzter Schliff; Sport: Endspurt m, Finish n; Ziel n; **~ing line** Ziellinie f

Finn [fɪn] Finne m, -in f; **~ish** finnisch

fir [fɜː] Tanne f

fire [faɪə] **1.** Feuer n, Brand m; **be on ~** in Flammen stehen, brennen; **catch ~** Feuer fangen, in Brand geraten; **set on ~**, **set ~ to** anzünden; **2.** v/t anzünden; Schußwaffe abfeuern, Schuß (ab)feuern, abgeben; F feuern, rausschmeißen; heizen; v/i feuern, schießen; **~ alarm** Feueralarm m; Feuermelder m; **~arms** ['~rɑːmz] pl Feuer-, Schußwaffen pl; **~ brigade** Brit., **~ department** Am. Feuerwehr f; **~ engine** Löschfahrzeug n; **~ escape** Feuerleiter f, -treppe f; **~ extinguisher** Feuerlöscher m; **~man** (pl -men) Feuerwehrmann m; Heizer m; **~place** (offener) Kamin; **~proof**

feuerfest; **~wood** Brennholz n; **~work** Feuerwerkskörper m; pl Feuerwerk n

firm¹ [fɜːm] Firma f

firm² [fɜːm] fest, hart; standhaft

first [fɜːst] **1.** adj erste(r, -s); beste(r, -s); **at ~ hand** aus erster Hand; **2.** adv zuerst; (zu)erst (einmal); als erste(r, -s); **~ of all** zu allererst; **3.** s **at ~** zuerst; **~ aid** Erste Hilfe; **~'aid box** od. **kit** Verband(s)kasten m; **~born** erstgeborene(r, -s); **~ class** 1. Klasse; **~'class** erstklassig; erster Klasse; **~ floor** Brit. erster Stock; Am. Erdgeschoß n; **~hand** aus erster Hand; **~ly** erstens; **~ name** Vorname m; **~'rate** erstklassig

firth [fɜːθ] Förde f

fish [fɪʃ] **1.** (pl ~ ~es) Fischarten: **~es** Fisch m; **2.** fischen, angeln; Schußwaffe **~bone** Gräte f; **~erman** ['~əmən] (pl -men) Fischer m, Angler m

'fishing Fischen n, Angeln n; **~ line** Angelschnur f; **~ rod** Angelrute f

fish|monger ['fɪʃmʌŋgə] bsd. Brit. Fischhändler(in); **~y** Fisch...; F verdächtig, faul

fis|sion ['fɪʃn] Spaltung f; **~sure** ['~ʃə] Spalt(e f) m, Riß m

fist [fɪst] Faust f

fit [fɪt] **1.** geeignet; richtig, angebracht; fit, in Form; **2.** passend machen, anpassen;

fit   116

ausrüsten, -statten, einrichten; zutreffen auf; *tech.* einpassen, -bauen, anbringen; *Kleid etc.*: passen, sitzen

fit² [~] Anfall *m*

'fit|ful *Schlaf etc.*: unruhig; **'~ness** Eignung *f*; Tauglichkeit *f*; Fitneß *f*, (gute) Form; **'~ted** zugeschnitten; Einbau...; **~ carpet** Spannteppich *m*, Teppichboden *m*; **~ter** Monteur *m*; Installateur *m*; **'~ting 1.** passend; schicklich; **2.** Montage *f*; Installation *f*; *pl* Ausstattung *f*

five [farv] fünf

fix [fiks] **1.** befestigen, anbringen (**to** an); *Preis* festsetzen, fixieren; *Blick etc.* richten (**on** auf); *Aufmerksamkeit etc.* fesseln; reparieren; *bsd. Am. Essen* zubereiten; **2.** F Klemme *f*; *sl. Schuß Heroin etc.*: Fix *m*; **~ed** fest; starr; **~ disk** *Computer*: Festplatte *f*; **~ture** ['~stʃə] fest angebrachtes Zubehörteil

fizz [fiz] zischen, sprudeln

flabbergast ['flæbəgɑ:st]: *be ~ed* F platt sein

flabby ['flæbɪ] schlaff

flag¹ [flæg] **1.** Fahne *f*, Flagge *f*; **2.** beflaggen

flag² [~] (Stein)Platte *f*, Fliese *f*

flag³ [~] *fig.* nachlassen

flake [fleɪk] **1.** Flocke *f*; Schuppe *f*; **2. a. ~ off** abblättern; **'~y** flockig; blätt(e)rig; **~ pastry** Blätterteig *m*

flame [fleɪm] **1.** Flamme *f*;

2. flammen, lodern

flammable ['flæməbl] *Am. od. tech.* → **inflammable**

flan [flæn] Obst-, Käsekuchen *m*

flank [flæŋk] **1.** Flanke *f*; **2.** flankieren

flannel ['flænl] Flanell *m*; *Brt.* Waschlappen *m*; *pl* Flanellhose *f*

flap [flæp] **1.** Flattern *n*, (*Flügel*)Schlag *m*; Klappe *f*; **2.** mit den Flügeln etc. schlagen; flattern

flare [fleə] flackern; *Nasenflügel*: sich weiten

flash [flæʃ] **1.** Aufblitzen *n*, Blitz *m*; Rundfunk etc.: Kurzmeldung *f*; **2.** (auf)blitzen od. aufleuchten (lassen); rasen, flitzen; **'~back** Rückblende *f*; **'~bulb** Blitz(licht)birne *f*; **'~cube** Blitzwürfel *m*; **'~er** *mot.* Blinker *m*; **'~light** Blitzlicht *n*; *bsd. Am.* Taschenlampe *f*; **~ of lightning** Blitz *m*; **'~y** protzig; auffallend

flask [flɑːsk] Taschenflasche *f*; Thermosflasche *f* (*TM*)

flat¹ [flæt] **1.** flach, eben; schal; *econ.* flau; *Reifen*: platt; **2.** Flachland *n*; *bsd. Am.* Reifenpanne *f*

flat² [~] *Brt.* Wohnung *f*

flatten ['flætn] (ein)ebnen; abflachen; *a.* **~ out** flach(er) werden

flatter ['flætə] schmeicheln; **~y** ['~ərɪ] Schmeichelei(en *pl*)

117   flow

flatulence ['flætjʊləns] Blähung(en *pl*) *f*

flavo(u)r ['fleɪvə] **1.** (*fig. Bei*)Geschmack *m*, Aroma *n*; **2.** würzen; **~ing** ['~rɪŋ] Würze *f*, Aroma *n*

flaw [flɔː] Fehler *m*, *tech. a.* Defekt *m*; **'~less** einwandfrei, makellos

flax [flæks] Flachs *m*

flea [fliː] Floh *m*

fled [fled] *pret u. pp von* **flee**

fledged [fledʒd] flügge

flee [fliː] (**fled**) fliehen, flüchten

fleet [fliːt] Flotte *f*

fleeting ['fliːtɪŋ] flüchtig

flesh [fleʃ] *lebendiges* Fleisch; **'~y** fleischig; dick

flew [fluː] *pret von* **fly³**

flex [fleks] **1.** *bsd. anat.* biegen, beugen; **2.** *bsd. Brt.* (*Anschluß- etc.*)Kabel *n*; **'~ible** flexibel; elastisch

flexitime ['fleksɪtaɪm] gleitende Arbeitszeit, Gleitzeit *f*

flick [flɪk] schnippen

flicker ['flɪkə] flackern; flimmern

flight [flaɪt] Flucht *f*; Flug *m*; *Vögel:* Schwarm *m*; **~** (*of stairs*) Treppe *f*

flimsy ['flɪmzɪ] dünn, zart

flinch [flɪntʃ] (zurück)zucken, zs.-fahren; zurückschrecken

fling [flɪŋ] **1.** Wurf *m*; Versuch *m*; **2.** (*flung*) werfen, schleudern; **~ o.s.** sich stürzen

flip [flɪp] schnipsen, schnippen; *Münze* hochwerfen

flipper ['flɪpə] *zo.* Flosse *f*; Schwimmflosse *f*

flit [flɪt] flitzen, huschen; (*umher*)flattern

float [fləʊt] **1.** *tech.* Schwimmer *m*; Floß *n*; **2.** schwimmen *od.* treiben (lassen); schweben

flock [flɒk] **1.** (*Schaf-, Ziegen*)Herde *f* (*a. eccl.*); *von Menschen:* Schar *f*; **2.** *fig.* (zs.-)strömen

floe [fləʊ] Eisscholle *f*

flog [flɒg] prügeln, schlagen

flood [flʌd] **1.** *a.* **~ tide** Flut *f*; Überschwemmung *f*, Hochwasser *n*; *fig.* Flut *f*, Strom *m*; **2.** überschwemmen, -fluten; **'~light** Scheinwerfer, Flutlicht *n*; **'~lit** angestrahlt

floor [flɔː] **1.** (*Fuß*)Boden *m*; Stock(werk *n*) *m*, Etage *f*; **2.** e-n (*Fuß*)Boden legen in (*dat*); zu Boden schlagen; *fig. F j-n* umhauen; **~ cloth** Putzlappen *m*; **~ lamp** Stehlampe *f*

flop [flɒp] **1.** sich (hin)plumpsen lassen; *F* durchfallen, ein Reinfall sein; **2.** Plumps *m* *F* Flop *m*, Reinfall *m*, Pleite *f*

floppy disk Diskette *f* *f*

florist ['flɒrɪst] Blumenhändler(in)

flounder ['flaʊndə] Flunder *f*

flour ['flaʊə] Mehl *n*

flourish ['flʌrɪʃ] gedeihen, *fig. a.* blühen; schwenken

flow [fləʊ] **1.** fließen; **2.** Fluß *m*, Strom *m*

flower ['flaʊə] **1.** Blume *f*; Blüte *f* (*a. fig.*); **2.** blühen

flown [fləʊn] *pp von* **fly³**

flu [fluː] F Grippe *f*

fluctuate ['flʌktʃʊeɪt] schwanken

fluent ['fluːənt] *Sprache:* fließend; *Stil:* flüssig; *Rede:* gewandt

fluff [flʌf] Flaum *m*, Staubflocke *f*; **~y** flaumig

fluid ['fluːɪd] **1.** flüssig; **2.** Flüssigkeit *f*

flung [flʌŋ] *pret u. pp von* **fling 2**

flurry ['flʌrɪ] Bö *f*; Schauer *m*

flush [flʌʃ] **1.** (Wasser)Spülung *f*; Erröten *n*; Röte *f*; **2.** erröten, rot werden; *a.* **~ out** (aus)spülen; **~ down** hinunterspülen; **~ the toilet** spülen

fluster ['flʌstə] nervös machen *od.* werden

flute [fluːt] Flöte *f*

flutter ['flʌtə] flattern

fly¹ [flaɪ] Fliege *f*

fly² [~] Hosenschlitz *m*; Zeltklappe *f*

fly³ [~] (**flew, flown**) fliegen (lassen); stürmen, stürzen; wehen; *Zeit:* (ver)fliegen; *Drachen* steigen lassen

'flyover *Brt.* (Straßen- *etc.*) Überführung *f*

foal [fəʊl] Fohlen *n*

foam [fəʊm] **1.** Schaum *m*; **2.** schäumen; **~ rubber** Schaumgummi *m*; **~y** schaumig

focus ['fəʊkəs] **1.** (*pl* **-cuses, -ci** ['~saɪ]) Brenn-, *fig. a.* Mit-

telpunkt *m*; *opt., phot.* Scharfeinstellung *f*; **2.** *opt., phot.* scharf einstellen

fodder ['fɒdə] (Trocken)Futter *n*

fog [fɒg] (dichter) Nebel *m*; **'~gy** neb(e)lig

foil¹ [fɔɪl] Folie *f*

foil² [~] vereiteln

fold¹ [fəʊld] **1.** falten; *Arme* verschränken; einwickeln; *oft* **~ up** zs.-falten, zs.-legen; zs.-klappen; **2.** Falte *f*

fold² [~] (Schaf)Hürde *f*, Pferch *m*; *eccl.* Herde *f*

'fold|er Aktendeckel *m*, Schnellhefter *m*; Faltprospekt *m*; **'~ing** zs.-legbar, zs.-faltbar; **Klapp...**; **~ chair** Klappstuhl *m*

foliage ['fəʊlɪɪdʒ] Laub(werk) *n*, Blätter *pl*

folk [fəʊk] **1.** *pl* Leute *pl*; **2.** Volks...

follow ['fɒləʊ] folgen (auf); befolgen; **as ~s** wie folgt; **'~er** Anhänger(in)

folly ['fɒlɪ] Torheit *f*

fond [fɒnd] zärtlich, liebevoll; **be ~ of** gern haben, mögen; **~le** ['~dl] liebkosen, streicheln; **'~ness** Zärtlichkeit *f*; Vorliebe *f*

food [fuːd] Nahrung *f* (*a. fig.*), Essen *n*, Nahrungs-, Lebensmittel *pl*; Futter *n*

fool [fuːl] Narr *m*, Närrin *f*, Dummkopf *m*; **make a ~ of o.s.** sich lächerlich machen; **2.** zum Narren halten; betrügen; **~ about** od. **around** herumtrödeln; Unsinn machen, herumalbern; **'~hardy** tollkühn; **'~ish** töricht, dumm; **'~proof** *Plan etc.*: todsicher; **'~ball** Fußball *m*; **'~bridge** Fußgängerbrücke *f*; **'~hills** *pl* Vorgebirge *n*, Ausläufer *pl*; **'~hold** Stand *m*, Halt *m*; **'~ing** Stand *m*, Halt *m*; *fig.* Basis *f*, Grundlage *f*; **'~lights** *pl* Rampenlicht *n*; **'~note** Fußnote *f*; **'~path** (Fuß)Pfad *m*, (-)Weg *m*; **'~print** Fußabdruck *m*; *pl* Fußspuren *pl*; **'~step** Schritt *m*, Tritt *m*; Fußstapfe *f*; **'~wear** Schuhwerk *n*, Schuhe *pl*

for [fɔː] **1.** *prp* für; als; *Zweck, Ziel, Richtung:* zu; nach; *warten, hoffen etc.* auf; *sich sehnen etc.* nach; *Grund:* aus, vor, wegen; *Mittel:* gegen; *Zeitdauer:* **~ three days** drei Tage lang; seit drei Tagen; *Entfernung:* **walk ~ a mile** e-e Meile (weit) gehen; **what ~?** wozu?; **2.** *cj* denn, weil

forbad(e) [fə'bæd] *pret von* **forbid**

forbid [fə'bɪd] (**-bade** od. **-bad**, **-bidden** od. **-bid**) verbieten; **~den** *pp von* **forbid**; **~ding** abstoßend, abschreckend; bedrohlich

force [fɔːs] **1.** Stärke *f*, Kraft *f*; Gewalt *f*; **the** (**police**) **~** die Polizei; *pl, a.* **armed ~s** *mil.* Streitkräfte *pl*; **by ~** mit Gewalt; **come** od. **put into ~** in Kraft treten od. setzen; **2.** *j-n* zwingen; *et.* erzwingen; zwängen, drängen; *~ open Tür etc.* aufbrechen; **~d** erzwungen; gezwungen; *~ landing* Notlandung *f*; **'~ful** energisch

forceps ['fɔːseps] (*pl ~*) *med.* Zange *f*

forcible ['fɔːsəbl] gewaltsam

ford [fɔːd] **1.** Furt *f*; **2.** durchwaten

fore [fɔː] vorder, Vorder...; **~arm** ['ˈrɑːm] Unterarm *m*; **~boding** [ˈˈbəʊdɪŋ] (böse) (Vor)Ahnung; **'~cast** (**-cast**[**ed**]) voraussagen, -sehen; *Wetter* vorhersagen; **'~fathers** *pl* Vorfahren *pl*; **'~finger** Zeigefinger *m*; **'~foot** (*pl* **-feet**) Vorderfuß *m*; **'~ground** Vordergrund *m*; **~head** ['fɒrɪd] Stirn *f*

foreign ['fɒrən] fremd, ausländisch, Auslands..., Außen...; **~ affairs** *pl* Außenpolitik *f*; **~ currency** Devisen *pl*; **~er** Ausländer(in); **~ exchange** Devisen *pl*; **~ language** Fremdsprache *f*; **♀ Office** *Brt.* Außenministerium *n*; **~ policy** Außenpolitik *f*; **♀ Secretary** *Brt.* Außenminister *m*

'fore|leg Vorderbein *n*; **'~-**

man (*pl* **-men**) Vorarbeiter *m*, *am Bau*: Polier *m*; *jur.* Geschworene: Sprecher *m*; **~most 1.** *adj* vorderste(r, -s), erste(r, -s); **2.** *adv* zuerst; **~runner** *fig.*: Vorläufer *m*; Vorbote *m*; **~see** (**-saw, -seen**) vorher-, vorraussehen; **~sight** Weitblick *m*

forest ['fɔrɪst] Wald *m* (*a. fig.*), Forst *m*; **~er** Förster *m*; **~ry** Forstwirtschaft *f*

fore|taste Vorgeschmack *m*; **~tell** (**-told**) vorher-, voraussagen

forever [fə'revə] für immer

foreword Vorwort *n*

forge [fɔːdʒ] **1.** Schmiede *f*; **2.** schmieden; fälschen; **~r** Fälscher *m*; **~ry** ['~ərɪ] Fälschen *n*; Fälschung *f*

forget [fə'get] (**-got, -gotten**) vergessen; **~ful** (**-ge-gotten**) vergessen; **~me-not** Vergißmeinnicht *n*

forgive [fə'gɪv] (**-gave, -given**) vergeben, -zeihen

fork [fɔːk] **1.** Gabel *f*; Gab(e)lung *f*, Abzweigung *f*; **2.** sich gabeln, abzweigen; **~ed** Zunge: gespalten; **~lift (truck)** Gabelstapler *m*

form [fɔːm] **1.** Form *f*; Gestalt *f*; Formular *n*, Vordruck *m*; *bsd. Brt.* (Schul)Klasse *f*; **2.** (sich) formen *od.* bilden

formal ['fɔːml] förmlich; formell; **~ity** [~'mælətɪ] Förmlichkeit *f*; Formalität *f*

format|ion [fɔː'meɪʃn] Formung *f*, Gestaltung *f*; Bil-

dung *f*; Formation *f*; **~ive** ['~mətɪv] formend

former ['fɔːmə] **1.** früher; ehemalig; **2. the ~** der, die, das erstere; **~ly** früher

formidable ['fɔːmɪdəbl] furchterregend; schrecklich

formula ['fɔːmjulə] (*pl* **-las, -lae** [~li:]) Formel *f*; Rezept *n*; **~te** [~leɪt] formulieren

for|sake [fə'seɪk] (**-sook, -saken**) verlassen; **~saken** [~'seɪkən] *pp*, **~sook** [~'sʊk] *pret von* **forsake**

fort [fɔːt] Fort *n*

forth [fɔːθ] weiter, fort; (her)vor; **~coming** bevorstehend, kommend

fortieth ['fɔːtɪɪθ] vierzigste(r, -s)

forti|fy ['fɔːtɪfaɪ] befestigen; verstärken, anreichern; **~tude** ['~tjuːd] (innere) Kraft *od.* Stärke

fortnight ['fɔːtnaɪt] vierzehn Tage; *in a ~* in 14 Tagen

fortress ['fɔːtrɪs] Festung *f*

fortunate ['fɔːtʃnət] glücklich; **~ly** glücklicherweise

fortune ['fɔːtʃuːn] Vermögen *n*; Glück *n*; Schicksal *n*

forty ['fɔːtɪ] vierzig

forward ['fɔːwəd] **1.** *adv a.* **~s** nach vorn, vorwärts; **2.** *adj* vordere(r, -s); Vorwärts...; Voraus...; fortschrittlich; vorlaut, dreist; **3.** *su Sport*: Stürmer *m*; **4.** *v/t* (be)fördern; (ver)senden, schicken; *Brief etc.* nachsenden

foster| child ['fɔstətʃaɪld] (*pl -children*) Pflegekind *n*; **~ parents** *pl* Pflegeeltern *pl*
fought [fɔːt] *pret u. pp von* **fight** 2
foul [faʊl] **1.** schmutzig, *fig. a.* zotig; *Lebensmittel:* faul, verdorben; *Wetter:* schlecht, stürmisch; stinkend; *Luft:* verpestet; ekelhaft, gemein; *Sport:* regelwidrig; **2.** *Sport:* Foul *n*; **3.** be-, verschmutzen; *Sport:* foulen
found¹ [faʊnd] *pret u. pp von* **find** 1
found² [~] gründen; stiften
found³ [~] *tech.* gießen
foundation [faʊnˈdeɪʃn] Fundament *n*; Gründung *f*; Stiftung *f*; *fig.* Grundlage *f*
'founder Gründer(in); Stifter(in)
foundry ['faʊndrɪ] Gießerei *f*
fountain ['faʊntɪn] Springbrunnen *m*; Strahl *m*; **~ pen** Füllfederhalter *m*
four [fɔː] vier; **~star** *Brt.* Super(benzin) *n*; **~teen** ['~'tiːn] vierzehn; **~th** [~θ] **1.** vierte(r, -s); **2.** Viertel *n*; **'~thly** viertens
fowl [faʊl] Geflügel *n*
fox [fɔks] Fuchs *m*
fraction ['frækʃn] *math.* Bruch *m*; Bruchteil *m*; **~ure** ['~ktʃə] (*bsd.* Knochen-)Bruch *m*
fragile ['frædʒaɪl] zerbrechlich; gebrechlich
fragment ['frægmənt] Frag-

ment *n*; Bruchstück *n*
fragran|ce ['freɪɡrəns] Wohlgeruch *m*, Duft *m*; **'~t** wohlriechend, duftend
frail [freɪl] gebrechlich; zart
frame [freɪm] **1.** Rahmen *m*; (*Brillen- etc.*)Gestell *n*; Körper(bau) *m*; **~ of mind** Gemütsverfassung *f*; **2.** (ein-)rahmen; bilden, formen; formulieren; **~ s.o.** F j-m et. anhängen; **'~work** *tech.* Gerüst *n*; *fig.* Struktur *f*
frank [fræŋk] **1.** offen, aufrichtig, frei(mütig); **2.** *Brief* frankieren; **'~ly** offen gesagt
frantic ['fræntɪk] außer sich
fraternal [frəˈtɜːnl] brüderlich
fraud [frɔːd] Betrug *m*; Schwindel *m*; Betrüger(in); Schwindler(in); **~ulent** ['~jʊlənt] betrügerisch
fray [freɪ] ausfransen
freak [friːk] Mißgeburt *f*; verrückter Einfall, Laune *f*; *in Zssgn:* F ...freak *m*, ...fanatiker *m*; F Freak *m*, irrer Typ
freckle ['frekl] Sommersprosse *f*
free [friː] **1.** frei; ungehindert; ungebunden; kostenlos; freigebig; **~ and easy** ungezwungen; sorglos; **set ~** freilassen; **2.** (*freed*) befreien; freilassen; **'~dom** Freiheit *f*; **'~lance** freiberuflich (tätig); **'2mason** Freimaurer *m*; **'~way** *Am.* Autobahn *f*
freeze [friːz] **1.** (*froze, frozen*) *v/i* (ge)frieren; *fig.* er-

starren; *v/t* einfrieren; **2.**
Frost *m*, Kälte *f*; *econ., pol.*
Einfrieren *n*; **wage ~** Lohn-
stopp *m*; **'~er**, *a.* **deep
freeze** Gefriertruhe *f*; Ge-
frierfach *n*; **'~ing** eiskalt;
~ing compartment Gefrier-
fach *n*; **~ing point** Gefrier-
punkt *m*

freight [freit] Fracht(gebühr)
f; **~ car** *Am.* Güterwagen *m*;
'~er Frachter *m*; Transport-
flugzeug *n*; **~ train** *Am.* Gü-
terzug *m*

French [frentʃ] **1.** franzö-
sisch; **2.** *the ~ pl* die Franzo-
sen *pl*; **~ doors** *pl bsd. Am.* →
French window(s); **~ fries** *pl
bsd. Am.* Pommes frites *pl*;
'~man (*pl -men*) Franzose
m; **~ window** *pl* Terras-
sen-, Balkontür *f*; **'~woman**
(*pl -women*) Französin *f*

frequen|cy [ˈfriːkwənsi] Häu-
figkeit *f*; *electr., phys.* Frequenz *f*; **~t 1.** [ˈ~nt] häufig; **2.**
[friˈkwent] häufig besuchen

fresh [freʃ] frisch; neu; unerfahren; **'~en** *Wind*: auffrischen; **~** (*o.s.*) *up* sich frisch
machen; **'~man** (*pl -men*)
univ. F Erstsemester *n*; **'~-
ness** Frische *f*; **'~water**
Süßwasser-

fret [fret] *j-m od.* sich Sorgen
machen; **'~ful** gereizt; unruhig, quengelig

friction [ˈfrikʃn] Reibung *f*

Friday [ˈfraidi] Freitag *m*

fridge [fridʒ] Kühlschrank *m*

friend [frend] Freund(in); Bekannte *m*, *f*; **make ~s with**
sich anfreunden mit; **'~ly**
freund(schaft)lich; **'~ship**
Freundschaft *f*

fright [frait] Schreck(en) *m*;
'~en *j-n* erschrecken; *be ~ed*
erschrecken; Angst haben
(*of* vor); **'~ful** schrecklich

frigid [ˈfridʒid] kalt, frostig

frill [fril] Krause *f*, Rüsche *f*

fringe [frindʒ] Franse *f*; *Brt.*
Frisur: Pony *m*; Rand *m*

frisk [frisk] herumtollen; F *j-n*
filzen, durchsuchen

fro [frəʊ] → *to 3*

frock [frɒk] Kutte *f*; Kleid *n*

frog [frɒg] Frosch *m*

frolic [ˈfrɒlik] herumtoben

from [frɒm] von; aus, von ...
aus *od. her*; von ... (an), seit;
aus, vor (*dat*); **~ 9 to 5**
(*o'clock*) von 9 bis 5 (Uhr)

front [frʌnt] **1.** Vorderseite *f*;
Front *f (a. mil.)*; *in ~* vorn; *in
~ of* räumlich: vor; **2.** *a. ~ on*
od. to(wards) gegenüberstehen, -liegen; **~ door** Haus-,
Vordertür *f*; **~ entrance**
Vordereingang *m*

frontier [ˈfrʌntiə] Grenze *f*

front| page Titelseite *f*; **~ row**
vorder(st)e Reihe; **~ seat
passenger** *mot.* Beifah-
rer(in); **'~wheel drive** Vor-
derrad-, Frontantrieb *m*

frost [frɒst] **1.** Fron *m*; Reif
m; **2.** mit Reif überziehen;
mattieren; *bsd. Am.* glasieren; mit (Puder)Zucker be-

streuen; '**~bite** Erfrierung f;
'**~bitten** erfroren; '**~ed
glass** Matt-, Milchglas n;
'**~y** eisig, frostig

froth [froθ] Schaum m; '**~y**
schaumig, schäumend

frown [fraʊn] **1.** die Stirn runzeln; **2.** Stirnrunzeln n

froze [frəʊz] pret von **freeze**
1; '**~n 1.** pp von **freeze** 1; **2.**
(eis)kalt; (ein-, zu)gefroren;
Gefrier...; **~ food** Tiefkühlkost f

fruit [fruːt] Frucht f; Früchte
pl; Obst n; '**~erer** Obsthänd-
ler(in); '**~ful** erfolgreich

frustrate [frʌ'streɪt] vereiteln;
frustrieren

fry [fraɪ] braten; **fried eggs** pl
Spiegeleier pl; **fried potatoes**
pl Bratkartoffeln pl; '**~ing
pan** Bratpfanne f

fuchsia ['fjuːʃə] Fuchsie f

fuck [fʌk] V: ficken, vögeln; **~
off!** verpiß dich!; '**~ing** V
Scheiß..., verflucht, -dammt

fuel [fjʊəl] **1.** Brennstoff m,
mot. Treib-, Kraftstoff m; **2.**
(auf)tanken

fugitive ['fjuːdʒɪtɪv] **1.** flüchtig; **2.** Flüchtige m, f

fulfil, Am. a. -**fill** [fʊl'fɪl] erfüllen; **~ment** Erfüllung f

full [fʊl] **1.** adj voll; Voll...;
ganz; **~ of** voll von, voller; **~
(up)** (voll) besetzt; **2.** adv völlig, ganz; '**~ board** Vollpen-
sion f; **~'grown** ausgewach-
sen; **~'length** in voller Größe od. Länge; **~ stop** Punkt

m; **~'time** ganztägig, -tags

fumble ['fʌmbl] a. **~ about** od.
around (herum)fummeln;
tastend suchen

fume [fjuːm] wütend sein; **~s**
pl Dämpfe pl; Abgase pl

fun [fʌn] Spaß m; **for ~** aus od.
zum Spaß; **make ~ of** sich
lustig machen über

function ['fʌŋkʃn] **1.** Funktion f; Aufgabe f; Veranstaltung f; **2.** funktionieren;
'**~ary** Funktionär m

fund [fʌnd] Fonds m; Kapital n, Vermögen n; pl a.
(Geld)Mittel pl

fundamental [fʌndə'mentl]
grundlegend, fundamental

funeral ['fjuːnərəl] Begräbnis
n, Beerdigung f

'**funfair** Vergnügungspark m,
Rummelplatz m

funicular (railway) [fjuː'nɪk-
jʊlə] (Draht)Seilbahn f

funnel ['fʌnl] Trichter m;
mar., rail. Schornstein m

funny ['fʌnɪ] komisch, spaßig,
lustig; sonderbar

fur [fɜː] Pelz m, Fell n; auf der
Zunge: Belag m

furious ['fjʊərɪəs] wütend

furl [fɜːl] zs.-rollen

furnace ['fɜːnɪs] Schmelz-,
Hochofen m; Heizkessel m

furnish ['fɜːnɪʃ] versorgen,
ausrüsten, -statten; liefern;
einrichten, möblieren

furniture ['fɜːnɪtʃə] Möbel pl,
Einrichtung f

furred [fɜːd] Zunge: belegt

furrow ['fʌrəʊ] **1.** Furche *f*; **2.** furchen

further ['fɜ:ðə] **1.** *adv fig.*: mehr, weiter; ferner, weiterhin; **2.** *adj fig.* weiter; **3.** *v/t* fördern, unterstützen

furtive ['fɜ:tɪv] heimlich

fury ['fjʊərɪ] Zorn *m*, Wut *f*

fuse [fju:z] **1.** Zünder *m*; *electr.* Sicherung *f*; *phys., tech.* schmelzen; *electr.* durchbrennen

fuselage ['fju:zəlɑ:ʒ] (Flug-

zeug)Rumpf *m*

fusion ['fju:ʒn] Verschmelzung *f*, Fusion *f*

fuss [fʌs] **1.** Aufregung *f*, Theater *n*; **2.** viel Aufhebens machen; '**∼y** aufgeregt, hektisch; heikel, wählerisch

futile ['fju:taɪl] nutzlos

future ['fju:tʃə] **1.** Zukunft *f*; *gr.* Futur *n*, Zukunft *f*; **2.** (zu)künftig

fuzzy ['fʌzɪ] *Haar*: kraus; unscharf, verschwommen

G

gab [gæb] F Gequassel *n*, Gequatsche *f*

gable ['geɪbl] Giebel *m*

gadfly ['gædflaɪ] *zo.* Bremse *f*

gadget ['gædʒɪt] F Apparat *m*, Gerät *n*; technische Spielerei

gag [gæg] **1.** Knebel *m*; F Gag *m*; **2.** knebeln

gage *Am.* → **gauge**

gaiety ['geɪətɪ] Fröhlichkeit *f*; '**∼ly** lustig, fröhlich

gain [geɪn] **1.** gewinnen; erreichen, bekommen, *Erfahrungen* sammeln; *Uhr*: vorgehen (um); **∼ speed** schneller werden; **∼ 10 pounds** 10 Pfund zunehmen; **2.** Gewinn *m*; Zunahme *f*

gait [geɪt] Gang(art *f*) *m*

gale [geɪl] Sturm *m*

gallant ['gælənt] tapfer

gall bladder ['gɔ:lblædə] Gallenblase *f*

gallery ['gælərɪ] Galerie *f*; Empore *f*

galley ['gælɪ] *hist.* Galeere *f*; *mar.* Kombüse *f*; *a.* **∼ proof** *typ.* Fahne(nabzug *m*) *f*

gallon ['gælən] Gallone *f* (4,55 *Liter, Am.* 3,79 *Liter*)

gallop ['gæləp] **1.** Galopp *m*; **2.** galoppieren

gallows ['gæləʊz] (*pl* **∼**) Galgen *m*

gallstone ['gɔ:lstəʊn] Gallenstein *m*

galore [gə'lɔ:] F in rauhen Mengen

gamble ['gæmbl] **1.** (um Geld) spielen; **2.** Hasardspiel *n*; '**∼er** (Glücks)Spieler(in); '**∼ing** Spiel...

game [geɪm] Spiel *n*; *pl Schule:* Sport *m*; Wild(bret) *n*; '**∼keeper** Wildhüter *m*

gammon ['gæmən] gepökelter

gear

od. geräucherter Schinken

gander ['gændə] Gänserich *m*

gang [gæn] **1.** Gang *f*, Bande *f*; Clique *f*; (*Arbeiter*)Kolonne *f*, Trupp *m*; **2.** ~ **up** (**on** *od.* **against**) sich verbünden *od.* verschwören (gegen)

gangway ['gænweɪ] (Durch-) Gang *m*; Gangway *f*, Laufplanke *f*

gaol [dʒeɪl] *bsd. Brt.* → **jail**

gap [gæp] Lücke *f* (*a. fig.*); *fig.* Kluft *f*

gap|e [geɪp] gaffen, glotzen; **'~ing** *Wunde:* klaffend; *Abgrund:* gähnend

garage ['gɑːraːʒ] Garage *f*; (*Auto*)Reparaturwerkstatt *f* (*u.* Tankstelle *f*)

garbage ['gɑːbɪdʒ] *bsd. Am.* Abfall *m*, Müll *m*; ~ **can** *Am.* → **dustbin**

garden ['gɑːdn] Garten *m*; **'~er** Gärtner(in); **'~ing** Gartenarbeit *f*

gargle ['gɑːgl] gurgeln

garish ['geərɪʃ] grell

garland ['gɑːlənd] Girlande *f*

garlic ['gɑːlɪk] Knoblauch *m*

garment ['gɑːmənt] Kleidungsstück *n*

garnish ['gɑːnɪʃ] *gastr.* garnieren

garret ['gærət] Dachkammer *f*

garrison ['gærɪsn] Garnison *f*

garter ['gɑːtə] Strumpfband *n*; Sockenhalter *m*; *Am.* Strumpfhalter *m*, Straps *m*

gas [gæs] Gas *n*; *Am.* F Benzin *n*, Sprit *m*

gash [gæʃ] klaffende Wunde

gasket ['gæskɪt] Dichtung(sring *m*) *f*

gasoline ['gæsəʊliːn], *a.* **-lene** *Am.* Benzin *n*; ~ **pump** *Am.* Zapfsäule *f*

gasp [gɑːsp] keuchen; ~ **for breath** nach Luft schnappen

gas| pedal *Am.* Gaspedal *n*; **'~ station** *Am.* Tankstelle *f*; **'~works** *sg* Gaswerk *n*

gate [geɪt] Tor *n*; Schranke *f*, Sperre *f*; *aer.* Flugsteig *m*; **'~crash** F uneingeladen kommen (zu); **'~way** Tor (-weg *m*) *n*, Einfahrt *f*

gather ['gæðə] *v/t* sammeln, *Informationen* einholen, -ziehen; *Personen* versammeln, ernten, pflücken; *fig.* folgern, schließen (**from** aus); ~ **speed** schneller werden; *v/i* sich (ver)sammeln; sich (an)sammeln; **'~ing** ['~rɪŋ] Versammlung *f*

gaudy ['gɔːdɪ] bunt, grell

gauge [geɪdʒ] **1.** Eichmaß *n*; Meßgerät *n*; *bsd. von Draht etc.:* Stärke *f*, Dicke *f*; *rail.* Spur(weite) *f*; **2.** eichen; (ab-, aus)messen

gaunt [gɔːnt] hager

gauze [gɔːz] Gaze *f*; Mull *m*

gave [geɪv] *pret von* **give**

gay [geɪ] **1.** lustig, fröhlich; bunt; F *homosexuell:* schwul; **2.** F Schwule *m*

gaze [geɪz] **1.** starren; **2.** (fester, starrer) Blick

gear [gɪə] *mot.* Gang *m*, *pl*

Getriebe *n*; Vorrichtung *f*,
Gerät *n*; Kleidung *f*, Aufzug
m; **~ lever**, *Am. a.* **~shift**
Schalthebel *m*

geese [giːs] *pl von* **goose**

gel [dʒel] Gel *n*

gelding ['geldɪŋ] Wallach *m*

gem [dʒem] Edelstein *m*

gender ['dʒendə] *gr.* Genus *n*,
Geschlecht *n*

gene [dʒiːn] Gen *n*

general ['dʒenərəl] **1.** allgemein; Haupt...; General...;
2. *mil.* General *m*; **~ election**
Parlamentswahlen *pl*; **'~ize**
verallgemeinern; **'~ly** im all-
gemeinen; allgemein; **~ prac-**
titioner Arzt *m*/Ärztin *f* für
Allgemeinmedizin

generate ['dʒenəreit] erzeugen; **~ion** [~'reɪʃn] Generation *f*; Erzeugung *f*; **~or**
['~reɪtə] Generator *m*; *mot.*
Lichtmaschine *f*

gener|osity [dʒenə'rɒsɪti]
Großzügigkeit *f*; **~ous** ['~rəs]
großzügig; reichlich

genial ['dʒiːnjəl] freundlich

genitals ['dʒenɪtlz] *pl* Genita-
lien *pl*, Geschlechtsteile *pl*

genius ['dʒiːnjəs] Genie *n*

gentle ['dʒentl] sanft, zart;
freundlich; **'~man** (*pl* **-men**)
Gentleman *m*; Herr *m*

gentry ['dʒentri] *Brt.* niederer
Adel; Oberschicht *f*

gents [dʒents] *sg Brt.* F Herren-
klo *n*

genuine ['dʒenjʊɪn] echt

geograph|ic(al) [dʒɪə'græf-

ɪk(l)] geographisch; **~y**
[~'ɒgrəfi] Geographie *f*, Erdkunde *f*

geolog|ic(al) [dʒɪəʊ'lɒdʒ-
ɪk(l)] geologisch; **~ist**
[~'ɒlədʒɪst] Geologe *m*, -in *f*;
~y Geologie *f*

geometr|ic(al) [dʒɪəʊ'me-
trɪk(l)] geometrisch; **~y**
[~'ɒmətri] Geometrie *f*

germ [dʒɜːm] Keim *m*; Bazillus *m*, Bakterie *f*

German ['dʒɜːmən] **1.**
deutsch; **2.** Deutsche *m*, *f*

germinate ['dʒɜːmɪneɪt] keimen (lassen)

gerund ['dʒerənd] *gr.* Gerundium *n*

gesticulate [dʒe'stɪkjʊleɪt]
gestikulieren

gesture ['dʒestʃə] Geste *f*

get [get] (**got**, **got** *od. Am.*
gotten) *v/t* bekommen, erhalten; *sich et.* verschaffen
od. besorgen; erringen, erwerben, sich aneignen; holen; bringen; F erwischen;
kapieren, verstehen; *j-n* dazu
bringen (**to do** zu tun); *mit*
pp: lassen; **~ one's hair cut**
sich die Haare schneiden lassen; **~ going** in Gang bringen; *fig.* Schwung bringen
in; **~ s.th. by heart** et. auswendig lernen; **~ s.th. ready**
et. fertigmachen; **have got**
haben; **have got to** müssen;
v/i kommen, gelangen; *mit*
pp od. adj: werden; **~ tired**
müde werden, ermüden; **~**

going in Gang kommen; *fig.* in Schwung kommen; ~ *home* nach Hause kommen; ~ *to know et.* erfahren *od.* kennenlernen; ~ *about* herumkommen; *Gerücht etc.*: sich herumsprechen *od.* verbreiten; ~ *along* auskommen, sich vertragen; vorwärts-, weiterkommen; ~ *away* loskommen; entkommen; ~ *away with* davonkommen mit; ~ *back* zurückkommen; zurückbekommen; ~ *down Essen etc.* runterkriegen; ~ *down to* sich machen an; ~ *in* hinein-, hereinkommen; ~ *off* aussteigen (aus); absteigen (von); ~ *on* einsteigen (in); vorwärts-, vorankommen; ~ *on with s.o.* mit j-m auskommen; ~ *out et.* herausbekommen; ~ *over* hinwegkommen über; ~ *to* kommen nach; ~ *together* zs.-kommen; ~ *up* aufstehen

ghastly ['ɡɑːstlɪ] gräßlich

gherkin [ɡəː'kɪn] Gewürz-, Essiggurke *f*

ghost [ɡəʊst] Geist *m*, Gespenst *n*; '~**ly** geisterhaft

giant ['dʒaɪənt] **1.** Riese *m*; **2.** riesig, Riesen...

gibberish ['dʒɪbərɪʃ] Unsinn *m*, dummes Geschwätz

giblets ['dʒɪblɪts] *pl* Innereien *pl* (*vom Geflügel*)

gidd|iness ['ɡɪdɪnɪs] Schwindel(gefühl) *n*; '~**y**

schwind(e)lig; schwindelerregend

gift [ɡɪft] Geschenk *n*; Begabung *f*, Talent *n*; '~**ed** begabt

gigantic [dʒaɪ'ɡæntɪk] riesig

giggle ['ɡɪɡl] **1.** kichern; **2.** Gekicher *n*

gild [ɡɪld] (**gilded, gilded** *od.* **gilt**) vergolden

gill [ɡɪl] Kieme *f*; *bot.* Lamelle *f*

gilt [ɡɪlt] *pp von* **gild**

gimmick ['ɡɪmɪk] F Trick *m*, Dreh *m*; Spielerei *f*

gin [dʒɪn] Gin *m*

ginger ['dʒɪndʒə] **1.** Ingwer *m*; **2.** rötlich- *od.* gelblichbraun; '~**bread** Leb-, Pfefferkuchen *m*

gingerly ['dʒɪndʒəlɪ] behutsam, vorsichtig; zimperlich

gipsy ['dʒɪpsɪ] Zigeuner(in)

giraffe [dʒɪ'rɑːf] (*pl* ~**s**, ~) Giraffe *f*

girder ['ɡɜːdə] *tech.* Träger *m*

girdle ['ɡɜːdl] Hüfthalter *m*, -gürtel *m*; Gürtel *m*, Gurt *m*

girl [ɡɜːl] Mädchen *n*; '~**friend** Freundin *f*; ~ **guide** *Brt.* Pfadfinderin *f*; ~ **scout** *Am.* Pfadfinderin *f*

giro ['dʒaɪərəʊ] *Brt.* (Post-) Giroverkehr *m*

gist [dʒɪst] *das* Wesentliche, Kern *m*

give [ɡɪv] (**gave, given**) *v/t* geben; schenken; spenden; *Leben* hingeben, opfern; *Befehl etc.* geben, erteilen; *Hilfe* leisten; *Schutz* bieten;

Grund etc. (an)geben; *Konzert geben; Theaterstück geben,* aufführen; *Vortrag halten; Schmerzen bereiten,* verursachen; ~ *her my love* her-, weggeben; verschenken; verraten; ~ *back* zurückgeben; ~ *in* nachgeben; aufgeben; *Gesuch etc.* einreichen; *Prüfungsarbeit* abgeben; ~ *off Geruch* verbreiten, ausströmen; *Gas, Wärme* aus-, verströmen; ~ *on od.* onto führen *auf od.* nach, gehen nach; ~ *out* aus-, verteilen; bekanntgeben; *Vorräte etc.:* zu Ende gehen; *Maschine etc.:* versagen; ~ *up* aufgeben; aufhören mit; *j-n* ausliefern; ~ *o.s. up* sich stellen (*to dat*); '~n *pp von* give

glacier ['glæsjə] Gletscher *m*

glad [glæd] froh, erfreut; *be* ~ sich freuen; '~ly gern(e)

glam|orous ['glæmərəs] bezaubernd, reizvoll; '~o(u)r Zauber *m*, Glanz *m*, Reiz *m*

glance [gla:ns] **1.** (schnell, kurz) blicken (*at* auf); **2.** (schneller, kurzer) Blick

gland [glænd] Drüse *f*

glare [gleə] **1.** grell scheinen *od.* leuchten; ~ *at s.o.* wütend anstarren; **2.** greller Schein; wütender Blick

glass [gla:s] Glas *n*; Glas (-waren *pl*) *n*; (Trink)Glas *n*; Glas(gefäß) *n*; (Fern-, Opern)Glas *n*; *bsd. Brt.* F Spiegel *m*; Barometer *n*; '~es *pl* Brille *f*; '~house *Brt.* Gewächshaus *n*; '~ware Glaswaren *pl*; '~y gläsern; *Augen:* glasig

glaz|e [gleiz] **1.** verglasen; glasieren; *a.* ~ *over Auge:* glasig werden; **2.** Glasur *f*; **~ier** ['~jə] Glaser *m*

gleam [gli:m] **1.** schwacher Schein, Schimmer *m*; **2.** leuchten, schimmern

glee [gli:] Freude *f*; Schadenfreude *f*; '~ful fröhlich; schadenfroh

glen [glen] enges Tal

glib [glib] schlagfertig

glid|e [glaid] **1.** gleiten, segeln; **2.** Gleiten *n*; *aer.* Gleitflug *m*; '~er Segelflugzeug *n*; '~ing Segelfliegen *n*

glimmer ['glimə] **1.** schimmern; **2.** Schimmer *m*

glimpse [glimps] **1.** (nur) flüchtig zu sehen bekommen; **2.** flüchtiger Blick

glint [glint] glitzern, glänzen

glisten ['glisn] glänzen

glitter ['glitə] **1.** glitzern, funkeln; **2.** Glitzern *n*, Funkeln *n*

gloat [gləut]: ~ *over* verzückt betrachten (*acc*); sich hämisch *od.* diebisch freuen über

globe [gləub] Erdkugel *f*; Globus *m*

gloom [glu:m] Düsterkeit *f*, Dunkel *m*; düstere *od.* ge-

gobble

drückte Stimmung; '**~y** dunkel, düster; hoffnungslos; niedergeschlagen

glor|ify ['glɔːrɪfaɪ] verherrlichen; '**~ious** ruhm-, glorreich; herrlich, prächtig; '**~y** Ruhm *m*, Ehre *f*

gloss [glɒs] Glanz *m*

glossary ['glɒsərɪ] Glossar *n*

glossy ['glɒsɪ] glänzend

glove [glʌv] Handschuh *m*

glow [gləʊ] **1.** glühen; **2.** Glühen *n*; Glut *f*

glue [gluː] **1.** Leim *m*, Klebstoff *m*; **2.** leimen, kleben

glum [glʌm] bedrückt, niedergeschlagen

glutton ['glʌtn] Vielfraß *m*; '**~ous** gefräßig, unersättlich

gnarled [nɑːld] knorrig, *Finger*: knotig, gichtig

gnash [næʃ]: **~ one's teeth** mit den Zähnen knirschen

gnat [næt] (Stech)Mücke *f*

gnaw [nɔː] nagen (an); nagen (**at** an)

go [gəʊ] **1.** (*pl goes*) Schwung *m*; F Versuch *m*; *it's my ~* F ich bin dran *od.* an der Reihe; **be all the ~** F große Mode sein; **have a ~ at s.th.** et. probieren; **2.** (*went, gone*) gehen, fahren, reisen (**to** nach); *Straße etc.*: gehen, führen (**to** nach); sich erstrecken, gehen (**to** bis); *Bus etc.*: verkehren, fahren; *tech.* gehen, laufen, funktionieren; *Zeit*: vergehen; harmonieren, passen (**with** mit),

passen (**with** zu); werden; *~* **swimming** schwimmen gehen; *it is ~ing to rain* es gibt Regen; *I must be ~ing* ich muß gehen *od.* weg; *~ for a walk* e-n Spaziergang machen, spazierengehen; *~ to bed* ins Bett gehen; *~ to school* zur Schule gehen; *~ to see* besuchen; *~ ahead* vorangehen (**of** s.o. j-m); *~ ahead with* beginnen mit; fortfahren mit; *~ at* losgehen auf; *~ away* weggehen; *~ back* zurückgehen; *~ between* vermitteln zwischen; *~ by* vorbeigehen, -fahren; *Zeit*: vergehen; sich halten an, sich richten nach; *fig.* sich richten nach; *~ down Sonne*: untergehen; *~ for* holen; losgehen auf; *~ in* hineingehen; *~ in for* teilnehmen an; *~ off* explodieren, losgehen; *Licht*: ausgehen; *~ on* weitergehen, -fahren; *fig.* fortfahren (**doing** zu tun); *fig.* vor sich gehen, vorgehen; *~ out* hinausgehen; ausgehen (*a. Licht*); *~ through* durchgehen, -nehmen; durchmachen; *~ up* steigen

goad [gəʊd] anstacheln

go-ahead ['gəʊəhed] **1.** fortschrittlich; **2.** *get the ~* grünes Licht bekommen

goal [gəʊl] Ziel *n*; *Sport*: Tor *n*; '**~keeper** Torwart *m*

goat [gəʊt] Ziege *f*

gobble ['gɒbl] verschlingen

'**go-between** Vermittler(in)
goblin ['gɒblɪn] Kobold m
god [gɒd] (eccl. 2) Gott m;
'**~child** (pl **-children**) Patenkind n; '**~dess** ['gɒdɪs] Göttin f; '**~father** Pate m; '**~forsaken** gottverlassen; '**~less** gottlos; '**~mother** Patin f; '**~parent** Pate m, -in f
goggle ['gɒgl] glotzen; '**~s** pl Schutzbrille f
goings-on [ˌgəʊɪŋz'ɒn] pl F Treiben n, Vorgänge pl
gold [gəʊld] **1.** Gold n; **2.** golden, Gold...; '**~en** golden; '**~smith** Goldschmied(in)
golf [gɒlf] **1.** Golf(spiel) n; **2.** Golf spielen; **~ club** Golfklub m; Golfschläger m; **~ course** Golfplatz m; '**~er** Golfer(in), Golfspieler(in); **~ links** pl od. sg Golfplatz m
gondola ['gɒndələ] Gondel f
gone [gɒn] **1.** pp von **go 2**; **2.** fort, weg
good [gʊd] **1.** gut; artig, lieb; geeignet; gut, richtig; **a ~ many** ziemlich viele; **~ at** gut in, geschickt in; **2.** Nutzen m, Wert m; das Gute, Gutes m; **for ~** für immer; **~by(e)** [~'baɪ] **1.** **say ~ to s.o., wish s.o. ~** j-m auf Wiedersehen sagen, sich von j-m verabschieden; **2.** int (auf) Wiedersehen!, teleph. auf Wiederhören!; '**~-for-nothing** [~fənəθɪŋ] Taugenichts m; 2 **Friday** Karfreitag m; '**~humo(u)red** gutgelaunt;

gutmütig; **~'looking** gutaussehend; **~'natured** gutmütig; '**~ness** Güte f; **thank ~** Gott sei Dank
goods [gʊdz] pl Güter pl, Ware(n pl) f
goodwill [gʊd'wɪl] guter Wille, gute Absicht
goose [gu:s] (pl **geese** [gi:s]) Gans f; '**~berry** ['gʊz] Stachelbeere f; '**~flesh** ['gu:s], '**~ pimples** pl Gänsehaut f
gorge [gɔ:dʒ] **1.** enge Schlucht; **2. ~ o.s. on** od. **with** sich vollstopfen mit
gorgeous ['gɔ:dʒəs] prächtig, F großartig, wunderbar
gorilla [gə'rɪlə] Gorilla m
go-'slow Brt. Bummelstreik m
gospel ['gɒspl] mst 2 Evangelium n
gossip ['gɒsɪp] **1.** Klatsch m; Schwatz m; Klatschbase f; **2.** klatschen
got [gɒt] pret u. pp von **get**
gotten ['gɒtn] Am. pp von **get**
gout [gaʊt] Gicht f
govern ['gʌvn] regieren; verwalten; '**~ment** Regierung f; '**~or** [~ənə] Gouverneur m
gown [gaʊn] Kleid n; Robe f
grab [græb] greifen, packen
grace [greɪs] Anmut f, Grazie f; Anstand f; Frist f, Aufschub m; Gnade f; Tischgebet n; '**~ful** anmutig
gracious ['greɪʃəs] **1.** gnädig; freundlich; **2.** int **good ~!** du meine Güte!
grade [greɪd] **1.** Grad m,

Stufe f; Qualität f; Am.
Schule: Klasse f; bsd. Am.
Note f, Zensur f; bsd. Am.
Steigung f, Gefälle n; **2.** sortieren, einteilen; **~ crossing**
Am. schienengleicher Bahnübergang

gradient ['greɪdjənt] Steigung
f, Gefälle n

gradual ['grædʒʊəl] allmählich, stufenweise

graduate 1. ['grædʒʊət]
Akademiker(in), Hochschulabsolvent(in); *Am.* Schulabgänger(in); **2.**
['~eɪt] graduieren; *Am.* die
Abschlußprüfung bestehen;
einteilen; abstufen, staffeln;
~ion ['~eɪʃn] Abstufung f,
Staffelung f; (Maß)Einteilung f; *univ.* Graduierung f;
Am. Absolvieren n **(from ~e***
Schule)

graft [grɑːft] *med.* verpflanzen; *bot.* pfropfen

grain [greɪn] (Samen-, *bsd.*
Getreide)Korn n; Getreide
n; (*Sand- etc.*)Körnchen n,
(-)Korn n; Maserung f

gram [græm] Gramm n

grammar ['græmə] Grammatik f; **~tical** [grə'mætɪkl]
grammatisch

gramme [græm] Gramm n

grand [grænd] **1.** großartig;
groß, bedeutend, wichtig;
Haupt...; **2.** *mus.* F Flügel m
(*pl* **grand**) bsd. *Am. sl.* Riese
m (*1000 Dollar od.* Pfund);
~child ['~ʃ-] (*pl* **-children**)

Enkelkind n; **'~dad** F Opa
m; **'~daughter** Enkelin f;
~eur ['~ndʒə] Pracht f;
Größe f, Wichtigkeit f; **~
father** ['~ɑː] Großvater m;
~ma ['~mɑː] F Oma f; **'~
mother** Großmutter f; **'~pa**
F Opa m; **'~parents** *pl*
Großeltern pl; **~ piano** *mus.*
Flügel m; **'~son** Enkel m;
~stand ['~d-] Haupttribüne f

granite ['grænɪt] Granit m

granny ['grænɪ] F Oma f

grant [grɑːnt] **1.** bewilligen,
gewähren; *Erlaubnis etc.* geben; *Bitte etc.* erfüllen;
zugeben; **take s.th. for ~ed**
et. als selbstverständlich betrachten; **2.** Stipendium n;
Unterstützung f

granulated sugar ['grænjʊleɪtɪd] Kristallzucker m; **~e**
['~juːl] Körnchen n

grape [greɪp] Weintraube f,
-beere f; **'~fruit** Grapefruit f,
Pampelmuse f; **~ juice** Traubensaft m; **~ sugar** Traubenzucker m; **'~vine** Weinstock m

graph [grɑːf, græf] Diagramm n, Schaubild n; **~ic**
['græfɪk] **1.** graphisch; anschaulich; **2.** *pl* Graphik(en
pl) f

grapple ['græpl]: **~ with**
kämpfen mit

grasp [grɑːsp] **1.** (er)greifen,
packen; *fig.* verstehen, begreifen; **2.** Griff m; *fig.:*
Reichweite f; Verständnis n

grass [grɑːs] Gras n; Rasen m; sl. Marihuana: Gras(s) n; '**~hopper** Heuschrecke f; **~ widow(er)** Strohwitwe(r m) f; '**~y** grasbedeckt

grate¹ [greɪt] Gitter n; (Feuer)Rost m

grate² [~] reiben, raspeln; knirschen, quietschen

grateful ['greɪtfʊl] dankbar

grater ['greɪtə] Reibe f

grati|fication [grætɪfɪ'keɪʃn] Befriedigung f; Freude f; **~fy** ['~faɪ] befriedigen

grating ['greɪtɪŋ] Gitter n

gratitude ['grætɪtjuːd] Dankbarkeit f

gratuity [grə'tjuːətɪ] Gratifikation f

grave¹ [greɪv] Grab n

grave² [~] ernst

gravel ['grævl] Kies m

grave|stone Grabstein m; '**~yard** Friedhof m

gravit|ation [grævɪ'teɪʃn] Gravitation f, Schwerkraft f; **~y** ['~vətɪ] Gravitation f, Schwerkraft f

gravy ['greɪvɪ] Bratensoße f

gray [greɪ] Am. → **grey**

graze¹ [greɪz] (ab)weiden

graze² [~] 1. streifen; sich das Knie etc. ab- od. aufschürfen; 2. Abschürfung f, Schramme f

greas|e [griːs] 1. Fett n; tech. Schmierfett n, Schmiere f; 2. [~z] (ein)fetten, tech. (ab-) schmieren; '**~y** ['~zɪ] fettig, schmierig, ölig

great [greɪt] groß; groß, bedeutend, wichtig; F großartig, super; **~'grandchild** (pl -children) Urenkel(in); **~'grandfather** Urgroßvater m; **~'grandmother** Urgroßmutter f; **~'grandparents** pl Urgroßeltern pl; '**~ly** sehr; '**~ness** Größe f; Bedeutung f

greed [griːd] Gier f (for nach); '**~y** gierig; gefräßig

Greek [griːk] 1. griechisch; 2. Grieche m, -in f

green [griːn] 1. grün; fig. grün, unerfahren; 2. pl grünes Gemüse; '**~grocer** bsd. Brt. Obst- u. Gemüsehändler(in); '**~horn** F Grünschnabel m, Neuling m; '**~house** Gewächs-, Treibhaus n; '**~ish** grünlich

greet [griːt] (be)grüßen; '**~ing** Gruß m, Begrüßung f; **~ings** pl Grüße pl; Glückwünsche pl

grenade [grə'neɪd] Granate f

grew [gruː] pret von **grow**

grey [greɪ] grau; grau(haarig; '**~haired** grauhaarig; '**~hound** zo. Windhund m

grid [grɪd] Gitter n; electr. etc. Versorgungsnetz n; Kartographie: Gitter(netz) n; '**~iron** Bratrost m

grief [griːf] Kummer m

griev|ance ['griːvns] (Grund m zur) Beschwerde f; Mißstand m; **~e** [griːv]: **~ for** trauern um

grill [grɪl] **1.** grillen; **2.** Grill *m*; Gegrillte *n*; Grillroom *m*

grille [grɪl] (Schalter)Gitter *n*; *mot.* (Kühler)Grill *m*

grim [grɪm] grimmig; schrecklich

grimace [grɪˈmeɪs] **1.** Grimasse *f*; **2.** e-e Grimasse *od.* Grimassen schneiden

grim|e [graɪm] (dicker) Schmutz; '**~y** schmutzig

grin [grɪn] **1.** grinsen; **2.** Grinsen *n*

grind [graɪnd] (**ground**) (zer)mahlen, zerreiben, -kleinern; *Messer etc.* schleifen; *Am. Fleisch* durchdrehen

grip [grɪp] **1.** packen (*a. fig.*), ergreifen; **2.** Griff *m* (*a. fig.*)

gripes [graɪps] *pl* Kolik *f*

gristle [ˈgrɪsl] Knorpel *m*

grit [grɪt] Kies *m*; *fig.* Mut *m*

groan [grəʊn] **1.** stöhnen; **2.** Stöhnen *n*

grocer [ˈgrəʊsə] Lebensmittelhändler *m*; **at the ~'s (shop)** beim Lebensmittelhändler; **~ies** [ˈ~rɪz] *pl* Lebensmittel *pl*; **~y** [ˈ~rɪ] Lebensmittelgeschäft *n*

groin [grɔɪn] *anat.* Leiste *f*

groom [gruːm] **1.** Pferdepfleger *m*, Stallbursche *m*; Bräutigam *m*; **2.** *Pferde* striegeln; **well ~ed** gepflegt

groove [gruːv] Rinne *f*, Furche *f*; Rille *f*

grope [grəʊp] tasten

gross [grəʊs] **1.** Brutto...; *Fehler etc.*: schwer, grob;

grob, derb; dick, fett; **2.** (*pl* ~) Gros *n* (*12 Dutzend*)

ground¹ [graʊnd] *pret u. pp von* **grind**; **~ gemahlen; ~ meat** Hackfleisch *n*

ground² [~] **1.** (Erd)Boden *m*, Erde *f*; Boden *m*, Gebiet *n*; *Sport:* (Spiel)Platz *m*; *fig.* (Beweg)Grund *m*; *Am. electr.* Erdung *f*; *pl* Grundstück *n*, Park *m*, Gartenanlage *f*; Boden)Satz *m*; **2.** *mar.* auflaufen; *Am. electr.* erden; *fig.* gründen, stützen

ground | **control** *aer.* Bodenstation *f*; **~ crew** *aer.* Bodenpersonal *n*; **~ floor** *bsd. Brt.* Erdgeschoß *n*; '**~less** grundlos; '**~nut** Erdnuß *f*; **~ plan** Grundriß *m*; **~ staff** *Brt. aer.* Bodenpersonal *n*; **~ station** *aer.* Bodenstation *f*

group [gruːp] **1.** Gruppe *f*; **2.** sich gruppieren; (in Gruppen) einteilen *od.* anordnen

grove [grəʊv] Wäldchen *n*

grow [grəʊ] (**grew, grown**) *v/i* wachsen; (allmählich) werden; **~ up** auf-, heranwachsen; *v/t* anbauen

growl [graʊl] knurren

grown [grəʊn] *pp von* **grow**; **~-up 1.** [ˈ~ʌp] erwachsen; **2.** [ˈ~ʌp] Erwachsene *m*

growth [grəʊθ] Wachsen *n*, Wachstum *n*; Wuchs *m*, Größe *f*; *fig.* Zunahme *f*, Anwachsen *n*; *med.* Gewächs *n*

grub [grʌb] Made *f*, Larve *f*; '**~by** schmudd(e)lig

grudge [grʌdʒ] **1.** mißgönnen (*s.o. s.th.* j-m et.); **2.** Groll *m*; '**∼y** widerwillig

gruel [groəl] Haferschleim *m*

gruel(l)ing ['groəliŋ] aufreibend; mörderisch

gruff [grʌf] schroff, barsch

grumble ['grʌmbl] murren; *Donner:* (g)rollen

grunt [grʌnt] grunzen

guarantee [gærən'ti:] **1.** Garantie *f*; Kaution *f*, Sicherheit *f*; **2.** (sich ver)bürgen für; garantieren; **∼or** [∼'tɔ:] *jur.* Bürge *m*, -in *f*; **∼y** ['∼ti] *jur.*: Bürgschaft *f*; Garantie *f*

guard [gɑ:d] **1.** bewachen; (be)schützen; **∼ against** sich hüten *od.* in acht nehmen *od.* schützen vor; **2.** Wache *f*, (Wach)Posten *m*; Wächter *m*; Aufseher *m*, Wärter *m*; Wache *f*, Bewachung *f*; *Brt. rail.* Schaffner *m*, Zugbegleiter *m*; **on one's ∼** auf der Hut; **off one's ∼** unachtsam; '**∼ed** vorsichtig, zurückhaltend; **∼ian** ['∼jən] *jur.* Vormund *m*; Schutz...; '**∼ianship** *jur.* Vormundschaft *f*

guess [ges] **1.** (er)raten; schätzen; *bsd. Am.* glauben, annehmen; **2.** Vermutung *f*; '**∼work** (reine) Vermutung(en *pl*)

guest [gest] Gast *m*; '**∼house** (Hotel)Pension *f*, Fremdenheim *n*; '**∼room** Gäste-, Fremdenzimmer *n*

guffaw [gʌ'fɔ:] schallend lachen

guidance ['gaidns] Führung *f*; (An)Leitung *f*; (*Berufs-, Ehe- etc.*)Beratung *f*

guide [gaid] **1.** führen; lenken; **2.** (Reise-, Fremden-)Führer(in); *Buch:* (Reise-)Führer *m*; Handbuch *n* (**to** zu); '**∼book** (Reise)Führer *m*; '**∼d** (fern)gelenkt; **∼ tour** Führung *f* (**of** durch); '**∼lines** *pl* Richtlinien *pl*

guilt [gilt] Schuld *f*; '**∼y** schuldig (**of** gen); schuldbewußt

guinea pig ['gini] Meerschweinchen *n*; *fig.* Versuchskaninchen *n*

guitar [gi'tɑ:] Gitarre *f*

gulf [gʌlf] Golf *m*; *fig.* Kluft *f*

gull [gʌl] Möwe *f*

gullet ['gʌlit] Speiseröhre *f*; Gurgel *f*

gulp [gʌlp] **1.** *oft* **∼ down** *Getränk* hinunterstürzen, *Speise* hinunterschlingen; **2.** (großer) Schluck

gum¹ [gʌm] *mst pl* Zahnfleisch *n*

gum² [∼] **1.** Gummi *m*, *n*; Klebstoff *m*; Kaugummi *m*; **2.** *v/t* kleben

gun [gʌn] Gewehr *n*; Pistole *f*; Revolver *m*; Geschütz *n*, Kanone *f*; '**∼powder** Schießpulver *n*; '**∼shot** Schuß *m*

gurgle ['gɜ:gl] gurgeln, glukkern, glucksen

gush [gʌʃ] **1.** strömen, schießen (**from** aus); **2.** Schwall *m*

gust [gʌst] Windstoß *m*, Bö *f*

gut [gʌt] Darm *m*; *pl* Eingeweide *pl*; *pl* F Mumm *m*, Schneid *m*

gutter ['gʌtə] Gosse *f* (*a. fig.*), Rinnstein *m*; Dachrinne *f*

guy [gaɪ] F Kerl *m*, Typ *m*

gym [dʒɪm] F → **gymnasium**, **gymnastics**; ~ **shoes** *pl*

Turnschuhe *pl*; **~nasium** [~'neɪzjəm] Turn-, Sporthalle *f*; **~nast** ['~næst] Turner(in); **~nastics** [~'næstɪks] *sg* Turnen *n*, Gymnastik *f*

gyn(a)ecologist [gaɪnə'kɒlədʒɪst] Gynäkologe *m*, -in *f*, Frauenarzt *m.* -ärztin *f*

gypsy ['dʒɪpsɪ] *bsd. Am.* → **gipsy**

H

haberdasher ['hæbədæʃə] *Brt.* Kurzwarenhändler *m*; *Am.* Herrenausstatter *m*

habit ['hæbɪt] (An)Gewohnheit *f*; **~able** bewohnbar; **~at** ['~tæt] *bot.*, *zo.* Lebensraum *m*; **~ual** [hə'bɪtʃʊəl] gewohnheitsmäßig

hack [hæk] hacken; **~er** F *Computer:* Hacker(in)

hackneyed ['hæknɪd] abgedroschen

had [hæd] *pret u. pp von* **have**

haddock ['hædək] (*pl* ~) Schellfisch *m*

haemorrhage ['hemərɪdʒ] Blutung *f*

hag [hæg] häßliches altes Weib, Hexe *f*

haggard ['hægəd] abgehärmt; abgespannt

haggle ['hægl] feilschen

hail¹ [heɪl] 1. Hagel *m*; 2. hageln

hail² [~] an-, herbeirufen

'hailstone Hagelkorn *n*; **'~-**

storm Hagelschauer *m*

hair [heə] *einzelnes* Haar; Haar *n*, Haare *pl*; **~brush** Haarbürste *f*; **~cut** Haarschnitt *m*; **~do** F Frisur *f*; **~dresser** Friseur *m*, Friseuse *f*; *at the ~'s* beim Friseur; **~dryer**, *a.* **hairdrier** Trockenhaube*f* / Haartrockner *m*; Fön *m* (*TM*); **~grip** Haarklammer *f*; **~less** unbehaart, kahl; **~pin** Haarnadel *f*; *a.* **bend** Haarnadelkurve *f*; **~raising** haarsträubend; **~ slide** Haarspange *f*; **~splitting** Haarspalterei *f*; **~style** Frisur *f*

half [hɑːf] 1. *s* (*pl* **halves** [hɑːvz]) Hälfte *f*; *past ten*, *Am. a. after ten* halb elf (Uhr); 2. *adj* halb; *an hour* e-e halbe Stunde; *a pound* ein halbes Pfund; 3. *adv* halb, zur Hälfte; **~-hearted** halbherzig; **~ time** *Sport:* Halbzeit *f* (*Pause*); **~-time 1.**

['~] *adj* Halbtags...; *Sport:* Halbzeit...; ~ *job* Halbtagsarbeit *f*; ~ ['taɪm] *adv* halbtags; ~*way* auf halbem Weg *od.* in der Mitte (liegend)

halibut ['hælɪbət] (*pl* ~) Heilbutt *m*

hall [hɔːl] Halle *f*, Saal *m*; (Haus)Flur *m*, Diele *f*

halo ['heɪləʊ] *ast.* Hof *m*; Heiligenschein *m*

halt [hɔːlt] **1.** Halt *m*; **2.** anhalten

halter ['hɔːltə] Halfter *m, n*

halve [hɑːv] halbieren; ~*s* [~vz] *pl von* **half** 1

ham [hæm] Schinken *m*

hamburger ['hæmbɜːgə] *gastr.* Hamburger *m*

hammer ['hæmə] **1.** Hammer *m*; **2.** hämmern

hammock ['hæmək] Hängematte *f*

hamper¹ ['hæmpə] (Deckel-) Korb *m*; Geschenk-, Freßkorb *m*; *Am.* Wäschekorb *m*

hamper² ['~] (be)hindern

hamster ['hæmstə] Hamster *m*

hand [hænd] **1.** Hand *f* (*a. fig.*); Handschrift *f*; (Uhr-) Zeiger *m*; *mst in Zssgn.:* Arbeiter *m*; Fachmann *m*; *Kartenspiel:* Blatt *n*, Karten *pl*; **at** ~ in Reichweite; nahe; bei der *od.* zur Hand; **at first** ~ aus erster Hand; **by** ~ mit der Hand; **on the one** ~ ..., **on the other** ~ einerseits..., andererseits; **on the right** ~

rechts; ~*s off!* Hände weg!; ~*s up!* Hände hoch!; *change* ~*s* den Besitzer wechseln; *shake* ~*s with* *j-m* die Hand schütteln *od.* geben; **2.** aushändigen, (über)geben, (-)reichen; ~ *down* weitergeben; *in Prüfungsarbeit etc.* abgeben; *Gesuch etc.* einreichen; ~ *on* weiterreichen, -geben; weitergeben, überliefern; ~ *over* übergeben (*to dat*); '~*bag* Handtasche *f*; '~*bill* Handzettel *m*, Flugblatt *n*; '~*book* Handbuch *n*; Reiseführer *m*; '~*brake* Handbremse *f*; '~*cuffs* *pl* Handschellen *pl*

handicap ['hændɪkæp] **1.** Handikap *n, med. a.* Behinderung *f, Sport: a.* Vorgabe *f*; **2.** behindern, benachteiligen

handi|craft ['hændɪkrɑːft] (*bsd.* Kunst)Handwerk *n*; '~*work* (Hand)Arbeit *f; fig.* Werk *n*

handkerchief ['hæŋkətʃɪf] Taschentuch *n*

handle ['hændl] **1.** Griff *m*; Stiel *m*; Henkel *m*; (Tür-) Klinke *f*; **2.** anfassen, berühren; hantieren *od.* umgehen mit; behandeln; '~*bars* *pl* Lenkstange *f*

hand| luggage Handgepäck *n*; '~*made* handgearbeitet; '~*rail* *Geländer:* Handlauf *m*; '~*shake* Händedruck *m*

handsome ['hænsəm] *bsd.*

Mann: gutaussehend; *Summe etc.*: beträchtlich

'hand|writing (Hand)Schrift *f*; **'∼written** handgeschrieben; **∼y** praktisch; nützlich; geschickt; nahe, zur Hand

hang [hæŋ] (*hung*) (auf-, be-, ein)hängen; *Tapete* ankleben; *pret u. pp* hanged: j-n (auf)hängen; **∼ o.s.** sich erhängen; **∼ about.**, **∼ around** herumlungern, sich herumtreiben; **∼ on** festhalten (*to acc*); warten

hangar [hæŋə] Hangar *m*, Flugzeughalle *f*

'hanger Kleiderbügel *m*

hang| glider (Flug)Drachen *m*; Drachenflieger(in); **∼ gliding** Drachenfliegen *n*; **'∼nail** Niednagel *m*; **'∼over** Kater *m*

hanker ['hæŋkə] sich sehnen

han|kie, **∼ky** ['hæŋkɪ] F Taschentuch *n*

haphazard [hæp'hæzəd] planlos, willkürlich

happen ['hæpən] (zufällig) geschehen; sich ereignen, passieren, vorkommen; **∼ing** ['hæpnɪŋ] Ereignis *n*; Happening *n*

happ|ily ['hæpɪlɪ] glücklich(erweise); **∼iness** Glück *n*; **∼y** glücklich; **∼y-go-'lucky** unbekümmert, sorglos

harass ['hærəs] ständig belästigen; aufreiben, zermürben

harbo(u)r ['hɑːbə] **1.** Hafen *m*; Zufluchtsort *m*; **2.** *j-m*

Unterschlupf gewähren; *Gedanken*, *Groll etc.* hegen

hard [hɑːd] hart; schwer, schwierig; heftig, stark; hart, streng (*a. Winter*); *Tatsachen etc.*: hart, nüchtern; *Droge*: hart, *Getränk etc.*: a. stark; hart, fest; **∼ of hearing** schwerhörig; **∼ up** F in (Geld)Schwierigkeiten; **'∼back** *Buch*: gebundene Ausgabe; **∼'boiled** *Ei*: hart(gekocht); **∼ copy** *Computer*-ausdruck *m*; **∼core** Bandenwesen *etc.*: harter Kern; **'∼cover → hardback**; **∼disk** *Computer*: Festplatte *f*; **∼en** ['hɑːdn] härten; hart machen; hart werden; erhärten; (sich) abhärten; **∼headed** praktisch, nüchtern; **'∼ly** kaum; **∼ness** Härte *f*; **∼ship** Not *f*; Härte *f*; **∼ shoulder** *Brt. mot.* Standspur *f*; **'∼ware** Eisenwaren *pl*; Haushaltswaren *pl*; *Computer*: Hardware *f*; **'∼y** zäh, robust

hare [heə] Hase *m*; **'∼bell** Glockenblume *f*

harm [hɑːm] **1.** Schaden *m*; **2.** schaden; **'∼ful** schädlich; **'∼less** harmlos

harmon|ious [hɑː'məʊnjəs] harmonisch; **∼ize** [∼ɔnaɪz] harmonieren; in Einklang sein *od.* bringen

harness ['hɑːnɪs] **1.** (Pferde*etc.*)Geschirr *n*; **2.** anschirren; anspannen (*to* an)

harp [hɑ:p] **1.** Harfe *f*; **2.** Harfe spielen; ~ **on** (**about**) *fig.* herumreiten auf

harpoon [hɑ:'pu:n] **1.** Harpune *f*; **2.** harpunieren

harrow ['hærəʊ] **1.** Egge *f*; **2.** eggen

harsh [hɑ:ʃ] rauh; streng; grell; barsch, schroff

harvest ['hɑ:vɪst] **1.** Ernte (-zeit) *f*; Ertrag *m*; **2.** ernten

has [hæz] er, sie, es hat

hash¹ [hæʃ] Haschee *n*

hash² [~] *sl.* Hasch *n*; ~**ish** ['~i:ʃ] Haschisch *n*

hast|e [heɪst] Eile *f*, Hast *f*; ~**en** ['~sn] (sich be)eilen; *j-n* antreiben; *et.* beschleunigen; ~**y** eilig, hastig, überstürzt

hat [hæt] Hut *m*

hatch¹ [hætʃ] *a.* ~ **out** ausbrüten; ausschlüpfen

hatch² [~] Luke *f*; Durchreiche *f*

hatchet ['hætʃɪt] Beil *n*

hat|e [heɪt] **1.** hassen; **2.** Haß *m*; ~**red** ['~rɪd] Haß *m*

haughty ['hɔ:tɪ] hochmütig, überheblich

haul [hɔ:l] **1.** ziehen, zerren; schleppen; befördern, transportieren; **2.** Ziehen *n*; Fischzug *m*, Fang *m* (*a. fig.*); Transport(weg) *m*; ~**age** Transport *m*; ~**er** *Am.*, ~**ier** ['~jə] *Brt.* Spediteur *m*

haunch [hɔ:ntʃ] Hüfte *f*, Hüftpartie *f*; *Tier:* Hinterbacke *f*, Keule *f*

haunt [hɔ:nt] **1.** spuken in; häufig besuchen; *fig.* verfolgen; *this place is* ~**ed** hier spukt es; **2.** häufig besuchter Ort; Schlupfwinkel *m*

have [hæv] (**had**) *v/t* haben; erhalten, bekommen; essen, trinken (~ **breakfast** frühstücken); *vor inf:* müssen (*I* ~ *to go now* ich muß jetzt gehen); *mit Objekt u. pp:* lassen (*I had my hair cut* ich ließ mir die Haare schneiden); ~ **back** zurückbekommen; ~ **on** *Kleidungsstück* anhaben, *Hut* aufhaben; *v/aux* haben, *bei v/i* sein; *I* ~ **come** ich bin gekommen

haven ['heɪvn] (sicherer) Hafen, Zufluchtsort *m*

havoc ['hævək] Verwüstung *f*

hawk [hɔ:k] Habicht *m*, Falke *m* (*a. pol.*)

hawthorn ['hɔ:θɔ:n] Weißdorn *m*

hay [heɪ] Heu *n*; ~ **fever** Heuschnupfen *m*; ~**stack** Heuschober *m*, ~**haufen** *m*

hazard ['hæzəd] **1.** Gefahr *f*, Risiko *n*; **2.** riskieren, aufs Spiel setzen; ~**ous** gewagt, gefährlich, riskant

haze [heɪz] Dunst *m*

hazel ['heɪzl] **1.** Haselnußstrauch *m*; **2.** nußbraun; ~**nut** Haselnuß *f*

hazy ['heɪzɪ] dunstig, diesig; *fig.* verschwommen

he [hi:] **1.** *pers pron* er; **2.** *s* Er *m*; Junge *m*, Mann *m*: *zo.*

Männchen *n*; **3.** *adj zo.* in Zssgn: ...männchen *n*

head [hed] **1.** s Kopf *m*; (Ober)Haupt *n*; (An)Führer(in), Leiter(in); Spitze *f*; *Bett*: Kopf(ende *n*) *m*; Überschrift *f*; **£15 a** *od.* **per ~** fünfzehn Pfund pro Kopf *od.* Person; **40 ~** *pl* (*of cattle*) 40 Stück *pl* (Vieh); **~s or tails**? Münze: Kopf *od.* Zahl?; **at the ~ of** an der Spitze (*gen*); **~ over heels** kopfüber; **bis über beide Ohren** (*verliebt sein*); **lose one's ~** den Kopf *od.* die Nerven verlieren; **2.** *adj* Kopf...; Chef..., Haupt..., Ober...; **3.** *v/t* anführen; an der Spitze stehen von (*od. gen*); voran-, vorausgehen (*gen*)(an)führen, leiten; *Fußball*: köpfen; *v/i* (**for**) gehen, fahren (nach); lossteuern, -gehen (auf); Kurs halten (auf); **~ache** Kopfschmerz(en *pl*) *m*; **~ing** Überschrift *f*, Titel *m*; **~lamp → headlight**; **~land** Landspitze *f*, -zunge *f*; **~light** Scheinwerfer *m*; **~line** Überschrift *f*, Schlagzeile *f*; **~long** kopfüber, -voraus; **~master** *Schule*: (Di)Rektor *m*; **~mistress** *Schule*: (Di)Rektorin *f*; **~ office** Hauptbüro *n*, -sitz *m*, Zentrale *f*; **~on** frontal, Frontal...; **~phones** *pl* Kopfhörer *pl*; **~quarters** *pl, sg mil.* Hauptquartier *n*; Hauptsitz *m*, Zentrale *f*

(*Polizei*)Präsidium *n*; **~rest** Kopfstütze *f*; **~set** Kopfhörer *pl*; **~strong** eigensinnig, halsstarrig; **~y** berauschend

heal [hi:l] heilen; **~ up, ~ over** (zu-, ver)heilen

health [helθ] Gesundheit *f*; **your ~!** auf Ihr Wohl!; **~club** Fitneßclub *m*; **~ food** Reform-, Biokost *f*; **~ insurance** Krankenversicherung *f*; **~ resort** Kurort *m*; **~y** gesund

heap [hi:p] **1.** Haufen *m*; **2.** häufen; **~ up** auf-, anhäufen

hear [hɪə] (**heard**) (an-, ver-zu-, *Lektion* ab)hören; **~d** [hɜ:d] *pret u. pp von* **hear**; **~er** [ˈ-rə] (Zu)Hörer(in); **~ing** [ˈ-rɪŋ] Gehör *n*; Hören *n*; *bsd. pol.* Hearing *n*, Anhörung *f*; *jur.* Verhandlung *f*; **within/ out of ~** in/außer Hörweite; **~ing aid** Hörgerät *n*; **~say: by ~** vom Hörensagen

hearse [hɜ:s] Leichenwagen *m*

heart [hɑ:t] Herz *n* (*a. fig.*); *fig.* Kern *m*; *Kartenspiel*: Herz(karte *f*) *n*, *pl als Farbe*: Herz *n*; **by ~** auswendig; **~ attack** Herzanfall *m*; Herzinfarkt *m*; **~beat** Herzschlag *m*; **~breaking** herzzerreißend; **~burn** Sodbrennen *n*; **~ failure** Herzversagen *n*; **~felt** tiefempfunden, aufrichtig

hearth [hɑ:θ] Kamin *m*

heart|less herzlos; **~rend-**

ing herzzerreißend; **~ transplant** Herzverpflanzung *f*; **'~y** herzlich; herzhaft

heat [hi:t] **1.** Hitze *f*; *phys.* Wärme *f*; *fig.* Eifer *m*; *zo.* Läufigkeit *f*, Brunst *f*; *Sport:* (Einzel)Lauf *m*; **2.** *v/t* heizen; *a.* **~ up** erhitzen; *v/i* sich erhitzen (*a. fig.*); **'~ed** geheizt; *fig.* erregt, hitzig; **'~er** Heizgerät *n*

heath [hi:θ] Heide(land *n*) *f*; Erika *f*; Heidekraut *n*

heathen ['hi:ðn] **1.** Heide *m*, -in *f*; **2.** heidnisch

heather ['heðə] Heidekraut *n*

heat|ing ['hi:tɪŋ] Heizung *f*; Heiz...; **'~proof, '~resistant** hitzebeständig; **'~stroke** Hitzschlag *m*; **~ wave** Hitzewelle *f*

heave [hi:v] (hoch)stemmen, (-)hieven; *Seufzer etc.* ausstoßen; sich heben und senken, wogen

heaven ['hevn] Himmel *m*; **'~ly** himmlisch

heavy ['hevɪ] schwer; *Raucher, Regen, Verkehr etc.*: stark; *Geldstrafe, Steuern etc.*: hoch; *Nahrung etc.*: schwer(verdaulich); drückend, lastend; **~ current** Starkstrom *m*; **'~weight** *Sport:* Schwergewicht(ler *m*) *n*

Hebrew ['hi:bru:] hebräisch

heckle ['hekl] durch Zwischenrufe stören

hectic ['hektɪk] hektisch

hedge [hedʒ] **1.** Hecke *f*; **2.** *v/t*

a. **~ in** mit e-r Hecke einfassen; *v/i fig.* ausweichen; **'~hog** Igel *m*

heed [hi:d] **1.** beachten, Beachtung schenken; **2.** *s:* **pay ~ to, take ~ of** → 1; **'~less: be ~ of** nicht beachten

heel [hi:l] Ferse *f*; Absatz *m*

hefty ['heftɪ] kräftig, stämmig; gewaltig, *Preise, Geldstrafe etc.*: saftig

he-goat Ziegenbock *m*

height [haɪt] Höhe *f*; (Körper)Größe *f*; *fig.* Höhe (-punkt *m*) *f*; **~en** ['~tn] erhöhen; vergrößern

heir [eə] Erbe *m*; **~ess** ['~rɪs] Erbin *f*

held [held] *pret u. pp von* hold 1

helicopter ['helɪkɒptə] Hubschrauber *m*

hell [hel] Hölle *f*; **what the ~ ...?** F was zum Teufel ...?

hello ['he'ləʊ] *int* hallo!

helm [helm] Ruder *n*, Steuer *n*

helmet ['helmɪt] Helm *m*

help [help] **1.** Hilfe *f*; Hausangestellte *f*; **2.** (*j-m*) helfen; **~ o.s.** sich bedienen, sich zugreifen; **I can't ~ it** ich kann es nicht ändern; ich kann nichts dafür; **I couldn't ~ laughing** ich mußte einfach lachen; **'~er** Helfer(in); **'~ful** hilfreich; hilfsbereit; **'~ing** *Essen:* Portion *f*; **'~less** hilflos

helter-skelter [heltə'skeltə] holterdiepolter

hem [hem] **1.** Saum *m*; **2.** (ein)säumen

hemisphere ['hemɪsfɪə] Halbkugel *f*, Hemisphäre *f*

'hemline Rocklänge *f*

hemorrhage *bsd. Am.* → **haemorrhage**

hemp [hemp] Hanf *m*

hen [hen] Henne *f*, Huhn *n*; (*Vogel*)Weibchen *n*

henchman ['hentʃmən] (*pl -men*) *contp.* Handlanger *m*

'henpecked unter dem Pantoffel stehend; **~ husband** Pantoffelheld *m*

hepatitis [hepə'taɪtɪs] Hepatitis *f*, Leberentzündung *f*

her [hɜː] sie; ihr; ihr(e)

herb [hɜːb] Kraut *n*

herd [hɜːd] Herde *f*

here [hɪə] hier; (hier)her; **~'s to you!** auf dein Wohl!; **~ you / we are!** hier (bitte)! (*da hast du es*)

hereditary [hɪ'redɪtərɪ] erblich, Erb...

heritage ['herɪtɪdʒ] Erbe *n*

hermetic [hɜː'metɪk] hermetisch, luftdicht

hermit ['hɜːmɪt] Einsiedler *m*, Eremit *m*

hero ['hɪərəʊ] (*pl -oes*) Held *m*; **~ic** [hɪ'rəʊɪk] heroisch

heroin ['herəʊɪn] Heroin *n*

heroine ['herəʊɪn] Heldin *f*

heron ['herən] Reiher *m*

herpes ['hɜːpiːz] Herpes *m*

herring ['herɪŋ] (*pl ~s, ~*) Hering *m*

hers [hɜːz] ihrs, ihre(r, -s)

herself [hɜː'self] *pron* sich (selbst) (*reflexiv*); *verstärkend:* sie *od.* ihr selbst

hesitate ['hezɪteɪt] zögern, Bedenken haben; **~ion** [~'teɪʃn] Zögern *n*

hew [hjuː] (*hewed, hewed od. hewn*) hauen, hacken; **~n** *pp von* **hew**

heyday ['heɪdeɪ] Höhepunkt *m*, Gipfel *m*; Blüte(zeit) *f*

hi [haɪ] *int* F hallo!; he!, heda!

hibernate ['haɪbəneɪt] *zo.* Winterschlaf halten

hiccup ['hɪkʌp] **1.** *a.* **hiccough** Schluckauf *m*; **2.** den Schluckauf haben

hid [hɪd] *pret u. pp, '...den* *pp von* **hide¹**

hide¹ [haɪd] (*hid, hidden od. hid*) (sich) verbergen *od.* verstecken; verheimlichen

hide² [~] Haut *f*, Fell *n*

hide|-and-'seek Versteckspiel *n*; **~away** Versteck *n*

hideous ['hɪdɪəs] abscheulich

hiding¹ ['haɪdɪŋ] Tracht *f* Prügel

hiding² ['~] *be in ~* sich verstecken; *go into ~* untertauchen; **~ place** Versteck *n*

hi-fi ['haɪfaɪ] Hi-Fi(-Gerät *n*, -Anlage *f*) *n*

high [haɪ] **1.** hoch; *Hoffnungen etc.:* groß; *Fleisch:* angegangen; F *betrunken:* blau, *Drogen:* high; *in ~ spirits* guter Laune; *it is ~ time* es ist höchste Zeit; **2.** *meteor.*

Hoch *n*; **'₂brow 1.** Intellektuelle *m*, *f*; **2.** (betont) intellektuell; **₂'class** erstklassig; **₂'diving** Turmspringen *n*; **₂'fidelity** High-Fidelity-...; **₂'grade** erstklassig; hochwertig; **₂'handed** anmaßend, eigenmächtig; **~ jump** Hochsprung *m*; **'₂light 1.** Höhepunkt *m*; **2.** hervorheben; **'₂ly** *fig.* hoch; **think ~ of** viel halten von; **'₂ness** *fig.* Höhe *f*; **'₂ness** *Titel:* Hoheit *f*; **₂'pitched** *Ton:* schrill; *Dach:* steil; **₂'powered** Hochleistungs-...; *fig.* dynamisch; **₂'pressure** *tech.*, *meteor.* Hochdruck...; **₂'rise** Hochhaus *n*; **₂'road** *bsd. Brt.* Hauptstraße *f*; **₂ school** *Am.* High-School *f*; **₂ street** *Brt.* Hauptstraße *f*; **₂ tea** *Brt.* (frühes) Abendessen; **₂ tech** [~'tek] High-Tech-...; **₂ technology** Hochtechnologie *f*; **₂'tension** *electr.* Hochspannungs...; **₂ tide** Flut *f*; **₂ water** Flut *f*; Hochwasser *n*; **'₂way** *bsd. Am.* Highway *m*; Haupt(verkehrs)straße *f*; **₂way Code** *Brt.* Straßenverkehrsordnung *f*

hijack ['haɪdʒæk] *Flugzeug* entführen; *Geldtransport etc.* überfallen; **'₂er** Flugzeugentführer *m*; Räuber *m*

hike [haɪk] **1.** wandern; **2.**

Wanderung *f*; **'₂r** Wanderer *m*, Wanderin *f*

hilarious [hɪ'leərɪəs] vergnügt, ausgelassen; lustig

hill [hɪl] Hügel *m*, Anhöhe *f*; **'₂side** Abhang *m*; **'₂y** hügelig

hilt [hɪlt] Heft *n*, Griff *m*

him [hɪm] ihn; ihm; **₂'self** *pron* sich (selbst) *(reflexiv)*; *verstärkend:* er *od.* ihm *od.* ihn selbst

hind [haɪnd] Hinter...

hind|er ['hɪndə] *j-n, et.* aufhalten; behindern; hindern **(from** an); **₂rance** ['~drəns] Behinderung *f*; Hindernis *n*

hinge [hɪndʒ] Scharnier *n*, (Tür)Angel *f*

hint [hɪnt] **1.** Wink *m*, Andeutung *f*; Tip *m*; Anspielung *f*; **2.** andeuten

hip [hɪp] Hüfte *f*

hippopotamus [hɪpə'pɒtəməs] *(pl* **-muses, -mi** [~maɪ]*)* Fluß-, Nilpferd *n*

hire ['haɪə] **1.** *Brt. Auto etc.* mieten; *Flugzeug etc.* chartern; *j-n* anstellen; *j-n* engagieren, anheuern; **~ out** *Brt.* vermieten; **2.** Miete *f*; **for ~** zu vermieten; *Taxi:* frei; **~ purchase: on ~** *bsd. Brt.* auf Abzahlung *od.* Raten

his [hɪz] sein(e); seins, seine(r, -s)

hiss [hɪs] **1.** zischen, *Katze:* fauchen; zischen, *Katze:* **2.** Zischen *n*, Fauchen *n*

histor|ian [hɪ'stɔːrɪən] Historiker(in); **₂ic** [~'stɒrɪk] historisch; **~ical** historisch, geschichtlich; **~y** ['~ərɪ] Geschichte f

hit [hɪt] **1.** (hit) schlagen; treffen (a. fig.); mot. etc.: j-n, et. anfahren, et. rammen; a. **~ on** od. **upon** (zufällig) auf et. stoßen, et. finden; **2.** Schlag m; Treffer m (a. fig.); Buch, Schlager etc.: Hit m; Drogen: sl. Schuß m; **~-and-run:** **~ accident** Unfall m mit Fahrerflucht; **~ driver** (unfall)flüchtiger Fahrer

hitch [hɪtʃ] **1.** befestigen, festhaken (to an); **~ up** hochziehen; **~ a ride** f im Auto mitgenommen werden; F **~ hitchhike**; **2.** Ruck m, Zug m; Schwierigkeit f, Haken m; **without ~** a glatt, reibungslos; **'~hike** per Anhalter fahren, trampen; **'~hiker** Anhalter(in), Tramper(in)

hi-tech [haɪˈtek] → **high tech**

hive [haɪv] Bienenkorb m, -stock m; Bienenvolk n

hoard [hɔːd] **1.** Vorrat m, Schatz m; **2.** horten, sammeln; sich Vorräte anlegen

hoarfrost [hɔːˈfrɔst] (Rauh-) Reif m

hoarse [hɔːs] heiser, rauh

hoax [həʊks] Streich m

hobble ['hɒbl] humpeln, hinken

hobby ['hɒbɪ] Hobby n, Steckenpferd n; **'~horse** Steckenpferd n (a. fig.)

hobo ['həʊbəʊ] (pl -bo[e]s)

Am. Landstreicher m

hock [hɒk] weißer Rheinwein

hockey ['hɒkɪ] bsd. Brt. Hockey n; bsd. Am. Eishockey n

hoe [həʊ] **1.** Hacke f; **2.** Boden hacken

hog [hɒg] (Schlacht)Schwein n

hoist [hɔɪst] **1.** hochziehen, hissen; **2.** (Lasten)Aufzug m

hold [həʊld] **1.** (held) v/t (fest)halten; Gewicht etc. tragen, (aus)halten; zurück-, abhalten (from von); Wahlen, Versammlung etc. abhalten; mil., fig. Stellung halten, behaupten; Aktien, Rechte etc. besitzen; Amt etc. bekleiden; Platz etc. (inne)haben; Rekord halten, fassen, enthalten; Platz bieten für; der Ansicht sein (that daß); halten für; **~ s.th. against s.o.** j-m et. vorhalten od. vorwerfen; j-m et. übelnehmen od. nachtragen; **~ one's own** sich behaupten (with gegen); **~ responsible** verantwortlich machen; v/i (aus)halten; (sich) festhalten (to an); Wetter, Glück etc.: anhalten, andauern; a. **~ the line** teleph. am Apparat bleiben; **~ on** (sich) festhalten (to an); aus-, durchhalten; teleph. am Apparat bleiben, warten; **~ out** aus-, durchhalten; Vorräte etc.: reichen; **~ up** aufhalten, et. verzögern; j-n, Bank etc. überfallen; fig. hinstellen (as an example

als Beispiel); **2.** Griff *m*, Halt
m; Stütze *f*; (**on, over, of**)
Gewalt *f*, Macht *f* (über),
Einfluß (auf); *have a (firm)*
~ on s.o. j-n in s-r Gewalt
haben, j-n beherrschen;
catch (get, take) ~ of s.th. et.
ergreifen od. zu fassen bekommen; **'~all** *bsd. Brt.* Reisetasche *f*; **'~up** *Verkehr:*
Stockung *f*; **~** (bewaffneter)
(Raub)Überfall

hole [həʊl] **1.** Loch *n*; Höhle *f*,
Bau *m*; **2.** durchlöchern

holiday ['hɒlədɪ] Feiertag *m*;
freier Tag; *mst pl bsd. Brt.*
Ferien *pl*, Urlaub *m*; *take a ~*
(sich) e-n Tag frei nehmen; **~**
maker ['hɒlədɪ] Urlauber(in)

hollow ['hɒləʊ] **1.** Mulde *f*,
Vertiefung *f*; **2.** hohl; **3.** *oft* **~**
out aushöhlen

holly ['hɒlɪ] Stechpalme *f*

holocaust ['hɒləkɔːst] Mas-
senvernichtung *f*

holster ['həʊlstə] (Pistolen-)
Halfter *m*, *n*

holy ['həʊlɪ] heilig; ♀ *Week*
Karwoche *f*

home [həʊm] **1.** *s* Heim *n*;
Haus *n*; Wohnung *f*; Zuhau-
se *n*; Heimat *f*; *at ~* zu Hause;
make o.s. at ~ es sich bequem machen; *at ~ and*
abroad im In- und Ausland;
2. *adj* häuslich; inländisch;
Inlands...; Heimat...; *Sport:*
Heim...; **3.** *adv* heim, nach
Hause; zu Hause, daheim; **~**
address Privatanschrift *f*;

'~coming Heimkehr *f*; **~**
computer Heimcomputer
m; **'~less** heimatlos; ob-
dachlos; **'~ly** einfach; *Am.*
unscheinbar, reizlos; **~**
made selbstgemacht; **~**
match *Sport:* Heimspiel *n*; ♀
Office *Brt.* Innenministe-
rium *n*; ♀ **Secretary** *Brt.* In-
nenminister *m*; **'~sick: be ~**
Heimweh haben; **~ town**
Heimatort *m*, Vaterstadt *f*; **~**
trade Binnenhandel *m*; **~**
ward ['~wəd] heimwärts,
nach Hause; Heim...,
Rück...; **~wards** heimwärts,
nach Hause; **'~work** Haus-
aufgabe(n *pl*) *f*

homicide ['hɒmɪsaɪd] *jur.*
Mord *m*; Totschlag *m*; Mör-
der(in)

homosexual [hɒməʊ'sek-
ʃʊəl] **1.** homosexuell; **2.** Ho-
mosexuelle *m*, *f*

honest ['ɒnɪst] ehrlich; aufrichtig; **'~y** Ehrlichkeit *f*;
Aufrichtigkeit *f*

honey ['hʌnɪ] Honig *m*; *bsd.*
Am. Liebling *m*, Schatz *m*;
'~comb (Honig)Wabe *f*;
'~moon Flitterwochen *pl*,
Hochzeitsreise *f*

honk [hɒŋk] *mot.* hupen

honorary ['ɒnərərɪ] Ehren...;
ehrenamtlich

hono(u)r ['ɒnə] **1.** Ehre *f*; Ehrung *f*, Ehre(n *pl*) *f*; **2.** ehren;
auszeichnen; *Scheck etc.* einlösen; **~able** ['~ərəbl] ehren-
wert; ehrenvoll, -haft

hood [hʊd] Kapuze f; Brt. Verdeck n; Am. (Motor-) Haube f

hoodwink ['hʊdwɪŋk] hinters Licht führen

hoof [huːf] (pl **~s**, **hooves** [~vz]) Huf m

hook [hʊk] **1.** Haken m; **2.** an-, ein-, fest-, zuhaken

hooligan ['huːlɪgən] Rowdy m

hoop [huːp] Reif(en) m

hoot [huːt] hupen

hoover ['huːvə] **1.** TM oft 2 Staubsauger m; **2.** (staub-)saugen

hooves [huːvz] pl von hoof

hop¹ [~] **1.** hüpfen, hopsen; **2.** Sprung m

hop² [~] Hopfen m

hope [həʊp] **1.** hoffen (for auf); I ~ so hoffentlich; **2.** Hoffnung f; **'~ful** hoffnungsvoll; **'~fully** hoffnungsvoll; hoffentlich; **'~less** hoffnungslos

horizon [hə'raɪzn] Horizont m; **~tal** [hɒrɪ'zɒntl] horizontal, waag(e)recht

hormone ['hɔːməʊn] Hormon n

horn [hɔːn] Horn n; mot. Hupe f; pl Geweih n

hornet ['hɔːnɪt] Hornisse f

horny ['hɔːnɪ] schwielig; V geil

horoscope ['hɒrəskəʊp] Horoskop n

horr|ible ['hɒrəbl] schrecklich, entsetzlich, scheußlich; **~ify** ['~ɪfaɪ] entsetzen (at); **~or** Entsetzen n; Abscheu m (of

vor); Schrecken m, Greuel m; Horror...

horse [hɔːs] Pferd n; **'~back**: on ~ zu Pferde, beritten; **~chestnut** Roßkastanie f; **'~hair** Roßhaar n; **'~power** Pferdestärke f; **~race** Pferderennen n; **'~radish** Meerrettich m; **'~shoe** Hufeisen n

horticulture ['hɔːtɪkʌltʃə] Gartenbau m

hose¹ [~] Schlauch m

hose² [~] pl Strümpfe pl, Strumpfwaren pl

hospitable ['hɒspɪtəbl] gast-(freund)lich

hospital ['hɒspɪtl] Krankenhaus n, Klinik f

hospitality [hɒspɪ'tælətɪ] Gastfreundschaft f

host¹ [həʊst] Gastgeber m; (Gast)Wirt m; Moderator m

host² [~] Menge f, Masse f

Host³ [~] eccl. Hostie f

hostage ['hɒstɪdʒ] Geisel f

hostel ['hɒstl] bsd. Brt. (Studenten- etc.)Wohnheim n; mst youth ~ Jugendherberge f

hostess ['həʊstɪs] Gastgeberin f; (Gast)Wirtin f; Betreuerin: Hosteß f; aer. Hosteß f, Stewardeß f

hostil|e ['hɒstaɪl] feindlich; feindselig; **~ity** ['~'stɪlətɪ] Feindschaft f, Feindseligkeit f

hot [hɒt] heiß; Gewürze: scharf; hitzig; heftig

hotel [həʊ'tel] Hotel n

'hot|head Hitzkopf m;

'~house Treibhaus n; **'~plate** Koch-, Herdplatte f; **~spot** bsd. Col. Unruhe-, Krisenherd m; **~'water bottle** Wärmflasche f

hound [haʊnd] Jagdhund m

hour ['aʊə] Stunde f; pl (Arbeits)Zeit f, (Geschäfts)Stunden pl; **'~ly** stündlich

house [haʊs] **1.** (pl houses ['~zɪz]) Haus n; **2.** [~z] unterbringen; **'~breaking** Einbruch m; **'~hold** Haushalt m; Haushalts...; **~ husband** Hausmann m; **'~keeper** Haushälterin f; **'~keeping** Haushaltung f, -haltsführung f; **♀ of Commons** GB parl. Unterhaus n; **♀ of Lords** GB parl. Oberhaus n; **♀ of Representatives** USA parl. Repräsentantenhaus n; **'~warming (party)** Einzugsparty f; **'~wife** (pl -wives) Hausfrau f

housing ['haʊzɪŋ] Wohnungen pl; **~ conditions** pl Wohnverhältnisse pl; **~ development, ~ estate** Wohnsiedlung f

hover ['hɒvə] schweben; **'~craft** (pl [~s]) Luftkissenfahrzeug n

how [haʊ] wie; **~ are you?** wie geht es dir?; **~ about ...?** wie steht od. wäre es mit ...?; **~ much?** wieviel?; **~ many?** wie viele?; **~ much is it?** was kostet es?; **~ever** wie auch (immer); jedoch

howl [haʊl] **1.** Heulen n; **2.** heulen; brüllen, schreien; **'~er** F grober Schnitzer

hub [hʌb] (Rad)Nabe f

hubbub ['hʌbʌb] Stimmengewirr n; Tumult m

'hubcap Radkappe f

huckleberry ['hʌklbərɪ] amerikanische Heidelbeere

huddle ['hʌdl]: **~ together** (sich) zs.-drängen; **~d up** zs.-gekauert

hue [hjuː] Farbe f, (Farb)Ton m; a. fig. Färbung f

hug [hʌg] **1.** (sich) umarmen; **2.** Umarmung f

huge [hjuːdʒ] riesig

hulk [hʌlk] Koloß m; Klotz m

hull¹ [hʌl] **1.** bot. Schale f, Hülse f; **2.** enthülsen, schälen

hull² [~] (Schiffs)Rumpf m

hullabaloo [hʌləbə'luː] Lärm m, Gezeter n

hum [hʌm] summen

human ['hjuːmən] **1.** menschlich, Menschen...; **2.** a. **~ being** Mensch m; **~e** [~'meɪn] human, menschlich; **~itarian** [~mænɪ'teəriən] humanitär; **~ity** [~'mænətɪ] Humanität f, Menschlichkeit f; die Menschheit

humble ['hʌmbl] **1.** bescheiden; demütig; **2.** demütigen

humdrum ['hʌmdrʌm] eintönig, langweilig

humid ['hjuːmɪd] feucht; **~ifier** [~'mɪdɪfaɪə] (Luft)Befeuchter m; **~ify** [~faɪ] be-

feuchten; **~ity** [~'mɪdətɪ]
Feuchtigkeit f
humiliate [hju:'mɪlɪeɪt] demütigen, erniedrigen; **~ion**
[~mɪlɪ'eɪʃn] Demütigung f,
Erniedrigung f
humility [hju:'mɪlɪtɪ] Demut f
'**hummingbird** Kolibri m
humorous ['hju:mərəs] hu-
morvoll, komisch
humo(u)r ['hju:mə] **1.** Humor
m; Stimmung f; **2.** j-m s-n
Willen tun od. lassen
hump [hʌmp] Höcker m,
Buckel m; '**~back** Buckel m;
Bucklige, m, f
hunch [hʌntʃ] **1.** → **hump**;
(Vor)Ahnung f; **2.** e-n Buk-
kel machen; '**~back** Buk-
kel m; Bucklige m, f
hundred ['hʌndrəd] **1.** hundert; **2.** Hundert n; **~th** ['~tθ]
hundertste(r, -s); '**~weight**
appr. Zentner m (50,8 kg)
hung [hʌŋ] pret u. pp von
hang
Hungarian [hʌŋ'geərɪən] **1.**
ungarisch; **2.** Ungar(in)
hunger ['hʌŋgə] **1.** Hunger m
(a. fig.); **2.** fig. hungern
hungry ['hʌŋgrɪ] hungrig; **be**
~ Hunger haben
hunt [hʌnt] **1.** jagen; verfolgen; suchen; **2.** Jagd f, Jagen
n; Verfolgung f; Suche f;
'**~er** Jäger m; '**~ing** Jagen n,
Jagd f; Jagd...
hurdle ['hɜːdl] Hürde f (a.
fig.); **~ race** Hürdenlauf m
hurl [hɜːl] schleudern

hur|rah [hʊ'rɑː], **~ray** [~'reɪ]
int hurra!
hurricane ['hʌrɪkən] Hurri-
kan m; Orkan m
hurried ['hʌrɪd] eilig, hastig,
übereilt
hurry ['hʌrɪ] **1.** v/t schnell od.
eilig befördern od. bringen;
oft **~ up** j-n antreiben, hetzen; et. beschleunigen; v/i
eilen, hasten; **~ (up)** sich be-
eilen; **~ up!** (mach) schnell!;
2. Eile f, Hast f
hurt [hɜːt] (**hurt**) verletzen;
schaden; schmerzen, weh
tun
husband ['hʌzbənd] (Ehe-)
Mann m
hush [hʌʃ] **1.** int still!, pst!;
2. zum Schweigen bringen; be-
schwichtigen; **~ up** vertu-
schen; **3.** Stille f
husk [hʌsk] **1.** Hülse f, Schote
f, Schale f; **2.** enthülsen,
schälen
husky ['hʌskɪ] Stimme: heiser,
rauh; F stämmig, kräftig
hustle ['hʌsl] **1.** bringen od.
schicken; hasten, hetzen; **2.**
mst **~ and bustle** Gedränge
n; Gehetze n; Betrieb m
hut [hʌt] Hütte f
hyacinth ['haɪəsɪnθ] Hyazinthe f
hyaena → **hyena**
hybrid ['haɪbrɪd] biol. Misch-
ling m, Kreuzung f
hydrant ['haɪdrənt] Hydrant m
hydraulic [haɪ'drɔːlɪk] hydraulisch; **~s** sg Hydraulik f

hydro... ['haɪdrəʊ] Wasser...;
~carbon Kohlenwasserstoff
m; **~chloric acid** [~'klɒrɪk]
Salzsäure *f*; **~foil** Tragflä-
chen-, Tragflügelboot *n*
hydrogen ['haɪdrədʒən] Was-
serstoff *m*; **~ bomb** Wasser-
stoffbombe *f*
hyena [haɪ'i:nə] Hyäne *f*
hygien|e ['haɪdʒi:n] Hygiene
f; **~ic** [~'dʒi:nɪk] hygie-
nisch
hymn [hɪm] Kirchenlied *n*
hyper... ['haɪpə] hyper...,
übermäßig...; **'~market** *Brt.*
Großmarkt *m*; **~'tension** er-
höhter Blutdruck

hyphen ['haɪfn] Bindestrich *m*
hypno|sis [hɪp'nəʊsɪs] (*pl*
-ses [~si:z]) Hypnose *f*; **~tize**
['~nətaɪz] hypnotisieren
hypo|crisy [hɪ'pɒkrəsɪ] Heu-
chelei *f*; **~crite** ['hɪpəkrɪt]
Heuchler(in); **~critical** [~əʊ-
'krɪtɪkl] heuchlerisch, schein-
heilig
hypotension [haɪpəʊ'tenʃn]
zu niedriger Blutdruck
hypothesis [haɪ'pɒθɪsɪs] (*pl*
-ses [~si:z]) Hypothese *f*
hysteri|a [hɪ'stɪərɪə] Hysterie
f; **~cal** [~'sterɪkl] hysterisch;
~cs [~'sterɪks] *mst sg* hysteri-
scher Anfall

I

I [aɪ] ich
ice [aɪs] **1.** Eis *n*; **2.** mit *od.* in
Eis kühlen; *gastr.* glasieren;
mst **~ up** *od.* **over** zufrieren;
vereisen; **~berg** ['~bɜːɡ] Eis-
berg *m*; **~breaker** *mar.* Eis-
brecher *m*; **~ cream** (Speise)Eis *n*, Eiscreme *f*; **~
cream parlo(u)r** Eisdiele *f*;
~ cube Eiswürfel *m*; **~d** eis-
gekühlt; *gestr.* glasiert, mit Zuckerguß; **~ hockey** Eishockey *n*; **~ lolly** *Brt.*
Eis *n* am Stiel; **~ rink**
(Kunst)Eisbahn *f*
icicle ['aɪsɪkl] Eiszapfen *m*
icing ['aɪsɪŋ] *gastr.* Glasur *f*,
Zuckerguß *m*; *tech.* Verei-
sung *f*

icy ['aɪsɪ] eisig (*a. fig.*); vereist
idea [aɪ'dɪə] Idee *f*, Vorstellung *f*, Begriff *m*; Gedanke
m, Idee *f*
ideal [aɪ'dɪəl] ideal
identical [aɪ'dentɪkl] identisch (*to, with* mit); **~ twins** *pl*
eineiige Zwillinge *pl*
identi|fication [aɪdentɪfɪ-
'keɪʃn] Identifizierung *f*;
~ (papers *pl*) Ausweis(papiere
pl) *m*; **~fy** [~'dentɪfaɪ] identi-
fizieren; **~o.s.** sich ausweisen
identity [aɪ'dentətɪ] Identität
f; **~ card** (Personal)Ausweis
m
ideology [aɪdɪ'ɒlədʒɪ] Ideologie *f*
idiom ['ɪdɪəm] Idiom *n*, idio-

matischer Ausdruck, Redewendung f

idiot ['ɪdɪət] Schwachsinnige m, f; Dummkopf m; **~ic** [ˌ'ɔtɪk] idiotisch

idle ['aɪdl] **1.** untätig; faul, träge; nutzlos; *Geschwätz*: leer, hohl; *tech.*: stillstehend; leer laufend; **2.** faulenzen; *tech.* leer laufen; *mst ~ away Zeit* vertrödeln

idol ['aɪdl] Idol n; Götzenbild n; **~ize** ['ˌəlaɪz] abgöttisch verehren

idyllic [ɪ'dɪlɪk] idyllisch

if [ɪf] wenn, falls; ob; ~ I *were you* wenn ich du wäre

igloo ['ɪɡluː] Iglu m

ignite [ɪɡ'naɪt] an-, (sich) entzünden; *mot.* zünden; **~ion** [ˌ'nɪʃn] Zündung f; ~ *key* Zündschlüssel m

ignor|**ance** ['ɪɡnərəns] Unwissenheit f; Unkenntnis f (*of gen.*); **~ant** unwissend; **~e** [ˌ'nɔː] ignorieren

ill [ɪl] **1.** krank; schlecht, schlimm; *fall ~, be taken ~* krank werden, erkranken; ~ *ease* 1; **2.** *oft pl* Übel m; **~advised** schlechtberaten; unklug; **~bred** schlechterzogen; ungezogen

illegal [ɪ'liːɡl] verboten; illegal, ungesetzlich; **~legible** unleserlich; **~legitimate** unrechtmäßig; unehelich

ill-'fated unglücklich; ~ '**humo(u)red** schlecht-, übelgelaunt

illicit [ɪ'lɪsɪt] unerlaubt, verboten; **~literate** [ɪ'lɪtərət] ungebildet

ill-'mannered ungehobelt, ungezogen; **~natured** boshaft

'**illness** Krankheit f

ill-'tempered schlechtgelaunt; **~timed** ungelegen, unpassend; **~treat** mißhandeln

illuminat|**e** [ɪ'luːmɪneɪt] beleuchten; **~ion** [ˌ'neɪʃn] Beleuchtung f

illus|**ion** [ɪ'luːʒn] Illusion f; Einbildung f; **~ive** [ˌsɪv], **~ory** [ˌsərɪ] illusorisch, trügerisch

illustrat|**e** ['ɪləstreɪt] illustrieren; erläutern, veranschaulichen; bebildern; **~ion** [ˌ'streɪʃn] Illustration f; Bild n, Abbildung f; Erläuterung f, Veranschaulichung f

ill will Feindschaft f

image ['ɪmɪdʒ] Bild n; Ebenbild n; Image n

imagin|**able** [ɪ'mædʒɪnəbl] vorstellbar, denkbar; **~ary** eingebildet; **~ation** [ˌ'neɪʃn] Phantasie f, Einbildung(skraft) f; **~ative** [ɪ'mædʒɪnətɪv] phantasie-, einfallsreich; phantasievoll; **~e** [ɪ'mædʒɪn] sich j-n od. et. vorstellen; sich et. einbilden

imbecile ['ɪmbɪsiːl] Trottel m, Idiot m

imitat|**e** ['ɪmɪteɪt] nachahmen, -machen, imitieren; **~ion**

[~'teiʃn] Nachahmung *f*, Imitation *f*, Nachbildung *f*

im|maculate [ɪ'mækjʊlət] makellos; tadellos; **~material** [ɪmə'tɪərɪəl] unwesentlich; **~mature** unreif; **~measurable** [ɪ'meʒərəbl] unermeßlich

immediate [ɪ'miːdjət] unmittelbar; sofortig, umgehend; *Verwandtschaft:* nächste(r, -s); **~ly** sofort; unmittelbar

immense [ɪ'mens] riesig

immer|se [ɪ'mɜːs] (ein)tauchen; **~ o.s.** in sich vertiefen in; **~sion heater** *bsd. Brt.* Boiler *m*; Tauchsieder *m*

immigra|nt [ˈɪmɪɡrənt] Einwanderer *m*, -in *f*, Immigrant(in); **~te** [ˈ~eɪt] einwandern; **~tion** [~'ɡreɪʃn] Einwanderung *f*, Immigration *f*

imminent [ˈɪmɪnənt] nahe bevorstehend; drohend

im|moderate [ɪ'mɒdərət] unmäßig, maßlos; **~moral** unmoralisch; **~mortal** unsterblich

immune [ɪ'mjuːn] immun (**to** gegen); geschützt (**from** *or*, gegen); **~ity** Immunität *f*

imp [ɪmp] Kobold *m*; Racker *m*

impact [ˈɪmpækt] Zs.-prall *m*; Aufprall *m*; *fig.* (Ein)Wirkung *f*, (starker) Einfluß

impair [ɪm'peə] beeinträchtigen; **~'partial** unparteiisch, unvoreingenommen; **~'passable** unpassierbar

impasse [æm'pɑːs] *fig.* Sackgasse *f*

im|'passioned leidenschaftlich; **~'passive** teilnahmslos; gelassen

impatien|ce Ungeduld *f*; **~t** ungeduldig

impeccable [ɪm'pekəbl] untadelig, einwandfrei

imped|e [ɪm'piːd] (be)hindern; **~iment** [~'pedɪmənt] Hindernis *n* (**to** für); (*bsd.* angeborener) Fehler

im|pending [ɪm'pendɪŋ] nahe bevorstehend, *Gefahr etc.:* drohend; **~penetrable** [~'penɪtrəbl] undurchdringlich; *fig.* unergründlich

imperative [ɪm'perətɪv] **1.** unumgänglich, dringend erforderlich; **2.** *gr.* Imperativ *m*, Befehlsform *f*

imperceptible nicht wahrnehmbar, unmerklich

imperfect [ɪm'pɜːfɪkt] unvollkommen; mangel-, fehlerhaft

im|'peril gefährden; **~perious** [ɪm'pɪərɪəs] herrisch, gebieterisch; **~permeable** [~'pɜːmjəbl] undurchlässig

impersonal unpersönlich; **~ate** [ɪm'pɜːsəneɪt] *j-n* imitieren, nachahmen

impertinen|ce [ɪm'pɜːtɪnəns] Unverschämtheit *f*; **~t** unverschämt, frech

im|perturbable [ɪmpə'tɜːbəbl] unerschütterlich; **~pervious** [~'pɜːvjəs] undurchlässig; *fig.* unzugänglich, unempfänglich (**to** für)

implant *med.* **1.** [ɪmˈplɑːnt] implantieren; **2.** [ˈ‿] Implantat *n*

implement [ˈɪmplɪmənt] Werkzeug *n*, Gerät *n*

impli|cate [ˈɪmplɪkeɪt] *j-n* verwickeln; **~ion** [‿ˈkeɪʃn] Verwicklung *f*; Folge *f*, Auswirkung *f*; Andeutung *f*

im|plicit [ɪmˈplɪsɪt] vorbehalt-, bedingungslos; impliziert, (stillschweigend *od.* mit) inbegriffen; **~plore** [‿ˈplɔː] *j-n* anflehen; **~ply** [‿ˈplaɪ] implizieren, (sinngemäß *od.* stillschweigend) beinhalten; andeuten; mit sich bringen; **~polite** unhöflich

import 1. [ɪmˈpɔːt] importieren, einführen; **2.** [ˈ‿] Import *m*, Einfuhr *f*; *pl* Importgüter *pl*, Einfuhrware *f*

importan|ce [ɪmˈpɔːtns] Wichtigkeit *f*, Bedeutung *f*; **~t** wichtig, bedeutend

importer [ɪmˈpɔːtə] Importeur *m*

impos|e [ɪmˈpəʊz] auferlegen, aufbürden (**on** *dat*); *Strafe* verhängen (**on** gegen); *et.* aufdrängen, -zwingen (**on** *dat*); *Maßnahme etc.* einführen; **~ o.s. on s.o.** sich *j-m* aufdrängen; **~ing** eindrucksvoll, imponieren

impossible unmöglich

impostor, *Am.* **-er** [ɪmˈpɒstə] Hochstapler(in)

impoten|ce [ˈɪmpətəns] Unvermögen *n*, Unfähigkeit *f*; Hilflosigkeit *f*; *med.* Impotenz *f*; **~t** unfähig; hilflos; *med.* impotent

im|poverish [ɪmˈpɒvərɪʃ]: **be ~ed** verarmt sein; **~practicable** undurchführbar

impregnate [ˈɪmpregneɪt] imprägnieren, tränken

impress [ɪmˈpres] (auf)drücken, (ein)drücken; *j-n* beeindrucken; **~ion** [‿ˈpreʃn] Eindruck *m*; Abdruck *m*; **~ive** [‿ˈpresɪv] eindrucksvoll

imprint 1. [ɪmˈprɪnt] (auf-)drücken, (auf-)prägen; **2.** [ˈ‿] Ab-, Eindruck *m*

imprison [ɪmˈprɪzn] einsperren; **~ment** Freiheitsstrafe *f*

im|probable unwahrscheinlich; **~proper** unpassend; falsch; unanständig

improve [ɪmˈpruːv] verbessern; sich (ver)bessern; **~ment** (Ver)Besserung *f*; Fortschritt *m*

improvise [ˈɪmprəvaɪz] improvisieren; **~prudent** [‿ˈpruːdənt] unklug; **~pudent** [ˈ‿pjʊdənt] unverschämt

impuls|e [ˈɪmpʌls] Impuls *m* (*a. fig.*); Anstoß *m*, Anreiz *m*; **~ive** [‿ˈpʌlsɪv] impulsiv

impunity [ɪmˈpjuːnətɪ]: **with ~** straflos, ungestraft; **~pure** [‿ˈpjʊə] unrein

in [ɪn] **1.** *prp* räumlich: (*wo?*) in (*dat*), an (*dat*), auf (*dat*): **~ London** in London; **~ the**

street auf der Straße; – (*wohin?*) in (*acc*): **put it ~ your pocket** steck es in deine Tasche; – *zeitlich:* in (*dat*), an (*dat*): **~ 1999** 1999; **~ two hours** in zwei Stunden; **~ the morning** am Morgen; – *Zustand, Art u. Weise:* in (*dat*), auf (*acc*), mit: **~ English** auf englisch; *Tätigkeit:* in (*dat*), bei, auf (*dat*): **~ crossing the road** beim Überqueren der Straße; bei (*Autoren*): **~ Shakespeare** bei Sh.; *Material:* in (*dat*), aus, mit: **dressed ~ blue** in Blau (gekleidet); *Zahl, Betrag:* in, von, aus, zu: **three ~ all** insgesamt *od.* im ganzen drei; **one ~ ten** eine(r, -s) von zehn; nach, gemäß: **~ my opinion** m-r Meinung nach; **2.** *adv* (dr)innen; hinein, herein; da, (an)gekommen; da, zu Hause; **3.** *adj* F in (*Mode*); **~ the ~ tray** von Briefen *etc.*: im Post- *etc.* Eingang

in|ability Unfähigkeit *f*; **~accessible** [ˌækˈsesəbl] unzugänglich; **~'accurate** ungenau; unrichtig; **~'active** untätig; **~'adequate** unangemessen; unzulänglich; **~advisable** nicht ratsam *od.* empfehlenswert; **~'animate** leblos; *fig.* langweilig; **~'applicable** nicht anwendbar *od.* zutreffend (**to** auf); **~appropriate** unpassend, ungeeignet; **~'apt** unpassend; **~

articulate** *Sprache:* undeutlich; unklar; **~attentive** unaufmerksam; **~'audible** unhörbar

inaugura|l [ɪˈnɔːɡjʊrəl] Einweihungs..., Eröffnungs...; **~te** [~eit] (feierlich) einführen; einweihen, eröffnen

in|born [ɪnˈbɔːn] angeboren; **'~breeding** Inzucht *f*; **~calculable** [ˌ~ˈkælkjʊləbl] unermeßlich; unberechenbar; **~'capable** unfähig, nicht imstande

incapaci|tate [ɪnkəˈpæsɪteɪt] unfähig *od.* untauglich machen; **~ty** Unfähigkeit *f*, Untauglichkeit *f*

incautious unvorsichtig

incendiary [ɪnˈsendjərɪ] Brand...

incense¹ [ˈɪnsens] Weihrauch *m*

incense² [ɪnˈsens] erbosen

incentive [ɪnˈsentɪv] Ansporn *m*, Anreiz *m*

incessant [ɪnˈsesnt] unaufhörlich, ständig

incest [ˈɪnsest] Blutschande *f*, Inzest *m*

inch [ɪntʃ] Inch *m* (2,54 *cm*), Zoll *m*

incident [ˈɪnsɪdənt] Vorfall *m*, Ereignis *n*; *fig.* Zwischenfall *m*; **~al** [ˌ~ˈdentl] beiläufig; nebensächlich; **~ally** übrigens

incinerator [ɪnˈsɪnəreɪtə] Verbrennungsofen *m*, -anlage *f*

incis|e [ɪnˈsaɪz] einschneiden; einritzen, -kerben; **~ion**

[~'sɪʒn] (Ein)Schnitt m; **~ive**
[~'saɪsɪv] scharf, schneidend;
fig. prägnant, treffend; **~or**
[~'saɪzə] Schneidezahn m

inclemen|cy [ɪn'klemənt] Wet-
ter: rauh, unfreundlich

inclin|ation [ɪnklɪ'neɪʃn] Nei-
gung f (a. fig.); **~e** [~'klaɪn] **1.**
(sich) neigen; fig. veranlas-
sen; **2.** Gefälle n; (Ab)Hang
m

**inclose, inclosure → en-
close, enclosure**

inclu|de [ɪn'klu:d] einschlie-
ßen; in Liste etc.: aufnehmen; **tax ~d** inklusive Steuer; **~ding** einschließlich; **~-
sive** einschließlich, inklusive
(**of** gen); Pauschal...

incoherent (logisch) unzu-
sammenhängend

income ['ɪnkʌm] Einkommen
n; **~ tax** ['~ɒmtæks] Einkom-
mensteuer f

in|comparable unvergleich-
lich; **~compatible** unvereinbar; unverträglich; inkom-
patibel

incompeten|ce Unfähigkeit
f; **~t** unfähig

in|complete unvollständig;
~comprehensible unver-
ständlich; **~conceivable** un-
denkbar; **~conclusive** nicht
überzeugend; ergebnislos; **~-
congruous** [~'kɒŋɡruəs]
nicht übereinstimmend; unvereinbar; **~considerable**
unbedeutend; **~considerate**
rücksichtslos;

~consistent unvereinbar;
widersprüchlich; unbeständig, wechselhaft; **~conso-
lable** untröstlich; **~conspic-
uous** unauffällig; **~'constant** unbeständig

inconvenien|ce 1. Unbe-
quemlichkeit f; Unannehm-
lichkeit f, Ungelegenheit f; **2.**
j-m lästig sein; j-m Umstän-
de machen; **~t** unbequem;
ungelegen, lästig

incorporate 1. [ɪn'kɔ:pəreɪt]
v/t vereinigen, zs.-schließen;
enthalten; v/i sich zs.-schlie-
ßen; **2.** [~rət] adj → **~d** [~'reɪtd]
econ., jur. als (Am. Aktien)Gesellschaft
eingetragen

in|correct unrichtig; **~corri-
gible** [~'kɒrɪdʒəbl] unver-
besserlich; **~corruptible** un-
bestechlich

increase 1. [ɪn'kri:s] vergrößern, -mehren, erhöhen; zunehmen, (an)wachsen, Preise: steigen; **~ in value** wert-
voller werden; **2.** ['ɪnkri:s]
Vergrößerung f, Erhöhung f,
Zunahme f, Zuwachs m, Stei-
gerung f; **~ingly** immer mehr

incred|ible unglaublich; **~-
ulous** ungläubig, skeptisch

incriminate [ɪn'krɪmɪneɪt] belasten

incubator ['ɪnkjubeɪtə] Brut-
apparat m, med. -kasten m

incur [ɪn'kɜ:] sich et. zuziehen; Schulden machen; Verluste erleiden

incurable

in|'curable unheilbar; *fig.* unverbesserlich; **~'debted** verschuldet; (zu Dank) verpflichtet (**to s.o.** j-m); **~'decent** unanständig, *jur.* unzüchtig; ungebührlich

indeed [ɪn'diːd] **1.** in der Tat, tatsächlich, wirklich; allerdings; **2.** *int* ach wirklich?, was Sie nicht sagen!

in|defatigable [ɪndɪ'fætɪɡəbl] unermüdlich; **~'definable** undefinierbar; **~'definite** [~'definət] unbestimmt; unbegrenzt; **~ly** auf unbestimmte Zeit, unbegrenzt (lange); **~'delible** [~'deləbl] unauslöschlich (*a. fig.*); ~ **pencil** Tintenstift *m*; ~'**delicate** unfein; taktlos

independen|ce Unabhängigkeit *f*, Selbständigkeit *f*; **~t** unabhängig, selbständig

in|describable [ɪndɪ'skraɪbəbl] unbeschreiblich; **~de-structible** [~'strʌktəbl] unzerstörbar; **~'determinate** [~'tɜːmɪnət] unbestimmt

index ['ɪndeks] (*pl* **-dexes**, **-dices** ['~dɪsiːz]) Index *m*, (Stichwort- *etc.*)Verzeichnis *n*, (Sach)Register *n*; **card ~** Kartei *f*; **~ card** Karteikarte *f*; **~ finger** Zeigefinger *m*

Indian ['ɪndjən] **1.** indisch; indianisch, Indianer...; **2.** Inder(in); Indianer(in); ~ **corn** Mais *m*; ~ **summer** Altweibersommer *m*

India rubber ['ɪndjə] Radiergummi *m*

indicat|e ['ɪndɪkeɪt] deuten *od.* zeigen auf; *tech.* anzeigen; *mot.* blinken; *fig.* hinweisen *od.* -deuten auf; andeuten; **~ion** [~'keɪʃn] **(of)** (An)Zeichen *n* (für); Hinweis *m* (auf); Andeutung *f* (gen); **~ive** [~'dɪkətɪv] *gr.* Indikativ *m*; **~or** [~'dɪkeɪtə] *tech.* Zeiger *m*; *mot.* Blinker *m*; Anzeichen *n*

indices ['ɪndɪsiːz] *pl* von *index*

indict [ɪn'daɪt] *jur.* anklagen

indifferen|ce Gleichgültigkeit *f*; Mittelmäßigkeit *f*; **~t** gleichgültig; mittelmäßig

indiges|tible unverdaulich; **~ion** Magenverstimmung *f*

indign|ant [ɪn'dɪɡnənt] entrüstet, empört; **~ation** [~'neɪʃn] Entrüstung *f*, Empörung *f*

in|'dignity Demütigung *f*; **~di-'rect** indirekt

indis|creet unbesonnen; indiskret; **~cretion** Unbesonnenheit *f*; Indiskretion *f*

in|discriminate [ɪndɪ'skrɪmɪnət] wahllos; kritiklos; **~di-'spensable** unentbehrlich

indispos|ed indisponiert, unpäßlich; abgeneigt; **~ition** Unpäßlichkeit *f*

in|disputable unbestreitbar; **~'distinct** undeutlich; **~di-'stinguishable** nicht zu unterscheiden(d)

individual [ɪndɪ'vɪdʒʊəl] **1.**

individuell; einzeln, Einzel...; persönlich; **2.** Individuum *n*, einzelne *m, f*; **~ly** individuell; einzeln

indivisible unteilbar

indolen|ce ['ɪndələns] Trägheit *f*; **~t** träge

indomitable [ɪn'dɒmɪtəbl] unbezähmbar; unbeugsam

indoor ['ɪndɔː] Haus..., Zimmer..., Innen..., *Sport:* Hallen...; **~s** [ˌ'dɔːz] im Haus, drinnen; ins Haus (hinein)

indorse [ɪn'dɔːs] *etc.* → **endorse** *etc.*

induce [ɪn'djuːs] veranlassen; verursachen

indulge [ɪn'dʌldʒ] nachsichtig sein gegen; *e-r Neigung etc.* nachgeben, frönen; **~ in s.th.** sich et. gönnen *od.* leisten; **~nce** Nachsicht *f*; übermäßiger Genuß; Luxus *m*; **~nt** nachsichtig, -giebig

industrial [ɪn'dʌstrɪəl] industriell, Industrie..., Gewerbe..., Betriebs...; **~ estate** *Brt.*, **~ park** *Am.* Gewerbegebiet *n*, Industriegebiet *n*; **~ist** Industrielle *m, f*; **~ize** industrialisieren

industr|ious [ɪn'dʌstrɪəs] fleißig; **~y** ['ɪndəstrɪ] Industrie *f*; Fleiß *m*

in|effective, **~effectual** [ɪn-'fekt(j)uəl] unwirksam, wirkungslos; untauglich; **~efficient** unwirtschaftlich; untüchtig; **~eligible** nicht berechtigt; **~ept** [ɪ'nept] unpas-

send; ungeschickt; **~equality** Ungleichheit *f*; **~escapable** unvermeidlich; unweigerlich; **~estimable** [ˌ'estɪməbl] unschätzbar; **~evitable** [ˌ'evɪtəbl] unvermeidlich; **~excusable** unverzeihlich; **~exhaustible** unerschöpflich; **~expensive** nicht teuer, preiswert; **~experienced** unerfahren; **~explicable** [ˌɪk'splɪkəbl] unerklärlich

inexpress|ible unaussprechlich; **~ive** ausdruckslos

infallible [ɪn'fæləbl] unfehlbar

infan|cy ['ɪnfənsɪ] frühe Kindheit; **~t** Säugling *m*; kleines Kind, Kleinkind *n*; **~tile** ['~taɪl] infantil, kindisch; kindlich; Kinder...

infantry ['ɪnfəntrɪ] Infanterie *f*

infatuated [ɪn'fætjʊeɪtɪd]: **~ with** vernarrt in

infect [ɪn'fekt] infizieren, anstecken (*a. fig.*); **~ion** [ˌ'fekʃn] Infektion *f*, Ansteckung *f*; **~ious** ansteckend

infer [ɪn'fɜː] schließen, folgern (**from** aus); **~ence** ['~fərəns] Schlußfolgerung *f*

inferior [ɪn'fɪərɪə] **1.** untergeordnet (**to** *dat*); niedriger (**to** als); weniger wert (**to** als); minderwertig; **be ~ to s.o.** j-m untergeordnet sein; j-m unterlegen sein; **2.** Untergebene *m, f*; **~ity** [ˌ'ɒrətɪ] Unterlegenheit *f*; Minderwertigkeit *f*

infernal 156

infernal [ɪn'fɜ:nl] höllisch
infertile [ɪn'fɜ:taɪl] unfruchtbar
infidelity Untreue f
infinite ['ɪnfɪnət] unendlich; gewaltig; ~ive [~'fɪnətɪv] gr. Infinitiv m; ~y [~ətɪ] Unendlichkeit f
infirm [ɪn'fɜ:m] schwach, gebrechlich; ~ary Krankenhaus n; Schule etc.: Krankenzimmer n; ~ity Gebrechlichkeit f, Schwäche f
inflame [ɪn'fleɪm] (sich) entzünden
inflamma|ble [ɪn'flæməbl] brennbar; feuergefährlich; ~tion [~ə'meɪʃn] med. Entzündung f
inflat|able [ɪn'fleɪtəbl] aufblasbar; Boot: Schlauch...; ~e [~eɪt] aufblasen, Reifen etc. aufpumpen; Preise hochtreiben; ~ion econ. Inflation f
inflexible [ɪn'fleksəbl] inflexibel; unbiegsam, starr
inflict [ɪn'flɪkt] (on, upon) Leid, Schaden zufügen (dat); Wunde beibringen (dat); Strafe verhängen (über)
influen|ce ['ɪnfluəns] 1. Einfluß m; 2. beeinflussen; ~tial [~'enʃl] einflußreich
influenza [ɪnflu'enzə] Grippe f
inform [ɪn'fɔ:m] (of, about) benachrichtigen (von), unterrichten (von), informieren (über); ~ against od. on s.o. j-n anzeigen; j-n denunzieren

informal [ɪn'fɔ:ml] zwanglos; inoffiziell
informatics [ɪnfə'mætɪks] sg Informatik f
inform|ation [ɪnfə'meɪʃn] Auskunft f, Information f; Nachricht f; ~ative [~'fɔ:mətɪv] informativ, aufschlußreich; ~er Denunziant(in); Spitzel m
infrared [ɪnfrə'red] infrarot
infrequent [ɪn'fri:kwənt] selten
infuriate [ɪn'fjʊərɪeɪt] wütend machen
infus|e [ɪn'fju:z] Tee aufgießen; ~ion [~ʒn] med. Infusion f; Aufguß m
ingen|ious [ɪn'dʒi:njəs] genial; einfallsreich; ~uity [~dʒɪ'nju:ətɪ] Genialität f, Einfallsreichtum m
ingot ['ɪŋgət] (Gold- etc.)Barren m
ingratiate [ɪn'greɪʃɪeɪt]: ~ o.s. with s.o. sich bei j-m einschmeicheln
ingratitude Undankbarkeit f
ingredient [ɪn'gri:dʒənt] Bestandteil m; gastr. Zutat f
inhabit [ɪn'hæbɪt] bewohnen; ~able bewohnbar; ~ant Bewohner(in);Einwohner(in)
inhale [ɪn'heɪl] einatmen; inhalieren
inherent [ɪn'hɪərənt] innewohnend
inherit [ɪn'herɪt] erben; ~ance Erbe n, Erbschaft f
inhibit [ɪn'hɪbɪt] hemmen;

(ver)hindern; **~ion** [~'bɪʃn]
psych. Hemmung *f*

inhospitable ungastlich; un-
wirtlich

inhuman [ɪn'hjuːmən] un-
menschlich; **~e** [~'meɪn] inhuman, menschenunwürdig

initial [ɪ'nɪʃl] **1.** anfänglich,
Anfangs...; **2.** Initiale *f*, (großer) Anfangsbuchstabe; **3.**
abzeichnen; **~ly** [~ʃəlɪ] am
Anfang, anfänglich

initiate [ɪ'nɪʃɪeɪt] einleiten;
j-n einführen; *j-n* einweihen;
~ion [~'eɪʃn] Einleitung *f*;
Einführung *f*; **~ive** [ɪ'nɪʃ-
ɪətɪv] Initiative *f*

inject [ɪn'dʒekt] *med.* injizie-
ren, einspritzen (*a. tech.*);
~ion [~kʃn] *med.* Injektion *f*,
Spritze *f*, Einspritzung *f*

injure [ɪ'ndʒə] verletzen (*a.
fig.*); *fig.*: kränken; schaden;
~ed 1. verletzt; **2. the ~** *pl* die
Verletzten *pl*; **~y** [~ərɪ] Verletzung *f* Kränkung *f*

injustice Ungerechtigkeit *f*

ink [ɪŋk] Tinte *f*

inland 1. [ɪnlənd] *adj* binnen-
ländisch, Binnen...; inländisch, einheimisch; **≈ Revenue** *Brt.* Finanzamt *n*; **2.**
[~'lænd] *adv* landeinwärts

inlay [ɪn'leɪ] Einlegearbeit *f*;
(Zahn)Füllung *f*

inlet [ɪnlet] schmale Bucht;
Einlaß *m*

inmate [ɪnmeɪt] Insass|e *m*,
-in *f*

inmost [ɪnməʊst] innerste(r,

-s), *fig. a.* geheimste(r, -s)

inn [ɪn] Gasthaus *n*, -hof *m*

innate [ɪ'neɪt] angeboren

inner [ɪnə] innere(r, -s); Innen...; **~most; → inmost**

innocence [ɪnəsns] Unschuld
f; **~t** [~snt] unschuldig

innovation [ɪnəʊ'veɪʃn] Neu-
erung *f*

innumerable [ɪ'njuːmərəbl]
unzählig, zahllos

inoculate [ɪ'nɒkjʊleɪt] imp-
fen; **~ion** [~'leɪʃn] Impfung *f*

in|offensive harmlos; **~ope-
rable** [~'ɒpərəbl] inoperabel;
~organic unorganisch;
chem. anorganisch

in-patient stationärer Patient, stationäre Patientin

input 1. *econ., Computer:* Input *m, n,* Eingabe *f*; Energie-
zufuhr *m*; Aufwand *m*; **2.**
(*-putted od. -put*) *Computer:*
Daten eingeben (*into* in)

inquest [ɪnkwest] *jur.* ge-
richtliche Untersuchung

inquire [ɪn'kwaɪə] sich er-
kundigen (nach); (nach)fra-
gen; **~ into** *et.* untersuchen,
prüfen; **~y** [~rɪ] Erkundi-
gung *f*, Nachfrage *f*; Untersuchung *f*

insane [ɪn'seɪn] geisteskrank

insanitary unhygienisch

insanity Geisteskrankheit *f*,
Wahnsinn *m*

insatiable [ɪn'seɪʃəbl] unersättlich

inscription [ɪn'skrɪpʃn] In-
od. Aufschrift *f*

insect ['ɪnsekt] Insekt n; **~icide** [~'sektɪsaɪd] Insektizid n
insecure ungesichert, nicht fest; fig. unsicher
inseminate [ɪn'semɪneɪt] befruchten, zo. a. besamen
insensible unempfindlich (to gegen); bewußtlos; unempfänglich (of, to für); unmerklich; **~tive** unempfindlich (to gegen); unempfänglich (of, to für); gefühllos
inseparable untrennbar; unzertrennlich
insert 1. [ɪn'sɜːt] einsetzen, -fügen; (hinein)stecken; Münze einwerfen; **2.** ['~] Inserat n; (Zeitungs)Beilage f, (Buch)Einlage f; **~ion** [~'sɜːʃn] Einsetzen n, Einfügung f, Münze: Einwurf m; → insert 2
inside 1. [ɪn'saɪd, 'ɪnsaɪd] s Innenseite f; das Innere; turn ~ out umdrehen, -stülpen; fig. umkrempeln; **2.** ['~] adj innere(r, -s), Innen...; **3.** [~'saɪd] adv im Inner(e)n, (dr)innen; hin-, herein; **4.** [~'saɪd] prp innerhalb, im Inner(e)n; ~ the house im Hause; **~r** [~'saɪdə] Insider(in), Eingeweihte m, f
insidious [ɪn'sɪdɪəs] hinterhältig, heimtückisch
insight ['ɪnsaɪt] Verständnis n; Einblick m (into in)
insignificant unbedeutend; **~sincere** unaufrichtig; **~sinuate** [ɪn'sɪnjʊeɪt] andeuten, anspielen auf
insist [ɪn'sɪst] darauf bestehen; **~ on** bestehen auf; **~ent** beharrlich, hartnäckig
insolent ['ɪnsələnt] unverschämt, frech; **~soluble** unlöslich; fig. unlösbar; **~solvent** zahlungsunfähig
insomnia [ɪn'sɒmnɪə] Schlaflosigkeit f
inspect [ɪn'spekt] untersuchen, prüfen; inspizieren; **~ion** [~kʃn] Prüfung f, Untersuchung f; Inspektion f; **~or** Inspektor m, Kontrolleur m; Kommissar m
inspiration [ɪnspə'reɪʃn] Inspiration f, (plötzlicher) Einfall; **~e** [~'spaɪə] inspirieren, anregen
install [ɪn'stɔːl] tech. installieren; **~stallation** [~ə'leɪʃn] tech. Installation f; tech. Anlage f
instal(l)ment [ɪn'stɔːlmənt] econ. Rate f; Roman: Fortsetzung f; Rundfunk, TV: Folge f; **~ plan:** on / by the ~ Am. auf Raten
instance ['ɪnstəns] (einzelner) Fall; Beispiel n; for ~ zum Beispiel
instant ['ɪnstənt] **1.** Moment m, Augenblick m; **2.** sofortig, augenblicklich; **~ camera** Sofortbildkamera f; **~ coffee** Pulverkaffee m; **~ food** Fertig-, Schnellgerichte pl; **~aneous** [~'teɪnjəs] augenblicklich; **~ly** sofort

instead [ɪn'sted] statt dessen;
~ **of** anstatt, an Stelle von

'instep Spann *m*

instinct ['ɪnstɪŋkt] Instinkt
m; **~ive** [~'stɪŋktɪv] instink-
tiv

institut|e ['ɪnstɪtjuːt] Institut
n; **~ion** [~'tjuːʃn] Institution
f, Einrichtung *f*; Institut *n*

instruct [ɪn'strʌkt] unterrichten; ausbilden, schulen; anweisen; informieren; **~ion**
[~kʃn] Unterricht *m*; Ausbildung *f*, Schulung *f*, Anweisung *f*, Instruktion *f*,
Computer: Befehl *m*; **~s** *pl for
use* Gebrauchsanweisung *f*;
~ive lehrreich; **~or** Lehrer
m; Ausbilder *m*; **~ress** Lehrerin *f*; Ausbilderin *f*

instrument ['ɪnstrʊmənt] Instrument *n*; Werkzeug *n*

in|subordinate aufsässig; **~-
sufferable** [ɪn'sʌfərəbl] uner-
träglich; **~sufficient** unge-
nügend

insulat|e ['ɪnsjʊleɪt] *electr.,
tech.* isolieren; **~ion** [~'leɪʃn]
Isolierung *f*

insult 1. [ɪn'sʌlt] beleidigen; **2.**
['~] Beleidigung *f*

insur|ance [ɪn'ʃʊərəns] *econ.*
Versicherung *f*; Versiche-
rungssumme *f od.* -prämie *f*;
(Ab)Sicherung *f* (**against**
gegen); **~ agent** Versiche-
rungsvertreter *m*; **~ company** Versicherung(sgesell-
schaft) *f*; **~ policy** Versiche-
rungspolice *f*; **~e** [~'ʃɔː] ver-

sichern; **~ed** (*pl* **~**) Versicher-
te *m*, *f*

insurmountable [ɪnsə'maʊn-
təbl] unüberwindlich

intact [ɪn'tækt] unversehrt

intake ['ɪnteɪk] Aufnahme *f*;
Einlaß(öffnung *f*) *m*

integrate ['ɪntɪgreɪt] (sich) in-
tegrieren; zs.-schließen; ein-
gliedern; **~d circuit** integrier-
ter Schaltkreis

integrity [ɪn'tegrətɪ] Integri-
tät *f*

intellect ['ɪntəlekt] Intellekt
m, Verstand *m*; **~ual**
[~'lektʃʊəl] **1.** intellektuell,
geistig; **2.** Intellektuelle *m*, *f*

intelligen|ce [ɪn'telɪdʒəns]
Intelligenz *f*; nachrichten-
dienstliche Informationen
pl; *a.* **~ service** Nachrich-
ten-, Geheimdienst *m*; **~ent**
intelligent, klug; **~ible** verständlich

intend [ɪn'tend] beabsichtigen,
vorhaben; bestimmen

intens|e [ɪn'tens] intensiv,
stark, heftig; *Person:* ernsthaft; **~ify** [~sɪfaɪ] (sich) verstärken; **~ity** Intensität *f*;
~ive intensiv, gründlich; **~
care unit** Intensivstation *f*; **~
course** Intensivkurs *m*

intent [ɪn'tent] **1.** Absicht *f*; **2.**
be **~ on doing s.th.** fest entschlossen sein, et. zu tun;
~ion Absicht *f*; **~ional** absichtlich

inter|cede [ɪntə'siːd] sich ver-
wenden *od.* einsetzen (**with**

bei; *for* für); **~cept** [~'sept] *Brief etc.* abfangen; **~cession** [~'seʃn] Fürsprache *f*

interchange 1. [ɪntə'tʃeɪndʒ] austauschen; **2.** ['~] Austausch *m*; kreuzungsfreier Verkehrsknotenpunkt; *a.* **motorway ~** Autobahnkreuz *n*

intercom ['ɪntəkɒm] (Gegen-) Sprechanlage *f*

intercourse ['ɪntəkɔːs] Verkehr *m*, Umgang *m*; (Geschlechts)Verkehr *m*

interest ['ɪntrəst] **1.** Interesse *n*; Bedeutung *f*; *econ.:* Anteil *m*, Beteiligung *f*; Zins(en *pl*) *m*; **take an ~** in sich interessieren für; **2.** interessieren (*in* für); **'~ed** interessiert (*in* an); *be* **~ed** in sich interessieren für; **'~ing** interessant; **~ rate** Zinssatz *m*

'interface *Computer:* Schnittstelle *f*

interfere [ɪntə'fɪə] sich einmischen; eingreifen; **~ with** stören; **~nce** [~'fɪərəns] Einmischung *f*, Eingreifen *n*; Störung *f*

interior [ɪn'tɪərɪə] **1.** innere(r, -s), Innen...; **2.** *das* Innere; **→ department;** **~ decorator** Innenausstatter(in), *a.* **~ designer** Innenarchitekt(in)

inter|jection [ɪntə'dʒekʃn] *gr.* Interjektion *f*; **~'lock** ineinandergreifen

interlude ['ɪntəluːd] Pause *f*; Zwischenspiel *n*

intermedia|ry [ɪntə'miːdjərɪ]

Vermittler(in), Mittelsmann *m*; **~te** [~jət] dazwischenliegend, Zwischen...; *ped.* für fortgeschrittene Anfänger

inter|mingle [ɪntə'mɪŋgl] (sich) vermischen; **~'mission** Pause *f*

intern [ɪn'tɜːn] *Am.* Assistenzarzt *m*

internal [ɪn'tɜːnl] innere(r, -s), Innen...; Inlands...; intern; **~-combustion engine** Verbrennungsmotor *m*; **2 Revenue** *Am.* Finanzamt *n*; **~ly** innen; *med.* innerlich

international [ɪntə'næʃənl] **1.** international; **2.** *Sport:* Nationalspieler(in); Länderkampf *m*, -spiel *n*

internist [ɪn'tɜːnɪst] *med.* Internist(in)

interpret [ɪn'tɜːprɪt] interpretieren, auslegen; dolmetschen; **~ation** [~'teɪʃn] Interpretation *f*, Auslegung *f*; Dolmetschen *n*; **~er** [~'tɜːprɪtə] Dolmetscher(in)

interrogat|e [ɪn'terəgeɪt] verhören, -nehmen; (be)fragen; **~ion** [~'geɪʃn] Verhör *n*, -nehmung *f*; Frage *f*; **~ mark** → **question mark**

interrupt [ɪntə'rʌpt] unterbrechen; **~ion** [~pʃn] Unterbrechung *f*

intersect [ɪntə'sekt] sich schneiden *od.* kreuzen; (durch)schneiden; **~ion** [~kʃn] Schnittpunkt *m*; (Straßen)Kreuzung *f* '**interstate** zwischenstaatlich

interval ['ɪntəvl] Abstand *m*; Intervall *n*; *Brt.* Pause *f*

interven|e [ɪntə'viːn] eingreifen, -schreiten, intervenieren; dazwischenkommen; **~tion** [~'venʃn] Eingreifen *n*, -schreiten *n*, Intervention *f*

interview ['ɪntəvjuː] **1.** Interview *n*; Einstellungsgespräch *n*; **2.** interviewen; ein Einstellungsgespräch führen mit; **~ee** [~vjuː'iː] Interviewte *m, f*; **~er** Interviewer(in)

intestine [ɪn'testɪn] Darm *m*; *large / small* ~ Dick- / Dünndarm *m*

intima|cy ['ɪntɪməsɪ] Intimität *f*, Vertrautheit *f*; (*a. plumpe*) Vertraulichkeit; intime (*sexuelle*) Beziehungen *pl*; **~te** ['~ət] intim; *Freunde etc.*: vertraut, eng; (*a. plump-*) vertraulich; *Wünsche etc.*: innerste(r, -s); *Kenntnisse*: gründlich, genau

intimidate [ɪn'tɪmɪdeɪt] einschüchtern

into ['ɪntuː] *prp* in (*acc*), in (*acc*) ... hinein

intoler|able [ɪn'tɒlərəbl] unerträglich; **~ant** unduldsam, intolerant (*of* gegenüber)

intoxicated [ɪn'tɒksɪkeɪtɪd] berauscht; betrunken

intransitive [ɪn'trænsətɪv] intransitiv

intravenous [ɪntrə'viːnəs] intravenös

intrepid [ɪn'trepɪd] unerschrocken, furchtlos

intricate ['ɪntrɪkət] verwickelt, kompliziert

intrigu|e [ɪn'triːg] **1.** faszinieren; interessieren; intrigieren; **2.** Intrige *f*

introduc|e [ɪntrə'djuːs] einführen; vorstellen (*to dat*); **~tion** [~'dʌkʃn] Einführung *f*; *Buch etc.*: Einleitung *f*; Vorstellung *f*

introvert ['ɪntrəʊvɜːt] introvertiert

intru|de [ɪn'truːd] stören (*on s.o.* j-n); **~der** Eindringling *m*; Störenfried *m*; **~sion** [~ʒn] Störung *f* (*on gen*)

invade [ɪn'veɪd] einfallen *od.* eindringen in, *mil. a.* einmarschieren in

invalid[1] ['ɪnvəlɪd] **1.** Kranke *m, f*; Invalide *m, f*; **2.** krank; invalid(e)

invalid[2] [ɪn'vælɪd] (rechts)ungültig

invaluable unschätzbar

invariab|le unveränderlich; **~ly** immer; ausnahmslos

invasion [ɪn'veɪʒn] (*of*) Einfall *m* (in *acc*), *mil. a.* Invasion *f* (*gen*), Einmarsch *m* (in *acc*)

invent [ɪn'vent] erfinden; **~ion** Erfindung *f*; **~ive** erfinderisch; einfallsreich; **~or** Erfinder(in)

invert [ɪn'vɜːt] umkehren; umdrehen; **~ed commas** *pl* Anführungszeichen *pl*

invertebrate [ɪn'vɜːtɪbreɪt] wirbelloses Tier

invest [ɪnˈvest] investieren, anlegen

investigate [ɪnˈvestɪgeɪt] untersuchen; erforschen; **~ion** [~ˈgeɪʃn] Untersuchung f

investment [ɪnˈvestmənt] Investition f, Kapitalanlage f; **~or** Investor m, Kapitalanleger m

invincible [ɪnˈvɪnsəbl] unbesiegbar; *fig.* unüberwindlich; **~visible** unsichtbar

invitation [ɪnvɪˈteɪʃn] Einladung f; Aufforderung f; **~e** [~ˈvaɪt] einladen; auffordern

invoice [ˈɪnvɔɪs] **1.** (Waren)Rechnung f; **2.** in Rechnung stellen, berechnen

invoke [ɪnˈvəʊk] flehen um; *Gott etc.* anrufen; beschwören; **~voluntary** unfreiwillig; unabsichtlich; unwillkürlich; **~volve** [~ˈvɒlv] verwickeln, hineinziehen; *j-n, et.* angehen, betreffen; zur Folge haben; **~vulnerable** unverwundbar; unangreifbar; unantastbar

inward [ˈɪnwəd] **1.** *adj* innerlich, innere(r, -s), Innen...; **2.** *adv Am.* → **inwards**; **~ly** *adv* innerlich, im Inner(e)n; **~s** [ˈ~z] *adv* einwärts, nach innen

iodine [ˈaɪədiːn] Jod n

IOU [aɪəʊˈjuː] (= *I owe you*) Schuldschein m

iridescent [ɪrɪˈdesnt] schillernd

iris [ˈaɪərɪs] *anat.* Iris f, Re-

genbogenhaut f; *bot.* Iris f, Schwertlilie f

Irish [ˈaɪərɪʃ] **1.** irisch; **2. the ~** *pl* die Iren *pl*; **'~man** (*pl -men*) Ire m; **'~woman** (*pl -women*) Irin f

iron [ˈaɪən] **1.** Eisen n; Bügeleisen n; **2.** eisern, Eisen...; **3.** bügeln

ironic(al) [aɪˈrɒnɪk(l)] ironisch

ironing Bügeln n; Bügel...; **~board** Bügelbrett n; **~monger's** [ˈ~mʌŋgəz] *Brt.* Eisenwarenhandlung f; **~works** *pl, a. sg* Eisenhütte f

irony [ˈaɪərəni] Ironie f

irradiate [ɪˈreɪdɪeɪt] bestrahlen; **~rational** irrational, unvernünftig; **~reconcilable** unversöhnlich; unvereinbar; **~recoverable** unersetzlich; **~regular** unregelmäßig; ungleichmäßig; regel- *od.* vorschriftswidrig; **~relevant** unerheblich, belanglos, irrelevant; **~reparable** [ɪˈrepərəbl] nicht wiedergutzumachen(d); **~replaceable** unersetzlich; **~repressible** nicht zu unterdrücken(d); unbezähmbar; **~reproachable** untadelig, tadellos; **~resistible** unwiderstehlich; **~resolute** unentschlossen, unschlüssig; **~respective: ~ of** ohne Rücksicht auf; **~responsible** unverantwortlich; verantwortungslos; **~retrieva-**

jackpot

ble unwiederbringlich, unersetzlich; **~reverent** [ɪˈrevərənt] respektlos; **~revocable** [ɪˈrevəkəbl] unwiderruflich

irrigat|e [ˈɪrɪgeɪt] bewässern; **~ion** [~ˈgeɪʃn] Bewässerung f

irrit|able [ˈɪrɪtəbl] reizbar; **~ate** [~eɪt] reizen (a. med.), (ver)ärgern; **~ation** [~ˈteɪʃn] Ärger m, Verärgerung f; med. Reizung f

is [ɪz] 3. sg pres von **be**

Islam [ˈɪzlɑːm] Islam m; **~ic** [~ˈlæmɪk] islamisch

island [ˈaɪlənd] Insel f; **a. traffic ~,** Am. **safety ~** Verkehrsinsel f

isle [aɪl] Insel f

isn't [ˈɪznt] für **is not**

isolat|e [ˈaɪsəleɪt] isolieren; **~ed** isoliert; abgeschieden; Einzel...; **~ion** [~ˈleɪʃn] Isolierung f, Absonderung f

Israeli [ɪzˈreɪlɪ] **1.** israelisch; **2.** Israeli m, s

issue [ˈɪʃuː] **1.** s Zeitung etc.: Ausgabe f, (Streit)Frage f, Streitpunkt m, Problem n; Ausgang m, Ergebnis n; jur.

Nachkommen(schaft f) pl; **point at ~** strittige Frage; **2.** v/t Zeitung etc. herausgeben; Banknoten etc. ausgeben; Dokument etc. ausstellen; Befehle etc. erteilen; v/i heraus-, hervorkommen

it [ɪt] es; bezogen auf bereits Genanntes: es, er, ihn, sie

Italian [ɪˈtæljən] **1.** italienisch; **2.** Italiener(in)

itch [ɪtʃ] **1.** Jucken n, Juckreiz m; **2.** jucken

item [ˈaɪtəm] Punkt m (der Tagesordnung etc.), auf e-r Liste: Posten m; Artikel m, Gegenstand m; (Presse-, Zeitungs)Notiz f, (a. Rundfunk, TV) Nachricht f, Meldung f

itinerary [aɪˈtɪnərərɪ] Reiseroute f

its [ɪts] sein(e), ihr(e)

it's [ɪts] für **it is, it has**

itself [ɪtˈself] pron sich (selbst) (reflexiv); verstärkend: selbst

I've [aɪv] für **I have**

ivory [ˈaɪvərɪ] Elfenbein n

ivy [ˈaɪvɪ] Efeu m

J

jab [dʒæb] stechen, stoßen

jack [dʒæk] **1.** Wagenheber m; Kartenspiel: Bube m; **2.** **~ up** Auto aufbocken

jackal [ˈdʒækɔːl] Schakal m

jacket [ˈdʒækɪt] Jacke f, Jakkett n; tech. Mantel m;

(Schutz)Umschlag m; Am. (Schall)Plattenhülle f; **potatoes (p)** (boiled) **in their ~s** Pellkartoffeln pl

jack| knife (pl - **knives**) Klappmesser n; **~pot** Jackpot m, Haupttreffer m

jag|ged ['dʒægɪd], **'~gy** (aus-) gezackt, zackig

jaguar ['dʒægjuə] Jaguar *m*

jail [dʒeɪl] **1.** Gefängnis *n*; **2.** einsperren

jam¹ [dʒæm] Marmelade *f*

jam² [~] **1.** *v/t* (hinein)pressen, (-)quetschen, (-)zwängen; (ein)klemmen, (-)quetschen; *a. ~up* blockieren, verstopfen; *Funkempfang* stören; *v/i* sich (hinein)drängen *od.* (-)quetschen; *tech.* sich verklemmen, *Bremsen:* blockieren; **2.** Gedränge *n*; *tech.* Blockierung *f*; **traffic ~** Verkehrsstau *m*; **be in a ~** F in der Klemme stecken

janitor ['dʒænɪtə] *Am.* Hausmeister *m*

January ['dʒænjuərɪ] Januar *m*

Japanese [dʒæpə'niːz] **1.** japanisch; **2.** Japaner(in)

jar¹ [dʒɑː] Gefäß *n*, Krug *m*; (Marmelade- *etc.*)Glas *n*

jar² [~]: **~on** *Geräusch, Farbe etc.:* weh tun (*dat*)

jargon ['dʒɑːgən] Jargon *m*, Fachsprache *f*

jaundice ['dʒɔːndɪs] Gelbsucht *f*

javelin ['dʒævlɪn] *Sport:* Speer *m*

jaw [dʒɔː] *anat.* Kiefer *m*

jay [dʒeɪ] Eichelhäher *m*

jazz [dʒæz] **1.** Jazz *m*; **2.** *~up j-n, et.* aufmöbeln

jealous ['dʒeləs] **(of)** eifersüchtig (auf); neidisch (auf); **'~y** Eifersucht *f*; Neid *m*

jeans [dʒiːnz] *pl* Jeans *pl*

jeep [dʒiːp] *TM* Jeep *m*

jeer [dʒɪə] **1.** *(at)* höhnische Bemerkung machen (über); höhnisch lachen (über); **~** *(at)* verhöhnen; **2.** höhnische Bemerkung; Hohngelächter *n*

jell|ied ['dʒelɪd] in Aspik *od.* Sülze; **'~y** Gallert(e *f*) *n*; Gelee *n*; Aspik *m*, Sülze *f*; Götterspeise *f*; *~* **baby** *Brt.* Gummibärchen *n*; *~* **bean** Gelee-, Gummibonbon *m*, *n*; *~fish* Qualle *f*

jeopardize ['dʒepədaɪz] gefährden

jerk [dʒɜːk] **1.** ruckartig ziehen an; sich ruckartig bewegen; (zs.-)zucken; **2.** Ruck *m*; Sprung *m*, Satz *m*; *med.* Zuckung *f*; **'~y** ruckartig; *Fahrt:* rüttelnd, schüttelnd

jersey ['dʒɜːzɪ] Pullover *m*

jest [dʒest] **1.** Scherz *m*, Spaß *m*; **2.** scherzen, spaßen

jet [dʒet] **1.** *(Wasser-etc.)*Strahl *m*; Düse *f*; *aer.* Jet *m*; **2.** (heraus-, hervor)schießen **(from** *od.*)*; aer.* F jetten; **~ engine** Düsentriebwerk *n*

jetty ['dʒetɪ] (Hafen)Mole *f*

Jew [dʒuː] Jude *m*, Jüdin *f*

jewel ['dʒuːəl] Juwel *m*, *n*, Edelstein *m*; **'~(l)er** Juwelier *m*; **'~(le)ry** ['~lrɪ] Juwelen *pl*; Schmuck *m*

Jew|ess ['dʒuːɪs] Jüdin *f*; **'~ish** jüdisch

jiffy ['dʒɪfɪ] F Augenblick *m*

jigsaw (puzzle) ['dʒɪgsɔ:] Puzzle(spiel) n

jilt [dʒɪlt] sitzenlassen; den Laufpaß geben (dat)

jingle ['dʒɪŋgl] **1.** klimpern (mit); bimmeln; Bimmeln n; Klimpern n

jitter ['dʒɪtə]: **the ~s** pl F Bammel m, e-e Heidenangst

job [dʒɔb] **1.** (einzelne) Arbeit; Stellung f, Arbeit f, Job m; Arbeitsplatz m; Aufgabe f, Sache f, Angelegenheit f; Computer: Job m, Auftrag m; a. ~ **work** Akkordarbeit f; **by the ~** im Akkord; **out of a ~** arbeitslos; **2.** Gelegenheitsarbeiten machen, jobben; (im) Akkord arbeiten; ~ **centre** Brt. Arbeitsamt n; ~ **hopping** Am. häufiger Arbeitsplatzwechsel; ~ **hunt:** **be ~ing** auf Arbeitssuche sein; **~less** arbeitslos

jockey ['dʒɔki] Jockei m

jog [dʒɔg] **1.** stoßen an od. gegen, j-n anstoßen; trotten, zuckeln; Sport: joggen; ~ Stoß m; Trott m; Sport: Trimmtrab m

join [dʒɔɪn] **1.** v/t verbinden, -einigen, zs.-fügen; sich anschließen (dat od. an) an; eintreten in, beitreten; teilnehmen an, mitmachen bei; ~ **in** einstimmen in; v/i sich vereinigen; ~ **in** teilnehmen, mitmachen; einstimmen; **2.** Verbindungsstelle f, Naht f; ~ **er** Tischler m, Schreiner m

joint [dʒɔɪnt] **1.** Verbindungs-, Nahtstelle f; Gelenk n; gastr. Braten m; bsd. Lokal: sl. Laden m, Bude f; Haschisch- od. Marihuanazigarette: Joint m; **2.** gemeinsam, gemeinschaftlich; ~**'stock company** Brt. Aktiengesellschaft f; ~ **venture** econ. Gemeinschaftsunternehmen n

jok|e [dʒəʊk] **1.** Scherz m, Spaß m; Witz m; **practical ~** Streich m; **play a ~ on s.o.** j-m e-n Streich spielen; **2.** scherzen, Witze od. Spaß machen; '**~er** Spaßvogel m, Witzbold m; Spielkarte: Joker m; '**~ingly** im Spaß, scherzhaft

jolly ['dʒɔli] **1.** adj lustig, fröhlich, vergnügt; **2.** adv Brt. F ganz schön; ~ **good** prima

jolt [dʒəʊlt] **1.** e-n Ruck od. Stoß geben; durchrütteln, -schütteln; Fahrzeug: rütteln, holpern; **2.** Ruck m, Stoß m; fig. Schock m

jostle ['dʒɒsl] (an)rempeln

jot [dʒɔt]: ~ **down** sich schnell et. notieren

joule [dʒu:l] Joule n

journal ['dʒɜ:nl] Tagebuch n; Journal n, Zeitschrift f; '**~ism** ['~lɪzəm] Journalismus m; '**~ist** Journalist(in)

journey ['dʒɜ:ni] Reise f

joy [dʒɔɪ] Freude f; '**~stick** aer. Steuerknüppel m; Computer: Joystick m

jubil|ant ['dʒu:bɪlənt] überglücklich; **~ation** [~'leɪʃn] Jubel *m*; **~ee** ['~liː] Jubiläum *n*

judge [dʒʌdʒ] **1.** Richter(in); Kenner(in); **2.** *jur.* Fall verhandeln; (be)urteilen; beurteilen, einschätzen; **'~(e)-ment** Urteil *n*; Urteilsvermögen *n*; Meinung *f*, Ansicht *f*; *the Last* ♀ das Jüngste Gericht; ♀ *Day*, *Day of* ♀ Jüngster Tag

judicial [dʒuː'dɪʃl] gerichtlich, Justiz...; richterlich

judicious [dʒuː'dɪʃəs] vernünftig, klug, umsichtig

jug [dʒʌg] Krug *m*; Kanne *f*, Kännchen *n*

juggle ['dʒʌgl] jonglieren (mit); **'~r** Jongleur *m*

juic|e [dʒuːs] Saft *m*; **'~y** saftig

jukebox ['dʒuːkbɒks] Jukebox *f*, Musikautomat *m*

July [dʒuː'laɪ] Juli *m*

jumble ['dʒʌmbl] **1.** *a.* **~ up** *od.* **together** durcheinanderwerfen; *Fakten* durcheinanderbringen; **2.** Durcheinander *n*; **~ sale** *Brt.* Wohltätigkeitsbasar *m*

jump [dʒʌmp] **1.** *v/i* springen; hüpfen; zs.-zucken (*at* bei); *v/t* springen über; **2.** Sprung *m*

'jumper¹ *Sport:* Springer(in)

'jumper² *bsd. Brt.* Pullover *m*

'jumpy nervös; schreckhaft

junct|ion ['dʒʌŋkʃn] *rail.* Knotenpunkt *m*; (Straßen-)Kreuzung *f*; **~ure** ['~ktʃə]: *at*

this ~ zu diesem Zeitpunkt

June [dʒuːn] Juni *m*

jungle ['dʒʌŋgl] Dschungel *m*

junior ['dʒuːnjə] **1.** junior; jüngere(r, -s); untergeordnet; *Sport:* Junioren..., Jugend...; **2.** Jüngere *m*, *f*; *Sport:* Junior(in)

junk [dʒʌŋk] Trödel *m*; Schrott *m*; Abfall *m*; *sl.* Stoff *m* (*bsd. Heroin*); **~ food** minderwertige(s) Nahrungsmittel; **'~ie**, **'~y** *sl.* Junkie *m*, Fixer(in); **'~yard** Schrottplatz *m*

juris|diction [dʒʊərɪs'dɪkʃn] Gerichtsbarkeit *f*; Zuständigkeit(sbereich *m*) *f*; **~pru-dence** [~'pruːdəns] Rechtswissenschaft *f*

juror ['dʒʊərə] Geschworene *f*

jury ['dʒʊərɪ] *die* Geschworenen *pl*; Jury *f*, Preisgericht *n*

just [dʒʌst] **1.** *adj* gerecht; angemessen; rechtmäßig; berechtigt; **2.** *adv* gerade, (so)eben, gerade, genau, eben; gerade (noch); nur; **~ about** ungefähr, etwa; **~ like that** einfach so; **~ now** gerade (jetzt), (so)eben

justice ['dʒʌstɪs] Gerechtigkeit *f*; Richter *m*

justi|fication [dʒʌstɪfɪ'keɪʃn] Rechtfertigung *f*; **~fy** ['~faɪ] rechtfertigen

'justly mit *od.* zu Recht

jut [dʒʌt]: **~ out** vorspringen, herausragen

juvenile ['dʒuːvənaɪl] **1.** jugendlich; Jugend...; ~ *delin-* **quency** Jugendkriminalität f; **2.** Jugendliche m, f

K

kangaroo [kæŋgə'ruː] Känguruh n

keel [kiːl] Kiel m

keen [kiːn] scharf (a. fig.); Kälte: schneidend; Interesse: stark, lebhaft; begeistert, leidenschaftlich; ~ **on** F versessen od. scharf auf

keep [kiːp] **1.** (Lebens)Unterhalt m; **for** ~**s** F für immer; **2.** (**kept**) v/t (be)halten; et. lassen, in e-m bestimmten Zustand (er)halten (~ **closed** Tür etc. geschlossen halten); im Besitz behalten; j-n aufhalten; aufheben, -bewahren; Ware führen; Laden etc. haben; Tiere halten; Versprechen, Wort halten; Buch führen; ernähren, er-, unterhalten; v/i bleiben; sich halten; mit ger: weiter...; ~ *smil-* **ing!** immer nur lächeln!; ~ (**on**) **talking** weitersprechen; ~ (**on**) **trying** es weiterversuchen, es immer wieder versuchen; ~ **s.o. company** j-m Gesellschaft leisten; ~ **s.o. waiting** j-n warten lassen; ~ **time** Uhr: richtig gehen; Takt od. Schritt halten; ~ **away** (sich) fernhalten (**from** von); ~ **back** zurückhalten (a. fig.); ~ **from** abhalten

von; bewahren vor; j-m et. vorenthalten, verschweigen; vermeiden (acc); ~ **in** Schüler(in) nachsitzen lassen; ~ **off** (sich) fernhalten von; sich fernhalten; ~ **off!** Betreten verboten!; ~ **on** Kleidungsstück anbehalten, anlassen, Hut aufbehalten; Licht brennen lassen; weitermachen (→ keep v/i mit ger); ~ **out** nicht hinein- od. hereinlassen; ~ **out!** Zutritt verboten!; ~ **to** fig. festhalten an, bleiben bei; ~ **s.th. to o.s.** et. für sich behalten; ~ **up** fig. aufrecht erhalten; fig. sich halten; Mut nicht sinken lassen; ~ **up with** Schritt halten mit; '~**er** Wächter(in), Aufseher(in); mst in Zssgn: Inhaber(in), Besitzer(in)

keg [keg] kleines Faß

kennel ['kenl] Hundehütte f; oft pl (sg konstr.) Hundezwinger m; Hundepension f

kept [kept] pret u. pp von **keep** 2

kerb [kɜːb], '~**stone** Brt. Bord-, Randstein m

kernel ['kɜːnl] Kern m

kettle ['ketl] Kessel m; '~**drum** (Kessel)Pauke f

key [kiː] **1.** Schlüssel m (a.

fig.); Taste *f*; *mus.* Tonart *f*; Schlüssel...; **2.** ~ *in Computer:* Daten eintippen, -geben; **'~board** Tastatur *f*; **'~hole** Schlüsselloch *n*

kick [kɪk] **1.** (mit dem Fuß) stoßen, treten, e-n Tritt geben *od.* versetzen; *Fußball:* schießen; strampeln; *Pferd:* ausschlagen; ~ **off** *Fußball:* anstoßen; ~ **out** F rausschmeißen; **2.** (Fuß)Tritt *m*, Stoß *m*; **(just) for ~s** F (nur so) zum Spaß; **'~off** *Fußball:* Anstoß *m*

kid [kɪd] **1.** Zicklein *n*; Ziegenleder *n*; F Kind *n*; **2.** F Spaß machen

kidnap ['kɪdnæp] **(-nap[p]ed)** kidnappen, entführen; **'~-(p)er** Kidnapper(in), Entführer(in); **'~(p)ing** Kidnapping *n*, Entführung *f*

kidney ['kɪdnɪ] Niere *f*

kill [kɪl] töten; umbringen, ermorden; **'~er** Mörder(in), Killer(in)

kiln [kɪln] Brennofen *m*

kilo ['kiːləʊ] Kilo *n*; **~gram(me)** ['kɪləʊgræm] Kilogramm *n*; **'~metre**, *Am.* **'~meter** Kilometer *m*

kilt [kɪlt] Kilt *m*, Schottenrock *m*

kin [kɪn] (*pl konstr.*) (Bluts-)Verwandtschaft *f*, Verwandte *pl*, Familie *f*

kind¹ [kaɪnd] freundlich, nett

kind² [~] Art *f*, Sorte *f*; **all ~s of** allerlei möglichen; **nothing of**

the ~ nichts dergleichen; **~ of** F ein bißchen

kindergarten ['kɪndəgɑːtn] Kindergarten *m*

kind-hearted [kaɪnd'hɑːtɪd] gütig

kindle ['kɪndl] anzünden, (sich) entzünden; *fig.* entfachen, *Interesse etc.* wecken

'kind|ly freundlich; **'~ness** Freundlichkeit *f*; Gefälligkeit *f*

king [kɪŋ] König *m*; **'~dom** (König)Reich *n*; **'~fisher** Eisvogel *m*; **'~-size(d)** Riesen...

kiosk ['kiːɒsk] Kiosk *m*; *Brt.* Telefonzelle *f*

kipper ['kɪpə] *Räucherhering:* Kipper *m*

kiss [kɪs] **1.** Kuß *m*; **2.** (sich) küssen

kit [kɪt] Ausrüstung *f*; Arbeitsgerät *n*, Werkzeug(e *pl*)

kitchen ['kɪtʃɪn] Küche *f*; Küchen...; **'~ette** [~'net] Kochnische *f*; Kleinküche *f*; ~ **sink** Spüle *f*

kite [kaɪt] Drachen *m*

kitten ['kɪtn] Kätzchen *n*

knack [næk] Kniff *m*, Dreh *m*

knapsack ['næpsæk] Tornister *m*; Rucksack *m*

knave [neɪv] *Kartenspiel:* Bube *m*

knead [niːd] kneten; massieren

knee [niː] Knie *n*; **'~cap** Kniescheibe *f*; **'~-joint** Kniegelenk *n*

kneel [niːl] (**knelt** od. **kneeled**) knien

knelt [nelt] pret u. pp von **kneel**

knew [njuː] pret von **know**

knickers ['nɪkəz] pl Brt. F (Damen)Schlüpfer m

knick-knacks ['nɪknæks] pl Nippes m

knife [naɪf] (pl **knives** [~vz]) Messer n

knight [naɪt] **1.** Ritter m; Schach: Springer m; **2.** zum Ritter schlagen

knit [nɪt] (**knitted** od. **knit**) stricken; a. ~ **together** zs.-fügen, verbinden; Knochen: zs.-wachsen; '~ting Stricken n; Strickzeug n; '~wear Strickwaren pl

knives [naɪvz] pl von **knife**

knob [nɒb] Knopf m, Knauf m, runder Griff

knock [nɒk] **1.** Schlag m, Stoß m; Klopfen n; **2.** schlagen, stoßen, klopfen; ~ **down** Gebäude etc. abreißen; umstoßen, -werfen; nieder-

schlagen; an-, umfahren; überfahren; mit dem Preis heruntergehen; ~ **out** bewußtlos schlagen; Boxen: k.o. schlagen; betäuben; ~ **over** umwerfen, umstoßen; überfahren; '~er (Tür)Klopfer m; ~**out** Boxen: K.o. m

knot [nɒt] **1.** Knoten m; **2.** (ver)knoten, -knüpfen; '~ty knotig; knorrig; fig. verwickelt, kompliziert

know [nəʊ] (**knew, known**) wissen; können; verstehen; kennen; (wieder)erkennen; unterscheiden (können); ~ **all about it** genau Bescheid wissen; '~ing klug; schlau; verständnisvoll, wissend; '~ingly wissentlich, absichtlich; ~**ledge** ['nɒlɪdʒ] Kenntnis(se pl) f; Wissen n; **to my** ~ meines Wissens; **have a good** ~ **of** viel verstehen von, sich gut auskennen in; ~**n 1.** pp von **know; 2.** bekannt

knuckle ['nʌkl] (Finger)Knöchel m

L

lab [læb] F Labor n

label ['leɪbl] **1.** Etikett n, F (Klebe- etc.)Zettel m, (-)Schild (-chen) n; **2.** etikettieren, beschriften

labor ['leɪbə] Am. → **labour**, etc.; ~ **office** Am. Arbeitsamt n; ~ **union** Am. Gewerkschaft f

laboratory [lə'bɒrətərɪ] Labor(atorium) n

laborious [lə'bɔːrɪəs] mühsam

labour, Am. **-bor** [-] **1.** (schwere) Arbeit; Mühe f; Arbeiter(schaft f) pl, Arbeitskräfte pl; med. Wehen pl; Arbeiter...; Arbeits...; **2.**

(schwer) arbeiten; sich be- _od._ abmühen, sich anstren- gen; '~ed schwerfällig; müh- sam; '~er (_bsd._ Hilfs)Arbei- ter _m_; '**Labour Party** _pol._ Labour Party _f_

lace [leɪs] **1.** _Textil._ Spitze _f_; Schnürsenkel _m_; **2.** _a._ **~ up** (zu)schnüren

lack [læk] **1.** Mangel _m_ (**of** an); **2.** nicht haben, Mangel haben an: _be_ **~ing** fehlen

lacquer ['lækə] **1.** Lack _m_; (Haar)Spray _m_, _n_; **2.** lackie- ren

lad [læd] Bursche _m_, Junge _m_

ladder ['lædə] Leiter _f_; _Brt._ Laufmasche _f_; '**~proof** ma- schenfest

laden ['leɪdn] beladen

ladle ['leɪdl] Schöpflöffel _m_, -kelle _f_

lady ['leɪdɪ] Dame _f_; 2 _Titel_: Lady _f_; _Ladies sg Toilette_: Damen; '**~bird**, _Am. a._ '**~- bug** Marienkäfer _m_

lag [læg]: **~ behind** zurück- bleiben

lager ['lɑːgə] Lagerbier _n_

lagoon [lə'guːn] Lagune _f_

laid [leɪd] _pret_ u. _pp von_ **lay²**

lain [leɪn] _pp von_ **lie¹**

lair [leə] _zo._: Lager _n_; Bau _m_; Höhle _f_

lake [leɪk] See _m_

lamb [læm] Lamm _n_

lame [leɪm] **1.** lahm (_a. fig._); **2.** lähmen

lament [lə'ment] **1.** jammern,

(weh)klagen; beklagen; **2.** (Weh)Klage _f_

laminated ['læmɪneɪtɪd] lami- niert, ge-, beschichtet; **~ glass** Verbundglas _n_

lamp [læmp] Lampe _f_; (_Stra- ßen_)Laterne _f_; '**~post** Later- nenpfahl _m_; '**~shade** Lam- penschirm _m_

lance [lɑːns] Lanze _f_

land [lænd] _in Zssgn mst_ lənd] **1.** Land _n_; Boden _m_; **by ~** auf dem Landweg; **2.** landen; Güter ausladen, _mar. a._ löschen

landing ['lændɪŋ] _aer._ Lan- dung _f_, Landen _n_, _mar. a._ Anlegen _n_; Treppenabsatz _m_; **~field → landing strip**; **~gear** _aer._ Fahrgestell _n_, -werk _n_; **~stage** Landungs- steg _m_, Anlegeplatz _m_; **~ strip** Landeplatz _m_, -bahn _f_

land|lady ['lænleɪdɪ] (Haus-, Gast-, Pensions)Wirtin _f_; **~lord** ['læn-] (Haus-, Gast-, Pensions)Wirt _m_; Grundbe- sitzer _m_; '**~lubber** ['lændlʌbə] _mar._ Landratte _f_; '**~mark** ['lænd-] Wahrzeichen _n_; _fig._ Meilenstein _m_; '**~owner** ['lænd-] Land-, Grundbesit- zer(in); '**~scape** ['lænskeɪp] Landschaft _f_; '**~slide**, '**~slip** ['lænd-] Land-, Erdrutsch _m_ (_a. pol._)

lane [leɪn] (Feld)Weg _m_; Gasse _f_; Sträßchen _n_; _mar._ Fahrrinne _f_; _aer._ Flug- schneise _f_; _mot._ (Fahr)Spur *f; Sport:* einzelne Bahn; **slow ~** *mot.* Kriechspur *f*

language ['læŋgwɪdʒ] Sprache *f;* Ausdrucksweise *f*

languid ['læŋgwɪd] matt; träg(e)

lank [læŋk] hager, dürr; *Haar:* glatt; **'~y** schlaksig

lantern ['læntən] Laterne *f*

lap¹ [læp] Schoß *m*

lap² [~] *v/t* (sch)lecken; **~ up** auflecken; *v/i* plätschern

lap³ [~] **1.** *Sport:* Runde *f;* **2.** (sich) überlappen, hinausragen an*; Sport:* Gegner überrunden

lapel [lə'pel] Revers *n, m,* Aufschlag *m*

larceny ['lɑːsənɪ] Diebstahl *m*

larch [lɑːtʃ] Lärche *f*

lard [lɑːd] Schweinefett *n,* -schmalz *n;* **'~er** Speisekammer *f;* Speiseschrank *m*

large [lɑːdʒ] **1.** *adj* groß; beträchtlich, reichlich; umfassend, weitgehend; **2.** *s:* **at ~** in Freiheit, auf freiem Fuße; (sehr) ausführlich; **'~ly** großßen-, größtenteils

lark¹ [lɑːk] Lerche *f*

lark² [~] F Jux *m,* Spaß *m*

larva ['lɑːvə] *(pl* -vae ['~viː]) Larve *f*

laryngitis [lærɪn'dʒaɪtɪs] Kehlkopfentzündung *f;* **~x** ['~ŋks] *(pl* -ynges [lə'rɪndʒiːz], -ynxes) Kehlkopf *m*

lascivious [lə'sɪvɪəs] lüstern

laser ['leɪzə] Laser *m*

lash¹ [læʃ] **1.** Peitschenschnur

f; (Peitschen)Hieb *m;* Wimper *f;* **2.** peitschen (mit); schlagen

lash² [~] (fest)binden

lass [læs], **'~ie** Mädchen *n*

last¹ [lɑːst] **1.** *adj* letzte(r, -s); vorige(r, -s); **~ but one** vorletzte(r, -s); **~ night** gestern abend, letzte Nacht; **2.** *adv* an letzter Stelle; **~ but not least** nicht zuletzt; **3.** *s der, die, das* letzte; **at ~** endlich

last² [~] (an-, fort)dauern; (sich) halten; (aus)reichen

'lastly zuletzt, zum Schluß

latch [lætʃ] **1.** Schnappriegel *m;* Schnappschloß *n;* **2.** ein-, zuklinken; **'~key** Haus-, Wohnungsschlüssel *m*

late [leɪt] spät; ehemalig; neueste(r, -s); verstorben; **be ~** zu spät kommen, sich verspäten, *Zug etc.:* Verspätung haben; **of ~** kürzlich; **~r on** später; **'~ly** in letzter Zeit; **~st** ['~ɪst] *s* Neu(e)ste *n*

lath [lɑːθ] Latte *f,* Leiste *f*

lathe [leɪð] Drehbank *f*

lather ['lɑːðə] **1.** (Seifen-) Schaum *m;* **2.** einseifen; schäumen

Latin ['lætɪn] **1.** lateinisch; **2.** Latein *n*

latitude ['lætɪtjuːd] *geogr.* Breite *f*

latter ['lætə] letztere(r, -s) *(von zweien);* letzte(r, -s)

lattice ['lætɪs] Gitter *n*

laugh [lɑːf] **1.** lachen; **~ at**

lachen über; *j-n* auslachen;
2. Lachen *n*, Gelächter *n*;
'**~ingstock: make s.o. the ~
of** *j-n* zum Gespött (*gen*)
machen; '**~ter** Lachen *n*

launch [lɔːntʃ] **1.** *Schiff* vom
Stapel lassen; *Geschoß* ab-
schießen; *Rakete*, *Raumfahrzeug a.* starten; *Projekt etc.*
in Gang setzen, starten; **2.**
Stapellauf *m*; Abschuß *m*,
Start *m*; Barkasse *f*; '**~(ing)
pad** Abschußrampe *f*

laund|er ['lɔːndə] *Wäsche*
waschen (*a.* bügeln); **~erette**
[~'ret], *bsd. Am.* **~romat**
['~drəmæt] Waschsalon *m*;
~ry ['~drɪ] Wäscherei *f*;
Wäsche *f*

laurel ['lɒrəl] Lorbeer *m*

lavatory ['lævətərɪ] Wasch-
raum *m*; Toilette *f*

lavender ['lævəndə] Lavendel *m*

lavish ['lævɪʃ] (sehr) freigebig, verschwenderisch

law [lɔː] Gesetz *n*; Recht(s-
system) *n*; Rechtswissenschaft *f*, Jura; Gesetz *n*, Vorschrift *f*; **~ court** Ge-
richt(shof *m*) *n*; '**~ful** gesetzlich; rechtmäßig; '**~less** ge-
setzlos; rechtswidrig

lawn [lɔːn] Rasen *m*

law|suit ['lɔːsuːt] Prozeß *m*;
~yer ['~jə] (Rechts)Anwalt
m, (-)Anwältin *f*; Jurist(in)

lax [læks] locker, lasch; **~a-
tive** ['~ətɪv] Abführmittel *n*

lay¹ [leɪ] *pret von* **lie¹** 1

lay² [~] (*laid*) *v/t* legen; *Tisch*
decken; *Eier* legen; *Hinter-
halt etc.* legen; *v/i* (*Eier*)
legen; **~ aside** beiseite legen,
zurücklegen; **~ off** *Arbeiter*
(*bsd.* vorübergehend) entlassen; **~ out** ausbreiten, -legen;
planen, entwerfen; *Garten
etc.* anlegen

lay³ [~] Laien...

'**lay|about** *Brt.* F Faulenzer
m; '**~by** *Brt.* Park-, Rast-
platz *m*; Parkbucht *f*; '**~er**
Schicht *f*, Lage *f*

'**layman** (*pl* **-men**) Laie *m*

lazy ['leɪzɪ] faul, träg(e)

lead¹ [liːd] **1.** (*led*) führen;
(an)führen, leiten; **~ on** *j-n*
et. vor- *od.* weismachen; **~ to**
fig. führen zu; **~ up to** *fig.*
(allmählich) führen zu; **2.**
Führung *f*; Leitung *f*; Spit-
ze(nposition) *f*; *thea.*: Hauptrolle *f*; Hauptdarsteller(in) *f*;
(Hunde)Leine *f*; Vorsprung
m (*a.* Sport); Vorbild *n*, Beispiel *n*; Hinweis *m*, Tip *m*;
Anhaltspunkt *m*

lead² [led] Blei *n*; Lot *n*; (Bleistift)Mine *f*; '**~en** bleiern; *a.
fig.*); aus Blei, Blei...

leader ['liːdə] (An)Füh-
rer(in); Leiter(in); *Brt.* Leitartikel *m*; '**~ship** Führung *f*,
Leitung *f*

lead-free [led'friː] bleifrei

leading ['liːdɪŋ] führend; lei-
tend; Haupt...

leaf [liːf] **1.** (*pl* **leaves** [~vz])

Blatt n; (Tisch)Klappe f; Ausziehplatte f; 2. ~ through durchblättern; ~let ['~lɪt] Flugblatt n, Hand-, Reklamezettel m; Prospekt m

league [li:g] Liga f; Bund m

leak [li:k] 1. Leck n; undichte Stelle; 2. leck sein; tropfen; ~ out auslaufen; fig. durchsikkern; ~age ['~ɪdʒ] Auslaufen n; ~y leck, undicht

lean¹ [li:n] (leant od. leaned) (sich) lehnen; sich neigen; ~ on sich stützen auf

lean² [~] mager

leant [lent] pret u. pp von lean¹

leap [li:p] 1. (leapt od. leaped) springen; 2. Sprung m; ~t [lept] pret u. pp von leap 1; ~ year Schaltjahr n

learn [lɜ:n] (learned od. learnt) (er)lernen; erfahren, hören; ~ed ['~ɪd] gelehrt; ~er Anfänger(in); Fahrschüler(in); ~ing Gelehrsamkeit f; ~t [~t] pret u. pp von learn

lease [li:s] 1. Pacht f, Miete f; Pacht-, Mietvertrag m; 2. pachten, mieten; leasen; a. ~ out verpachten, vermieten

leash [li:ʃ] (Hunde)Leine f

least [li:st] 1. adj geringste(r, -s), mindeste(r, -s), wenigste(r, -s); 2. s das Mindeste, das Wenigste; at ~ mindestens, wenigstens; 3. adv am wenigsten

leather ['leðə] Leder n

leave [li:v] 1. (left) (hinter-, über-, übrig-, ver-, zurück-) lassen; hängen-, liegen-, stehenlassen, vergessen; vermachen, -erben; (fort-, weg)gehen; abreisen; abfahren; ~ alone allein lassen; j-n, et. in Ruhe lassen; be left übrigbleiben; übrig sein; 2. Erlaubnis f; mil. Urlaub m; Abschied m; on ~ auf Urlaub

leaves [li:vz] pl von leaf 1; Laub n

lecture ['lektʃə] 1. Vortrag m; univ. Vorlesung f; Strafpredigt f; 2. e-n Vortrag od. Vorträge halten; univ. e-e Vorlesung od. Vorlesungen halten; j-m e-e Strafpredigt halten; ~r univ.: Lehrbeauftragte m, f; Dozent(in)

led [led] pret u. pp von lead¹

ledge [ledʒ] Leiste f, Sims m, n

leech [li:tʃ] Blutegel m

leek [li:k] Lauch m, Porree m

leer [lɪə] 1. anzügliches Grinsen; lüsterner Seitenblick; 2. anzüglich grinsen

left¹ [left] pret u. pp von leave¹

left² [~] 1. adj linke(r, -s); Links...; 2. s die Linke, linke Seite; on the ~ links, auf der linken Seite; to the ~ (nach) links; keep to the ~ sich links halten; mot. links fahren; 3. adv links; turn ~ (sich) nach links wenden; mot. links abbiegen; '~-hand: ~ bend Linkskurve f; ~ drive Linkssteuerung f; ~ turn linke

Abzweigung *f*; ~'**handed** linkshändig; ~ **luggage (office)** *Brt.* Gepäckaufbewahrung(stelle) *f*; '~**overs** *pl* Reste *pl*

leg [leg] Bein *n*; (*Lamm- etc.*)Keule *f*; **pull s.o.'s ~** *F* j-n auf den Arm nehmen

legacy ['legǝsɪ] Vermächtnis *n*, Erbschaft *f*

legal ['liːgl] gesetzlich, rechtlich; legal, gesetzmäßig

legend ['ledʒǝnd] Legende *f* (*a. fig.*), Sage *f*

legible ['ledʒǝbl] leserlich

legislat|e ['ledʒɪsleɪt] Gesetze erlassen; ~**ion** [~'leɪʃn] Gesetzgebung *f*; ~**ive** ['~lǝtɪv] gesetzgebend; ~**or** ['~leɪtǝ] Gesetzgeber *m*; ~**ure** ['~tʃǝ] Legislative *f*

legitimate [lɪ'dʒɪtɪmǝt] legitim, rechtmäßig; ehelich

leisure ['leʒǝ] freie Zeit; Muße *f*; Freizeit...; '~**ly** gemächlich, gemütlich

lemon ['lemǝn] Zitrone *f*; Zitronen...; ~**ade** [~'neɪd] Zitronenlimonade *f*; ~ **squash** *Brt.* Getränk aus gesüßtem Zitronenkonzentrat u. Wasser

lend [lend] (*lent*) (ver-, aus)leihen; '~**ing library** Leihbücherei *f*

length [leŋθ] Länge *f*; (Zeit-)Dauer *f*; **at ~** ausführlich; '~**en** verlängern, länger machen; länger werden

lenient ['liːnjǝnt] mild(e)

lens [lenz] *anat., opt.* Linse *f*; *phot.* Objektiv *n*

lent [lent] *pret u. pp von* **lend**

Lent [~] Fastenzeit *f*

lentil ['lentɪl] *bot.* Linse *f*

leopard ['lepǝd] Leopard *m*

leotard ['liːǝʊtɑːd] Trikot *n*

less [les] **1.** *adv* weniger; **2.** *adj* geringer, kleiner, weniger; **3.** *prp* weniger, minus; ~**en** ['~sn] (sich) vermindern *od.* verringern

lesson ['lesn] Lektion *f* (*a. fig.*); (Unterrichts)Stunde *f*; *pl* Unterricht *m*; *fig.* Lehre *f*

let [let] (*let*) lassen; *bsd. Brt.* vermieten; ~ **alone** in Ruhe lassen; geschweige denn; ~ **down** j-n im Stich lassen, enttäuschen; ~ **go** loslassen

lethal ['liːθl] tödlich

letter ['letǝ] Buchstabe *m*; Brief *m*; '~**box** *bsd. Brt.* Briefkasten *m*

lettuce ['letɪs] (Kopf)Salat *m*

leuk(a)emia [luː'kiːmɪǝ] Leukämie *f*

level ['levl] **1.** *adj* Straße *etc.*: eben; gleich (*a. fig.*); ~ **with** auf gleicher Höhe mit; **make** ~ **with** auf gleiche Höhe bringen; ~ **crossing** *Brt.* schienengleicher Bahn- ... parallel zu; **2.** *adv*: ~ **with** in Höhe (*gen*); **3.** *s* Wasserwaage *f*; Ebene *f* (*a. fig.*), ebene Fläche; Höhe *f* (*a. geogr.*), (*Wasser- etc.*)Spiegel *m*, (-)Stand *m*, (-)Pegel *m*; *fig.* Niveau *n*; **4.** *v/t* (ein)ebnen, planieren; dem Erdboden gleichmachen; ~ **crossing** *Brt.* schienengleicher Bahn-

übergang; ~**'headed** kühl, überlegt, vernünftig

lever ['liːvə] Hebel *m*

levy ['levi] **1.** *econ.*: Erhebung *f*; Steuer *f*, Abgabe *f*; **2.** *Steuern etc.* erheben

lewd [ljuːd] geil, lüstern

liability [laɪə'bɪlətɪ] Verpflichtung *f*, Verbindlichkeit *f*; Haftung *f*, Haftpflicht *f*; Anfälligkeit (**to** für)

liable ['laɪəbl] haftbar, -pflichtig; **be ~ to** neigen zu

liar ['laɪə] Lügner(in)

libel ['laɪbl] **1.** *jur.* Verleumdung *f*; **2.** verleumden

liberal ['lɪbərəl] liberal, aufgeschlossen; großzügig

liberate ['lɪbəreɪt] befreien; freilassen

liberty ['lɪbətɪ] Freiheit *f*; **at ~** frei

librarian [laɪ'breərɪən] Bibliothekar(in), ~**y** ['~brərɪ] Bibliothek *f*; Bücherei *f*

lice [laɪs] *pl von* **louse**

licence, *Am.* -**cense** ['laɪsəns] Lizenz *f*, Konzession *f*; (*Führer- etc.*)Schein *m*; ~ **number** *mot.* Kennzeichen *n*

license, *Am. a.* -**cence** ['~] konzessionieren, behördlich genehmigen *od.* zulassen

licensee [laɪsən'siː] Lizenzinhaber(in)

license plate *Am. mot.* Nummernschild *n*

lichen ['laɪkən] *bot.* Flechte *f*

lick [lɪk] (ab)lecken; F verdreschen; '~**ing** F Dresche *f*

lid [lɪd] Deckel *m*; Lid *n*

lie¹ [laɪ] **1.** (*lay, lain*) liegen; ~ **down** sich niederlegen; ~ **in** *Brt.* (*morgens*) lang im Bett bleiben; **2.** Lage *f*

lie² [~] **1.** (*lied*) lügen; **2.** Lüge *f*

lieutenant [lef'tenənt, *Am.* luː'tenənt] Leutnant *m*

life [laɪf] (*pl* **lives** [~vz]) Leben *n*; **all her** ~ ihr ganzes Leben lang; ~ **assurance** *Brt.* Lebensversicherung *f*; ~ **belt** Rettungsgürtel *m*, -ring *m*; '~**boat** Rettungsboot *n*; '~**guard** Rettungsschwimmer *m*; ~ **insurance** Lebensversicherung *f*; ~ **jacket** Schwimmweste *f*; '~**less** los; matt; '~**like** lebensecht; '~**line** *mar.* Rettungsleine *f*; *fig.* Rettungsanker *m*; '~**long** lebenslang; ~ **preserver** *Am.* Schwimmweste *f*; Rettungsgürtel *m*, -ring *m*; '~**saving** lebensrettend; '~**time** Lebenszeit *f*

lift [lɪft] **1.** (hoch-, auf-, er)heben; sich heben; ~ **off** *Rakete:* starten; *Flugzeug:* abheben; **2.** (Hoch-, Auf)Heben *n*; *phys., aer.* Auftrieb *m*; *Brt.* Lift *m*, Aufzug *m*, Fahrstuhl *m*; **give s.o. a** ~ j-n (im Auto) mitnehmen; '~**off** *aer.* Start *m*

ligament ['lɪgəmənt] *anat.* Band *n*

light¹ [laɪt] **1.** *s* Licht *n* (*a.* *fig.*); Beleuchtung *f*; *Kerze etc.:* Schein *m*; Feuer *n* (*zum*

Anzünden); fig. Aspekt *m;* **in the ~ of** *Brt.,* **in ~ of** *Am.* in Anbetracht *(gen);* **2.** *adj* hell, licht; **3.** *(lighted od. lit) v/t* be-, erleuchten, erhellen; *a.* **~ up** anzünden; *v/i mst* **~ up** *Augen etc.:* aufleuchten

light² [~] leicht

light bulb Glühbirne *f*

lighten¹ ['laɪtn] sich aufhellen, hell(er) werden; blitzen; erhellen

lighten² ['~] leichter machen *od.* werden; erleichtern

'lighter Feuerzeug *n*

light-'hearted unbeschwert

'light|house Leuchtturm *m;* **'~ing** Beleuchtung *f*

'lightly leicht

'lightness¹ Helligkeit *f*

'lightness² Leichtigkeit *f*

lightning ['laɪtnɪŋ] Blitz *m;* **~ conductor** *Brt.,* **~ rod** *Am.* Blitzableiter *m*

light pen Lichtstift *m*

'lightweight *Sport:* Leichtgewicht(ler *m) n*

likable ['laɪkəbl] liebenswert

like¹ [laɪk] **1.** gleich; wie; ähnlich; *what is she ~?* wie ist sie?; **2.** *der, die, das* gleiche

like² [~] gern haben, mögen; wollen; *I ~ it* es gefällt mir; *I ~ her* ich kann sie gut leiden; *I would ~ to know* ich möchte gern wissen; *(just)* **as you ~** (ganz) wie du willst; *if you ~* wenn Sie wollen; **'~able** = *likable*

like|lihood ['laɪklɪhʊd] Wahr-

scheinlichkeit *f;* **'~ly** wahrscheinlich; geeignet; **'~ness** Ähnlichkeit *f*

liking ['laɪkɪŋ] Vorliebe *f*

lilac ['laɪlək] **1.** Flieder *m;* **2.** fliederfarben, lila

lily ['lɪlɪ] Lilie *f;* **~ of the valley** Maiglöckchen *n*

limb [lɪm] *(Körper)*Glied *n;* Ast *m; pl* Gliedmaßen *pl*

lime¹ [laɪm] Kalk *m*

lime² [~] Linde *f*

lime³ [~] Limone *f*

'limelight *fig.* Rampenlicht *n*

limit ['lɪmɪt] **1.** Limit *n,* Grenze *f; off* **~s** *bsd. Am.* Zutritt verboten; *that's the ~!* F das ist (doch) die Höhe!; *within* **~s** in (gewissen) Grenzen; **2.** begrenzen, beschränken (*to* auf); **~ation** [~'teɪʃn] *fig.* Grenze *f;* Beschränkung *f;* **'~ed (liability) company** Gesellschaft *f* mit beschränkter Haftung

limp¹ [lɪmp] hinken

limp² [~] schlaff; welk

line¹ [laɪn] **1.** Linie *f,* Strich *m;* Falte *f,* Runzel *f;* Zeile *f; pl thea. etc.* Rolle *f,* Text *m;* Richtung *f;* Reihe *f;* (Menschen)Schlange *f;* (Abstammungs)Linie *f;* Fach *n,* Gebiet *n,* Branche *f; (Verkehrs-, Eisenbahn- etc.)*Linie *f,* Strecke *f; (Flug- etc.)*Gesellschaft *f; teleph.* Leitung *f;* Leine *f;* Schnur *f; the ~ is busy od. engaged teleph.* die Leitung ist besetzt; *hold the*

~ *teleph.* bleiben Sie am Apparat; **draw the ~** *fig.* die Grenze ziehen, haltmachen (**at** bei); **2.** lini(i)eren; *Gesicht* zeichnen, (zer)furchen; *Straße etc.* säumen, einfassen; **~ up** (sich) in e-r Reihe *od.* Linie aufstellen

line² [~] *Kleid etc.* füttern; *tech.* auskleiden, -kleiden

linen ['lının] Leinen *n*; (*Bett-etc.*)Wäsche *f*

liner ['laınə] Linienschiff *n*; Verkehrsflugzeug *n*

'**linesman / woman** (*pl -men* / *-women*) Linienrichter/in

linger ['lıŋgə] verweilen

lingerie ['læŋʒəriː] Damenunterwäsche *f*

liniment ['lınımənt] *med.* Einreibemittel *n*

'**lining** Futter(stoff *m*) *n*; *tech.*: Auskleidung *f* (*Brems- etc.*) Belag *m*

link [lıŋk] **1.** (Ketten)Glied *n*; *fig.* (Binde)Glied *n*; Verbindung *f*; **2.** *a.* **~ up** (sich) verbinden

links [lıŋks] → *golf links*

lion ['laıən] Löwe *m*; **~ess** ['~es] Löwin *f*

lip [lıp] Lippe *f*; '**~stick** Lippenstift *m*

liqueur [lı'kjuə] Likör *m*

liquid ['lıkwıd] **1.** Flüssigkeit *f*; **2.** flüssig

liquor ['lıkə] alkoholische Getränke *pl*, Alkohol *m*; *Am.* Spirituosen *pl*, Schnaps *m*

liquorice ['lıkərıs] *a.* **licorice** Lakritze *f*

lisp [lısp] lispeln

list [lıst] **1.** Liste *f*, Verzeichnis *n*; **2.** in e-e Liste eintragen

listen ['lısn] hören; **~ in** Radio hören; **~ to** zu-, anhören; hören auf; '**~er** Zuhörer(in); (Rundfunk)Hörer(in)

listless ['lıstlıs] lustlos

lit [lıt] *pret u. pp von* **light**³

liter *Am.* → **litre**

literal ['lıtərəl] wörtlich

litera|ry ['lıtərərı] literarisch, Literatur...; **~ture** ['~rətʃə] Literatur *f*

litre, *Am.* **-ter** ['liːtə] Liter *m*

litter ['lıtə] (*bsd. Papier*)Abfall *m*; Streu *f*; *zo.* Wurf *m*; Trage *f*; Sänfte *f*; **~ basket**, '**~bin** Abfallkorb *m*

little ['lıtl] **1.** *adj* klein; wenig; **the ~ ones** *pl* die Kleinen *pl*; **2.** *adv* wenig, kaum; **3.** *su.* a wenig; **~ by ~** (ganz) allmählich, nach u. nach

live¹ [lıv] leben; wohnen (**with** bei); **~ on** leben von; weiterleben; **~ up to** den Erwartungen *etc.* entsprechen

live² [laıv] **1.** *adj* lebend; -bendig; strömführend; *Rundfunk, TV:* Direkt..., Original..., Live-...; **2.** *adv* direkt, original, live

live|lihood ['laıvlıhʊd] Lebensunterhalt *m*; '**~ly** lebhaft; lebendig

liver ['lıvə] Leber *f*

livery ['lıvərı] Livree *f*

lives [laɪvz] *pl von* life

'livestock Vieh(bestand *m*) *n*

livid ['lɪvɪd] bläulich; fahl; F fuchsteufelswild

living ['lɪvɪŋ] **1.** lebend; **2.** Lebensunterhalt *m*; Leben (*Lebensweise f*) *n*; *earn od.* **make a ~** sich s-n Lebensunterhalt verdienen; *standard of ~, ~ standard* Lebensstandard *m*; *~ room* Wohnzimmer *n*

lizard ['lɪzəd] Eidechse *f*

load [ləʊd] **1.** Last *f* (*a. fig.*); Ladung *f*; Belastung *f*; **2.** überhäufen (*with* mit); *Schußwaffe:* laden; *a. ~ up* (auf-, be-, ein)laden

loaf[1] [ləʊf] (*pl* loaves [~vz]) Laib *m* (*Brot*)

loaf[2] [~] *a. ~ about od. around* herumlungern; faulenzen

loam [ləʊm] Lehm *m*

loan [ləʊn] **1.** Anleihe *f*; Darlehen *n*; (Ver)Leihen *n*; Leihgabe *f*; *on ~* leihweise; **2.** *bsd. Am.* (aus)leihen, verleihen

loathe [ləʊð] verabscheuen

loaves [ləʊvz] *pl von* loaf[1]

lobby ['lɒbɪ] Vorhalle *f*; Wandelhalle *f*; *pol.* Lobby *f*

lobe [ləʊb] *anat.* Lappen *m*; Ohrläppchen *n*

lobster ['lɒbstə] Hummer *m*

local ['ləʊkl] **1.** örtlich, lokal; Orts..., ansässig; *Brt.* F *bsd.* Stammkneipe *f*; *mst pl* Ortsansässige *m, f*, Einheimische *m, f*; *~ call* *teleph.* Ortsgespräch *n*; *'~ity* [~'kælətɪ] Ort *m*; *'~ly* örtlich; am

---

Ort; *~ time* Ortszeit *f*

locat|e [ləʊ'keɪt] ausfindig machen; *be ~d* gelegen sein; *~ion* Lage *f*, Standort *m*, Platz *m*; *~ on ~ Film:* auf Außenaufnahme

loch [lɒk, lɒx] See *m*; Bucht *f*

lock [lɒk] **1.** (*Tür-, Gewehretc.*)Schloß *n*; Schleuse(nkammer) *f*; **2.** *v/t* zu-, verschließen, zu-, versperren (*a. ~ up*); umschlingen, -fassen; *tech.* sperren; *~ away* wegschließen; *~ in, ~ up* einschließen, (ein)sperren; *~ out* ausschließen; *v/i* schließen; ab- *od.* verschließbar sein; *mot. etc. Räder:* blockieren

'lock|er Schließfach *n*; Spind *m, n*; *~et* [~ɪt] Medaillon *n*; *'~smith* Schlosser *m*

locust ['ləʊkəst] Heuschrecke *f*

lodg|e [lɒdʒ] **1.** Portierloge *f*; Pförtnerhaus *n*; (*Jagd- etc.*) Hütte *f*; Sommer-, Gartenhaus *n*; **2.** *v/i* logieren, (in Untermiete) wohnen; *Kugel, Bissen etc.:* stecken(bleiben); *v/t* aufnehmen, (für die Nacht) unterbringen; *Beschwerde etc.* einreichen; *'~er* Untermieter(in); *'~ing* Unterkunft *f*; *pl* möbliertes Zimmer

loft [lɒft] (Dach)Boden *m*; *bsd. Am.* Dachgeschoßwohnung *f*; Heuboden *m*; Empore *f*; *'~y* hoch; hochmütig

log [lɒg] (Holz)Klotz *m*; (ge-

loop

fällter) Baumstamm; (Holz-)
Scheit *n*; → **'.book** *mar.*
Logbuch *n*; *aer.* Bordbuch *n*;
mot. Fahrtenbuch *n*; **~ cabin**
Blockhaus *n*

logic ['lɒdʒɪk] Logik *f*; **'.al**
logisch

loin [lɔɪn] *gastr.* Lende(nstück
n) *f*; *pl anat.* Lende *f*

loiter ['lɔɪtə] bummeln, trödeln; herumlungern

loll [lɒl] sich rekeln

lollipop ['lɒlipɒp] Lutscher
m; *bsd. Brt.* Eis *n* am Stiel

lone|liness ['ləʊnlɪnɪs] Ein-
samkeit *f*; **'.ly** einsam

long¹ [lɒŋ] **1.** *adj* lang *(a. Entfernung, Weg)*: weit; langfristig;
2. *adv* lang(e): *as od.* **so ~ as**
solange wie; vorausgesetzt,
daß; **so ~!** F bis dann!; **3.** *s*
(e-e) lange Zeit; *before* **~**
bald; *for* **~** lange (Zeit); *take*
~ lange brauchen *od.* dauern

long² [~] sich sehnen (*for*
nach)

long-'distance Fern...; Langs-
strecken...; **~ call** Ferngespräch *n*

longing ['lɒŋɪŋ] Sehnsucht *f*

longitude ['lɒndʒɪtjuːd] *geogr.*
Länge *f*

long| jump Weitsprung *m*;
~'range Langstrecken...;
~'sighted weitsichtig;
~'term langfristig; **~ wave** Langwelle *f*

loo [luː] *Brt.* F Klo *n*

look [lʊk] **1.** Blick *m* (*at* auf;

Miene *f*, (Gesichts)Aus-
druck *m*; *oft pl* Aussehen *n*;
2. sehen, blicken, schauen
(*at, on* auf; nach); (nach-)
sehen, nachsehen; *Zim-
mer etc.* liegen *od.* (hinaus)gehen nach: **~** aus-
schauen, -sehen wie (*a. fig.*)
sehen wie; **~ after** aufpassen
auf, sich kümmern um, sorgen für; **~ at** ansehen, betrachten; **~ back** *fig.* zurückblicken; **~ down on** *fig.* her-
absehen auf; **~ for** suchen
(nach); **~ forward to** sich
freuen auf; **~ in** F Besucher:
vorbeischauen (*on* bei); **~
into** untersuchen, prüfen; **~
on** ansehen, betrachten (*as*
als); zusehen, -schauen; **~
out** aufpassen; Ausschau
halten (*for* nach); **~ out!** paß
auf!; **~ over** (sich) *et.* (flüchtig) ansehen *od.* -schauen, *et.*
(flüchtig) überprüfen; **~
round** sich umsehen; **~
through** *et.* durchsehen; **~ to**
sich verlassen auf; **~ up** auf-
blicken, -sehen (*fig. to* zu);
Wort etc. nachschlagen; *j-n*
aufsuchen

'look|ing glass Spiegel *m*;
'.-out: be on the ~ for Ausschau halten nach

loom [luːm] Webstuhl *m*

loony ['luːni] *sl.* bekloppt,
verrückt; **~ bin** *sl.* Klaps-
mühle *f*

loop [luːp] **1.** Schlinge *f*,
Schleife *f*; Schlaufe *f*; Öse

f; *Computer:* Programmschleife *f;* **2.** (sich) schlingen

loose [lu:s] los(e), locker; weit; frei; **~n** ['~sn] (sich) lösen *od.* lockern

loot [lu:t] **1.** (Kriegs-, Diebes)Beute *f;* **2.** plündern

lop [lɔp] *Baum* beschneiden; **~ off** abhauen; **~'sided** schief

lord [lɔːd] Herr *m,* Gebieter *m;* *Brt.* Lord *m;* **the** ♀, **a** **(the)** ♀ **God** Gott *m* (der Herr); **the (House of) ♀s** *Brt.* Oberhaus *n;* ♀ **Mayor** *Brt.* Oberbürgermeister *m;* ♀'**s Prayer** Vaterunser *n;* ♀'**s Supper** (heiliges) Abendmahl

lorry ['lɔri] *Brt.* Last(kraft)-wagen *m,* Lastauto *n*

lose [lu:z] **(lost)** verlieren; versäumen, -passen; *Uhr:* nachgehen; **~ o.s.** sich verirren; **'~r** Verlierer(in)

loss [lɔs] Verlust *m;* **be at a ~** in Verlegenheit sein **(for** um)

lost [lɔst] **1.** *pret u. pp von* **lose; 2.** verloren; *fig.* versunken; vertieft; **~-and-'found (office)** *Am.,* **~ property office** *Brt.* Fundbüro *n*

lot [lɔt] Los *n;* Parzelle *f,* Grundstück *n;* (Waren-)Posten *m;* Gruppe *f,* Gesellschaft *f;* F Menge *f,* Haufen *m;* Los *n,* Schicksal *n;* **the ~** alles, *Personen:* alle; **a ~ of, ~s of** viel, e-e Menge; **parking ~** *Am.* Parkplatz *m*

lotion ['ləʊʃn] Lotion *f,*

(Haut-, Rasier)Wasser *n*

loud [laʊd] laut; *fig.* grell, auffallend, *Farben:* schreiend; **~'speaker** Lautsprecher *m*

lounge [laʊndʒ] **1.** *bsd. Brt.* Wohnzimmer *n;* *Hotel,* *Schiff:* Gesellschaftsraum *m,* Salon *m;* *Flughafen:* Wartehalle *f;* **2. ~ about** *od.* **around** herumlümmern

lous|e [laʊs] *(pl* **lice** [laɪs]) Laus *f;* **~y** ['~zɪ] verlaust; F miserabel

lout [laʊt] Flegel *m*

lovable ['lʌvəbl] liebenswert, reizend

love [lʌv] **1.** Liebe *f;* Liebling *m,* Schatz *m;* *Anrede, oft unübersetzt:* Schatz; *bsd. Tennis:* null; **be in ~** verliebt sein **(with** in); **fall in ~** sich verlieben **(with** in); **make ~** sich *(körperlich)* lieben; **2.** lieben, gerne mögen; **~ to do s.th.** et. sehr gern tun; '**~able** → **lovable; ~ letter** Liebesbrief *m;* '**~ly** (wunder)schön; nett, reizend; F prima, großartig; '**~r** Liebhaber *m,* Geliebte *m;* Geliebte *f; pl* Liebende *pl,* Liebespaar *n;* (*Musik- etc.*)Liebhaber(in)

loving ['lʌvɪŋ] liebevoll, liebend

low[1] [laʊ] **1.** niedrig *(a. fig.);* tief *(a. fig.);* Vorräte *etc.:* knapp; *Ton etc.:* tief; *Ton,* *Stimme etc.:* leise; gering (-schätzig); ordinär; *fig.* niedergeschlagen, deprimiert; **2.** Tief *n (a. meteor.)*

low² [~] *Rind:* brüllen, muhen

'low|brow 1. geistig Anspruchslose *m*, *f*; **2.** geistig anspruchslos; **~'calorie** kalorienarm

lower ['ləʊə] **1.** niedriger; tiefer; untere(r, -s), Unter...; **2.** niedriger machen; herunter-, herablassen; senken; *fig.* erniedrigen

'low|-fat fettarm; **'~land** Flachland *n*; *Tonland etc.*: rauscharm; **'~-pressure area** Tief(-druckgebiet) *n*; **'~rise** Flachbau *m*; **~ season** Vorod. Nachsaison *f*; **~'spirited** niedergeschlagen; **~ tide** Ebbe *f*

loyal ['lɔɪəl] loyal; treu

lozenge ['lɒzɪndʒ] Raute *f*, Rhombus *m*; Pastille *f*

lubric|ant ['luːbrɪkənt] Schmiermittel *n*; **~ate** ['~eɪt] (ab)schmieren; **~ation** [~'keɪʃn] (Ab)Schmieren *n*

lucid ['luːsɪd] klar

luck [lʌk] Glück *n*; Schicksal *n*, Zufall *m*; **bad / hard / ill ~** Unglück *n*, Pech *n*; **good ~** Glück *n*; **good ~!** viel Glück!; **'~ily** zum Glück; **'~y** Glücks...; **be ~** Glück haben; **~ fellow** Glückspilz *m*

ludicrous ['luːdɪkrəs] lächerlich

lug [lʌg] zerren, schleppen

luggage ['lʌgɪdʒ] (Reise)Gepäck *n*; **~ rack** Gepäcknetz *n*; **~ reclaim** *aer.* Gepäck-

ausgabe *f*; **~ van** *Brt. rail.* Gepäckwagen *m*

lukewarm [luːk'wɔːm] lau (-warm); halbherzig, lau

lull [lʌl] **1.** *j-n* beruhigen; **2.** Pause *f*; Flaute *f*; **~aby** ['~əbaɪ] Wiegenlied *n*

lumbago [lʌm'beɪgəʊ] Hexenschuß *m*

lumber¹ ['lʌmbə] schwerfällig gehen; (dahin)rumpeln

lumber² ['~] *bsd. Am.* Bau-, Nutzholz *n*; Gerümpel *n*

luminous ['luːmɪnəs] leuchtend, Leucht...

lump [lʌmp] Klumpen *m*; Schwellung *f*, Geschwulst *f*, Knoten *m*; Stück *n* Zucker *etc.*; **~ sugar** Würfelzucker *m*; **~ sum** Pauschalsumme *f*; **'~y** klumpig

lunar ['luːnə] Mond...

lunatic ['luːnətɪk] **1.** verrückt; **2.** Verrückte *m*, *f*

lunch [lʌntʃ] **1.** Mittagessen *n*, Lunch *m*; **2.** zu Mittag essen; **~ hour** Mittagspause *f*; **'~time** Mittagszeit *f*

lung [lʌŋ] Lunge(nflügel *m*) *f*; **the ~s** *pl* die Lunge

lunge [lʌndʒ] sich stürzen (**at** auf)

lurch [lɜːtʃ] *mar.* schlingern; taumeln, torkeln

lure [lʊə] **1.** Köder *m*; *fig.* Lockung *f*, Reiz *m*; **2.** ködern, (an)locken

lurid ['lʊərɪd] *Farben:* grell; gräßlich, schauerlich

lurk [lɜːk] lauern (*a. fig.*)

luscious ['lʌʃəs] köstlich; üppig; sinnlich

lust [lʌst] Begierde f; Gier f

lustre, Am. **-ter** ['lʌstə] Glanz m (a. fig.); Kronleuchter m

lusty ['lʌstɪ] kräftig, robust

luxur|ious [lʌgˈʒʊərɪəs] luxuriös, Luxus...; **~y** ['lʌkʃərɪ]

Luxus m; Luxusartikel m

lying ['laɪɪŋ] **1.** pres p von lie¹ 1 u. lie² 1; **2.** verlogen

lymph [lɪmf] Lymphe f

lynch [lɪntʃ] lynchen

lynx [lɪŋks] Luchs m

lyrics ['lɪrɪks] pl (Lied)Text m

M

ma'am [mæm] F → madam

mac [mæk] Brt. F → mackintosh

machine [məˈʃiːn] Maschine f; **~ gun** Maschinengewehr n; **~made** maschinell hergestellt; **~readable** maschinenlesbar

machinery [məˈʃiːnərɪ] Maschinen pl

macho ['mætʃəʊ] Macho m

mackintosh ['mækɪntɒʃ] bsd. Brt. Regenmantel m

mad [mæd] wahnsinnig, verrückt; bsd. Am. F wütend; wild, versessen (about auf), verrückt (about nach); tollwütig; drive s.o. ~ j-n verrückt machen; go ~ verrückt werden; like ~ wie verrückt

madam ['mædəm] Anrede, oft unübersetzt: gnädige Frau

made [meɪd] pret u. pp von make 1

'mad|man (pl -men) Verrückte m; **'~ness** Wahnsinn m; **'~woman** (pl -women) Verrückte f

magazine [mægəˈziːn] Magazin n, Zeitschrift f; Feuerwaffe etc.: Magazin n

maggot ['mægət] Made f

magic ['mædʒɪk] **1.** Magie f, Zauberei f; Zauber m; **2.** magisch, Zauber...; **~ian** [məˈdʒɪʃn] Magier m, Zauberer m; Zauberkünstler m

magistrate ['mædʒɪstreɪt] (Friedens)Richter(in)

magnanimous [mægˈnænɪməs] großmütig

magnet ['mægnɪt] Magnet m; **~ic** [.ˈnetɪk] magnetisch

magnificen|ce [mægˈnɪfɪsns] Großartigkeit f, Pracht f; **~t** [.snt] großartig, prächtig

magnify ['mægnɪfaɪ] vergrößern; **'~ing glass** Vergrößerungsglas n, Lupe f

magpie ['mægpaɪ] Elster f

maid [meɪd] (Dienst)Mädchen n, Hausangestellte f; **~en** [.dn] Jungfer...; **~en name** Mädchenname m

mail [meɪl] **1.** Post(sendung) f; **2.** bsd. Am. (mit der Post)

183   **make-believe**

schicken, aufgeben; '**~box**
Am. Briefkasten m; '**~man**
(pl **-men**) Am. Postbote m,
Briefträger m
'**mail-order| catalog(ue)**
Versandhauskatalog m; **~
firm, ~ house** Versandhaus
n
maim [meɪm] verstümmeln
main [meɪn] **1.** Haupt...,
wichtigste(r, -s); **2.** mst pl:
(Strom)Netz n; Haupt(gas-,
-wasser-, -strom)leitung f;
'**~frame** Computer: Groß-
rechner m; **~land** England:
Festland n; '**~ly** hauptsächlich; **~ road** Haupt(verkehrs)straße f; **~ street** Am.
Hauptstraße f
maintain [meɪn'teɪn] (aufrecht)erhalten; instand halten, pflegen, tech. a. warten;
Familie etc. unterhalten; versorgen; behaupten
maintenance ['meɪntənəns]
(Aufrecht)Erhaltung f; In-
standhaltung f, tech. a. Wartung f; Unterhalt m
maize [meɪz] Mais m
majestic [mə'dʒestɪk] maje-
stätisch; **~y** ['mædʒəstɪ] Majestät f
major ['meɪdʒə] **1.** adj größe-
re(r, -s); bedeutend, wichtig;
jur. volljährig; mus. Dur...;
~ C-Dur n; **2.** s Major m; jur.
Volljährige f, m; Am. univ.
Hauptfach n; mus. Dur n;
~ity [mə'dʒɒrətɪ] Mehrheit f,
Mehrzahl f; jur. Volljährig-

keit f; **~ road** Haupt-
(verkehrs)straße f
make [meɪk] **1.** (**made**)
machen; anfertigen, herstellen, erzeugen; (zu)bereiten;
(er)schaffen; ergeben, bilden; verursachen; machen
zu, ernennen zu; Geld verdienen; Person: sich erweisen als, abgeben; schätzen
auf; Fehler machen; Frieden
etc. schließen; e-e Rede halten; F Strecke zurücklegen;
Geschwindigkeit erreichen;
mit inf: j-n lassen, veranlassen od. bringen zu; **~ it** es
schaffen; **~ do with s.th.** mit
et. auskommen; **what do you
~ of it?** was halten Sie davon?; **~ friends with** sich anfreunden mit; **~ believe** vor-
geben; **~ for** zugehen auf;
~ into verarbeiten zu; **~ off** sich
davonmachen; **~ out** Scheck,
Rechnung etc. ausstellen; erkennen; aus j-m, e-r Sache
klug werden; **~ over** Eigentum übertragen; **~ up** sich ein-
ausdenken, erfinden; zer-
zs.-stellen; (sich) zurechtmachen od. schminken; **~ up
one's mind** sich entschließen; **be made up of** bestehen
aus; **~ up for** nach-, aufholen;
wiedergutmachen; **~ it up**
sich versöhnen od. wieder
vertragen; **2.** Machart f,
Ausführung f; Fabrikat n,
Marke f; '**~believe** Phantasie f; Phantasie..., Schein...;

makeshift 184

'**~shift 1.** Notbehelf *m*; **2.** behelfsmäßig, Behelfs...; '**~up** Schminke *f*, Make-up *n*

maladjusted [mælə'dʒʌstɪd] verhaltensgestört

male [meɪl] **1.** männlich; **2.** Mann *m*; *zo.* Männchen *n*; **~ nurse** Krankenpfleger *m*

malevolent [mə'levələnt] übelwollend, boshaft

malic|e ['mælɪs] Bosheit *f*, Gehässigkeit *f*; Groll *m*; **~ious** [mə'lɪʃəs] böswillig

malignant [mə'lɪgnənt] bösartig (*a. med.*)

mall [mɔːl] *Am.* Einkaufszentrum *n*

malnutrition [mælnjuː'trɪʃn] Unterernährung *f*; Fehlernährung *f*

malt [mɔːlt] Malz *n*

maltreat [mæl'triːt] schlecht behandeln; mißhandeln

mammal ['mæml] Säugetier *n*

mammoth ['mæməθ] Mammut *n*; Mammut..., Riesen...

man 1. [mæn, in *Zssgn:* mən] (*pl* **men** [men]) Mann *m*; Mensch(en *pl*) *m*; **2.** [mæn] Schiff *etc.* bemannen

manage ['mænɪdʒ] *Betrieb etc.* leiten, führen; *Künstler etc.* managen; *et.* zustande bringen; umgehen (können) mit (*Werkzeug etc.*); mit *j-m*, *et.* fertig werden; *Arbeit etc.* bewältigen, schaffen; auskommen (**with** mit); F es schaffen, zurechtkommen; '**~able** handlich, lenk-, füg-

sam; '**~ment** (*Haus-* etc.) Verwaltung *f*; *econ.:* Management *n*, Unternehmensführung *f*; Geschäftsleitung *f*, Direktion *f*; **~ consultant** Betriebs-, Unternehmensberater(in); '**~r** (*Haus-* etc.) Verwalter(in); *econ.:* Manager(in); Führungskraft *f*; Geschäftsführer(in), Leiter(in), Direktor(in); Manager(in) (*e-s Künstlers etc.*); **~ress** [ˌ~dʒə'res] → alle (in)-*Formen unter* **manager**

mandarin ['mændərɪn] *a.* **~ orange** Mandarine *f*

mane [meɪn] Mähne *f*

maneuver [mə'nuːvə] *Am.* → **manoeuvre**

manger ['meɪndʒə] Krippe *f*

mangle ['mæŋgl] **1.** (Wäsche)Mangel *f*; **2.** mangeln; übel zurichten, verstümmeln

mania ['meɪnjə] Wahn(sinn) *m*; Sucht *f*, Manie *f*; **~c** ['~æk] Wahnsinnige *m*, *f*

manicure ['mænɪkjʊə] **1.** Maniküre *f*; **2.** maniküren

manifest ['mænɪfest] **1.** offenkundig; **2.** offenbaren

man|kind [mæn'kaɪnd] die Menschheit, die Menschen *pl*; '**~ly** männlich; **~'made** künstlich, Kunst...

manner ['mænə] Art *f* (u. Weise *f*); *pl* Benehmen *n*, Umgangsformen *pl*, Manieren *pl*

manoeuvre [mə'nuːvə] **1.** Manöver *n*; **2.** manövrieren

marker

manor ['mænə] (Land)Gut n;
~ **(house)** Herrenhaus n
'manpower Arbeitskräfte pl
mansion ['mænʃn] (herr-
schaftliches) Wohnhaus
'manslaughter jur. Tot-
schlag m
mantel|piece ['mæntlpi:s],
'~shelf (pl -shelves) Kamin-
sims m
manual ['mænjuəl] 1.
Hand..., manuell; 2. Handbuch n
manufacture [mænjʊ'fæktʃə]
1. herstellen, erzeugen; 2.
Herstellung f; ~r [~ərə] Hersteller m, Erzeuger m
manure [mə'njʊə] 1. Dünger
m, Mist m; 2. düngen
manuscript ['mænjoskript]
Manuskript n
many ['menɪ] viele; ~ times
oft; a great ~ sehr viele
map [mæp] (Land- etc.)Karte
f; (Stadt- etc.)Plan m
maple ['meɪpl] Ahorn m
marble ['mɑ:bl] 1. Marmor
m; Murmel f; 2. marmorn
March ['mɑ:tʃ] März m
march [~] 1. marschieren; 2.
Marsch m
mare [meə] Stute f
marg|arine [mɑ:dʒə'ri:n], Brt.
F a. ~e [mɑ:dʒ] Margarine f
margin ['mɑ:dʒɪn] Rand m,
fig.: Grenze f; Spielraum m;
(Gewinn-, Verdienst)Spanne
f; ~al Rand...; geringfügig
marijuana [mærɪʊ'ɑ:nə] a.
marihuana Marihuana n

marina [mə'ri:nə] Boots-,
Jachthafen m
marin|ade [mærɪ'neɪd] Mari-
nade f; ~ate ['~neɪt] marinie-
ren
marine [mə'ri:n] Marine f;
Marineinfanterist m
marital ['mærɪtl] ehelich
maritime ['mærɪtaɪm] See...
marjoram ['mɑ:dʒərəm] Ma-
joran m
mark [mɑ:k] 1. Marke f, Mar-
kierung f, Bezeichnung f,
Zeichen n (a. fig.); Merkmal
n; (Körper)Mal n; Ziel n (a.
fig.); (Fuß-, Brems- etc.)Spur
f (a. fig.); (Fabrik-, Waren-)
Zeichen n, (Schutz-, Han-
dels)Marke f; econ. Preisan-
gabe f; ped. Note f, Zensur f;
Punkt m; Laufsport: Start-
linie f; fig. Norm f; hit the ~
(fig. ins Schwarze) treffen;
miss the ~ danebenschießen,
fig. das Ziel verfehlen; 2.
markieren, anzeichnen; kennzeichnen; Waren auszeich-
nen; Preis festsetzen; Spuren
hinterlassen auf; Flecken machen auf; ped. benoten, zensieren; Sport: Gegenspieler
decken; ~ down notieren; im
Preis herabsetzen; ~ off abgrenzen; ab(e-r Liste) abhaken; ~ out abgrenzen, markieren; bestimmen (for für);
~ up im Preis heraufsetzen
marke|d [mɑ:kt] deutlich,
ausgeprägt; ~r Markierstift
m; Lesezeichen n

market ['mɑ:kɪt] **1.** Markt *m*; Markt(platz) *m*; **2.** auf den Markt bringen; verkaufen, -treiben; **~ garden** *Brt.* Handelsgärtnerei *f*

marmalade ['mɑ:məleɪd] (*bsd.* Orangen)Marmelade *f*

marmot ['mɑ:mət] Murmeltier *n*

marquee [mɑ:'ki:] großes Zelt

marriage ['mærɪdʒ] Heirat *f*, Hochzeit *f* (**to** mit); Ehe *f*; **~ certificate** Trauschein *m*

married ['mærɪd] verheiratet

marrow ['mærəʊ] *anat.* (Knochen)Mark *n*; *a.* **vegetable ~** Kürbis *m*

marry ['mærɪ] *v/t* (ver)heiraten; trauen; *v/i a.* **get married** heiraten

marsh [mɑ:ʃ] Sumpfland *n*, Marsch *f*

marshal ['mɑ:ʃl] *mil.* Marschall *m*; *Am.* Bezirkspolizeichef *m*

marten ['mɑ:tɪn] Marder *m*

martial ['mɑ:ʃl] kriegerisch; Kriegs..., Militär...

martyr ['mɑ:tə] Märtyrer(in)

marvel ['mɑ:vl] **1.** Wunder *n*; **2.** sich wundern (**at** über); **'~(l)ous** wunderbar; fabelhaft, phantastisch

mascara [mæ'skɑ:rə] Wimperntusche *f*

mascot ['mæskət] Maskottchen *n*

masculine ['mæskjʊlɪn] männlich

mash [mæʃ] **1.** zerdrücken, -quetschen; **2.** Brei *m*; *Brt.* F Kartoffelbrei *m*; **~ed potatoes** *pl* Kartoffelbrei *m*

mask [mɑ:sk] **1.** Maske *f*; **2.** maskieren

mason ['meɪsn] Steinmetz *m*; **'~ry** Mauerwerk *n*

masquerade [mæskə'reɪd] **1.** Maskerade *f*; **2.** sich verkleiden (**as** als)

mass [mæs] **1.** *eccl.* Messe *f*; Masse *f*; Mehrzahl *f*, überwiegender Teil; **2.** sich (an)sammeln *od.* (an)häufen

massacre ['mæsəkə] **1.** Massaker *n*; **2.** niedermetzeln

massage ['mæsɑ:ʒ] **1.** Massage *f*; **2.** massieren

massive ['mæsɪv] massiv; enorm, riesig

mass media *sg.* *pl* Massenmedien *pl*; **'~-produce** serienmäßig herstellen; **~ production** Massen-, Serienproduktion *f*

mast [mɑ:st] Mast *m*

master ['mɑ:stə] **1.** *s* Meister *m*; Herr *m*; Lehrer *m*; Original(kopie *f*) *n*; *paint. etc.* Meister *m*; *mar.* Kapitän *m*; *univ.* Magister *m*; **~ of ceremonies** Conférencier *m*; Showmaster *m*; **2.** *adj* meisterhaft; Meister...; Haupt...; **3.** *v/t* meistern; beherrschen; **~ key** Hauptschlüssel *m*; **'~ly** meisterhaft; **'~mind** Genie *n*; (führender) Kopf; **~ piece** Meisterstück *n*, -werk

may

n; **~y** ['~əri] Herrschaft *f;* Gewalt *f;* Beherrschung *f* (*e-r* Sprache *etc.*)

masturbate ['mæstəbeit] masturbieren, onanieren

mat¹ [mæt] Matte *f;* Untersetzer *m*

mat² [~] → **matt**

match¹ [mætʃ] Streichholz *n*

match² [~] **1.** *der, die,* das gleiche *od.* Ebenbürtige; (passendes) Gegenstück; (*Fußball- etc.*)Spiel *n,* (*Box- etc.*)Kampf *m;* Heirat *f;* Person: *gute* Partie; **be a** (**no**) **~ for s.o.** j-m (nicht) gewachsen sein; **find** *od.* **meet one's ~** s-n Meister finden; **2.** j-m, *e-r Sache* ebenbürtig *od.* gewachsen sein; entsprechen, passen zu; zs.-passen; **'~box** Streichholzschachtel *f*

mate [meit] **1.** Kamerad *m,* Kollege *m; zo.* Männchen *n od.* Weibchen *n; mar.* Maat *m;* **2.** *zo.* (sich) paaren

material [mə'tiəriəl] **1.** materiell; leiblich; wesentlich; **~ damage** Sachschaden *m;* **2.** Material *n;* Stoff *m;* **~ize** (sich) verwirklichen

maternal [mə'tɜːnl] mütterlich, Mutter...

maternity [mə'tɜːnəti] Mutterschaft *f;* **~ dress** Umstandskleid *n;* **~ leave** Mutterschaftsurlaub *m;* **~ ward** Entbindungsstation *f*

math [mæθ] *Am.* F Mathe *f*

mathematic|al [mæθə'mætikl] mathematisch; **~ian** [~mə'tiʃn] Mathematiker (-in); **~s** [~'mætiks] *mst sg* Mathematik *f*

maths [mæθs] *mst sg Brt.* F Mathe *f*

matinée ['mætinei] Nachmittagsvorstellung *f*

matrimony ['mætriməni] Ehe (-stand *m*) *f*

matron ['meitrən] *Brt.* Oberschwester *f,* Oberin *f*

matt [mæt] matt, mattiert

matter ['mætə] **1.** Materie *f,* Material *n,* Stoff *m; med.* Eiter *m;* Sache *f,* Angelegenheit *f;* **as a ~ of course** selbstverständlich; **as a ~ of fact** tatsächlich, eigentlich; **a ~ of time** e-e Frage der Zeit; **what's the ~ (with you)?** was ist los (mit dir)?; **no ~ what she says** ganz gleich, was sie sagt; **no ~ who** gleichgültig, wer; **2.** von Bedeutung sein; **it doesn't ~** es macht nichts; **'~-of-'fact** sachlich, nüchtern

mattress ['mætris] Matratze *f*

mature [mə'tjuə] **1.** reif; **2.** reifen, reif werden

maul [mɔːl] übel zurichten

Maundy Thursday ['mɔːndi] Gründonnerstag *m*

mauve [məuv] malvenfarbig, mauve

May [mei] Mai *m*

may [~] *v/aux* (*pret* **might**) ich kann / mag / darf, *du* kannst /

maybe 188

magst / darfst *etc.*; '**be** vielleicht

May| **beetle, ~ bug** Maikäfer *m*; **~ Day** der 1. Mai

mayor [meə] Bürgermeister *m*

'**maypole** Maibaum *m*

maze [meɪz] Irrgarten *m*, Labyrinth *n*

me [mi:] mich; mir

meadow ['medəʊ] Wiese *f*

meagre, *Am.* **-er** ['mi:gə] mager, dürr; dürftig

meal [mi:l] Essen *n*; '**~time** Essenszeit *f*

mean[1] [mi:n] geizig; gemein

mean[2] [~] **1.** Mitte *f*, Mittel *n*, Durchschnitt, *m* (*pl a. sg konstr.*) Mittel *n od. pl*; *pl* Mittel *n*, Vermögen *n*; **by all ~s!** selbstverständlich!; **by no ~s** keineswegs; **by ~s of** mittels, durch; **2.** durchschnittlich, Durchschnitts...

mean[3] [~] (**meant**) bedeuten; meinen; beabsichtigen, vorhaben; **be ~t for** bestimmt sein für; **~ well** es gut meinen

'**meaning** *f*; **1.** Sinn *m*, Bedeutung *f*; **2.** bedeutungsvoll; '**~ful** bedeutungsvoll; sinnvoll; '**~less** sinnlos

meant [ment] *pret u. pp von* **mean**[3]

mean|'**time 1.** inzwischen; **2.** *in the ~* → 1; '**~while** inzwischen

measles ['mi:zlz] *sg* Masern *pl*

measure ['meʒə] **1.** Maß *n* (*a. fig.*); *mus.* Takt *m*; Maßnah-

me *f*; **2.** (ab-, aus-, ver)messen *f*; '**~ment** Messung *f*; Maß *n*; *pl a.* Abmessungen *pl*; **~ of capacity** Hohlmaß *n*

meat [mi:t] Fleisch *n*; '**~ball** Fleischklößchen *n*

mechanic [mɪ'kænɪk] Mechaniker *m*; **~al** mechanisch; Maschinen...

mechan|**ism** ['mekənɪzm] Mechanismus *m*; '**~ize** mechanisieren

medal ['medl] Medaille *f*; Orden *m*

meddle ['medl] sich einmischen (**with, in** in)

media ['mi:djə] **1.** *pl von* **medium** 1; **2.** *sg. pl* Medien *pl*

mediaeval → **medieval**

median ['mi:djən] *a.* **~ strip** *Am.* Mittelstreifen *m*

mediat|**e** ['mi:dɪeɪt] vermitteln; **~ion** [~'eɪʃn] Vermittlung *f*; '**~or** Vermittler *m*

medical ['medɪkl] **1.** medizinisch, ärztlich; **2.** ärztliche Untersuchung; **~ certificate** ärztliches Attest

medicated ['medɪkeɪtɪd] medizinisch

medicin|**al** [me'dɪsɪnl] medizinisch, Heil...; **~e** ['medsɪn] Medizin *f*, Arznei *f*; Medizin *f*, Heilkunde *f*

medieval [medɪ'i:vl] mittelalterlich

mediocre [mi:dɪ'əʊkə] mittelmäßig

meditat|**e** ['medɪteɪt] nachdenken, grübeln; meditie-

ren; **~ion** [~'teɪʃn] Nachdenken n; Meditation f

medium ['miːdjəm] **1.** (pl **-dia**
['~djə], **-diums**) Mitte f; Mittel n; Medium n, Träger m;
2. mittlere(r, -s), Mittel...;
gastr. Steak: englisch; **~
wave** electr. Mittelwelle f
medley ['medlɪ] Gemisch n;
mus. Medley n, Potpourri n
meek [miːk] sanft; demütig
meet [miːt] (met) v/t treffen,
sich treffen mit; begegnen;
treffen auf; stoßen auf; j-n
abholen; j-n kennenlernen;
Wunsch entgegenkommen,
entsprechen; Verpflichtung
etc. nachkommen; v/i zs.-
kommen, zs.-treten; sich
treffen od. begegnen; sich
kennenlernen; **~ with** zs.-
treffen mit; sich treffen mit;
stoßen auf (Schwierigkeiten
etc.); erleben, -leiden; **~ing**
Begegnung f, (Zs.-)Treffen
n; Versammlung f, Sitzung f,
Tagung f; Sport: Veranstaltung f
melancholy ['melənkəlɪ] **1.**
Melancholie f, Schwermut f;
2. schwermütig; traurig
mellow ['meləʊ] **1.** reif;
weich; sanft; mild; fig. ge-
reift; **2.** reifen (lassen)
melod|ious [mɪ'ləʊdjəs] me-
lodisch; **~y** ['melədɪ] Melodie
f
melon ['melən] Melone f
melt [melt] (zer)schmelzen; **~
down** einschmelzen

member ['membə] Mitglied
n, Angehörige m, f; anat.:
Glied(maße f) n — (männliches) Glied; **'~ship** Mit-
gliedschaft f; Mitglieds...
membrane ['membreɪn]
Membran(e) f
memo ['meməʊ] F Memo n
memoirs ['memwɑːz] pl
Memoiren pl
memorial [mə'mɔːrɪəl] Denkmal n, Gedenkstätte f; Gedenk...
memor|ize ['meməraɪz] aus-
wendig lernen, sich ein-
prägen; **'~y** Gedächtnis n;
Erinnerung f; Andenken n;
Computer: Speicher m; **in ~
of** zum Andenken an
men [men] pl von **man 1**
menace ['menəs] **1.** (be)dro-
hen; **2.** (Be)Drohung f
mend [mend] ausbessern,
flicken, reparieren
meningitis [menɪn'dʒaɪtɪs]
Hirnhautentzündung f
menopause ['menəʊpɔːz]
Wechseljahre pl
men's room Am. Herren-
toilette f
menstruation [menstrʊ'eɪʃn]
Menstruation f
mental ['mentl] geistig, Geistes...; **~ arithmetic** Kopf-
rechnen n; **~ cruelty** seelische Grausamkeit; **~ hospital** psychiatrische Klinik,
Nervenheilanstalt f; **~ity**
[~'tælətɪ] Mentalität f; **~ly**
['~təlɪ] geistig, geistes...; **~**

handicapped geistig behindert; ~ **ill** geisteskrank

mention ['menʃn] **1.** erwähnen; **don't ~ it** bitte (sehr)!, gern geschehen!; **2.** Erwähnung *f*

menu ['menju:] Speise(n)-karte *f*; *Computer:* Menü *n*

merchandise ['mɜːtʃəndaɪz] Ware(n *pl*) *f*; **~t** ['~ənt] (Groß)Händler *m*, (Groß)Kaufmann *m*; Handels...

merciful ['mɜːsɪfʊl] barmherzig, gnädig; **~less** unbarmherzig

mercury ['mɜːkjʊrɪ] Quecksilber *n*

mercy ['mɜːsɪ] Barmherzigkeit *f*, Erbarmen *n*, Gnade *f*

mere [mɪə], **~ly** bloß, nur

merge [mɜːdʒ] verschmelzen (*into* mit); *econ.* fusionieren; **~r** *econ.* Fusion *f*

meridian [mə'rɪdɪən] Meridian *m*

merit ['merɪt] **1.** Verdienst *n*; Wert *m*, Vorzug *m*; **2.** Lohn, *Strafe etc.* verdienen

mermaid ['mɜːmeɪd] Meerjungfrau *f*, Nixe *f*

merriment ['merɪmənt] Fröhlichkeit *f*; Heiterkeit *f*

merry ['merɪ] lustig, fröhlich; 2 *Christmas!* fröhliche od. frohe Weihnachten!; **~-go-round** Karussell *n*

mesh [meʃ] Masche *f*; *pl fig.* Netz *n*, Schlingen *pl*

mess [mes] **1.** Unordnung *f*; Durcheinander *n*; Schmutz

m; *fig.* Patsche *f*, Klemme *f*; *mil.* Messe *f*; **2.** ~ *about*, ~ *around* herumpfuschen, -basteln (*with* an); herumgammeln; ~ *up* in Unordnung bringen; *fig.* verpfuschen

message ['mesɪdʒ] Mitteilung *f*, Nachricht *f*; Anliegen *n*, Aussage *f*; *get the* ~ F kapieren

messenger ['mesɪndʒə] Bote *m*

messy ['mesɪ] schmutzig (*a. fig.*); unordentlich

met [met] *pret u. pp von* **meet**

metal ['metl] Metall *n*; **~lic** [mɪ'tælɪk] metallisch; Metall...

meter¹ ['miːtə] Meßgerät *n*, Zähler *m*; ~ *maid* Politesse *f*

meter² [~] *Am.* → **metre**

method ['meθəd] Methode *f*; **~ical** [mɪ'θɒdɪkl] methodisch, systematisch

meticulous [mɪ'tɪkjʊləs] peinlich genau

metre, *Am.* **-ter** ['miːtə] Meter *m*, *n*; Versmaß *n*

metric ['metrɪk] metrisch

metropolitan [metrə'pɒlɪtən] ... der Hauptstadt

Mexican ['meksɪkən] **1.** mexikanisch; **2.** Mexikaner(in)

miaow [miːˈaʊ] miauen

mice [maɪs] *pl von* **mouse**

micro... [maɪkrəʊ] Mikro..., (sehr) klein; **~chip** Mikrochip *m*; **~computer** Mikrocomputer *m*; **~electronics** *sg* Mikroelektronik *f*; **~film** Mikrofilm *m*

mind

microphone ['maɪkrə] Mikrophon n

microprocessor ['maɪkrəʊ] Mikroprozessor m

micro|scope ['maɪkrə] Mikroskop n; **'~wave** Mikrowelle f; **~ oven** Mikrowellenherd m

mid [mɪd] mittlere(r, -s), Mittel...; **~air: in ~** in der Luft; **'~day** Mittag m

middle ['mɪdl] **1.** mittlere(r, -s), Mittel...; **2.** Mitte f; **in the ~ of** in der Mitte, mitten in; **~-aged** mittleren Alters; **♀ Ages** pl das Mittelalter; **~ class(es** pl**)** Mittelstand m; **♀ East** der Nahe Osten; **'~man** (pl **-men**) Zwischenhändler m; **'~name** zweiter Vorname; **'~-sized** mittelgroß; **'~weight** Boxen: Mittelgewicht(ler m) n

middling ['mɪdlɪŋ] leidlich

midge [mɪdʒ] Mücke f

midget ['mɪdʒɪt] Zwerg m, Knirps m

'mid|night Mitternacht f; **'~summer** Hochsommer m; **'~way** auf halbem Wege; **'~wife** (pl **-wives**) Hebamme f; **'~winter** Mitte f des Winters; Wintersonnenwende f

might [maɪt] pret von **may**; **'~y** mächtig, gewaltig

migrat|e [maɪ'greɪt] (ab-, aus)wandern, (fort)ziehen; **~ory** ['~grətərɪ] Zug..., Wander...; **~ bird** Zugvogel m

mike [maɪk] F Mikro n

mild [maɪld] mild, sanft, leicht

mildew ['mɪldjuː] Mehltau m; Schimmel m

mildness ['maɪldnɪs] Milde f

mile [maɪl] Meile f (1,609 km); **~age** ['~ɪdʒ] zurückgelegte Meilenzahl

military ['mɪlɪtərɪ] militärisch

milk [mɪlk] **1.** Milch f; **it's no use crying over spilt ~** geschehen ist geschehen; **2.** melken; **~ chocolate** Vollmilchschokolade f; **'~man** (pl **-men**) Milchmann m; **'~tooth** (pl **-teeth**) Milchzahn m

mill [mɪl] **1.** Mühle f; Fabrik f; **2.** mahlen; **'~er** Müller m

milli|gram(me) ['mɪlɪgræm] Milligramm n; **'~metre,** Am. **-er** Millimeter m, n

million ['mɪljən] Million f; **~aire** [~'neə] Millionär(in)

milt [mɪlt] Fisch: Milch f

mime [maɪm] **1.** Pantomime f; Pantomime f; **2.** mimen, nachahmen; **~ic** ['mɪmɪk] nachahmen

mince [mɪns] **1.** zerhacken, (zer)schneiden; **2.** bsd. Brt. Hackfleisch n; **'~meat** süße Pastetenfüllung; Hackfleisch n; **~ pie** mit **mincemeat** gefüllte süße Pastete

'mince|r, **'~ing machine** Fleischwolf m

mind [maɪnd] **1.** Sinn m, Gemüt n, Herz n; Verstand m; Geist m; Gedächtnis n; Ansicht *f*, Meinung *f*; Absicht *f*; Neigung *f*, Lust *f*; **be out of one's ~** nicht (recht) bei Sinnen sein; **bear** *od.* **keep s.th. in ~** an et. denken; **change one's ~** es sich anders überlegen, s-e Meinung ändern; **enter s.o.'s ~** j-m in den Sinn kommen; **give s.o. a piece of one's ~** j-m gründlich die Meinung sagen; **make up one's ~** sich entschließen; **2.** achtgeben auf; aufpassen auf, sehen nach; et. haben gegen; **do you ~ if I smoke?, do you ~ my smoking?** stört es Sie, wenn ich rauche?; **would you ~ opening the window?** würden Sie bitte das Fenster öffnen?; **~ the step!** Vorsicht, Stufe!; **~ your own business!** kümmern Sie sich um Ihre eigenen Angelegenheiten!; **~ (you)** wohlgemerkt, allerdings; **~!** gib acht; **never ~!** macht nichts!; **I don't ~** meinetwegen, von mir aus; **~ed** ...gesinnt

mine¹ [maɪn] meins, meine(r, -s)

mine² [~] **1.** Bergwerk *n*; *mil.* Mine *f*; *fig.* Fundgrube *f*; **2.** schürfen, graben; *Erz, Kohle* abbauen; *mil.* verminen; **~r** Bergmann *m*

mineral ['mɪnərəl] Mineral *n*; Mineral...; *mst pl Brt.* → **~ water** Mineralwasser *n*

mingle ['mɪŋgl] (ver)mi-

schen; sich mischen *od.* mengen (**with** unter)

mini... [mɪnɪ] Mini..., Klein(st)...; **~bus** Kleinbus *m*; **~skirt** Minirock *m*

miniature ['mɪnətʃə] Miniatur(gemälde *n*) *f*

mini|mal ['mɪnɪml] minimal; **'~mize** auf ein Minimum herabsetzen; bagatellisieren

mining ['maɪnɪŋ] Bergbau *m*

minister ['mɪnɪstə] Geistliche *m*, Pfarrer *m*; Minister(in)

ministry ['mɪnɪstrɪ] geistliches Amt; Ministerium *n*

mink [mɪŋk] Nerz *m*

minor ['maɪnə] **1.** kleinere(r, -s), leicht; unbedeutend; *jur.* minderjährig; *mus.* Moll...; **D ~** D-Moll *n*; **2.** *jur.* Minderjährige *m*, *f*; *Am. univ.* Nebenfach *n*; *mus.* Moll *n*; **~ity** [~'nɒrətɪ] Minderheit *f*; *jur.* Minderjährigkeit *f*

minster ['mɪnstə] Münster *n*

mint¹ [mɪnt] Minze *f*; Pfefferminz(bonbon) *m*

mint² [~] **1.** Münze *f*, Münzanstalt *f*; **2.** prägen

minus ['maɪnəs] minus

minute¹ ['mɪnɪt] Minute *f*; Augenblick *m*; *pl* Protokoll *n*; **in a ~** gleich, sofort; **just a ~** e-n Augenblick; Moment mal!

minute² [maɪ'njuːt] winzig; peinlich genau

miracle ['mɪrəkl] Wunder *n*; **~ulous** [mɪ'rækjʊləs] wunderbar; **~ulously** wie durch ein Wunder

mirage ['mɪrɑːʒ] Luftspiegelung f, Fata Morgana f

mirror ['mɪrə] **1.** Spiegel m; **2.** (wider)spiegeln

mirth [mɜːθ] Fröhlichkeit f

mis... [mɪs] miß..., falsch; **~apply** falsch verwenden; **~appropriate** [~ə'prəʊprɪeɪt] unterschlagen; **~behave** sich schlecht benehmen; **~'calculate** falsch berechnen; sich verrechnen

miscarr|iage med. Fehlgeburt f; **~y** e-e Fehlgeburt haben

miscellaneous [mɪsə'leɪnjəs] ge-, vermischt; verschieden

mischie|f ['mɪstʃɪf] Unheil n, Schaden m; Unfug m; Übermut m; **~vous** [~ʃvəs] boshaft; spitzbübisch

mis|conception Mißverständnis n; **~construe** [~kən'struː] mißdeuten, falsch auslegen; **~demeano(u)r** [~dɪ'miːnə] jur.; **~miser** ['maɪzə] Geizhals m

miser|able ['mɪzərəbl] elend, erbärmlich; unglücklich; **~y** Elend n, Not f

mis|fire Schußwaffe: versagen; mot. fehlzünden, aussetzen; Plan etc. fehlschlagen; **~fit** Außenseiter(in); **~'fortune** Unglück(sfall m) n; Mißgeschick n; **~giving** Befürchtung f, Zweifel m; **~guided** irrig, unangebracht; **~handle** falsch be-

handeln od. handhaben; **~hap** ['~hæp] Mißgeschick n

misinterpret falsch auffassen od. auslegen; **~ation** falsche Auslegung

mis|judge falsch beurteilen; falsch einschätzen; **~lay** (-laid) et. verlegen; **~lead** (-led) irreführen, täuschen; verleiten

mismanage schlecht verwalten od. führen; **~ment** Mißwirtschaft f

mis|place et. verlegen; an e-e falsche Stelle legen od. setzen; **~d** unangebracht, deplaziert; **~print 1.** [~'prɪnt] verdrucken; **2.** ['~prɪnt] Druckfehler m; **~pronounce** falsch aussprechen; **~'read** (-read [red]) falsch lesen; falsch deuten; **~represent** falsch darstellen

miss¹ [mɪs] (mit nachfolgendem Namen 2) Fräulein n

miss² [~] **1.** verpassen, -säumen, -fehlen; auslassen, übergehen; überhören; übersehen; vermissen; nicht treffen; mißlingen; **2.** Fehlschuß m, -wurf m etc.

misshapen mißgebildet

missile ['mɪsaɪl] Rakete f; (Wurf)Geschoß n

missing ['mɪsɪŋ] fehlend; vermißt; **be ~** fehlen; verschwunden od. weg sein

mission ['mɪʃn] pol. Auftrag m; eccl., pol. Mission f; mil. Einsatz m

mis|'spell (**-spelt** *od.* **~ed**) falsch buchstabieren *od.* schreiben; **~'spent** vergeudet, -schwendet

mist [mɪst] **1.** (feiner) Nebel, Dunst *m*; **2. ~ over** sich trüben; **~ up** (sich) beschlagen

mistake [mɪ'steɪk] **1.** (**-took, -taken**) verwechseln (**for** mit); falsch verstehen, mißverstehen; sich irren in; **2.** Irrtum *m*, Versehen *n*; Fehler *m*; **by ~** aus Versehen; **~n** irrig, falsch; **be ~** sich irren

mister ['mɪstə] → *Abkürzung* **Mr**

mistletoe ['mɪsltəʊ] Mistel *f*

mistress ['mɪstrɪs] Herrin *f*; Lehrerin *f*; Geliebte *f*

mistrust **1.** mißtrauen; **2.** Mißtrauen *n*

misty ['mɪstɪ] (leicht) neb(e)lig, dunstig; unklar

misunderstand (**-stood**) mißverstehen, falsch verstehen; **~ing** Mißverständnis *n*; Meinungsverschiedenheit *f*

misuse 1. [mɪs'ju:z] mißbrauchen; falsch gebrauchen; **2.** [~'ju:s] Mißbrauch *m*

mite [maɪt] Milbe *f*

mitigate ['mɪtɪgeɪt] mildern

mitten ['mɪtn] Fausthandschuh *m*, Fäustling *m*; *ohne Finger:* Halbhandschuh *m*

mix [mɪks] **1.** (ver)mischen, vermengen, *Getränke* mixen; sich (ver)mischen; sich mischen lassen; verkehren (**with** mit); **~ up** zs.-, durch-

einandermischen; verwechseln (**with** mit); **be ~ed up** verwickelt sn. werden (**in** in); **2.** Mischung *f*; **~ed** gemischt (*a. Gefühl etc.*); vermischt; **~er** Mixer *m*; **~ture** ['~tʃə] Mischung *f*; Gemisch *n*; **'~up** F Durcheinander *n*

moan [məʊn] **1.** Stöhnen *n*; **2.** stöhnen

moat [məʊt] (Burg)Graben *m*

mob [mɒb] Mob *m*, Pöbel *m*

mobil|e ['məʊbaɪl] beweglich; fahrbar; **~ home** Wohnwagen *m*; **~ library** Lesemobil *n*; **~ity** [~'bɪlɪtɪ] Beweglichkeit *f*

mock [mɒk] **1.** verspotten; sich lustig machen (**at** über); **2.** Schein...; **~ery** Spott *m*

mod con [mɒd 'kɒn]: **with all ~s** mit allem Komfort

mode [məʊd] (Art *f u.*) Weise *f*; *Computer:* Modus *m*, Betriebsart *f*

model ['mɒdl] **1.** Modell *n*; Muster *n*; Vorbild *n*; Mannequin *n*; Model *n*, Fotomodell *n*; *tech.* Modell *n*, Typ *m*; Muster..., Modell...; **male ~** Dressman *m*; **2.** modellieren, *a. fig.* formen; *Kleider etc.* vorführen

moderat|e 1. ['mɒdərət] (mittel)mäßig; gemäßigt; **2.** ['~et] (sich) mäßigen; **~ion** [~'reɪʃn] Mäßigung *f*

modern ['mɒdən] modern, neu; **'~ize** modernisieren

modest ['mɒdɪst] bescheiden;
'**~y** Bescheidenheit f

modification [mɒdɪfɪ'keɪʃn]
(Ab-, Ver)Änderung f; **~fy**
['~faɪ] (ab-, ver)ändern

module ['mɒdjuːl] Modul n;
Raumfahrt: Kapsel f

moist [mɔɪst] feucht; **~en**
['~sn] an-, befeuchten; feucht
werden; **~ure** ['~stʃə] Feuchtigkeit f; **~urizer** ['~əraɪzə]
Feuchtigkeitscreme f

molar (tooth) ['məʊlə] (*pl* -
teeth) Backenzahn m

mold, *etc. Am.* → **mould¹**,
mould² *etc.*

mole¹ [məʊl] Maulwurf m

mole² [~] Muttermal n,
Leberfleck m

mole³ [~] Mole f

molest [məʊ'lest] belästigen

mollify ['mɒlɪfaɪ] besänftigen

molten ['məʊltən] geschmol-
zen

moment ['məʊmənt] Augenblick m, Moment m; Bedeu-
tung f; *at the ~* im Augenblick; '**~ary** momentan

monarch ['mɒnək] Mon-
arch(in), Herrscher(in); '**~y**
Monarchie f

monastery ['mɒnəstəri]
(Mönchs)Kloster n

Monday ['mʌndɪ] Montag m

monetary ['mʌnɪtəri] Wäh-
rungs...; Geld...

money ['mʌnɪ] Geld n; **~ order** Post- *od.* Zahlungsan-
weisung f

monitor ['mɒnɪtə] **1.** Monitor

m, Kontrollgerät n, -schirm
m; **2.** abhören; überwachen

monk [mʌŋk] Mönch m

monkey ['mʌŋkɪ] Affe m; **~
wrench** *tech.* Engländer m

mono... [mɒnəʊ] ein...,
mono...; **~logue**, *Am. a.* **-log**
['~lɒg] Monolog m

monopolize [mə'nɒpəlaɪz]
monopolisieren; *fig.* an sich
reißen; **~y** Monopol n

monotonous [mə'nɒtənəs]
monoton, eintönig; **~y** [~tnɪ]
Monotonie f

monster ['mɒnstə] Monster
n, Ungeheuer n

monstrosity [mɒn'strɒsətɪ]
Monstrum n; Ungeheuer-
lichkeit f; **~ous** ['~strəs] un-
geheuer(lich); gräßlich

month [mʌnθ] Monat m; '**~ly
1.** monatlich, Monats...; **2.**
Monatsschrift f

monument ['mɒnjʊmənt]
Monument n, Denkmal n

moo [muː] muhen

mood [muːd] Stimmung f,
Laune f; *be in the ~ for* auf-
gelegt sein zu; '**~y** launisch,
launenhaft; schlechtgelaunt

moon [muːn] Mond m; *once
in a blue ~* F alle Jubeljahre
(einmal); '**~light 1.** Mond-
licht n, -schein m; **2.** F
schwarzarbeiten; '**~lit** mond-
hell

moor¹ [mɔː] (Hoch)Moor n

moor² [~] *mar.* vertäuen, festmachen; **~ings** ['~rɪŋz] *pl
mar.* Liegeplatz m

moose [muːs] (*pl* ~) Elch *m*

mop [mɒp] **1.** Mop *m*; (Haar)Wust *m*; **2.** (auf-, ab-) wischen; ~ **up** aufwischen

mope [məʊp] den Kopf hängen lassen

moral ['mɒrəl] **1.** moralisch, sittlich; tugendhaft; *e-r Geschichte etc.*); *pl* Moral..., Sitten...; **2.** Moral *f* (*e-r Geschichte etc.*); *pl* Moral *f*, Sitten *pl*; ~**e** [mɒˈrɑːl] Moral *f*, Stimmung *f* (*e-r Truppe etc.*); ~**ity** [məˈrælətɪ] Ethik *f*, Moral *f*; ~**ize** ['mɒrəlaɪz] moralisieren

morass [məˈræs] Sumpf *m*

morbid ['mɔːbɪd] krankhaft

more [mɔː] **1.** *adj* mehr; noch (mehr); *some* ~ *tea* noch etwas Tee; **2.** *adv* mehr; noch; ~ *important* wichtiger; *~ often* öfter; *~ and ~* immer mehr; ~ *or less* mehr oder weniger; *once* ~ noch einmal; **3.** *s* Mehr *n* (*of* an); *a little* ~ etwas mehr; ~**over** [~ˈrəʊvə] außerdem

morgue [mɔːg] Leichenschauhaus *n*

morning ['mɔːnɪŋ] Morgen *m*; Vormittag *m*; Morgen...; Vormittags...; Früh...; *in the* ~ morgens, am Morgen; vormittags, am Vormittag; *this* ~ heute morgen *od.* vormittag; *tomorrow* ~ morgen früh *od.* vormittag; *good* ~ guten Morgen

morose [məˈrəʊs] mürrisch

morph|ia ['mɔːfjə], ~**ine** ['~fiːn] Morphium *n*

morsel ['mɔːsl] Bissen *m*; *a* ~ *of* ein bißchen

mortal ['mɔːtl] **1.** sterblich; tödlich; Tod(es)...; **2.** Sterbliche *m, f*; ~**ity** [~ˈtælətɪ] Sterblichkeit *f*

mortar¹ ['mɔːtə] Mörtel *m*

mortar² [~] Mörser *m*

mortgage ['mɔːgɪdʒ] **1.** Hypothek *f*; **2.** e-e Hypothek aufnehmen auf

mortician [mɔːˈtɪʃən] *Am.* Leichenbestatter *m*

mortuary ['mɔːtjʊərɪ] Leichenhalle *f*

mosaic [məʊˈzeɪk] Mosaik *n*

Moslem ['mɒzləm] **1.** moslemisch; **2.** Moslem *m*

mosque [mɒsk] Moschee *f*

mosquito [məˈskiːtəʊ] (*pl -to[e]s*) Moskito *m*; Stechmücke *f*

moss [mɒs] Moos *n*; '~**y** moosig, bemoost

most [məʊst] **1.** *adj* meiste(r, -s); größte(r, -s); die meisten; ~ *people* die meisten Leute; **2.** *adv* am meisten; ~ *of all* am allermeisten; *vor adj*: höchst, äußerst; *the* ~ *important point* der wichtigste Punkt; **3.** *s* das meiste; der größte Teil; die meisten *pl*; *at (the)* ~ höchstens; *make the* ~ *of et.* nach Kräften *od.* möglichst ausnützen; '~**ly** hauptsächlich

MOT [eməʊˈtiː] *a.* ~ *test* Brt. TÜV(-Prüfung *f*) *m*

moth [mɒθ] Nachtfalter *m*; Motte *f*

mother ['mʌðə] **1.** Mutter *f*; **2.** bemuttern; **~ country** Vater-, Heimatland *n*; **~hood** ['~hʊd] Mutterschaft *f*; **~-in-law** ['~ərinlɔː] Schwiegermutter *f*; **~ly** mütterlich; **~-of-pearl** [~ərəv'pɜːl] Perlmutt *n*, Perlmutter *f*, *n*; **♀'s Day** Muttertag *m*; **~ tongue** Muttersprache *f*

motif [məʊ'tiːf] *Kunst:* Motiv *n*

motion ['məʊʃn] **1.** Bewegung *f*; *parl.* Antrag *m*; **put** *od.* **set in ~** in Gang bringen (*a. fig.*); **2.** winken; *j-m* ein Zeichen geben; **~less** regungslos; **~ picture** *Am.* Film *m*

motiv|ate ['məʊtɪveɪt] motivieren; **~e** ['~ɪv] Motiv *n*

motor ['məʊtə] Motor *m*; Motor...; **~bike** *Brt.* F Motorrad *n*; **~boat** Motorboot *n*; **~car** Kraftfahrzeug *n*; **~cycle** Motorrad *n*; **~cyclist** Motorradfahrer(in); **~ist** ['~rɪst] Autofahrer(in); **~ scooter** Motorroller *m*; **~way** *Brt.* Autobahn *f*

mould[1], *Am.* **mold** [məʊld] **1.** (Gieß-, Guß-, Press)Form *f*; **2.** *tech.* gießen; formen

mould[2], *Am.* **mold** [~] Schimmel *m*; Moder *m*; **~er**, *a.* **~ away** vermodern; zerfallen; **~y** verschimmelt, schimm(e)lig

mound [maʊnd] Erdhügel *m*

mount [maʊnt] **1.** *v/t* Berg, Pferd etc. besteigen, steigen auf; montieren; anbringen, befestigen; Bild etc. aufkleben; Edelstein fassen; *v/i Reiter:* aufsitzen; steigen, *fig. a.* (an)wachsen; **~ up to** sich belaufen auf; **2.** Gestell *n*; Fassung *f*; Reittier *n*

mountain ['maʊntɪn] Berg *m*; *pl a.* Gebirge *n*; Berg..., Gebirgs...; **~eer** [~'nɪə] Bergsteiger(in); **~eering** [~'nɪərɪŋ] Bergsteigen *n*; **~ous** bergig, gebirgig

'**mounted** beritten

mourn [mɔːn] trauern (**for**, **over** um); betrauern, trauern um; **~er** Trauernde *m*, *f*; **~ful** traurig; **~ing** Trauer *f*

mouse [maʊs] (*pl* **mice** [maɪs]) Maus *f*

moustache [mə'stɑːʃ] Schnurrbart *m*

mouth [maʊθ] (*pl* **~s** [~ðz]) Mund *m*; Maul *n*, Schnauze *f*, Rachen *m*; Mündung *f*; *Flasche etc.:* Öffnung *f*; **~ful** ein Mundvoll, Bissen *m*; **~organ** Mundharmonika *f*; **~piece** Mundstück *n*; *fig.* Sprachrohr *n*; **~wash** Mundwasser *n*

move [muːv] **1.** *v/t* bewegen; (weg)rücken; transportieren; *parl. etc.* beantragen; *Schach:* e-n Zug machen mit; *fig.* bewegen, rühren; **~ house** umziehen; *v/i* sich bewegen *od.* rühren; umziehen (*to* nach); *Schach*: e-n Zug machen; **~ in** (*out, away*) ein-(aus-, weg)ziehen; **~ on** weitergehen; **2.** Bewegung *f*; Umzug *m*; *Schach*: Zug *m*; *fig.* Schritt *m*; **get a ~ on!** F Tempo!, mach(t) schon!; **'~ment** Bewegung *f*

movie ['mu:vɪ] *bsd. Am.* Film *m*; Kino *n*; Film..., Kino...

moving ['mu:vɪŋ] beweglich; *fig.* rührend; **~ staircase** Rolltreppe *f*

mow [məʊ] (*mowed, mowed od. mown*) mähen; **'~er** Mähmaschine *f*, *bsd.* Rasenmäher *m*; **~n** *pp von* **mow**

much [mʌtʃ] **1.** *adj* viel; **2.** *adv* sehr; viel; **I thought as ~** das habe ich mir gedacht; **very ~** sehr; **3.** *s* **nothing ~** nichts Besonderes

muck [mʌk] Mist *m*, Dung *m*; Dreck *m*, Schmutz *m*

mucus ['mju:kəs] Schleim *m*

mud [mʌd] Schlamm *m*

muddle ['mʌdl] **1.** Durcheinander *n*; **2.** *a.* **~ up** durcheinanderbringen

mud|dy ['mʌdɪ] schlammig, trüb(e); **'~guard** Kotflügel *m*; Schutzblech *n*

muffle ['mʌfl] *Ton etc.* dämpfen; *oft* **~ up** einhüllen, -wickeln; **'~r** dicker Schal; *Am. mot.* Auspufftopf *m*

mug¹ [mʌg] Krug *m*; Becher *m*; große Tasse

mug² [~] (*bsd. auf der Straße*) überfallen u. ausrauben; **'~-**

ger F (Straßen)Räuber *m*; **'~ging** Raubüberfall *m*

mule [mju:l] Maultier *n*

mulled wine [mʌld] Glühwein *m*

multi... [mʌltɪ] viel..., mehr..., Mehrfach..., Multi...; **~lingual** [~'lɪŋgwəl] mehrsprachig

multiple ['mʌltɪpl] viel-, mehrfach; mehrere

multi|plication [mʌltɪpli-'keɪʃn] Vermehrung *f*; Multiplikation *f*; **~ table** Einmaleins *n*; **~ply** ['~plaɪ] (sich) vermehren od. vervielfachen; multiplizieren, malnehmen (*by* mit); **~'storey** vielstöckig; **~ car park** Park(hoch)haus *n*

multitude ['mʌltɪtju:d] Vielzahl *f*; **the ~(s** *pl*) die Masse

mum [mʌm] *Brt.* F Mami *f*, Mutti *f*

mumble ['mʌmbl] murmeln

mummy¹ ['mʌmɪ] Mumie *f*

mummy² [~] *Brt.* Mami *f*, Mutti *f*

mumps [mʌmps] *sg* Ziegenpeter *m*, Mumps *m*, *f*

munch [mʌntʃ] mampfen

municipal [mju:'nɪsɪpl] städtisch, Stadt..., kommunal, Gemeinde...

mural ['mjʊərəl] **1.** Mauer..., Wand...; **2.** Wandgemälde *n*

murder ['mɜ:də] **1.** Mord *m* (*of* an), Ermordung *f* (*of* gen); **2.** ermorden; **~er** ['~rə] Mörder *m*; **~ess** ['~rɪs] Mör-

derin f; **~ous** ['~rəs] mörderisch; Mord...

murmur ['mɜːmə] **1.** Murmeln n; Murren n; **2.** murmeln; murren

musc|le ['mʌsl] Muskel m;
~ular ['~kjʊlə] Muskel...;
muskulös

muse [mjuːz] (nach)sinnen

museum [mjuːˈzɪəm] Museum n

mush [mʌʃ] Brei m, Mus n

mushroom ['mʌʃrʊm] Pilz m,
bsd. Champignon m

music ['mjuːzɪk] Musik f;
Noten pl; **~al 1.** Musik...;
musikalisch; wohlklingend;
2. Musical n; **~ hall** bsd. Brt.
Varieté(theater) n; **~ian**
[~'zɪʃn] Musiker(in)

mussel ['mʌsl] (Mies)Mu-
schel f

must [mʌst] **1.** v/aux ich muß,
du mußt, er, sie, es muß etc.; **I
~ not** ich darf nicht; **2.** Muß n

mustache [məˈstɑːʃ] Am.
Schnurrbart m

mustard ['mʌstəd] Senf m

muster ['mʌstə] a. **~ up** s-e
Kraft etc. aufbieten; s-n Mut
zs.-nehmen

musty ['mʌstɪ] mod(e)rig,
muffig

mute [mjuːt] **1.** stumm; **2.**
Stumme m, f

mutilate ['mjuːtɪleɪt] verstümmeln

mutiny ['mjuːtɪnɪ] **1.** Meuterei
f; **2.** meutern

mutter ['mʌtə] **1.** murmeln;
murren; **2.** Murmeln n;
Murren n

mutton ['mʌtn] Hammel-
fleisch n

mutual ['mjuːtʃʊəl] gegen-,
wechselseitig; gemeinsam

muzzle ['mʌzl] **1.** Maul n,
Schnauze f; Maulkorb m;
(Gewehr- etc.)Mündung f; **2.**
e-n Maulkorb anlegen; fig.
mundtot machen

my [maɪ] mein(e)

myself [maɪˈself] pron mich
(selbst) (reflexiv); verstärkend: ich od. mich od. mir
selbst

myster|ious [mɪˈstɪərɪəs] my-
steriös, geheimnisvoll; **~y**
['~stərɪ] Geheimnis n; Rätsel n

mystify ['mɪstɪfaɪ] verwirren

myth [mɪθ] Mythos m; **~ology**
[~'θɒlədʒɪ] Mythologie f

N

nab [næb] F schnappen

nag [næg] nörgeln; **~ (at)** her-
umnörgeln an; **'~ging** Nör-
gelei f

nail [neɪl] **1.** Nagel m; Na-

gel...; **2.** (an)nageln; **~ polish**, **~ varnish** Nagellack m

naked ['neɪkɪd] nackt; kahl

name [neɪm] **1.** Name m; Bezeichnung f; Ruf m; **what's**

your ~? wie heißen Sie?; *call s.o.* ~**s** j-n beschimpfen; **2.** (be)nennen; erwähnen; ernennen zu; '~**ly** nämlich; '~**sake** Namensvetter(in)

nanny ['nænɪ] Kindermädchen *n*; Oma *f*, Omi *f*

nap [næp] **1.** Schläfchen *n*, Nickerchen *n*; *have od.* **take a** ~ → **2.** ein Schläfchen *od.* Nickerchen machen

nape [neɪp] *a.* ~ **of the neck** Genick *n*, Nacken *m*

nap|kin ['næpkɪn] Serviette *f*; *Brt.* → '~**py** *Brt.* Windel *f*

narcotic [nɑː'kɒtɪk] **1.** Betäubungsmittel *n*; *oft pl* Rauschgift *n*; **2.** betäubend

narrat|e [nə'reɪt] erzählen; berichten, schildern; ~**ive** ['nærətɪv] Erzählung *f*; Bericht *m*, Schilderung *f*; ~**or** [nə'reɪtə] Erzähler(in)

narrow ['nærəʊ] **1.** eng, schmal; beschränkt; *fig.* knapp; **2.** enger *od.* schmäler werden/machen, (sich) verengen; '~**ly** mit knapper Not; ~'**minded** engstirnig

nasty ['nɑːstɪ] widerlich; bös, schlimm; gemein, fies

nation ['neɪʃn] Nation *f*; Volk *n*

national ['næʃənl] **1.** national, National..., Landes..., Volks...; Staats...; ₂ **Health Service** *Brt.* Staatlicher Gesundheitsdienst; ₂ **Insurance** *Brt.* Sozialversiche-

rung *f*; ~ **park** Nationalpark *m*; **2.** Staatsangehörige *m*, *f*; ~**ity** [~'næləti] Nationalität *f*; Staatsangehörigkeit *f*; ~**ize** ['~ʃnəlaɪz] verstaatlichen

native ['neɪtɪv] **1.** einheimisch..., Landes...; heimatlich, Heimat...; Eingeborenen...; angeboren; ~ **country** Heimat *f*, Vaterland *n*; ~ **language** Muttersprache *f*; ~ **speaker** Muttersprachler(in); **2.** Einheimische *m*, *f*

natural ['nætʃrəl] natürlich; Natur...; Roh...; angeboren; ~ **gas** Erdgas *n*; '~**ize** einbürgern; *bot.*, *zo.* heimisch machen; ~ **science** Naturwissenschaft *f*; ~ **scientist** Naturwissenschaftler(in)

nature ['neɪtʃə] Natur *f*

naughty ['nɔːtɪ] ungezogen

nausea ['nɔːsjə] Übelkeit *f*; ~**te** ['~sɪeɪt] *fig.* anwidern

nautical ['nɔːtɪkl] nautisch; ~ **mile** Seemeile *f*

naval ['neɪvl] See...; Flotten..., Marine...; ~ **base** Flottenstützpunkt *m*

nave [neɪv] *arch.* Mittel-, Hauptschiff *n*

navel ['neɪvl] Nabel *m*

naviga|ble ['nævɪɡəbl] schiffbar; ~**te** ['~eɪt] navigieren; steuern, lenken; ~**tion** [~'ɡeɪʃn] Navigation *f*

navy ['neɪvɪ] (Kriegs)Marine *f*

near [nɪə] **1.** *adj* nahe; eng (befreundet); knapp; **2.** *adv* nahe, in der Nähe; fast, beinahe; **3.** *prp* nahe, in der Nähe von (*od. gen*); **4.** *v/t u. v/i* sich nähern, näherkommen; **~by 1.** [ˈ~baɪ] *adj* nahe (gelegen); **2.** [ˈ~baɪ] *adv* in der Nähe; **~ly** fast, beinahe; annähernd; **~sighted** kurzsichtig

neat [niːt] ordentlich; sauber; *Whisky etc.* rein

necessar|ily [ˈnesəsərɪlɪ] notwendigerweise; *not ~* nicht unbedingt; **~y** [ˈ~sərɪ] notwendig, nötig

necessit|ate [nɪˈsesɪteɪt] erfordern; **~y** [~ˈsesətɪ] Notwendigkeit *f*; Bedarf *m*

neck [nek] **1.** Hals *m*; Genick *n*; **2.** F knutschen; **~lace** [ˈ~lɪs] Halskette *f*; **~line** *Kleid etc.*: Ausschnitt *m*; **~tie** *Am.* Krawatte *f*, Schlips *m*

née [neɪ] geborene

need [niːd] **1.** benötigen, brauchen; müssen; **2.** Bedürfnis *n*, Bedarf *m*; Mangel *m*; Notwendigkeit *f*; Not *f*; *if ~ be* nötigenfalls; *in ~* in Not; *in ~ of help* hilfsbedürftig

needle [ˈniːdl] Nadel *f*; **~work** Handarbeit *f*

needy [ˈniːdɪ] bedürftig

negat|e [nɪˈgeɪt] verneinen; **~ion** Verneinung *f*; **~ive** [ˈnegətɪv] **1.** negativ; verneinend; abschlägig; **2.** Verneinung *f*; *phot.* Negativ *n*; *answer in the ~* verneinen

neglect [nɪˈglekt] vernachläs-

sigen; versäumen

neglig|ent [ˈneglɪdʒənt] nachlässig, unachtsam; lässig; **~ible** unbedeutend

negotiat|e [nɪˈgəʊʃɪeɪt] verhandeln (über); **~ion** [~ˈeɪʃn] Verhandlung *f*; **~or** [~ˈgəʊʃɪeɪtə] Unterhändler(in)

Negro [ˈniːgrəʊ] (*pl* **-groes**) *abwertend*: Neger *m*

neigh [neɪ] wiehern

neighbo(u)r [ˈneɪbə] Nachbar(in); **~hood** Nachbarschaft *f*; Umgebung *f*

neither [ˈnaɪðə, *Am.* ˈniːðə] **1.** *adj. pron* keine(r, -s) (von beiden); **2.** *cj*: *~ ... nor* weder ... noch; **3.** *adv* auch nicht

nephew [ˈnevjuː] Neffe *m*

nerve [nɜːv] Nerv *m*; Mut *m*; *bot.* Blatt: Rippe *f*, Ader *f*; F Frechheit *f*; **~-racking** F nervenaufreibend

nervous [ˈnɜːvəs] nervös

nest [nest] **1.** Nest *n*; nisten

nestle [ˈnesl] (sich) schmiegen *od.* kuscheln; *a. ~ down* es sich bequem machen

net¹ [net] Netz *n*; *~ curtain* Store *m*

net² [~] netto, Netto..., Rein...

nettle [ˈnetl] **1.** *bot.* Nessel *f*; **2.** ärgern

network [ˈnetwɜːk] Netz (-werk) *n*; (*Straßen- etc.*) Netz *n*; *Rundfunk, TV*: Sendernetz *n*

neuro|sis [njʊəˈrəʊsɪs] (*pl* **-ses** [~siːz]) Neurose *f*; **~tic** [~ˈrɒtɪk] neurotisch

neuter ['njuːtə] **1.** *gr.* sächlich; *biol.* geschlechtslos; **2.** *gr.* Neutrum *n*

neutral ['njuːtrəl] **1.** neutral; **2.** Neutrale *m, f; mot.* Leerlauf *m;* **~ity** [~'træləti] Neutralität *f;* **~ize** [~'trəlaiz] neutralisieren

never ['nevə] nie(mals); durchaus nicht; **'~-ending** endlos; **'~theless** [~ðə'les] dennoch, trotzdem

new [njuː] **1.** neu; **~s nothing** ~ nichts Neues; **'~born** neugeboren; **'~comer** Neuankömmling *m;* Neuling *m;* **'~ly** kürzlich, frisch; neu; **~ moon** Neumond *m*

news [njuːz] *sg* Neuigkeit(en *pl*) *f,* Nachricht(en *pl*) *f;* **~ agency** Nachrichtenagentur *f;* **'~agent** *Brt.* Zeitungshändler(in); **'~cast** Nachrichtensendung *f;* **'~caster** Nachrichtensprecher(in); **~ dealer** *Am.* Zeitungshändler(in); **'~ flash** Kurzmeldung *f;* **'~paper** Zeitung *f;* **'~reader** *Brt.* → newscaster; **'~stand** Zeitungskiosk *m,* -stand *m;* **'~vendor** *Brt.* Zeitungsverkäufer(in)

new year *das* neue Jahr; **Happy N~ Y~!** Gutes neues Jahr!, Prosit Neujahr!; **N~ Y~'s Day** Neujahr(stag *m*) *n;* **N~ Y~'s Eve** Silvester(abend *m*) *m, n*

next [nekst] **1.** *adj* nächste(r, -s); **~ door** nebenan; **~ but**

one übernächst; **2.** *adv* als nächste(r, -s); das nächste Mal; dann; **~ to** neben; **3.** *s der, die, das* nächste; **~ 'door** (von) nebenan

nibble ['nibl] knabbern

nice [nais] nett, freundlich; nett, hübsch, schön; fein; **'~ly** gut, ausgezeichnet

niche [nitʃ] Nische *f*

nick [nik] **1.** Kerbe *f;* **2.** (ein)kerben; *Brt.* F klauen

nickel ['nikl] *min.* Nickel *n;* *Am.* Fünfcentstück *n*

nickname ['nikneim] **1.** Spitzname *m;* **2.** *j-m* den Spitznamen ... geben

niece [niːs] Nichte *f*

niggard ['nigəd] Geizhals *m;* **'~ly** geizig; kümmerlich

night [nait] Nacht *f;* Abend *m; at ~, by ~, in the ~* bei Nacht, nachts; *good ~* gute Nacht; **'~cap** Schlummertrunk *m;* **'~club** Nachtklub *m,* -lokal *n;* **'~dress** Nachthemd *n;* **'~fall:** *at ~* bei Einbruch der Dunkelheit; **'~gown** Nachthemd *n;* **'~ie** F (*bsd.* Damen- *od.* Kinder-)Nachthemd *n;* **'~ingale** ['~ingeil] Nachtigall *f;* **'~ly 1.** *adj* (all)nächtlich; **2.** *adv* jede Nacht; jeden Abend; **'~mare** ['~meə] Alptraum *m;* **'~ school** Abendschule *f;* **'~ shift** Nachtschicht *f;* **'~-shirt** (Herren)Nachthemd *n;* **'~-time:** *at ~, in the ~* nachts

nil [nɪl] *bsd. Sport:* null; *four to ~ (4–0)* vier zu null (4:0)
nimble ['nɪmbl] flink, gewandt; *fig.* beweglich
nine [naɪn] neun; *~* Kegeln *n*; **~teen** [~'tiːn] neunzehn; **~tieth** ['~tiːθ] neunzigste(r, -s); **'~ty** neunzig
ninth [naɪnθ] **1.** neunte(r, -s); **2.** Neuntel *n*; **'~ly** neuntens
nip [nɪp] kneifen, zwicken; *Brt.* F sausen, flitzen; *~ in Brt.* F *mot.* einscheren
nipple ['nɪpl] Brustwarze *f*
nitrogen ['naɪtrədʒən] Stickstoff *m*
no [nəʊ] **1.** *adv* nein; nicht; **2.** *adj* kein(e); *~ one* keiner, niemand
nobility [nəʊ'bɪlətɪ] Adel *m*
noble ['nəʊbl] adlig; edel, nobel
nobody ['nəʊbədɪ] niemand, keiner
nod [nɒd] **1.** nicken (mit); *~ off* einnicken; **2.** Nicken *n*
noise [nɔɪz] Krach *m*, Lärm *m*; Geräusch *n*; *Radio etc.:* Rauschen *n*; **'~less** geräuschlos
noisy ['nɔɪzɪ] laut
nominal ['nɒmɪnl] nominell; **~ate** ['~eɪt] ernennen; nominieren, vorschlagen; **~ation** [~'neɪʃn] Ernennung *f*; Nominierung *f*; **~ee** [~'niː] Kandidat(in)
non... [nɒn] nicht..., Nicht..., un...

non|alcoholic alkoholfrei; **~aligned** [~ə'laɪnd] *pol.* blockfrei; **~commissioned officer** Unteroffizier *m*; **~committal** zurückhaltend, *Antwort:* a. unverbindlich; **~descript** ['~dɪskrɪpt] unbestimmbar; unauffällig
none [nʌn] **1.** *pron (sg od. pl)* keine(r, -s); **2.** *adv* in keiner Weise; **~theless** [~ðə'les] → *nevertheless*
non|existent nicht existierend; **~'fiction** Sachbücher *pl*; **~(in)flammable** nicht brennbar; **~interference**, **~intervention** *pol.* Nichteinmischung *f*; **~'iron** bügelfrei
non'payment *bsd. econ.* Nicht(be)zahlung *f*; **~'plus** verblüffen; **~'polluting** umweltfreundlich; **~'resident** nicht (orts)ansässig; **~returnable** *von Verpackung:* Einweg...
nonsense ['nɒnsəns] Unsinn *m*, dummes Zeug
non|'skid rutschfest, -sicher; **~'smoker** Nichtraucher(in); *Brt. rail.* Nichtraucher(abteil *n*) *m*; **~'stick** *Pfanne etc.:* mit Antihaftbeschichtung; **~'stop** *Zug etc.:* durchgehend, *Flug:* ohne Zwischenlandung; nonstop, ohne Unterbrechung; **~'union** nicht (gewerkschaftlich) organisiert; **~violence** Gewalt-

losigkeit f; **~'violent** gewaltlos

noodle ['nuːdl] Nudel f

nook [nʊk] Ecke f, Winkel m

noon [nuːn] Mittag(szeit) f m; **at ~** um 12 Uhr (mittags)

noose [nuːs] Schlinge f

nor [nɔː] → **neither** 2; auch nicht

norm [nɔːm] Norm f; **'~al** normal; **'~alize** normalisieren; **'~ally** normal(erweise)

north [nɔːθ] **1.** Norden m; **2.** nördlich, Nord...; **3.** nach Norden, nordwärts; **~ 'east 1.** Nordosten m; **2.** → **~'eastern** nordöstlich; **~erly** ['~ðəlɪ], **~ern** ['~ðən] nördlich, Nord...; **~ward(s)** ['~wəd(z)] nordwärts, nach Norden; **~'west 1.** Nordwesten m; **2.** nordwestlich

Norwegian [nɔː'wiːdʒən] **1.** norwegisch; **2.** Norweger(in)

nose [nəʊz] **1.** Nase f; **2.** Auto etc. vorsichtig fahren; **a. ~ about** od. **around** herumschnüffeln; **'~bleed** Nasenbluten n

nostril ['nɒstrəl] Nasenloch n, bsd. zo. Nüster f

nosy ['nəʊzɪ] F neugierig

not [nɒt] nicht; **~ a** kein(e)

notable ['nəʊtəbl] bemerkenswert; beachtlich

notary ['nəʊtərɪ] mst **~ public** Notar(in)

notch [nɒtʃ] Kerbe f

note [nəʊt] **1.** oft pl Notiz f, Aufzeichnung f; Anmer-

kung f; Nachricht f; (diplomatische) Note; Banknote f, Geldschein m; mus. Note f; **take ~s (of)** sich Notizen machen (über); **2.** (besonders) beachten od. achten auf; bemerken; oft **~ down** (sich) et. aufschreiben od. notieren; **'~book** Notizbuch n; **'~d** bekannt; **'~pad** Notizblock m; **'~paper** Briefpapier n

nothing ['nʌθɪŋ] nichts; **~ but** nichts als, nur; **~ much** nicht viel; **for ~** umsonst; **to say ~ of** ganz zu schweigen von

notice ['nəʊtɪs] **1.** Ankündigung f, Bekanntgabe f, Mitteilung f, Anzeige f; Kündigung(sfrist) f; Beachtung f; **at short ~** kurzfristig; **until further ~** bis auf weiteres; **without ~** fristlos; **give s.o. (his/her) ~** j-m kündigen; **give s.o. one's ~** dem Arbeitgeber etc. kündigen; **four weeks'** od. **four weeks'** vierwöchige Kündigungsfrist; **take (no) ~ of** (keine) Notiz nehmen von, (nicht) beachten; **2.** (es) bemerken; (besonders) beachten od. achten auf; **'~able** erkennbar; beachtlich

notify ['nəʊtɪfaɪ] benachrichtigen

notion ['nəʊʃn] Vorstellung f, Ahnung f; Idee f

notions ['nəʊʃnz] pl Am. Kurzwaren pl

notorious [nəʊ'tɔːrɪəs] berüchtigt (**for** für)

nought [nɔːt] *Brt.* die Zahl 0

noun [naʊn] *gr.* Substantiv *n*, Hauptwort *n*

nourish [ˈnʌrɪʃ] (er)nähren; *fig.* hegen; **ˈ~ing** nahrhaft; **ˈ~ment** Nahrung *f*

novel [ˈnɒvl] **1.** Roman *m*; **2.** neu(artig); **ˈ~ist** [ˈ~ist] Romanschriftsteller(in); **ˈ~ty** Neuheit *f*

November [nəʊˈvembə] November *m*

novice [ˈnɒvɪs] Anfänger(in); *eccl.* Noviz|e *m*, -in *f*

now [naʊ] nun, jetzt; *~ and again*, *~ and then* von Zeit zu Zeit, dann u. wann; *by ~* inzwischen; *from ~ on* von jetzt an; *just ~* gerade eben

nowadays [ˈnaʊədeɪz] heutzutage

nowhere [ˈnəʊweə] nirgends

nozzle [ˈnɒzl] *tech.:* Stutzen *m*; Düse *f*

nuclear [ˈnjuːklɪə] Kern..., Atom...; *~ energy* Atom-, Kernenergie *f*; *~ fission* Kernspaltung *f*; *~'free* atomwaffenfrei; *~ physics sg* Kernphysik *f*; *~ power* Atom-, Kernkraft *f*; *~ power station* Atom-, Kernkraftwerk *n*; *~ reactor* Atom-, Kernreaktor *m*; *~ waste* Atommüll *m*; *~ weapons pl* Atom-, Kernwaffen *pl*

nucleus [ˈnjuːklɪəs] (*pl -clei* [ˈ~ʋlaɪ]) Kern *m*

nude [njuːd] **1.** nackt; **2.**

Kunst: Akt *m*; *in the ~* nackt

nudge [nʌdʒ] *j-n* anstoßen, stupsen

nuisance [ˈnjuːsns] Plage *f*; Nervensäge *f*, Quälgeist *m*; *make a ~ of o.s.* den Leuten auf die Nerven gehen *od.* fallen; *what a ~!* wie ärgerlich!

nukes [n(j)uːks] *pl bsd. Am.* F Atom-, Kernwaffen *pl*

numb [nʌm] **1.** starr (*with* vor), taub; *fig.* wie betäubt (*with* vor); **2.** starr *od.* taub machen; betäuben

number [ˈnʌmbə] **1.** Zahl *f*, Ziffer *f*; Nummer *f*; (An-) Zahl *f*; *Zeitung etc.:* Nummer *f*, Ausgabe *f*; **2.** numerieren; sich belaufen auf; **ˈ~less** unzählig; **ˈ~plate** *Brt. mot.* Nummernschild *n*

numeral [ˈnjuːmərəl] Ziffer *f*; Zahlwort *n*; **ˈ~ous** zahlreich

nun [nʌn] Nonne *f*

nurse [nɜːs] **1.** (Kranken-) Schwester *f*; Kindermädchen *n*; **2.** *Kranke* pflegen; *Krankheit* auskurieren; stillen

nursery [ˈnɜːsəri] (Kinder)Tagesheim *n*, (-)Tagesstätte *f*; Kinderzimmer *n*; Baum-, Pflanzschule *f*; *~ rhyme* Kinderreim *m*; *~ school* Kindergarten *m*; *~ teacher* Kindergärtnerin

nursing [ˈnɜːsɪŋ] Stillen *n*; Krankenpflege *f*; *~ home* Pflegeheim *n*; *Brt.* Privatklinik *f*

nut [nʌt] Nuß *f*; (Schrauben)Mutter f; '~cracker(s pl) Nußknacker m; ~meg ['~meg] Muskatnuß f

nutri|ent ['nju:trɪənt] Nähr.stoff m; ~tion [~'trɪʃn] Ernährung f; ~tious [~'trɪʃəs]

nahrhaft

nuts [nʌts] F verrückt

'nut|shell Nußschale f; in a ~ kurz gesagt; '~ty nußartig; sl. verrückt

nylon ['naɪlɒn] Nylon n

O

o [əʊ] **1.** oh!; ach!; **2.** teleph. Null f

oak [əʊk] Eiche f; Eichenholz n

oar [ɔː] **1.** Ruder n; **2.** rudern

oasis [əʊ'eɪsɪs] (pl -ses [~si:z]) Oase f (a. fig.)

oat [əʊt] mst pl Hafer m

oath [əʊθ] (pl ~s [əʊðz]) Eid m, Schwur m; Fluch m; on ~ unter Eid

oatmeal ['əʊtmi:l] Hafermehl n

obedien|ce [ə'bi:djəns] Gehorsam m; ~t gehorsam

obey [ə'beɪ] gehorchen; Befehl etc. befolgen

obituary [ə'bɪtʃʊərɪ] Todesanzeige f; Nachruf m

object **1.** ['ɒbdʒɪkt] Gegenstand m; Ziel n, Zweck m, Absicht f; Objekt n (a. gr.); **2.** [əb'dʒekt] v/t einwenden; v/i et. dagegen haben; ~ion [əb'dʒekʃn] Einwand m, -spruch m; ~ionable nicht einwandfrei; anstößig; unangenehm; ~ive **1.** objektiv, sachlich; **2.** Ziel n; opt. Objektiv n

obligation [ɒblɪ'geɪʃn] Verpflichtung f; econ. Schuldverschreibung f; pl Verbindlichkeiten pl; be under an ~ to s.o. j-m verpflichtet sein

oblige [ə'blaɪdʒ] zwingen; (zu Dank) verpflichten; j-m e-n Gefallen tun; much ~d! herzlichen Dank!; ~ing zuvorkommend, gefällig

oblique [ə'bli:k] schief, schräg

obliterate [ə'blɪtəreɪt] auslöschen, tilgen (a. fig.); Schrift ausstreichen

oblivi|on [ə'blɪvɪən] Vergessen(heit f) n; ~ous: be ~ of s.th. sich e-r Sache nicht bewußt sein

oblong ['ɒblɒŋ] **1.** Rechteck n; **2.** rechteckig

obnoxious [əb'nɒkʃəs] widerlich

obscene [əb'si:n] unanständig

obscure [əb'skjʊə] **1.** dunkel; fig. dunkel, unklar; unbekannt; **2.** verdunkeln

observa|nce [əb'zɜ:vns] Befolgung f; Einhaltung f; ~nt [~nt] aufmerksam; ~tion

off

[obzəˈveiʃn] Beobachtung f;
Bemerkung f; **~tory** [əb-
ˈzɜːvətri] Observatorium n,
Stern-, Wetterwarte f

observe [əbˈzɜːv] beobachten; *Brauch* einhalten: *Gesetz* befolgen; bemerken; **~r**
Beobachter(in)

obsess [əbˈses]. **~ed by** od.
with besessen von; **~ion** Be-
sessenheit f

obsolete [ˈɒbsəliːt] veraltet

obstacle [ˈɒbstəkl] Hindernis
n

obstin|acy [ˈɒbstinəsi] Eigen-
sinn m; Hartnäckigkeit f;
~ate [ˈ~nət] eigensinnig;
hartnäckig

obstruct [əbˈstrʌkt] verstopfen, -sperren; blockieren;
(be)hindern; **~ion** [~kʃn]
Verstopfung f; Blockierung
f; Behinderung f; Hindernis n

obtain [əbˈtein] erlangen, erhalten, erreichen, bekom-
men; **~able** erhältlich

obtrusive [əbˈtruːsiv] aufdringlich

obvious [ˈɒbviəs] offensichtlich, augenfällig, klar

occasion [əˈkeiʒn] **1.** Gelegenheit f; Anlaß m; Veran-
lassung f; (festliches) Ereignis; **2.** veranlassen; **~al** *adj,*
~ally *adv* gelegentlich

occup|ant [ˈɒkjupənt] Besit-
zer(in); Bewohner(in); In-
sass|e m, -in f; **~ation**
[~ˈpeiʃn] Beruf m; Beschäftigung f; mil. Besetzung f; Be-

satzung f; **~y** [ˈ~pai] einnehmen; mil. besetzen; inne-
haben; bewohnen; in An-
spruch nehmen; beschäfti-
gen

occur [əˈkɜː] vorkommen;
sich ereignen; it **~red to me**
mir fiel ein; **~rence**
[əˈkʌrəns] Vorkommen n;
Vorfall m, Ereignis n

ocean [ˈəuʃn] Ozean m, Meer
n

o'clock [əˈklɒk]: **(at) five ~**
(um) fünf Uhr

October [ɒkˈtəubə] Oktober
m

octopus [ˈɒktəpəs] Krake m;
Tintenfisch m

odd [ɒd] sonderbar; *Zahl*: un-
gerade; einzeln; **~s** pl (Gewinn)Chancen pl; **~ and
ends** Krimskrams m

odo(u)r [ˈəudə] Geruch m

of [ɒv, əv] von; um (*cheat s.o.
~ s.th.*); *Herkunft*: von, aus;
Material: aus; an (*die ~*); vor
(*afraid ~*); auf (*proud ~*);
über (*glad ~*); nach (*smell
~*); von, über (*speak ~ s.th.*);
an (*think ~ s.th.*); *the city ~
London* die Stadt London;
the works ~ Dickens D's
Werke; *your letter ~ ...* Ihr
Schreiben vom...; *five minutes ~ twelve* Am. fünf
Minuten vor zwölf

off [ɒf] **1.** *adv* fort, weg; ab,
herunter(...), los(...); entfernt; *Zeit*: bis hin; *Licht
etc.*: aus(-), ab(geschaltet);

Hahn etc.: zu, *Knopf etc.*: ab(-), los(gegangen); frei (*von Arbeit*); ganz, zu Ende; *econ.* flau; *Fleisch etc.*: verdorben; *fig.* aus, vorbei; *be ~* fort *od.* weg sein; (weg)gehen; **2.** *prp* fort von, weg von; von (... ab, weg, herunter); abseits von, entfernt von; frei von (*Arbeit*); **3.** *adj* (weiter) entfernt; Seiten..., Neben...; (arbeits-, dienst-)frei; *econ.* flau, still, tot

offen|ce, *Am.* **~se** [ə'fens] Vergehen *n*; *jur.* Straftat *f*; Beleidigung *f*; **~d** [~nd] beleidigen, verletzen; verstoßen; **~der** Übeltäter(in); Straffällige *m*, *f*; **~sive 1.** beleidigend; anstößig; ekelhaft; Angriffs...; **2.** Offensive *f*

offer ['ɒfə] **1.** Angebot *n*; **2.** anbieten; (sich) bieten

offhand [ɒf'hænd] **1.** *adj* lässig; **2.** *adv* so ohne weiteres

office ['ɒfɪs] Büro *n*; Geschäftsstelle *f*; Amt *n*; ♀ Ministerium *n*; **~ block** Bürogebäude *n*; **~ hours** *pl* Dienstzeit *f*

officer ['ɒfɪsə] Beamte *m*, -in *f*; Polizist *m*, Polizeibeamte *m*; *mil.* Offizier *m*

official [ə'fɪʃl] **1.** offiziell, amtlich, Amts..., Dienst...; **2.** Beamte *m*, -in *f*; Funktionär(in)

officious [ə'fɪʃəs] aufdringlich

'off-licence Schankerlaubnis *f* über die Straße; Wein-

u. Spirituosenhandlung *f*; **'~line** *Computer*: rechnerunabhängig, Off-line...; **~ peak** *Tarif*: verbilligt; **~ electricity** Nachtstrom *m*; **'~season 1.** Nebensaison *f*; **2.** außerhalb der Saison; **'~set (-set)** ausgleichen; **'~side** *Sport*: abseits; **'~spring** Nachkomme(nschaft *f*) *m*

often ['ɒfn] oft, häufig

oil [ɒɪl] **1.** Öl *n*; **2.** ölen; **'~cloth** Wachstuch *n*; **~ painting** Ölgemälde *n*; **'~skins** *pl* Ölzeug *n*; **~ well** Ölquelle *f*; **'~y** ölig; fettig; schmierig

ointment ['ɔɪntmənt] Salbe *f*

old [əʊld] alt; **~ age** (das) Alter; **'~age** Alters...; **'fashioned** altmodisch

olive ['ɒlɪv] Olive *f*; Olivgrün *n*

Olympic Games [əʊ'lɪmpɪk] *pl* Olympische Spiele *pl*

omelet(te) ['ɒmlɪt] Omelett(e *f*) *n*

ominous ['ɒmɪnəs] unheilvoll

omi|ssion [ə'mɪʃn] Unterlassung *f*; Auslassung *f*; **~t** unterlassen; auslassen

on [ɒn] **1.** *prp* auf (**~ the table**), an (**~ the wall**); in (**~ TV**); Richtung, Ziel: auf ... (hin), an; *fig.* auf ... (hin) (**~ demand**); gehörig zu, beschäftigt bei; Zustand: in, auf, zu (**~ duty**, **~ fire**); *Thema*: über; *Zeitpunkt*: an (**~ Sunday**, **~ the 1st of**

April); bei (~ *his arrival*); **2.** *adv, adj* Licht etc.: an(geschaltet), eingeschaltet; auf (-*legen*, -*schrauben etc.*); Kleidung: an(*haben*, -*ziehen*), auf(*behalten*); weiter(*gehen*, -*sprechen etc.*); **and so** ~ und so weiter; ~ **and** ~ immer weiter; ~ **to** ... auf ... (hinaus); *be* ~ im Gange sein, los sein; *thea.* gespielt werden; Film: laufen

once [wʌns] **1.** einmal; je (-*mals*); einst; ~ *again*, ~ *more* noch einmal; *at* ~ sofort; zugleich; *all at* ~ plötzlich; *for* ~ diesmal, ausnahmsweise; **2.** sobald

one [wʌn] *adj, pron,* s (ein) einzig; man, eins; Eins f; ~ *day* eines Tages; ~ *of these days* demnächst; ~ *by* ~ einer nach dem andern; ~ *another* einander; *which* ~? welche(r, -s)?; *the little* ~s die Kleinen; ~'*self pron* sich (selbst); ~'*sided* einseitig; ~'*way*: ~ *street* Einbahnstraße f; ~ *ticket* Am. einfache Fahrkarte

onion ['ʌnjən] Zwiebel f

on|**-line** ['ɒnlaɪn] Computer: rechnerabhängig, On-line...; '~*looker* Zuschauer(in)

only ['əʊnlɪ] **1.** adj einzig; **2.** adv nur, bloß; erst; ~ *just* gerade erst

onset ['ɒnset] Beginn m

onto ['ɒntʊ,'~ə] auf

onward ['ɒnwəd] vorwärts

gerichtet; '~(**s**) vorwärts, weiter; *from* ... ~ von ... an

ooze [uːz] sickern

opaque [əʊ'peɪk] undurchsichtig

open ['əʊpən] **1.** offen; geöffnet, auf; Feld etc.: frei; öffentlich; aufgeschlossen (*to* für); freimütig; freigebig; *in the* ~ *air* im Freien; **2.** (er)öffnen; sich öffnen, aufgehen; Fenster: hinausgehen (*onto* auf); Tür: sich öffnen (*onto*, *into* zum, zur); beginnen; ~'*air* Freilicht..., Freiluft...; ~'*handed* freigebig; '~*ing* (Er)Öffnung f; freie Stelle; Möglichkeit f; Eröffnungs...; '~*ly* offen; ~*minded* aufgeschlossen

opera ['ɒpərə] Oper f; ~ *glasses* pl Opernglas n; ~ *house* Oper(nhaus n) f

operat|**e** ['ɒpəreɪt] funktionieren, laufen; *med.* operieren (*on s.o.* j-n); Maschine bedienen; betätigen; '~*ing system* Computer: Betriebssystem n; Kino theatre Operationssaal m; ~*ion* [~'reɪʃn] Operation f; Unternehmen n; *tech.* Betrieb m; '~*or tech.* Bedienungsperson f; Computer: Operator m; *teleph.* Vermittlung f

operetta [ɒpə'retə] Operette f

opinion [ə'pɪnjən] Meinung f; *in my* ~ meines Erachtens

opponent [ə'pəʊnənt] Gegner m, Gegenspieler m

opportun|e ['ɒpətjuːn] günstig; **~ity** ['tjuːnəti] (günstige) Gelegenheit

oppos|e [ə'pəuz] ablehnen; bekämpfen; be **~d to ...** gegen ... sein; **as ~d to** im Gegensatz zu; **~ite** ['ɒpəzit] **1.** adj gegenüberliegend; entgegengesetzt; **2.** adv gegenüber; **3.** s Gegenteil n; **~ition** [ɒpə'zi∫n] Widerstand m; Gegensatz m; Opposition f

oppress [ə'pres] unterdrücken; bedrücken; **~ive** drückend

optician [ɒp'ti∫n] Optiker(in)

optimism ['ɒptimizəm] Optimismus m

option ['ɒp∫n] Wahl f; econ. Option f; **~al** ['ɒp∫ənl] freiwillig; wahlfrei

or [ɔː] oder; **~ else** sonst

oral ['ɔːrəl] mündlich; Mund...

orange ['ɒrindʒ] **1.** Orange f, Apfelsine f; **2.** orange(farben); **~ squash** Brt. Getränk aus gesüßtem Orangenkonzentrat u. Wasser

orbit ['ɔːbit] **1.** (die Erde) umkreisen; **2.** Umlaufbahn f

orchard ['ɔːt∫əd] Obstgarten m

orchestra ['ɔːkistrə] Orchester n

ordeal [ɔː'diːl] Qual f

order ['ɔːdə] **1.** Ordnung f; Reihenfolge f; Befehl m; econ.: Bestellung f; Auftrag m; Klasse f, Rang m; Zustand m; Orden m (a. eccl.); **in ~ to** um zu; **in ~ that** damit; **out of ~** außer Betrieb; **2.** (an-, med. ver)ordnen; befehlen; bestellen; j-n schicken; **~ly 1.** ordentlich; fig. ruhig; **2.** mil. Sanitäter m

ordinal number ['ɔːdinl] Ordnungszahl f

ordinary ['ɔːdnri] gewöhnlich; üblich; normal

ore [ɔː] Erz n

organ ['ɔːgən] Orgel f; Organ n; **~ic** [ɔː'gænik] organisch

organiz|ation [ɔːgənai'zei∫n] Organisation f; **~e** ['~naiz] organisieren

orient|ate ['ɔːrienteit] orientieren

origin ['ɒridʒin] Ursprung m; Anfang m; Herkunft f; **~al** [ə'ridʒənl] **1.** ursprünglich; originell; Original...; **2.** Original n; **~ality** [ərɪdʒə'næləti] Originalität f; **~ate** [ə'ridʒəneit] hervorbringen, schaffen; entstehen

ornament ['ɔːnəmənt] Verzierung f; **~al** [~'mentl] Zier...

ornate [ɔː'neit] reichverziert

orphan ['ɔːfn] Waise f; **~age** Waisenhaus n

ostensible [ɒ'stensəbl] angeblich

ostentatious [ɒsten'tei∫əs] protzig

ostrich ['ɒstrit∫] zo. Strauß m

other ['ʌðə] andere(r, -s); the **~ day** neulich; **every ~**

jeden zweiten Tag; **~wise** ['waɪz] anders; sonst

otter ['ɒtə] Otter *m*

ought [ɔːt] *v/aux* ich, du *etc.*: sollte(st) *etc.*; *you ~ to have done it* Sie hätten es tun sollen

ounce [aʊns] Unze *f* (28,35 g)

our ['aʊə] unser(e); **~s** unsere(r, -s); **~selves** [-'selvz] uns (selbst); *wir selbst*

oust [aʊst] vertreiben, entfernen, hinauswerfen

out [aʊt] **1.** *adv* aus; hinaus; heraus; aus(...); außen, draußen; nicht zu Hause; *Sport:* aus; aus der Mode; vorbei; erloschen; aus gegangen; verbraucht; bis zu Ende; **2.** *prp* ~ *of* aus ... (heraus); hinaus; außer(halb); (hergestellt) aus; aus *Furcht etc.; be* ~ *of s.th.* et. nicht mehr haben

out|'bid (*-bid*) überbieten; **'~board** Außenbord...; **'~break, '~burst** Ausbruch *m*; **'~cast** Ausgestoßene *m, f;* **'~cry** Aufschrei *m;* **~'dated** überholt, veraltet; **~do** (*-did, -done*) übertreffen; **~door** ['aʊtdɔː] *adj* im Freien; **~doors** [-'dɔːz] *adv* draußen, im Freien

outer ['aʊtə] äußere(r, -s); **~ space** Weltraum *m*

out|'fit Ausrüstung *f;* Kleidung *f;* **'~fitters** *pl* Herrenausstatter *m;* **~'grow** (*-grew,*

-grown) herauswachsen aus; *Gewohnheit* ablegen; **'~ing** Ausflug *m;* **'~let** Abzug *m,* Abfluß *m; fig.* Ventil *n;* **'~line 1.** Umriß *m,* umreißen, skizzieren; **2.** *adv* ~ *of* aus ... (heraus); **~live** überleben; **'~look** Ausblick *m* (*a. fig.*); Einstellung *f;* **'~lying** entlegen; **~'number** an Zahl übertreffen; **~-of-'date** veraltet; **~-of-the-'way** abgelegen; **'~patient** ambulanter Patient; **'~put** Produktion *f; Computer:* (Daten)Ausgabe*f*

outrage ['aʊtreɪdʒ] **1.** Verbrechen *n;* **2.** gröblich verletzen; **~ous** [-'reɪdʒəs] abscheulich; unerhört

out|'right 1. [aʊt'raɪt] *adv* sofort; gerade heraus; **2.** ['~] *adj* völlig; glatt; **'~set** Anfang *m;* **~'side 1.** *s* Außenseite *f;* Äußere *n;* **2.** *adj* äußere(r, -s), Außen...; **3.** *adv* draußen; her-, hinaus; **4.** *prp* außerhalb; **~'sider** Außenseiter(in); **~'size** Übergröße *f;* **'~skirts** *pl* Stadtrand *m;* **~'spoken** offen, unverblümt; **~'standing** hervorragend; *Schulden* ausstehend; **~ward** ['~wəd] **1.** *adj* äußere(r, -s); äußerlich; **~ journey** Hinreise *f;* **2.** *adv* ~ *~s* (nach) auswärts, nach außen hin; **~wardly** äußerlich; **~'weigh** überwiegen; **~'wit** überlisten

oval ['əʊvl] **1.** oval; **2.** Oval *n*

ovary ['əʊvərɪ] Eierstock *m*

oven ['ʌvn] Backofen *m*

over ['əʊvə] **1.** *prp* über; über ... hin(weg); **2.** *adv* über; darüber; herüber; drüben; über(*kochen etc.*); um(*fallen, -werfen etc.*); herum(*drehen etc.*); durch(*denken etc.*); (gründlich) über hinüber; übermäßig; über...; darüber, mehr; übrig; zu Ende; über, vorbei, aus; *all* ~ überall; völlig; typisch; (*all*) ~ *again* noch einmal, (ganz) von vorn; ~ *and* ~ *again* immer wieder

over|all ['əʊvərɔːl] **1.** Gesamt..., allgemein; insgesamt; **2.** Kittel *m*; *pl* Arbeitsanzug *m*; ~**awe** [~rˈɔː] einschüchtern; ~**board** über Bord; ~**cast** bewölkt, bedeckt; ~**charge** zuviel verlangen; überbelasten; überlasten; ~**coat** Mantel *m*; ~**come** (*-came, -come*) überwinden, -wältigen; übermannen; ~**crowded** (-*ed, -done*) übertreiben; ~**done** zu lange gekocht od. gebraten; ~**dose** Überdosis *f*; ~**draft** (Konto)Überziehung *f*; ~**draw** (*-drew, -drawn*) *Konto* überziehen; ~**due** überfällig; ~**estimate** [~rˈestimət] überschätzen, überbewerten; ~**expose** [əʊvərɪkˈspəʊz] überbelichten; ~**flow** überfluten; überlaufen; ~**grown** überwuchert; übergroß; ~**haul** *tech.* über-

holen; ~**head 1.** [~ˈhed] *adv* oben; **2.** ['~hed] *adj* Hoch..., Ober...; ~**hear** (*-heard*) mitanhören; ~**joyed** überglücklich; ~**land** auf dem Landweg; ~**lap** sich überschneiden; überlappen; ~**load** überladen; überlasten; ~**look** *Fehler* übersehen; überblicken; ~**ing** ... mit Blick auf ...; ~**night 1.** *adj* Nacht..., Übernachtungs...; ~ *bag* Reisetasche *f*; **2.** *adv* über Nacht; ~**stay** ~ übernachten; ~**pass** *Am.* (Straßen-, Eisenbahn)Überführung *f*; ~**power** überwältigen; ~**rate** überschätzen; ~**rule** ablehnen; ~**run** (*-ran, -run*) *Zeit* überziehen; *be* ~ *with* wimmeln von; ~**seas** *adj* in od. nach Übersee; Übersee...; ~**see** (*-saw, -seen*) beaufsichtigen; ~**seer** Aufseher *m*; ~**sight** Versehen *n*; ~**sleep** (*-slept*) verschlafen; ~**take** (*-took, -taken*) überholen; ~**throw 1.** [~ˈθrəʊ] (*-threw, -thrown*) stürzen; **2.** ['~θrəʊ] Sturz *m*; ~**time** Überstunden *pl*

overture ['əʊvətjʊə] Ouvertüre *f*

over|turn umwerfen, umkippen; ~**weight** Übergewicht *n*; ~**whelm** [əʊvəˈwelm] überwältigen; ~**work** ['əʊvəˈwɜːk] Überarbeitung *f*; **2.** [~ˈwɜːk] sich überarbeiten; ~**wrought** [~ˈrɔːt] überreizt

owe [əʊ] schulden; verdanken

owing ['əʊɪŋ]: **~ to** wegen

owl [aʊl] Eule *f*

own [əʊn] **1.** eigen; **on one's ~** allein; selbst; **2.** besitzen; zugeben

owner ['əʊnə] Eigentümer(in); **'~ship** Eigentum(srecht) *n*

ox [ɒks] (*pl* **~en** ['~ən]) Ochse *m*

oxid|ation [ɒksɪ'deɪʃn] Oxydation *f*; **~e** ['~saɪd] Oxyd *n*; **~ize** ['~sɪdaɪz] oxydieren

oxygen ['ɒksɪdʒən] Sauerstoff *m*

oyster ['ɔɪstə] Auster *f*

ozone ['əʊzəʊn] Ozon *n*; **~ hole** Ozonloch *n*; **~ layer** Ozonschicht *f*

P

pace [peɪs] **1.** Schritt *m*; Tempo *n*; **2.** (ab-, durch)schreiten; **'~maker** (*med* Herz-)Schrittmacher *m*

pacify ['pæsɪfaɪ] beruhigen; befrieden

pack [pæk] **1.** Pack(en) *m*, Päckchen *n*; *Karten*: Spiel *n*; *bsd. Am. Zigaretten etc.*: Packung *f*, Schachtel *f*; **2.** (ver-, ein)packen; **'~age** Paket *n*; *Computer*: Programmpaket *n*; **~ tour** Pauschalreise *f*; **'~et** ['~ɪt] Päckchen *n*; Packung *f*

pact [pækt] Vertrag *m*, Pakt *m*

pad [pæd] **1.** Polster *n*; Schreib-, Zeichenblock *m*; **2.** (aus)polstern; **'~ding** Polsterung *f*

paddle ['pædl] **1.** Paddel *n*; **2.** paddeln; planschen; **'~ing pool** Planschbecken *n*

paddock ['pædək] (Pferde-)Koppel *f*

padlock ['pædlɒk] Vorhänge-

schloß *n*

pagan ['peɪgən] **1.** heidnisch; **2.** Heide *m*, -in *f*

page [peɪdʒ] (Buch)Seite *f*; (Hotel)Page *m*

paid [peɪd] *pret u. pp von* **pay** 2

pail [peɪl] Eimer *m*

pain [peɪn] Schmerz(en *pl*) *m*; *pl* große Mühe; **take ~s** sich Mühe geben; **'~ful** schmerzhaft; schmerzlich; peinlich; **'~less** schmerzlos; **~staking** ['~steɪkɪŋ] gewissenhaft

paint [peɪnt] **1.** Farbe *f*; Anstrich *m*; **2.** (an-, be)malen; (an)streichen; **'~box** Malkasten, Tuschkasten *m*; **'~brush** (Maler)Pinsel *m*; **'~er** Maler(in); **'~ing** Malen *n*, Malerei *f*; Gemälde *n*, Bild *n*

pair [peə] Paar *n*; **a ~ of** ein Paar ...; ein(e) ...

pajamas [pə'dʒɑːməz] *pl Am.* Schlafanzug *m*

pal [pæl] F Kumpel *m*, Kamerad *m*, Freund *m*

palace ['pælɪs] Palast *m*, Schloß *n*, Palais *n*

palate ['pælət] Gaumen *m*

palaver [pə'lɑːvə] F Geschwätz *n*; Theater *n*

pale [peɪl] blaß, bleich; hell

pallor ['pælə] Blässe *f*

palm [pɑːm] Handfläche *f*; Palme *f*

paltry ['pɔːltrɪ] armselig

pamper ['pæmpə] verwöhnen; verhätscheln

pamphlet ['pæmflɪt] Broschüre *f*

pan [pæn] Pfanne *f*; '**~cake** Pfannkuchen *m*

pandemonium [pændɪ'məʊnjəm] Hölle(nlärm *m*) *f*

pane [peɪn] (Fenster)Scheibe *f*

panel ['pænl] (Tür)Füllung *f*, (Wand)Täfelung *f*; Diskussionsteilnehmer *pl*; '**~(l)ing** Täfelung *f*

panic ['pænɪk] **1.** Panik *f*; **2.** in Panik geraten

pansy ['pænzɪ] Stiefmütterchen *n*

pant [pænt] keuchen

panties ['pæntɪz] *pl* (Damen)Schlüpfer *m*

pantihose ['pæntɪhəʊz] Strumpfhose *f*; '**~liner** Slipeinlage *f*

pantry ['pæntrɪ] Speise-, Vorratskammer *f*

pants [pænts] *pl bsd. Am.* Hose *f*; *Brt.*: Unterhose *f*, Schlüpfer *m*

paper ['peɪpə] **1.** Papier *n*; Zeitung *f*; Aufsatz *m*, Referat *n*; *pl* (Ausweis)Papiere *pl*; **2.** tapezieren; '**~back** Taschenbuch *n*; **~ bag** Tüte *f*; **~ clip** Büroklammer *f*; **~ cup** Pappbecher *m*; '**~ weight** Briefbeschwerer *m*; '**~work** Schreibarbeit(en *pl*) *f*

parachute ['pærəʃuːt] Fallschirm *m*; '**~ist** Fallschirmspringer(in)

parade [pə'reɪd] **1.** Parade *f*; Zurschaustellung *f*; **2.** vorbeimarschieren; zur Schau stellen

paradise ['pærədaɪs] Paradies *n*

paragraph ['pærəɡrɑːf] *print.* Absatz *m*; Zeitungsnotiz *f*

parallel ['pærəlel] **1.** parallel; **2.** Parallele *f*

paraly|se, *Am.* **-lyze** ['pærəlaɪz] lähmen; **~sis** [pə'rælɪsɪs] (*pl* **-ses** [-siːz]) Lähmung *f*

paraphernalia [pærəfə'neɪljə] Zubehör *n*; Drum u. Dran *n*

parasite ['pærəsaɪt] Schmarotzer *m*

parboil ['pɑːbɔɪl] ankochen

parcel ['pɑːsl] Paket *n*, Päckchen *n*

parch [pɑːtʃ] (aus)dörren; *be* **~ed** am Verdursten sein; '**~ment** Pergament *n*

pardon ['pɑːdn] **1.** verzeihen; begnadigen; **2.** Verzeihung *f*; Begnadigung *f*; *I beg your* **~** entschuldigen Sie bitte!; erlauben Sie mal!

pare [peə] schälen; (be-)schneiden

passage

parent ['peərənt] Elternteil m;
pl Eltern pl; **∼al** [pə'rentl]
elterlich

parish ['pærɪʃ] Gemeinde f

park [pɑːk] **1.** Park m, Anla-
gen pl; **2.** parken

parking ['pɑːkɪŋ] Parken n;
no ∼ Parken verboten; **∼disc**
Parkscheibe f; **∼ garage**
Am. Parkhaus n; **∼ lot** Am.
Parkplatz m; **∼ meter** Park-
uhr f; **∼ place** Parkplatz m; **∼
ticket** Strafzettel m

parliament ['pɑːləmənt] Parlament m; **∼ary** [∼'mentəri]
parlamentarisch, Parla-
ments...

parquet ['pɑːkeɪ] Parkett n

parrot ['pærət] Papagei m

parsley ['pɑːslɪ] Petersilie f

parson ['pɑːsn] Pfarrer m,
Pastor m; **∼age** Pfarrhaus
n

part [pɑːt] **1.** trennen; Haar
scheiteln; sich trennen (**with**
von); **2.** (An-, Bestand)Teil
m; Seite f, Partei f; thea., fig.
Rolle f; tech. Teil n; **take ∼ in**
teilnehmen an

partial ['pɑːʃl] teilweise,
Teil...; parteiisch; **be ∼ to**
eine Schwäche haben für;
∼ity [∼ʃɪ'ælətɪ] Parteilichk
f; Vorliebe f, Schwäche f

particip|ant [pɑː'tɪsɪpənt]
Teilnehmer(in); **∼ate** [∼peɪt]
teilnehmen; **∼ation** [∼'peɪʃn]
Teilnahme f

particle ['pɑːtɪkl] Teilchen n

particular [pə'tɪkjʊlə] **1.** be-
sondere(r, -s); genau, eigen;
wählerisch; **in ∼** besonders;
2. Einzelheit f; **∼** Einzelhei-
ten pl; Personalien pl; **∼ly** besonders

parting Haar: Scheitel m;
Trennung f; Abschieds...

partition [pɑː'tɪʃn] Teilung f;
Trennwand f

partly zum Teil

partner ['pɑːtnə] Partner(in);
∼ship Partnerschaft f

partridge ['pɑːtrɪdʒ] Rebhuhn n

part-time Teilzeit..., Halbtags...

party ['pɑːtɪ] Partei f; Party f,
Gesellschaft f; Gruppe f

pass [pɑːs] **1.** v/t et. passieren,
vorbeigehen, -fahren an,
-kommen an, -ziehen an;
überholen (a. mot.); überschreiten; durchqueren; reichen, geben; Zeit verbringen; Ball abspielen; Prüfung
bestehen; Gesetz verabschieden; Urteil fällen; v/i vorbeigehen, -fahren, -kommen,
-ziehen (**by** an); (die Prüfung) bestehen; übergehen
(**to** auf); Zeit: vergehen; **∼
away** sterben; **∼ for** gelten
als; **∼ out** ohnmächtig werden; **∼ round** herumreichen;
2. (Gebirgs)Paß m; Passier-
schein m; Fußball: Paß m;
Bestehen n (e-s Examens);
∼able passierbar; leidlich

passage ['pæsɪdʒ] Durchgang m; Durchfahrt f;

(Über)Fahrt *f*; Korridor *m*; Gang *m*; (Text)Stelle *f*

passenger [ˈpæsɪndʒə] Passagier *m*, Reisende *m*, *f*

passer-by [ˈpɑːsəˈbaɪ] (*pl passers-by*) Passant(in)

passion [ˈpæʃn] Leidenschaft *f*; **~ate** [ˈ~ət] leidenschaftlich

passive [ˈpæsɪv] passiv; teilnahmslos; untätig

pass|port [ˈpɑːspɔːt] (Reise)Paß *m*; **~word** Parole *f*, Losung(swort *n*) *f*, *Computer:* Kennwort *n*

past [pɑːst] **1.** *s* Vergangenheit *f*; **2.** *adj* vergangen, vorüber; **3.** *adv* vorbei, vorüber; **4.** *prp zeitlich:* nach; an ... vorbei; über ... hinaus; *half-two* halb drei

paste [peɪst] **1.** Teig *m*; Paste *f*; Kleister *m*; **2.** (auf-, an-)kleben; **~board** Pappe *f*

pastime [ˈpɑːstaɪm] Zeitvertreib *m*

pastry [ˈpeɪstrɪ] (Fein)Gebäck *n*; Blätterteig *m*; (Kuchen)Teig *m*

pasture [ˈpɑːstʃə] Weide(land *n*) *f*

pat [pæt] **1.** Klaps *m*; **2.** tätscheln; klopfen

patch [pætʃ] **1.** Fleck *m*; Flikken *m*; **2.** flicken; **~work** Patchwork *n*; Flickwerk *n*

patent [ˈpeɪtənt] **1.** Patent *n*; **2.** patentieren lassen; **2.** patentiert; F Patent..., Spezial...; **~ leather** Lackleder *n*

path [pɑːθ] (*pl* **~s** [~ðz]) Pfad

pathetic [pəˈθetɪk] mitleiderregend; kläglich; erbärmlich

patien|ce [ˈpeɪʃns] Geduld *f*; **~t 1.** geduldig; **2.** Patient(in)

patriot [ˈpætrɪət] Patriot(in); **~ic** [~ˈɒtɪk] patriotisch

patrol [pəˈtrəʊl] **1.** Patrouille *f*; (Polizei)Streife *f*; **2.** (ab-)patrouillieren; **~ car** Streifenwagen *m*; **~man** (*pl -men*) *Am.* Polizist *m* auf Streife; *Brt.* Pannenhelfer *m*

patron [ˈpeɪtrən] (Stamm-)Kunde *m*; (Stamm)Gast *m*; **~ize** [ˈpætrənaɪz] (Stamm-)Kunde *od.* (Stamm)Gast sein bei; herablassend behandeln; **~izing** herablassend

patter [ˈpætə] *Füße:* trappeln; *Regen:* prasseln

pattern [ˈpætən] Muster *n*

paunch [pɔːntʃ] Wanst *m*

pause [pɔːz] **1.** Pause *f*; **2.** e-e Pause machen

pave [peɪv] pflastern; *fig.* *Weg:* ebnen; **~ment** *Brt.* Bürgersteig *m*; Pflaster *n*; **~ment café** Straßencafé *n*

paw [pɔː] Pfote *f*, Tatze *f*

pawn [pɔːn] **1.** Pfand *n*; **2.** verpfänden; **~broker** Pfandleiher *m*; **~shop** Leihhaus *n*

pay [peɪ] **1.** (Be)Zahlung *f*; Lohn *m*; Sold *m*; **2.** (*paid*) (be)zahlen; (be)lohnen; sich lohnen; *Besuch* abstatten; *Aufmerksamkeit schenken*; **~ for** (für *j-n, et.*) zahlen; *fig.*

büßen müssen für; '**.able** zahlbar; fällig; '**.day** Zahltag m; ~ **envelope** Am. Lohntüte f; '**.ment** (Be)Zahlung f; ~**packet** Brt. Lohntüte f; '**.roll** Lohnliste f

pea [pi:] Erbse f

peace [pi:s] Friede(n) m; Ruhe f; '**.ful** friedlich

peach [pi:tʃ] Pfirsich m

peacock ['pi:kɔk] Pfau m

peak [pi:k] Spitze f; Gipfel m; Höhepunkt m; Mützenschirm m; Spitzen..., Höchst...; ~ **hours** pl Hauptverkehrs-, Stoßzeit f

peal [pi:l] (Glocken)Läuten n

peanut ['pi:nʌt] Erdnuß f

pear [peə] Birne f

pearl [pɜ:l] Perle f

peasant ['peznt] Bauer m

peat [pi:t] Torf m

pebble ['pebl] Kiesel(stein) m

peck [pek] picken, hacken

peculiar [pɪ'kju:ljə] eigen (-tümlich); besondere(r, -s); seltsam; ~**ity** [ˌpɪ'ljuˈærəti] Eigenheit f, Eigentümlichkeit f

pedal ['pedl] **1.** Pedal n; **2.** (rad)fahren

peddle ['pedl] hausieren gehen (mit); '**.r** Drogenhändler(in); Am. → **pedlar**

pedestal ['pedistl] Sockel m

pedestrian [pɪ'destrɪən] Fußgänger(in); ~ **crossing** Fußgängerübergang m; ~ **precinct** Fußgängerzone f

pedigree ['pedigri:] Stammbaum m

pedlar ['pedlə] Hausierer(in)

pee [pi:] F pinkeln

peel [pi:l] **1.** Schale f; **2.** (sich) (ab)schälen

peep [pi:p] **1.** neugieriger od. verstohlener Blick; Piep(s)en n; **2.** neugierig od. verstohlen blicken; piep(s)en; '**.hole** Guckloch n

peer [pɪə] gucken; starren

peevish ['pi:vɪʃ] mürrisch, gereizt

peg [peg] Pflock m; Zapfen m; Kleiderhaken m; a. **clothes** ~ Wäscheklammer f

pelt [pelt] bewerfen; (nieder)prasseln

pelvis ['pelvis] (pl **.es, pelves** ['.vi:z]) anat. Becken n

pen [pen] (Schreib)Feder f; Federhalter m; Füller m; Kugelschreiber m

penal ['pi:nl] Straf...; ~**ize** ['.əlaiz] bestrafen; ~**ty** [ˈpenlti] Strafe f; Sport: Strafpunkt m; ~ **(kick)** Strafstoß m

pence [pens] pl von **penny**; Geldbetrag: Pence pl

pencil ['pensl] Bleistift m; Farbstift m

pend|ant ['pendənt] (Schmuck)Anhänger m; ~**ing 1.** adj jur. schwebend; **2.** prp während; bis

penetrat|e ['penitreit] durch-, vordringen; eindringen (in); ~**ion** [ˌ'treiʃn] Durch-, Eindringen n

pen friend Brieffreund(in)

penguin ['peŋgwin] Pinguin m

'**penholder** Federhalter *m*

peninsula [pə'nɪnsjʊlə] Halbinsel *f*

penis ['pi:nɪs] Penis *m*

penitent ['penɪtənt] reuig; **~iary** [~'tenʃərɪ] *bsd. Am.* Gefängnis *n*, Strafanstalt *f*

'**pen|knife** (*pl* **-knives**) Taschenmesser *n*; **~ name** Pseudonym *n*

penniless ['penɪlɪs] mittellos

penny ['penɪ] (*pl* **pennies**) einzelne Münze; *fig.* Pfennig *m*; (*pl* **pence** [pens]) Währung, Geldbetrag: Penny *m*

pension ['penʃn] Rente *f*; Pension *f*; **~ off** pensionieren; **~er** ['~ʃənə] Rentner(in)

pensive ['pensɪv] nachdenklich

penthouse ['penthaʊs] Dachterrassenwohnung *f*, Penthouse *n*

people ['pi:pl] *mst pl konstr.*: Volk *n*, Nation *f*; *pl konstr.*: (die) Leute *pl*; Man

pepper ['pepə] **1.** Pfeffer *m*; **2.** pfeffern; **~mint** Pfefferminze *f*; Pfefferminzbonbon *m, n*

per [pɜː] per; pro, für, je

perceive [pə'siːv] (be)merken, wahrnehmen; erkennen

per| cent [pə'sent] Prozent *n*; **~centage** Prozentsatz *m*

perceptible [pə'septəbl] wahrnehmbar

perch [pɜːtʃ] Vogel: sitzen

percolator ['pɜːkəleɪtə] Kaffeemaschine *f*

percussion [pə'kʌʃn] *mus.* Schlagzeug *n*; **~ instrument** Schlaginstrument *n*

perfect 1. [pɜːfɪkt] vollkommen, vollendet, perfekt; völlig; **2.** [pə'fekt] vervollkommnen; **~ion** [~'fekʃn] Vollendung *f*; Vollkommenheit *f*

perforate ['pɜːfəreɪt] durchlöchern; perforieren

perform [pə'fɔːm] ausführen, tun; *thea., mus.* aufführen, spielen, vortragen; **~ance** *thea., mus.* Aufführung *f*, Vorstellung *f*, Vortrag *m*; Leistung *f*; **~er** Künstler(in)

perfume ['pɜːfjuːm] Duft *m*; Parfüm *n*

perhaps [pə'hæps, præps] vielleicht

peril ['perɪl] Gefahr *f*; **~ous** gefährlich

perimeter [pə'rɪmɪtə] *math.* Umkreis *m*

period ['pɪərɪəd] Periode *f* (*a. physiol.*); Zeitraum *m*; *bsd. Am.* Punkt *m*; (Unterrichts-) Stunde *f*; **~ic** [~'ɒdɪk] periodisch; **~ical 1.** periodisch; **2.** Zeitschrift *f*

peripheral [pə'rɪfərəl] **1.** peripher, Rand...; **2.** *Computer:* Peripheriegerät *n*

perish ['perɪʃ] umkommen; verderben, schlecht werden; **~able** leicht verderblich

perjury ['pɜːdʒərɪ] Meineid *m*

perk [pɜːk] *mst pl* (zusätzliche) Vergünstigung

perm [pɜːm] Dauerwelle *f*;
  ~anent ['pɜːnənt] dauernd,
  ständig; dauerhaft
permi|ssion [pəˈmɪʃn] Er-
  laubnis *f*; **~t 1.** [.t] erlauben;
  2. ['pɜːmɪt] Genehmigung *f*
perpendicular [pɜːpənˈdɪk-
  jʊlə] senkrecht
perpetual [pəˈpetʃʊəl] fort-
  während, ewig
perplex [pəˈpleks] verwirren
persecut|e ['pɜːsɪkjuːt] ver-
  folgen; **~ion** [.ˈkjuːʃn] Verfolgung *f*
persever|ance [pɜːsɪˈvɪə-
  rəns] Ausdauer *f*; **~e** [.ˈvɪə]
  ausharren (**in** bei)
persist [pəˈsɪst] beharren (**in**
  auf); fortdauern, anhalten;
  ~ent beharrlich
person ['pɜːsn] Person *f*;
  Mensch *m*; **~al** persönlich;
  privat; **~ computer** Perso-
  nalcomputer *m*, PC *m*; **~
  stereo** Walkman *m* (*TM*);
  ~ality [.əˈnælətɪ] Persön-
  lichkeit *f*; **~ify** [pəˈsɒnɪfaɪ]
  verkörpern; personifizieren
personnel [pɜːsəˈnel] Personal *n*, Belegschaft *f*; **~ manager** Personalchef *m*
persua|de [pəˈsweɪd] überre-
  den; überzeugen; **~sion**
  [.ʒn] Überredung(skunst) *f*;
  ~sive überzeugend
pert [pɜːt] keck, frech
perver|se [pəˈvɜːs] eigensin-
  nig; pervers; **~t 1.** [.ˈvɜːt] verdrehen, entstellen; verder-
  ben; **2.** ['pɜːvɜːt] perverser
  Mensch

pessimism ['pesɪmɪzəm] Pes-
  simismus *m*
pest [pest] Plage *f*; Nervensäge *f*; Schädling *m*; **~
  control** Schädlingsbekämp-
  fung *f*; **~er** belästigen, plagen
pesticide ['pestɪsaɪd] Schäd-
  lingsbekämpfungsmittel *n*
pet [pet] **1.** Haustier *n*;
  Liebling *m*; Lieblings...; **2.**
  streicheln, liebkosen
petal ['petl] Blütenblatt *n*
petition [pɪˈtɪʃn] **1.** Bittschrift
  f; Gesuch *n*; **2.** ersuchen; ein
  Gesuch einreichen
pet name Kosename *m*
petrify ['petrɪfaɪ] versteinern,
  erstarren lassen
petrol ['petrəl] *Brt.* Benzin *n*;
  ~ ga(u)ge Benzinuhr *f*; **~
  pump** Zapfsäule *f*; **~ station**
  Tankstelle *f*
pet shop Zoohandlung *f*
petticoat ['petɪkəʊt] Unterrock *m*
petty ['petɪ] geringfügig, unbedeutend; kleinlich; **~ cash**
  Portokasse *f*
petulant ['petjʊlənt] gereizt
pew [pjuː] Kirchenbank *f*
pewter ['pjuːtə] Zinn *n*
pharmacy ['fɑːməsɪ] Apotheke *f*
phase [feɪz] Phase *f*
pheasant ['feznt] Fasan *m*
phenomenon [fəˈnɒmɪnən]
  (*pl* **-na** [.nə]) Phänomen *n*,
  Erscheinung *f*

philosopher 220

philosoph|er [fɪˈlɒsəfə] Philosoph m; **~y** Philosophie f

phone [fəʊn] **1.** Telefon n; **2.** telefonieren, anrufen; **~ card** Telefonkarte f

phon(e)y [ˈfəʊnɪ] F **1.** falsch, gefälscht, unecht; **2.** Schwindler(in); Fälschung f

photo [ˈfəʊtəʊ] Foto n

'photocop|ier Fotokopiergerät n; **~y 1.** Fotokopie f; **2.** fotokopieren

photograph [ˈfəʊtəgrɑːf] **1.** Fotografie f, Aufnahme f; **2.** fotografieren; **~er** [fəˈtɒgrəfə] Fotograf(in); **~y** [~ˈtɒgrəfɪ] Fotografie f

phrase [freɪz] **1.** Redewendung f, idiomatischer Ausdruck; **2.** formulieren; **~ book** Sprachführer m

physic|al [ˈfɪzɪkl] **1.** physisch, körperlich; physikalisch; **~ handicap** Körperbehinderung f; **2.** ärztliche Untersuchung; **~ian** [~ˈzɪʃn] Arzt m, Ärztin f; **~ist** [ˈ~sɪst] Physiker(in); **~s** sg Physik f

physiotherapy [fɪzɪəʊˈθerəpɪ] Physiotherapie f, Heilgymnastik f

physique [fɪˈziːk] Körperbau m

piano [pɪˈænəʊ] Klavier n

pick [pɪk] **1.** (Aus)Wahl f; **2.** (auf)picken; auflesen, -nehmen; pflücken; Knochen abnagen; bohren in, stochern in; aussuchen; **~ out** (sich) et. auswählen; heraussfinden; **~**

up aufheben, -lesen, -nehmen; aufpicken; F et. aufschnappen; j-n (im Auto) mitnehmen; j-n abholen; F Mädchen aufreißen; **~ax(e)** Spitzhacke f, Pickel m

picket [ˈpɪkɪt] **1.** Pfahl m; Streikposten m; **2.** Streikposten stehen; Streikposten aufstellen vor

pickle [ˈpɪkl] **1.** mst pl Pickles pl; **2.** einlegen, (-)pökeln

'pick|pocket Taschendieb(in); **'~up** Tonabnehmer m; kleiner Lieferwagen

picnic [ˈpɪknɪk] Picknick n

pictorial [pɪkˈtɔːrɪəl] illustriert, in Bildern

picture [ˈpɪktʃə] **1.** Bild n; Gemälde n; pl Kino n; Bilder...; **2.** darstellen; sich et. vorstellen; **~ book** Bilderbuch n; **~ postcard** Ansichtskarte f

picturesque [pɪktʃəˈresk] malerisch

pie [paɪ] Pastete f; gedeckter Obstkuchen

piece [piːs] Stück n; (Einzel)Teil n; by the **~** im Akkord; take to **~s** auseinandernehmen; **'~meal** stückweise; **'~work** Akkordarbeit f

pier [pɪə] Pfeiler m; Pier m, Landungsbrücke f

pierce [pɪəs] durchbohren, -stechen; durchdringen

pig [pɪg] Schwein n

pigeon [ˈpɪdʒɪn] Taube f; **'~hole 1.** (Ablage)Fach n; **2.** ablegen; zurückstellen

pitch

piggybank ['pɪgɪbæŋk] Sparschwein n

'pig|headed dickköpfig; **'~skin** Schweinsleder n; **'~sty** Schweinestall m; **'~tail** Zopf m

pike [paɪk] (pl ~, ~s) Hecht m

pile [paɪl] **1.** Haufen m; Stapel m, Stoß m; **2.** oft ~ up (an-, auf)häufen, (auf)stapeln, aufschichten; sich anhäufen

piles [paɪlz] pl med. Hämorrhoiden pl

pile-up ['paɪlʌp] F Massenkarambolage f

pilfer ['pɪlfə] stehlen

pilgrim ['pɪlgrɪm] Pilger(in)

pill [pɪl] Pille f, Tablette f; **the** ~ die (Antibaby)Pille

pillar ['pɪlə] Pfeiler m; Säule f; ~ **box** Briefkasten m

pillion ['pɪljən] Soziussitz m

pillow ['pɪləʊ] (Kopf)Kissen n; **'~case, '~slip** (Kopf)Kissenbezug m

pilot ['paɪlət] **1.** Pilot m; Lotse m; Versuchs..., Pilot...; ~ **scheme** Pilotprojekt n; **2.** lotsen; steuern

pimp [pɪmp] Zuhälter m

pimple ['pɪmpl] Pickel m

pin [pɪn] **1.** (Steck)Nadel f; tech. Stift m, Bolzen m; Kegel m; **2.** (an)heften, (an)stecken, befestigen

pinafore ['pɪnəfɔː] Schürze f; ~ **dress** Kleiderrock m

pincers ['pɪnsəz] pl (a. **a pair of** ~ e-e) (Kneif)Zange f

pinch [pɪntʃ] **1.** Kneifen n;

Salz etc.: Prise f; **2.** kneifen, zwicken; Schuh: drücken; F klauen

pine [paɪn] **1.** Kiefer f; **2.** ~ for sich sehnen nach; **'~apple** Ananas f

pink [pɪŋk] rosa(farben)

pinnacle ['pɪnəkl] Gipfel m

'pin|point genau festlegen; **'~stripe** Nadelstreifen m

pint [paɪnt] Pint n (0,57 od. Am. 0,47 Liter); Milch, Bier: etwa halber Liter; Brt. F Halbe f (Bier)

pioneer [paɪə'nɪə] Pionier m

pious ['paɪəs] fromm

pip [pɪp] (Obst)Kern m; kurzer, hoher Piepton

pipe [paɪp] **1.** Rohr n; Pfeife f; (Rohr)Leitung f; **2.** Wasser etc. leiten; **~d music** Musikberieselung f; **'~line** Rohr-, Ölleitung f, Pipeline f

pirate ['paɪərət] **1.** Pirat m, Seeräuber m; **2.** unerlaubt nachdrucken od. vervielfältigen

pistol ['pɪstl] Pistole f

piston ['pɪstən] Kolben m

pit [pɪt] **1.** Grube f; thea. (Orchester)Graben m; Brt. thea. Parkett n; Am. (Obst)Stein m; **2.** messen (against an)

pitch [pɪtʃ] **1.** min. Pech n; Brt. Spielfeld n, Platz m; Wurf m; mar. Stampfen n; Dach: Neigung f; mus. Tonhöhe f; Grad m, Stufe f; **2.** Zelt, Lager aufschlagen; werfen, schleudern; mus. stimmen;

mar. stampfen; **~'black** pechschwarz; stockdunkel

pitcher ['pɪtʃə] Krug *m*

piteous ['pɪtɪəs] mitleiderregend

'**pitfall** *fig.* Falle *f*

pith [pɪθ] Mark *n*; *fig.* Kern *m*; '**~y** markig, kernig

piti|ful ['pɪtɪfʊl] mitleiderregend; erbärmlich (*a. contp.*); '**~less** unbarmherzig

pity ['pɪtɪ] **1.** Mitleid *n*; **it's a** ~ es ist schade; **what a ~!** wie schade!; **2.** Mitleid haben mit

pivot ['pɪvət] *tech.*: Drehpunkt *m*; (Dreh)Zapfen *m*; *fig.* Angelpunkt *m*

placard ['plækɑːd] **1.** Plakat *n*; **2.** anschlagen

place [pleɪs] **1.** Platz *m*; Ort *m*; Stelle *f*; **in ~ of** an Stelle von; **out of ~** fehl am Platz; **take ~** stattfinden; **in the first / second ~** erstens / zweitens; **2.** stellen, legen, setzen; *Auftrag* erteilen; **~ mat** Platzdeckchen *n*, Set *n*, *m*

placid ['plæsɪd] sanft; ruhig

plague [pleɪg] **1.** Pest *f*; Plage *f*; **2.** plagen, quälen

plaice [pleɪs] (*pl ~*) Scholle *f*

plain [pleɪn] **1.** einfach; unscheinbar; offen, ehrlich; klar, deutlich; **2.** Ebene *f*; **~ chocolate** zartbittere Schokolade; '**~clothes: in ~** in Zivil

plaintiff ['pleɪntɪf] *jur.* Kläger(in)

plait [plæt] **1.** Zopf *m*; **2.** flechten

plan [plæn] **1.** Plan *m*; **2.** planen; entwerfen; beabsichtigen

plane[1] [pleɪn] **1.** flach, eben; **2.** *math.* Ebene *f*, (ebene) Fläche *f*; Flugzeug *n*; Hobel *m*; *fig.* Stufe *f*, Niveau *n*

plane[2] [~] *a.* **~ tree** Platane *f*

planet ['plænɪt] Planet *m*

plank [plæŋk] Planke *f*, Bohle *f*, Diele *f*, Brett *n*

plant [plɑːnt] **1.** Pflanze *f*; *tech.*: Anlage *f*; Fabrik *f*; **2.** (an-, ein-, be)pflanzen; F (auf)stellen, postieren; **~ation** [plæn'teɪʃn] Plantage *f*

plaque [plɑːk] Gedenktafel *f*; *med.* Zahnbelag *m*

plaster ['plɑːstə] **1.** Gips *m*; *med.* Pflaster *n*; (Ver)Putz *m*; **2.** verputzen; bepflastern; *fig.* vollkleistern, bepflastern; **~ cast** Gipsabdruck *m*; *med.* Gipsverband *m*; **~ of Paris** Gips *m*

plastic ['plæstɪk] **1.** Plastik *n*, Kunststoff *m*; Plastik...; **2.** plastisch; **~ bag** Plastiktüte *f*; **~ money** Kreditkarten *pl*; **~ surgery** plastische Chirurgie

plate [pleɪt] **1.** Teller *m*, Platte *f*; (Bild)Tafel *f*; Schild *n*; **2.** plattieren; panzern

plateau ['plætəʊ] (*pl ~teaus*, *-teaux* ['~əʊ]) Plateau *n*, Hochebene *f*

platform ['plætfɔːm] Plattform f; Bahnsteig m; Podium n; Parteiprogramm n

platinum ['plætɪnəm] Platin n

plausible ['plɔːzəbl] glaubhaft; *Lügner*: geschickt

play [pleɪ] **1.** Spiel n; Schauspiel n, (Theater)Stück n; *tech.* Spiel n; *fig.* Spielraum m; **2.** spielen; *Sport*: spielen gegen; ~ **down** et. herunterspielen; ~ **off** j-n ausspielen; ~ **up** et. hochspielen; (j-m) Schwierigkeiten machen; '~ **act** *contp.* schauspielern; '~ **back** Playback n; Wiedergabe f; '~**er** Spieler(in); (*Platten*)Spieler m; '~**ful** verspielt; '~**ground** Spielplatz m; Schulhof m; '~**ing** Feld Sportplatz m; '~**mate** Spielkamerad(in); '~**pen** Laufstall m; '~**thing** Spielzeug n; '~**wright** ['~raɪt] Dramatiker m

plea [pliː] dringende Bitte; Appell m; *jur.* Plädoyer n

plead [pliːd] bitten, ersuchen; *jur.*: vertreten; plädieren

pleasant ['pleznt] angenehm, erfreulich; freundlich

please [pliːz] (j-m) gefallen; zufriedenstellen; ~! bitte!; ~ **yourself** (ganz) wie Sie wünschen; ~**d** erfreut; zufrieden

pleasure ['pleʒə] Vergnügen n, Freude f; *it's a* ~ gern (geschehen); ~ **boat** Ausflugsdampfer m; ~ **ground** Vergnügungspark m

pleat [pliːt] (Plissee)Falte f

pledge [pledʒ] **1.** Pfand n; *fig.*

Unterpfand n; Versprechen n; **2.** verpfänden; versprechen, zusichern

plentiful ['plentɪfʊl] reichlich; '~**y** Fülle f, Überfluß m; ~ **of** reichlich, e-e Menge; *that's* ~ das ist reichlich

pliable ['plaɪəbl] biegsam; *fig.* nachgiebig

pliers ['plaɪəz] pl (a. **a pair of** ~) (e-e) Zange

plight [plaɪt] bedauernswerter Zustand, mißliche Lage

plimsolls ['plɪmsəlz] pl Turnschuhe pl

plod [plɒd] sich abmühen; ~ (**along, on**) sich dahinschleppen

plot [plɒt] **1.** Stück n (Land); Plan m; Komplott n, Anschlag m; *Roman etc.*: Handlung f; **2.** planen; '~**ter** Computer: Plotter m, Kurvenschreiber m, -zeichner m

plough, *Am.* **plow** [plaʊ] **1.** Pflug m; **2.** (um)pflügen

pluck [plʌk] **1.** Mut m; **2.** pflücken; rupfen; (aus)reißen; ~ **up courage** Mut fassen

plug [plʌg] **1.** Dübel m; Stöpsel m, Zapfen m; *electr.* Stecker m; *mot.* (Zünd)Kerze f; F Schleichwerbung f; **2.** Zahn plombieren; F Schleichwerbung machen für; ~ **in** *electr.* einstöpseln, -stecken; ~ **up** zu-, verstopfen

plum [plʌm] Pflaume f; Zwetsch(g)e f

plumage ['plu:mɪdʒ] Gefieder n

plumb [plʌm] **1.** Lot n, Senkblei n; **2.** loten; **'~er** Klempner m, Installateur m; **'~ing** Installationen pl

plum cake Rosinenkuchen m

plume [plu:m] Feder f

plummet ['plʌmɪt] (ab)stürzen

plump [plʌmp] mollig

plunder ['plʌndə] plündern

plunge [plʌndʒ] (ein-, unter)tauchen; (sich) stürzen

plural ['pluərəl] gr. Plural m, Mehrzahl f

plus [plʌs] **1.** plus, und; **2.** Plus n

plush [plʌʃ] **1.** Plüsch m; **2.** F vornehm, Nobel...

plywood ['plaɪ] Sperrholz n

pneumatic [nju:'mætɪk] pneumatisch, (Preß)Luft...; **~ drill** Preßlufthammer m

pneumonia [nju:'məunjə] Lungenentzündung f

poach [pəutʃ] wildern; **~ed egg** pochiertes od. verlorenes Ei

P.O. Box [pi əu 'bɒks] Postfach n

pocket ['pɒkɪt] **1.** (Hosenetc.)Tasche f; **2.** einstecken (a. fig.); **~book** Notizbuch n; Brieftasche f; **~ calculator** Taschenrechner m; **~ knife** (pl -knives) Taschenmesser n; **~ money** Taschengeld n

pod [pɒd] Hülse f, Schote f

poem ['pəuɪm] Gedicht n

poet ['pəuɪt] Dichter m; **~ic(al)** [~'etɪk(l)] dichterisch; **~ry** ['~ɪtrɪ] Dichtkunst f; Dichtung f; Gedichte pl

point [pɔɪnt] **1.** Spitze f; Punkt m; math. (Dezimal)Punkt m, Komma n; Kompaßstrich m; Punkt m, Stelle f, Ort m; Zeitpunkt m, Augenblick m; springender Punkt; Pointe f; Zweck m, Ziel n; pl rail. Weichen pl; **beside the ~** nicht zur Sache gehörig; **on the ~ of** (leaving etc.) im Begriff zu (gehen etc.); **to the ~** zur Sache (gehörig), sachlich; **win on ~s** nach Punkten siegen; **2.** (zu)spitzen; **~ at** Waffe richten auf; zeigen auf; **~ out** hinweisen auf; hinweisen auf; **~ to** nach e-r Richtung weisen od. liegen; zeigen auf; hinweisen auf; **'~ed** spitz; fig.: scharf; deutlich; **'~er** Zeiger m; Zeigestock m; Vorstehhund m; **'~less** sinnlos; **~ of view** Stand-, Gesichtspunkt m

poise [pɔɪz] **1.** Haltung f; (innere) Ausgeglichenheit; **2.** balancieren

poison ['pɔɪzn] **1.** Gift n; **2.** vergiften; **'~ing** Vergiftung f; **'~ous** giftig

poke [pəuk] stoßen; schüren; stecken; stechen, stochern; **'~r** Schürhaken m

poky ['pəukɪ] winzig, eng

polar ['pəulə] polar, Polar...; **~ bear** Eisbär m

Pole [pəʊl] Pol|e *m*, -in *f*
pole¹ [pəʊl] Pol *m*
pole² [~] Stange *f*; Mast *m*; (Sprung)Stab *m*
police [pə'liːs] Polizei *f*; **~man** (*pl -men*) Polizist *m*; **~ officer** Polizeibeamt|e *m*, -in *f*; **~ station** Polizeiwache *f*, -revier *n*; **~woman** (*pl -women*) Polizistin *f*
policy ['pɒlɪsɪ] Politik *f*; Taktik *f*; (Versicherungs)Police *f*
polio ['pəʊlɪəʊ] Polio *f*, Kinderlähmung *f*
Polish ['pəʊlɪʃ] polnisch
polish ['pɒlɪʃ] **1.** Politur *f*; Schuhcreme *f*; *fig.* Schliff *m*; **2.** polieren; *Schuhe* putzen
polite [pə'laɪt] höflich; **~ness** Höflichkeit *f*
politic|al [pə'lɪtɪk] politisch; **~ian** [pɒlɪ'tɪʃn] Politiker(in); **~s** ['pɒlɪtɪks] *sg, pl* Politik *f*
poll [pəʊl] **1.** Umfrage *f*; Abstimmung *f*; *pol.* Wahl *f*; Wahlbeteiligung *f*; **2.** befragen; *Stimmen* erhalten
pollen ['pɒlən] Blütenstaub *m*, Pollen *m*; **~count** Pollenkonzentration *f*
'polling| booth *Brt.* Wahlkabine *f*; **'~ station** *Brt.* Wahllokal *n*
pollut|e [pə'luːt] verschmutzen, verunreinigen; **~ion** (Umwelt)Verschmutzung *f*
polo ['pəʊləʊ] Polo *n*; **~ neck** *bsd. Brt.* Rollkragen *m*
poly|technic [pɒlɪ'teknɪk] Polytechnikum *n*; **~thene**

['~θiːn] Polyäthylen *n*; **~ bag** Plastiktüte *f*; **~unsaturated** [~ʌn'sæt[əreɪtɪd] Fettsäuren: mehrfach ungesättigt
pomp [pɒmp] Pomp *m*; **~ous** wichtigtuerisch; aufgeblasen
pond [pɒnd] Teich *m*
ponder ['pɒndə] nachdenken (über)
pony ['pəʊnɪ] Pony *n*; **'~tail** *Frisur:* Pferdeschwanz *m*
poodle ['puːdl] Pudel *m*
pool [puːl] **1.** Schwimmbad *n*; Swimmingpool *m*; *Blut- etc.* Lache *f*; (Gesamt)Einsatz *m*; **2.** zusammenlegen; **~s** *pl* Toto *n*
poor [pɔː] **1.** arm(selig); dürftig; schlecht; **2. the ~** *pl* die Armen *pl*; **~ly** ärmlich; schlecht
pop [pɒp] **1.** Knall *m*; Popmusik *f*, Pop...; **2.** knallen; schnell *wohin* stecken; flitzen; **~ in** F *Besuch:* vorbeikommen; **~ out** F schnell rausgehen; *Feder etc.:* herausspringen
pope [pəʊp] Papst *m*
poplar ['pɒplə] Pappel *f*
poppy ['pɒpɪ] Mohn *m*
popul|ar ['pɒpjʊlə] volkstümlich; populär, beliebt; allgemein; **~arity** [~'lærɪtɪ] Popularität *f*; **~ate** ['~eɪt] bevölkern; bewohnen; **~ation** [~'leɪʃn] Bevölkerung *f*; Einwohner *pl*
porcelain ['pɔːslɪn] Porzellan *n*

porch [pɔːtʃ] Vorbau *m*, Windfang *m*; *Am.* Veranda *f*

porcupine ['pɔːkjupaɪn] Stachelschwein *n*

pore [pɔː] **1.** Pore *f*; **2.** *~ over et.* eifrig studieren

pork [pɔːk] Schweinefleisch *n*

porous ['pɔːrəs] porös

porridge ['pɒrɪdʒ] Haferbrei *m*

port [pɔːt] Hafen(stadt *f*) *m*; *mar.* Backbord *n*; *Computer:* Anschluß(kanal) *m*; Portwein *m*

portable ['pɔːtəbl] tragbar; *~ radio* Kofferradio *n*

porter ['pɔːtə] Pförtner *m*; Portier *m*; (Gepäck)Träger *m*; *Am.* Schlafwagenschaffner *m*

'porthole *mar.* Bullauge *n*

portion ['pɔːʃn] (An)Teil *m*; *Essen:* Portion *f*

portly ['pɔːtlɪ] beleibt

portrait ['pɔːtreɪt] Porträt *n*, Bild(nis) *n*

portray [pɔːˈtreɪ] darstellen

pose [pəʊz] **1.** Pose *f*; **2.** posieren; *Frage* aufwerfen; *Problem* darstellen; *~ as* sich ausgeben als

posh [pɒʃ] F piekfein

position [pəˈzɪʃn] **1.** Position *f*; Lage *f*; Stelle *f*; Stellung *f*; Standpunkt *m*; **2.** aufstellen

positive ['pɒzətɪv] **1.** positiv; bestimmt; sicher; eindeutig; **2.** *phot.* Positiv *n*

possess [pəˈzes] besitzen; *~ion* Besitz *m*; *~ive* besitzergreifend

possib|ility [pɒsəˈbɪlətɪ] Möglichkeit *f*; *~le* ['pɒsəbl] möglich; *~ly* vielleicht

post [pəʊst] **1.** Pfosten *m*; Posten *m*; (An)Stellung *f*, Amt *n*; *bsd. Brt.* Post *f*; **2.** *Brief etc.* aufgeben; *Plakat etc.* anschlagen; posten; *~age* Porto *n*; *~al* Post...; *~al order* Postanweisung *f*; *~box bsd. Brt.* Briefkasten *m*; *~card* Postkarte *f*; *~code Brt.* Postleitzahl *f*; *~date* vordatieren

poster ['pəʊstə] Plakat *n*

poste restante [pəʊstˈrestɑːnt] postlagernd

posterior [pɒˈstɪərɪə] F Hintern *m*

'post|man (*pl -men*) *bsd. Brt.* Briefträger *m*, Postbote *m*; *~mark* **1.** Poststempel *m*; **2.** (ab)stempeln; *~ mortem* ['mɔːtəm] Autopsie *f*; *~ office* Post(amt *n*) *f*

postpone [pəʊstˈpəʊn] ver-, aufschieben

posture ['pɒstʃə] (Körper-)Haltung *f*; Stellung *f*

'postwar Nachkriegs...

pot [pɒt] **1.** Topf *m*; Kanne *f*; *sl.* Hasch *m*; **2.** eintopfen

potato [pəˈteɪtəʊ] (*pl -toes*) Kartoffel *f*

potent ['pəʊtənt] stark

potential [pəʊˈtenʃl] **1.** potentiell; **2.** Potential *n*

'pothole Höhle *f*; Schlagloch *n*

potter¹ ['pɒtə]: *~ (about)* herumwerkeln, -hantieren

potter² [ˈ~] Töpfer *m*; **~y** [ˈ~ərɪ] Töpferei *f*; Töpferwaren *pl*

potty¹ [ˈpɒtɪ] *Brt.* F verrückt

potty² [ˈ~] Töpfchen *n*

pouch [paʊtʃ] Beutel *m*

poultry [ˈpəʊltrɪ] Geflügel *n*

pounce [paʊns] sich stürzen

pound [paʊnd] **1.** *Gewicht:* Pfund *n* (454 g); *Währung:* Pfund *n*; **2.** hämmern; schlagen; (zer)stampfen

pour [pɔː] gießen; schütten; *it's ~ing (with rain)* es gießt in Strömen

poverty [ˈpɒvətɪ] Armut *f*

powder [ˈpaʊdə] **1.** Pulver *n*; Puder *m*; **2.** pudern; **~ room** Damentoilette *f*

power [ˈpaʊə] **1.** Kraft *f*, Stärke *f*; Macht *f*; Fähigkeit *f*; *electr.* Strom *m*; **2.** antreiben; **~-assisted** *tech.* Servo...; **~ cut** Stromausfall *m*; Stromsperre *f*; **~ful** mächtig; stark; **~less** macht-, kraftlos; **~ station** Kraftwerk *n*

practicable [ˈpræktɪkəbl] durchführbar; **~cal** praktisch; **~ce** [ˈ~tɪs] **1.** Praxis *f*; Übung *f*; Brauch *m*; **2.** *Am.* → **~se** ausüben, praktizieren; üben; **~tioner** [~ˈtɪʃnə] *general* ~ praktischer Arzt

praise [preɪz] **1.** Lob *n*; **2.** loben; **~worthy** lobenswert

pram [præm] Kinderwagen *m*

prank [præŋk] Streich *m*

prattle [ˈprætl] plappern

prawn [prɔːn] Garnele *f*

pray [preɪ] beten; **~er** [preə] Gebet *n*; Andacht *f*

pre... [priː] vor..., Vor...

preach [priːtʃ] predigen

precarious [prɪˈkeərɪəs] unsicher, bedenklich

precaution [prɪˈkɔːʃn] Vorsichtsmaßnahme *f*; **~ary** vorbeugend

precede [priːˈsiːd] vorausgehen; **~nce** [ˈpresɪdəns] Vorrang *m*; **~nt** Präzedenzfall *m*

precept [ˈpriːsept] Regel *f*, Richtschnur *f*

precinct [ˈpriːsɪŋkt] Gelände *n*; *Am.* (Wahl)Bezirk *m*; *Am.* (Polizei)Revier *n*; **pedestrian** ~ Fußgängerzone *f*

precious [ˈpreʃəs] kostbar; Edel...

precipice [ˈpresɪpɪs] Abgrund *m*

precipit|ate [prɪˈsɪpɪteɪt] (hinab)stürzen; beschleunigen; **~ation** [~ˈteɪʃn] *meteor.* Niederschlag *m*; **~ous** [~ˈsɪpɪtəs] steil; überstürzt

précis [ˈpreɪsiː] (*pl* ~ [~siːz]) (kurze) Zs.-fassung

precis|e [prɪˈsaɪs] genau; **~ion** [~ˈsɪʒn] Genauigkeit *f*

precocious [prɪˈkəʊʃəs] frühreif; altklug

preconceived [priːkənˈsiːvd] vorgefaßt

precondition [priːkənˈdɪʃn] Voraussetzung *f*

predecessor [ˈpriːdɪsesə] Vorgänger(in)

predicament [prɪ'dɪkəmənt] mißliche Lage

predict [prɪ'dɪkt] vorhersagen; **~ion** Vorhersage f

predomina|nt [prɪ'dɒmɪnənt] vorherrschend; **~te** [~eɪt] vorherrschen

prefab ['priːfæb] F Fertighaus n; **~ricated** [~'fæbrɪkeɪtɪd] vorgefertigt, Fertig...

preface ['prefɪs] Vorwort n

prefer [prɪ'fɜː] vorziehen, lieber mögen; **~ to do** lieber tun; **~able** ['prefərəbl] vorzuziehen (**to** dat); **'~ably** lieber; wenn möglich; **~ence** ['prefərəns] Vorliebe f; Vorzug m; **~ential** [prefə'renʃl] bevorzugt, Vorzugs...

prefix ['priːfɪks] ling. Vorsilbe f; bsd. Am. teleph. Vorwahl f

pregnan|cy ['pregnənsɪ] Schwangerschaft f; **'~t** schwanger

prejudice ['predʒʊdɪs] **1.** Vorurteil n; **2.** für od. gegen j-n einnehmen; beeinträchtigen; **'~d** voreingenommen

preliminary [prɪ'lɪmɪnərɪ] einleitend; Vor...

prelude ['preljuːd] Vorspiel n

premarital [priː'mærɪtl] vorehelich

premature ['premətjʊə] vorzeitig, Früh...; vorschnell

premeditated [priː'medɪteɪtɪd] Mord etc.: vorsätzlich

premises ['premɪsɪz] pl Anwesen n; Gebäude n; Räum-

lichkeiten pl

premium ['priːmjəm] Prämie f

preoccupied [prɪ'ɒkjʊpaɪd] (anderweitig) beschäftigt; geistesabwesend

prepaid [priː'peɪd] frankiert

prepar|ation [prepə'reɪʃn] Vorbereitung f; **~e** [prɪ'peə] (sich) vorbereiten; zubereiten; **be ~d to do s.th.** bereit sein, et. zu tun

preposterous [prɪ'pɒstərəs] absurd; lächerlich

prerogative [prɪ'rɒgətɪv] Vorrecht n

prescri|be [prɪ'skraɪb] vorschreiben; med. verschreiben; **~ption** [~'skrɪpʃn] med. Rezept n

presence ['prezns] Gegenwart f; Anwesenheit f; **~ of mind** Geistesgegenwart f

present[1] ['preznt] **1.** anwesend; vorhanden; gegenwärtig; jetzig; **2.** Gegenwart f; Geschenk n; **at ~** jetzt

present[2] [prɪ'zent] überreichen, schenken; vorlegen; präsentieren; vorstellen

presentation [prezən'teɪʃn] Überreichung f; Präsentation f; Vorlage f

present-day ['preznt] heutig; **'~ly** bald; bsd. Am. zur Zeit

preserv|ation [prezə'veɪʃn] Bewahrung f; Erhaltung f; **~e** [prɪ'zɜːv] **1.** erhalten; (be)wahren; konservieren; einkochen, -machen; **2.** pl Eingemachte n

preside [prɪ'zaɪd] den Vorsitz haben *od.* führen

president ['prezɪdənt] Präsident(in)

press [pres] **1.** (*Wein-* etc.) Presse f; (Drucker)Presse f; Druckerei f; *the ~* die Presse; **2.** drücken (auf); (aus)pressen, plätten, bügeln; (be)drängen; sich drängen; '*~ for* dringen auf, fordern; '*~ing* dringend; '*~stud* *bsd.* Brt. Druckknopf m; '*~up* *bsd.* Brt. Liegestütz m

pressure ['preʃə] Druck m; *~* **cooker** Schnellkochtopf m

presum|able [prɪ'zju:məbl] vermutlich; *~e* [*~m*] annehmen, vermuten; *~ing* anmaßend

presumpt|ion [prɪ'zʌmpʃn] Vermutung f; Anmaßung f; *~uous* [*~tʃʊəs*] anmaßend

preten|ce, *Am.* **-se** [prɪ'tens] Vorwand m; Täuschung f; Anspruch m; *~d* vorgeben, vortäuschen, so tun als ob; Anspruch erheben (*to* auf); *~sion* Anspruch m (*to* auf); Anmaßung f

pretext ['pri:tekst] Vorwand m

pretty ['prɪtɪ] **1.** *adj* hübsch, niedlich; nett; **2.** *adv* ziemlich

prevail [prɪ'veɪl] (vor)herrschen; siegen; *~ing* vorherrschend

prevaricate [prɪ'værɪkeɪt] Ausflüchte machen

prevent [prɪ'vent] verhindern; *j-n* hindern; *~ion* Verhütung f; *~ive* vorbeugend

preview ['pri:vju:] private Voraufführung; Vorbesichtigung f

previous ['pri:vjəs] vorhergehend, Vor...; *~ to* bevor, vor; *~ly* vorher; früher

'prewar Vorkriegs...

prey [preɪ] Beute f; *beast of ~* Raubtier n; *bird of ~* Raubvogel m

price [praɪs] Preis m; *~less* unbezahlbar

prick [prɪk] **1.** Stich m; **2.** (durch)stechen; *~ up one's ears* die Ohren spitzen; *~le* ['*~kl*] Stachel m, Dorn m; *~ly* stach(e)lig

pride [praɪd] Stolz m, Hochmut m

priest [pri:st] Priester m

primar|ily ['praɪmərəlɪ] in erster Linie; *~y* ursprünglich; hauptsächlich; Grund...; *~ school* Grundschule f

prime [praɪm] **1.** erste(r, -s), wichtigste(r, -s), Haupt...; erstklassig; **2.** *fig.* Blüte (-zeit) f; *~ minister* Premierminister m, Ministerpräsident m; *~ time* TV Haupteinschaltzeit f

primeval [praɪ'mi:vl] urzeitlich, Ur...

primitive ['prɪmɪtɪv] primitiv

primrose ['prɪmrəʊz] Primel f, Schlüsselblume f

prince [prɪns] Fürst m; Prinz

m; **~ss** [~'ses, *attr* '~ses] Fürstin *f*; Prinzessin *f*

principal ['prɪnsəpl] **1.** wichtigste(r, -s), Haupt...; **2.** (Schul)Direktor *m*, Rektor *m*

principality [prɪnsɪ'pælətɪ] Fürstentum *n*

'principally hauptsächlich

principle ['prɪnsəpl] Prinzip *n*, Grundsatz *m*; **on ~** aus Prinzip

print [prɪnt] **1.** Druck *m*; Abdruck *m*; Druck *m*, Stich *m*; *phot.* Abzug *m*; **out of ~** vergriffen; **2.** (ab-, auf-, be-) drucken; in Druckbuchstaben schreiben; *phot.* abziehen; **~ out** *Computer:* ausdrucken; **'~ed matter** Drucksache *f*; **'~er** Drucker *m* (*a. Computer*); **'~ing press** Druckerpresse *f*; **'~ out** *Computer:* Ausdruck *m*

prior ['praɪə] **1.** *adj* früher; **2.** *adv:* **~ to** (the war etc.) vor (*dem Krieg etc.*); **~ity** [~'ɒrətɪ] Priorität *f*, Vorrang *m*

prison ['prɪzn] Gefängnis *n*; **'~er** Gefangene *m*, *f*, Häftling *m*; **~ of war** Kriegsgefangene *m*, *f*; **take s.o. ~** j-n gefangennehmen

privacy ['prɪvəsɪ] Zurückgezogenheit *f*; Privatleben *n*

private ['praɪvɪt] **1.** privat, Privat...; persönlich; vertraulich; **2.** (einfacher) Soldat

privilege ['prɪvɪlɪdʒ] Vorrecht *n*; Privileg *n*; **'~d** bevorzugt, privilegiert

prize [praɪz] **1.** (Sieges)Preis *m*, Prämie *f*; (Lotterie)Gewinn *m*; **2.** preisgekrönt; Preis...; **3.** (hoch)schätzen; **'~winner** Preisträger(in)

pro [prəʊ] **1.** für; **2.** *the* **~s and cons** *pl* das Für und Wider

pro... [~] für, pro...

probab|ility [prɒbə'bɪlətɪ] Wahrscheinlichkeit *f*; **'~le,** **'~ly** wahrscheinlich

probation [prə'beɪʃn] Probe (-zeit) *f*; *jur.* Bewährung *f*; **~ officer** Bewährungshelfer *m*

probe [prəʊb] **1.** Sonde *f*; Untersuchung *f*; **2.** sondieren; untersuchen

problem ['prɒbləm] Problem *n*; *math.* Aufgabe *f*

procedure [prə'siːdʒə] Verfahren *n*; Handlungsweise *f*

proceed [prə'siːd] weitergehen; fortfahren; vorgehen; sich begeben (*to* nach); **~ings** *pl jur.* Verfahren *n*

proceeds ['prəʊsiːdz] *pl* Erlös *m*

process ['prəʊses] **1.** Vorgang *m*, Prozeß *m*; Verfahren *n*; **2.** bearbeiten; *Computer:* verarbeiten; *phot.* entwickeln; **~ed cheese** Schmelzkäse *m*; **~ion** [prə'sefn] Prozession *f*; Umzug *m*; **~or** ['prəʊsesə] *Computer:* Prozessor *m*; (*Wort-, Text-*) Verarbeitungsgerät *n*

proclaim [prə'kleɪm] proklamieren, ausrufen; **~ation**

[prɒkləˈmeɪʃn] Proklamation *f*, Bekanntmachung *f*

prodig|ious [prəˈdɪdʒəs] ungeheuer; erstaunlich; **~y** [ˈprɒdɪdʒɪ] Wunder *n* (*a.* Person); *mst* **child** *od* **infant ~** Wunderkind *n*

produce 1. [prəˈdjuːs] produzieren; erzeugen, herstellen; hervorbringen; (vor)zeigen; *fig.* hervorrufen; *Film* produzieren; *thea.* inszenieren; **2.** [ˈprɒdjuːs] *agr.* Produkt(e *pl*) *n*, Erzeugnis *n*; Ertrag *m*; **~r** [prəˈdjuːsə] Hersteller *m*; *Film, thea.* Produzent *m*

product [ˈprɒdʌkt] Produkt *n*, Erzeugnis *n*; **~ion** [prəˈdʌkʃn] Produktion *f*, Erzeugung *f*, Herstellung *f*; *thea.* Inszenierung *f*; **~ive** [~ˈdʌktɪv] produktiv; ertragreich

profess [prəˈfes] (sich) bekennen (zu); erklären; behaupten; bekunden; fachmännisch, professionell; **2.** Fachmann *m*; Berufssportler(in); Profi *m*; *od* **~or** Professor(in)

proficien|cy [prəˈfɪʃnsɪ] Können *n*, Tüchtigkeit *f*; **~t** tüchtig, erfahren

profile [ˈprəʊfaɪl] Profil *n*

profit [ˈprɒfɪt] **1.** Gewinn *m*, Profit *m*; Nutzen *m*; *pl* **~, ~ from** profitieren von, Nutzen ziehen aus; **~able** gewinnbringend

profound [prəˈfaʊnd] tief; tiefgründig; *Wissen:* profund

profuse [prəˈfjuːs] (über-)reich; verschwenderisch

program [ˈprəʊɡræm] **1.** *Computer:* Programm *n*; *Am.* → **programme** 1; **2.** *Computer:* programmieren; *Am.* → **programme** 2; **~me** *Brt.* 1. Programm *n*; **2.** programmieren; **~(m)er** Programmierer(in)

progress 1. [ˈprəʊɡres] Fortschritt(e *pl*) *m*; **2.** [~ˈɡres] fortschreiten; Fortschritte machen; **~ive** [~ˈɡresɪv] progressiv; fortschreitend; fortschrittlich

prohibit [prəˈhɪbɪt] verbieten; **~ion** [prəʊɪˈbɪʃn] Verbot *n*

project 1. [ˈprɒdʒekt] Projekt *n*, Vorhaben *n*; **2.** [prəˈdʒekt] planen, entwerfen; projizieren; vorstehen, vorspringen; **~ion** [~ˈdʒekʃn] *arch.* Vorsprung *m*; Projektion *f*; **~or** [~ˈdʒektə] Projektor *m*

prolif|erate [prəˈlɪfəreɪt] sich stark vermehren; **~ic** fruchtbar

prolong [prəʊˈlɒŋ] verlängern

promenade [prɒməˈnɑːd] (Strand)Promenade *f*

prominent [ˈprɒmɪnənt] vorstehend; prominent

promis|e [ˈprɒmɪs] **1.** Versprechen *n*; **2.** versprechen; **~ing** vielversprechend

promo|te [prəˈməʊt] beför-

dern; fördern; *econ.* werben
für; **~ter** Förderer *m*; Veran-
stalter *m*; **~tion** Beförderung
f; Förderung *f*; Werbung *f*

prompt [prɒmpt] **1.** prompt,
schnell; pünktlich; **2.** *j-n* veranlassen; *thea.* soufflieren

prone [prəun]: **be ~ to** neigen
zu

prong [prɒŋ] Zinke *f*

pron|ounce [prə'nauns] aus-
sprechen; **~unciation** [~
nʌnsɪ'eɪʃn] Aussprache *f*

proof [pruːf] **1.** Beweis *m*;
Probe *f*; Korrekturfahne *f*;
print., phot. Probeabzug *m*;
Alkohol: Normalstärke *f*; **2.**
fest; (*wasser*)dicht; (*kugel*)si-
cher; *Alkohol:* normalstark

prop [prɒp] **1.** Stütze *f* (*a.
fig.*); **2.** ~ (*up*) (ab)stützen

propaga|te ['prɒpəgeɪt] (sich)
fortpflanzen; verbreiten; **~
tion** [~'geɪʃn] Fortpflanzung
f; Verbreitung *f*

propel [prə'pel] (an-, vorwärts)treiben; **~lant** Treib-
stoff *m*; Treibgas *n*; **~ler**
Propeller *m*; **~ling pencil**
Drehbleistift *m*

proper ['prɒpə] richtig; anständig, schicklich; eigentlich; *bsd. Brt.* F ordentlich,
gehörig; **~ly** Eigentum *n*,
(Grund)Besitz *m*; Eigen-
schaft *f*

prophe|cy ['prɒfɪsɪ] Prophe-
zeiung *f*; **~sy** ['~aɪ] prophezeien; **~t** ['~ɪt] Prophet *m*

proportion [prə'pɔːʃn] Ver-

hältnis *n*; (An)Teil *m*; *pl*
(Aus)Maße *pl*; **~al** propor-
tional

propos|al [prə'pəuzl] Vor-
schlag *m*; (Heirats)Antrag *m*;
~e [~z] vorschlagen; e-n Hei-
ratsantrag machen (**to** *dat*);
~ition [prɒpə'zɪʃn] Vorschlag *m*; Behauptung *f*

proprie|tor [prə'praɪətə] Ei-
gentümer *m*; (Geschäfts-)
Inhaber *m*; **~tress** [~trɪs]
Eigentümerin *f*, (Ge-
schäfts)Inhaberin *f*

propulsion [prə'pʌlʃn] Antrieb *m*

prose [prəuz] Prosa *f*

prosecut|e ['prɒsɪkjuːt] straf-
rechtlich verfolgen; **~ion**
[~'kjuːʃn] strafrechtliche
Verfolgung; Anklage *f*; **~or**
(An)Kläger *m*; **public ~**
Staatsanwalt *m*, -anwältin *f*

prospect ['prɒspekt] Aussicht
f (*a. fig.*); **~ive** [prə'spek-
tɪv] (zu)künftig; voraussicht-
lich; **~us** [~təs] (Werbe)Pro-
spekt *m*

prosper ['prɒspə] Erfolg haben; blühen, gedeihen; **~ity**
[~'sperətɪ] Wohlstand *m*;
~ous ['~ərəs] erfolgreich;
wohlhabend

prostitute ['prɒstɪtjuːt] Prostituierte *f*; **male ~** Strich-
junge *m*

prostrate ['prɒstreɪt] hinge-
streckt; *fig.:* erschöpft; da-
niederliegend; gebrochen

protect [prə'tekt] (be)schützen; **~ion** Schutz m; a. **~money** Schutzgeld n; **~ive** (be)schützend, Schutz...; **~or** Beschützer(in); Schutz m

protein ['prəʊti:n] Protein n, Eiweiß n

protest 1. ['prəʊtest] Protest m; **2.** [prə'test] protestieren; beteuern; **~ant** [' prɒtɪstənt] **1.** protestantisch; **2.** Protestant(in)

protrude [prə'tru:d] (her)vorstehen

proud [praʊd] stolz (*of* auf)

prove [pru:v] (*proved, proved, Am. proven*) be-, nachweisen; sich herausstellen od. erweisen als; **~n** bsd. *Am. pp von prove*

proverb ['prɒvə:b] Sprichwort n

provide [prə'vaɪd] (zur Verfügung) stellen, liefern; versehen, ausstatten; beschaffen, besorgen; **~ against** sich chern gegen; **~ for** sorgen für; **~d** (*that*) vorausgesetzt(, daß)

province ['prɒvɪns] *the ~s* pl die Provinz

provision [prə'vɪʒn] Beschaffung f; Vorsorge f; Vorkehrung f; jur. Bestimmung f; jur. Bedingung f; pl Vorrat m, Lebensmittel pl, Proviant m; **~al** provisorisch

provo|cation [prɒvə'keɪʃn] Herausforderung f; **~cative** [prə'vɒkətɪv] herausfordernd; **~ke** [prə'vəʊk] provozieren, reizen, herausfor-

dern; hervorrufen

prowl [praʊl] herumschleichen; durchstreifen

proxy ['prɒksɪ] Stellvertreter(in); Vollmacht f

prud|ence ['pru:dns] Klugheit f; Umsicht f; **~ent** klug; umsichtig; **~ish** prüde

prune [pru:n] **1.** Backpflaume f; **2.** *Bäume etc.* beschneiden

pseudonym ['sju:dənɪm] Pseudonym n, Deckname m

psychiatr|ist [saɪ'kaɪətrɪst] Psychiater m; **~y** Psychiatrie f

psychic(al) ['saɪkɪk(l)] psychisch, seelisch; übersinnlich

psycho|analysis [saɪkəʊə'nælɪsɪs] Psychoanalyse f; **~logical** [-kə'lɒdʒɪkl] psychologisch; **~logist** [-'kɒlədʒɪst] Psychologe m, -in f; **~logy** [-'kɒlədʒɪ] Psychologie f; **~path** [-'kəʊpæθ] Psychopath(in); **~therapy** Psychotherapie f

pub [pʌb] Kneipe f

puberty ['pju:bətɪ] Pubertät f

public ['pʌblɪk] **1.** öffentlich; staatlich, Staats...; **2.** Öffentlichkeit f; Publikum n; *in ~* öffentlich; **~ation** [-'keɪʃn] Veröffentlichung f; Bekanntgabe f; **~ convenience** öffentliche Bedürfnisanstalt

publicity [pʌb'lɪsɪtɪ] Publicity f, Werbung f, Reklame f

public| school Brt. Privatschule f; Am. staatliche Schule; **~ transport** öffentliche Verkehrsmittel pl

publish ['pʌblɪʃ] veröffentlichen; *Buch etc.* herausgeben, verlegen; '**~er** Herausgeber *m*, Verleger *m*; '**~ing** Verlagswesen *n*; **~ company**, **~ house** Verlag *m*

pucker ['pʌkə] *a.* **~ up** Lippen: (sich) runzeln; spitzen

pudding ['podɪŋ] Pudding *m*; Nachtisch *m*

puddle ['pʌdl] Pfütze *f*

puff [pʌf] **1.** *an e-r Zigarette:* Zug *m*; (Dampf-, Rauch-) Wölkchen *n*; Puderquaste *f*; **2.** schnaufen, keuchen; pusten; paffen; **~ paste** *Am.*; **~ pastry** *Brt.* Blätterteig *m*; '**~y** (an)geschwollen

pull [pol] **1.** Ziehen *n*; Zug *m*; Ruck *m*; F Beziehungen *pl*, Einfluß *m*; **2.** ziehen; zerren; reißen; zupfen; **~ down** ab, niederreißen; **~ in** *Zug:* einfahren; **~ out** *Zug:* hinausfahren; *Auto:* ausscheren; **o.s. together** sich zs.-nehmen; **~ up** anhalten

pulley ['poli] *tech.:* Rolle *f*; Flaschenzug *m*

pullover ['poləovə] Pullover *m*

pulp [pʌlp] Brei *m*; Fruchtfleisch *n*

pulpit ['polpɪt] Kanzel *f*

puls|ate [pʌl'seɪt] pulsieren, pochen; '**~e** [pʌls] Puls *m*

pulverize ['pʌlvəraɪz] pulverisieren, zermahlen

pump [pʌmp] **1.** Pumpe *f*; *Schuh:* Pumps *m*; **2.** pumpen; F *j-n* aushorchen

pumpkin ['pʌmpkɪn] Kürbis *m*

pun [pʌn] Wortspiel *n*

punch [pʌntʃ] **1.** (Faust-) Schlag *m*; Locher *f*; Locher *m*; Punsch *m*; **2.** *mit der Faust* schlagen; boxen; (aus)stanzen; lochen; **~ card** Lochkarte *f*; **~ line** Pointe *f*; **~ tape** Lochstreifen *m*

punctual ['pʌŋktjoəl] pünktlich

punctuat|e ['pʌŋktjoeɪt] Satzzeichen setzen in; *fig.* unterbrechen; '**~ion** [~'eɪʃn] Interpunktion *f*, Zeichensetzung *f*

puncture ['pʌŋktʃə] Reifenpanne *f*

pungent ['pʌndʒənt] scharf, stechend, beißend

punish ['pʌnɪʃ] (be)strafen; '**~ment** Strafe *f*; Bestrafung *f*

pupil¹ ['pju:pɪl] Schüler(in)

pupil² [~] Pupille *f*

puppet ['pʌpɪt] Marionette *f* (*a. fig.*); (Hand)Puppe *f*

puppy ['pʌpɪ] Welpe *m*, junger Hund

purchase ['pɜːtʃəs] **1.** Kauf *m*; Einkauf *m*; Anschaffung *f*; **2.** kaufen; *fig.* erkaufen

pure [pjoə] rein

purgative ['pɜːgətɪv] **1.** abführend; **2.** Abführmittel *n*

purify ['pjoərɪfaɪ] reinigen (*a. fig.*); '**~ty** [~'rəti] Reinheit *f*

purl [pɜːl] **1.** linke Masche; **2.** links stricken

purple ['pɜːpl] violett

purpose ['pɜːpəs] Absicht *f*; Zweck *m*; **on ~** absichtlich;

'**~ful** entschlossen; '**~ly** absichtlich

purr [pɜː] schnurren (a. fig.)

purse [pɜːs] Geldbörse f, Portemonnaie n; Am. Handtasche f

pursu|e [pəˈsjuː] verfolgen (a. fig.); streben nach; Beruf: nachgehen; fortsetzen; **~er** Verfolger(in); **~it** [~ˈsjuːt] Verfolgung f; Streben n

pus [pʌs] Eiter m

push [pʊʃ] **1.** Stoß m, Schubs m; Anstoß m, Anstrengung f; Schwung m; Tatkraft f; **2.** stoßen, schieben, schubsen; Knopf drücken; drängen; (an)treiben; **~ along** F sich auf die Socken machen; **~ off!** hau ab!; **~ on** weitergehen, -fahren; weitermachen; '**~button** tech. (Druck-) Tasten...; **~ telephone** Tastentelefon n; '**~chair** Sportwagen m (für Kinder); '**~up** bsd. Am. Liegestütz m; '**~y**, a. **pushing** streberisch; aufdringlich

puss [pʊs], '**~y(cat)** Kätzchen n, Mieze f, Muschi f

put [pʊt] (**put**) legen, setzen, stellen, stecken, tun; Frage stellen; ausdrücken, sagen; **~ back** zurückstellen (a. Uhr); fig. zurückwerfen; **~ by** Geld zurücklegen; **~ down** hin-, niederlegen, -stellen, -setzen; aussteigen lassen; in Liste eintragen; aufschreiben; zuschreiben; Tier einschläfern;

~ forward Uhr vorstellen; Meinung etc. vorbringen; **~ in** hineinlegen, -setzen, -stellen, -stecken; Gesuch einreichen; Bemerkung einwerfen; **~ off** auf-, verschieben; vertrösten; j-n abbringen; **~ on** Kleider anziehen, Hut etc. aufsetzen; Uhr vorstellen; an-, einschalten; vortäuschen; aufführen; **~ on weight** zunehmen; **~ out** hinauslegen, -setzen, -stellen; (her)ausstrecken; Feuer, Licht ausmachen, löschen; j-n aus der Fassung bringen; **~ through** teleph. j-n verbinden (**to** mit); **~ together** zs.-setzen; **~ up** v/t Zelt aufstellen; Gebäude errichten; Gast unterbringen; Widerstand leisten; Preis erhöhen; **~ up (for sale)** (zum Verkauf) anbieten; v/i: **~ up at** übernachten bei; **~ up with** sich abfinden mit

putr|efy [ˈpjuːtrɪfaɪ] (ver-) faulen; verwesen; '**~id** [~ɪd] verfault; verwest

putty [ˈpʌtɪ] **1.** Kitt m; **2.** ~ (**up**) (ver)kitten

puzzle [ˈpʌzl] **1.** Rätsel n (a. fig.); Geduld(s)spiel n, Puzzle(spiel) n; **2.** verwirren; sich den Kopf zerbrechen; '**~ing** rätselhaft; verwirrend

pyjamas [pəˈdʒɑːməz] pl Brt. Schlafanzug m

pylon [ˈpaɪlən] Mast m

pyramid [ˈpɪrəmɪd] Pyramide f

Q

quack¹ [kwæk] quaken

quack² i. a. ~ **doctor** Quacksalber m

quadrangle ['kwɔdræŋgl] Viereck n; Innenhof m

quadruped ['kwɔdroped] Vierfüß(l)er m; **~ple** ['~pl] **1.** vierfach; **2.** (sich) vervierfachen; **~plets** ['~plɪts] pl Vierlinge pl

quaint [kweint] malerisch; drollig; putzig

quake [kweik] **1.** beben, zittern; **2.** F Erdbeben n

qualification [kwɔlɪfɪ'keɪʃn] Qualifikation f, Befähigung f; Voraussetzung f; Einschränkung f; **~fied** ['~faid] qualifiziert, befähigt; eingeschränkt, bedingt; **~fy** ['~faɪ] (sich) qualifizieren; befähigen; einschränken; mildern; '**~ty** Qualität f; Eigenschaft f

qualm [kwɑːm] mst pl Bedenken pl, Skrupel pl

quantity ['kwɔntɪtɪ] Quantität f, Menge f

quarantine ['kwɔrəntiːn] Quarantäne f

quarrel ['kwɔrəl] **1.** Streit m; **2.** (sich) streiten; '**~some** zänkisch

quarry¹ ['kwɔrɪ] Steinbruch m

quarry² ['~] Beute f; Opfer n

quarter ['kwɔːtə] **1.** Viertel n; Vierteljahr n; Am. Vierteldollar m; Vierteljahr n;

Quartal n; (Stadt)Viertel n; (Himmels)Richtung f; pl Quartier n (a. mil.); pl fig. Kreise pl; a ~ of an hour e-e Viertelstunde; a ~ to/past Uhrzeit: (ein) Viertel vor/nach; **2.** vierteln, vierteilen; mil. einquartieren; **~'final** Sport: Viertelfinalspiel n; '**~ly 1.** vierteljährlich; **2.** Vierteljahrsschrift f

quaver ['kweivə] zittern

quay [kiː] Kai m

queen [kwiːn] Königin f; Kartenspiel, Schach: Dame f; F Schwule m

queer [kwɪə] sonderbar, seltsam; komisch; wunderlich; F schwul

quench [kwentʃ] löschen

querulous ['kweruləs] quengelig, nörglerisch

query ['kwɪərɪ] **1.** Frage f; **2.** bezweifeln, in Frage stellen

question ['kwestʃən] **1.** (be-)fragen; jur. vernehmen, -hören; et. bezweifeln; **2.** Frage f; Problem n; in ~ fraglich; that is out of the ~ das kommt nicht in Frage; '**~able** fraglich; fragwürdig; '**~ing** fragend; **~ mark** Fragezeichen n; **~naire** [~'neə] Fragebogen m

queue [kjuː] **1.** Schlange f; **2.** a. ~ up anstehen, Schlange stehen, sich anstellen

quick [kwɪk] schnell, rasch; prompt; *Verstand*: wach, aufgeweckt; lebhaft; *Temperament*: aufbrausend; *Auge, Gehör*: scharf; **be ~!** beeil dich!; **'~en** (sich) beschleunigen; **'~sand** Treibsand *m*; **'~silver** Quecksilber *n*; **'~witted** schlagfertig; aufgeweckt; geistesgegenwärtig

quid [kwɪd] (*pl ~*) *Brt.* F Pfund *n* (Sterling)

quiet ['kwaɪət] **1.** ruhig, still; leise; **2.** Ruhe *f*; **~en** beruhigen; *mst ~ down* ruhiger werden; sich beruhigen

quilt [kwɪlt] Steppdecke *f*

quinine [kwɪ'niːn] Chinin *n*

quip [kwɪp] geistreiche Bemerkung

quit [kwɪt] (*quit, Brt. a.* **quit-**

ted) verlassen; F aufhören (mit); kündigen

quite [kwaɪt] ganz, völlig; ziemlich, recht; **~ (so)!** ganz recht

quits [kwɪts]: **be ~ with** s.o. mit j-m quitt sein

quiver ['kwɪvə] zittern

quiz [kwɪz] **1.** Quiz *n*; Prüfung *f*; Test *m*; **2.** ausfragen

quota ['kwəʊtə] Quote *f*; Anteil *m*; Kontingent *n*

quotation [kwəʊ'teɪʃn] Zitat *n*; Kostenvoranschlag *m*; *econ.* (Börsen-, Kurs)Notierung *f*; **~ marks** *pl* Anführungszeichen *pl*

quote [kwəʊt] zitieren; *Preis* nennen; *Börse*: notieren

quotient ['kwəʊʃnt] Quotient *m*

R

rabbit ['ræbɪt] Kaninchen *n*

rabble ['ræbl] Pöbel *m*

rabies ['reɪbiːz] Tollwut *f*

raccoon [rə'kuːn] Waschbär *m*

race¹ [reɪs] **1.** Rennen *n*; (Wett)Lauf *m*; *fig.* Wettlauf *m*; **the ~s** *pl* Pferderennen *n*; **2.** rennen, rasen; um die Wette laufen *od.* fahren (mit)

race² [~] Rasse *f*

'race|course Rennbahn *f*; **'~horse** Rennpferd *n*; **'~track** Rennstrecke *f*

racial ['reɪʃl] Rassen...; **~**

equality Rassengleichheit *f*

racing ['reɪsɪŋ] (Pferde-) Rennsport *m*; Renn...; **~ car** Rennwagen *m*

racis|m ['reɪsɪzəm] Rassismus *m*; **'~t 1.** Rassist(in); **2.** rassistisch

rack [ræk] **1.** Gestell *n*; (*Kleider- etc.*)Ständer *m*; (*Gepäck*)Netz *n*; **2.** quälen; **~ one's brains** sich den Kopf zerbrechen

racket¹ ['rækɪt] (Tennis-) Schläger *m*

racket² [~] Krach *m*; F

Schwindel(geschäft n) m; Gaunerei f

racoon [rə'ku:n] → **raccoon**

racy ['reɪsɪ] Stil: lebendig; gewagt; rassig

radar ['reɪdɑː] Radar m, n

radi|ant ['reɪdjənt] strahlend; **~ate** ['~ɪeɪt] ausstrahlen; **~ from** strahlenförmig ausgehen von; **~ation** [~'eɪʃn] (Aus)Strahlung f; radioaktive Strahlung; **~ator** ['~eɪtə] Heizkörper m; mot. Kühler m

radical ['rædɪkl] radikal

radio ['reɪdɪəʊ] **1.** Radio n, Rundfunk m; Radiogerät n; Funk m; **by ~** über Funk; **2.** funken; **~'active** radioaktiv; **~activity** Radioaktivität f; **~ alarm** Radiowecker m; **~ set** Radiogerät n; **~ station** Rundfunkstation f; **~ taxi** Funktaxi n; **~ telephone** Sprechfunkgerät n; **~therapy** Strahlentherapie f

radish ['rædɪʃ] Rettich m; Radieschen n

radius ['reɪdɪəs] Radius m

raffle ['ræfl] Tombola f

raft [rɑːft] Floß n; **~er** (Dach)Sparren m

rag [ræg] Lumpen m; Lappen m

rage [reɪdʒ] **1.** toben, wüten; **2.** Wut(anfall m) f, Zorn m; **(all) the ~** F der letzte Schrei

ragged ['rægɪd] zerlumpt; zottig; gezackt; stümperhaft

raid [reɪd] **1.** (feindlicher) Überfall; (Luft)Angriff m;

Razzia f; **2.** überfallen; eine Razzia durchführen in; einbrechen in; plündern

rail [reɪl] Schiene f, Stange f; Geländer n; mar. Reling f; rail.: Schiene f; pl Gleis n; (Eisen)Bahn f; **by ~** mit der Bahn; **~ing(s** pl) Geländer n; Zaun m; **~road** Am. → **~way** Brt. Eisenbahn f; **~ guide** Kursbuch n; **~ station** Bahnhof m

rain [reɪn] **1.** regnen; **2.** Regen m; **the ~s** pl die Regenzeit; **~bow** Regenbogen m; **~coat** Regenmantel m; **~drop** Regentropfen m; **~fall** Niederschlag(smenge f) m; **~y** regnerisch, Regen...

raise [reɪz] **1.** (auf-, hoch)heben; erheben; aufrichten; Miete etc. erhöhen; Geld beschaffen; Kinder aufziehen; Familie gründen; Tiere züchten; Getreide etc. anbauen; **2.** Am. Lohn- od. Gehaltserhöhung f

raisin ['reɪzn] Rosine f

rake [reɪk] **1.** Rechen m, Harke f; **2.** rechen, harken

rally ['rælɪ] **1.** Kundgebung f, Massenversammlung f; mot. Rallye f; Tennis: Ballwechsel m; **2.** (sich) sammeln; sich erholen; **~ round** sich scharen um; zu Hilfe kommen

ram [ræm] **1.** zo. Widder m; tech. Ramme f; **2.** (fest)rammen

ramble ['ræmbl] **1.** Wanderung *f*; **2.** wandern; weitschweifig erzählen; '**~er** Wanderer *m*, Wand(r)erin *f*; Kletterrose *f*; '**~ing** weitschweifig; *Haus etc.*: weitläufig; *bot.* Kletter...

ramp [ræmp] Rampe *f*

rampage [ræm'peɪdʒ]: **go on the ~** randalieren

ramshackle ['ræmʃækl] baufällig

ran [ræn] *pret von* **run** 1

ranch [rɑːntʃ, *Am.* ræntʃ] Ranch *f*, Viehfarm *f*; Farm *f*

rancid ['rænsɪd] ranzig

ranco(u)r ['ræŋkə] Groll *m*, Haß *m*

random ['rændəm] **1. at ~** aufs Geratewohl; **2.** ziellos, wahllos; willkürlich

rang [ræŋ] *pret von* **ring** 2

range [reɪndʒ] **1.** Reihe *f*; (*Berg*)Kette *f*; Entfernung *f*; Reichweite *f*; Bereich *m*; *econ.*: Sortiment *n*; Auswahl *f*; (altmodischer) Küchenherd; Schießstand *m*; **2.** *v/i* sich erstrecken, reichen; *Preise*: sich bewegen; *v/t* aufstellen, anordnen

rank [ræŋk] **1.** Rang *m* (*a. mil.*), Stand *m*; Reihe *f*; (*Taxi*)Stand *m*; **2.** einordnen, -stufen; e-n Rang *od.*e-e Stelle einnehmen; **~ among** gehören zu; **~ as** gelten als

ransack ['rænsæk] durchwühlen; plündern

ransom ['rænsəm] Lösegeld *n*

rap [ræp] **1.** Klopfen *n*; **2.**

klopfen (an, auf)

rape [reɪp] **1.** Vergewaltigung *f*; **2.** vergewaltigen

rapid ['ræpɪd] schnell, rasch; rapide; **~ity** [rə'pɪdətɪ] Schnelligkeit *f*; **~s** *pl* Stromschnelle(n *pl*) *f*

rapt [ræpt] versunken; entzückt; **~ure** ['~tʃə] Entzükken *n*

rar|e [reə] selten; *Luft*: dünn; *Steak*: englisch; **F** einmalig; **~ity** ['~rətɪ] Seltenheit *f*

rascal ['rɑːskəl] Schuft *m*; Schlingel *m*

rash [ræʃ] hastig, überstürzt; unbesonnen

rash [~] (Haut)Ausschlag *m*

rasher ['ræʃə] Speckscheibe *f*

raspberry ['rɑːzbərɪ] Himbeere *f*

rat [ræt] Ratte *f*

rate [reɪt] **1.** Rate *f*; Gebühr *f*; *econ.* Satz *m*, Kurs *m*; *pl Brt.* Kommunalsteuern *pl*; Tempo *n*; **~ of interest** Zinssatz *m*; **2.** (ein)schätzen; *Brt.* veranlagen, besteuern; **~ among** zählen zu

rather ['rɑːðə] eher, lieber; vielmehr, besser gesagt; ziemlich; **~!** F und ob!

ration ['ræʃn] **1.** Ration *f*, Zuteilung *f*; **2.** rationieren

rational ['ræʃənl] vernünftig, rational; **~ize** ['~ʃnəlaɪz] rationalisieren

rattle ['rætl] **1.** Gerassel *n*; Geklapper *n*; (Baby)Rassel *f*; **2.** rasseln (mit); klappern;

rattlesnake 240

rattern; ~ **off** herunterrasseln; **'~snake** Klapperschlange f

ravage ['rævɪdʒ] verwüsten

rave [reɪv] phantasieren; rasen, toben; schwärmen

raven ['reɪvn] Rabe m

ravenous ['rævənəs] ausgehungert; heißhungrig

ravine [rə'viːn] Schlucht f, Klamm f

raving ['reɪvɪŋ] **1.** wahnsinnig; F toll; F hinreißend; **2.** pl irres Gerede; Delirien pl

ravish ['rævɪʃ] entzücken; **'~ing** hinreißend

raw [rɔː] roh; Roh...; wund; Wetter: rauh; unerfahren; ~ **material** Rohmaterial n, -stoff m

ray [reɪ] Strahl m

rayon ['reɪɒn] Kunstseide f

razor ['reɪzə] Rasierapparat m, -messer n; **~ blade** Rasierklinge f

re [riː] econ. betreffs

re... [riː] wieder

reach [riːtʃ] **1.** v/t (hin-, her)reichen, (hin-, her)langen; erreichen, erzielen; ankommen in; v/i langen, greifen (**for** nach); sich erstrecken; ~ **out** ausstrecken; **2.** Reichweite f; **out of** ~ unerreichbar; **within easy** ~ leicht zu erreichen

react [rɪ'ækt] reagieren; **~ion** Reaktion f; **~ionary** [~ʃnərɪ] reaktionär; **~or** (Kern-)Reaktor m

read 1. [riːd] (read [red]) lesen; Instrument: (an)zeigen; lauten; studieren; deuten; ~ **to s.o.** j-m vorlesen; **2.** [red] pret u. pp von **read** 1

readi|ly ['redɪlɪ] bereitwillig; **'~ness** Bereitschaft f; Bereitwilligkeit f

reading ['riːdɪŋ] Lesen n; Lektüre f; Interpretation f

readjust [riːə'dʒʌst] tech. neu einstellen; nachstellen; (sich) wieder anpassen

ready ['redɪ] fertig; bereit; schnell bei der Hand; schlagfertig; Geld: bar; **get ~** (sich) fertig machen; **~'made** Fertig...; Konfektions...

real [rɪəl] wirklich, richtig, tatsächlich; eigentlich, wahr; echt, rein; bsd. phls. real; ~ **estate** Grundbesitz m, Immobilien pl; ~ **estate agent** Am. → **estate agent**; **'~ism** Realismus m; **'~ist** Realist(in); **~istic** [~'lɪstɪk] realistisch; **~ity** [rɪ'ælətɪ] Realität f, Wirklichkeit f; **~ization** [rɪəlaɪ'zeɪʃn] Realisierung f (a. econ.); Verwirklichung f; Erkenntnis f; **'~ize** sich klar sein über; erkennen, begreifen; realisieren; verwirklichen; **'~ly** wirklich, tatsächlich

realm [relm] (König)Reich n

real time Computer: Echtzeit f

reap [riːp] Getreide schneiden, mähen, einbringen; fig. ernten; **'~er** Mähmaschine f

241

reclaim

reappear [riːə'pɪə] wieder-
auftauchen

rear [rɪə] **1.** auf-, großziehen;
(er)heben; *Pferd:* sich auf-
bäumen; **2.** Rückseite *f;* hinterer Teil; *mot.* Heck *n;* **3.**
hintere(r, -s); Rück...

rearm [riː'ɑːm] (wieder)auf-
rüsten; **~ament** (Wieder-)
Aufrüstung *f*

'rearmost hinterste(r, -s)

rearrange [riːə'reɪndʒ] um-
ordnen; umstellen

'rear-view mirror *mot.*
Rückspiegel *m*

reason ['riːzn] **1.** Grund *m;*
Verstand *m;* Vernunft *f;* **2.**
logisch denken; argumentieren; **~ with** vernünftig reden
mit; **~able** vernünftig; angemessen; billig; passabel

reassure [riːə'ʃɔː] beruhigen;
versichern

rebate ['riːbeɪt] Rückzahlung *f*

rebel 1. ['rebl] Rebell(in),
Aufständische *m, f;* **2.** [rɪ'bel]
rebellieren, sich auflehnen;
~lion [rɪ'beljən] Rebellion *f;*
~lious [rɪ'beljəs] aufstän-
disch; aufsässig

rebound [rɪ'baʊnd] zurück-
prallen

rebuff [rɪ'bʌf] Abfuhr *f*

rebuild [riː'bɪld] (-built) wieder aufbauen

rebuke [rɪ'bjuːk] **1.** Tadel *m;*
2. tadeln

recall [rɪ'kɔːl] zurückrufen;
(sich) erinnern an

receipt [rɪ'siːt] Empfang *m;*

Quittung *f; pl* Einnahmen
pl

receive [rɪ'siːv] erhalten, bekommen; *Gäste* empfangen;
Vorschlag etc. aufnehmen;
~r Empfänger *m; teleph.*
Hörer *m*

recent ['riːsnt] neueste(r, -s),
jüngste(r, -s); **'~ly** kürzlich,
vor kurzem, neulich

reception [rɪ'sepʃn] Empfang
m (a. Funk); Aufnahme *f;
Hotel:* Rezeption *f;* **~ desk**
Hotel: Rezeption *f;* **~ist**
Empfangsdame *f,* -chef *m;*
Sprechstundenhilfe *f*

recess [rɪ'ses] Nische *f; Am.*
(Schul)Pause *f; bsd. parl.*
Ferien *pl;* **~ion** Rezession *f,*
Konjunkturrückgang *m*

recipe ['resɪpɪ] Rezept *n*

recipient [rɪ'sɪpɪənt] Empfän-
ger(in)

reciprocal [rɪ'sɪprəkl] wech-
sel-, gegenseitig

recit|al [rɪ'saɪtl] *mus.* (Solo-)
Vortrag *m,* Konzert *n;* Bericht *m;* Aufzählung *f;* **~e**
[~'saɪt] vortragen; aufsagen;
erzählen; aufzählen

reckless [rekls] leichtsinnig;
rücksichtslos; fahrlässig

reckon ['rekən] (be-, er)rech-
nen; glauben, schätzen; halten für; **~ing** ['~knɪŋ] (Be-)
Rechnung *f,* Schätzung *f*

reclaim [rɪ'kleɪm] zurückfor-
dern; *Land* (ab)gewinnen;
tech. aus Abfall: zurückge-
winnen

recline [rɪ'klaɪn] sich zurücklehnen

recluse [rɪ'klu:s] Einsiedler(in)

recognition [rekəg'nɪʃn] Anerkennung f; (Wieder)Erkennen n; **~ze** ['-naɪz] anerkennen; (wieder)erkennen; zugeben, eingestehen

recoil [rɪ'kɔɪl] zurückschrecken

recollect [rekə'lekt] sich erinnern an; **~ion** Erinnerung f

recommend [rekə'mend] empfehlen; **~ation** [‿'eɪʃn] Empfehlung f

recompense ['rekəmpens] entschädigen; belohnen

reconcile ['rekənsaɪl] aus-, versöhnen; in Einklang bringen; **~iation** [‿sɪlɪ'eɪʃn] Ver-, Aussöhnung f

recondition [ri:kən'dɪʃn] tech. (general)überholen; **~ed engine** Austauschmotor m

reconsider [ri:kən'sɪdə] noch einmal überlegen od. überdenken

reconstruct [ri:kən'strʌkt] wieder aufbauen; rekonstruieren; fig. wiederaufbauen; **~ion** Wiederaufbau m

record 1. ['rekɔ:d] Aufzeichnung f; Protokoll n; Urkunde f; Unterlage f, Akte f; Register n, Verzeichnis n; Strafregister n, Vorstrafen pl; Leistung(en pl) f; (Schall-) Platte f; Sport: Rekord m; **2.** [rɪ'kɔ:d] aufzeichnen;

schriftlich niederlegen; auf Schallplatte etc. aufnehmen; **~er** [‿'k-] (Tonband)Gerät n; (Kassetten)Rekorder m; mus. Blockflöte f; **~ing** [‿'k-] TV etc. Aufzeichnung f, Aufnahme f; **~ player** ['rekɔ:d] Plattenspieler m

recover [rɪ'kʌvə] wiedererlangen, -bekommen; Schiff etc. bergen; wieder gesund werden; sich erholen; **~y** [‿ərɪ] Wiedererlangung f; Bergung f; Genesung f, Erholung f

recreation [rekrɪ'eɪʃn] Erholung f; Freizeitbeschäftigung f

recruit [rɪ'kru:t] **1.** Rekrut m; fig. Neue m, f; **2.** rekrutieren; einstellen

rectangle ['rektæŋgl] Rechteck n

recuperate [rɪ'kju:pəreɪt] sich erholen

recur [rɪ'kɜ:] wiederkehren; sich wiederholen; **~rent** [rɪ'kʌrənt] wiederkehrend

recycle [ri:'saɪkl] wiederverwerten; **~ing** Recycling n, Wiederverwertung f

red [red] rot; **2 Cross** das Rote Kreuz; **~den** ['redn] (sich) röten; erröten; **~dish** rötlich

redeem [rɪ'di:m] einlösen; eccl. erlösen; **~ing** ausgleichend; aussöhnend

redemption [rɪ'dempʃn] Einlösung f; eccl. Erlösung f

redevelop [riːdɪˈveləp] *Stadt-teil etc.* sanieren

red|-'handed: catch ~ auf frischer Tat ertappen; **'~head** Rothaarige *m, f*; **'~letter day** denkwürdiger Tag

redouble [rɪˈdʌbl] (sich) verdoppeln

red tape Papierkrieg *m*; Bürokratismus *m*

reduc|e [rɪˈdjuːs] reduzieren; herabsetzen; verringern; ermäßigen; **~tion** [·ˈdʌkʃn] Herabsetzung *f*; Verringerung *f*; Ermäßigung *f*

redundan|cy [rɪˈdʌndənsɪ] Arbeitslosigkeit *f*; **redundancies** *pl* Entlassungen *pl*; **~ payment** Abfindung *f*; **~t** arbeitslos; überflüssig

reed [riːd] Schilf(rohr) *n*

reef [riːf] (Felsen)Riff *n*

reek [riːk] stinken, (unangenehm) riechen (**of** nach)

reel [riːl] **1.** (*Garn-, Film-etc.*)Rolle *f*, Spule *f*; **2.** sich drehen; schwanken, taumeln; **~ (up)** (auf)wickeln, (-)spulen

refectory [rɪˈfektərɪ] Mensa *f*

refer [rɪˈfɜː]: **~ to** verweisen an/auf; sich beziehen auf; erwähnen; nachschlagen in

referee [refəˈriː] Schiedsrichter *m*; *Boxen:* Ringrichter *m*

reference [ˈrefrəns] Referenz *f*, Zeugnis *n*; Verweis *m*; Erwähnung *f*, Anspielung *f*; Bezugnahme *f*; Aktenzei-chen *n*; Nachschlagen *n*; **with ~ to** bezüglich; **~ book** Nachschlagewerk *n*

refill 1. [ˈriːfɪl] Nachfüllpackung *f*, Ersatz...; **2.** [·ˈfɪl] auf-, nachfüllen

refine [rɪˈfaɪn] raffinieren, veredeln; verfeinern, verbessern; kultivieren; **~d** raffiniert, fein...; fein, vornehm; **~ry** [·ərɪ] Raffinerie *f*

reflect [rɪˈflekt] reflektieren, zurückwerfen, spiegeln; *fig.* widerspiegeln; nachdenken (**on** über); **~ion** Reflexion *f*; Spiegelbild *n*; Überlegung *f*

reflex [ˈriːfleks] Reflex *m*; **~ camera** Spiegelreflexkamera *f*

reform [rɪˈfɔːm] **1.** Reform *f*; **2.** reformieren, verbessern; (sich) bessern

refrain [rɪˈfreɪn] **1.** unterlassen (**from** *acc*); **2.** Refrain *m*

refresh [rɪˈfreʃ]: **~ o.s.** sich erfrischen; auffrischen; **~er course** Auffrischungskurs *m*; **~ment** Erfrischung *f*

refrigerator [rɪˈfrɪdʒəreɪtə] Kühlschrank *m*

refuel [riːˈfjʊəl] (auf)tanken

refuge [ˈrefjuːdʒ] Zuflucht(sort *m*) *f*; **~e** [·juːˈdʒiː] Flüchtling *m*

refund 1. [rɪˈfʌnd] zurückzahlen, (-)erstatten; **2.** [ˈriːfʌnd] Rückzahlung *f*, (Rück)Erstattung *f*

refus|al [rɪˈfjuːzl] Ablehnung *f*; (Ver)Weigerung *f*; **~e 1.**

[rɪ'fjuːz] verweigern; abweisen; ablehnen; sich weigern; **2.** ['refjuːs] Abfall *m*, Müll *m*; **~ dump** Müllabladeplatz *m*

refute [rɪ'fjuːt] widerlegen

regain [rɪ'geɪn] wiedergewinnen, -erlangen

regal ['riːgl] königlich

regard [rɪ'gɑːd] **1.** Achtung *f*; Rücksicht *f*; **with ~ to** hinsichtlich; (**kind**) **~s** (herzliche) Grüße; **2.** ansehen; betreffen; **~** as halten für; **as** ... **~** was ... betrifft; **~ing** hinsichtlich; **~less:** **~ of** ohne Rücksicht auf

regiment ['redʒɪmənt] Regiment *n*

region ['riːdʒən] Gegend *f*, Gebiet *n*; Bereich *m*

register ['redʒɪstə] **1.** Register *n* (*a. mus.*), Verzeichnis *n*; **2.** (sich) eintragen (lassen), einschreiben (lassen) (*a. Postsache*); (an)zeigen; *Gepäck* aufgeben; sich (an)melden (**with** *bei der Polizei etc.*); **~ed letter** Einschreibebrief *m*

regis|trar [redʒɪ'strɑː] Standesbeamte *m*, -in *f*; **~tration** [~'streɪʃn] Erfassung *f*; Eintragung *f*; Anmeldung *f*; **~** **document** *Brt. mot.* Kraftfahrzeugbrief *m*; **~** **number** *mot.* polizeiliches Kennzeichen; '**~try office** Standesamt *n*

regret [rɪ'gret] **1.** Bedauern *n*; **2.** bedauern; **~table** bedauerlich

regular ['regjʊlə] **1.** regelmäßig; normal; geregelt, geordnet; richtig; **2.** F Stammkunde *m*, -in *f*; *Am.* Normal(benzin) *n*

regulat|e ['regjʊleɪt] regeln; regulieren; **~ion** [~'leɪʃn] Regulierung *f*; Vorschrift *f*

rehabilitation [riːəbɪlɪ'teɪʃn] Rehabilitation *f*; Resozialisierung *f*; Sanierung *f*

rehears|al [rɪ'hɜːsl] Probe *f*; **~e** [~s] proben

reign [reɪn] **1.** Herrschaft *f* (*a. fig.*); **2.** herrschen

reimburse [riːɪm'bɜːs] *j-n* entschädigen; *Kosten* erstatten

rein [reɪn] *oft pl* Zügel *m*

reindeer ['reɪndɪə] (*pl* **-deer**) Ren(tier) *n*

reinforce [riːɪn'fɔːs] verstärken; **~d concrete** Stahlbeton *m*

reject [rɪ'dʒekt] zurückweisen; ablehnen; **~ion** Zurückweisung *f*, Ablehnung *f*

rejoice [rɪ'dʒɔɪs] sich freuen (**at** über)

relapse [rɪ'læps] Rückfall *m*

relate [rɪ'leɪt] erzählen; in Beziehung bringen; sich beziehen (**to** auf); **~d** verwandt

relation [rɪ'leɪʃn] Verwandte *m*, *f*; Beziehung *f*; Verhältnis *n*; **~ship** Beziehung *f*; Verwandtschaft *f*

relative ['relətɪv] **1.** Verwandte *m*, *f*; **2.** relativ; verhältnismäßig

relax [rɪˈlæks] lockern; (sich) entspannen

relay [rɪˈleɪ] **1.** *electr.* Relais *n*; *Rundfunk:* Übertragung *f*; *Sport:* Staffel *f*; **2.** *Rundfunk:* übertragen; weiterleiten; ~ **race** Staffellauf *m*

release [rɪˈliːs] **1.** Entlassung *f*; Freilassung *f*; Befreiung *f*; Freigabe *f*; *(Presse- etc.)*Verlautbarung *f*; *tech., phot.* Auslöser *m*; **2.** entlassen; freilassen; befreien; freigeben; bekanntgeben, verlautbaren; *tech., phot.* auslösen

relent [rɪˈlent] sich erweichen lassen; ~**less** unbarmherzig

relevan|ce [ˈreləvəns] Bedeutung *f*, Relevanz *f*; ~**t** relevant, wichtig; sachdienlich

reliab|ility [rɪlaɪəˈbɪlətɪ] Zuverlässigkeit *f*; ~**le** [rɪˈlaɪəbl] zuverlässig

reliance [rɪˈlaɪəns] Vertrauen *n*; Abhängigkeit *f*

relic [ˈrelɪk] Überbleibsel *n*, Relikt *n*; Reliquie *f*

relie|f [rɪˈliːf] Erleichterung *f*; Unterstützung *f*, Hilfe *f*; Ablösung *f*; Relief *n*; ~**ve** [~v] erleichtern, lindern; ablösen; befreien, entlasten

religi|on [rɪˈlɪdʒən] Religion *f*; ~**ous** religiös, Religions...

relish [ˈrelɪʃ] **1.** Genuß *m*; Gefallen *m*; Würze *f*; **2.** genießen; Gefallen finden an

reluctan|ce [rɪˈlʌktəns] Widerstreben *n*; ~**t** widerstrebend, widerwillig

rely [rɪˈlaɪ]: ~ **on** *od.* **upon** sich verlassen auf

remain [rɪˈmeɪn] **1.** bleiben; übrigbleiben; **2.** *pl* (Über-)Reste *pl*; ~**der** Rest *m*

remand [rɪˈmɑːnd] **1.** ~ *s.o.* **(in custody)** j-n in Untersuchungshaft behalten; **2. be on** ~ in Untersuchungshaft sein

remark [rɪˈmɑːk] **1.** Bemerkung *f*; **2.** bemerken; ~**able** bemerkenswert

remedy [ˈremədɪ] **1.** (Heil-, Gegen)Mittel *n*; Abhilfe *f*; **2.** beheben; bereinigen

remember [rɪˈmembə] sich erinnern an; denken an, nicht vergessen; ~ **me to her** grüße sie von mir; ~**rance** [~brəns] Erinnerung *f*; Gedenken *n*; Andenken *n*

remind [rɪˈmaɪnd] erinnern; ~**er** Mahnung *f*

reminisce [remɪˈnɪs] in Erinnerungen schwelgen; ~**nt** [~nt]: **be** ~ **of** erinnern an

remit [rɪˈmɪt] *Schuld etc.* erlassen; *Geld* überweisen; ~**tance** (Geld)Überweisung *f*

remnant [ˈremnənt] Rest *m*

remorse [rɪˈmɔːs] Gewissensbisse *pl*, Reue *f*; ~**less** unbarmherzig

remote [rɪˈməʊt] fern; entlegen, abgelegen; *Chance etc.:* gering; ~ **control** Fernsteuerung *f*, -bedienung *f*

remov|al [rɪˈmuːvl] Entfernen *n*, Beseitigung *f*; Umzug

m; **~ van** Möbelwagen *m*; **~e**
[~v] *v/t* entfernen; wegräumen; beseitigen; *v/i* (aus-,
um-, ver)ziehen; *once / twice* **~d** Cousinen ersten / zweiten Grades; **~er** (*Flecken-
etc.*)Entferner *m*; (Möbel)-
Spediteur *m*; (-)Packer *m*

remuneration [rɪmjuːnə-
'reɪʃn] Vergütung *f*

rename [riː'neɪm] umbenen-
nen

render ['rendə] machen; leisten; erweisen; übersetzen

renew [rɪ'njuː] erneuern; verlängern; **~al** Erneuerung *f*;
Verlängerung *f*

renounce [rɪ'naʊns] verzichten auf; aufgeben; abschwö-
ren; verleugnen

renovate ['renəʊveɪt] renovieren; restaurieren

renown [rɪ'naʊn] Ruhm *m*,
Ansehen *n*; **~ed** berühmt

rent¹ [rent] **1.** Miete *f*; Pacht *f*;
2. mieten; pachten; *bsd.*
Am.: Auto etc. mieten; *a.* **~
out** vermieten; verpachten

rent² [~] Riß *m*; Spalte *f*

rental ['rentl] Miete *f*; Pacht *f*;
Leihgebühr *f*

rep [rep] F Vertreter(in)

repair [rɪ'peə] **1.** reparieren;
wiedergutmachen; **2.** Reparatur *f*; *in good* **~** in gutem
Zustand

reparation [repə'reɪʃn] Wie-
dergutmachung *f*; Entschädigung *f*

repartee [repɑː'tiː] schlagfer-

tige Antwort

repay [riː'peɪ] (**-paid**) zurückzahlen; *et.* vergelten

repeat [rɪ'piːt] **1.** wiederholen; **2.** *TV* Wiederholung
f

repel [rɪ'pel] *Feind etc.* zurückschlagen; *fig.:* abweisen; *j-n* abstoßen; **~lent 1.**
abstoßend; **2.** Mittel **~** Mittel
n gegen Insektenstiche

repent [rɪ'pent] bereuen

repercussion [riːpə'kʌʃn]
mst pl Auswirkungen *pl*

repetition [repɪ'tɪʃn] Wiederholung *f*

replace [rɪ'pleɪs] ersetzen; *j-n*
ablösen; zurückstellen; **~
ment** Ersatz *m*

replenish [rɪ'plenɪʃ] (wieder)
auffüllen, ergänzen

replica ['replɪkə] Kopie *f*

reply [rɪ'plaɪ] **1.** antworten,
erwidern; **2.** Antwort *f*

report [rɪ'pɔːt] **1.** Bericht *m*;
Gerücht *n*; (Schul)Zeugnis
n; Knall *m*; **2.** berichten
(über); (sich) melden; anzeigen; **~er** Reporter(in), Be-
richterstatter(in)

represent [reprɪ'zent] darstellen (*a. thea.*); vertreten;
~ation [~'teɪʃn] Darstellung *f*
(*a. thea.*); Vertretung *f*; **~a-
tive** [~'zentətɪv] **1.** repräsen-
tativ; typisch; **2.** Vertre-
ter(in); *Am. parl.* Abgeordnete *m*, *f*

repress [rɪ'pres] unterdrük-
ken; *psych.* verdrängen

~ion Unterdrückung f; psych. Verdrängung f

reprieve [rɪ'priːv] Begnadigung f; (Straf)Aufschub m; fig. Gnadenfrist f

reprimand ['reprɪmɑːnd] **1.** Verweis m; **2.** j-m e-n Verweis erteilen

reproach [rɪ'prəʊtʃ] **1.** Vorwurf m; **2.** vorwerfen; Vorwürfe machen; **~ful** vorwurfsvoll

reproduce [riːprə'djuːs] (sich) fortpflanzen; wiedergeben, reproduzieren; **~tion** [~'dʌkʃn] Fortpflanzung f; Reproduktion f

reptile ['reptaɪl] Reptil n

republic [rɪ'pʌblɪk] Republik f; **~an 1.** republikanisch; **2.** Republikaner(in)

repugnan|ce [rɪ'pʌɡnəns] Widerwille m; **~t** widerlich

repulse [rɪ'pʌls] **1.** Abfuhr f, Zurückweisung f; **2.** zurück-, abweisen; **~ive** abstoßend, widerwärtig

reputable ['repjʊtəbl] angesehen; **~ation** [~'teɪʃn] Ruf m

request [rɪ'kwest] **1.** Gesuch n; Bitte f; **on / by** ~ auf Wunsch; **2.** bitten (um); ersuchen um; **~ stop** Brt. Bedarfshaltestelle f

require [rɪ'kwaɪə] erfordern; brauchen; verlangen; **~d** erforderlich; **~ment** Anforderung f; Bedürfnis n; Erfordernis n; pl Bedarf m

rescue ['reskjuː] **1.** Rettung f; Befreiung f; Rettungs...; **2.** retten; befreien

research [rɪ'sɜːtʃ] **1.** Forschung f, Untersuchung f; **2.** Forschung betreiben; erforschen; **~er** Forscher m

resembl|ance [rɪ'zembləns] Ähnlichkeit f (**to** mit); **~e** [~bl] gleichen, ähnlich sein

resent [rɪ'zent] übelnehmen; **~ment** Ärger m

reservation [rezə'veɪʃn] Reservierung f, Vorbestellung f; Vorbehalt m; Reservat(ion f) n; (**central**) ~ Autobahn: Mittelstreifen m

reserve [rɪ'zɜːv] **1.** Reserve f; Vorrat m; Reservat n; Zurückhaltung f; **2.** aufsparen, aufheben; (sich) zurückhalten mit; vorbehalten; reservieren (lassen), vorbestellen; **~d** zurückhaltend, reserviert

reservoir ['rezəvwɑː] Reservoir n (a. fig.); Speicher m; Staubecken n

reside [rɪ'zaɪd] s-n Wohnsitz haben; **~nce** ['rezɪdəns] Wohnsitz m; Aufenthalt m; Residenz f; **~ permit** Aufenthaltsgenehmigung f; **~nt 1.** wohnhaft; ansässig; **2.** Bewohner(in); Einwohner(in); (Hotel)Gast m; mot. Anlieger m

residue ['rezɪdjuː] Rest m

resign [rɪ'zaɪn] zurücktreten; aufgeben; verzichten auf; Amt niederlegen; **~ o.s. to** sich abfinden mit; **~ation**

[rezɪgˈneɪʃn] Verzicht m; Rücktritt(sgesuch n) m; Resignation f; **~ed** resigniert

resilient [rɪˈzlɪənt] elastisch, fig. unverwüstlich

resin [ˈrezɪn] Harz n

resist [rɪˈzɪst] widerstehen; Widerstand leisten; sich widersetzen; **~ance** Widerstand m; **~ant** widerstandsfähig

resolut|e [ˈrezəluːt] entschlossen; **~ion** [~ˈluːʃn] Entschluß m, Vorsatz m; Entschlossenheit f; Beschluß m, Resolution f

resolve [rɪˈzɒlv] Problem lösen; Zweifel zerstreuen; beschließen; (sich) auflösen

resonan|ce [ˈrezənəns] Resonanz f; **~t** widerhallend

resort [rɪˈzɔːt] (Urlaubs-, Erholungs)Ort m

resound [rɪˈzaʊnd] (wider-)hallen

resource [rɪˈsɔːs] pl: natürliche Reichtümer pl, Mittel pl; Reserven pl; Bodenschätze pl; sg: Mittel n, Ausweg m; Findigkeit f; **~ful** findig

respect [rɪˈspekt] 1. Beziehung f, Hinsicht f; Achtung f, Respekt m; Rücksicht f; pl Grüße pl, Empfehlungen pl; with **~ to** was ... betrifft; 2. achten; schätzen; respektieren; **~able** ehrbar; anständig; angesehen; Summe: ansehnlich; **~ful** respektvoll, ehrerbietig; **~ing** hinsicht-

lich; **~ive** jeweilig; **~ively** beziehungsweise

respiration [respəˈreɪʃn] Atmung f; **~or** [ˈ~reɪtə] Atemschutzgerät n; med. Atemgerät n

respite [ˈrespaɪt] Frist f, Aufschub m; Ruhepause f

respond [rɪˈspɒnd] antworten, erwidern; reagieren

response [rɪˈspɒns] Antwort f, Erwiderung f; Reaktion f

responsibility [rɪspɒnsəˈbɪlətɪ] Verantwortung f; **~le** [~ˈspɒnsəbl] verantwortlich; verantwortungsvoll

rest [rest] 1. Rest m; Ruhe(pause) f; Rast f; tech. Stütze f; 2. ruhen; (sich) ausruhen, rasten; (sich) stützen od. lehnen

restaurant [ˈrestərɒnt] Restaurant n, Gaststätte f; **~ car** Speisewagen m

rest|ful ruhig; erholsam; **~less** ruhe-, rastlos; unruhig

restore [rɪˈstɔː] wiederherstellen; wiedereinsetzen (to in); zurückgeben; restaurieren

restrain [rɪˈstreɪn] zurückhalten; bändigen; **~ o.s.** sich beherrschen; **~t** Beherrschung f, Zwang m; Beherrschung f, Zurückhaltung f

restrict [rɪˈstrɪkt] be-, einschränken; **~ed** beschränkt; begrenzt; **~ion** Be-, Einschränkung f

rest room Am. Toilette f

result [rɪˈzʌlt] 1. Ergebnis n,

Resultat *n*; Folge *f*; **2.** sich ergeben (**from** aus); **~ in** zur Folge haben

resume [rɪˈzjuːm] wiederaufnehmen; fortsetzen

résumé [ˈrezjuːmeɪ] Zusammenfassung *f*; *Am.* Lebenslauf *m*

resurrection [rezəˈrekʃn] Wiederaufleben *n*; ♀ *eccl.* Auferstehung *f*

resuscitate [rɪˈsʌsɪteɪt] wiederbeleben

retail [ˈriːteɪl] Einzelhandel *m*; **~er** [~teɪlə] Einzelhändler(in)

retain [rɪˈteɪn] behalten; zurück(be)halten; beibehalten

retaliate [rɪˈtælɪeɪt] sich rächen; sich revanchieren; **~ion** [~ˈeɪʃn] Vergeltung *f*

retard [rɪˈtɑːd] verzögern; **~ed** *Kind:* zurückgeblieben

retinue [ˈretɪnjuː] Gefolge *n*

retire [rɪˈtaɪə] sich zur Ruhe setzen; in den Ruhestand treten; sich zurückziehen; ♀ pensioniert, im Ruhestand; **~ment** Ruhestand *m*

retort [rɪˈtɔːt] erwidern

retrace [rɪˈtreɪs] zurückverfolgen; rekonstruieren

retract [rɪˈtrækt] *Angebot* zurückziehen; *Worte* zurücknehmen; *Krallen etc.* einziehen

retrain [rɪˈtreɪn]: **be ~ing** sich umschulen lassen

retreat [rɪˈtriːt] **1.** sich zurückziehen; **2.** Rückzug *m*

retrieve [rɪˈtriːv] wiederbekommen; *hunt.* apportieren

retro- [retrəʊ] (zu)rück...; **~ˈactive** rückwirkend; **~ˈgrade** rückschrittlich; **~ˈspect** [ˈ~spekt]: **in ~** im Rückblick; **~ˈspective** (zu)rückblickend; rückwirkend

return [rɪˈtɜːn] **1.** *v/i* zurückkommen, -kehren; *v/t* zurückgeben; zurückbringen; zurückstellen, -legen; zurückschicken, -senden; erwidern; vergelten; *Gewinn* abwerfen; **2.** *Rück-*, Wiederkehr *f*; Rückgabe *f*; *Brt.* Rückfahrkarte *f*, Rückflugticket *n*; Erwiderung *f*; *pl econ.* Ertrag *m*; *Tennis:* Rückschlag *m*; Rück...; **by ~** (**of post**) postwendend; **many happy ~s** (**of the day**) herzlichen Glückwunsch zum Geburtstag; **~ key** *Computer:* Eingabetaste *f*

reunification [riːjuːnɪfɪˈkeɪʃn] Wiedervereinigung *f*

reunion [riːˈjuːnjən] Wiedervereinigung *f*; Treffen *n*

rev [rev] *a.* **~ up** *Motor* auf Touren bringen

revaluation [riːvæljuˈeɪʃn] *econ.* Aufwertung *f*

reveal [rɪˈviːl] zum Vorschein bringen; enthüllen; **~ing** aufschlußreich

revenge [rɪˈvendʒ] **1.** Rache *f*; Revanche *f*; **2.** rächen

revenue [ˈrevənjuː] Einnahmen *pl*, Einkünfte *pl*

reverberate [rɪ'vɜːbəreɪt] widerhallen

revere [rɪ'vɪə] (ver)ehren

reveren|ce ['revərəns] Verehrung f; Ehrfurcht f; **~d 1.** ehrwürdig; **2.** Pfarrer m

reverie ['revərɪ] (Tag)Träumerei f

revers|al [rɪ'vɜːsl] Umkehrung f; **~e** [~s] **1.** Gegenteil n; Rückseite f; fig. Rückschlag m; mot. Rückwärtsgang m; **2.** umgekehrt; **3.** umkehren; Meinung etc. ändern; Urteil aufheben; mot. rückwärts fahren

revert [rɪ'vɜːt] zurückkehren; **~ to** zurückfallen in; zurückkommen auf

review [rɪ'vjuː] **1.** (Über)Prüfung f, Revision f; Rückblick m; Rezension f, (Buch)Besprechung f; Zeitschrift f; mil. Inspektion f; **2.** (über-, nach)prüfen; rezensieren, besprechen; mil. inspizieren; fig. zurückblicken auf

revis|e [rɪ'vaɪz] revidieren; überarbeiten; **~ion** [~'vɪʒn] Revision f; Überarbeitung f

reviv|al [rɪ'vaɪvl] Wiederbelebung f; Wiederaufleben n; **~e** [~v] wiederbeleben; wiederaufleben (lassen)

revoke [rɪ'vəuk] widerrufen; aufheben

revolt [rɪ'vəult] **1.** Revolte f, Aufstand m; **2.** revoltieren, sich auflehnen; fig. abstoßen; **~ing** widerlich

revolution [revə'luːʃn] Revolution f; Umwälzung f; tech. Umdrehung f; **~ary 1.** revolutionär; **2.** Revolutionär(in)

revolve [rɪ'vɒlv] sich drehen; kreisen

revulsion [rɪ'vʌlʃn] Abscheu m

reward [rɪ'wɔːd] **1.** Belohnung f; **2.** belohnen; **~ing** lohnend

rewind [riː'waɪnd] (-wound) Film etc. zurückspulen

rheumatism ['ruːmətɪzəm] Rheumatismus m

rhinoceros [raɪ'nɒsərəs] Nashorn n

rhubarb ['ruːbɑːb] Rhabarber m

rhyme [raɪm] **1.** Reim m; Vers m; **2.** (sich) reimen

rhythm ['rɪðəm] Rhythmus m

rib [rɪb] Rippe f

ribbon ['rɪbən] Band n

rice [raɪs] Reis m

rich [rɪtʃ] reich (in an; Boden: fruchtbar; Speise: schwer

rickets ['rɪkɪts] sg Rachitis f

rid [rɪd] (rid od. ridded) befreien (of von); **get ~ of** loswerden

ridden ['rɪdn] pp von ride 2

riddle ['rɪdl] Rätsel n

ride [raɪd] **1.** Fahrt f; Ritt m; **2.** (rode, ridden) fahren; reiten

ridge [rɪdʒ] (Gebirgs)Kamm m, Grat m; (Dach)First m

ridicul|e ['rɪdɪkjuːl] **1.** Spott

riverside

m; **2.** verspotten; **~ous**
[ˌˈdɪkjʊləs] lächerlich

riding [ˈraɪdɪŋ] Reiten *n;*
Reit...

rifle [ˈraɪfl] Gewehr *n*

rift [rɪft] Riß *m,* Sprung *m;*
Spalte *f; fig.* Bruch *m*

right [raɪt] **1.** *adj* recht; richtig; rechte(r, -s); *all ~* in Ordnung!, gut!; *that's all ~* das
macht nichts!, schon gut!;
bitte!; *that's ~* richtig!, ganz
recht!, stimmt!; *be ~* recht
haben; *put ~, set ~* in Ordnung bringen; **2.** *adv* (nach)
rechts; recht, richtig; gera-
de(wegs), direkt; völlig,
ganz; genau; *~ ahead, ~ on*
geradeaus; *~ away* sofort;
turn ~ rechts abbiegen; **3.** *s*
Recht *n;* rechte Hand, Rech-
te *f; the* **2** *pol.* die Rechte; *on*
the ~ rechts; *to the ~* (nach)
rechts; *'~ful* rechtmäßig; *~*
hand rechte(r, -s); *'~'handed*
rechtshändig; *~ of 'way* Vor-
fahrt(srecht *n*) *f*

rigid [ˈrɪdʒɪd] starr, steif; *fig.*
streng

rig|orous [ˈrɪɡərəs] rigoros,
streng, hart; **~o(u)r** [ˈrɪɡə]
Strenge *f,* Härte *f*

rim [rɪm] Rand *m;* Felge *f*

rind [raɪnd] Rinde *f,* Schale *f;*
(Speck)Schwarte *f*

ring [rɪŋ] **1.** Ring *m;* Kreis *m;*
Manege *f;* Arena *f;* Ge-
läut(e) *n;* Klang *m;* Klingeln
n; give s.o. a ~ j-n anrufen;
2. *(rang, rung)* läuten; klin-

geln; klingen; anrufen; *~ the*
bell klingeln; *~ off* (den Hörer) auflegen *od.* einhängen;
~ s.o. up j-n *od.* bei j-m anrufen; *'~leader* Rädelsführer
m; *~ road Brt.* Ring(straße *f*)
m, Umgehungsstraße *f*

rink [rɪŋk] Eisbahn *f;* Roll-
schuhbahn *f*

rinse [rɪns] spülen

riot [ˈraɪət] **1.** Aufruhr *m;*
Krawall *m;* **2.** randalieren

rip [rɪp] **1.** Riß *m;* **2.** (zer)rei-
ßen

ripe [raɪp] reif; *'~n* reifen (lassen); *'~ness* Reife *f*

ripple [ˈrɪpl] **1.** kleine Welle;
Kräuselung *f;* **2.** (sich) kräuseln

rise [raɪz] **1.** Anstieg *m,* Steig-
en *n;* Zunahme *f;* (Lohn-,
Gehalts)Erhöhung *f; fig.*
Aufstieg *m;* Steigung *f;* Anhöhe *f;* **2.** *(rose, risen)* sich
erheben; aufstehen; (an-,
auf)steigen; *Sonne etc.:* aufgehen; *Fluß:* entspringen;
Volk: sich erheben; *'~n* [ˈrɪzn]
pp von **rise** *f*

risk [rɪsk] **1.** riskieren, wagen;
2. Gefahr *f,* Risiko *n;* *'~y* riskant, gewagt

rite [raɪt] Ritus *m*

rival [ˈraɪvl] **1.** Rivale *m,* -in
f, Konkurrent(in); **2.** wetteifern mit; *'~ry* Rivalität *f;*
Konkurrenz *f*

river [ˈrɪvə] Fluß *m,* Strom *m;*
'~bed Flußbett *n;* *'~side*
Flußufer *n*

rivet ['rɪvɪt] *tech.* **1.** Niet *m*; **2.** (ver)nieten

road [rəʊd] Straße *f*; '**∼block** Straßensperre *f*; **∼ hog** *F* Verkehrsrowdy *m*; **∼ map** Straßenkarte *f*; '**∼side** Straßenrand *m*; **∼ sign** Verkehrsschild *n*, -zeichen *n*; '**∼way** Fahrbahn *f*; **∼ works** *pl* Straßenbauarbeiten *pl*; '**∼worthy** verkehrstüchtig

roam [rəʊm] umherstreifen, (-)wandern; durchstreifen

roar [rɔː] **1.** brüllen; brausen, toben; **2.** Gebrüll *n*; Brausen *n*, Toben *n*; **∼s** *pl of laughter* schallendes Gelächter

roast [rəʊst] **1.** rösten, braten; **2.** Braten *m*; **3.** gebraten, Brat...; **∼ pork** Schweinebraten *m*

rob [rɒb] (be)rauben; ausrauben; '**∼ber** Räuber *m*; '**∼bery** Raub(überfall) *m*

robe [rəʊb] (Amts)Robe *f*, Talar *m*

robin ['rɒbɪn] Rotkehlchen *n*

robot ['rəʊbɒt] Roboter *m*

robust [rəʊ'bʌst] kräftig

rock [rɒk] **1.** Fels(en) *m*; Gestein *n*; Felsbrocken *m*; Zuckerstange *f*; *on the ∼s Drink:* mit Eis(würfeln); *Ehe:* kaputt; **2.** schaukeln; wiegen; '**∼ bottom** *fig.* Tiefpunkt *m*

rocket ['rɒkɪt] Rakete *f*

'**rocking chair** Schaukelstuhl *m*

rocky ['rɒkɪ] felsig

rod [rɒd] Rute *f*; Stab *m*;

Stange *f*

rode [rəʊd] *pret von ride* 2

rodent ['rəʊdənt] Nagetier *n*

roe[1] [rəʊ] Reh *n*

roe[2] [∼]: (*hard*) **∼** Rogen *m*; *soft* **∼** Milch *f*

rogue [rəʊg] Gauner *m*, Schurke *m*; Schlingel *m*

role [rəʊl] *thea.* Rolle *f*

roll [rəʊl] **1.** Rolle *f*; Brötchen *n*, Semmel *f*; *(Namens)Liste f; (Donner)Rollen n; (Trommel)*Wirbel *m*; Schlingern *n*; **2.** rollen; schlingern; (g)rollen, dröhnen; (sich) wälzen; walzen; drehen; **∼ over** (sich) umdrehen; **∼ up** zs.-, aufrollen; hochkrempeln; *F* antanzen; **∼ call** Namensaufruf *m*; '**∼er** Rolle *f*; Walze *f*; Lockenwickler *m*; '**∼er coaster** Achterbahn *f*; **∼er skate** Rollschuh *m*; '**∼er towel** Rollhandtuch *n*

Roman ['rəʊmən] **1.** römisch; **2.** Römer(in) *f*; **∼ Catholic 1.** römisch-katholisch; **2.** Katholik(in)

roman|ce [rəʊ'mæns] Abenteuer-, Liebesroman *m*; Romanze *f*; Romantik *f*; **∼tic** romantisch

romp [rɒmp] **1.** Toben *n*; **2.** *a.* **∼ about** herumtoben, -tollen; '**∼ers** *pl* Spielanzug *m*

roof [ruːf] Dach *n*; **∼ over** überdachen; **∼ rack** *mot.* Dachgepäckträger *m*

rook [rʊk] Saatkrähe *f*

room [ruːm, *in Zssgn:* rum]

Raum *m*; Zimmer *n*; Platz *m*; **‚·y** geräumig

roost [ruːst] Hühnerstange *f*; **‚·er** Hahn *m*

root [ruːt] **1.** Wurzel *f*; **2.** Wurzeln schlagen: **~ about, ~ around** herumwühlen: **~ out** ausrotten; **‚·ed** verwurzelt

rope [rəʊp] **1.** Seil *n*, Strick *m*; Tau *n*; **2.** verschnüren; festbinden; anseilen; **~ off** (durch ein Seil) absperren

rosary ['rəʊzərɪ] *eccl.* Rosenkranz *m*

rose¹ [rəʊz] Rose *f*

rose² [~] *pret von* **rise** 2

rosy ['rəʊzɪ] rosig

rot [rɒt] **1.** Fäulnis *f*; F Quatsch *m*, Blödsinn *m*; **2.** (ver)faulen (lassen)

rota|ry ['rəʊtərɪ] rotierend, sich drehend; Rotations...; **‚·te** [~teɪt] (sich) drehen; rotieren (lassen); **‚·tion** Umdrehung *f*

rotten ['rɒtn] verfault, faul; morsch; F mies; saumäßig

rotund [rəʊˈtʌnd] rundlich

rough [rʌf] **1.** rauh; roh; grob; *Schätzung:* ungefähr; stürmisch; *Weg:* holp(e)rig; *Leben:* hart, unbequem; **2.** *~ it* F primitiv leben; **‚·age** ['~dʒ] Ballaststoffe *pl*

round [raʊnd] **1.** *adj* rund; **2.** *adv* rund-, ringsherum; **~ about** ungefähr; *the other way ~* anders herum; **3.** *prp* rund(um ... (herum) in ... herum; **4.** *s* Runde *f*; *bsd.*

Brt. Scheibe *f* (*Brot etc.*); *mus.* Kanon *m*; **5.** *v/t* rund machen; (herum)fahren *od.* (-)gehen um; **~ off** abrunden; **~ up** *Preis* aufrunden; *Leute* zs.-trommeln, *Vieh* zs.-treiben; **‚·about.1** Brt. Kreisverkehr *m*; Brt. Karussell *f*; **2.** *in a ~ way* auf Umwegen; **~ trip** *Am.* Hin- u. Rückfahrt *f*

rouse [raʊz] (auf)wecken *fig.*: aufrütteln; reizen; erregen

route [ruːt] Route *f*, Weg *m*; Strecke *f*

routine [ruːˈtiːn] Routine *f*

row¹ [rəʊ] Reihe *f*

row² [raʊ] F: Krach *m*, Streit *m*; Lärm *m*

row³ [rəʊ] rudern; **‚·boat** *Am.*, **‚·ing boat** Ruderboot *n*

royal ['rɔɪəl] königlich; F Angehörige *m*, *f* der königlichen Familie; **‚·ty** die königliche Familie; (Autoren)Tantieme *f*; Patentgebühr *f*

rub [rʌb] reiben; frottieren; **~ down** abreiben, abfrottieren; **~ in** einreiben; **~ off** wegreiben; **~ out** ausradieren

rubber ['rʌbə] Gummi *m*, *n*; *bsd. Brt.* Radiergummi *m*; F *Kondom:* Gummi *m*; *pl Am.* Gummischuhe *pl*; **~ band** Gummiband *n*; **~ plant** Gummibaum *m*

rubbish ['rʌbɪʃ] Abfall *m*, Müll *m*; Schund *m*; Blödsinn *m*; **~ bin** Brt. Mülleimer *m*

rubble ['rʌbl] Schutt *m*,

ruby ['ruːbɪ] Rubin(rot *n*) *m*
rucksack ['rʌksæk] Rucksack *m*
rudder ['rʌdə] *mar.* (Steuer-) Ruder *n*; *aer.* Seitenruder *n*
ruddy ['rʌdɪ] rot(backig)
rude [ruːd] unhöflich; grob; unanständig; *Schock etc.:* bös
rudiment|ary [ruːdɪ'mentərɪ] elementar; '.s ['⌣mənts] *pl* Anfangsgründe *pl*
ruffian ['rʌfjən] Rüpel *m*
ruffle ['rʌfl] **1.** Rüsche *f*; **2.** kräuseln; *Federn* sträuben; *Haar* zerzausen; *Stoff* zerknittern; (ver)ärgern
rug [rʌg] (Reise-, Woll)Decke *f*; Vorleger *m*, Brücke *f*
rugged ['rʌgɪd] rauh; zerklüftet; *Gesicht:* markig
ruin ['ruɪn] **1.** Ruin *m*; *pl* Ruine(n *pl*) *f*, Trümmer *pl*; **2.** zerstören; verderben; ruinieren
rule [ruːl] **1.** Regel *f*; Vorschrift *f*; Herrschaft *f*; Zollstock *m*, Maßstab *m*; **as a ~** in der Regel; **2.** (be)herrschen; herrschen über; entscheiden, verfügen; liniieren; **~ out** ausschließen; '.r Herrscher(in); Lineal *n*
rum [rʌm] Rum *m*
rumble ['rʌmbl] rumpeln; *Donner etc.:* grollen
rumina|nt ['ruːmɪnənt] Wiederkäuer *m*; **.te** [⌣eɪt] wiederkäuen; *fig.* grübeln
rummage ['rʌmɪdʒ] herumwühlen; **~ sale** *Am.* Wohltä-

tigkeitsbasar *m*
rumo(u)r ['ruːmə] **1.** Gerücht *n*; **2. it is ~ed that** es geht das Gerücht, daß
rump [rʌmp] Hinterteil *n*
rumple ['rʌmpl] zerknittern, -knüllen; zerzausen
run [rʌn] **1. (ran, run)** *v/i* laufen; rennen; eilen; *Zug, Bus:* fahren, verkehren; fließen; *Grenze etc.:* verlaufen; *tech.* laufen, in Gang sein; *Uhr:* gehen; *Text:* lauten; *Film etc.:* laufen; *Butter:* schmelzen; *Farbe:* auslaufen; *bsd. Am.* kandidieren; *v/t* laufen lassen; *Geschäft* betreiben, leiten; *Hand etc.* gleiten lassen; **~ across** zufällig treffen, stoßen auf; **~ down** *Uhr:* ablaufen; an-, überfahren; herunterwirtschaften; *j-n* schlechtmachen; **~ in** *Auto* einfahren; **~ into** prallen gegen; *j-n* zufällig treffen; geraten in (*Schulden etc.*); **~ off** weglaufen; **~ out** knapp werden, ausgehen; **~ out of** ... kein ... mehr haben; **~ over** *Flüssigkeit:* überlaufen; überfahren; → **~ through** Liste *etc.* (flüchtig) durchgehen; **~ up** *Schulden* anwachsen (lassen); **2.** Lauf(en *n*) *m*; Rennen *n*; (Spazier)Fahrt *f*; *Am.* Laufmasche *f*; Serie *f*; *econ.* Ansturm *m*; *thea., Film:* Laufzeit *f*; (Ski)Hang *m*; **in the long ~** auf die Dauer

sake

rung¹ [rʌŋ] *pp von* **ring** 2
rung² [~] (Leiter)Sprosse *f*
runner [ˈrʌnə] Läufer(in);
Teppich: Läufer *m;* Kufe *f;*
~-up [~ərˈʌp] Zweite *m, f*
running (fort)laufend; *Wasser:* fließend; *for two days* ~
zwei Tage hintereinander
runway *aer.* Start-, Lande-,
Rollbahn *f*
rupture [ˈrʌptʃə] Bruch *m,*
Riß *m (beide a. med.)*
rural [ˈrʊərəl] ländlich
rush [rʌʃ] **1.** Eile *f;* Hetze *f;*
Andrang *m;* stürmische
Nachfrage; **2.** *v/i* eilen;
stürzen, stürmen; *v/t* het-

zen; drängen; schnell(stens)
(hin)bringen; **~ hour** Haupt-
verkehrszeit *f*
Russian [ˈrʌʃən] **1.** russisch;
2. Russe *m,* -in *f*
rust [rʌst] **1.** Rost *m;* **2.** rosten
rustic [ˈrʌstɪk] ländlich, rusti-
kal
rustle [ˈrʌsl] rascheln
rusty [ˈrʌstɪ] rostig, verrostet;
fig. eingerostet
rut [rʌt] (Wagen)Spur *f; fig.*
Trott *m; zo.* Brunft *f*
ruthless [ˈruːθlɪs] unbarmherzig; rücksichts-, skrupellos
rye [raɪ] Roggen *m*

S

sable [ˈseɪbl] Zobel(pelz) *m*
sabotage [ˈsæbətɑːʒ] **1.** Sabotage *f;* **2.** sabotieren
sabre [ˈseɪbə] Säbel *m*
saccharin [ˈsækərɪn] Saccharin *n*
sack [sæk] **1.** Sack *m; give
(get) the* ~ F entlassen (werden); **2.** F entlassen, rausschmeißen
sacred [ˈseɪkrɪd] heilig
sacrifice [ˈsækrɪfaɪs] **1.** Opfer
n; **2.** opfern
sad [sæd] traurig; schlimm
saddle [ˈsædl] **1.** Sattel *m;* **2.**
satteln
sadness Traurigkeit *f*
safe [seɪf] **1.** sicher; unversehrt; zuverlässig; **2.** Safe *m,*

n, Geldschrank *m;* **~guard**
1. Schutz *m;* Vorsichtsmaßnahme *f;* **2.** sichern, schützen; **~keeping** sichere Ver-
wahrung; Gewahrsam *m*
safety [ˈseɪftɪ] Sicherheit *f;* **~
belt** Sicherheitsgurt *m;* **~ pin**
Sicherheitsnadel *f*
sag [sæg] sich senken; durch-
sacken; herunterhängen
said [sed] *pret u. pp von* **say** 1
sail [seɪl] **1.** Segel *n;* **2.** segeln,
fahren; *Schiff:* auslaufen;
~boat *Am.,* **~ing boat**
Segelboot *n;* **~ing vessel**
Segelschiff *n;*
~or Seemann *m,* Matrose *m*
saint [seɪnt] Heilige *m, f*
sake [seɪk]: *for the* ~ *um ...*

salad 256

willen, wegen; *for my ~* meinetwegen; mir zuliebe
salad ['sæləd] Salat *m*
salary ['sælərɪ] Gehalt *n*
sale [seɪl] Verkauf *m*; Schlußverkauf *m*; *for ~* zu verkaufen; **'~sman** (*pl -men*) Verkäufer *m*; Vertreter *m*, **~s manager** Verkaufsleiter *m*; **'~swoman** (*pl -women*) Verkäuferin *f*; Vertreterin *f*
saliva [sə'laɪvə] Speichel *m*
sallow ['sæləʊ] fahl, bleich
salmon ['sæmən] Lachs *m*
saloon [sə'lu:n] Salon *m*; *Am.* Kneipe *f*; *a.* **~ car** *Brt.* Limousine *f*
salt [sɔ:lt] **1.** Salz *n*; *fig.* Würze *f*; **2.** salzig; (ein)gesalzen; **3.** salzen; pökeln; **'~cellar** Salzfäßchen *n*; **'~y** salzig
salut|ary ['sæljʊtərɪ] heilsam; **~e** [sə'lu:t] **1.** Gruß *m*; Salut *m*; **2.** grüßen, salutieren
salvation [sæl'veɪʃn] Rettung *f*; Heil *n*; ♀ **Army** Heilsarmee *f*
same [seɪm] *the ~* der-, die-, dasselbe; der / die / das gleiche; *all the ~* trotzdem; *it is all the ~ to me* es ist mir ganz gleich
sample ['sɑ:mpl] **1.** Probe *f*, Muster *n*; **2.** probieren
sanatorium [sænə'tɔ:rɪəm] (*pl ~s, -ria* [~rɪə]) Sanatorium *n*
sanct|ify ['sæŋktɪfaɪ] heiligen; weihen; **'~ion 1.** Sanktion *f*; Billigung *f*; **2.** sanktionieren; billigen; **'~ity** Heiligkeit *f*

~uary ['~tʃʊərɪ] Heiligtum *n*; Zuflucht(sort *m*) *f*; *für Tiere:* Schutzgebiet *n*
sand [sænd] Sand *m*
sandal ['sændl] Sandale *f*
'sand|blast *tech.* sandstrahlen; **'~glass** Sanduhr *f*; **'~pit** Sandkasten *m*; **'~stone** Sandstein *m*
sandwich ['sænwɪdʒ] **1.** Sandwich *n*; **2.** einklemmen
sandy ['sændɪ] sandig; *Haar:* rotblond
sane [seɪn] geistig gesund, normal; vernünftig
sang [sæŋ] *pret von* **sing**
sanitarium [sænɪ'teərɪəm] *Am.* → **sanatorium**
sanit|ary ['sænɪtərɪ] hygienisch, Gesundheits...; **~ napkin** *Am.*, **~ towel** Damenbinde *f*; **~ation** [sænɪ'teɪʃn] sanitäre Einrichtungen *pl*; **~y** ['~ətɪ] gesunder Verstand
sank [sæŋk] *pret von* **sink** 1
Santa Claus ['sæntəklɔ:z] Nikolaus *m*; Weihnachtsmann *m*
sap [sæp] *bot.* Saft *m*
sapphire ['sæfaɪə] Saphir *m*
sarcastic [sɑ:'kæstɪk] sarkastisch
sardine [sɑ:'di:n] Sardine *f*
sash [sæʃ] Schärpe *f*; **~ window** Schiebefenster *n*
sat [sæt] *pret u. pp von* **sit**
satchel ['sætʃəl] Schulranzen *m*
satellite ['sætəlaɪt] Satellit *m*; Satelliten...

satin ['sætɪn] Satin *m*
satir|e ['sætaɪə] Satire *f*; **~ical** [sə'tɪrəkl] satirisch
satis|faction [ˌsætɪs'fækʃn] Befriedigung *f*; Genugtuung *f*; Zufriedenheit *f*; **~factory** befriedigend, zufriedenstellend; **~fy** [~faɪ] befriedigen, zufriedenstellen; überzeugen
Saturday ['sætədɪ] Sonnabend *m*, Samstag *m*
sauce [sɔːs] Soße *f*; **~pan** Kochtopf *m*; **~r** Untertasse *f*
saucy ['sɔːsɪ] frech
saunter ['sɔːntə] schlendern
sausage ['sɒsɪdʒ] Wurst *f*; Würstchen *n*
savage ['sævɪdʒ] **1.** wild; grausam; **2.** Wilde *m*, *f*
save [seɪv] **1.** retten; bewahren; (er)sparen; aufsparen; *Computer:* abspeichern, sichern; **2.** außer
saving ['seɪvɪŋ] Sparen *n*; Ersparnisse *pl*; **~s bank** Sparkasse *f*
savo(u)r ['seɪvə] **1.** schmecken; genießen; **2.** Geschmack *m*; **~y** [~ərɪ] schmackhaft; pikant
saw¹ [sɔː] *pret von* **see**
saw² [sɔː] **1.** (*sawed, sawn od.* sawed*) sägen; **2.** Säge *f*; **~dust** Sägespäne *pl*; **~n** *pp von* **saw²**
say [seɪ] **1.** (*said*) sagen; aufsagen; *Gebet* sprechen; *that is to ~* das heißt; **2.** Mitspracherecht *n*; **~ing** Sprichwort *n*, Redensart *f*

scab [skæb] Schorf *m*
scaffold(ing) ['skæfəld(ɪŋ)] (Bau)Gerüst *n*
scald [skɔːld] **1.** verbrühen; *Milch* abkochen; **2.** Verbrühung *f*, Brandwunde *f*
scale [skeɪl] Schuppe *f*; Tonleiter *f*; Skala *f*; Maßstab *m*; Waagschale *f*; *pl* Waage *f*
scalp [skælp] **1.** Kopfhaut *f*; Skalp *m*; **2.** skalpieren
scan [skæn] **1.** absuchen; *Computer, Radar, TV:* abtasten; *fig.* überfliegen; **2.** *med.* Ultraschalluntersuchung *f*
scandal ['skændl] Skandal *m*; **~ous** [~dələs] skandalös
Scandinavian [skændɪ'neɪvjən] **1.** skandinavisch; **2.** Skandinavier(in)
scant [skænt] knapp, wenig; → **~y** spärlich, dürftig
scapegoat ['skeɪpgəʊt] Sündenbock *m*
scar [skɑː] Narbe *f*
scarc|e [skeəs] knapp; selten; **~ely** kaum; **~ity** Mangel *m*
scare [skeə] **1.** Schreck(en) *m*, Panik *f*; **2.** erschrecken; **~ away** verjagen, -scheuchen; *be ~d* of Angst haben vor; **~crow** Vogelscheuche *f*
scarf [skɑːf] (*pl ~s, scarves* [~vz]) Schal *m*; Hals-, Kopf-, Schultertuch *n*
scarlet ['skɑːlɪt] scharlachrot; **~ fever** Scharlach *m*
scarves [skɑːvz] *pl von* **scarf**
scathing ['skeɪðɪŋ] vernichtend

scatter ['skætə] (sich) zerstreuen; aus-, verstreuen; '**~-brained** F schusselig

scene [si:n] Szene f; Schauplatz m; **~ry** ['~əri] Szenerie f; Bühnenbild n; Landschaft f

scent [sent] Geruch m, Duft m; Brt. Parfüm n; Fährte f

sceptic ['skeptik] Skeptiker(in); '**~al** skeptisch

schedule ['ʃedju:l, Am. 'skedʒu:l] **1.** Zeitplan m; Liste f; bsd. Am. Fahr-, Flugplan m; Programm n; on ~ (fahr)planmäßig, pünktlich; **behind** ~ mit Verspätung; **2.** festsetzen; planen; **~d flight** Linienflug m

scheme [ski:m] **1.** Schema n; Plan m; Projekt n; Programm n; Intrige f; **2.** Pläne schmieden; intrigieren

scholar ['skɒlə] Gelehrte m, f; Stipendiat(in); '**~ship** Stipendium n

school [sku:l] **1.** Schule f; Fische: Schwarm m; **2.** schulen; '**~boy** Schüler m; '**~fellow** Mitschüler(in); '**~girl** Schülerin f; '**~ing** (Schul-)Ausbildung f; '**~master** Lehrer m; '**~mate** Mitschüler(in); '**~mistress** Lehrerin f; '**~teacher** Lehrer(in)

sciatica [saɪ'ætɪkə] Ischias m, n

scien|ce ['saɪəns] Wissenschaft f; Naturwissenschaft(en pl) f; '**~tific** [~'tɪfɪk] (natur)wissenschaftlich; '**~-tist** (Natur)Wissenschaftler(in)

scissors ['sɪzəz] pl (a. **a pair of** ~ e-e) Schere f

scoff [skɒf] spotten (**at** über)

scold [skəʊld] aus)schelten; schimpfen

scone [skɒn] weiches Teegebäck

scoop [sku:p] **1.** Schöpfkelle f; Schaufel f; Knüller m; **2.** schöpfen; schaufeln

scooter ['sku:tə] (Kinder-)Roller m; (Motor)Roller m

scope [skəʊp] Bereich m; Spielraum m

scorch [skɔ:tʃ] versengen, -brennen

score [skɔ:] **1.** Sport: Spielstand m, Punktzahl f, (Spiel)Ergebnis n; Rechnung f (a. fig.); mus. Partitur f; Kerbe f; 20 Stück; **2.** Sport: Punkte erzielen, Tore schießen; die Punkte zählen

scorn [skɔ:n] **1.** Verachtung f; Hohn m; **2.** verhöhnen; verachten; '**~ful** verächtlich

Scot [skɒt] Schott|e m, -in f

Scotch [skɒtʃ] schottischer Whisky, Scotch m

scot-free [skɒt'fri:] ungestraft; ungeschoren

Scots|man ['skɒtsmən] (pl **-men**) Schotte m; '**~woman** (pl **-women**) Schottin f

scoundrel ['skaʊndrəl] Schurke m, Schuft m

scour[1] ['skaʊə] absuchen

scour[2] [~] scheuern

scout [skaut] **1.** Späher *m*; Kundschafter *m*; Pfadfinder (-in); Pannenhelfer *m*; **2.** auskundschaften; erkunden

scowl [skaul] **1.** finster blicken; **2.** finsterer Blick

scram [skræm] F abhauen

scramble ['skræmbl] klettern; sich raufen (*for* um); **~d eggs** *pl* F Rührei *n*

scrap [skræp] **1.** Stückchen *n*, Fetzen *m*; abfall *m*, Schrott *m*; **2.** *Plan etc.* fallenlassen

scrape [skreɪp] **1.** Kratzen *n*; Schramme *f*; F Schwulitäten *pl*; **2.** kratzen; schaben; scharren; (entlang)streifen

scrap| heap Schrotthaufen *m*; **~ iron** Alteisen *n*, Schrott *m*

scratch [skrætʃ] **1.** (zer)kratzen; sich kratzen; **2.** Kratzer *m*, Schramme *f*; *from ~* ganz von vorn

scrawl [skrɔ:l] **1.** Gekritzel *n*; **2.** kritzeln

scream [skri:m] **1.** Schrei *m*; **2.** schreien

screech [skri:tʃ] → **scream**

screen [skri:n] **1.** Wand-, Schutzschirm *m*; (Film-)Leinwand *f*; Bildschirm *m*; Fliegengitter *n*; **2.** abschirmen, (be)schützen; *Film* zeigen; *j-n* überprüfen

screw [skru:] **1.** Schraube *f*; **2.** schrauben; V klopfen; **~ driver** Schraubenzieher *m*

scribble ['skrɪbl] **1.** Gekritzel *n*; **2.** kritzeln

script [skrɪpt] Manuskript *n*;

Drehbuch *n*; **~ure** ['~tʃə]: *the* (*Holy*) **2s** *pl* die Heilige Schrift

scroll [skrəul] **1.** Schriftrolle *f*; **2.** *Computer:* rollen

scrub [skrʌb] **1.** Gestrüpp *n*; Schrubben *n*, Scheuern *n*; **2.** schrubben, scheuern

scruffy ['skrʌfɪ] schmuddelig

scrup|le ['skru:pl] Bedenken *n*; **~ulous** ['~pjuləs] gewissenhaft

scrutin|ize ['skru:tınaız] (genau) prüfen; **~y** (genaue) Prüfung

scuba ['sku:bə] Tauchgerät *n*; **~ diving** (Sport)Tauchen *n*

scuffle ['skʌfl] raufen

sculpt|or ['skʌlptə] Bildhauer *m*; **~ure** ['~tʃə] Bildhauerei *f*; Skulptur *f*, Plastik *f*

scum [skʌm] Schaum *m*; *fig.* Abschaum *m*

scurf [skɜ:f] Schuppen *pl*

scurvy ['skɜ:vɪ] Skorbut *m*

scythe [saɪð] Sense *f*

sea [si:] *die* See, *das* Meer, *die* See; **~food** Meeresfrüchte *pl*; **~front** Strandpromenade *f*; **~going** Hochsee..., *z*; **~gull** (See)Möwe *f*

seal¹ [si:l] Seehund *m*, Robbe *f*

seal² [~] **1.** Siegel *n*; *tech.* Dichtung *f*; **2.** versiegeln; *fig.* besiegeln

sea level Meeresspiegel *m*

seam [si:m] Saum *m*, Naht *f*

seaman (*pl* **-men**) Seemann *m*, Matrose *m*

seamstress ['semstrɪs] Näherin f

'sea|plane Wasserflugzeug n; **'~port** Hafenstadt f; **~ power** Seemacht f

search [sɜːtʃ] **1.** durchsuchen; *Gewissen* erforschen; suchen (*for* nach); **2.** Suche f, Durchsuchung f; Suchaktion f; *in* ~ *of* auf der Suche nach; **'~ing** prüfend; **'~light** Suchscheinwerfer m; *fig.* Wärte f; *at the* ~ am Meer; **~ party** Suchmannschaft f; **~ warrant** Durchsuchungsbefehl m

'sea|shore Meeresküste f; **'~sick** seekrank; **'~side** Küste f; *at the* ~ am Meer; **~ resort** Seebad n

season ['siːzn] **1.** Jahreszeit f; Saison f; **2.** würzen; **'~ing** Gewürz n; **~ ticket** *rail. etc.* Zeitkarte f; *thea.* Abonnement n

seat [siːt] **1.** (Sitz)Platz m; Sitz m; Sitzfläche f; Hosenboden m; **2.** (hin)setzen; Sitzplätze haben für; **~ belt** Sicherheitsgurt m

sea| ~ **urchin** Seeigel m; **'~weed** (See)Tang m

seclu|ded [sɪˈkluːdɪd] abgelegen; *Leben:* zurückgezogen; **~sion** [~ʒn] Abgeschiedenheit f

second ['sekənd] **1.** *adj* zweite(r, -s); **2.** *adv* als zweite(r, -s); an zweiter Stelle; *rail.* zweiter Klasse; **3.** *s der, die, das Zweite;* Sekunde f; Augenblick m; zweiter Gang; **4.** *v/t* unterstützen; **'~ary** sekundär; untergeordnet; zweitrangig; **~ education** höhere Schulbildung; **'~hand** aus zweiter Hand; gebraucht; antiquarisch; **'~ly** zweitens; **~ rate** zweitklassig

secre|cy ['siːkrəsɪ] Heimlichkeit f; Verschwiegenheit f; **~t** ['~ɪt] **1.** geheim, heimlich; Geheim...; **2.** Geheimnis n

secretary ['sekrətrɪ] Sekretär(in) f; **♀ of State** *Am.* Außenminister(in)

secret|e [sɪˈkriːt] *med.* absondern; **~ion** [~ʃn] *med.* Absonderung f; **~ive** ['siːkrətɪv] verschlossen; heimlichtuerisch

sect [sekt] Sekte f

section ['sekʃn] Teil m; Abschnitt m; *Text:* Absatz m; *math.* Schnitt m; Abteilung f

secular ['sekjʊlə] weltlich

secur|e [sɪˈkjʊə] **1.** sicher; fest; gesichert; **2.** sichern; fest zumachen; schützen; sich *et.* sichern; befestigen; **~ity** [~rətɪ] Sicherheit f; *pl* Wertpapiere *pl*

sedan [sɪˈdæn] *Am.* Limousine f

sedative ['sedətɪv] Beruhigungsmittel n

sediment ['sedɪmənt] (Boden)Satz m

seduc|e [sɪˈdjuːs] verführen; **~tion** [~ˈdʌkʃn] Verführung f; **~tive** [~ˈdʌktɪv] verführerisch

see [siː] (*saw, seen*) *v/i* sehen; nachsehen; einsehen; sich überlegen; *I* ~ ich verstehe; ach so; ~ *about* sich kümmern um; ~ *through* j-n, et. durchschauen; ~ *to it* dafür sorgen; *v/t* sehen; (sich) ansehen; besuchen; aufsuchen, konsultieren; begleiten, einsehen; ~ *a doctor* zum Arzt gehen; ~ *s.o. home* j-n nach Hause bringen; ~ *s.o. out* j-n hinausbegleiten; *live to* ~ erleben

seed [siːd] Samen (*a. fig.*) *m*; Saat(gut *n*) *f*; *fig.* Keim *m*; '~y schäbig; heruntergekommen

seek [siːk] (*sought*) suchen

seem [siːm] (er)scheinen; **'~ing** anscheinend

seen [siːn] *pp von* see

seep [siːp] (durch)sickern

seesaw ['siːsɔː] Wippe *f*

segment ['segmənt] Teil *m*, Abschnitt *m*; Segment *n*

segregat|e ['segrigeit] absondern, trennen; **~ion** [~'geiʃn] (Rassen)Trennung *f*

seiz|e [siːz] ergreifen, fassen; *jur.* beschlagnahmen; **~ure** ['~ʒə] Ergreifung *f*; *jur.* Beschlagnahme *f*; *med.* Anfall *m*

seldom ['seldəm] selten

select [si'lekt] **1.** auswählen; **2.** erlesen; **~ion** Auswahl *f*; Wahl *f*; *biol.* Selektion *f*, Auslese *f*

self [self] (*pl selves* [~vz]) Selbst *n*, Ich *n*; ~-**addressed envelope** adressierter Rück-

umschlag; **~adhesive** selbstklebend; **~assured** selbstbewußt, -sicher; **~'confidence** Selbstbewußtsein *n*; **~'conscious** befangen, gehemmt; **~contained** *Wohnung:* (in sich) abgeschlossen; *Person:* distanziert; **~control** Selbstbeherrschung *f*; **~defence** Selbstverteidigung *f*; Notwehr *f*; **~em-ployed** selbständig; **~'evident** offensichtlich; **~'interest** Eigennutz *m*; **'~.ish** selbstsüchtig; **'~less** selbstlos; **~'made** selbstgemacht; **~possession** Selbstbeherrschung *f*; **~reliant** selbständig; **~respect** Selbstachtung *f*; **~righteous** selbstgerecht; **~'satisfied** selbstzufrieden; **~service** Selbstbedienungs...

sell [sel] (*sold*) verkaufen; sich verkaufen (lassen), gehen; '~er Verkäufer(in)

selves [selvz] *pl von* self

semi... [semi] halb..., Halb...

semi ['semi] *Brt.* F Doppelhaus(hälfte *f*) *n*; **~circle** Halbkreis *m*; **~conductor** *electr.* Halbleiter *m*; **~de-tached house** Doppelhaus(hälfte *f*) *n*; **~'final** *Sport:* Halbfinale *n*; **'~skilled** angelernt

semolina [semə'liːnə] Grieß *m*

senat|e ['senit] Senat *m*; **~or** ['~ətə] Senator *m*

send [send] (*sent*) senden, schicken; **~ for** kommen *od.* holen lassen; **~ in** einsenden; **'~er** Absender(in)

senile ['si:naɪl] senil; Alters...

senior ['si:njə] **1.** älter; dienstälter; ranghöher; **~ citizen** Senior(in); **2.** Ältere *m, f*; Ranghöhere *m, f*

sensation [sen'seɪʃn] Empfindung *f*; Gefühl *n*; Aufsehen *n*; Sensation *f*; **~al** sensationell, Sensations...

sense [sens] **1.** Sinn *m*; Gefühl *n*; Vernunft *f*; Vernunft *f*; Bedeutung *f*; **in a ~** in gewissem Sinne; **in** (**out of**) **one's ~s** bei (von) Sinnen; **talk ~** vernünftig reden; **'~less** bewußtlos; sinnlos

sensib|ility [sensɪ'bɪlətɪ] Empfindlichkeit *f*; **~le** ['sensəbl] vernünftig

sensitive ['sensɪtɪv] empfindlich; sensibel, feinfühlig

sensu|al ['sensjʊəl], **'~ous** sinnlich

sent [sent] *pret u. pp von* send

sentence ['sentəns] **1.** Satz *m*; *jur.* Urteil *n*; **2.** verurteilen

sentiment ['sentɪmənt] (seelische) Empfindung, Gefühl *n*; *pl* Meinung *f*; Gedanke *m*; **~al** [~'mentl] sentimental, gefühlvoll; **~ality** [~men-'tælətɪ] Sentimentalität *f*

sentry ['sentrɪ] *mil.* Posten *m*

separat|e 1. ['sepəreɪt] (sich) trennen; **2.** ['seprət] ge-

trennt; separat; verschieden; **~ion** [~'reɪʃn] Trennung *f*

September [sep'tembə] September *m*

septic ['septɪk] septisch, vereitert

sequel ['si:kwəl] Folge *f*; Nachspiel *n*; *Buch:* Fortsetzung *f*; *Film:* Folge *f*

sequence ['si:kwəns] (Aufeinander-, Reihen)Folge *f*; *Film etc.:* Sequenz *f*

serene [sɪ'ri:n] heiter; klar; ruhig; gelassen

sergeant ['sɑ:dʒənt] *mil.* Feldwebel *m*; (Polizei-) Wachtmeister *m*

serial ['sɪərɪəl] **1.** serienmäßig; Serien..., Fortsetzungs...; *Computer:* seriell; **~ number** laufende Nummer; **2.** Fortsetzungsroman *m*; *TV* Serie *f*; *Rundfunk:* Sendereihe *f*

series ['sɪəri:z] (*pl ~*) Reihe *f*; Serie *f*; Folge *f*

serious ['sɪərɪəs] ernst; ernsthaft; schwer, schlimm

sermon ['sɜ:mən] Predigt *f*; F Straf-, Moralpredigt *f*

serum ['sɪərəm] (*pl ~s, sera* ['~rə]) Serum *n*

servant ['sɜ:vənt] Diener (-in); Dienstbote *m*, -mädchen *n*, Hausangestellte *m, f*

serve [sɜ:v] dienen; bedienen; *Speisen* servieren; *Tennis:* aufschlagen; *Zweck* erfüllen

service ['sɜ:vɪs] **1.** Dienst *m*; Bedienung *f*; Betrieb *m*; *tech.*

Wartung *f*, Kundendienst *m*; *mot.* Inspektion *f*; Verkehrsverbindung *f*; Gottesdienst *m*; Service *n*; *Tennis:* Aufschlag *m*; Nutzen *m*; (Militär)Dienst *m*; *the ~s pl* die Streitkräfte, das Militär; **2.** *tech.* warten, pflegen; **'~able** brauchbar; strapazierfähig; **~ area (Autobahn)**Raststätte *f*; **~ charge** Bedienung(szuschlag *m*) *f*; **~ station** Tankstelle *f* (mit Reparaturwerkstatt)

session ['seʃn] Sitzung *f*

set [set] **1.** Satz *m*, Garnitur *f*; Service *n*; Sammlung *f*, Reihe *f*, Serie *f* (*Radio- etc.*)Gerät *n*, Apparat *m*, Clique *f*; *thea.* Bühnenbild *n*; *Tennis:* Satz *m*; **2.** fest(gelegt, -gesetzt); bereit; entschlossen; **~ lunch od. meal** Tagesgericht *n*, Menü *n*; **3.** (*set*) *v/t* setzen, stellen, legen; *Wecker, Aufgabe* stellen; *tech.* einstellen; *Knochenbruch* einrichten; *Tisch* decken; *Haar* legen; *Edelstein* fassen; *Zeitpunkt* festsetzen; *Beispiel* geben; *v/i Sonne:* untergehen; fest werden, erstarren; **~ eyes on** erblicken; **~ free** freilassen; **~ at ease** beruhigen; **~ aside** beiseite legen; **~ off** *v/i* aufbrechen; *v/t* auslösen; hervorrufen; **~ out** aufbrechen; **~ to** sich daranmachen; **~ up** aufstellen; errichten; sich niederlassen;

'~back Rückschlag *m*

settee [se'tiː] Sofa *n*

setting ['setɪŋ] (*Gold- etc.*) Fassung *f*; Hintergrund *m*, Umgebung *f*; Schauplatz *m*

settle ['setl] *v/t* vereinbaren, festlegen; klären, entscheiden, regeln; erledigen; *Streit* beilegen; *Rechnung* begleichen; besiedeln; *v/i* sich setzen; sich niederlassen; sich einleben; sich beruhigen; **'~ment** Vereinbarung *f*; Entscheidung *f*; Regelung *f*; Klärung *f*; Schlichtung *f*; Übereinkunft *f*; (Be-, An-)Siedlung *f*; **'~r** Siedler(in)

'set-up Zustände *pl*; F abgekartete Sache

seven ['sevn] sieben; **~teen** [~'tiːn] siebzehn; **~th** [~'θ] **1.** sieb(en)te(r, -s); siebentel *n*; **'~thly** sieb(en)tens; **~tieth** ['~tɪəθ] siebzigste(r, -s); **'~ty** siebzig

sever ['sevə] abtrennen; *fig.* abbrechen; (zer)reißen

several ['sevrəl] mehrere; verschiedene; einige

sever|e [sɪ'vɪə] streng; hart; scharf; *Wetter:* rauh; *Schmerz etc.:* heftig; *Krankheit etc.:* schwer; **~ity** [~'verətɪ] Strenge *f*, Härte *f*

sew [səʊ] (*sewed, sewn od. sewed*) nähen

sew|age ['suːɪdʒ] Abwasser *n*; **~er** ['sʊə] Abwasserkanal *m*; **~erage** ['~rɪdʒ] Kanalisation *f*

sewing ['səʊɪŋ] Nähen n;
Näharbeit f; Näh...; **~n** pp
von **sew**

sex [seks] Geschlecht n; Se-
xualität f; Sex m; Ge-
schlechtsverkehr m

sexton ['sekstən] Küster m

sex|ual ['seksjʊəl] geschlecht-
lich, Geschlechts..., sexuell,
Sexual...; **~y** ['~sɪ] sexy, auf-
reizend

shabby ['ʃæbɪ] schäbig

shack [ʃæk] Hütte f, Bude f

shackle ['ʃækl] Fessel f

shade [ʃeɪd] **1.** Schatten m;
(Lampen- etc.)Schirm m;
Schattierung f; Am. Rouleau
n; **2.** abschirmen, schützen

shadow ['ʃædəʊ] **1.** Schatten
m; **2.** beschatten

shady ['ʃeɪdɪ] schattig; fig.
fragwürdig

shaft [ʃɑːft] Schaft m; Schacht
m; tech. Welle f

shaggy ['ʃægɪ] zott(el)ig

shak|e [ʃeɪk] (shook, shaken)
v/t schütteln; rütteln an; er-
schüttern; **~ hands** sich die
Hand geben; v/i zittern; beben; schwanken; **~ up** fig.
von shake; **2.** erschüttert;
'~y wack(e)lig; zitt(e)rig

shall [ʃæl] v/aux (pret should)
ich, du etc. soll(st) etc.; ich
werde, wir werden

shallow ['ʃæləʊ] **1.** seicht;
flach; fig. oberflächlich; **2.** pl
Untiefe f

sham [ʃæm] **1.** (Vor)Täu-
schung f; **2.** unecht; **3.** vortäuschen; simulieren

shame [ʃeɪm] **1.** beschämen;
j-m Schande machen; **2.**
Scham f; Schande f; **what a ~**
wie schade; **~ on you!** schäm
dich!; '**~ful** schändlich; '**~**
less schamlos

shampoo [ʃæm'puː] **1.** Shampoo n, Schampon f; Haar-
wäsche f; **a ~ and set** waschen und legen; **2.** Haare
waschen; Teppich etc.
schamponieren

shandy ['ʃændɪ] Bier n mit
Limonade, Radler(maß f) m

shank [ʃæŋk] Unterschenkel
m

shape [ʃeɪp] **1.** Gestalt f;
Form f; Verfassung f; **2.** formen; gestalten; '**~less** formlos; '**~ly** wohlgeformt

share [ʃeə] **1.** teilen; teilhaben
(in an); **2.** (An)Teil m; Aktie
f; **go ~s** teilen; '**~holder** Ak-
tionär(in)

shark [ʃɑːk] (pl ~, ~s) Hai
(-fisch) m

sharp [ʃɑːp] **1.** adj scharf;
spitz; schlau; heftig; **2.** adv
pünktlich, genau; '**~en**
schärfen; spitzen; '**~ener**
['~pnə] (Bleistift)Spitzer m

shat [ʃæt] pret u. pp von **shit 2**

shatter ['ʃætə] zerschmettern;
fig. zerstören

shave [ʃeɪv] **1.** (shaved,
shaved od. shaven) (sich)
rasieren; haarscharf vorbeikommen an; **2.** Rasur f;
have a ~ sich rasieren; '**~n** pp

shipwreck

von **shave** 1; '**~r** (elektrischer) Rasierapparat

shaving ['ʃeɪvɪŋ] Rasieren *n*; Rasier...; *pl* (Hobel)Späne *pl*

shawl [ʃɔːl] Umhängetuch *n*; Kopftuch *n*

she [ʃiː] **1.** *pers pron* sie; **2.** *s* Sie *f*; Mädchen *n*, Frau *f*; *zo.* Weibchen *n*; **3.** *adj zo.* in *Zssgn:* ...weibchen *n*

sheaf [ʃiːf] (*pl* **sheaves** [~vz]) Garbe *f*; Bündel *n*

shear [ʃɪə] (**sheared**, **shorn** *od.* **sheared**) scheren

sheath [ʃiːθ] *Schwert:* Scheide *f*; Kondom *n, m*

sheaves [ʃiːvz] *pl von* **sheaf**

shed[1] [ʃed] (**shed**) *Blätter etc.* abwerfen; *Kleider etc.* ablegen; *Blut, Tränen* vergießen

shed[2] [~] Schuppen *m*; Stall *m*

sheep [ʃiːp] (*pl* ~) Schaf(e *pl*) *n*; '**~dog** Schäferhund *m*; '**~ish** einfältig

sheer [ʃɪə] rein; bloß; glatt; steil; senkrecht; hauchdünn

sheet [ʃiːt] Bettuch *n*, (Bett)Laken *n*; (*Glas* *etc.*)Platte *f*; *Papier:* Blatt *n*, Bogen *m*; '**~ lightning** Wetterleuchten *n*

shelf [ʃelf] (*pl* **shelves** [~vz]) Brett *n*, Bord *n*; Regal *n*; Fach *n*

shell [ʃel] **1.** Schale *f*; Hülse *f*; Muschel *f*; Granate *f*; **2.** schälen; enthülsen; beschießen; '**~fish** (*pl* ~) Schalentier(e *pl*) *n*; *gastr.* Meeresfrüchte *pl*

shelter ['ʃeltə] **1.** Schutz *m*; Unterkunft *f*; Schutzhütte *f*; Luftschutzkeller *m*, Bunker *m*; *bus* ~ Wartehäuschen *n*; **2.** (be)schützen; sich unterstellen

shelves [ʃelvz] *pl von* **shelf**

shepherd ['ʃepəd] Schäfer *m*, Schafhirt *m*

shield [ʃiːld] **1.** (Schutz-) Schild *m*; **2.** (be)schützen

shift [ʃɪft] **1.** Veränderung *f*; Verschiebung *f*; Wechsel *m*; (Arbeits)Schicht *f*; List *f*; Kniff *m*; Notbehelf *m*; **2.** (um-, aus)wechseln; (um-) schalten; verändern; (sich) verlagern *od.* -schieben; **key** Umschalttaste *f*; '**~y** unzuverlässig; verschlagen

shimmer ['ʃɪmə] schimmern

shin(bone) ['ʃɪn] Schienbein *n*

shine [ʃaɪn] **1.** Schein *m*; Glanz *m*; **2.** (**shone**) scheinen; leuchten; glänzen; strahlen; (**shined**) polieren, putzen

shingle ['ʃɪŋgl] Schindel *f*

shingles ['ʃɪŋglz] *med.* Gürtelrose *f*

shiny ['ʃaɪnɪ] glänzend

ship [ʃɪp] **1.** Schiff *n*; **2.** verschiffen; *econ.* versenden; '**~ment** Verschiffung *f*; Schiffsladung *f*; Versand *m*; '**~owner** Reeder *m*; '**~ping** Verschiffung *f*; Schiffahrt *f*; Versand *m*; '**~ping company** Reederei *f*; '**~wreck** Schiff-

shipwrecked   266

bruch *m*; **~wrecked** schiff-
brüchig; **~yard** Werft *f*

shirk [ʃɜːk] sich drücken (vor)

shirt [ʃɜːt] (Herren)Hemd *n*

shit [ʃɪt] V **1.** Scheiße *f*; **2.** *(shit[ted]* od. *shat)* scheißen

shiver ['ʃɪvə] **1.** Schauer *m*; **2.** zittern; frösteln

shock [ʃɒk] **1.** Stoß *m*, Erschütterung *f*; Schock *m*;
electr. Schlag *m*; **2.** schockie-
ren, empören; *j-n* erschüt-
tern; **~ absorber** Stoß-
dämpfer *m*; **~ing** schockie-
rend, empörend; anstößig

shoe [ʃuː] Schuh *m*; **~horn**
Schuhanzieher *m*; **~lace**
Schnürsenkel *m*;
~string Schnürsenkel *m*;
~tree Schuhspanner *m*

shone [ʃɒn] *pret* u. *pp von*
shine 2

shook [ʃʊk] *pret von* **shake**

shoot [ʃuːt] **1.** *bot.* Schößling
m; **2.** *(shot)* (ab)schießen; er-
schießen; *Film* drehen; schießen, rasen; **~ing gallery**
Schießstand *m*, -bude *f*;
~ing star Sternschnuppe *f*

shop [ʃɒp] **1.** Laden *m*, Geschäft *n*; Werkstatt *f*; *talk ~*
fachsimpeln; **2.** *mst* **go ~ping**
einkaufen gehen; **~ assist-
ant** Verkäufer(in); **~keeper**
Ladeninhaber(in); **~lifter**
Ladendieb(in); **~ping** Einkauf *m*, Einkaufen *n*; *do
one's ~* (s-e) Einkäufe machen; **~ping centre** (*Am.*
center) Einkaufszentrum *n*;

~ steward gewerkschaftli-
cher Vertrauensmann; **~
window** Schaufenster *n*

shore [ʃɔː] Küste *f*, Ufer *n*;
Strand *m*; *on ~* an Land

shorn [ʃɔːn] *pp von* **shear**

short [ʃɔːt] **1.** *adj* kurz; klein;
knapp; kurz angebunden; *~
of* knapp an; **2.** *adv* plötzlich,
abrupt; **3.** *s* F Kurzschluß *m*;
in ~ kurz(um); **~age** ['ʃɔːtɪdʒ]
Knappheit *f*; **~ circuit** *electr.*
Kurzschluß *m*; **~coming**
Unzulänglichkeit *f*; **~ cut**
Abkürzung *f*; **~en** (ab-,
ver)kürzen; kürzer machen;
~hand Stenographie *f*; **~-
hand typist** Stenotypistin *f*; **~ly**
bald; **~s** *pl* Shorts *pl*, kurze
Hose; **~sighted** kurzsichtig; **~ story** Kurzgeschichte
f; **~term** kurzfristig; **~time**
Kurzarbeit *f*; **~ wave** Kurz-
welle *f*

shot [ʃɒt] **1.** *pret* u. *pp von*
shoot 2; **2.** Schuß *m*; Schrot
(-kugel *pl*) *m*, *n*; *guter etc.*
Schütze *m*; *phot.* Aufnahme
f; *med.* F Spritze *f*; *Drogen:*
Schuß *m*; *fig.* Versuch *m*;
~gun Schrotflinte *f*

should [ʃʊd] *pret von* **shall**

shoulder ['ʃəʊldə] Schulter *f*

shout [ʃaʊt] **1.** Ruf *m*; Schrei
m; **2.** rufen, schreien

shove [ʃʌv] **1.** schieben, stoßen, schubsen; **2.** Stoß *m*,
Schubs *m*

shovel ['ʃʌvl] **1.** Schaufel *f*; **2.** schaufeln

show [ʃəʊ] **1.** (*showed, shown od. showed*) zeigen; ausstellen; erweisen; beweisen; zu sehen sein; **~ off** angeben, prahlen; **~ up** F auftauchen, erscheinen; **2.** Schau *f*; Ausstellung *f*; Vorstellung *f*; Aufführung *f*; Show *f*; leerer Schein; **~ business** Showbusineß *n*, Showgeschäft *n*; **'~down** F Kraftprobe *f*

shower ['ʃaʊə] **1.** Fetzen *m*; (*Regen- etc.*)Schauer *m*; Dusche *f*; **have** *od.* **take a ~** duschen; **2.** *j-n mit et.* überschütten *od.* -häufen; **~ bath** Dusche *f*

show| jumping Springreiten *n*; **~n** *pp von* show **1**; **'~room** Ausstellungsraum *m*

shrank [ʃræŋk] *pret von* **shrink¹**

shred [ʃred] **1.** Fetzen *m*; **2.** zerfetzen; *Gemüse* raspeln, hobeln; **'~der** Gemüseschneider *m*; Reißwolf *m*

shrewd [ʃruːd] klug, clever

shriek [ʃriːk] **1.** schriller Schrei; **2.** kreischen; schreien

shrimp [ʃrimp] Garnele *f*

shrink¹ [ʃriŋk] (*shrank od. shrunk, shrunk*) (ein-, zs.-)schrumpfen (lassen); einlaufen; zurückschrecken; **~wrap** einschweißen

shrink² [~] *sl.* Psychiater *m*

shrivel ['ʃrivl] schrumpfen

Shrove Tuesday [ʃrəʊv] Fastnachts-, Faschingsdienstag *m*

shrub [ʃrʌb] Strauch *m*, Busch *m*; **'~bery** Gebüsch *n*

shrug [ʃrʌg] **1.** *die Achseln* zucken; **2.** Achselzucken *n*

shrunk [ʃrʌŋk] *pret u. pp von* **shrink¹**

shudder ['ʃʌdə] **1.** schaudern; **2.** Schauder *m*

shuffle ['ʃʌfl] *Karten*: mischen; schlurfen

shun [ʃʌn] (ver)meiden

shut [ʃʌt] (*shut*) (zu-, ab-) schließen; zu-, zumachen; sich schließen (lassen); **~ down** *Betrieb* schließen; **~ up** sich übergeben; *be ~ up* den Mund halten; **'~ter** Fensterladen *m*; *phot.* Verschluß *m*

shuttle ['ʃʌtl] **1.** Pendelverkehr *m*; *tech.* Schiffchen *n*; **2.** pendeln; **'~cock** Federball *m*; **~ service** Pendelverkehr *m*

shy [ʃaɪ] scheu; schüchtern

sick [sik] krank; überdrüssig; **be ~** sich übergeben; *be ~ of et.* satt haben; *I feel ~* mir ist schlecht; **'~en** krank werden; anekeln; **'~ening** ekelhaft

sickle ['sikl] Sichel *f*

sick| leave: *be on ~* krank geschrieben sein; **'~ly** kränklich; ekelhaft; **'~ness** Krankheit *f*; Übelkeit *f*; **~ benefit** Krankengeld *n*; **'~room** Krankenzimmer *n*

side [saɪd] **1.** Seiten..; Neben...; *take ~s (with)* Partei ergreifen (für); **2.** Partei ergreifen; **'~board** Anrichte *f*, Sideboard *n*

'~car mot. Beiwagen m; ~
dish Beilage f; ~ effect Nebenwirkung f; '~light Brt.
mot. Parkleuchte f; ~ street
Nebenstraße f; '~track ablenken; '~walk Am. Bürgersteig m; ~ café Straßencafé
n; '~ways 1. adj seitlich; 2.
adv seitwärts

siege [si:dʒ] Belagerung f

sieve [sɪv] 1. Sieb n; 2. sieben

sift [sɪft] sieben; fig. sichten

sigh [saɪ] 1. Seufzer m; 2. seufzen

sight [saɪt] 1. Sehvermögen n,
-kraft f; Anblick m; Sicht f;
pl Sehenswürdigkeiten pl;
catch ~ of erblicken; know
by ~ vom Sehen kennen;
(with)in ~ in Sicht(weite); 2.
sichten; '~seeing: go ~ die
Sehenswürdigkeiten besichtigen; ~ tour (Stadt)Rundfahrt f; '~seer Tourist(in)

sign [saɪn] 1. Zeichen n;
Schild n; 2. unterschreiben;
~ in / out sich ein- / austragen

signal ['sɪɡnl] 1. Signal n;
signalisieren; (ein) Zeichen
geben

signature ['sɪɡnətʃə] Unterschrift f; ~ tune Rundfunk,
TV: Kennmelodie f

'signboard (Aushänge)Schild n; Anschlagtafel f

signifi|cance [sɪɡ'nɪfɪkəns]
Bedeutung f; ~cant bedeutend; bedeutsam; bezeichnend (of für); vielsagend

signify ['sɪɡnɪfaɪ] bedeuten;

andeuten, erkennen lassen

'signpost Wegweiser m

silence ['saɪləns] 1. (Still-)
Schweigen n; Stille f, Ruhe f;
2. zum Schweigen bringen;
'~r Schalldämpfer m; mot.
Auspufftopf m

silent ['saɪlənt] still; schweigend; schweigsam; stumm

silk [sɪlk] Seide f; '~y seidig

sill [sɪl] Fensterbrett n

silly ['sɪlɪ] dumm; albern

silver ['sɪlvə] 1. Silber n; 2.
silbern, Silber...; 3. versilbern; '~y ['~ərɪ] silbern

similar ['sɪmɪlə] ähnlich; ~ity
[~'lærɪtɪ] Ähnlichkeit f

simmer ['sɪmə] leicht kochen
od. sieden (lassen)

simple ['sɪmpl] einfach;
schlicht; einfältig

simpli|city [sɪm'plɪsətɪ]
Einfachheit f; Schlichtheit f;
Einfalt f; ~fy ['~faɪ] vereinfachen

simply ['sɪmplɪ] einfach; bloß

simulate ['sɪmjuleɪt] vortäuschen; simulieren

simultaneous [sɪml'teɪnjəs]
gleichzeitig

sin [sɪn] 1. Sünde f; 2. sündigen

since [sɪns] 1. prp seit; 2. adv
seitdem; 3. cj seit(dem)

sincer|e [sɪn'sɪə] aufrichtig;
Yours ~ly Mit freundlichen
Grüßen; ~ity [~'serətɪ] Aufrichtigkeit f

sinew ['sɪnju:] Sehne f; '~y
sehnig

269   **skim**

sing [sıŋ] **(sang, sung)** singen

singe [sındʒ] ver-, ansengen

singer ['sıŋə] Sänger(in)

single ['sıŋgl] **1.** einzig; einzeln; Einzel...; einfach; einzeln; ledig; *in ~file* hintereinander; *~ parent* alleinerziehende Mutter, alleinerziehender Vater; **2.** einfache Fahrkarte; *Schallplatte:* Single *f*; Single *m*, Unverheiratete *m*, *f*; **3.** *~ out* auswählen; *~handed* allein; *~minded* zielstrebig; *'~s* (*pl ~*) *Tennis:* Einzel *n*

singular ['sıŋgjulə] **1.** einzigartig; eigentümlich; seltsam; **2.** Singular *m*, Einzahl *f*

sinister ['sınıstə] unheimlich

sink [sıŋk] **1.** (**sank** *od.* **sunk, sunk**) *v/i* sinken; ein-, versinken; sich senken; *v/t* versenken; **2.** Spüle *f*

sinner ['sınə] Sünder(in)

sip [sıp] **1.** Schlückchen *n*; **2.** *a. ~ at* nippen an

sir [sɜː] *Anrede:* mein Herr

sirloin ['sɜːlɔın] *gastr.* Lendenstück *n*

sister ['sıstə] Schwester *f*; *Brt.* Oberschwester *f*; *~-in-law* ['~rınlɔː] Schwägerin *f*

sit [sıt] (**sat**) sitzen; tagen; sitzen; *Prüfung* machen; *~ down* sich (hin)setzen; *~ up* aufrecht sitzen; sich aufsetzen; aufbleiben

site [saıt] Platz *m*; Stelle *f*; Bauplatz *m*

sitting ['sıtıŋ] Sitzung *f*; *~room* Wohnzimmer *n*

situated ['sıtjʊeıtıd] gelegen; *be ~* liegen; *~ion* [*~'*eıʃn] Lage *f*; Situation *f*

six [sıks] sechs; *~teen* [*~'*tiːn] sechzehn; *~th* [*~*sθ] **1.** sechste(r, -s); **2.** Sechstel *n*; *~thly* sechstens; *~tieth* ['*~*tıəθ] sechzigste(r, -s); *~ty* sechzig

size [saız] Größe *f*; Format *n*

sizzle ['sızl] brutzeln

skate [skeıt] **1.** Schlittschuh *m*; **2.** Schlittschuh laufen; eislaufen; Rollschuh laufen; *'~ing* Schlittschuhlaufen *n*, Eislauf(en *n*) *m*; Rollschuhlaufen *n*

skeleton ['skelıtn] Skelett *n*

skeptic ['skeptık] *bsd. Am. für* **sceptic**

sketch [sketʃ] **1.** Skizze *f*; Entwurf *m*; *thea.* Sketch *m*; **2.** skizzieren; entwerfen

ski [skiː] **1.** Ski *m*; **2.** Ski laufen *od.* fahren

skid [skıd] *mot.* rutschen, schleudern

skier ['skiːə] Skiläufer(in), -fahrer(in); *'~ing* Skilauf(en *n*) *m*, -fahren *n*

skilful ['skılful] geschickt

ski lift Skilift *m*

skill [skıl] Geschicklichkeit *f*; Fertigkeit *f*; *~ed* geschickt; gelernt, Fach...; *~ worker* Facharbeiter *m*; *'~ful* *Am. für* **skilful**

skim [skım] abschöpfen; entrahmen; *~ (through)* *fig.*

überfliegen; **~(med) milk** Magermilch f

skin [skɪn] **1.** Haut f; Fell n; Schale f; **2.** (ent)häuten; schälen; **~ diving** Sporttauchen n; **'~ny** mager; **~'tight** hauteng

skip [skɪp] **1.** Sprung m, Hüpfer m; **2.** v/i hüpfen, springen; seilspringen; v/t überspringen, auslassen

ski pole Skistock m

skipper ['skɪpə] Kapitän m

skirt [skɜːt] **1.** Rock m; **2.** herumgehen um; sich entlangziehen an

ski| run Skiabfahrt f; **~ tow** Schlepplift m

skittle ['skɪtl] Kegel m; **~ alley** Kegelbahn f; **'~s** sg Kegeln n; **play (at) ~** kegeln

skull [skʌl] Schädel m

sky [skaɪ], oft **skies** pl Himmel m; **~jacker** ['~dʒækə] Luftpirat m; **'~light** Oberlicht n; Dachfenster n; **'~line** Horizont m; (Stadt- etc.)Silhouette f; **'~scraper** Wolkenkratzer m

slab [slæb] Platte f, Fliese f

slack [slæk] schlaff; locker; (nach)lässig; econ. flau; **~en** (sich) verringern; (sich) lockern; (sich) verlangsamen; **~s** pl Hose f

slam [slæm] Tür etc. zuschlagen, zuknallen; et. auf den Tisch etc. knallen

slander ['slɑːndə] **1.** Verleumdung f; **2.** verleumden

slang [slæŋ] Slang m; Jargon m

slant [slɑːnt] **1.** Schräge f, Neigung f; Tendenz f; **2.** sich neigen; schräg liegen od. legen; **'~ing** schräg

slap [slæp] **1.** Klaps m, Schlag m; **2.** schlagen

slash [slæʃ] **1.** Hieb m; Schnitt(wunde f) m; Schlitz m; **2.** aufschlitzen; schlagen

slate [sleɪt] **1.** Schiefer m; Dachziegel m; Schiefertafel f; **2.** Brt. F verreißen

slattern ['slætən] Schlampe f

slaughter ['slɔːtə] **1.** Schlachten n; Gemetzel n; **2.** schlachten; niedermetzeln

slave [sleɪv] **1.** Sklav|e m, -in f; **2.** schuften; **~ry** ['~ərɪ] Sklaverei f

sled(ge) [sled(ʒ)] **1.** Schlitten m; **2.** Schlitten fahren

'sledge(hammer) Vorschlaghammer m

sleek [sliːk] glatt, glänzend; geschmeidig; schnittig

sleep [sliːp] **1.** (slept) schlafen; **~ in** ausschlafen; **~ on s.th.** et. überschlafen; **2.** Schlaf m; **go to ~** einschlafen; **'~er** Schläfer(in); Schwelle f; Schlafwagen m; **'~ing bag** Schlafsack m; **'~ing car** Schlafwagen m; **'~ing partner** stiller Teilhaber; **'~ing pill** Schlaftablette f; **'~less** schlaflos; **~ walker** Schlafwandler(in); **'~y** schläfrig; verschlafen

sleet [sliːt] Schneeregen m
sleeve [sliːv] Ärmel m; Plattenhülle f; tech. Muffe f
sleigh [sleɪ] Pferdeschlitten m
slender ['slendə] schlank; gering, dürftig
slept [slept] pret u. pp von **sleep** 1
slice [slaɪs] **1.** Schnitte f, Scheibe f; **2.** in Scheiben schneiden
slick [slɪk] Ölteppich m
slid [slɪd] pret u. pp von **slide**
slide [slaɪd] **1.** (slid) gleiten (lassen); rutschen; schlittern; schieben; **2.** Rutschbahn f, Rutsche f; phot. Dia(positiv) n; Brt. (Haar)Spange f; ~ **rule** Rechenschieber m
slight [slaɪt] **1.** gering(fügig); Person: schmächtig; **2.** Beleidigung f, Kränkung f; **3.** beleidigen, kränken
slim [slɪm] **1.** schlank; Buch: dünn; gering; **2.** e-e Schlankheitskur machen; abnehmen
slim|e [slaɪm] Schleim m; '~y schleimig
sling [slɪŋ] **1.** med. Schlinge f; Tragegurt m; Tragriemen m; (Stein)Schleuder f; **2.** (slung) schleudern, werfen, schmeißen; auf-, umhängen
slip [slɪp] **1.** v/i (aus)rutschen; v/t gleiten lassen; ~ **away** sich fortstehlen; ~ **by** Zeit: verstreichen; **2.** (Flüchtigkeits)Fehler m; Unterrock m; (Kissen)Bezug m; Zettel

m; ~**ped disc** med. Bandscheibenvorfall m; '~**per** Hausschuh m; '~**pery** schlüpfrig, glatt; ~ **road** Brt. Autobahnauffahrt f, -ausfahrt f; ~**shod** ['~ʃɒd] schlampig
slit [slɪt] **1.** Schlitz m; **2.** (slit) (auf-, zer)schlitzen
slither ['slɪðə] schlittern
slobber ['slɒbə] sabbern
slogan ['sləʊgən] Schlagwort n, (Werbe)Slogan m
slop [slɒp] a. ~s pl Spülwasser n; Schmutzwasser n
slope [sləʊp] **1.** (Ab)Hang m; Neigung f, Gefälle n; **2.** abfallen, sich neigen; ~ **down** / **up** abfallen / ansteigen
sloppy ['slɒpɪ] schlampig; F rührselig
slot [slɒt] Schlitz m; ~ **machine** (Waren-, Spiel)Automat m
slovenly ['slʌvnlɪ] schlampig
slow [sləʊ] langsam; schwerfällig; begriffsstutzig; **be** ~ Uhr: nachgehen; ~ **down** verlangsamen; langsamer werden; '~**down** Am. Bummelstreik m; ~ **motion** Zeitlupe f
slug [slʌg] Wegschnecke f; '~**gish** träge; schleppend
sluice [sluːs] Schleuse f
slums [slʌmz] pl Elendsviertel n, Slums pl
slung [slʌŋ] pret u. pp von **sling** 2
slur [slɜː] undeutliche Aus-

sprache; Verunglimpfung f;
~red undeutlich

slush [slʌʃ] (Schnee)Matsch
m

slut [slʌt] Schlampe f; Nutte f

sly [slaɪ] **1.** schlau; verschlagen; verschmitzt; **2. on the ~**
F (klamm)heimlich

smack [smæk] **1.** Klaps m; **2.**
e-n Klaps geben; **~ of**
schmecken nach (a. fig.)

small [smɔːl] klein; gering;
wenig; **~ change** Kleingeld
n; **~ hours** pl die frühen
Morgenstunden pl; **~pox**
['~pɒks] Pocken pl; **~ print**
das Kleingedruckte; **~ talk**
oberflächliche Konversation

smart [smɑːt] **1.** schick; clever, gewitzt; gescheit; **2.**
schmerzen; brennen; fig. leiden

smash [smæʃ] v/t zerschlagen, -trümmern; (zer-)
schmettern; fig. vernichten;
v/i zerbrechen; krachen,
prallen; **~ing** bsd. Brt. F toll

smattering ['smætərɪŋ] oberflächliche Kenntnis

smear [smɪə] **1.** (be-, ver)schmieren; **2.** Fleck m

smell [smel] **1.** Geruch m; Gestank m; Duft m; **2.** (smelt
od. smelled) riechen; stinken; duften; **~y** stinkend

smelt [smelt] pret u. pp von
smell 2

smile [smaɪl] **1.** Lächeln n; **2.**
lächeln

smirk [smɜːk] (blöde) grinsen

smith [smɪθ] Schmied m

smock [smɒk] Kittel m

smog [smɒg] Smog m

smoke [sməʊk] **1.** Rauch m;
2. rauchen; räuchern; **~r**
Raucher(in); rail. Raucherabteil n

smoking ['sməʊkɪŋ] Rauchen
n; **no ~** Rauchen verboten; **~
compartment** Raucherabteil n

smoky ['sməʊkɪ] rauchig;
verräuchert

smooth [smuːð] **1.** glatt; ruhig
(a. tech.); sanft, weich; **2. a. ~
out** glätten; glattstreichen

smother ['smʌðə] ersticken

smo(u)lder ['sməʊldə] schwelen

smudge [smʌdʒ] **1.** (be-, ver)schmieren; **2.** Schmutzfleck m

smug [smʌg] selbstgefällig

smuggle ['smʌgl] schmuggeln; **~r** Schmuggler(in)

smut [smʌt] Ruß(fleck) m;
~ty schmutzig

snack [snæk] Imbiß m; **~ bar**
Imbißstube f

snail [sneɪl] Schnecke f

snake [sneɪk] Schlange f

snap [snæp] **1.** (zer)brechen;
schnappen (at nach); Schloß:
zuschnappen (lassen); Finger: schnippen mit; (an-)
schnauzen; phot. F knipsen;
2. (vor)schnell, Blitz...; **~
fastener** Druckknopf m;
~pish bissig; schnippisch;
~shot Schnappschuß m

snare [sneə] Schlinge f; Falle f (a. fig.)

snarl [snɑːl] wütend knurren

snatch [snætʃ] schnappen; an sich reißen; ergattern

sneak [sniːk] schleichen; stibitzen; **~ers** ['~əz] pl Am. Turnschuhe pl

sneer [snɪə] 1. höhnisches Grinsen; höhnische Bemerkung; 2. höhnisch grinsen; spotten

sneeze [sniːz] niesen

sniff [snɪf] schnüffeln; schnuppern; schniefen; fig. die Nase rümpfen (**at** über)

snob [snɒb] Snob m; '**~bish** versnobt, snobistisch

snoop [snuːp]: **~ around** od. **about** F herumschnüffeln

snooty ['snuːtɪ] F hochnäsig

snooze [snuːz] ein Nickerchen machen, dösen

snore [snɔː] schnarchen

snorkel ['snɔːkl] 1. Schnorchel m; 2. schnorcheln

snort [snɔːt] schnauben

snout [snaʊt] Schnauze f; Schwein: Rüssel m

snow [snəʊ] 1. Schnee m; 2. schneien; '**~ball** Schneeball m; '**~bound** eingeschneit; '**~ chains** pl Schneeketten pl; '**~drift** Schneewehe f; '**~drop** Schneeglöckchen n; '**~flake** Schneeflocke f; '**~y** schneereich; verschneit

snub [snʌb] brüskieren, vor den Kopf stoßen; '**~nosed** stupsnasig

snug [snʌg] behaglich; '**~gle** sich anschmiegen od. kuscheln

so [səʊ] so; deshalb; also; I hope ~ hoffentlich; ~ am I ich auch; ~ far bisher

soak [səʊk] einweichen; durchnässen; ~ up aufsaugen

soap [səʊp] Seife f; ~ opera Seifenoper f; ~ suds pl Seifenschaum m; '~y seifig

soar [sɔː] (hoch) aufsteigen

sob [sɒb] schluchzen

sober ['səʊbə] 1. nüchtern; 2. ~ up nüchtern werden

so-'called sogenannt

soccer ['sɒkə] Fußball m

sociable ['səʊʃəbl] gesellig

social ['səʊʃl] sozial; Sozial...; gesellschaftlich; gesellig; ~ insurance Sozialversicherung f; '~ism Sozialismus m; '~ist 1. Sozialist(in); 2. sozialistisch; ~ worker Sozialarbeiter(in)

society [sə'saɪətɪ] Gesellschaft f; Verein m

sock [sɒk] Socke f

socket ['sɒkɪt] Augenhöhle f; electr. Steckdose f

soda ['səʊdə] Soda(wasser) n

sofa ['səʊfə] Sofa n

soft [sɒft] weich; mild; sanft; leise; gedämpft; gutmütig; nachgiebig; Arbeit etc.: bequem; F doof; ~ drink alkoholfreies Getränk; ~en ['sɒfn] weich werden od. machen; dämpfen; mildern; '~ware Computer: Software f

soggy ['sɒgɪ] durchnäßt; matschig

soil [sɔɪl] **1.** Boden *m*, Erde *f*; **2.** (be)schmutzen

solar ['səʊlə] Sonnen...; **~panel** Sonnenkollektor *m*

sold [səʊld] *pret u. pp von* **sell**

solder ['səʊldə] *tech.* **1.** löten; **2.** Lötmetall *n*

soldier ['səʊldʒə] Soldat *m*

sole¹ [səʊl] einzig, Allein...

sole² [~] **1.** Sohle *f*; **2.** besohlen

sole³ [~] (*pl* ~, ~**s**) Seezunge *f*

solemn ['sɒləm] feierlich; ernst

solicitor [sə'lɪsɪtə] Rechtsanwalt *m*, -anwältin *f*

solid ['sɒlɪd] fest; massiv; stabil; kräftig; voll, ganz; *fig.* gründlich, solid(e)

solid|arity [sɒlɪ'dærətɪ] Solidarität *f*; **~ify** [sə'lɪdɪfaɪ] fest werden; **~ity** Festigkeit *f*, Solidität *f*

solit|ary ['sɒlɪtərɪ] einsam; einzeln; single [~'tju:d] Einsamkeit *f*

solu|ble ['sɒljʊbl] löslich; **~tion** [sə'lu:ʃn] Lösung *f*

solve [sɒlv] lösen; **~nt** zahlungsfähig

sombre, *Am.* **-er** ['sɒmbə] düster

some [sʌm, səm] (irgend)ein(e); etwas; *vor pl:* einige, ein paar; manche; etwa; **~body** (irgend) jemand; **~day** eines Tages; **~how** irgendwie; **~one** (irgend) je-

mand; **~place** *Am.* → **somewhere**

somersault ['sʌməsɔːlt] Purzelbaum *m*; Salto *m*

some|thing (irgend) etwas; **~time** irgendwann; **~times** manchmal; **~what** etwas; ziemlich; **~where** irgendwo(hin)

son [sʌn] Sohn *m*

song [sɒŋ] Lied *n*; **~writer** Liedermacher(in)

sonic ['sɒnɪk] Schall...

son-in-law Schwiegersohn *m*

soon [suːn] bald; früh; **as ~ as possible** so bald wie *od.* als möglich; **~er** eher, früher; lieber

soot [sʊt] Ruß *m*

soothe [suːð] beruhigen, besänftigen; lindern

sooty ['sʊtɪ] rußig

sophisticated [sə'fɪstɪkeɪtɪd] kultiviert; intellektuell; anspruchsvoll; gepflegt, elegant; *tech.* hochentwickelt, differenziert; ausgeklügelt

sophomore ['sɒfəmɔː] *Am.* Student(in) im 2. Jahr

sopping ['sɒpɪŋ] F, *a.* **~ wet** klitsch-, pitschnaß

sorcer|er ['sɔːsərə] Zauberer *m*; **~ess** Zauberin *f*, Hexe *f*; **~y** Zauberei *f*

sordid ['sɔːdɪd] schmutzig; schäbig, gemein

sore [sɔː] entzündet; wund; **~ throat** Halsschmerzen *pl*

sorrow ['sɒrəʊ] Kummer *m*, Leid *n*

spanner

sorry ['sɒrɪ] traurig; **I'm (so)** ~! es tut mir (sehr) leid!; ~! Verzeihung!, Entschuldigung!; **I feel ~ for her** sie tut mir leid

sort [sɔːt] **1.** Art f; Sorte f; **~ of ...** F irgendwie ...; **out of ~s** F nicht ganz auf der Höhe; **2.** sortieren; **~ out** aussortieren; fig. in Ordnung bringen; **'~er** tech. Sortierer m

sought [sɔːt] pret u. pp von **seek**

soul [səʊl] Seele f

sound [saʊnd] **1.** gesund; sicher, solide; vernünftig; gründlich; Schlaf: fest, tief; tüchtig, gehörig; econ. solide; **2.** Geräusch n; Klang m; Ton m; Laut m; phys. Schall m; **3.** v/i erklingen, ertönen; klingen, sich anhören; v/t med. abklopfen, abhorchen; **~ one's horn** mot. hupen; **'~ barrier** Schallmauer f; **'~less** lautlos; **'~proof** schalldicht; **'~track** Tonspur f; Filmmusik f; **~ wave** Schallwelle f

soup [suːp] Suppe f

sour [saʊə] sauer; fig. mürrisch

source [sɔːs] Quelle f; Ursprung m

south [saʊθ] **1.** Süden m; **2.** südlich, Süd...; **3.** nach Süden, südwärts; **~'east 1.** Südosten m; **2.** → **'~eastern** südöstlich

souther|ly ['saðəlɪ], **~n** ['~ən] südlich, Süd...

southward(s) ['saʊθwəd(z)] südwärts, nach Süden

southwest [saʊθ'west] **1.** Südwesten m; **2.** südwestlich

souvenir [suːvə'nɪə] (Reise)Andenken n, Souvenir n

sovereign ['sɒvrɪn] souverän; **~ty** ['~rəntɪ] Souveränität f

Soviet ['səʊvɪət] sowjetisch, Sowjet...

sow[1] [saʊ] Sau f

sow[2] [səʊ] (sowed, sewn od. sowed) (aus)säen; **~n** pp von **sow**[2]

soya bean ['sɔɪə] Sojabohne f; **~ sauce** Sojasauce f

spa [spɑː] Heilbad n; Kurort m

space [speɪs] **1.** Platz m, Raum m; Weltraum m, All n; Zwischenraum m, Lücke f; Zeitraum m; **2.** mst **~ out** Zwischenraum od. Abstand lassen zwischen; **'~bar** Leertaste f; **'~craft** (pl -craft) Raumfahrzeug n; **'~lab** Raumlabor n; **'~ship** Raumschiff n; **'~shuttle** Raumfähre f; **~ station** Raumstation f; **'~suit** Raumanzug m

spacious ['speɪʃəs] geräumig; weitläufig

spade [speɪd] Spaten m; **~(s** pl) Kartenspiel: Pik n

span [spæn] **1.** Spannweite f; Spanne f; **2.** überspannen

Spani|ard ['spænjəd] Spanier(in); **'~sh** spanisch

spank [spæŋk] versohlen

spanner ['spænə] Schraubenschlüssel m

spare 276

spare [speə] **1.** (ver)schonen; ersparen; entbehren; (übrig) haben; sparen mit; scheuen; **2.** übrig; Ersatz..., Reserve...; ~ **(part)** Ersatzteil n; ~ **room** Gästezimmer n; ~ **time** Freizeit f; ~ **wheel** Reserverad n

sparing ['speərɪŋ] sparsam

spark [spa:k] **1.** Funke(n) m; **2.** Funken sprühen; '**~ing plug** Brt. mot. Zündkerze f; '**~le** 1. Funke(n) m; Funkeln n; **2.** funkeln, glitzern; '**~ling** funkelnd, sprühend; fig. geistreich; ~ **wine** Schaumwein m; ~ **plug** mot. Zündkerze f

sparrow ['spærəʊ] Spatz m

sparse [spa:s] spärlich

spasm ['spæzəm] Krampf m

spat [spæt] pret u. pp von **spit**[2]

spatter ['spætə] (be)spritzen

spawn [spɔ:n] **1.** Laich m; **2.** laichen

speak [spi:k] (**spoke**, **spoken**) v/i sprechen, reden (**to** mit); v/t Sprache sprechen; Wahrheit etc. sagen; Gedanken etc. aussprechen; ~ **up** lauter sprechen; '**~er** Sprecher(in), Redner(in)

spear [spɪə] Speer m; '**~mint** Grüne Minze

special ['speʃl] **1.** besondere(r, -s); speziell; Spezial...; Sonder...; **2.** Sonderausgabe f; Sondersendung f; Sonderzug m; gastr. Tagesgericht n;

~**ist** ['~ʃəlɪst] Spezialist(in); Fachmann m; med. Facharzt m, -ärztin f; **~ity** [~ɪ'ælɪtɪ] Spezialität f; Spezialgebiet n; ~**ize** ['~ʃəlaɪz] sich spezialisieren; '~**ly** besonders; extra

species ['spi:ʃiːz] (pl ~) Art f, Spezies f

specific [spɪ'sɪfɪk] bestimmt, speziell; genau; spezifisch; ~**fy** ['spesɪfaɪ] spezifizieren, einzeln angeben; ~**men** ['~mən] Exemplar n; Probe f; Muster n

speck [spek] Fleck(chen n) m; '~**led** gesprenkelt

specs [speks] pl F Brille f

spectacle ['spektəkl] Schauspiel n; Anblick m; **(a pair of)** ~**s** pl (e-e) Brille f

spectacular [spek'tækjʊlə] spektakulär, sensationell

spectator [spek'teɪtə] Zuschauer(in)

speculate ['spekjʊleɪt] Vermutungen anstellen; econ. spekulieren

sped [sped] pret u. pp von **speed**[2]

speech [spi:tʃ] Sprache f; Rede f; Rede-, Ausdrucksweise f; '~**less** sprachlos

speed [spi:d] **1.** Geschwindigkeit f, Schnelligkeit f; mot. Gang m; phot. Lichtempfindlichkeit f; **2. (sped)** rasen; ~ **by** Zeit: wie im Fluge vergehen; **3. (speeded)** mot. zu schnell fahren; ~ **up** beschleunigen; schneller ma-

splinter

chen; '**~boat** Renn-, Schnellboot *n*; '**~ing** Geschwindigkeitsüberschreitung *f*; '**~limit** Tempolimit *n*; Geschwindigkeitsbeschränkung *f*; Tempolimit *n*; **~ometer** [spı'dɒmɪtə] Tachometer *m*; **~ trap** Radarfalle *f*; '**~y** schnell

spell [spel] **1.** Weile *f*, Weilchen *n*; *Wetter*: Periode *f*; Anfall *m*; Zauber *m*; **2.** (*bsd. Brt.* **spelt,** *bsd. Am.* **spelled**) buchstabieren; (richtig) schreiben; '**~bound** (wie) gebannt; '**~ing** Rechtschreibung *f*

spelt [spelt] *pret u. pp von* **spell** 2

spend [spend] (**spent**) *Geld* ausgeben, *Zeit* verbringen

spent [spent] **1.** *pret u. pp von* **spend;** **2.** verbraucht

sperm [spɜːm] Sperma *n*

sphere [sfɪə] Kugel *f*; *fig.* Sphäre *f*, Gebiet *n*

spice [spaɪs] **1.** Gewürz *n*; *fig.* Würze *f*; **2.** würzen; '**~y** würzig; *fig.* pikant

spider ['spaɪdə] Spinne *f*; '**~web** *Am.* Spinnennetz *n*

spike [spaɪk] Spitze *f*, Stachel *m*; *pl* Spikes *pl*; *bot.* Ähre *f*

spill [spɪl] (**spilt** *od.* **spilled**) verschütten; sich ergießen

spilt [spɪlt] *pret u. pp von* **spill**

spin [spɪn] **1.** (**spun**) spinnen; (herum)wirbeln; (sich) drehen; **2.** Drehung *f*; F Spritztour *f*

spinach ['spɪnɪdʒ] Spinat *m*

spinal ['spaɪnl] Rückgrat...; ~ **column** Wirbelsäule *f*; ~ **cord** Rückenmark *n*

spin|**-drier** ['spɪndraɪə] → **spin-dryer;** '**~-dry** *Wäsche* schleudern; '**~-dryer** (Wäsche)Schleuder *f*

spine [spaɪn] *anat.* Rückgrat *n*; Stachel *m*

spinster ['spɪnstə] unverheiratete Frau; alte Jungfer

spiral ['spaɪərəl] **1.** Spirale *f*; **2.** gewunden; ~ **staircase** Wendeltreppe *f*

spire ['spaɪə] (Kirch)Turmspitze *f*, Turm *m*

spirit ['spɪrɪt] Geist *m*; Schwung *m*, Elan *m*; Mut *m*; Stimmung *f*; *pl* Spirituosen *pl*; '**~ed** temperamentvoll, lebhaft; mutig; **~ual** ['~tʃʊəl] **1.** geistig; geistlich; **2.** *mus.* Spiritual *n*, *m*

spit[1] [spɪt] **1.** Speichel *m*, Spucke *f*; **2.** (**spat** *od. Am.* **~**) spit) (aus)spucken; fauchen

spit[2] [~] (Brat)Spieß *m*

spite [spaɪt] **1.** Bosheit *f*; *in ~ of* trotz; **2.** *j-n* ärgern; '**~ful** gehässig, boshaft

splash [splæʃ] **1.** Spritzer *m*; Platschen *n*; **2.** (be)spritzen; klatschen; planschen

spleen [spliːn] *anat.* Milz *f*

splendid ['splendɪd] glänzend, großartig, prächtig; '**~o(u)r** Glanz *m*, Pracht *f*

splint [splɪnt] *med.* **1.** Schiene *f*; **2.** schienen; '**~er 1.** Splitter *m*; **2.** (zer)splittern

split [splɪt] **1.** Spalt *m*, Riß *m*; *fig.* Spaltung *f*; **2.** (*split*) *v/t* (zer)teilen; zerreißen; (auf-) spalten; (auf)teilen; *v/i* sich teilen; sich spalten; (zer-) platzen; ~ (*up*) sich trennen; **~ting** *Kopfschmerz*: rasend

splutter ['splʌtə] stottern (*a. Motor*); *Worte* hervorstoßen

spoil [spɔɪl] (*spoiled od. spoilt*) verderben; verwöhnen; *Kind a.* verziehen; **~sport** Spielverderber(in); **~t** *pret u. pp von* **spoil**

spoke[1] [spəʊk] Speiche *f*

spoke[2] [~] *pret*, **~n** *pp von* **speak**

'spokes|man (*pl -men*) Sprecher *m*; **~person** Sprecher(in); **~woman** (*pl -women*) Sprecherin *f*

sponge [spʌndʒ] **1.** Schwamm *m*; **2.** (mit e-m Schwamm) (ab)wischen; schmarotzen; ~ **bag** *Brt.* Toiletten-, Kulturbeutel *m*; ~ **cake** Biskuitkuchen *m*

sponsor ['spɒnsə] **1.** Geldgeber(in), Sponsor(in); Förder|er *m*, -in *f*; Bürg|e *m*, -in *f*; **2.** bürgen für; fördern; sponsern

spontaneous [spɒn'teɪnjəs] spontan

spoon [spu:n] Löffel *m*; **~ful** (*ein*) Löffel(voll) *m*

spore [spɔː] Spore *f*

sport [spɔːt] **1.** Sport(art *f*) *m*; F feiner Kerl; **2.** protzen mit; **~ing** fair; **~s...** Sport...;

~sman (*pl -men*) Sportler *m*; **~swoman** (*pl -women*) Sportlerin *f*; **~y** sportlich

spot [spɒt] **1.** Fleck(en) *m*; Tupfen *m*; Stelle *f*; Pickel *m*, Makel *m*; **2.** entdecken, erkennen; erspähen; ~ **check** Stichprobe *f*; **~less** makellos (sauber); **'~light** *thea.* Scheinwerfer(licht *n*) *m*; **~ted** gefleckt; gepunktet; **~ty** fleckig; pickelig

spout [spaʊt] **1.** Tülle *f*, Schnabel *m*; (Wasser)Strahl *m*; **2.** (heraus)spritzen

sprain [spreɪn] **1.** Verstauchung *f*; **2.** sich *et.* verstauchen

sprang [spræŋ] *pret von* **spring** 2

sprawl [sprɔːl] ausgestreckt daliegen

spray [spreɪ] **1.** Gischt *m*, *f*; Spray *m*, *n*; **2.** (be)sprühen; spritzen; sprayen

spread [spred] **1.** (*spread*) (sich) aus- od. verbreiten; (sich) ausdehnen; *Butter etc.* streichen; **2.** Aus-, Verbreitung *f*; Spannweite *f*; (Brot)Aufstrich *m*; **~sheet** *Computer*: Tabellenkalkulation *f*

spree [spriː]: *go* (*out*) *on a* ~ eine Zechtour machen; groß einkaufen gehen

sprig [sprɪg] kleiner Zweig

sprightly ['spraɪtlɪ] lebhaft, munter

spring [sprɪŋ] **1.** Frühling *m*;

(Sprung)Feder *f*; Quelle *f*; **2.** (*sprang od. Am.* **sprung, sprung**) springen; '**~board** Sprungbrett *n*; '**~-cleaning** Frühjahrsputz *m*; '**~time** Frühling *m*; '**~y** federnd, elastisch

sprinkle ['sprɪŋkl] (be)streuen; sprenkeln; (be)sprengen; '**~r** Berieselungsanlage *f*, Sprinkler *m*; Rasensprenger *m*

sprout [spraʊt] **1.** sprießen; keimen; sich *e-n* Bart wachsen lassen; **2.** Sproß *m*; (**Brussels**) **~s** *pl* Rosenkohl *m*

spruce [spruːs] gepflegt, adrett

sprung [sprʌŋ] *pret u. pp von* **spring 2**

spun [spʌn] *pret u. pp von* **spin 1**

spur [spɜː] **1.** Sporn *m* (*a. zo., bot.*); *fig.* Ansporn *m*; *pl* Sporen *pl*; **2.** **~ on** anspornen

spy [spaɪ] **1.** Spion(in) *f*; spionieren; **~ on** *j-n* bespitzeln; *j-m* nachspionieren

squabble ['skwɒbl] **1.** sich zanken; **2.** Zank *m*

squad [skwɒd] (*Überfall-etc.*)Kommando *n*

squalid ['skwɒlɪd] verwahrlost; verkommen

squall [skwɔːl] Bö *f*

squalor ['skwɒlə] Schmutz *m*; Verwahrlosung *f*

squander ['skwɒndə] verschwenden

square [skweə] **1.** quadratisch, Quadrat...; viereckig; rechtwink(e)lig; gerecht, fair; **2.** Quadrat *n*; Viereck *n*; öffentlicher Platz; Brettspiel: Feld *n*; **3.** quadratisch machen; *Zahl* ins Quadrat erheben; *Schulden* begleichen; *Schultern* straffen; in Einklang bringen *od.* stehen; '**~ root** *math.* Quadratwurzel *f*

squash [skwɒʃ] **1.** Gedränge *n*; *Sport:* Squash *n*; → **lemon / orange squash**; **2.** zerquetschen

squat [skwɒt] **1.** untersetzt; **2.** hocken, kauern; *Haus* besetzen; '**~ter** Hausbesetzer(in)

squawk [skwɔːk] kreischen

squeak [skwiːk] quieken; quietschen

squeal [skwiːl] kreischen

squeamish ['skwiːmɪʃ] empfindlich; zimperlich

squeeze [skwiːz] **1.** (aus-) drücken, (-)pressen, (-)quetschen; sich zwängen *od.* quetschen; **2.** Druck *m*; Gedränge *n*; *econ.* Engpaß *m*; '**~r** (*Frucht*)Presse *f*

squid [skwɪd] Tintenfisch *m*

squint [skwɪnt] schielen; blinzeln

squirm [skwɜːm] sich winden

squirrel ['skwɪrəl] Eichhörnchen *n*

squirt [skwɜːt] spritzen

stab [stæb] **1.** Stich *m*; **2.** (er)stechen

stability [stə'bɪlətɪ] Stabilität f; Beständigkeit f; **~ze** ['steɪbəlaɪz] stabilisieren

stable¹ ['steɪbl] stabil, fest; *Charakter:* gefestigt

stable² [~] Stall m

stack [stæk] **1.** Stapel m; **2.** (auf)stapeln

stadium ['steɪdjəm] (*pl* **~s**, **-dia** [~.djə]) *Sport:* Stadion n

staff [stɑːf] Mitarbeiterstab m; Personal n, Belegschaft f; Lehrkörper m; Stab m

stag [stæg] Hirsch m

stage [steɪdʒ] **1.** Bühne f; Stadium n; Phase f; Etappe f; *Bus etc.:* Teilstrecke f, Fahrzone f; (Raketen)Stufe f; **2.** aufführen; inszenieren; **~coach** Postkutsche f

stagger ['stægə] (sch)wanken, taumeln; sprachlos machen, umwerfen; **~ing** ['~ərɪŋ] unglaublich

stagna|nt ['stægnənt] *Wasser:* stehend; stagnierend; **~te** [~'neɪt] stagnieren

stain [steɪn] **1.** Fleck m; *fig.* Makel m; **2.** beschmutzen, beflecken; **~ed-'glass window** farbiges Glasfenster; **'~less** rostfrei; **~ remover** Fleckenentferner m

stair [steə] Stufe f; *pl* Treppe f; **'~case,** '**~way** Treppe(nhaus n) f

stake [steɪk] **1.** *Geld* setzen; *fig.* aufs Spiel setzen; **2.** Pfahl m; (Spiel)Einsatz m; *be at* **~** auf dem Spiel stehen

stale [steɪl] alt; schal, abge-

standen; verbraucht

stalk [stɔːk] Stengel m, Stiel m, Halm m

stall [stɔːl] **1.** *im Stall:* Box f; (Verkaufs)Stand m, (Markt-) Bude f; *pl Brt. thea.* Parkett n; **2.** *Motor:* abwürgen; absterben

stallion ['stæljən] Hengst m

stalwart ['stɔːlwət] stramm, stark; treu

stamina ['stæmɪnə] Ausdauer f, Durchhaltevermögen n

stammer ['stæmə] **1.** stottern, stammeln; **2.** Stottern n

stamp [stæmp] **1.** Stempel m; (Brief)Marke f; **2.** stampfen; aufstampfen (mit); trampeln; stempeln; frankieren

stand [stænd] **1.** (*stood*) stehen; stellen; aushalten, (v)ertragen; sich ertr. gefallen lassen; *Probe* bestehen; **~** (*still*) stehenbleiben, stillstehen; **~ back** zurücktreten; **~ by** dabeistehen; bereitstehen; zu *j-m* halten *od.* stehen; **~ for** bedeuten; **~ in for** einspringen für; **~ out** hervortreten; *fig.* sich abheben; **~ up** aufstehen; **~ up for** eintreten für; **2.** (Stand)Platz m; (Taxi)Stand(platz) m; Ständer m; Gestell n; Tribüne f; (Verkaufs)Stand m

standard ['stændəd] Standarte f; Standard m, Norm f; Maßstab m; Niveau n; Normal...; '**~ize** normen

standing ['stændɪŋ] **1.** stehend; (be)ständig; **2.** Stellung *f*, Rang *m*, Ruf *m*; Dauer *f*; **~ order** Dauerauftrag *m*; **~ room** Stehplätze *pl*

stand|offish [stænd'ɒfiʃ] F hochnäsig; **'~point** Standpunkt *m*; **'~still** Stillstand *m*

stank [stæŋk] *pret von* **stink** 2

staple ['steipl] Heftklammer *f*; Haupterzeugnis *n*; Haupt...; **~r** Heftmaschine *f*

star [stɑː] **1.** Stern *m*; *Person:* Star *m*; **2.** die Hauptrolle spielen; **~ring** ... mit ... in der Hauptrolle

starboard ['stɑːbəd] Steuerbord *n*

starch [stɑːtʃ] **1.** (Wäsche-) Stärke *f*; **2.** stärken

stare [steə] **1.** starrer Blick; **2.** (**~ at** an)starren

'starfish (*pl* **~**, **~es**) Seestern *m*

stark [stɑːk]: **~ naked** splitternackt

starling ['stɑːlɪŋ] *zo.* Star *m*

start [stɑːt] **1.** Beginn *m*, Anfang *m*; Aufbruch *m*; Abfahrt *f*; *aer.* Abflug *m*; *Sport:* Start *m*; Vorsprung *m*; Auffahren *n*, Zs.-fahren *n*; **2.** beginnen, anfangen; aufbrechen; *Zug:* abfahren; *Schiff:* auslaufen; *aer.* abfliegen; starten; *Sport:* starten; *mot.* anspringen; auffahren, zs.-fahren; *mot.* in Gang setzen, *tech.* anlassen; **~er** *Sport:* Starter *m*; Läufer(in) *f*; *mot.* Anlasser *m*; F Vorspeise *f*

startl|e ['stɑːtl] erschrecken; aufschrecken; **'~ing** überraschend; erschreckend; aufsehenerregend

starv|ation [stɑː'veiʃn] (Ver-) Hungern *n*; Hungertod *m*; **~e** [~v] (ver)hungern (lassen); **I'm starving** ich sterbe vor Hunger

state [steit] **1.** Zustand *m*; Stand *m*; Staat *m*; F Aufregung *f*; **2.** staatlich, Staats...; **3.** erklären, darlegen; angeben; feststellen; festsetzen; **Department** *Am.* Außenministerium *n*; **'~ly** stattlich; würdevoll; **'~ment** Erklärung *f*; Behauptung *f*; Aussage *f*; (Konto)Auszug *m*

static ['stætik] statisch

station ['steiʃn] **1.** Bahnhof *m*; Station *f*; (*Polizei-etc.*)Wache *f*; (*TV-, Rundfunk*)Sender *m*; *mil.* Stützpunkt *m*; **2.** aufstellen; *mil.* stationieren; **'~ary** (still)stehend; **'~er** Schreibwarenhändler *m*; **'~er's** Schreibwarengeschäft *n*; **'~ery** Schreibwaren *pl*; Briefpapier *n*; **'~master** Stationsvorsteher *m*; **~ wagon** *Am.* Kombiwagen *m*

statistics [stə'tistiks] *pl* (*sg konstr.*) Statistik *f*; (*pl konstr.*) Statistik(en *pl*) *f*

statue ['stætʃuː] Statue *f*

status ['steitəs] Stellung *f*; Status *m*; (**marital**) **~** Familienstand *m*

statute ['stætju:t] Statut *n*, Satzung *f*; Gesetz *n*

staunch [stɔːntʃ] treu, zuverlässig

stay [steɪ] **1.** Aufenthalt *m*; **2.** bleiben; sich aufhalten, wohnen; ~ *put* F sich nicht vom Fleck rühren; ~ *away* wegbleiben; sich fernhalten; ~ *up* aufbleiben

stead [sted]: *in his* ~ an s-r Stelle; '~*fast* treu; unerschütterlich; unverwandt

steady ['stedɪ] **1.** fest; gleichmäßig, (be)ständig; zuverlässig; ruhig, sicher; **2.** (sich) festigen; (sich) beruhigen; **3.** F feste Freundin, fester Freund

steak [steɪk] Steak *n*

steal [sti:l] (*stole, stolen*) stehlen; sich stehlen, schleichen

stealthy ['stelθɪ] heimlich, verstohlen

steam [sti:m] **1.** Dampf *m*; Dampf...; **2.** dampfen; *Speisen* dünsten, dämpfen; ~ *up* Glas *etc.*: sich beschlagen; ~ *engine* Dampfmaschine *f*; '~*er* Dampfer *m*; ~ *iron* Dampfbügeleisen *n*; '~*roller* Dampfwalze *f*; '~*ship* Dampfer *m*

steel [sti:l] **1.** Stahl *m*; **2.** stählern; Stahl...; '~*works* (*pl* ~) *sg, pl* Stahlwerk *n*

steep [sti:p] **1.** steil; *fig.* F unverschämt, *Preis a.* gepfeffert; **2.** einweichen

steeple ['sti:pl] Kirchturm *m*

steer [stɪə] steuern, lenken; ~*ing* ['~rɪŋ] Steuerung *f*; ~*ing wheel* Steuer-, Lenkrad *n*

stem [stem] **1.** Stamm *m*; Stiel *m*; Stengel *m*; **2.** aufhalten; eindämmen; ~ *from* stammen *od.* herrühren von

stench [stentʃ] Gestank *m*

stencil ['stensl] Schablone *f*; *print.* Matrize *f*

step¹ [step] **1.** Schritt *m*; (Treppen)Stufe *f*; **2.** treten, gehen; ~ *up* steigern

step² [~] *in Zssgn:* Stief...

'**stepping stone** *fig.* Sprungbrett *n*

stereo ['sterɪəʊ] Stereo *n*

steril|e ['steraɪl] unfruchtbar; steril; ~*ize* ['~ɪlaɪz] sterilisieren

sterling ['stɜːlɪŋ] *Währung:* Sterling *m*

stern [stɜːn] **1.** streng; **2.** *mar.* Heck *n*

stew [stjuː] **1.** schmoren; dünsten; **2.** Eintopf(gericht *n*) *m*

steward ['stjʊəd] Steward *m*; '~*ess* Stewardeß *f*

stick [stɪk] **1.** Stock *m*; (*Besen- etc.*)Stiel *m*; (dünner) Zweig; Stange *f*; Stück *n*; **2.** (*stuck*) stechen; stecken; kleben; hängenbleiben; steckenbleiben; klemmen; haften; F stellen; F ausstehen; ~ *out* ab-, hervorstehen; heraus-st(r)ecken; ~ *to* bei j-m *od.* et. bleiben; '~*er* Aufkleber *m*;

'~ing plaster Heftpflaster *n*; **'~y** klebrig; schwül; stickig
stiff [stɪf] steif; schwierig; *alkoholisches Getränk*: stark; **'~en** steif werden
stifl|e ['staɪfl] ersticken; *fig.* unterdrücken; **'~ing** drükkend; beengend
still [stɪl] **1.** *adj* still; **2.** *adv* (immer) noch
stilted ['stɪltɪd] *Stil*: gestelzt
stimul|ant ['stɪmjʊlənt] Anregungsmittel *n*; Anreiz *m*; **'~ate** anregen; **'~ating** anregend; **~ation** [~'leɪʃn] Anreiz *m*; *med.* Reiz(ung *f*) *m*; **~us** ['~əs] (*pl* **-li** ['~laɪ]) Anregung *f*; (An)Reiz *m*
sting [stɪŋ] **1.** Stich *m*; Stachel *m*; **2.** (***stung***) stechen; brennen
stingy ['stɪndʒɪ] geizig
stink [stɪŋk] **1.** Gestank *m*; **2.** (***stank*** *od.* ***stunk, stunk***) stinken
stipulat|e ['stɪpjʊleɪt] festsetzen, ausbedingen; **~ion** [~'leɪʃn] Bedingung *f*
stir [stɜː] **1.** (um)rühren; (sich) rühren *od.* bewegen; *fig.* erregen; **~ *up*** *Streit* entfachen; **2.** Aufsehen *n*; **~ring** ['~rɪŋ] aufwühlend; mitreißend
stirrup ['stɪrəp] Steigbügel *m*
stitch [stɪtʃ] **1.** Stich *m*; Masche *f*; Seitenstechen *n*; **2.** nähen; heften
stock [stɒk] **1.** Vorrat *m*; (Waren)Lager *n*; Ware(n *pl*) *f*; Vieh(bestand *m*) *n*; Brühe *f*; Herkunft *f*; *econ. a. pl*: Aktien *pl*; Staatspapiere *pl*; ***in (out of)* ~** (nicht) vorrätig; ***take* ~** Inventur machen; *fig.* Bilanz ziehen; **2.** gängig, Standard...; **3.** ausstatten, versorgen; *Waren* führen, vorrätig haben; **'~breeder** Viehzüchter *m*; **'~broker** Börsenmakler *m*; **~ company** *Am.* Aktiengesellschaft *f*; **~ exchange** Börse *f*; **'~holder** *Am.* Aktionär(in)
stocking ['stɒkɪŋ] Strumpf *m*
stock| market Börse *f*; **'~y** stämmig
stole [stəʊl] *pret*, **'~n** *pp von* ***steal***
stolid ['stɒlɪd] stur
stomach ['stʌmək] **1.** Magen *m*; Bauch *m*; **2.** (v)ertragen; **'~ache** Magenschmerzen *pl*, Bauchweh *n*
ston|e [stəʊn] **1.** Stein *m*; (Obst)Stein *m*, (-)Kern *m*; (*pl* **~, ~s**) *Brt. Gewichtseinheit* (*6,35 kg*); **2.** steinern, Stein...; **3.** entsteinen, -kernen; **'~y** steinig; *fig.* steinern
stood [stʊd] *pret u. pp von* ***stand*** 1
stool [stuːl] Schemel *m*, Hokker *m*; *med.* Stuhlgang *m*
stoop [stuːp] sich bücken; gebeugt gehen
stop [stɒp] **1.** *v/t* aufhören (mit); an-, aufhalten, stoppen; hindern; *Zahlungen etc.* einstellen; *Zahn* plombieren; *Blutung* stillen; *v/i* (an)hal-

ten, stehenbleiben, stoppen; F bleiben; **~ off** F kurz haltmachen; **~ over** die Fahrt unterbrechen; *aer.* zwischenlanden; **2.** Halt *m;* Pause *f;* Aufenthalt *m;* Station *f;* Haltestelle *f; tech.* Anschlag *m; ling.* Plosivlaut *m;* '**~gap** Notbehelf *m;* '**~lights** *pl mot.* Bremslichter *pl;* '**~keeper** Am. Bremsschenstation *f; aer.* Zwischenlandung *f;* '**~per** Stöpsel *m;* '**~ping** *med.* Plombe *f*

storage ['stɔːrɪdʒ] Lagerung *f;* Speicherung *f* (*a. Computer*); Lagergeld *n*

store [stɔː] **1.** Vorrat *m;* Lagerhaus *n;* Am. Laden *m,* Geschäft *n;* Kauf-, Warenhaus *n; Computer:* Speicher *m;* **2.** (ein)lagern; einen Vorrat von ... anlegen; *Computer:* speichern; '**~house** Lagerhaus *n;* '**~keeper** Am. Ladenbesitzer(in); '**~room** Lagerraum *m*

storey ['stɔːrɪ] Brt. Stock (-werk *n*) *m*

stork [stɔːk] Storch *m*

storm [stɔːm] **1.** Sturm *m;* Gewitter *n;* **2.** stürmen; toben; '**~y** stürmisch

story ['stɔːrɪ] Geschichte *f;* Erzählung *f; Am.* → **storey**

stout [staʊt] **1.** korpulent, dick; **2.** Starkbier *n*

stove [stəʊv] Ofen *m,* Herd *m*

stow [stəʊ] verstauen; '**~away** blinder Passagier

straight [streɪt] **1.** *adj* gerade;

Haar: glatt; offen, ehrlich; in Ordnung; *Whisky etc.:* pur; **2.** *adv* gerade(aus); direkt, geradewegs; **~ ahead,** **~ on** geradeaus; **~ off,** **~ away** sofort; '**~en** gerademachen; gerade werden; (gerade)richten; **~ o.s.** sich aufrichten; **~ out** in Ordnung bringen; klären; **~'forward** ehrlich; einfach

strain [streɪn] **1.** überanstrengen; anspannen; *Muskel etc.* zerren; *Gelenk* verstauchen; *fig.* strapazieren; überfordern; durchseihen, filtern; abgießen; sich anstrengen *od.* abmühen; **2.** Spannung *f;* Belastung *f; med.* Zerrung *f;* Überanstrengung *f;* '**~er** Sieb *n*

strait [streɪt] (*in Eigennamen oft:* **2s** *pl*) Meerenge *f,* Straße *f; pl* Notlage *f*

strand [strænd] Strang *m;* Strähne *f;* Faden *m*

strange [streɪndʒ] fremd; seltsam, merkwürdig; '**~r** Fremde *m, f*

strangle ['stræŋgl] erwürgen

strap [stræp] **1.** Riemen *m,* Gurt *m,* Band *n; Kleid:* Träger *m;* **2.** fest-, umschnallen

strategic [strəˈtiːdʒɪk] strategisch; **~y** ['strætɪdʒɪ] Strategie *f*

straw [strɔː] Stroh *n;* Strohhalm *m;* '**~berry** Erdbeere *f*

stray [streɪ] **1.** sich verirren;

(herum)streunen; **2.** verirrt; streunend; vereinzelt

streak [striːk] **1.** Streifen *m*; Strähne *f*; **2.** streifen; flitzen; '**~y** streifig; *Speck:* durchwachsen

stream [striːm] **1.** Bach *m*; Strom *m*, Strömung *f*; *fig.* Strom *m*; **2.** strömen; flattern; '**~er** Wimpel *m*; Luftschlange *f* (flatterndes) Band

street [striːt] Straße *f*; '**~car** *Am.* Straßenbahn *f*

strength [streŋθ] Kraft *f*; Stärke *f* (*a. fig.*); '**~en** *v/t* (ver)stärken; *fig.* bestärken; *v/i* stärker werden

strenuous ['strenjʊəs] anstrengend; unermüdlich

stress [stres] **1.** Belastung *f*, Streß *m*; Betonung *f*; Nachdruck *m*; **2.** betonen; **be ~ed** gestreßt sein

stretch [stretʃ] **1.** (sich) strekken; (sich) dehnen; sich erstrecken; spannen; **2.** Strecke *f*, Zeit(raum *m*) *f*; '**~er** Tragbahre *f*; (*Schuhetc.*)Spanner *m*

strict [strikt] streng; genau

stridden ['stridn] *pp von* **stride** 1

stride [straid] **1.** (**strode**, **stridden**) schreiten; **2.** großer Schritt

strike [straik] **1.** Streik *m*; (*Öletc.*)Fund *m*; Angriff *m*; Schlag *m*; **2.** (**struck**) schlagen; stoßen gegen; treffen; *Streichholz* anzünden; sto-

ßen auf; *Blitz:* einschlagen (in); *Zelt* abbrechen; *Uhrzeit* schlagen; *j-m* einfallen *od.* in den Sinn kommen; *j-m* auffallen; streiken; zuschlagen; '**~r** Streikende *m, f*

striking ['straikiŋ] auffallend, eindrucksvoll; verblüffend

string [striŋ] **1.** Schnur *f*, Bindfaden *m*; Band *n*; Faden *m*, Draht *m*; Reihe *f*, Kette *f*; Saite *f*; *~s* pl Streichinstrumente *pl*; **2.** (**strung**) bespannen; *Perlen* aufreihn; **~ed instrument** Saiten-, Streichinstrument *n*

strip [strip] **1.** (sich) ausziehen; abziehen, abstreifen; berauben (*a. fig.*); *tech.* zerlegen; **2.** Streifen *m*

stripe [straip] Streifen *m*; '**~d** gestreift

strive [straiv] (**strove**, **striven**): **~ (for)** streben (nach), ringen (um); '**~n** ['strivn] *pp von* **strive**

strode [strəʊd] *pret von* **stride** 1

stroke [strəʊk] **1.** streichen über; streicheln; **2.** Schlag *m*; Stoß *m*; (*Schwimm*)Zug *m*; *med.* Schlag(anfall) *m*; **~ of luck** Glücksfall *m*

stroll [strəʊl] **1.** schlendern; **2.** Bummel *m*, Spaziergang *m*; '**~er** Spaziergänger(in); *Am.* (Falt)Sportwagen *m*

strong [strɒŋ] stark; kräftig; fest; '**~box** (Stahl)Kassette *f*; '**~room** Tresor(raum) *m*

strove [strəʊv] *pret von* **strive**

struck [strʌk] *pret u. pp von* **strike** 2

structure ['strʌktʃə] Struktur *f*; Bau(werk *n*) *m*

struggle ['strʌgl] **1.** sich abmühen; kämpfen; sich winden, zappeln; **2.** Kampf *m*

strum [strʌm] klimpern (auf)

strung [strʌŋ] *pret u. pp von* **string** 1

strut [strʌt] **1.** stolzieren; **2.** Strebe *f*, Stütze *f*

stub [stʌb] **1.** (Baum)Stumpf *m*; Stummel *m*; Kippe *f*; **2.** ~ **out** Zigarette ausdrücken

stubble ['stʌbl] Stoppeln *pl*

stubborn ['stʌbən] eigensinnig; stur; hartnäckig

stuck [stʌk] *pret u. pp von* **stick** 2

stud [stʌd] Beschlagnagel *m*; Kragenknopf *m*; *an Schuhen:* Stollen *m*; Ohrstecker *m*

student ['stjuːdnt] Student(in); *Am.* Schüler(in)

studio ['stjuːdiəʊ] Atelier *n*; Studio *n*; Einzimmerwohnung *f*; **~ couch** Schlafcouch *f*

studious ['stjuːdjəs] fleißig

study ['stʌdɪ] **1.** Studium *n*; Arbeitszimmer *n*; Studie *f*; Untersuchung *f*; **2.** studieren; untersuchen; prüfen

stuff [stʌf] **1.** F Zeug *n*; Sachen *pl*; **2.** (aus)stopfen; füllen; (sich) vollstopfen; **'~ing** Füllung *f* (*a. gastr.*); **'~y** stickig; prüde; spießig

stumble ['stʌmbl] stolpern

stump [stʌmp] Stumpf *m*; Stummel *m*

stun [stʌn] betäuben

stung [stʌŋ] *pret u. pp von* **sting** 2

stunk [stʌŋk] *pret u. pp von* **stink** 2

stunning ['stʌnɪŋ] F toll, phantastisch

stupefy ['stjuːpɪfaɪ] benommen machen; verblüffen

stupendous [stjuː'pendəs] enorm; phantastisch

stupid ['stjuːpɪd] dumm; **~ity** [~'pɪdətɪ] Dummheit *f*

stupor ['stjuːpə] Benommenheit *f*

sturdy ['stɜːdɪ] robust, kräftig

stutter ['stʌtə] **1.** stottern; **2.** Stottern *n*

sty¹ [staɪ] Schweinestall *m*

sty² [~] *med.* Gerstenkorn *n*

styl|e [staɪl] **1.** Stil *m*; Mode *f*; **2.** entwerfen; **'~ish** stilvoll; elegant

stylus ['staɪləs] *Plattenspieler:* Nadel *f*

suave [swɑːv] verbindlich

sub|conscious [sʌb'kɒnʃəs]: **the ~** das Unterbewußtsein; **'~division** Unterteilung *f*; Unterabteilung *f*

subdue [səb'djuː] unterwerfen; **~d** *Licht:* gedämpft; *Person:* still

subject 1. ['sʌbdʒɪkt] Thema *n*, Gegenstand *m*; (Lehr-, Schul-, Studien)Fach *n*; Staatsbürger(in), -angehörige *m, f;* Untertan(in); *gr.* Subjekt *n,* Satzgegenstand *m;* **2.** [səbˈdʒekt] unterwerfen; aussetzen; **3.** [ˈsʌbdʒikt]: **be ~ to** unterliegen (*dat*); abhängen von; **~ive** [səbˈdʒektiv] subjektiv

sublet [sʌbˈlet] untervermieten

sublime [səˈblaim] erhaben

submachine gun [sʌbməˈʃiːn] Maschinenpistole *f*

submarine [sʌbməˈriːn] Unterseeboot *n,* U-Boot *n*

submerge [səbˈmɜːdʒ] (ein-, unter)tauchen

submission [səbˈmiʃn] Unterwerfung *f;* **~ive** unterwürfig

submit [səbˈmit]: **~ (to)** (sich) unterwerfen (*dat*); unterbreiten (*dat*); sich fügen (*dat,* in)

subordinate [səˈbɔːdnət] **1.** Untergebene *m, f;* **2.** untergeordnet

subscribe [səbˈskraib] spenden; **~ to** *Zeitung* abonnieren; **~r** Abonnent(in); *teleph.* Teilnehmer(in); Spender(in)

subscription [səbˈskripʃn] Abonnement *n;* (Mitglieds-)Beitrag *m;* Spende *f*

subsequent [ˈsʌbsikwənt] (nach)folgend, später; **~ly** hinterher; später

subside [səbˈsaid] sich senken; sinken; *Wind:* sich legen

subsidiary [səbˈsidiəri] **1.** untergeordnet, Neben...; **2.**

Tochtergesellschaft *f*

subsidize [ˈsʌbsidaiz] subventionieren; **~y** Subvention *f*

subsist [səbˈsist] leben (**on** von); **~ence** (Lebens)Unterhalt *m,* Existenz *f;* **~ level** Existenzminimum *n*

substance [ˈsʌbstəns] Substanz *f,* Stoff *m; das* Wesentliche

substantial [səbˈstænʃl] beträchtlich; kräftig, solide; *Mahlzeit:* reichlich; wesentlich

substitute [ˈsʌbstitjuːt] **1.** ersetzen; **2.** Stellvertreter(in), Vertretung *f;* Ersatz *m;* **~ion** [~ˈtjuːʃn] Ersatz *m*

subtitle [ˈsʌbtaitl] Untertitel *m*

subtle [ˈsʌtl] fein; subtil; raffiniert

subtract [səbˈtrækt] abziehen, subtrahieren

suburb [ˈsʌbɜːb] Vorort *m;* **~an** [səˈbɜːbən] vorstädtisch, Vorort(s)...; **~ia** [~biə] Stadtrand *m*

subway [ˈsʌbwei] Unterführung *f; Am.* U-Bahn *f*

succeed [səkˈsiːd] Erfolg haben; gelingen; (nach)folgen

success [səkˈses] Erfolg *m;* **~ful** erfolgreich; **~ion** (Aufeinander)Folge *f;* **in ~** nacheinander; **~ive** aufeinanderfolgend; **~or** Nachfolger(in)

succulent [ˈsʌkjulənt] saftig

succumb [səˈkʌm] erliegen

such [sʌtʃ] solche(r, -s); so, derartig; ~ *a* so ein, ein solcher; ~ *as* wie (zum Beispiel)

suck [sʌk] saugen (an); lutschen (an); '**~er** F Trottel *m*; '**~ing pig** Spanferkel *n*

sudden [sʌdn] plötzlich; *all of a ~* ganz plötzlich; '**~ly** plötzlich

suds [sʌdz] *pl* Seifenschaum *m*

sue [sjuː] (ver)klagen

suède [sweɪd] Wildleder *n*

suet ['sʊɪt] Talg *m*

suffer ['sʌfə] (er)leiden

sufficient [sə'fɪʃnt] genügend, genug, ausreichend

suffocate ['sʌfəkeɪt] ersticken

sugar ['ʃʊgə] 1. Zucker *m*; 2. zuckern; ~ *cane* Zuckerrohr *n*

suggest [sə'dʒest] vorschlagen, anregen; hindeuten auf; andeuten; unterstellen; **~ion** Vorschlag *m*, Anregung *f*; Hinweis *m*; Andeutung *f*; Unterstellung *f*; **~ive** zweideutig; anzüglich; *be ~ of* hindeuten auf

suicide ['sʊɪsaɪd] Selbstmord *m*

suit [suːt] 1. Anzug *m*; Kostüm *n*; *Kartenspiel*: Farbe *f*; *jur.* Prozeß *m*; 2. passen; *j-m* zusagen, bekommen; *j-m* stehen, passen zu, sich eignen für *od.* zu; anpassen; ~ *yourself* mach, was du willst; '**~able** passend, geeignet; '**~case** Koffer *m*

suite [swiːt] Zimmerflucht *f*, Suite *f*; (Möbel)Garnitur *f*

sulfur ['sʌlfə] *Am.* → *sulphur*

sulk [sʌlk] schmollen; '**~y** schmollend

sullen ['sʌlən] mürrisch

sulphur ['sʌlfə] Schwefel *m*

sultry ['sʌltrɪ] schwül

sum [sʌm] 1. Summe *f*; Betrag *m*; Rechenaufgabe *f*; *do ~s* rechnen; 2. ~ *up* zs.-fassen; *j-n* abschätzen

summarize ['sʌməraɪz] zs.-fassen; '**~y** (kurze) Inhaltsangabe; Zs.-fassung *f*

summer ['sʌmə] Sommer *m*

summit ['sʌmɪt] Gipfel *m*

summon ['sʌmən] zitieren; einberufen; *jur.* vorladen; ~ *up* Mut *etc.* zs.-nehmen; '**~s** ['~z] *jur.* Vorladung *f*

sun [sʌn] Sonne *f*; '**~bathe** sich sonnen; '**~beam** Sonnenstrahl *m*; '**~bed** Sonnenbank *f*; '**~burn** Sonnenbrand *m*

sundae ['sʌndeɪ] Eisbecher *m* mit Früchten

Sunday ['sʌndɪ] Sonntag *m*

'**sundial** Sonnenuhr *f*

sundries ['sʌndrɪz] *pl* Verschiedenes

sung [sʌŋ] *pp von* **sing**

'**sunglasses** *pl* Sonnenbrille *f*

sunk [sʌŋk] *pret u. pp von* **sink** 1; '**~en** versunken; eingefallen

'**sun|ny** sonnig; '**~rise** Sonnenaufgang *m*; '**~set** Sonnenuntergang *m*; '**~shade**

Sonnenschirm *m*; '**~shine** Sonnenschein *m*; '**~stroke** Sonnenstich *m*; '**~tan** Bräune *f*; *get a* **~** braun werden
super ['su:pə] F super, toll
super... [su:pə] Über..., über...; Ober..., ober...; Super...
superb [su:'pɜːb] hervorragend, ausgezeichnet
super|cilious [su:pə'sɪlɪəs] hochmütig; **~ficial** [~'fɪʃl] oberflächlich; **~fluous** [su:-'pɜːfluəs] überflüssig; **~human** übermenschlich; **~intendent** [~rɪn'tendənt] Leiter *m*, Direktor *m*; *Brt.* Kommissar(in)
superior [su:'pɪərɪə] **1.** höhere(r, -s); vorgesetzt; besser; hervorragend; überlegen; **2.** Vorgesetzte *m, f*
super|market ['su:pəmɑːkɪt] Supermarkt *m*; **~'natural** übernatürlich; **~'power** Weltmacht *f*; **~'sonic** Überschall...; **~stition** [~'stɪʃn] Aberglaube *m*; **~stitious** [~'stɪʃəs] abergläubisch; **~vise** ['~vaɪz] beaufsichtigen, überwachen; **~visor** ['~vaɪzə] Aufseher(in)
supper ['sʌpə] Abendessen *n*; *the Lord's* 2 das Heilige Abendmahl
supple ['sʌpl] geschmeidig
supplement 1. ['sʌplɪmənt] Ergänzung *f*; Nachtrag *m*; (Zeitungs- *etc.*)Beilage *f*; **2.** ['~ment] ergänzen; **~ary**

[~'mentərɪ] zusätzlich
suppl|ier [sə'plaɪə] Lieferant(in); **~y** [~aɪ] **1.** liefern; versorgen; **2.** Lieferung *f*; Versorgung *f*; *econ.* Angebot *n*; *mst pl* Vorrat *m*
support [sə'pɔːt] **1.** Stütze *f*; *tech.* Träger *m*; Unterstützung *f*; (Lebens)Unterhalt *m*; **2.** tragen; (ab)stützen; unterstützen; *Familie* unterhalten
suppos|e [sə'pəʊz] annehmen; vermuten; glauben, denken; *be* **~***d to* ... sollen; **~ed** [~zd] vermeintlich; **~edly** [~zɪdlɪ] angeblich; **~ition** [sʌpə'zɪʃn] Voraussetzung *f*; Annahme *f*, Vermutung *f*
suppress [sə'pres] unterdrücken; **~ion** Unterdrückung *f*
suppurate ['sʌpjʊəreɪt] eitern
suprem|acy [sʊ'preməsɪ] Oberhoheit *f*; Vorherrschaft *f*; Überlegenheit *f*; Vorrang *m*; **~e** [~'priːm] höchste(r, -s); oberste(r, -s); äußerste(r, -s)
surcharge ['sɜːtʃɑːdʒ] Zuschlag *m*; Nachgebühr *f*
sure [ʃɔː] sicher; gewiß; überzeugt; *make* **~** *that* sich (davon) überzeugen, daß; **~ enough** tatsächlich; **~!** klar!, bestimmt!; '**~ly** sicher(lich); **~ty** [~rətɪ] Bürge *m*, -in *f*; Bürgschaft *f*, Kaution *f*
surf [sɜːf] **1.** surfen; **2.** Brandung *f*

surface ['sɜːfɪs] **1.** Oberfläche *f*; **2.** auftauchen (*a. fig.*); **~ mail** gewöhnliche Post

surf|board ['sɜːfbɔːd] Surfbrett *n*; **'~er** Surfer(in), Wellenreiter(in); **'~ing, ~riding** Surfen *n*, Wellenreiten *n*

surge [sɜːdʒ] **1.** Woge *f*; **2.** wogen; drängen; aufwallen

surg|eon ['sɜːdʒən] Chirurg *m*; **~ery** Sprechzimmer *n*; Praxis *f*; Chirurgie *f*; Operation *f*; **~ hours** *pl* Sprechstunde(n *pl*) *f*; **~ical** chirurgisch

surly ['sɜːlɪ] mürrisch

surmount [sɜː'maunt] überwinden

surname ['sɜːneɪm] Familien-, Nachname *m*

surpass [sɜː'pɑːs] übertreffen

surplus ['sɜːpləs] **1.** Überschuß *m*; **2.** überschüssig

surprise [sə'praɪz] **1.** Überraschung *f*; **2.** überraschen

surrender [sə'rendə] **1.** Kapitulation *f*; **2.** sich ergeben, kapitulieren

surrogate ['sʌrəgeɪt] Ersatz *m*; **~ mother** Leihmutter *f*

surround [sə'raund] umgeben; umringen; *a. fig* umliegend; **~ings** *pl* Umgebung *f*

survey 1. [sə'veɪ] überblicken; sorgfältig prüfen; begutachten; *Land* vermessen; **2.** ['sɜːveɪ] Überblick *m*; sorgfältige Prüfung; Gutachten *n*; Untersuchung *f*; Umfrage *f*; Vermessung *f*

surviv|al [sə'vaɪvl] Überleben *n*; **~e** [~aɪv] überleben; erhalten bleiben; **~or** Überlebende *m, f*

susceptible [sə'septəbl]: **~ to** empfänglich für; anfällig für

suspect 1. [sə'spekt] verdächtigen; vermuten; befürchten; **2.** ['sʌspekt] Verdächtige *m, f*; **3.** [~] verdächtig, suspekt

suspend [sə'spend] (auf)hängen; aufschieben; *Zahlung* einstellen; *j-n* suspendieren; *Sport:* sperren; **~ed** hängend, Hänge...; schwebend; **~er** Strumpfhalter *m*, Straps *m*; Sockenhalter *m*; *pl Am.* Hosenträger *pl*

suspens|e [sə'spens] Spannung *f*; **~ion** Aufschub *m*; Einstellung *f*; Suspendierung *f*; *Sport:* Sperre *f*; *mot.* Aufhängung *f*; **~ion bridge** Hängebrücke *f*

suspicion [sə'spɪʃn] Verdacht *m*; Mißtrauen *n*; **~ous** verdächtig; mißtrauisch

sustain [sə'steɪn] stützen, tragen; aushalten; bei Kräften halten; aufrechterhalten; *Familie* ernähren; erleiden

swab [swɒb] *med.:* Tupfer *m*; Abstrich *m*

swagger ['swægə] stolzieren

swallow¹ [swɒləʊ] Schwalbe *f*

swallow² [~] schlucken

swam [swæm] *pret von* **swim** 1

swamp [swɒmp] **1.** Sumpf *m*; **2.** überschwemmen (*a. fig.*)

swan [swɒn] Schwan *m*

swap [swɒp] tauschen

swarm [swɔːm] **1.** Schwarm *m*; **2.** wimmeln

swarthy ['swɔːðɪ] dunkel (-häutig)

sway [sweɪ] schwanken; (sich) wiegen; schaukeln; beeinflussen

swear [sweə] (*swore*, *sworn*) schwören; fluchen; **~ s.o.** j-n vereidigen; **'~word** Fluch *m*

sweat [swet] **1.** Schweiß *m*; **2.** (*sweated* od. *Am. a.* **sweat**) schwitzen; **'~er** Sweater *m*, Pullover *m*; **'~y** verschwitzt

Swede|e [swiːd] Schwed|e *m*, -in *f*; **'~ish** schwedisch

sweep [swiːp] **1.** (*swept*) fegen (*a. fig.*), kehren; *Blick*: gleiten über; (dahin)rauschen; **2.** Schwung *m*; Schornsteinfeger *m*; **'~ing** durchgreifend; pauschal

sweet [swiːt] **1.** süß; niedlich, lieb, reizend; **2.** *Brt.* Bonbon *m, n*; *Brt. süßer* Nachtisch; *pl* Süßigkeiten *pl*; **'~en** (ver)süßen; **'~ener** Süßstoff *m*; **'~heart** Schatz *m*, Liebste *m, f*; **~ pea** Gartenwicke *f*

swell [swel] **1.** (*swelled*, *swollen od. swelled*) (an-)schwellen (lassen); sich (auf-) blähen; sich bauschen; aufblähen; vermehren; **2.** *Am.* F prima, klasse; **'~ing** Schwellung *f*

sweltering ['sweltərɪŋ] drükkend, schwül

swept [swept] *pret u. pp von* **sweep** l

swerve [swɜːv] ausscheren

swift [swɪft] schnell; rasch

swim [swɪm] **1.** (*swam*, *swum*) (durch)schwimmen; **go ~ming** schwimmen gehen; **my head is ~ming** mir dreht sich alles; **2.** Schwimmen *n*; **go for a ~** schwimmen gehen; **'~mer** Schwimmer(in); **'~ming** Schwimmen *n*; Schwimmen...; **~ming bath(s** *pl) Brt.* (*bsd.* Hallen)Schwimmbad *n*; **~ming costume** Badeanzug *m*; **~ming pool** Schwimmbecken *n*; Schwimmbad *n*; Swimmingpool *m*; **'~suit** Badeanzug *m*

swindle ['swɪndl] betrügen

swine [swaɪn] (*pl* ~) Schwein *n*; *fig.* (*pl* ~s) Schwein *n*

swing [swɪŋ] **1.** (*swung*) schwingen; schwenken; schlenkern; baumeln (lassen); schaukeln; *Tür*: sich (*in den Angeln*) drehen; **2.** Schwung *m*; Schaukel *f*; *pol. etc.* Wende *f*; *mus.* Swing *m*

swirl [swɜːl] **1.** (herum)wirbeln; **2.** Wirbel *m*

Swiss [swɪs] **1.** schweizerisch, Schweizer...; **2.** Schweizer(in); **the ~** *pl* die Schweizer *pl*

switch [swɪtʃ] **1.** *electr.* Schalter *m*; *Am. rail.* Weiche *f*;

Wechsel *m*; Änderung *f*; **2.**
electr. (um)schalten; *Am.
rail.* rangieren; wechseln; **~
off** ab-, ausschalten; **~ on**
an-, einschalten; **'~board**
electr. Schaltbrett *n*, -tafel *f*;
teleph. Zentrale *f*
swivel ['swivl] (sich) drehen
swollen ['swəʊlən] *pp von*
swell 1
swoop [swuːp]: **~ down on**
herabstoßen auf
sword [sɔːd] Schwert *n*
swor|e [swɔː] *pret*, **~n** *pp von*
swear
swum [swʌm] *pp von* **swim** I
swung [swʌŋ] *pret u. pp von*
swing I
sycamore ['sɪkəmɔː] Berg-
ahorn *m*; *Am.* Platane *f*
syllable ['sɪləbl] Silbe *f*
syllabus ['sɪləbəs] (*pl* **-buses,
-bi** ['~baɪ]) Lehrplan *m*
symbol ['sɪmbl] Symbol *n*,
Sinnbild *n*; **~ic(al)**
['~bɒlɪk(l)] symbolisch, sinn-
bildlich; **~ize** ['~bəlaɪz] sym-
bolisieren

symmetr|ic(al) [sɪ'metrɪk(l)]
symmetrisch, ebenmäßig; **~y**
['sɪmətrɪ] Symmetrie *f*; *fig. a.*
Ebenmaß *n*
sympath|etic [sɪmpə'θetɪk]
mitfühlend; **~ize** ['~θaɪz]
mitfühlen; sympathisieren;
'~y Mitgefühl *n*; Verständnis
n; *bei Tod*: Beileid *n*
symphony ['sɪmfənɪ] Symphonie *f*
symptom ['sɪmptəm] Symptom *n*; **~atic** [~'mætɪk] bezeichnend
synchronize ['sɪŋkrənaɪz]
synchronisieren; synchron
gehen; gleichzeitig ablaufen
synonym ['sɪnənɪm] Synonym *n*; **~ous** [sɪ'nɒnɪməs]
synonym, gleichbedeutend
synthetic [sɪn'θetɪk] synthetisch
syringe ['sɪrɪndʒ] Spritze *f*
syrup ['sɪrəp] Sirup *m*
system ['sɪstəm] System *n*;
Organismus *m*, Körper *m*;
~atic [~'mætɪk] systematisch

T

tab [tæb] Aufhänger *m*;
Schlaufe *f*; Lasche *f*
table ['teɪbl] Tisch *m*; Tabelle
f; **'~cloth** Tischtuch *n*; **'~
spoon** Eßlöffel *m*
tablet ['tæblɪt] Tablette *f*
table tennis Tischtennis *n*
taboo [tə'buː] **1.** tabu; **2.** Tabu *n*

tacit ['tæsɪt] stillschweigend
tack [tæk] **1.** Stift *m*; Reiß-,
Heftzwecke *f*; Heftstich *m*;
2. heften
tackle ['tækl] **1.** Gerät *n*, Ausrüstung *f*; Flaschenzug *m*; **2.**
(an)packen, in Angriff nehmen; *Sport*: angreifen

tact [tækt] Takt *m*, Feingefühl *n*; '**_ful** taktvoll

tactics ['tæktɪks] *mil. sg, fig. pl* Taktik *f*

'**tactless** taktlos

tadpole ['tædpəʊl] Kaulquappe *f*

tag [tæg] Anhänger *m*, Schildchen *n*, Etikett *n*

tail [teɪl] Schwanz *m*; (hinteres) Ende, Schluß *m*; **2.** beschatten; '**_back** Rückstau *m*; **\~ coat** Frack *m*; '**_light** Rück-, Schlußlicht *n*

tailor ['teɪlə] Schneider *m*; '**_-made** maßgeschneidert (*a. fig.*)

tail pipe *Am.* Auspuffrohr *n*

tainted ['teɪntɪd] *Fleisch:* verdorben

take [teɪk] (**took, taken**) nehmen; an-, ein-, ent-, entgegen-, heraus-, hin-, mit-, wegnehmen; fassen, ergreifen; fangen; (hin-, weg)bringen; halten (**for** für); auffassen; annehmen; ertragen, aushalten; fassen, Platz haben für; *Speisen* zu sich nehmen; *Platz* einnehmen; *Fahrt, Spaziergang, Ferien* machen; *Zug, Bus etc.* nehmen, benutzen; *Temperatur* messen; *phot. Aufnahme* machen; *Prüfung* machen, ablegen; *Notiz* nehmen; *Gelegenheit, Maßnahmen* ergreifen; *Eid* ablegen; *Zeit, Geduld* erfordern, brauchen; *Zeit* dauern; *Zeitung* beziehen; *Klei-*

dergröße haben, tragen; **\~ after** nachschlagen, ähneln; **\~ down** abreißen; notieren, aufschreiben; **\~ in** *Gast* (bei sich) aufnehmen; *et.* kürzer *od.* enger machen; *fig.* verstehen, erfassen; *j-n* reinlegen; **\~ off** ab-, wegnehmen; *Hut etc.* abnehmen; *Kleidungsstück* ablegen, ausziehen; *e-n Tag etc.* Urlaub machen; *aer.* starten; **\~ on** einstellen; übernehmen; **\~ out** heraus-, entnehmen; *j-n* ausführen; *Versicherung* abschließen; **\~ over** *Amt, Aufgabe etc.* übernehmen; **\~ to** Gefallen finden an; **\~ up** auf-, hochheben; aufnehmen; sich befassen mit; *Idee* aufgreifen; *Platz* einnehmen; *Zeit etc.* in Anspruch nehmen; '**_n 1.** *pp von* **take**; **2.** *Platz:* besetzt; '**_off** *aer.* Start *m*

takings ['teɪkɪŋz] *pl econ.* Einnahmen *pl*

talc [tælk], **talcum powder** ['tælkəm] Talkum-, Körperpuder *m*

tale [teɪl] Erzählung *f*; Geschichte *f*

talent ['tælənt] Talent *n*, Begabung *f*; '**_ed** begabt

talk [tɔːk] **1.** Gespräch *n*; Unterhaltung *f*; Unterredung *f*; Gerede *n*; Vortrag *m*; **2.** sprechen, reden; sich unterhalten; **\~ s.o. into** *j-n* zu et. überreden; **\~ s.th. over** et.

besprechen; ~**ative** ['~ətɪv] gesprächig; geschwätzig

tall [tɔːl] groß; hoch

tallow ['tæləʊ] Talg *m*

talon ['tælən] *Vogel:* Klaue *f*

tame [teɪm] **1.** zahm; *fig.* lahm, fad(e); **2.** zähmen

tamper ['tæmpə]: ~ **with** sich zu schaffen machen an

tan [tæn] **1.** (Sonnen)Bräune *f*; **2.** bräunen; braun werden

tangerine [tændʒə'riːn] Mandarine *f*

tangle ['tæŋgl] **1.** Gewirr *n*; Durcheinander *n* **2.** verwirren, durcheinanderbringen; sich verheddern

tank [tæŋk] Tank *m*; Wasserbehälter *m*; *mil.* Panzer *m*

tankard ['tæŋkəd] Humpen *m*

tanker ['tæŋkə] Tanker *m*; Tankwagen *m*

tanned [tænd] braun(gebrannt)

tantalizing ['tæntəlaɪzɪŋ] verlockend

tantamount ['tæntəmaʊnt]: ~ **to** gleichbedeutend mit

tantrum ['tæntrəm] Wutanfall *m*

tap [tæp] **1.** leichtes Klopfen (Wasser-, Gas-, Zapf)Hahn *m*; **2.** klopfen; *teleph.* abhören

tape [teɪp] schmales Band, Streifen *m*; Kleb(e)streifen *m*; Lochstreifen *m*; *Sport:* Zielband *n*; (Magnet-, Video-, Ton)Band *n*; ~ **measure** Maßband *n*

taper ['teɪpə]: ~ **off** spitz zulaufen

tape| recorder Tonbandgerät *n*; ~ **recording** Tonbandaufnahme *f*

tapestry ['tæpɪstrɪ] Gobelin *m*, Wandteppich *m*

'tapeworm Bandwurm *m*

tar [tɑː] **1.** Teer *m*; **2.** teeren

target ['tɑːgɪt] Ziel *n*; Zielscheibe *f* (*a. fig.*)

tariff ['tærɪf] Zoll(tarif) *m*; *im Hotel:* Preisliste *f*

tarnish ['tɑːnɪʃ] matt *od.* stumpf werden (lassen); *Metall:* anlaufen

tarpaulin [tɑː'pɔːlɪn] Plane *f*

tart [tɑːt] (Obst)Torte *f*; F Nutte *f*

tartan ['tɑːtən] Schottentuch *n*, -muster *n*

tartar ['tɑːtə] Zahnstein *m*

task [tɑːsk] Aufgabe *f*; ~ **force** Sondereinheit *f*

tassel ['tæsl] Quaste *f*

tast|e [teɪst] **1.** Geschmack *m*; Kostprobe *f*; **2.** schmecken; kosten, probieren; '~**eful** geschmackvoll; '~**eless** geschmacklos; '~**y** geschmackhaft

tattered ['tætəd] zerlumpt; zerfetzt

tatters ['tætəz]: **in** ~ in Fetzen

tattoo [tə'tuː] **1.** Tätowierung *f*; *mil.* Zapfenstreich *m*; **2.** tätowieren

taught [tɔːt] *pret u. pp von* **teach**

taunt [tɔːnt] **1.** Spott *m*; **2.** verhöhnen, -spotten

taut [tɔːt] straff

tax [tæks] **1.** Steuer *f*; Abgabe *f*; **2.** besteuern; strapazieren; **~ation** [~'seɪʃn] Besteuerung *f*; Steuern *pl*

taxi|(**cab**) ['tæksɪ] **1.** Taxe *f*, Taxi *n*; **2.** *aer.* rollen; '**~ driver** Taxifahrer *m*; '**~meter** Taxameter *n*, *m*; '**~rank**, *bsd. Am.* **~ stand** Taxistand *m*

'**tax**|**payer** Steuerzahler *m*; **~ return** Steuererklärung *f*

tea [tiː] Tee *m*; → **high tea**; '**~bag** Teebeutel *m*; '**~break** Teepause *f*; '**~cake** Rosinenbrötchen *n*

teach [tiːtʃ] (**taught**) lehren, unterrichten; *j-m et.* beibringen; '**~er** Lehrer(in)

tea|**cloth** Geschirrtuch *n*; '**~cosy** Teewärmer *m*; '**~cup** Teetasse *f*

teak [tiːk] Teakholzbaum *m*; Teakholz *n*

team [tiːm] Team *n*, (Arbeits)Gruppe *f*; Gespann *n*; *Sport:* Team *n*, Mannschaft *f*; '**~ster** ['~stə] *Am.* Lkw-Fahrer *m*; '**~work** Zs.-arbeit *f*, Teamwork *n*

'**teapot** Teekanne *f*

tear[1] [tɪə] **1.** (**tore**, **torn**) zerren; (zer)reißen; rasen; **2.** Riß *m*

tear[2] [tɪə] Träne *f*; '**~ful** tränenreich; weinend

'**tearoom** Teestube *f*, Café *n*

tease [tiːz] necken, hänseln; ärgern, reizen

tea| **service**, **~ set** Teeservice *n*; '**~spoon** Teelöffel *m*

teat [tiːt] Brustwarze *f*; *zo.* Zitze *f*; (Gummi)Sauger *m*

tea towel Geschirrtuch *n*

techni|**cal** ['teknɪkl] technisch; Fach...; **~cality** [~'kælətɪ] technische Einzelheit; *jur.* Formsache *f*; **~cian** [~'nɪʃn] Techniker(in); **~que** [~'niːk] Technik *f*, Verfahren *n*

technology [tek'nɒlədʒɪ] Technologie *f*

tedious ['tiːdjəs] langweilig

teem [tiːm] wimmeln; **~ (with rain)** in Strömen regnen

teen|**age** ['tiːneɪdʒ] Teenager...; '**~r** Teenager *m*

teens [tiːnz] *pl* Teenageralter *n*

teeth [tiːθ] *pl von* **tooth**; **~e** [tiːð] zahnen

teetotal(**l**)**er** [tiː'təʊtlə] Abstinenzler(in)

tele|**cast** ['telɪkɑːst] Fernsehsendung *f*; **~communications** [~kəmjuːnɪ'keɪʃnz] Fernmeldewesen *n*; '**~fax** Telefax *n*; '**~gram** ['~græm] Telegramm *n*

telegraph ['telɪɡrɑːf] **1.** Telegraf *m*; **2.** telegrafieren; **~ic** [~'ɡræfɪk] telegrafisch

telephone ['telɪfəʊn] **1.** Telefon *n*, Fernsprecher *m*; **2.** telefonieren; anrufen; **~ booth**, **~ box** Telefonzelle *f*;

~ call Telefongespräch *n*, Anruf *m*; **~ directory** Telefonbuch *n*; **~ exchange** Fernsprechamt *n*; **~ kiosk** Telefonzelle *f*

tele|printer ['telɪprɪntə] Fernschreiber *m*; **'~scope** Fernrohr *n*; **'~typewriter** *Am.* Fernschreiber *m*

televise ['telɪvaɪz] im Fernsehen übertragen

television ['telɪvɪʒn] Fernsehen *n*; **on ~** im Fernsehen; **~ watch** ~ fernsehen; **~ (set)** Fernsehapparat *m*

telex ['teleks] **1.** Telex *n*, Fernschreiben *n*; **2.** telexen

tell [tel] (*told*) sagen; erzählen; erkennen; sagen, befehlen; sich auswirken; **~ s.o. off** j-n schelten; **~ on s.o.** j-n verpetzen; **'~er** *bsd. Am.* (Bank)Kassierer(in); **'~tale** verräterisch

temp [temp] **1.** Aushilfskraft *f*; **2.** als Aushilfskraft arbeiten

temper ['tempə] Wesen *n*, Naturell *n*; Laune *f*; Wut *f*; **keep one's ~** sich beherrschen; **lose one's ~** in Wut geraten; **~ament** ['~rəmənt] Temperament *n*; Veranlagung *f*; **~ance** ['~rəns] Mäßigung *f*; Enthaltsamkeit *f*; **~ature** ['~prətʃə] Temperatur *f*; Fieber *n*

temple ['templ] Tempel *m*; *anat.* Schläfe *f*

temporary ['tempərərɪ] **1.**

vorübergehend; provisorisch; **2.** Aushilfskraft *f*

tempt [tempt] in Versuchung führen; verführen; verleiten; **~ation** [~'teɪʃn] Versuchung *f*; **'~ing** verführerisch; verlockend

ten [ten] zehn

tenacious [tɪ'neɪʃəs] zäh, hartnäckig

tenant ['tenənt] Mieter(in); Pächter(in)

tend [tend] *v/i* tendieren, neigen (*to zu*); *v/t* sich kümmern um; pflegen; **~ency** ['~ənsɪ] Tendenz *f*; Neigung *f*

tender¹ ['tendə] zart; weich; empfindlich; *Thema:* heikel; liebevoll, zärtlich

tender² ['~] *econ.* **1.** Angebot *n*; Kostenvoranschlag *m*; **2.** anbieten

'tender|loin Filet *n*; **'~ness** Zartheit *f*; Zärtlichkeit *f*

tendon ['tendən] Sehne *f*

tendril ['tendrəl] Ranke *f*

tenement ['tenəmənt] Mietshaus *n*, -kaserne *f*

tennis ['tenɪs] Tennis *n*; **~ court** Tennisplatz *m*; **~ elbow** *med.* Tennisarm *m*

tens|e [tens] gespannt, straff; (an)gespannt; verkrampft; nervös; **~ion** ['~ʃn] Spannung *f*; **(An)Gespanntheit *f***

tent [tent] Zelt *n*

tentacle ['tentəkl] *zo.* Fühler *m*; Fangarm *m*

tentative ['tentətɪv] vorläufig; vorsichtig, zögernd

tenterhooks ['tentəhʊks]: *be on* ~ wie auf glühenden Kohlen sitzen

tenth [tenθ] **1.** zehnte(r, -s); **2.** Zehntel n; '**~ly** zehntens

tepid ['tepɪd] lau(warm)

term [tɜ:m] **1.** Zeit(raum m) f, Dauer f; Amtszeit f; Frist f; Semester n; Quartal n; Trimester n; (Fach)Ausdruck m, Bezeichnung f; pl: (Vertrags- etc.)Bedingungen pl; Beziehungen pl; *be on good / bad* ~s *with s.o.* gut / nicht gut mit j-m auskommen; **2.** nennen, bezeichnen

termin|al ['tɜ:mɪnl] **1.** Endstation f; aer. Terminal m, n, (Flughafen)Abfertigungsgebäude n; Computer: Terminal n; **2.** med. unheilbar; **~ate** [~eɪt] beenden; **~ation** [~'neɪʃn] Beendigung f; Ende n; **~us** ['~əs] (pl -ni [~'naɪ], -nuses) Endstation f

terrace ['terəs] Terrasse f; Häuserreihe f; '**~d house** Reihenhaus n

terri|ble ['terəbl] schrecklich; **~fic** [tə'rɪfɪk] phantastisch; sagenhaft; irre; **~fy** ['terɪfaɪ] j-m Angst einjagen

territor|ial [terə'tɔ:rɪəl] territorial, Gebiets...; **~y** ['~tərɪ] Territorium n, (Hoheits-, Staats)Gebiet n

terror ['terə] panische Angst; Schrecken m; Terror m; '**~ist** ['~rɪst] Terrorist(in f) m; '**~ize** ['~raɪz] terrorisieren

test [test] **1.** Probe f; Versuch m; Test m; Untersuchung f; (Eignungs)Prüfung f; Klassenarbeit f; **2.** prüfen, testen

testament ['testəmənt] Testament n

testicle ['testɪkl] Hoden m

testify ['testɪfaɪ] bezeugen; (als Zeuge) aussagen

testimon|ial [testɪ'məʊnjəl] Referenz f, Zeugnis n; **~y** ['~mənɪ] Zeugenaussage f

test| tube Reagenzglas n; '**~- tube baby** Retortenbaby n

testy ['testɪ] gereizt

tether ['teðə]: *be at the end of one's* ~ mit den Nerven am Ende sein

text [tekst] Text m; Wortlaut m; '**~book** Lehrbuch n

textile ['tekstaɪl] Stoff m, Gewebe n; pl Textilien pl

texture ['tekstʃə] Beschaffenheit f; Struktur f

than [ðæn, ðən] als

thank [θæŋk] **1.** danken; *(no,)* ~ *you* (nein,) danke; **2.** pl Dank m; ~*s!* vielen Dank!, danke!; ~*s to* dank; '**~ful** dankbar; '**~fully** zum Glück; '**~less** undankbar; '**2sgiving (Day)** Am. Erntedankfest n

that [ðæt, ðət] **1.** pron u. adj (pl *those* [ðəʊz]) jene(r, -s), der, die, das, der-, die-, dasjenige; solche(r, -s); ohne pl: das; **2.** adv f so, dermaßen; ~ *much* so viel; **3.** rel pron (pl *that*) der, die, das, welche(r, -s); **4.** *cj* daß

thatched [θætʃt] Stroh..., strohgedeckt

thaw [θɔː] **1.** Tauwetter *n*; **2.** tauen; auftauen (lassen)

the [ðə; *vor Vokalen:* ðɪ, *betont* ðiː] **1.** der, die, das; *pl* die; **2.** *adv* desto, um so; ~ ... ~ je ... desto

theatre, theater, *Am.* **-ter** ['θɪətə] Theater *n*; (Hör)Saal *m*

theft [θeft] Diebstahl *m*

their [ðeə] *pl* ihr(e); **~s** [~z] ihre(r, -s), der, die, das ihr(ig)e

them [ðem, ðəm] *pron pl sie* (*acc*); ihnen

theme [θiːm] *n*; ~ **song** Titelmelodie *f*

themselves [ðəm'selvz] *pron pl* sie (selbst) (*reflexiv*); *verstärkend:* sie *od.* sich selbst

then [ðen] **1.** *adv* dann; da; damals; **by** ~ bis dahin; **2.** *adj* damalig

theology [θɪ'ɒlədʒɪ] Theologie *f*

theor|etic(al) [θɪə'retɪk(l)] theoretisch; **~y** ['~rɪ] Theorie *f*

therap|eutic [θerə'pjuːtɪk] therapeutisch; **~ist** ['~pɪst] Therapeut(in); **~y** ['~pɪ] Therapie *f*

there [ðeə] da, dort; da-, dorthin; *fig.* da; **~ is, ~ are** es gibt, es ist, es sind; **~ you are** hier (,bitte); **~ and back** hin und zurück; **~!** na also!; **~, ~!** ist ja schon gut!;

~about(s) ['ðeərəbaut(s)] da irgendwo; so ungefähr; **~fore** ['ðeəfɔː] darum, deshalb

thermometer [θə'mɒmɪtə] Thermometer *n*

thermos ['θɜːməs] *TM*, ~ **flask** Thermosflasche *f*

these [ðiːz] *pl von* **this**

thesis ['θiːsɪs] (*pl* **-ses** ['~siːz]) These *f*; Dissertation *f*

they [ðeɪ] *pl* sie; man

thick [θɪk] dick; dicht; dick(flüssig); F dumm, doof; **~en** dick(er) werden; dichter werden; sich verdichten; *Sauce* andicken; **~et** ['~ɪt] Dickicht *n*; **~set** untersetzt; **~skinned** dickfellig

thief [θiːf] (*pl* **thieves** [θiːvz]) Dieb(in)

thigh [θaɪ] (Ober)Schenkel *m*

thimble ['θɪmbl] Fingerhut *m*

thin [θɪn] **1.** dünn; mager; schwach; spärlich; **2.** verdünnen; dünner werden

thing [θɪŋ] Ding *n*; Sache *f*

think [θɪŋk] (**thought**) *v/i* denken; überlegen; nachdenken; *v/t* denken; meinen, glauben; halten für; **~ of** denken an; sich erinnern an; sich *et.* ausdenken; sich vorstellen; halten von; **~ s.th. over** sich *et.* überlegen, sich überdenken; **~ up** sich ausdenken

third [θɜːd] **1.** dritte(r, -s); **2.** Drittel *n*; **~ly** drittens; **~-party insurance** Haftpflichtversicherung *f*; **~-rate** drittklassig; minderwertig

thirst [θɜːst] Durst m; '**~y** durstig; **be ~** Durst haben

thirt|een [θɜː'tiːn] dreizehn; **~ieth** ['~tɪəθ] dreißigste(r, -s); '**~y** dreißig

this [ðɪs] (pl **these** [ðiːz]) diese(r, -s); dies, das

thistle ['θɪsl] Distel f

thorn [θɔːn] Dorn m; '**~y** dornig; fig. heikel

thorough ['θʌrə] gründlich; vollkommen; '**~bred** Vollblut(pferd) n; Vollblut...; '**~fare** Durchgangsstraße f; **no ~!** Durchfahrt verboten!

those [ðəʊz] pl von **that** 1

though [ðəʊ] **1.** cj obgleich, obwohl, wenn auch; **as ~** als ob; **2.** adv trotzdem

thought [θɔːt] **1.** pret u. pp von **think**; **2.** Gedanke m; Denken n; Überlegung f; '**~ful** nachdenklich; rücksichtsvoll; '**~less** gedankenlos, unüberlegt; rücksichtslos

thousand ['θaʊznd] tausend; '**~th** ['~ntθ] **1.** tausendste(r, -s); **2.** Tausendstel n

thrash [θræʃ] verdreschen, -prügeln; Sport: F j-m e-e Abfuhr erteilen; **~ (about)** um sich schlagen; sich im Bett herumwerfen; Fische: zappeln; '**~ing** (Tracht f) Prügel pl

thread [θred] **1.** Faden m (a. fig.); Zwirn m, Garn m; tech. Gewinde n; **2.** einfädeln; '**~bare** fadenscheinig

threat [θret] Drohung f; Bedrohung f; '**~en** (be-, an-) drohen; '**~ening** drohend; bedrohlich

three [θriː] drei; **~'quarter** dreiviertel

thresh [θreʃ] dreschen

threshold ['θreʃhəʊld] Schwelle f

threw [θruː] pret von **throw** 2

thrifty ['θrɪftɪ] sparsam

thrill [θrɪl] **1.** erregen; begeistern; **be ~ed** sich wahnsinnig freuen; **2.** Erregung f; Nervenkitzel m; '**~er** Reißer m, Thriller m; '**~ing** spannend; aufregend

thrive [θraɪv] (**thrived** od. **throve**, **thrived** od. **thriven**) gedeihen; fig. blühen, florieren; erfolgreich sein; **~n** ['θrɪvn] pp von **thrive**

throat [θrəʊt] Kehle f, Gurgel f; Hals m

throb [θrɒb] pochen, klopfen

thrombosis [θrɒm'bəʊsɪs] (pl **-ses** [~siːz]) Thrombose f

throne [θrəʊn] Thron m

throng [θrɒŋ] **1.** (Menschen)Massen pl; **2.** sich drängen (in)

throttle ['θrɒtl] **1.** erwürgen, erdrosseln; fig. abwürgen; **~ back, ~ down** tech. drosseln; Gas wegnehmen; **2.** tech. Drosselklappe f; mot. Gashebel m

through [θruː] **1.** prp u. adv durch; zeitlich: hindurch; Am. bis (einschließlich); **2.** adj durchgehend; Durchgangs...; fertig (a. fig. **with mit**); teleph. verbunden; **~ coach** Kurswagen m; **~ flight** Direktflug m; **~'out 1.** prp überall in; zeitlich: während; **2.** adv ganz; die ganze Zeit über; **~ train** durchgehender Zug

throve [θrəʊv] pret von **thrive**

throw [θrəʊ] **1.** Wurf m; **2.** (threw, thrown) werfen; würfeln; **~ off** abwerfen; abschütteln; loswerden; **~ out** hinauswerfen; wegwerfen; **~ up** hochwerfen; (sich) erbrechen; **'~away** Wegwerf...; Einweg...; **~in** Sport: Einwurf m; **~n** pp von **throw 2**

thru [θru:] Am. für **through**

thrush [θrʌʃ] Drossel f

thrust [θrʌst] **1.** (thrust) stoßen; **2.** Stoß m; tech.: Druck m; Schub(kraft f) m

thud [θʌd] **1.** dumpf (auf-)schlagen; **2.** dumpfer (Auf-)Schlag

thug [θʌg] Schläger(typ) m

thumb [θʌm] **1.** Daumen m; **2.** Buch etc. durch-blättern; **~ a lift** per Anhalter fahren; **'~tack** Am. Reißzwecke f

thump [θʌmp] **1.** (dumpfer) Schlag; Bums m; **2.** schlagen, hämmern, pochen

thunder [θʌndə] **1.** Donner m; **2.** donnern; **'~storm** Gewitter n; **'~struck** wie vom Donner gerührt

Thursday ['θɜ:zdɪ] Donnerstag m

thus [ðʌs] so; also, somit

thwart [θwɔ:t] vereiteln

thyroid (gland) ['θaɪrɔɪd] Schilddrüse f

tick [tɪk] **1.** Ticken n; (Vermerk)Häkchen n; **2.** ticken; an-, abhaken; **~ off** abhaken

ticket ['tɪkɪt] (Eintritts-, Theater- etc.)Karte f, Fahrkarte f, -schein m; aer. Flugschein m, Ticket n; (Preisetc.)Schildchen n, Etikett n; (Gepäck-, Park- etc.)Schein m; (Lotterie)Los n; Strafzettel m; **'~cancel(l)ing machine** (Fahrschein)Entwerter m; **~ collector** (Bahnsteig)Schaffner(in); **~ inspector** (Fahrkarten)Kontrolleur(in); **~ machine** Fahrkartenautomat m; **~ office** Fahrkartenschalter m; Theaterkasse f

tickle ['tɪkl] kitzeln; **'~ish** kitz(e)lig (a. fig.)

tide [taɪd] Gezeiten pl, Ebbe f u. Flut f; **high ~** Flut f; **low ~** Ebbe f

tidy ['taɪdɪ] ordentlich, sauber; **~ up** aufräumen

tie [taɪ] **1.** Krawatte f, Schlips m; fig. Band n, Bindung f, Beziehung f; fig. Fessel f, Last f; Sport: Unentschieden n; Am. rail. Schwelle f; **2.** (an-, fest-, zu-) binden; **~ down** festbinden; fig.: j-n binden; j-n festlegen

tier [tɪə] Stufe f, Etage f; Reihe f; thea. Rang m

tiger ['taɪɡə] Tiger *m*

tight [taɪt] **1.** *adj* eng; knapp (sitzend); fest(sitzend); dicht; straff; streng; knapp; F geizig, knick(e)rig; F blau; **2.** *adv* fest; **~en** fest-, an-, nachziehen; *Gürtel enger schnallen;* (sich) zs.-ziehen; **~ up** verschärfen; **~'fisted** geizig, knick(e)rig; **~'rope** (Draht)Seil *n* (*der Artisten*); **~s** *pl* Trikot *n*; *bsd.* Brt. Strumpfhose *f*

tile [taɪl] **1.** (Dach)Ziegel *m*; Kachel *f*, Fliese *f*; **2.** mit Ziegeln) decken; kacheln, fliesen

till¹ [tɪl] **1.** *prp* bis (zu); *not* ~ nicht vor; erst; **2.** *cj* bis

till² [~] (Laden)Kasse *f*

till³ [~] Boden bestellen

tilt [tɪlt] kippen; (sich) neigen

timber ['tɪmbə] (Bau-, Nutz-)Holz *n*

time [taɪm] **1.** Zeit *f*; Uhrzeit *f*; Mal *n*; *pl* mal, ...mal; *mus.* Takt *m*; ~ *is up* die Zeit ist um *od.* abgelaufen; *for the being* vorläufig; *have a good ~* sich gut unterhalten *od.* amüsieren; *what's the ~?, what ~ is it?* wieviel Uhr ist es?, wie spät ist es?; *the first ~* das erste Mal; *four ~s* viermal; *~ and again* immer wieder; *all the ~* ständig, immer; *at a ~* auf einmal, zusammen; *at any ~, at all ~s* jederzeit; *at the same ~* gleichzeitig; *in ~* rechtzeitig;

in no ~ im Nu; *on* ~ pünktlich; **2.** zeitlich abstimmen; timen (*a. Sport*); (ab)stoppen, messen; **'~card** Stechkarte *f*; **'~clock** Stechuhr *f*; **'~lag** Zeitunterschied *m*; Verzögerung *f*; **'~less** zeitlos; immerwährend; **~limit** Frist *f*; **'~ly** rechtzeitig; **'~er** Schaltuhr *f*; **'~saving** zeitsparend; **~signal** Rundfunk, TV: Zeitzeichen *n*; **~switch** Zeitschalter *m*; **'~table** Fahr-, Flugplan *m*; Stundenplan *m*; Programm *n*; **~zone** Zeitzone *f*

timid ['tɪmɪd] ängstlich; schüchtern

tin [tɪn] **1.** Blech *n*; Zinn *n*; *bsd.* Brt. Dose *f*, Büchse *f*; **2.** eindosen; **'~foil** Alu(minium)folie *f*; Stanniol(papier) *n*

tinge [tɪndʒ] **1.** leichte Tönung; *fig.* Anflug *m*, Spur *f*; **2.** (leicht) tönen

tingle ['tɪŋɡl] prickeln

tinker ['tɪŋkə] **1.** Kesselflicker *m*; **2.** herumwerkeln (*with* an)

tinkle ['tɪŋkl] klingen; klirren; klingeln

tin|ned Büchsen..., Dosen...; **~ opener** Dosenöffner *m*

tinsel ['tɪnsl] Flittergirlanden *pl*; *fig.* Tand *m*

tint [tɪnt] **1.** (Farb)Ton *m*, Schattierung *f*; **2.** tönen

tiny ['taɪnɪ] winzig

tip [tɪp] **1.** Spitze *f*; Filter *m*, Mundstück *n*; Trinkgeld *n*; Tip *m*, Wink *m*; **2.** (um)kippen; *j-m* ein Trinkgeld geben; **~** (*off*) *j-m* e-n Wink geben; **~ped** Zigarette: mit Filter *od.* Mundstück

tipsy ['tɪpsɪ] beschwipst

tiptoe ['tɪptəʊ] **1.** auf Zehenspitzen gehen; **2.** *on* **~** auf Zehenspitzen

tire¹ ['taɪə] *Am.* → **tyre**

tire² [´-] ermüden; müde werden *od.* machen; **'~d** müde; erschöpft; *be* **~** *of et.* satt haben; '**~less** unermüdlich; '**~some** lästig

tiring ['taɪərɪŋ] ermüdend; anstrengend

tissue ['tɪʃuː] Gewebe *n*; Papiertaschentuch *n*; → **~ paper** Seidenpapier *n*

tit¹ [tɪt] Meise *f*

tit² [`~]: **~ for tat** wie du mir, so ich dir

titbit ['tɪtbɪt] Leckerbissen *m*

title ['taɪtl] Titel *m*; Überschrift *f*

titter ['tɪtə] kichern

to [tʊ, tə, tuː] **1.** *prp* zu; nach; bis; *Uhrzeit:* vor; pro; *befestigt etc.:* an; **~ me** mir *etc.*; **2.** *im inf* zu; um zu; **3.** *adv* zu, geschlossen; *pull* **~** Tür zuziehen; *come* **~** (wieder) zu sich kommen; **~ and fro** hin u. her, auf u. ab

toad [təʊd] Kröte *f*; '**~stool** Giftpilz *m*

toast [təʊst] **1.** Toast *m*; Trinkspruch *m*; **2.** toasten, rösten; *fig.* trinken auf

tobacco [tə'bækəʊ] Tabak *m*;

~nist [~ənɪst] Tabak(waren)händler(in); **~'s** (*shop*) Tabakladen *m*

toboggan [tə'bɒgən] **1.** Rodelschlitten *m*; **2.** rodeln

today [tə'deɪ] heute

toddle ['tɒdl] unsicher gehen, watscheln; '**~r** Kleinkind *n*

toe [təʊ] Zehe *f*; (*Schuhetc.*)Spitze *f*

toff|ee, **~y** ['tɒfɪ] Sahnebonbon *m, n*, Toffee *n*

together [tə'geðə] zusammen; gleichzeitig

toil [tɔɪl] **1.** Mühe *f*, Plackerei *f*; **2.** sich plagen

toilet ['tɔɪlɪt] Toilette *f*; → **paper** Toilettenpapier *n*; **~ries** ['~rɪz] *pl* Toilettenartikel *pl*; **~ roll** Rolle *f* Toilettenpapier

token ['təʊkən] Zeichen *n*; Andenken *n*; Gutschein *m*

told [təʊld] *pret. u. pp* von **tell**

tolera|ble ['tɒlərəbl] erträglich; leidlich; '**~nce** Toleranz *f*; '**~nt** tolerant (*of* gegen); **~te** ['~eɪt] dulden; ertragen

toll¹ [təʊl] läuten, schlagen

toll² [`~] Straßenbenutzungsgebühr *f*, Maut *f*; *fig.* Tribut *m*, (Zahl *f* der) Todesopfer *pl*; '**~bar**, '**~gate** Schlagbaum *m*; '**~ road** gebührenpflichtige Straße, Mautstraße *f*

tomato [tə'mɑːtəʊ] (*pl* -**toes**) Tomate *f*

tomb [tuːm] Grab(mal) *n*

tomboy ['tɒmbɔɪ] Wildfang *m*

'**tombstone** Grabstein *m*

totter

tomcat ['tɒmkæt] Kater *m*

tomorrow [tə'mɒrəʊ] morgen; *the day after* ~ übermorgen

ton [tʌn] *Gewicht:* Tonne *f*

tone [təʊn] Ton *m*, Klang *m*

tongs [tɒŋz] *pl* (*a. a pair of* ~ e-e) Zange

tongue [tʌŋ] Zunge *f*; Sprache *f*; (Schuh)Lasche *f*

tonic ['tɒnɪk] Stärkungsmittel *n*; ~ (*water*) Tonic *n*

tonight [tə'naɪt] heute abend; heute nacht

tonsil ['tɒnsl] *anat.* Mandel *f*; **~litis** [ˌ-sɪ'laɪtɪs] Mandelentzündung *f*

too [tuː] zu, allzu; *nachgestellt:* auch

took [tʊk] *pret von* **take**

tool [tuːl] Werkzeug *n*

tooth [tuːθ] (*pl* **teeth** [tiːθ]) Zahn *m*; **~ache** Zahnschmerzen *pl*; **~brush** Zahnbürste *f*; **~less** zahnlos; **~paste** Zahnpasta *f*, -creme *f*; **~pick** Zahnstocher *m*

top [tɒp] **1.** ober(st)es Ende; Oberteil *n*, -seite *f*; Spitze *f* (*a. fig.*); Gipfel *m* (*a. fig.*); Wipfel *m* (Baum)Krone *f*; Kopf(ende *n*) *m*; Deckel *m*, Verschluß *m*, Hülle *f*; *mot.* Verdeck *n*; *mot.* höchster Gang; *Spielzeug:* Kreisel *m*; *on* ~ *of* (oben) auf; be oberste(r, -s); höchste(r, -s); Höchst..., Spitzen...; ~ *secret* streng geheim; **3.** bedek-

ken; übertreffen; ~ *up* (auf-, nach)füllen; ~ *hat* Zylinder *m*; **~'heavy** kopflastig

topic ['tɒpɪk] Thema *n*; **~al** aktuell

'top|less oben ohne; **~most** höchste(r, -s), oberste(r, -s)

topple ['tɒpl]: ~ (*down, over* um)kippen

topsy-turvy ['tɒpsɪ'tɜːvɪ] auf den Kopf gestellt; drunter und drüber

torch [tɔːtʃ] Taschenlampe *f*; Fackel *f*

tore [tɔː] *pret von* **tear¹** 1

torment 1. ['tɔːment] Qual *f*; **2.** [ˌ-'ment] quälen

torn [tɔːn] *pp von* **tear¹** 1

tornado [tɔː'neɪdəʊ] (*pl -does, -dos*) Wirbelsturm *m*

torrent ['tɒrənt] Sturzbach *m*; reißender Strom; *fig.* Schwall *m*; **~ial** [tə'renʃl] sintflutartig

tortoise ['tɔːtəs] (Land-)Schildkröte *f*

torture ['tɔːtʃə] **1.** Folter *f*; *fig.* Qual *f*; **2.** foltern; *fig.* quälen, peinigen

toss [tɒs] werfen; ~ *about* (sich) hin- u. herwerfen; ~ *up* hochwerfen; ~ (*up*), ~ *a coin* (durch Münzwurf) losen

total ['təʊtl] **1.** völlig, absolut, total; ganz, gesamt, Gesamt...; Gesamtbetrag *m*, -menge *f*; **3.** sich belaufen auf; **~itarian** [ˌ-tæl'teərɪən] totalitär

totter ['tɒtə] (sch)wanken

touch 304

touch [tʌtʃ] **1.** Berührung f; Tastsinn m, -gefühl n; leichter Anfall; Anflug m, Spur f; mus. Anschlag m; **keep in ~** in Verbindung bleiben; **2.** (sich) berühren; anrühren, anfassen; fig. rühren; **~ down** aer. aufsetzen; **~ up** auffrischen; **~ (up)on** Thema berühren, streifen; **~and- 'go** riskant, prekär; **it's ~ es** steht auf des Messers Schneide; **'~down** aer. Aufsetzen n; **'~ing** rührend; **'~y** empfindlich; heikel

tough [tʌf] zäh (a. fig.); robust; hart, schwierig; grob, brutal

tour [tʊə] **1.** Tour f, Reise f, (Rund)Fahrt f; Tournee f; **2.** (be)reisen; eine Tournee machen

tourist ['tʊərɪst] Tourist(in); Touristen...; **~ agency, ~ bureau, ~ office** Reisebüro n; Verkehrsverein m

tournament ['tɔːnəmənt] Turnier n

tousled ['taʊzld] zerzaust

tow [tʊ] **1.** Schleppen n; **give s.o. a ~** j-n abschleppen; **take in ~ → 2.** abschleppen

toward(s) [tə'wɔːd(z)] auf ... zu, in Richtung; zeitlich: gegen; j-m/et. gegenüber; als Beitrag: zu

towel ['taʊəl] Handtuch n

tower ['taʊə] **1.** Turm m; **2.** (hoch)ragen, sich erheben

town [taʊn] Stadt f; Stadt...; **~ council** Versammlung: Stadtrat m; **~ council(l)or** Stadtrat m, -rätin f; **~ hall** Rathaus n

'towrope Abschleppseil n

toy [tɔɪ] **1.** Spielzeug n; pl Spielsachen pl, -waren pl; Spielzeug...; Zwerg...; **2.** **with** spielen mit

trace [treɪs] **1.** Spur f; **2.** nachspüren; verfolgen; ausfindig machen; (nach)zeichnen, durchpausen

track [træk] **1.** Spur f, Fährte f; rail. Gleis n; Pfad m; Tonband etc.; Spur f; (Renn-, Aschen)Bahn f; **2.** verfolgen; **~ down** aufspüren; **~suit** Trainingsanzug m

tractor ['træktə] Traktor m, Trecker m

trade [treɪd] **1.** Handel m; Gewerbe n; Handwerk n; Branche f; die Geschäfte pl; **2.** Handel treiben, handeln (in mit); **'~mark** Warenzeichen n; **'~r** Händler m, Kaufmann m; **'~sman** (pl -men) Lieferant m; (Einzel)Händler m; **~(s) union** Gewerkschaft f

tradition [trə'dɪʃn] Tradition f; **~al** traditionell

traffic ['træfɪk] **1.** Verkehr m; Handel m; **2.** handeln (in mit); **~ circle** Am. Kreisverkehr m; **~ island** Verkehrsinsel f; **~ jam** Verkehrsstauung f; **~ light(s** pl) Verkehrsampel f; **~ sign** Verkehrszeichen n; **~ warden** mot. Politesse f

trag|edy ['trædʒədɪ] Tragödie f; **'~ic(al)** tragisch

trail [treɪl] **1.** Fährte f, Spur f; Pfad m; **2.** hinter sich herziehen; verfolgen; schleifen; sich schleppen; Sport: zurückliegen (hinter); bot. sich ranken; **~er** mot.: Anhänger m; Am. Wohnwagen m; Film, TV: Vorschau f

train [treɪn] **1.** Zug m. Eisen)Bahn f; Kolonne f; Reihe f, Kette f; am Kleid: Schleppe f; **2.** schulen; abrichten; ausbilden; trainieren; ausgebildet werden; **~ee** [~'niː] Auszubildende(r); Praktikant(in); **'~er** Ausbilder m; Trainer m; **'~ing** Ausbildung f; Training n

trait [treɪ] (Charakter)Zug m

traitor ['treɪtə] Verräter m

tram(car) ['træm] Straßenbahn(wagen m) f

tramp [træmp] **1.** Landstreicher(in); Tramp m; **2.** trampeln; (durch)wandern; **'~le** (herum-, zer)trampeln

tranquil ['træŋkwɪl] ruhig, friedlich; **~(l)ity** [træŋ'kwɪlətɪ] Ruhe f, Frieden m; **'~(l)ize** beruhigen; **'~(l)izer** Beruhigungsmittel n

transact [træn'zækt] abwickeln; **~ion** Geschäft n, Transaktion f; Abwicklung f

trans|alpine [trænz'ælpaɪn] transalpin; **~atlantic** transatlantisch

transcript ['trænskrɪpt] Abschrift f

transfer 1. [træns'fɜː] versetzen; verlegen; übertragen; abtreten; Geld überweisen; transferieren; umsteigen; **2.** ['~] Übertragung f; Versetzung f; Verlegung f; Abtretung f; Überweisung f; Transfer m; Umsteigen n; bsd. Am. Umsteigefahrschein m; **~able** [~'fɜːrəbl] übertragbar

transform [træns'fɔːm] umwandeln; verändern; **~ation** [~fə'meɪʃn] Umwandlung f; Veränderung f

transfusion [træns'fjuːzn] (Blut)Transfusion f

transistor [træn'sɪstə] Transistor m; Transistorradio n

transit ['trænsɪt] Durchgangs-, Transitverkehr m; econ. Transport m; in ~ unterwegs; auf dem Transport; **~ion** [~'sɪʃn] Übergang m

translat|e [træns'leɪt] übersetzen; **~ion** Übersetzung f; **~or** Übersetzer(in)

translucent [trænz'luːsnt] lichtdurchlässig; **~ glass** Milchglas n

trans|mission [trænz'mɪʃn] Übermittlung f; Übertragung f; Rundfunk, TV: Sendung f; mot. Getriebe n; **~mit** [~'mɪt] übermitteln; übertragen; senden; **~'mitter** Sender m

transparent [træns'pærənt] durchsichtig; offensichtlich

transpire [træn'spaɪə] schwitzen; *fig.* durchsickern; bekannt werden; F passieren

transplant 1. [træns'plɑːnt] umpflanzen; *med.* verpflanzen; **2.** ['~] Transplantat n; **~ation** [~'teɪʃn] Verpflanzung f, Transplantation f

transport 1. [træns'pɔːt] befördern, transportieren; **2.** ['~] Beförderung f, Transport m; Beförderungsmittel n; **public ~** öffentliche Verkehrsmittel *pl*; **~ation** [~'teɪʃn] → **transport** 2; *bsd. Am.* Transportkosten *pl*

trap [træp] **1.** (in e-r Falle) fangen; **2.** Falle f (*a. fig.*); *sl.* Klappe f, Schnauze f; **'~door** Falltür f

trappings ['træpɪŋz] *fig.* Drum u. Dran n

trash [træʃ] Schund m, Mist m; Quatsch m, F Blech m; *Am.* Abfall m; **'~can** Mülleimer m; **'~y** wertlos, kitschig

travel ['trævl] **1.** reisen; fahren; sich bewegen; bereisen; zurücklegen; **2.** *das* Reisen; *pl* Reisen *pl*; **~ agency** Reisebüro n; **~(l)er** Reisende m, f; **~(l)er's cheque** (*Am. check*) Reisescheck m; **'~(l)ing bag** Reisetasche f; **'~sick** reisekrank

trawler ['trɔːlə] Fischdampfer m, Trawler m

tray [treɪ] Tablett n; Ablage(korb m) f

treacher|ous ['tretʃərəs] verräterisch; trügerisch; tükkisch; **'~y** Verrat m

treacle ['triːkl] Sirup m

tread [tred] **1.** (*trod, trodden*) treten; **2.** Tritt m, Schritt m; *Reifen:* Profil n

treason ['triːzn] Verrat m

treasure ['treʒə] **1.** Schatz m (*a. fig.*); Kostbarkeit f; F Perle f; **2.** (hoch)schätzen; **'~r** Schatzmeister m

Treasury ['treʒərɪ], *Am.* **~ Department** Finanzministerium n

treat [triːt] **1.** behandeln; betrachten; **~ s.o. to s.th.** j-m et. spendieren; **2.** Vergnügen n; (Hoch)Genuß m; **it's my ~** ich lade Sie dazu ein; **'~ment** Behandlung f; **'~y** Vertrag m

treble ['trebl] **1.** dreifach; **2.** (sich) verdreifachen

tree [triː] Baum m

trefoil ['trefɔɪl] Klee m

trellis ['trelɪs] Gitter n; Spalier n

tremble ['trembl] zittern

tremendous [trɪ'mendəs] gewaltig; enorm; F prima, toll

tremor ['tremə] Zittern n; Beben n

trench [trentʃ] Graben m; *mil.* Schützengraben m

trend [trend] Tendenz f, Trend m; **'~y** modern; **be ~ in** sein

trespass ['trespəs]: ~ *(up)on* *jur.* widerrechtlich betreten; *no* ~*ing* Betreten verboten; '~er Unbefugte *m, f*

trestle ['tresl] Gestell *n,* Bock *m*

trial ['traɪəl] Versuch *m,* Probe *f; jur.* Verhandlung *f,* Prozeß *m; on* ~ auf Probe

triang|le ['traɪæŋgl] Dreieck *n;* ~**ular** [~'æŋgjʊlə] dreieckig

tribe [traɪb] (Volks)Stamm *m*

tribunal [traɪ'bjuːnl] Gericht(shof *m*) *n;* Untersuchungsausschuß *m*

tributary ['trɪbjʊtərɪ] Nebenfluß *m*

trice [traɪs]: *in a* ~ *F* im Nu

trick [trɪk] **1.** List *f,* Trick *m;* Kunststück *n;* Streich *m; play a* ~ *on s.o.* j-m e-n Streich spielen; **2.** überlisten, hereinlegen; '~**y** Tricks *pl*

trickle ['trɪkl] tröpfeln; rieseln

trick|ster ['trɪkstə] Schwindler(in); '~**y** schwierig; heikel

tricycle ['traɪsɪkl] Dreirad *n*

trifl|e ['traɪfl] Kleinigkeit *f,* ·Lappalie *f; a* ~ ein wenig; '~**ing** unbedeutend

trigger ['trɪgə] **1.** *Gewehr:* Abzug *m; phot.* Auslöser *m;* **2.** *a.* ~ *off* auslösen

trim [trɪm] **1.** sauber, adrett, gepflegt; **2.** (guter) Zustand; Form *f;* **3.** schneiden; stutzen; trimmen; beschneiden; *Kleid etc.* besetzen; schmücken; *Etat etc.* kürzen;

'~**ming** Besatz *m; pl:* Verzierung(en *pl*) *f;* Zubehör *n; gastr.* Beilagen *pl;* Abfälle *pl;* Schnipsel *pl*

trinket ['trɪŋkɪt] kleines Schmuckstück

trip [trɪp] **1.** (kurze) Reise, Fahrt *f;* Ausflug *m;* Tour *f;* Stolpern *n; fig.* Fehler *m,* Ausrutscher *m; sl. unter Drogen:* Trip *m;* **2.** stolpern; trippeln; *a.* ~ *up* j-m ein Bein stellen (*a. fig.*)

tripe [traɪp] *gastr.* Kutteln *pl*

triple ['trɪpl] dreifach; ~**ts** ['~lts] *pl* Drillinge *pl*

tripod ['traɪpɒd] Dreifuß *m; phot.* Stativ *n*

trite [traɪt] banal

triumph ['traɪəmf] **1.** Triumph *m;* **2.** triumphieren; ~**ant** [~'ʌmfənt] triumphierend

trivial ['trɪvɪəl] unbedeutend; trivial, alltäglich

trod [trɒd] *pret,* '~**den** *pp von* **tread** 1

trolley ['trɒlɪ] Tee-, Servierwagen *m;* Einkaufswagen *m;* Kofferkuli *m;* Handwagen *m;* '~**bus** Obus *m*

trombone [trɒm'bəʊn] Posaune *f*

troop [truːp] **1.** Schar *f,* Haufe(n) *m; pl mil.* Truppe(n *pl*) *f;* **2.** (*herein- etc.*)strömen

trophy ['trəʊfɪ] Trophäe *f*

tropic ['trɒpɪk] *geogr.* Wendekreis *m; pl* Tropen *pl;* '~**al** tropisch

trot [trɒt] **1.** Trab m; **2.** traben

trouble ['trʌbl] **1.** Schwierigkeiten pl, Ärger m; Mühe f; Sorge f; pol. Unruhe f; tech. Störung f; med. Beschwerden pl; **2.** beunruhigen; belästigen, stören; (sich) bemühen; '**~free** problemlos; tech. störungsfrei; '**~maker** Unruhestifter(in); '**~some** lästig

trough [trɒf] Trog m

trousers ['traʊzəz] pl (a. **a pair of ~** e-e) (lange) Hose, Hosen pl

trousseau ['truːsəʊ] (pl **-seaux** ['~səʊz], **-seaus**) Aussteuer f

trout [traʊt] (pl **~, ~s**) Forelle f

truant ['truːənt] Schulschwänzer(in); **play ~** (die Schule) schwänzen

truce [truːs] Waffenstillstand m

truck [trʌk] Last(kraft)wagen m; (offener) Güterwagen; **~ farm** Am. Handelsgärtnerei f

trudge [trʌdʒ] stapfen

true [truː] wahr; echt, wirklich; genau; treu

truly ['truːlɪ] wirklich, aufrichtig; **Yours ~** bsd. Am. Hochachtungsvoll

trumpet ['trʌmpɪt] Trompete f

truncheon ['trʌntʃən] Gumminknüppel m

trunk [trʌŋk] (Baum)Stamm m; Rumpf m; Rüssel m; (Schrank)Koffer m; Truhe f;

Am. mot. Kofferraum m; pl: Bade-, Turnhose(n pl) f; Sport: Shorts pl; **~ call** Ferngespräch n; **~ line** rail. Hauptstrecke f; teleph. Fernleitung f; **~ road** Brt. Fernstraße f

trust [trʌst] **1.** Vertrauen n; Glaube m; jur. Treuhand (-schaft) f; Treuhandvermögen n; econ. Trust m, Konzern m; **2.** (ver)trauen; sich verlassen auf; hoffen; **~ee** [~'tiː] Sach-, Verwalter(in), Treuhänder(in); '**~ful, '~ing** vertrauensvoll; '**~worthy** vertrauenswürdig

truth [truːθ] (pl **~s** [~ðz]) Wahrheit f; '**~ful** ehrlich; wahrheitsliebend

try [traɪ] **1.** versuchen, probieren; vor Gericht stellen; verhandeln (über); **Augen** (über)anstrengen; **Geduld** auf die Probe stellen; **~ on** anprobieren; **~ out** ausprobieren; **2.** Versuch m; **have a ~** e-n Versuch machen; '**~ing** anstrengend

tub [tʌb] Faß n; Zuber m, Kübel m; für Eis etc.: Becher m; F Badewanne f

tube [tjuːb] Rohr n; tech. Röhre f; Tube f; (Gummi)Schlauch m; die (Londoner) U-Bahn; **the ~** Am. F die Glotze; '**~less** schlauchlos

tuberculosis [tjuːbɜːkjʊ-'ləʊsɪs] Tuberkulose f

tuck [tʌk] stecken; **~ away**

weg-, verstecken; ~ *in*, ~ *up* (warm) zudecken; ~ *s.o. up in bed* j-n ins Bett packen

Tuesday ['tju:zdɪ] Dienstag *m*

tuft [tʌft] Büschel *n*

tug [tʌg] **1.** Zug *m*, Ruck *m*; *mar.* Schlepper *m*; **2.** ziehen, zerren; *mar.* schleppen

tuition [tju:'ɪʃn] Unterricht *m*; *bsd. Am.* Schulgeld *n*

tulip ['tju:lɪp] Tulpe *f*

tumble ['tʌmbl] **1.** fallen, stürzen, purzeln; **2.** Sturz *m*; '~down baufällig; '~-dryer (Wäsche)Trockner *m*; *~ut* (*Wasser-, Whisky- etc.*)Glas *n*

tummy ['tʌmɪ] F Bäuchlein *n*

tumo(u)r ['tju:mə] Tumor *m*

tumult ['tju:mʌlt] Tumult *m*; ~uous [~'mʌltjʊəs] lärmend; stürmisch

tuna ['tu:nə] (*pl* ~, ~*s*) Thunfisch *m*

tune [tju:n] **1.** Melodie *f*; *out of* ~ verstimmt; **2.** *mus.* stimmen; ~ *in* Radio *etc.* einstellen; ~ *up* (die Instrumente) stimmen; *mot.* tunen; '~ful melodisch

tunnel ['tʌnl] Tunnel *m*

turbine ['tɜ:baɪn] Turbine *f*

turbot ['tɜ:bət] (*pl* ~, ~*s*) Steinbutt *m*

turbulent ['tɜ:bjʊlənt] stürmisch, turbulent

tureen [tə'ri:n] Terrine *f*

turf [tɜ:f] (*pl* ~*s*, *turves* [~vz]) Rasen *m*; Sode *f*; *the* ~ (Pferde)Rennbahn *f*; (Pferde-) Rennsport *m*

Turk [tɜ:k] Türk|e *m*, -in *f*

turkey ['tɜ:kɪ] Truthahn *m*, -henne *f*, Pute(r *m*) *f*

Turkish ['tɜ:kɪʃ] türkisch

turmoil ['tɜ:mɔɪl] Aufruhr *m*; Durcheinander *n*

turn [tɜ:n] **1.** (Um)Drehung *f*; Biegung *f*, Kurve *f*; Wende *f*; Reihe(nfolge) *f*; Hang *m*, Neigung *f*; Dienst *m*, Gefallen *m*; Zweck *m*; F Schrecken *m*, Schock *m*; Anfall *m*; *it's my* ~ ich bin an der Reihe; *by* ~*s* abwechselnd; *take* ~*s* sich abwechseln; **2.** (sich) (um-, herum)drehen; wenden; umblättern; zukehren, -wenden; lenken, richten; *Holz* drechseln; *Metall* abdrehen; (sich) verwandeln; sich (ab-, hin-, zu)wenden; ab-, einbiegen; *Straße*: e-e Biegung machen; *grau etc.* werden; *Laub*: sich verfärben; *Milch*: sauer werden; *Wetter*: umschlagen; ~ *away* (sich) abwenden; abweisen; ~ *back* umkehren; j-n zurückschicken; Uhr zurückstellen; ~ *down* Kragen umschlagen; *Decke* zurückschlagen; *Gas* kleiner stellen; *Radio* leiser stellen; ablehnen; ~ *in* zurückgeben; F ins Bett gehen; ~ *off* Wasser, *Gas* abdrehen; *Licht, Radio etc.* ausschalten, -machen; abbiegen; ~ *on* *Gas, Wasser etc.* aufdrehen; *Gerät* anstellen; *Licht, Radio* anmachen, einschalten; ~

out hinauswerfen; abdrehen, ausschalten, -machen; *Waren* produzieren; *gut etc.* ausfallen *od.* ausgehen; sich herausstellen; ~ **to** sich zuwenden; sich *j-m* wenden; ~ **up** nach oben drehen *od.* biegen, *Kragen* hochschlagen; *Gas etc.* aufdrehen; *Radio etc.* lauter stellen; auftauchen; '**~coat** Überläufer(in), Abtrünnige *m, f*

'**turning** Abzweigung *f*; **~ point** *fig.* Wendepunkt *m*

turnip ['tɜːnɪp] Rübe *f*

'**turn|out** Besucher(zahl) *f pl*; F Aufmachung *f*; *econ.* Gesamtproduktion *f*; '**~over** *econ.* Umsatz *m*; **~pike** ['~paɪk] *Am.* gebührenpflichtige Schnellstraße *f*; **~stile** ['~staɪl] Drehkreuz *n*; '**~table** Plattenteller *m*; '**~up** *Brt.* Hosenaufschlag *m*

turpentine ['tɜːpəntaɪn] Terpentin *n*

turquoise ['tɜːkwɔɪz] Türkis *m*

turret ['tʌrɪt] Türmchen *n*

turtle ['tɜːtl] (See)Schildkröte *f*; '**~dove** Turteltaube *f*; '**~neck (sweater)** *bsd. Am.* Rollkragenpullover *m*

tusk [tʌsk] Stoßzahn *m*

tutor ['tjuːtə] Privat-, Hauslehrer *m*; Tutor *m*; **~ial** [~'tɔːrɪəl] *univ.* Tutorenkurs *m*

tuxedo [tʌk'siːdəʊ] *Am.* Smoking *m*

twang [twæŋ] Näseln *n*

tweezers ['twiːzəz] *pl* (*a.* **a pair of ~**) Pinzette *f*

twelfth [twelfθ] zwölfte(r, -s)

twelve [twelv] zwölf

twent|ieth ['twentɪɪθ] zwanzigste(r, -s); '**~y** zwanzig

twice [twaɪs] zweimal

twiddle ['twɪdl] herumdrehen an; (herum)spielen mit

twig [twɪg] (dünner) Zweig

twilight ['twaɪlaɪt] Zwielicht *n*; Dämmerung *f*

twin [twɪn] Zwilling *m*; *pl* Zwillinge *pl*; Zwillings...; Doppel...; **~ beds** *pl* zwei (gleiche) Einzelbetten *pl*

twinge [twɪndʒ] stechender Schmerz

twinkle ['twɪŋkl] funkeln, blitzen

'**twintown** Partnerstadt *f*

twirl [twɜːl] **1.** Wirbel *m*; **2.** (herum)wirbeln

twist [twɪst] **1.** Drehung *f*; Kurve *f*; **2.** (sich) drehen *od.* winden; verdrehen; (sich) verzerren *od.* -ziehen

twitch [twɪtʃ] **1.** zucken (mit); **2.** Zucken *n*, Zuckung *f*

twitter ['twɪtə] zwitschern

two [tuː] *adj u. s* zwei; **cut in ~** in zwei Teile schneiden; **the ~ of them** die beiden; '**~pence** ['tʌpəns] zwei Pence *pl*; '**~piece** zweiteilig; '**~stroke** *mot.* Zweitakt...; '**~way:** '**~ adapter** Doppelstecker *m*; **~ traffic** Gegenverkehr *m*

tycoon [taɪˈkuːn] Industrie-magnat *m*

type [taɪp] **1.** Typ *m*; Art *f*; Sorte *f*; *print.* Type *f*, Buchstabe *m*; **2.** mit der Maschine schreiben, tippen; maschineschreiben; **'~writer** Schreibmaschine *f*; **'~written** maschinegeschrieben

typhoid (fever) [ˈtaɪfɔɪd] Typhus *m*

typhoon [taɪˈfuːn] Taifun *m*

typhus [ˈtaɪfəs] Fleckfieber *n*, -typhus *m*

typical [ˈtɪpɪkl] typisch

typist [ˈtaɪpɪst] Stenotypist(in)

tyrannical [tɪˈrænɪkl] tyrannisch; **~ize** [ˈtɪrənaɪz] tyrannisieren; **~y** Tyrannei *f*

tyrant [ˈtaɪərənt] Tyrann(in)

tyre [taɪə] *bsd. Brt.* Reifen *m*

U

udder [ˈʌdə] Euter *n*

ugly [ˈʌɡlɪ] häßlich; schlimm

ulcer [ˈʌlsə] Geschwür *n*

ultimate [ˈʌltɪmət] äußerste(r, -s), letzte(r, -s); End...; **'~ly** letzten Endes

ultimatum [ʌltɪˈmeɪtəm] (*pl -tums, -ta* [~tə]) Ultimatum *n*

ultra... [ʌltrə] ultra...; **'~sound** Ultraschall *m*; **'~violet** ultraviolett

umbilical cord [ʌmbɪˈlaɪkl] Nabelschnur *f*

umbrella [ʌmˈbrelə] Regenschirm *m*

umpire [ˈʌmpaɪə] Schiedsrichter(in)

umpteen [ʌmpˈtiːn] zig

un... [ʌn] un..., Un...

un|abashed [ʌnəˈbæʃt] unverfroren; **~abated** [ʌnəˈbeɪtɪd] unvermindert; **~able** unfähig, außerstande; **~acceptable** unannehmbar; **~accountable** uner-

klärlich; **~accustomed** ungewohnt; nicht gewöhnt (**to** an); **~adulterated** unverfälscht, rein

unanimous [juːˈnænɪməs] einmütig; einstimmig

un|approachable unnahbar; **~armed** unbewaffnet; **~attached** ungebunden; **~attended** unbewacht; **~authorized** unberechtigt; unbefugt; **~avoidable** unvermeidlich

unaware [ʌnəˈweə]: **be ~ of** *et.* nicht bemerken, sich e-r Sache nicht bewußt sein; **~s** [~z] unerwartet; versehentlich; **catch** *od.* **take s.o. ~** j-n überraschen

un|balanced unausgeglichen; *Geist:* gestört; **~bearable** unerträglich; **~believable** unglaublich; **~bending** unbeugsam; **~bias(s)ed** unvoreingenommen; unparteiisch; **~'born** (noch) ungeboren; **~'button** aufknöpfen; **~'called-for** unerwünscht; unnötig; **~'canny** unheimlich; **~'ceasing** unaufhörlich; **~'certain** unsicher, ungewiß; unbeständig; **~'checked** ungehindert

uncle ['ʌŋkl] Onkel m

un|'comfortable unbehaglich, ungemütlich; **~'common** ungewöhnlich; **~'compromising** kompromißlos; **~concerned** [ʌnkən'sɜ:nd] unbekümmert; gleichgültig; **~conditional** bedingungslos; **~'conscious** bewußtlos; unbewußt; **~controllable** unkontrollierbar; **~'cork** entkorken; **~'cover** aufdecken; **~'damaged** unbeschädigt; **~daunted** [ʌn'dɔ:ntid] unerschrocken; **~decided** unentschlossen; unentschieden, offen; **~deniable** [ʌndɪ'naɪəbl] unbestreitbar

under ['ʌndə] **1.** prp unter; **2.** adv unten; darunter; **~age** [~r'eɪdʒ] minderjährig; **~bid** (-bid) unterbieten; '**~carriage** aer. Fahrwerk n; mot. Fahrgestell n; '**~cover** Geheim...; geheim; **~'cut** (-cut) unterbieten; **~developed** unterentwickelt; **~'dog** Benachteiligte m, f; **~'done** nicht gar; nicht durchgebraten; **~estimate** [~r'estɪmeɪt] unterschätzen; **~exposed**

[~rɪk'spəʊzd] phot. unterbelichtet; **~'fed** unterernährt; **~go** (-went, -gone) durchmachen; sich unterziehen; '**~ground 1.** unterirdisch; Untergrund...; **2.** U-Bahn f; '**~growth** Unterholz n; **~'lie** (-lay, -lain) zugrunde liegen; **~'line** unterstreichen; **~'mine** unterminieren; fig. untergraben; **~neath** [~'ni:θ] **1.** prp unter(halb); **2.** adv darunter; '**~pants** pl Unterhose f; '**~pass** Unterführung f; **~privileged** benachteiligt; **~'rate** unterschätzen; '**~shirt** Am. Unterhemd n; **~'sized** zu klein; '**~skirt** Unterrock m; **~'staffed** unterbesetzt; **~'stand** (-stood) verstehen; (als sicher) annehmen; erfahren, hören; **~'standable** verständlich; **~'standing 1.** verständnisvoll; **2.** Verständnis n; Abmachung f; **~'statement** Understatement n, Untertreibung f; **~'take** (-took, -taken) übernehmen; unternehmen; sich verpflichten; '**~taker** Leichenbestatter m; Bestattungsinstitut n; **~'taking** Unternehmung f; **~'value** unterschätzen; '**~wear** Unterwäsche f; '**~world** Unterwelt f

un|deserved unverdient; **~desirable** unerwünscht; **~developed** unentwickelt; unerschlossen; **~diminished**

unvermindert; **~disputed** unbestritten; **~'do** (*-did, -done*) aufmachen; ungeschehen machen; vernichten; **~ly** zweifellos, ohne Zweifel; **~'dress** (sich) ausziehen; **~'due** übermäßig; unangebracht; **~'earth** ausgraben; *fig.* ausbringen; zutage bringen; **~'easy** unbehaglich, unruhig; unsicher; **~'educated** ungebildet

unemploy|ed 1. arbeitslos; **2.** *the ~ pl die* Arbeitslosen *pl*; **~ment** Arbeitslosigkeit *f*; **~ benefit** *Brt.* Arbeitslosenunterstützung *f*

un|ending [ʌn'endɪŋ] endlos; nie endend; **~'equal** ungleich; *be ~ to* nicht gewachsen sein; **~'erring** [ʌn'ɜ:rɪŋ] unfehlbar; **~'even** uneben; ungleich(mäßig); *Zahl:* ungerade; **~eventful** ereignislos; **~expected** unerwartet; **~'failing** unerschöpflich; **~'fair** ungerecht; unfair; **~'faithful** untreu, treulos; **~familiar** unbekannt; nicht vertraut; **~'fasten** aufmachen; lösen; **~favo(u)rable** ungünstig; **~'feeling** gefühllos; **~'finished** unfertig; unvollendet; *tech.* unbearbeitet; **~'fit** ungeeignet, untauglich; nicht fit; **~'fold** (sich) entfalten *od.* öffnen; ausbreiten; *fig.* enthüllen; **~foreseen** unvorhergesehen

~forgettable unvergeßlich; **~forgotten** unvergessen

unfortunate unglücklich; bedauerlich; **~ly** unglücklicherweise, leider

un|'founded unbegründet; **~'friendly** unfreundlich; ungünstig; **~'furnished** unmöbliert; **~'grateful** undankbar; **~'guarded** unvorsichtig; **~'happy** unglücklich; **~'harmed** unversehrt; **~'healthy** ungesund; **~'heard-of** noch nie dagewesen; **~'hoped-for** unverhofft; **~'hurt** unverletzt

unification [ju:nɪfɪ'keɪʃn] Vereinigung *f*

uniform ['ju:nɪfɔ:m] **1.** gleich; einheitlich; **2.** Uniform *f*

unify ['ju:nɪfaɪ] vereinigen

unilateral [ju:nɪ'lætərəl] einseitig

unimagina|ble unvorstellbar; **~tive** einfallslos

unimportant unwichtig

uninhabit|able unbewohnbar; **~ed** unbewohnt

un|'injured unbeschädigt; unverletzt; **~intelligible** unverständlich; **~intentional** unabsichtlich; **~interesting** uninteressant; **~interrupted** ununterbrochen

union ['ju:njən] Vereinigung *f*; *pol.* Union *f*; Gewerkschaft *f*; **~ist** Gewerkschaftler(in)

unique [ju:'ni:k] einzigartig, einmalig

unit 314

unit ['ju:nɪt] Einheit *f*; **~e** [~'naɪt] (sich) vereinigen; verbinden; **~ed** vereint, -einigt; **~y** ['~ətɪ] Einheit *f*; Einigkeit *f*

univers|al [ju:nɪ'vɜːsl] allgemein; Universal...; **~e** ['~vɜːs] (Welt)All *n*, Universum *n*; **~ity** [~'vɜːsətɪ] Universität *f*

un|'just ungerecht; **~kempt** [ʌn'kempt] ungepflegt; ungekämmt; **~'kind** unfreundlich; lieblos; **~'known** unbekannt; **~leaded** [ʌn'ledɪd] bleifrei

unless [ən'les] wenn ... nicht, es sei denn

unlike [ʌn'laɪk] anders als; im Gegensatz zu; unähnlich; **~ly** unwahrscheinlich

un|'limited unbegrenzt, unbeschränkt; **~'listed**: *be ~ Am.* nicht im Telefonbuch stehen; **~'load** ab-, aus-, entladen; **~'lock** aufschließen; **~'lucky** unglücklich; *be ~* Pech haben; **~manned** [ʌn'mænd] unbemannt; **~'married** unverheiratet, ledig; **~mistakable** unverkennbar; **~'moved** unbewegt, ungerührt; **~'natural** unnatürlich; **~'necessary** unnötig; **~'noticed** unbemerkt; **~obtrusive** unaufdringlich, bescheiden; **~'occupied** *Platz*: frei; *Haus*: unbewohnt; *Person*: unbeschäftigt; **~official** nicht-

amtlich, inoffiziell; **~'pack** auspacken; **~'pleasant** unangenehm, unerfreulich; unfreundlich; **~'plug** den Stecker (*gen*) herausziehen; **~'precedented** [~'presɪdentɪd] beispiellos, noch nie dagewesen; **~'predictable** unvorhersehbar; *Person*: unberechenbar; **~pretentious** bescheiden, schlicht; **~'qualified** unqualifiziert, ungeeignet; uneingeschränkt; **~'questionable** unzweifelhaft, fraglos; **~ravel** [ʌn'rævl] auftrennen; *fig.* enträtseln; **~'real** unwirklich; **~realistic** unrealistisch; **~'reasonable** unvernünftig; unmäßig; übertrieben; **~relenting** unerbittlich; unvermindert; **~reliable** unzuverlässig; **~'rest** *pol.* Unruhen *pl*; **~restrained** ungehemmt; unkontrolliert; **~'roll** ent-, aufrollen; **~ruly** [ʌn'ru:lɪ] ungebärdig; widerspenstig; **~'safe** nicht sicher; gefährlich; **~'said** unausgesprochen; **~satisfactory** unbefriedigend; unzulänglich; **~'savo(u)ry** widerlich, -wärtig; **~'screw** ab-, los-, aufschrauben; **~'scrupulous** skrupellos; **~'settled** ungeklärt, offen; **~'shaven** unrasiert; **~'sightly** häßlich; unschön; **~'skilled** [*attr* '~] ungelernt; **~'sociable** ungesellig;

'**social** unsozial; **~sophisticated** einfach, schlicht; unkompliziert; **~'sound** krank; unsicher, schwach; nicht stichhaltig; **~'speakable** unsagbar, unbeschreiblich; abscheulich; **~'stable** nicht stabil; unsicher; unbeständig; labil; **~'steady** unsicher; wackelig; schwankend; **~'stuck: come ~** sich lösen; **~'suitable** unpassend; ungeeignet; **~suspecting** nichtsahnend, ahnungslos; **~'swerving** unbeirrbar; **~'tangle** entwirren; **~'tapped** ungenutzt; **~'thinkable** unvorstellbar; **~'tie** aufknoten; lösen; auf-, losbinden

until [ʌnˈtɪl] bis; **not ~** erst, nicht vor; erst wenn

un|'timely vorzeitig; ungelegen, unpassend; **~'tiring** unermüdlich; **~'told** unermeßlich; **~'touched** unberührt; fig. ungerührt; **~'troubled** ungestört; ruhig; **~'true** unwahr; untreu; **~used 1.** [ʌnˈjuːzd] unbenutzt; **2.** [ʌnˈjuːst]: **~ to** nicht gewöhnt an; **~'usual** ungewöhnlich; **~'varnished** fig. ungeschminkt; **~'varying** unveränderlich; **~'veil** enthüllen; **~'well: be** od. **feel ~** sich nicht wohl fühlen; **~'willing** widerwillig; **be ~ to do s.th.** nicht bereit sein, et. zu tun; **~'wind** (**-wound**) abwickeln;

fig. abschalten; **~'wrap** auspacken, -wickeln

up [ʌp] **1.** adv (her-, hin)auf, aufwärts, nach oben, hoch, in die Höhe; oben; auf ... zu; **~ to** bis (zu); **be ~ to** et. vorhaben; abhängen von; e-r Sache gewachsen sein; **2.** prp auf ... (hinauf), hinauf; oben an od. auf; **3.** adj oben; hoch; auf(gestanden); Preise: gestiegen; Zeit: abgelaufen, um; **~ and about** wieder auf den Beinen; **what's ~?** F was ist los?; **4. ~s and downs** pl Höhen und Tiefen pl

'**up|bringing** Erziehung f; **~'date** auf den neuesten Stand bringen; **~'grade** befördern; höher einstufen; **~heaval** [ʌpˈhiːvl] Umwälzung f; **~'hill** bergauf; fig. mühsam; **~'hold** (**-held**) unterstützen; **~holster** [ʌpˈhəʊlstə] polstern; **~holstery** [ʌpˈhəʊlstəri] Polsterung f; **~keep** Unterhalt(ungskosten pl) m; Instandhaltung(skosten pl) f

upon [əˈpɒn] auf

upper [ˈʌpə] obere(r, -s); höhere(r, -s); Ober...; **~ class** Oberschicht f; **~most** oberste(r, -s); höchste(r, -s); an erster Stelle

'**up|right** aufrecht; fig. rechtschaffen; **~'rising** Aufstand m; '**~roar** Aufruhr m; **~'set 1.** (**-set**) umwerfen, -stoßen; Plan etc. durcheinanderbringen; *Magen* verderben; *j-n* aus der Fassung bringen; aufregen; verärgern; beleidigen; **2.** aufgeregt; verärgert; beleidigt; *Magen:* verdorben. **3.** Störung *f;* Aufregung *f; (a.* Magen)Verstimmung *f;* '~shot Ergebnis *n;* '~side:~ *down* verkehrt herum; *fig.* drunter u. drüber; ~'stairs (nach) oben; '~start Emporkömmling *m;* '~stream stromaufwärts; ~-to-'date modern; auf dem neuesten Stand; auf dem laufenden; ~ward(s) ['~wəd(z)] aufwärts; nach oben

uranium [juˈreiniəm] Uran *n*

urban ['ɜːbən] städtisch, Stadt...

urchin ['ɜːtʃin] Rotzbengel *m*

urge [ɜːdʒ] **1.** drängen; ~ *on* (an)treiben; **2.** Drang *m;* Bedürfnis *n;* Trieb *m;* '~nt dringend; dringlich; eilig

urin|ate ['juərineit] Wasser lassen, urinieren; ~e ['~rin] Urin *m*

urn [ɜːn] Urne *f*

us [ʌs, əs] uns

usage ['juːzidʒ] Gebrauch *m;* Brauch *m; ling.* Sprachgebrauch *m;* Behandlung *f*

use 1. [juːs] Gebrauch *m;* Benutzung *f,* Verwendung *f; of ~* nützlich; *it's no ~* es hat keinen Zweck; **2.** [~z] gebrauchen, benutzen, an-

verwenden; ~ *up* auf-, verbrauchen

used[1] [juːzd] gebraucht

used[2] [juːst]: *be ~ to s.th.* an et. gewöhnt sein; *be ~ to doing s.th.* gewohnt sein, et. zu tun; *get ~ to s.th.* sich an et. gewöhnen

used[3] [juːst]: *I etc. ~ to ...* ich *etc.* pflegte zu ...

use|ful ['juːsful] brauchbar, nützlich; '~less nutz-, zwecklos, unnütz

user ['juːzə] Benutzer(in); ~'friendly benutzerfreundlich

usher ['ʌʃə] **1.** Platzanweiser *m;* Gerichtsdiener *m;* **2.** ~ *in* (hinein)führen; ~ette [~'ret] Platzanweiserin *f*

usual ['juːʒl] gewöhnlich, üblich; *as ~* wie gewöhnlich; ~**ly** ['~ʒəli] gewöhnlich, meist(ens)

utensil [juːˈtensl] Gerät *n*

uterus ['juːtərəs] Gebärmutter *f*

utility [juːˈtiləti] Nützlichkeit *f,* Nutzen *m;* ~**ze** ['juːtəlaiz] nutzen; verwerten

utmost ['ʌtməust] äußerste(r, -s)

utter ['ʌtə] **1.** total, vollkommen; **2.** von sich geben; äußern; *Seufzer etc.* ausstoßen; ~**ance** ['~rəns] Äußerung *f;* '~ly äußerst; total, völlig

U-turn ['juːtɜːn] *mot.* Wende *f; fig.* Kehrtwendung *f*

V

vacan|cy ['veɪkənsɪ] Leere *f*; *Hotel:* freies Zimmer; freie *od.* offene Stelle; **'∼t** leer; *Zimmer, Sitzplatz etc.:* frei; *Stelle:* offen, frei; *Haus:* leerstehend, unbewohnt

vacate [vəˈkeɪt] räumen; *Amt* niederlegen

vacation [vəˈkeɪʃn] *bsd. Brt.* (Semester-, Gerichts)Ferien *pl*; *bsd. Am.* Urlaub *m*, Ferien *pl*; **∼er, ∼ist** *Am.* Urlauber(in)

vaccin|ate ['væksɪneɪt] impfen; **∼ation** [∼'neɪʃn] (Schutz)Impfung *f*; **∼e** ['∼i:n] Impfstoff *m*

vacuum ['vækjuəm] Vakuum *n*; **∼ bottle** *Am.* Thermosflasche *f* (*TM*); **∼ cleaner** Staubsauger *m*; **∼ flask** Thermosflasche *f* (*TM*); **'∼-packed** vakuumverpackt

vagabond ['vægəbɒnd] Landstreicher(in)

vagary ['veɪgərɪ] Laune *f*

vagina [vəˈdʒaɪnə] Vagina *f*, Scheide *f*

vague [veɪg] vage, verschwommen; unklar

vain [veɪn] eitel; vergeblich; *in* **∼** vergeblich, umsonst

valerian [vəˈlɪərɪən] Baldrian *m*

valet ['vælɪt] (Kammer)Diener *m*

valiant ['væljənt] tapfer

valid ['vælɪd] gültig; stichhaltig

valley ['vælɪ] Tal *n*

valu|able ['væljʊəbl] **1.** wertvoll; kostbar; nützlich; **2.** *pl* Wertsachen *pl*; **∼ation** [∼'eɪʃn] Schätzung *f*

value ['vælju:] **1.** Wert *m*; Nutzen *m*; *be good* **∼** preisgünstig sein; **2.** schätzen, veranschlagen; *fig.* schätzen, achten; **∼-added tax** (*abbr.* **VAT**) Mehrwertsteuer *f*; **'∼-less** wertlos

valve [vælv] Ventil *n*; Klappe *f*; (Radio)Röhre *f*

van [væn] Lieferwagen *m*; *rail.* Güterwagen *m*

vandal ['vændl] Rowdy *m*; **∼ism** ['∼dəlɪzəm] Vandalismus *m*

vanilla [vəˈnɪlə] Vanille *f*

vanish ['vænɪʃ] verschwinden

vanity ['vænɪtɪ] Eitelkeit *f*; **∼ bag, ∼ case** Kosmetikkoffer *m*

vantage point ['vɑ:ntɪdʒ] günstiger Aussichtspunkt

vapo(u)r ['veɪpə] Dampf *m*; Dunst *m*; **∼ trail** *aer.* Kondensstreifen *m*

vari|able ['veərɪəbl] veränderlich; wechselhaft; regelierbar; **'∼ance: be at ∼ with** im Widerspruch stehen zu;

~ation [~'eɪʃn] Schwankung f, Abweichung f; Variation f

varicose vein ['værɪkəʊs] Krampfader f

varied ['veərɪd] unterschiedlich; bunt, mannigfaltig; abwechslungsreich

variety [və'raɪətɪ] Abwechslung f; Vielfalt f; econ. Auswahl f; Sorte f, Varieté n; **a ~ of ...** die verschiedensten ...

various ['veərɪəs] verschieden; mehrere

varnish ['vɑːnɪʃ] **1.** Firnis m; Lack m; Glasur f; **2.** firnissen, lackieren, glasieren

vary ['veərɪ] (sich) (ver)ändern; *Preise:* schwanken; abweichen, sich unterscheiden

vase [vɑːz] Vase f

vast [vɑːst] gewaltig, riesig; weit, ausgedehnt

vat [væt] Faß n, Bottich m

vault¹ [vɔːlt] (Keller)Gewölbe n; Gruft f; Tresorraum m

vault² [~] **1.** Sprung m; **2.** (über)springen

veal [viːl] Kalbfleisch n

vegeta|ble ['vedʒtəbl] Gemüse(sorte f) n; *pl* Gemüse n; **~rian** [~ɪ'teərɪən] **1.** Vegetarier(in); **2.** vegetarisch

vehicle ['vɪəkl] Fahrzeug n

veil [veɪl] **1.** Schleier m; **2.** verschleiern

vein [veɪn] Ader f; Stimmung f

velocity [vɪ'lɒsətɪ] Geschwindigkeit f

velvet ['velvɪt] Samt m

venal ['viːnl] käuflich

vend|ing machine ['vendɪŋ] (Verkaufs)Automat m; **~or** ['~dɔː] Verkäufer(in)

veneer [və'nɪə] Furnier n; *fig.* äußerer Anstrich, Fassade f

venereal [və'nɪərɪəl] *med.* Geschlechts...; **~ disease** Geschlechtskrankheit f

venetian blind [və'niːʃn] Jalousie f

vengeance ['vendʒəns] Rache f; **with a ~** F gewaltig

venison ['venɪzn] *gastr.* Wild n

venom ['venəm] Gift n; Gehässigkeit f; **~ous** giftig; gehässig

vent [vent] **1.** (Abzugs)Öffnung f, (Luft)Loch n; Schlitz m; **give ~ to** s-m Zorn etc. Luft machen; **2.** abreagieren

ventilat|e ['ventɪleɪt] (be-, ent-, durch)lüften; **~ion** [~'leɪʃn] Ventilation f, Lüftung f; **~or** ['~leɪtə] Ventilator m

ventriloquist [ven'trɪləkwɪst] Bauchredner m

venture ['ventʃə] **1.** Unternehmen n, Projekt n; **2.** riskieren; aufs Spiel setzen; (sich) wagen

venue ['venjuː] Treffpunkt m; Tagungs-, Austragungsort m

veranda(h) [və'rændə] Veranda f

verb [vɜːb] Verb n, Zeitwort n; **~al** wörtlich; mündlich; verbal

verdict ['vɜːdɪkt] *jur.* Urteilsspruch *m* (*der Geschworenen*); *fig.* Urteil *n*

verge [vɜːdʒ] **1.** Rand *m*; *Straße:* Seitenstreifen *m*; *on the ~ of* am Rande *des Ruins etc.*; kurz vor *e-r* Entdeckung; *den Tränen nahe*; **2.** ~ *on* grenzen an

verify ['verɪfaɪ] (nach)prüfen; bestätigen; beweisen

vermicelli [vɜːmɪˈselɪ] Fadennudeln *pl*

vermin ['vɜːmɪn] Ungeziefer *n*

vermouth ['vɜːməθ] Wermut *m*

vernacular [vəˈnækjʊlə] Landessprache *f*; Mundart *f*

versatile ['vɜːsətaɪl] vielseitig; flexibel

vers|e [vɜːs] Vers(e *pl*) *m*; Strophe *f*; Dichtung *f*; **~ed** bewandert; **~ion** ['~ʃn] Version *f*; Fassung *f*; Lesart *f*; Ausführung *f*

versus ['vɜːsəs] *jur.*, *Sport:* gegen

verte|bra ['vɜːtɪbrə] (*pl -brae* ['~briː]) *anat.* Wirbel *m*; **~brate** ['~breɪt] Wirbeltier *n*

vertical ['vɜːtɪkl] vertikal, senkrecht

vertigo ['vɜːtɪɡəʊ] Schwindel(gefühl *n*) *m*

very ['verɪ] **1.** *adv* sehr; *vor sup:* aller...; *the ~ best* die allerbeste; **2.** *adj* genau; bloß; äußerste(r, -s); *in the ~ act* auf frischer Tat; gerade dabei; *the ~ thing* genau das

richtige; *the ~ thought* der bloße Gedanke

vessel ['vesl] Gefäß *n* (*a. anat., bot.*); Schiff *n*

vest [vest] Unterhemd *n*; *Am.* Weste *f*

vestige ['vestɪdʒ] Spur *f*

vestry ['vestrɪ] *eccl.* Sakristei *f*

vet [vet] F **1.** Tierarzt *m*, -ärztin *f*; **2.** gründlich prüfen

veteran ['vetərən] **1.** Veteran *m*; **2.** erfahren; altgedient

veterinar|ian [vetərɪˈnerɪən] *Am.*, **~y surgeon** ['~ɪnərɪ] *Brt.* Tierarzt *m*, -ärztin *f*

veto ['viːtəʊ] **1.** (*pl -toes*) Veto *n*; **2.** sein Veto einlegen gegen

vex [veks] ärgern; **~ation** [~'seɪʃn] Ärger *m*; **~atious** ärgerlich; **~ed** verärgert

via ['vaɪə] über, via

viable ['vaɪəbl] durchführbar; lebensfähig; *econ.* rentabel

vibrat|e [vaɪˈbreɪt] vibrieren; zittern; schwingen; **~ion** [~ʃn] Zittern *n*, Vibrieren *n*; Schwingung *f*

vicar ['vɪkə] Vikar *m*, Pfarrer *m*; **~age** ['~rɪdʒ] Pfarrhaus *n*

vice [vaɪs] Laster *n*; Schraubstock *m*; Vize...

vice versa [vaɪsɪˈvɜːsə] umgekehrt

vicinity [vɪˈsɪnətɪ] Nachbarschaft *f*, Nähe *f*

vicious ['vɪʃəs] lasterhaft; bösartig; boshaft; gemein

victim ['vɪktɪm] Opfer *n*

victor ['vɪktə] Sieger(in); **~ious** [~'tɔ:rɪəs] siegreich; Sieges...; **~y** ['~əri] Sieg m

video ['vɪdɪəu] **1.** Video(kassette f, -film m) n; Video...; **2.** auf Video aufnehmen, aufzeichnen; **~ camera** Videokamera f; **~ cassette** Videokassette f; **~ disc** Bildplatte f; **~ game** Videospiel n; **~phone** Bildtelefon n; **~ recorder** Videorecorder m; **~ recording** Videoaufnahme f; '**~tape 1.** Videoband n; **2.** → **video 2;** '**~tape library** Videothek f

view [vju:] **1.** ansehen, besichtigen; betrachten; **2.** Sicht f; Aussicht f, (Aus)Blick m; Ansicht f, Meinung f; Absicht f; **in ~ of** angesichts; **on ~** zu besichtigen; '**~data** Bildschirmtext m; '**~er** Fernsehzuschauer(in); Diabetrachter m, Gucki m; '**~finder** phot. (Bild)Sucher m; '**~point** Gesichts-, Standpunkt m

vigil ['vɪdʒɪl] Nachtwache f

vigo|rous ['vɪgərəs] kräftig; energisch; '**~(u)r** Kraft f, Vitalität f; Energie f

vile [vaɪl] abscheulich

village ['vɪlɪdʒ] Dorf n; '**~r** Dorfbewohner(in)

villain ['vɪlən] Schurke m; Verbrecher m; Bösewicht m

vindicate ['vɪndɪkeɪt] rechtfertigen; rehabilitieren

vindictive [vɪn'dɪktɪv] rachsüchtig; nachtragend

vine [vaɪn] Wein(stock) m, (Wein)Rebe f

vinegar ['vɪnɪgə] Essig m

vineyard ['vɪnjəd] Weinberg m

vintage ['vɪntɪdʒ] **1.** Wein: Jahrgang m; Weinlese f; **2.** edel, erlesen; hervorragend; **~ car** Brt. Oldtimer m

violat|e ['vaɪəleɪt] verletzen; übertreten, verstoßen gegen; Eid etc. brechen; **~ion** [~'leɪʃn] Verletzung f; Übertretung f, Verstoß m; Bruch m

violen|ce ['vaɪələns] Gewalt(tätigkeit) f, Brutalität f; Heftigkeit f; '**~t** gewalttätig, brutal; heftig; gewaltsam

violet ['vaɪələt] **1.** Veilchen n; **2.** violett

violin [vaɪə'lɪn] Violine f, Geige f

viper ['vaɪpə] Viper f

viral ['vaɪərəl] Virus...

virgin ['vɜ:dʒɪn] **1.** Jungfrau f; **2.** jungfräulich; unberührt

viril|e ['vɪraɪl] männlich; kraftvoll; **~ity** [~'rɪlətɪ] Männlichkeit f

virtual ['vɜ:tʃuəl] eigentlich; '**~ly** praktisch, fast

virtue ['vɜ:tju:] Tugend f; Vorzug m; **~ous** ['~tʃuəs] tugendhaft

virulent ['vɪrələnt] med. bösartig; Gift: stark

virus ['vaɪərəs] Virus n, m

visa ['vi:zə] Visum *n*

vise [vaıs] *Am.* Schraubstock *m*

visibility [vızə'bılıtı] Sicht (-verhältnisse *pl*, -weite) *f*; **'~le** sichtbar

vision ['vıʒn] Sehvermögen *n*, Sehkraft *f*; Weitblick *m*; Vision *f*

visit ['vızıt] **1.** besuchen; besichtigen; e-n Besuch od. Besuche machen; **2.** Besuch *m*; Besichtigung *f*; **pay a ~ to** j-n besuchen; **'~ing card** *Brt.* Visitenkarte *f*; **'~ing hours** *pl* Besuchszeiten *pl*; **'~or** Besucher(in), Gast *m*

visor ['vaızə] Visier *n*; (Mützen)Schirm *m*; *mot.* Sonnenblende *f*

visual ['vızjʊəl] Seh...; visuell; **~ aid** Anschauungsmaterial *n*; **~ display unit** Bildschirm-, Bildsicht-, Datensichtgerät *n*; **'~ize** sich vorstellen

vital ['vaıtl] Lebens...; lebenswichtig; unerläßlich; vital; **~ity** [~'tælətı] Lebenskraft *f*, Vitalität *f*; **'~ly: ~ important** äußerst wichtig

vitamin ['vıtəmın] Vitamin *n*

vivacious [vı'veıʃəs] lebhaft; **~ty** [~'væsətı] Lebhaftigkeit *f*

vivid ['vıvıd] lebhaft, lebendig; *Farben:* leuchtend

vocabulary [vəʊ'kæbjʊlərı] Wortschatz *m*; Wörterverzeichnis *n*

vocal ['vəʊkl] Stimm...; *mus.*

Vokal..., Gesang(s)...; **~ cords** *pl* Stimmbänder *pl*

vocation [vəʊ'keıʃn] Berufung *f*; Beruf *m*

vogue [vəʊg] Mode *f*

voice [vɔıs] **1.** Stimme *f*; **2.** äußern

void [vɔıd] **1.** leer; *jur.* ungültig; **~ of** ohne; **2.** Leere *f*

volatile ['vɒlətaıl] *chem.* flüchtig; *Person:* leicht aufbrausend; *Situation:* brisant

volcano [vɒl'keınəʊ] (*pl* **-noes, -nos**) Vulkan *m*

volley ['vɒlı] Salve *f*; (Steinetc.)Hagel *m*; *fig.* Schwall *m*; *Tennis:* Flugball *m*; **'~ball** Volleyball *m*

volt [vəʊlt] *electr.* Volt *n*; **'~age** Spannung *f*

volume ['vɒlju:m] *Buch:* Band *m*; Volumen *n*, Rauminhalt *m*; Umfang *m*, Ausmaß *n*; Lautstärke *f*

volunt|ary ['vɒləntərı] freiwillig; **~eer** [~'tıə] **1.** Freiwillige *m*, *f*; **2.** sich freiwillig melden; anbieten

voluptuous [və'lʌptʃʊəs] sinnlich; üppig

vomit ['vɒmıt] brechen; (sich) erbrechen

voracious [və'reıʃəs] gefräßig, gierig

vote [vəʊt] **1.** (Wahl)Stimme *f*; Abstimmung *f*, Wahl *f*; Wahlrecht *n*; Wahlergebnis *n*; **2.** wählen; **~ for** stimmen für; **~ on** abstimmen über; **'~r** Wähler(in)

vouch [vautʃ]: ~ *for* (sich ver)bürgen für; '~er Gutschein *m*

vow [vau] 1. Gelöbnis *n*; *eccl.* Gelübde *n*; 2. geloben; schwören

vowel ['vauəl] Vokal *m*, Selbstlaut *m*

voyage ['vɔɪdʒ] *längere* (See-, Flug)Reise

vulgar ['vʌlgə] gewöhnlich, vulgär

vulnerable ['vʌlnərəbl] verwundbar; anfällig; wehrlos; *fig.* verletzlich

vulture ['vʌltʃə] Geier *m*

W

wad [wɒd] (*Watte*)Bausch *m*; *Banknoten:* Bündel *n*; *Papier:* Stoß *m*

waddle ['wɒdl] watscheln

wade [weɪd] (durch)waten

wafer ['weɪfə] Waffel *f*; Oblate *f*; *eccl.* Hostie *f*

waffle ['wɒfl] Waffel *f*; *Brt.* F Geschwafel *n*

wag [wæg] wedeln (mit)

wage¹ [weɪdʒ] *mst pl* Lohn *m*

wage² [~] *Krieg* führen

wage| earner ['weɪdʒɜːnə] Lohnempfänger(in); ~ **freeze** Lohnstopp *m*; ~ **packet** Lohntüte *f*

wager ['weɪdʒə] 1. Wette *f*; 2. wetten

waggle ['wægl] wackeln (mit)

wag(g)on ['wægən] Fuhrwerk *n*; *Am.* Wagen *m*; *Brt. rail.* offener Güterwagen

wail [weɪl] klagen, jammern

waist [weɪst] Taille *f*; ~**coat** ['weɪskəut] *bsd. Brt.* Weste *f*; '~**line** Taille *f*

wait [weɪt] 1. warten (*for* auf); abwarten; erwarten; ~ *at*

(*Am.* **on**) *table* bedienen; ~ *on j-n* bedienen; 2. Wartezeit *f*; '~**er** Kellner *m*, Ober *m*; ~! Herr Ober!; '~**ing** Warten *n*; *no* ~ *mot.* Halteverbot *n*; ~**ing room** Wartezimmer *n*; *rail.* Wartesaal *m*; ~**ress** ['weɪtrɪs] Kellnerin *f*

wake¹ [weɪk] (**woke** *od.* **waked, woken** *od.* **waked**) a. ~ *up* aufwachen; (auf)wecken

wake² [~] Kielwasser *n*; *follow in the* ~ *of fig.* folgen auf

walk [wɔːk] 1. gehen; zu Fuß gehen, laufen; spazierengehen; wandern; begleiten; *Hund* ausführen; ~ *out* streiken; ~ *out on* F *j-n* im Stich lassen; 2. (Spazier)Gang *m*, (Spazier)Weg *m*; Wanderung *f*; Gang *m*; '~**about** F Bad *n* in der Menge; '~**er** Spaziergänger(in)

walkie-talkie [wɔːkɪ'tɔːkɪ] tragbares Funksprechgerät

'**walking| distance**: *be within* ~ leicht zu Fuß zu errei-

chen sein; **~ stick** Spazier-
stock *m*; **~ tour** Wanderung *f*

'walkout Streik *m*

wall [wɔːl] Wand *f*; Mauer *f*

wallet ['wɒlɪt] Brieftasche *f*

'wallflower *fig.* F Mauer-
blümchen *n*; **'~paper** 1. Tapete *f*; **2.** tapezieren

wall|nut ['wɔːlnʌt] Wal-
nuß(baum *m*) *f*; **~rus** ['~rəs]
(*pl* **-ruses, -rus**) Walroß *n*

waltz [wɔːls] 1. Walzer *m*; **2.**
Walzer tanzen

wand [wɒnd] Zauberstab *m*

wander ['wɒndə] umherwan-
dern; *fig.* abschweifen

wane [weɪn] *Mond:* abnehmen; *fig.* schwinden

want [wɒnt] 1. Mangel *m* (**of**
an); *pl* Bedürfnisse *pl*; **for ~**
of in Ermangelung (*gen*),
mangels; **2.** brauchen; wollen, mögen; nicht haben;
wünschen; **~ed** ['~ɪd] ge-
sucht; **'~ing: be ~** fehlen; es
fehlen lassen (**in** an); unzulänglich sein

wanton ['wɒntən] mutwillig

war [wɔː] Krieg *m*; **Krieg...**

warble ['wɔːbl] trillern

ward [wɔːd] 1. Mündel *n*;
(Krankenhaus)Station *f*;
(Stadt)Bezirk *m*; **2. ~ off**
abwehren; **'~en** Aufse-
her(in); Herbergsvater *m*,
-mutter *f*; **'~er** (Gefängnis)Wärter(in)

wardrobe ['wɔːdrəʊb] Klei-
derschrank *m*; Garderobe *f*

ware [weə] *in Zssgn (Glas-*

*etc.)*Waren *pl*; **'~house** Lagerhaus *n*

war|fare ['wɔːfeə] Krieg(füh-
rung *f*) *m*; **'~head** *mil.*
Spreng-, Gefechtskopf *m*

warm [wɔːm] 1. warm (*a.*
fig.); *fig.* herzlich; *fig.* hitzig;
2. ~ (up) (auf-, an-, er)wär-
men; sich erwärmen, warm
werden; **~hearted** warm-
herzig; **~th** [~θ] Wärme *f*;
Herzlichkeit *f*

warn [wɔːn] warnen (**of,**
against vor); **'~ing** Warnung *f*; **without ~** unerwartet

warp [wɔːp] *Holz:* sich verziehen; *fig.* verzerren

warrant ['wɒrənt] 1. (Haft-,
Durchsuchungs- *etc.*)Befehl
m; **2.** rechtfertigen; **'~y** Garantie *f*

wart [wɔːt] Warze *f*

wary ['weərɪ] vorsichtig

was [wɒz, wəz] *1. u. 3. sg pret*
von **be:** war; *pret pass von*
be: wurde

wash [wɒʃ] 1. (sich) waschen;
~ up *Brt. Geschirr* spülen,
abwaschen; **2.** Wäsche *f*;
have a ~ sich waschen; **'~-**
able waschbar; **~and-**
'wear bügelfrei; pflege-
leicht; **'~basin,** *Am.* **'~bowl**
Waschbecken *n*; **'~cloth** *Am.*
Waschlappen *m*; **'~er**
Waschmaschine *f*; *tech.* Un-
terlegscheibe *f*; **'~ing** Waschen *n*; Wäsche *f*; **Wasch...**;
~ing machine Waschma-
schine *f*; **~ing powder**

Waschpulver n; **~ing-'up** Abwasch(en n) m

wasp [wɒsp] Wespe f

waste [weɪst] **1.** überflüssig; Abfall...; Land: verödet; **2.** Verschwendung f, Vergeudung f; Abfall m; Ödland n, Wüste f; **3.** verschwenden, vergeuden; **~ away** dahinsiechen, verfallen; '**~ful** verschwenderisch; '**~land** Ödland n; '**~paper** Papierabfall m; Altpapier n; **~paper basket** Papierkorb m; **~ pipe** Abflußrohr n

watch [wɒtʃ] **1.** (Armband)Uhr f; Wache f; **2.** beobachten; sich et. ansehen; achtgeben auf; zusehen, zuschauen; Wache halten; **~ for** warten auf; **~ out!** F aufpassen; **~ out!** Achtung!, Vorsicht!; **~ out for** Ausschau halten nach; **~ TV** fernsehen; '**~dog** Wachhund m (a. fig.); '**~ful** wachsam; '**~maker** Uhrmacher(in); '**~man** (pl -men) (Nacht)Wächter m

water ['wɔːtə] **1.** Wasser n; Gewässer pl; **2.** v/t (be)gießen; bewässern; sprengen; Tier tränken; v/i Mund: wässern; Augen: tränen; **~ (down)** verwässern (a. fig.); **~ closet** (Wasser)Klosett n; '**~colo(u)r** Aquarell(malerei f) n; Wasserfarbe f; '**~course** Wasserlauf m; '**~cress** Brunnenkresse f; '**~fall** Wasserfall m; '**~hole** Wasserloch n

watering| can ['wɔːtərɪŋ] Gießkanne f; **~ place** Wasserstelle f, Tränke f

water| level Wasserspiegel m; Wasserstand(slinie f) m; **~lily** Seerose f; '**~line** Wasserlinie f; '**~mark** Wasserzeichen n; **~polo** Wasserball m; '**~proof 1.** wasserdicht; **2.** Regenmantel m; '**~shed** Wasserscheide f; '**~side** Fluß-, Seeufer n; '**~tight** wasserdicht; fig. hieb- u. stichfest; '**~way** Wasserstraße f; '**~wings** pl Schwimmflügel pl; '**~works** sg, pl Wasserwerk n; **~y** ['ˑɔrɪ] wäßrig

watt [wɒt] electr. Watt n

wave [weɪv] **1.** Welle f; Winken n; **2.** schwingen, schwenken; winken mit; Haare: (sich) wellen; wogen; wehen; **~ to** od. **at** j-m (zu)winken; '**~length** phys. Wellenlänge f

waver ['weɪvə] flackern; schwanken

wavy ['weɪvɪ] wellig, gewellt

wax[1] [wæks] **1.** Wachs n; Ohrenschmalz m; Siegellack m; **2.** wachsen, bohnern

wax[2] [ˑ] Mond: zunehmen

way [weɪ] Weg m; Straße f; Strecke f; Richtung f; Art u. Weise f; Methode f; (Eigen)Art f; Hinsicht f; **this ~** hierher, hier entlang; **the other ~ round** umgekehrt; **by the ~** übrigens; **by ~ of** örtlich: über; als; **in a ~** in gewisser Weise; **be under ~**

weighty

im Gange sein; unterwegs sein; *give* ~ nachgeben; *mot.* die Vorfahrt lassen (**to** *dat*); abgelöst werden; *Tränen etc.* freien Lauf lassen; **have one's** (**own**) ~ s-n Willen durchsetzen; *give the* ~ vorangehen; *lose one's* ~ sich verirren; **make** ~ Platz machen; ~ **back** Rückweg *m*, -fahrt *f*; ~ *in* Eingang *m*; ~ *of life* Lebensart *f*, -weise *f*; ~ *out* Ausgang *m*; *fig.* Ausweg *m*; **~ward** ['~wəd] eigensinnig

we [wiː, wɪ] wir

weak [wiːk] schwach; *Getränk:* dünn; '**~en** schwächen; schwächer werden; *fig.* schwach *od.* weich werden; '**~ling** Schwächling *m*; '**~ness** Schwäche *f*

wealth [welθ] Reichtum *m*; *fig.* Fülle *f*; '**~y** reich

wean [wiːn] entwöhnen

weapon ['wepən] Waffe *f*

wear [weə] **1.** (**wore, worn**) *am Körper tragen*; anhaben, *Hut etc.* aufhaben; haltbar sein; sich *gut etc.* tragen; ~ (**away, down, out**) sich abnutzen *od.* abtragen; verschleißen; *Reifen* abfahren; ~ **down** *j-n* zermürben; **2.** (Be)Kleidung *f*; Abnutzung *f*; ~ **and tear** Verschleiß *m*

weary ['wɪərɪ] müde; lustlos

weasel ['wiːzl] Wiesel *n*

weather ['weðə] Wetter *n*; Witterung *f*; '**~-beaten** ver-

wittert; *Gesicht:* vom Wetter gegerbt; ~ **chart** Wetterkarte *f*; ~ **forecast** Wetterbericht *m*, -vorhersage *f*

weave [wiːv] (**wove, woven**) weben; flechten

web [web] Netz *n*; Gewebe *n*; *zo.* Schwimmhaut *f*; **~bed** *zo.* Schwimm...

wedding ['wedɪŋ] Hochzeit *f*; Hochzeits...; ~ **ring** Ehe-, Trauring *m*

wedge [wedʒ] **1.** Keil *m*; **2.** verkeilen, festklemmen; *fig.* einkeilen, -zwängen

Wednesday ['wenzdɪ] Mittwoch *m*

wee [wiː] F winzig; *a* ~ *bit* ein klein wenig

weed [wiːd] **1.** Unkraut *n*; **2.** jäten; '**~-killer** Unkrautvertilgungsmittel *n*

week [wiːk] Woche *f*; *a* ~ *to-morrow, tomorrow* ~ morgen in einer Woche; '**~day** Wochentag *m*; '**~end** Wochenende *n*; '**~ly** wöchentlich; Wochen...

weep [wiːp] (**wept**) weinen; '**~ing willow** Trauerweide *f*

weigh [weɪ] wiegen; *fig.* abwägen, erwägen; ~ **anchor** den Anker lichten; ~ **down** niederdrücken; on lasten auf

weight [weɪt] Gewicht *n*; *fig.*: Last *f*; Bedeutung *f*; '**~less** schwerelos; '**~lessness** Schwerelosigkeit *f*; '**~lifting** *Sport:* Gewichtheben *n*; '**~y** schwer; *fig.* gewichtig

weir [wɪə] Wehr n

weird [wɪəd] unheimlich; F sonderbar

welcome ['welkəm] **1.** Willkommen n; Empfang m; **2.** willkommen; (**you are**) ~ nichts zu danken, bitte sehr; **3.** willkommen heißen; begrüßen (a. fig.)

weld [weld] schweißen

welfare ['welfeə] Wohl(ergehen) n; Sozialhilfe f; Fürsorge(unterstützung) f; ~ **state** Wohlfahrtsstaat m; ~ **work** Sozialarbeit f; ~ **worker** Sozialarbeiter(in)

well¹ [wel] Brunnen m; tech. Quelle f (a. fig.); Bohrloch n

well² [~] **1.** adv gut; **as** ~ auch; **as** ~ **as** sowohl als auch; **2.** adj gut, gesund; **be** od. **feel** ~ sich wohl fühlen; **get** ~ **soon!** gute Besserung!; **3.** int na, nun, also; **very** ~ **then** also gut; **~'balanced** ausgeglichen; ausgewogen; **~'being** Wohl(ergehen, -befinden) n; **~'earned** wohlverdient

wellingtons ['welɪŋtənz] pl Gummistiefel pl

well-'known bekannt; **~'mannered** mit guten Manieren; **~'off** wohlhabend; **~'read** belesen; **~'timed** (zeitlich) günstig, im richtigen Augenblick; **~-to-'do** wohlhabend; **~'worn** abgetragen; fig. abgedroschen

went [went] pret von **go 2**

wept [wept] pret u. pp von **weep**

were [wɜ:] pl u. 2. sg pret von **be**

west [west] **1.** Westen m; **2.** westlich, West...; **3.** nach Westen, westwärts; **'~erly** westlich, West...; **'~ern 1.** westlich, West...; **2.** Western m; **~ward(s)** ['~wəd(z)] westwärts, nach Westen

wet [wet] **1.** naß; feucht; "~ **paint**" frisch gestrichen; **through** völlig durchnäßt; **2.** Nässe f; Feuchtigkeit f; **3.** (**wet** od. **wetted**) naß machen, anfeuchten

whack [wæk] **1.** schlagen; **2.** (knallender) Schlag

whale [weɪl] Wal m

wharf [wɔ:f] (pl ~s, **wharves** [~vz]) Kai m

what [wɒt] **1.** was; wie; **2.** was für (ein, eine), welche(r, -s); ~ **about ...?** wie wär's mit ...?; ~ **for?** wofür?, wozu?; **so** ~? na und?; **~'ever 1.** was (auch immer); egal was; **2.** welche(r, -s) auch (immer)

wheat [wi:t] Weizen m

wheel [wi:l] **1.** Rad n; Steuer(rad) n, Lenkrad n; **2.** schieben; **'~barrow** Schubkarren m; **'~chair** Rollstuhl m; **~'clamp** mot. (Park)Kralle f

whelp [welp] Welpe m

when [wen] **1.** wann; **2.** wenn; als; **3.** wo ... doch; **~'ever** immer, wenn; wann immer

where [weə] wo; wohin; ~ ... **from?** woher?; ~ ... **to?** wo-

hin?; **∼abouts** [weərə'baʊts]
1. wo ungefähr; **2.** Aufent-
haltsort m; **∼as** [wear'æz]
während; **∼upon** [ˌ∼ə'pɒn]
worauf(hin)

wherever [weər'evə] wo(hin)
(auch) immer

whet [wet] wetzen, schärfen;
Appetit anregen

whether ['weðə] ob

which [wɪtʃ] **1.** welche(r, -s);
2. der, die, das; was; **∼ever**
welche(r, -s) (auch) immer

whiff [wɪf] Hauch m; Geruch
m; Zug m (*beim Rauchen*)

while [waɪl] **1.** während; **2.**
Weile f, Zeit f; **for a** ∼ e-e
Zeitlang; **3.** ∼ **away** sich *die
Zeit* vertreiben

whim [wɪm] Laune f

whimper ['wɪmpə] wimmern

whims|ical ['wɪmzɪkl] wun-
derlich; spleenig; neckisch;
launig; **∼y** Spleen m

whine [waɪn] **1.** Winseln n;
Gejammer n; **2.** winseln;
jammern

whinny ['wɪnɪ] wiehern

whip [wɪp] **1.** Peitsche f; **2.**
peitschen; verprügeln; schla-
gen; **∼ped cream** Schlag-
sahne f; **∼ping** Prügel pl

whirl [wɜːl] **1.** wirbeln, sich
drehen; **2.** Wirbel m; Strudel
m; **∼pool** Strudel m; Whirlpool m; **∼wind** Wirbelwind
m

whir(r) [wɜː] schwirren; surren

whisk [wɪsk] **1.** Schneebesen

m; **2.** schlagen; huschen, flitzen; ∼ **away**, ∼ **off** et. schnell
wegziehen; *mit j-m* davon-
brausen

whiskers ['wɪskəz] pl e- Bart-,
Schnurrhaar n; pl Backen-
bart m

whisper ['wɪspə] **1.** flüstern;
2. Geflüster n, Flüstern n

whistle ['wɪsl] **1.** pfeifen; **2.**
Pfeife f; Pfiff m

white [waɪt] **1.** weiß; **2.**
Weiße(s) n; Weiße m, f; **∼ coffee** Milchkaffee m; **∼ collar
worker** Angestellte m, f; **∼
heat** Weißglut f; **∼ lie** Notlü-
ge f; **∼n** weißen, weiß machen; weiß werden; **∼wash
1.** Tünche f; **2.** weißen, tün-
chen; fig. reinwaschen

Whitsun ['wɪtsn] Pfingsten n
od. pl; Pfingst...

whiz(z) [wɪz] zischen, sausen,
schwirren; ∼ **kid** F Senk-
rechtstarter m

who [huː, hʊ] **1.** wer; dat wem;
acc wen; **2.** der, die, das

whodun(n)it [huː'dʌnɪt] F
Krimi m

whoever [huː'evə] wer (auch)
immer; jeder, der

whole [həʊl] **1.** ganz; **2.**
Ganze n; **on the** ∼ im großen
und ganzen; **∼ food** Voll-
wertkost f; **∼ hearted** uneingeschränkt; **∼ meal bread**
Vollkornbrot n; **∼ sale**
Großhandel m; ∼ **dealer** →
∼ saler Großhändler m; **∼
some** gesund

wholly ['həʊlɪ] völlig

whom [huːm] *dat* wem; *acc* wen; den, die, das

whooping cough ['huːpɪŋ] Keuchhusten *m*

whore [hɔː] Hure *f*

whose [huːz] wessen; dessen, deren

why [waɪ] warum, weshalb; *that's ~* deshalb

wick [wɪk] Docht *m*

wicked ['wɪkɪd] böse; schlecht; gemein

wicker ['wɪkə] Korb...; **~ basket** Weidenkorb *m*; **~ chair** Korbstuhl *m*

wicket ['wɪkɪt] Kricket: Dreistab *m*, Tor *n*

wide [waɪd] breit; weit; *fig.* groß; (umfang)reich; vielfältig; *vom Ziel:* daneben; *~ awake* hellwach; *fig.* aufgeweckt, gewitzt; **~'angle** *phot.* Weitwinkel...; **~ly** weit; allgemein; **~n** (sich) verbreitern; (sich) erweitern; **~'open** weit geöffnet; **~spread** weitverbreitet

widow ['wɪdəʊ] Witwe *f*; **~ed** verwitwet; **~er** Witwer *m*

width [wɪdθ] Breite *f*; Weite *f*

wield [wiːld] *Einfluß etc.* ausüben

wife [waɪf] (*pl* **wives** [~vz]) (Ehe)Frau *f*, Gattin *f*

wig [wɪg] Perücke *f*

wild [waɪld] **1.** wild; verwildert; wütend, rasend; unbändig; verrückt; maßlos,

kühn; **~ about** scharf *od.* versessen auf; **run ~** wild aufwachsen, verwildern; **2.** *the ~(s pl)* die Wildnis; **'~cat** Wildkatze *f*; **~ strike** wilder Streik; **~erness** ['wɪldənɪs] Wildnis *f*; *fig.* Wüste *f*; **'~fire: like ~** wie ein Lauffeuer; **'~life** Tier- u. Pflanzenwelt *f*

wil(l)ful ['wɪlfʊl] eigensinnig; vorsätzlich

will [wɪl] **1.** Wille *m*; Wunsch *m*; Testament *n*; **2.** *v/aux* (*pret* **would**) ich, du *etc.* will(st) *etc.*; ich, du *etc.* werde, wirst *etc.*; *v/t* wollen; **~ing** gewillt, willens, bereit; **~ingly** gern, bereitwillig

willow ['wɪləʊ] *bot.* Weide *f*

'willpower Willenskraft *f*

willy-nilly [wɪlɪ'nɪlɪ] wohl oder übel

wilt [wɪlt] (ver)welken

wily ['waɪlɪ] listig, gerissen

win [wɪn] **1.** (**won**) gewinnen; erlangen; siegen; **2.** Sieg *m*

wince [wɪns] (zs.-)zucken

winch [wɪntʃ] *tech.* Winde *f*

wind¹ [wɪnd] Wind *m*; Blähung(en *pl*) *f*

wind² [waɪnd] (**wound**) sich winden *od.* schlängeln; wickeln; winden; kurbeln; *~ up* *Uhr* aufziehen

winding ['waɪndɪŋ] **1.** gewunden; **~ staircase** Wendeltreppe *f*; **2.** Windung *f*

wind instrument ['wɪnd] Blasinstrument *n*

within

windlass ['wɪndləs] *tech.*
Winde *f*

windmill ['wɪnmɪl] Windmühle *f*

window ['wɪndəʊ] Fenster *n*;
Schaufenster *n*; Schalter *m*; **~ box** Blumenkasten *m*; **~pane** Fensterscheibe *f*; **~ shade** *bsd. Am.* Rouleau *n*, Rollo *n*, Jalousie *f*; **~shop:** *go ~ping* e-n Schaufensterbummel machen; **~sill** Fensterbank *f*, -brett *n*

wind|**pipe** ['wɪnd] Luftröhre *f*; **~screen,** *Am.* **~shield** Windschutzscheibe *f*; **~ wiper** Scheibenwischer *m*; **~y** windig

wine [waɪn] Wein *m*

wing [wɪŋ] Flügel *m*; *mot.* Kotflügel *m*; *aer.* Tragfläche *f*

wink [wɪŋk] **1.** Zwinkern *n*; **2.** zwinkern

winn|**er** ['wɪnə] Gewinner(in); Sieger(in); **~ing** siegreich; *fig.* einnehmend; **~ings** *pl* Gewinn *m*

winter ['wɪntə] **1.** Winter *m*; **2.** überwintern; **~ sports** *pl* Wintersport *m*

wintry ['wɪntrɪ] winterlich; *fig.* frostig

wipe [waɪp] (ab-, auf)wischen; (ab)trocknen; **~ off** ab-, wegwischen; tilgen; **~ out** auswischen; ausrotten

wire [waɪə] **1.** Draht *m*; *electr.* Leitung *f*; *Am.* Telegramm *n*; **2.** *Am.* telegrafie-

ren; **~less 1.** drahtlos; **2.** *Brt.* Radio(apparat *m*) *n*; **~ netting** ['netɪŋ] Drahtgeflecht *n*

wiry ['waɪərɪ] drahtig

wisdom ['wɪzdəm] Weisheit *f*; Klugheit *f*; **~ tooth** Weisheitszahn *m*

wise [waɪz] weise, klug, erfahren; **~crack** F witzige Bemerkung; **~ guy** F Klugscheißer *m*

wish [wɪʃ] **1.** Wunsch *m*; *best ~es* alles Gute; **2.** wünschen, wollen; **~ s.o. well / ill** j-m alles Gute / Böses wünschen; **~ for** (sich) *et.* wünschen; **~ful: ~ thinking** Wunschdenken *n*

wishy-washy ['wɪʃɪwɒʃɪ] labb(e)rig, wäßrig; *fig.* saft- und kraftlos; lasch

wistful ['wɪstfʊl] wehmütig

wit [wɪt] *a. pl* Verstand *m*; Geist *m*, Witz *m*; *be at one's ~s' end* mit s-r Weisheit am Ende sein

witch [wɪtʃ] Hexe *f*; **~craft** Hexerei *f*

with [wɪð] mit; bei; *are you ~ me?* verstehst du?

withdraw [wɪð'drɔː] (-drew, -drawn) (sich) zurückziehen; *Truppen etc.* abziehen; *Geld* abheben

wither ['wɪðə] (ver)welken; verdorren (lassen)

withhold [wɪð'həʊld] (-held) vorenthalten; verweigern

with|**in** [wɪ'ðɪn] in(nerhalb); **~**

call / *reach* in Ruf- / Reichweite; **out** [~'ðaʊt] ohne
withstand [wɪθ'stænd] widerstehen
witness ['wɪtnɪs] **1.** Zeuge *m*, -in *f*; Zeugnis *n*; **2.** Zeuge sein von; (mit)erleben; mit ansehen; bezeugen, bestätigen; **~ box**, *Am.* **~ stand** Zeugenstand *m*
witticism ['wɪtɪsɪzəm] geistreiche Bemerkung; **'~ty** witzig, geistreich
wives [waɪvz] *pl von* **wife**
wizard ['wɪzəd] Zauberer *m*; Genie *n*
wobble ['wɒbl] schwanken, wackeln
woe [wəʊ] Leid *n*, Kummer *m*
woke [wəʊk] *pret*, **'~n** *pp von* **wake¹**
wolf [wʊlf] **1.** (*pl* **wolves** [~vz]) Wolf *m*; **2.** **~** (**down**) (gierig) verschlingen
wolves [wʊlvz] *pl von* **wolf 1**
woman ['wʊmən] (*pl* **women** ['wɪmɪn]) Frau *f*; **~ doctor** Ärztin *f*; **~kind** [~'kaɪnd] die Frauen *pl*, das weibliche Geschlecht; **'~ly** fraulich, weiblich
womb [wuːm] Gebärmutter *f*, Mutterleib *m*; *fig.* Schoß *m*
women ['wɪmɪn] *pl von* **woman; ~'s lib** [lɪb], **~'s movement** Frauen(emanzipations)bewegung *f*
won [wʌn] *pret u. pp von* **win 1**
wonder ['wʌndə] **1.** Wunder *n*; Verwunderung *f*; Staunen

n; **2.** gern wissen mögen, sich fragen; sich wundern; **'~ful** wunderbar, -voll
won't [wəʊnt] *für* **will not**
wood [wʊd] Holz *n*; *oft pl* Wald *m*, Gehölz *n*; **'~cut** Holzschnitt *m*; **'~cutter** Holzfäller *m*; **~ed** ['~ɪd] bewaldet; **'~en** hölzern (*a. fig.*); Holz...; **~pecker** ['~pekə] Specht *m*; **'~wind** Holzblasinstrument(e *pl*) *n*; *die* Holzbläser *pl*; **'~work** Tischlern *n*; Tischlerarbeit(en *pl*) *f*; *arch.* Gebälk *n*; **'~y** bewaldet, waldig; holzig
wool [wʊl] Wolle *f*; **~(l)en 1.** wollen, Woll...; **2.** *pl* Wollsachen *pl*; **'~(l)y** wollig; Woll...; *fig.* verschwommen
word [wɜːd] **1.** Wort *n*; Nachricht *f*; *pl*: (Lied)Text *m*; *fig.* Auseinandersetzung *f*; *have* **a ~ with s.o.** kurz mit j-m sprechen; **2.** ausdrücken, formulieren; abfassen; **'~ing** Wortlaut *m*; Formulierung *f*; **~ processing** Textverarbeitung *f*; **~ processor** Textverarbeitungssystem *n*
wore [wɔː] *pret von* **wear 1**
work [wɜːk] **1.** Arbeit *f*; Werk *n*; **~s** *pl* Getriebe *n*; Uhrwerk *n*; **~s** *sg* Werk *n*, Fabrik *f*; **~ of art** Kunstwerk *n*; **at ~** bei der Arbeit; **out of ~** arbeitslos; **2.** *v/i* arbeiten; *tech.* funktionieren, gehen; wirken; *fig.* gelingen, klappen; *v/t* ver-, bearbeiten; Maschi-

ne etc. bedienen; (an-, be)treiben; *fig.* bewirken; ~ **off** abarbeiten; *Gefühle* abreagieren; ~ **out** *v/t* ausrechnen; *Aufgabe* lösen; *Plan* ausarbeiten; *v/i* aufgehen; klappen; ~ (*o.s.*) **up** (sich) aufregen; '~**aholic** [~ə'hɒlık] Arbeitssüchtige *m, f*; '~**er** Arbeiter(in)

'**working class** Arbeiterklasse *f*; '~**class** *adj* Arbeiter...; ~ **day** Werk-, Arbeitstag *m*; ~ **hours** *pl* Arbeitszeit *f*

'**workman** (*pl* -**men**) Handwerker *m*; '~**like** fachmännisch; '~**ship** Kunstfertigkeit *f; gute etc.* Ausführung

works council Betriebsrat *m*

'**work|shop** Werkstatt *f*; '~**station** (Computer-, Bildschirm)Arbeitsplatz *m*; ~**study** Arbeitsstudie *f*; ~**to-'rule** Dienst *m* nach Vorschrift

world [wɜːld] Welt *f*; '~**ly** weltlich; ~ **power** *pol.* Weltmacht *f*; ~ **war** Weltkrieg *m*; '~**wide** weltweit

worm [wɜːm] Wurm *m*; '~**eaten** wurmstichig

worn [wɔːn] *pp von* **wear** 1; ~'**out** abgenutzt, abgetragen; erschöpft

worr|ied ['wʌrıd] besorgt, beunruhigt; '~**y** **1.** (sich) beunruhigen; (sich) Sorgen *od.* Gedanken machen; stören, plagen; belästigen; *don't* ~!

keine Angst *od.* Sorge!; Sorge *f*; '~**ying** beunruhigend

worse [wɜːs] *comp von* **bad**: schlechter; schlimmer; ~ **luck!** (so ein) Pech!; ~**n** ['wɜːsn] verschlimmern; sich verschlechtern

worship ['wɜːʃıp] **1.** Verehrung *f*; Gottesdienst *m*; **2.** verehren, anbeten; zum Gottesdienst gehen

worst [wɜːst] **1.** *adj* (*sup von* **bad**) schlechteste(r, -s); schlimmste(r, -s); **2.** *adv* (*sup von* **badly**) am schlechtesten; am schlimmsten; **3.** *the* ~ das Schlimmste; *at* (*the*) ~ schlimmstenfalls

worsted ['wʊstıd] Kammgarn *n*; Woll...

worth [wɜːθ] **1.** wert; ~ *reading* lesenswert; ~ *seeing* sehenswert; **2.** Wert *m*; '~**less** wertlos; '~**while** der Mühe wert; *be* ~ sich lohnen; ~**y** ['~ðı] würdig; wert

would [wʊd] *pret von* **will** 2; ~ *you like ...*? möchten Sie ...?

wound¹ [wuːnd] **1.** Wunde *f*, Verletzung *f*; **2.** verwunden, -letzen (*a. fig.*)

wound² [waʊnd] *pret u. pp von* **wind²**

wove [wəʊv] *pret*, '~**n** *pp von* **weave**

wow [waʊ] *int* F hui!, Mann!, Mensch!

wrap [ræp] **1.** wickeln; *a.* ~ *up* einwickeln, -packen; **2.** Umhang *m*; Schal *m*; '~**per** Ver-

packung f; Buch: (Schutz-)
Umschlag m; '~ping Ver-
packung f; ~ paper Pack-,
Geschenkpapier n

wrath [rɒθ] Zorn m

wreath [ri:θ] Kranz m

wreck [rek] **1.** Wrack n (a.
fig.); Schiffbruch m; fig.
Ruine f; Trümmer pl; **nervous** ~ Nervenbündel n; **2.**
vernichten, zerstören; be
~ed Schiffbruch erleiden;
'~age Trümmer pl; Wrack
(-teile pl) n

'**wrecking| company** Am.
Abbruchfirma f; ~ **service**
Am. mot. Abschleppdienst m

wren [ren] Zaunkönig m

wrench [rentʃ] **1.** reißen, zerren, ziehen; entwinden; med.
verrenken; **2.** Ruck m; med.
Verrenkung f; Schrauben-
schlüssel m

wrestle| ['resl] ringen (mit);
'~ling Ringen n

wretch [retʃ] Schuft m; a.
poor ~ armer Teufel; ~ed
['~ɪd] elend; erbärmlich

wriggle ['rɪgl] sich schlängeln; sich winden, zappeln

wring [rɪŋ] (**wrung**) (~ **out**
aus)wringen; Hände ringen

wrinkle ['rɪŋkl] **1.** Runzel f;
Falte f; **2.** sich runzeln,
runz(e)lig werden; knittern

wrist [rɪst] Handgelenk n; ~
watch Armbanduhr f

writ [rɪt] jur. Verfügung f

write [raɪt] (**wrote, written**)
schreiben; ~ **down** auf-, nie-
derschreiben; ~ **off** abschreiben; ~ **out** Scheck etc. ausstellen; '~r Schreiber(in);
Verfasser(in); Schriftstel-
ler(in)

writhe [raɪð] sich krümmen

writing ['raɪtɪŋ] Schreiben n;
(Hand)Schrift f; **in** ~ schriftlich; ~ **desk** Schreibtisch m;
~ **paper** Schreibpapier n

written ['rɪtn] **1.** pp von write;
2. adj schriftlich

wrong [rɒŋ] **1.** falsch, ver-
kehrt; unrecht; **be** ~ falsch
sein; unrecht haben; nicht
stimmen; Uhr: falsch gehen;
what's ~ **with you?** was ist
los mit dir?; **go** ~ e-n Fehler
machen; Plan etc.: schiefgehen; **2.** Unrecht n; **3.** j-m Unrecht tun; '~ful ungerecht;
unrechtmäßig; '~ly zu Un-
recht

wrote [rəʊt] pret von **write**

wrought| iron [rɔːt] Schmie-
deeisen n; ~'**iron** schmie-
deeisern

wrung [rʌŋ] pret u. pp von
wring

wry [raɪ] schief, verzerrt

X

Xmas ['krısməs, 'eksməs] F Weihnachten n od. pl
X-ray ['eksreɪ] **1.** Röntgenaufnahme f; Röntgenstrahl

m; **2.** röntgen
xylophone ['zaɪləfəʊn] mus. Xylophon n

Y

yacht [jɒt] (Segel-, Motor)Jacht f; Segelboot n; **'~ing** Segeln n; Segelsport m
yap [jæp] kläffen
yard¹ [jɑːd] Hof m
yard² [~] Yard n (0,914 m); **'~stick** Maßstab m
yarn [jɑːn] Garn n; F Seemannsgarn n
yawn [jɔːn] **1.** gähnen; **2.** Gähnen n
year [jɪə] Jahr n; **'~ly** jährlich
yearn [jɜːn] sich sehnen
yeast [jiːst] Hefe f
yell [jel] **1.** (gellend) schreien; **2.** (gellender) Schrei
yellow ['jeləʊ] gelb; **~ pages** pl teleph. die gelben Seiten pl, Branchenverzeichnis n
yelp [jelp] (auf)jaulen
yes [jes] **1.** ja; doch; **2.** Ja n
yesterday ['jestədɪ] gestern; **the day before ~** vorgestern
yet [jet] **1.** adv noch; bis jetzt; schon; **as ~** bis jetzt; **not ~**

noch nicht; **2.** cj (aber) dennoch, doch
yew [juː] Eibe f
yield [jiːld] **1.** (ein-, hervor-) bringen; Gewinn abwerfen; agr. tragen; nachgeben; Am. Vorfahrt gewähren; **2.** Ertrag m
yogh(o)urt, yogurt ['jɒgət] Joghurt m
yolk [jəʊk] (Ei)Dotter m, n, Eigelb n
you [juː, jʊ] du, ihr, Sie; dat dir, euch, Ihnen; acc dich, euch, Sie; man; dat einem, acc einen
young [jʌŋ] **1.** jung; **2.** pl (Tier-)Junge pl; **~ster** ['~stə] Junge m
your [jɔː] dein(e), euer(e), Ihr(e); **~s** [~z] deine(r, -s), eur-, eure(s), Ihre(r, -s); **~'self** (pl **-selves** [~vz]) verstärkend: (du, ihr, Sie) selbst; reflexiv: dir, dich, euch, sich; **by ~** allein
youth [juːθ] (pl **~s** [~ðz]) Jugend(zeit) f; junger Mann, Jugendliche m; sg od. pl

konstr. die Jugend; '**~ful** jugendlich; **~ hostel** Jugendherberge *f*

Z

zeal [ziːl] Eifer *m*; **~ous** ['zeləs] eifrig
zebra ['zebrə] Zebra *n*; **~ crossing** Zebrastreifen *m*
zenith ['zenɪθ] Zenit *m*; *fig.* Höhepunkt *m*
zero ['zɪərəʊ] (*pl* -**ros**, -**roes**) Null *f*; Nullpunkt *m*; **~ growth** / **option** Nullwachstum *n* / Nullösung *f*
zest [zest] Begeisterung *f*
zigzag ['zɪgzæg] Zickzack *m*
zinc [zɪŋk] Zink *n*
zip [zɪp] **1.** Reißverschluß *m*;

Yugoslav [juːgəʊˈslɑːv] **1.** jugoslawisch; **2.** Jugoslaw|e *m*, -in *f*

2. *a.* **~ up** den Reißverschluß zumachen; **~ code** *Am.* Postleitzahl *f*; **~ fastener**, '**~per** Reißverschluß *m*
zodiac ['zəʊdɪæk] Tierkreis *m*
zone [zəʊn] Zone *f*
zoo [zuː] Zoo *m*
zoolog|ical [zəʊəˈlɒdʒɪkl] zoologisch; **~y** [zəʊˈɒlədʒɪ] Zoologie *f*
zoom [zuːm] **1.** surren; F sausen; *aer.* steil hochziehen; *phot.* zoomen; **2.** → **~ lens** *phot.* Zoom(objektiv) *n*

Deutsch-Englisches Wörterverzeichnis

A

Aal *m* eel

Aas *n* carrion; F beast

ab *prp u. adv örtlich:* from; *zeitlich:* from ... (on); *fort, weg:* off; **~ und zu** now and then; **von jetzt (da, dort) ~** from now (that time, there) on; **... ist ab** ... has come off

Abart *f* variety

Abbau *m* mining; *Verringerung:* reduction; *Vorurteile etc.:* overcoming; *biol. etc.* decomposition; **2en** mine; *fig.* reduce; overcome[*]; *sich ~ biol.* break[*] down

ab|beißen bite[*] off; **~bekommen** get[*] off; *s-n Teil od. et. ~* get[*] one's share; *et. fig.* get[*] hurt *od.* damaged; **~bestellen** *Zeitung (Waren):* cancel one's subscription (order) for; **~biegen** turn (off); *nach rechts (links)* ~ turn right (left)

abbild|en show[*], depict; **2ung** *f* picture, illustration

ab|blenden *mot.* dip (*Am.* dim) the headlights; **~blendlicht** *n* dipped (*Am.* dimmed) headlights *pl;* **~brechen** break[*] off (*a. fig.*); *Gebäude:* pull down, demolish; *Zelt,*

Lager: strike[*]; **~bremsen** slow down; **~brennen** burn[*] down; *bringen: j-n ~ von* talk s.o. out of (doing) s.th.; **~bröckeln** crumble away; **2bruch** *m* breaking off; *Haus etc.:* demolition; **~buchen** debit (**von** to); **~bürsten** brush (off)

Abc *n* ABC, alphabet

ab|danken resign; *Herrscher:* abdicate; **~decken** uncover; *zudecken:* cover (up); **~dichten** make[*] tight, insulate; **~drehen** *v/t* turn off; *v/i* change (one's) course

Abdruck *m* print, mark; **2en** print

abdrücken fire

Abend *m* evening; **am ~ ~ abends;** *heute* 2 tonight; *morgen (gestern)* 2 tomorrow (last) night; **~brot** *n*, **~essen** *n* supper, dinner; **~kleid** *n* evening dress *od.* gown; **~kurs** *m* evening classes *pl;* **~land** *n* West, Occident; **~mahl** *n eccl.* the (Holy) Communion, the Lord's Supper; **2s** in the evening, at night; *montags ~* (on) Monday evenings

Abenteuer *n* adventure;

2lich adventurous; *fig.* fantastic; *riskant:* risky

aber but; **oder ~** or else

Aber|glaube *m* superstition; **2gläubisch** superstitious

abfahr|en leave*, depart, start (*alle:* **nach** for); *Schutt etc.:* remove; **2t** *f* departure; *Ski:* descent; **2tslauf** *m* downhill skiing (*Rennen:* race); **2tszeit** *f* departure (time)

Abfall *m* waste, rubbish, refuse, *Am. a.* garbage, trash; **~beseitigung** *f* waste disposal; **~eimer** *m* → **Mülleimer**; **2en** fall* off; *fig. a.* fall* *od.* break* away (**von** from); *geogr.* slope (down)

abfällig derogatory; **~ reden von** run* *s.o.* down

Abfallprodukt *n* waste product

ab|fangen catch*, intercept; *mot., aer.* right; **~färben** *Farbe etc.:* run* (**auf** on); *Stoff: a.* bleed*; **~ auf** *fig.* rub off on; **~fassen** write*, compose; **~fertigen** dispatch; *Zoll:* clear; *Kunden:* serve; *Flug-, Hotelgast:* check in; **~feuern** fire (off); *Rakete:* launch

abfind|en pay* off; *Partner:* buy* out; *entschädigen:* compensate; **sich ~ mit** put* up with; **2ung** *f* compensation

ab|fliegen leave*, depart; → **starten**; **~fließen** flow off

Abflug *m* departure; → **Start**

Abfluß *m* *tech.* drain; **~rohr** *n* waste pipe, drainpipe

abführ|en lead* away; **~end, 2mittel** *n* laxative

abfüllen *in Flaschen:* bottle; *in Dosen:* can

Abgabe *f* *Sport:* pass; *Gebühr:* rate; *Zoll:* duty; *e-r Arbeit:* handing in

Abgang *m* school-leaving, *Am.* graduation; *ohne Abschluß:* dropping out; *thea.* exit

Abgas *n* waste gas; **~e** *pl* emission(s *pl*); *mot.* exhaust fumes *pl*; **2frei** emission-free; **~untersuchung** *f* exhaust emission test, *Am.* emissions test

abgearbeitet worn out

abgeben leave* (**bei** with); *Gepäck: a.* deposit, *Am.* check; *Arbeit:* hand in; *Ball:* pass; *Wärme etc.:* give* off, emit; *j-m et.:* **~ von** share s.th. with s.o.; **sich ~ mit** concern o.s. (*j-m:* associate) with

abge|griffen worn; **~härtet** hardened (**gegen** to)

abgehen leave*; *Post, Ware:* get* off; *Weg:* branch off; *Knopf etc.:* come* off; *econ.* be* deducted; **~ von** *Schule:* leave*; *Plan:* drop; *Meinung:* change; **gut ~** *fig.* pass off well

abge|hetzt, ~kämpft exhausted; **~legen** remote, distant; **~macht: ~!** it's a deal!; **~magert** emaciated; **~neigt: e-r Sache (nicht) ~ sein** (not)

be* averse to (doing) s.th.;
~**nutzt** worn out
Abgeordnete m, f representative, member of parliament, Am. mst congress-(wo)man
abge|packt prepack(ag)ed;
~**schlossen** completed; od.
Wohnung self-contained flat, Am. apartment; ~**sehen:** ~ **von** apart from; ~**spannt** worn out; ~**standen** stale; ~**storben** dead; **Glied:** a. numb; ~**stumpft** insensitive; ~**tragen**, ~**wetzt** worn; **stärker:** shabby
abgewöhnen: j-m et. ~ break* od. cure s.o. of s.th.; **sich et.** ~ give* up s.th.
Abgrund m abyss, chasm
ab|hacken chop od. cut* off;
~**haken** tick (Am. check) off;
~**halten** **Versammlung etc.:** hold*; **j-n** ~ **von** keep* s.o. from (doing) s.th.; ~**handeln:** ~ **kommen** get* lost
Abhandlung f treatise
Abhang m slope, incline
abhängen **Bild etc.:** take* down; **rail. etc.** uncouple; **gastr. hängen:** f j-n: shake* off; ~ **von** depend on
abhängig: ~ **von** dependent on; **2keit** f dependence (**von** on)
ab|härten harden (**sich** o.s.) (**gegen** to); ~**hauen** cut* od. chop off; f **hauen** ~ **off** (**mit** with), run* (**away**) (with); **hau ab!** sl. beat it!, scram!;

~**heben** lift od. take* off;
Geld: (with)draw*; **teleph.** answer the phone; **Hörer:** pick up; **Karten:** cut*; **aer. take*** (**Rakete:** lift) off; **sich** ~ **von** stand* out among od. from; **fig. a.** contrast with;
~**heften** file (away); ~**hetzen:** **sich** ~ wear* o.s. out
Abhilfe f remedy
ab|holen pick up; **j-n von der Bahn** ~ meet* s.o. at the station; ~**holzen** **Gebiet:** deforest; ~**horchen** med. auscultate, sound; ~**hören** **teleph.** listen in on, tap; **Schule:** quiz s.o., test s.o. orally
Abitur n school-leaving examination
ab|kaufen buy* s.th. from s.o. (a. fig.); ~**klingen** **Schmerz etc.:** ease off; ~**klopfen** **Staub etc.:** knock off; **med. sound;** ~**knicken** snap od. break* off; **verbiegen:** bend*; ~**kochen** boil
Abkommen n agreement
abkommen: **von** ~ get* off;
Plan etc.: drop; **vom Thema** ~ stray from the point; **vom Wege** ~ lose* one's way
ab|koppeln uncouple; ~**kratzen** scrape off; f **sterben:** kick the bucket; ~**kühlen** cool down (a. fig. u. **sich** ~)
~**kürz|en** shorten; **Wort etc.:** abbreviate; **den Weg** ~ take* a short cut; **2ung** f abbreviation; short cut
abladen unload; → **Schutt**

Ablage f place to put s.th.;
Bord: shelf; *econ.* filing; *Akten:* files pl
ab|lagern *Holz:* season;
Wein etc.: (let*) age; *geol.
etc.* deposit; *sich ~* settle, be*
deposited; **~lassen** drain
(off); *Dampf:* let* off (*a.
fig.); vom Preis:* take* s.th.
off; *von et. ~* stop doing s.th.
Ablauf m *Verlauf:* course;
Vorgang: process; *Pro-
gramm2:* order of events;
Frist etc.: expiration; → *Abfluß;* **2en** *Wasser etc.:* run*
off; *Frist, Paß:* expire; *Uhr:*
run* down; *verlaufen: sich ~
enden:* (come* to an) end;
Schuhe: wear* down
ab|lecken lick (off); **~legen**
v/t Kleidung: take* off; *Akten:* file; *Gewohnheit etc.:*
give* up; *Eid, Prüfung:*
take*; *v/i* take* off one's
coat; *Schiff:* put* out, sail
Ableger m shoot
ablehn|en refuse; *höflich:*
decline, *ab-, zurückweisen:*
turn down, reject (*a. parl.*);
dagegen sein: object to, be*
opposed to; **~end** negative;
2ung f refusal; rejection; opposition
ableiten derive (**von**)
ablenk|en divert (**von**) from;
2ung f diversion
ablesen *Gerät:* read*
abliefern deliver (**bei** to);
hand in *od.* over (**to**)
ablös|en *entfernen:* remove,

take* off; *j-n:* take* over
from; *bsd. mil. etc.* relieve;
ersetzen: replace; **sich ~en**
take* turns; **2ung** f relief
abmach|en take* off, re-
move; *vereinbaren:*; settle,
arrange; **2ung** f arrangement, agreement, deal
abmelden *Auto etc.:* cancel
the registration of; *von der
Schule:* withdraw*; **sich ~
bei Behörde:** give* notice of
change of address; *vom
Dienst:* report off duty; *Hotel:* check out
abmessen measure
ab|montieren take* off (*Ge-
rüst etc.:* down); **~mühen:
sich ~** work very hard; try
hard (*to do s.th.*); **~nagen**
gnaw (at)
Abnahme f decrease; *an Gewicht:* loss; *econ.* purchase
abnehme|n *v/i* decrease, di-
minish; lose* weight; *Mond:*
wane; *v/t* take* off (*a. med.*),
remove; *Hörer:* pick up;
econ. buy*; *j-m et.* **~wegneh-
men:** take* s.th. (**away**) from
s.o.; **2r** m buyer
Abneigung f dislike (**gegen**
of, for); *starke:* aversion (**to**)
abnorm abnormal
abnutz|en wear* out (*a. sich
~*); **2ung** f wear
Abonn|ement n subscrip-
tion; **~ent(in)** subscriber;
2ieren subscribe to.
Abordnung f delegation
ab|pfeifen stop the game; *be-*

enden: blow* the final whistle; **~plagen: sich** ~ toil; struggle (*mit* with); **~prallen** rebound, bounce (off); *Geschoß:* ricochet; **~putzen** clean; wipe off; **~rasieren** shave off; **~raten:** *j-m von et.* ~ advise *od.* warn s.o. against (doing) s.th.; **~räumen** clear away; *Tisch:* clear; **~reagieren** *s-n Ärger etc.:* work off (**an** on); **sich** ~ F let* off steam

abrechnen *abziehen:* deduct; *Spesen:* claim; **mit** *j-m* ~ settle accounts (*fig.* get* even) with s.o.; **2ung** *f* settlement; F *fig.* showdown

abreiben rub off (*Körper:* down); *polieren:* polish

Abreise *f* departure (*nach* for); **2n** leave* (*nach* for)

ab|reißen *v/t* tear* *od.* pull off (*Gebäude:* down); *v/i Knopf etc.:* come* off; **~richten** train; *Pferd: a.* break* (in); **~riegeln** block (*durch Polizei: a.* cordon) off

ab|rollen unroll (*a. fig.*); **~rücken** move away; *mil.* march of

Abruf *m: auf* ~ on call; **2en** call away; *Daten:* recall, read* back

abrunden round (off)

abrüst|en disarm; **2ung** *f* disarmament

Absage *f* cancellation; *Ablehnung:* refusal; **2n** call off; *v/t a.* cancel

absägen saw* off; F oust

Absatz *m Schuh:* heel; *print.* paragraph; *econ.* sales *pl*

ab|schaffen abolish, do away with; **~schalten** *v/t* switch *od.* turn off; *v/i* F relax, switch off; **~schätzen** estimate; *ermessen:* assess; **~schätzig** contemptuous

Abschaum *m* scum

Abscheu *m* disgust (*vor* at, for); ~ **haben** *vor* abhor, detest; **2lich** abominable, despicable (*a. Person*); *Verbrechen: a.* atrocious

ab|schicken → **absenden**; **~schieben** push away; *fig.* get* rid of; *Ausländer:* deport; ~ **auf** shove s.th. off on(to) s.o.

Abschied *m* parting; ~ **nehmen** (**von**) say* goodbye (to); **~feier** *f* farewell party

ab|schießen shoot* off (*aer.* down); *hunt.* shoot*, kill; *Rakete:* launch; F *fig.* oust; **~schirmen** shield (*gegen* from)

Abschlag *m Sport:* goal-kick; *econ.* down payment; **2en** knock (*Kopf:* cut*) off; *Baum:* cut* down; *Angriff:* beat* off; → **ablehnen**

abschleifen grind* off

Abschlepp|dienst *m* breakdown (*Am.* emergency road) service; **2en** (give*) *s.o.* a) tow; *durch Polizei:* tow away; **~seil** *n* towrope

abschließen lock (up); *been-*

den: finish, complete; *Versicherung*: take* out; *Vertrag etc.*: conclude; **~e-n Handel ~** strike* a bargain; **~d** concluding; *letzte*: final

Abschluß *m* conclusion; **~prüfung** *f* final examination, finals *pl*; **~zeugnis** *n* school-leaving certificate, *Am.* diploma

ab|schmieren lubricate, grease; **~schnallen** undo*; *Skier*: take* off; **sich ~** unfasten one's seatbelt; **~schneiden** cut* (off); *fig.* do*, come* off

Abschnitt *m* section; *Absatz*: paragraph; *Kontroll2*: coupon, slip, stub; *Zeit2*: period, stage, phase; *math.* segment

abschrauben unscrew

abschreck|en deter; **2ung** *f* deterrence; *Mittel*: deterrent

ab|schreiben copy; *mogeln*: crib; *econ.*, F *fig.* write* off; **2schrift** *f* copy, duplicate; **~schürfen** graze

Abschuß *m Rakete*: launching; *aer.* shooting down; *mil.*, *hunt.* kill; **~rampe** *f* launching pad

ab|schüssig sloping; *steil*: steep; **~schütteln** shake* off; **~schwächen** lessen; **~schweifen** digress

abseh|bar foreseeable; **in ~er (auf ~e) Zeit** in (for) the foreseeable future; **~en** foresee*; **es abgesehen haben auf** *Ho-*

be* after; **~ von** refrain from; *beiseite lassen*: leave* aside

abseits away *od.* remote from; **~ stehen** *Sport*: be* offside; *fig.* be* left out

absende|n send* off, dispatch; post, *bsd. Am.* mail; **2r** *m* sender

absetzen set* *od.* put* down; *Brille etc., thea., Film*: take* off; *Fahrgast*: drop; *entlassen*: dismiss; *Herrscher*: depose; *steuerlich*: deduct; *econ.* sell*; **sich ~ → ablagern; ohne abzusetzen** without stopping

Absicht *f* intention; **2lich** intentional; *on purpose*

absolut absolute(ly)

ab|sondern separate; *med.* secrete; **sich ~** cut* o.s. off; **~sperren** absorb; **~sperren** lock; **→ abriegeln; 2sperrung** *f* barrier; barricade; *polizeiliche*: cordon; **~spielen** play; *Sport*: pass; **sich ~** happen, take* place; **2sprache** *f* agreement; **~springen** jump off; *aer.* jump; *fig.* back out; **2sprung** *m* jump; **~spülen** rinse; **→ abwaschen**

abstamm|en be* descended; **2ung** *f* descent

Ab|stand *m* distance; *zeitlich*: interval; **2stauben** dust; F *sponge*: swipe; **~stecher** *m* side-trip; **2stehen** stick* out; **2steigen** get* off (*vom Rad etc.* one's bike *etc.*); *Ho-*

tel: stay (**in** at); _Sport:_ be*
relegated; **2stellen** put*
down; _bei j-m:_ leave*; _Gas_
etc.: turn off; _Auto:_ park;
Mißstände: put* an end to;
2stempeln stamp

Abstieg _m_ descent, _fig._ decline; _Sport:_ relegation

abstimm|en vote (**über** on);
aufeinander: harmonize;
2ung _f_ vote; _Radio:_ tuning

abstoßen repel; _med._ reject;
Boot: push off; F get* rid of;
~d repulsive

ab|streiten deny; **2sturz** _m_,
~stürzen fall*; _aer._ crash;
~suchen search (**nach** for)

absurd absurd

Abszeß _m_ abscess

abtauen defrost

Abteil _n_ compartment; **2en**
divide; _arch._ partition off;
~ung _f_ department; _~ungs-_
leiter(in) head of (a) department

abtreib|en _med._ have* an
abortion; _Kind:_ abort; **2ung**
_f_ abortion

abtrennen detach; _Fläche_
etc.: separate; _med._ sever

abtreten (_in Absätze:_) wear*
down; give* _s.th._ up (**an** to);
pol. a. cede; _vom Amt:_ resign; **2er** _m_ doormat

ab|trocknen dry (**sich** o.s.
off); dry the dishes; **~wägen**
weigh (**gegen** against); **~**
wälzen: ~ **auf** → _abschie-_
ben; **~wandeln** modify; **~**
warten _v/i_ wait; _v/t_ wait for

abwärts down(wards)

abwasch|bar wipe-clean;
~en _v/t_ wash off; _v/i_ do* the
dishes

Abwasser _n_ sewage, waste
water

abwechs|eln alternate; _sich_
~ take* turns; **~elnd** _adv_ by
turns; **2(e)lung** _f_ change;
zur ~ for a change

Abwehr _f_ defen|ce, _Am._ -se;
2en ward (_Angriff etc._:
beat*)

abweichen deviate

abweisen turn away; _Bitte_
etc.: turn down; **~d** un-
friendly

ab|wenden turn away (_a._
sich ~); _Unheil etc._: avert;
~werfen throw* off; _Bom-_
ben: drop; _Gewinn:_ yield

abwer|ten devalue; _fig._ de-
valuate; **2tung** _f_
devaluation

abwesend absent; _fig._ ab-
sentminded; **2heit** _f_ absence

ab|wickeln unwind; _erledi-_
gen: handle; **~wiegen** weigh
(out); **~wischen** wipe (off);
2wurf _m_ dropping; _Sport:_
throw-out; **~würgen** stifle;
mot. stall; **~zahlen** make*
payments for; _ganz:_ pay*
off; **~zählen** count; **2zah-**
lung _f:_ **auf** ~ on hire purchase, _Am._ on the instalment
plan

Abzeichen _n_ badge

ab|zeichnen copy, draw*;
unterschreiben: sign, initial;
sich ~ stand* out; _fig._ (be-

gin* to) show*; **~ziehen** v/t take* off; *math.* subtract; *Bett:* strip; *Schlüssel:* take* out; v/i go* away; *mil.* withdraw*; *Rauch etc.:* escape

Abzug m *mil.* withdrawal; *Waffe:* trigger; *econ.* deduction; *phot.* print, *Kopie:* copy; *tech.* vent, outlet

abzüglich less, minus

abzweig|en branch off; *Geld:* divert (**für** to); **2ung** f junction

ach *int.* oh!; **~ so!** I see

Achse f axle; *math. etc.* axis

Achsel f shoulder; *die* **~n zucken** shrug one's shoulders; **~höhle** f armpit

acht eight; *heute in* (**vor**) ~ *Tagen* a week from (ago) today

Acht f: *außer* 2 *lassen* disregard; *sich in* 2 *nehmen* be* careful, watch out (**vor** for)

achte, 2l n eighth

achten respect; ~ *auf* pay* attention to; *darauf* ~, *daß* see* to it that

Achter m *Rudern:* eight; **~bahn** f roller coaster

acht|geben be* careful; pay* attention (**auf** to); *gib acht!* look *od.* watch out!, → *aufpassen;* **~los** careless

Achtung f respect; **~!** look out!; *mil.* attention!; **~!** *attention please!;* → *Vorsicht*

acht|zehn(te) eighteen(th); **~zig** eighty; *die* 2*er* the eighties *pl;* **~zigste** eightieth

ächzen groan (**vor** with)

Acker m field; **~bau** m agriculture; farming

Adapter m adapter

addieren add (up)

Adel m aristocracy

Ader f vein (*a. fig., min.*)

adieu *int.* good-bye!, farewell!; F see you (later)!

Adjektiv n adjective

Adler m eagle

adlig noble; **2e(r)** noble|woman (-man)

Admiral m admiral

adoptieren adopt

Adreßbuch n directory

Adress|e f address; **2ieren** address (**an** to)

Advent m Advent; **~zeit** f Christmas season

Adverb n adverb

Affäre f affair

Affe m monkey; *großer:* ape

affektiert affected

Afrika|ner(in), 2nisch African

After m anus

Agent(in) (*pol. secret*) agent; **~ur** f agency

Aggress|ion f aggression; **2iv** aggressive

ah *int.* ah!

aha *int.* I see!, oh!

ähneln resemble, look like

Ahnen pl ancestors pl

ahnen suspect; *vorhersehen:* foresee*, know*

ähnlich similar (*dat* to); *j-m* ~ *sehen* look like s.o.; **2keit** f resemblance, similarity

Ahnung f presentiment, foreboding; notion, idea; **keine ~ haben** have* no idea; **2slos** unsuspecting

Ahorn m maple (tree)

Ähre f ear

Aids-Kranke(r) AIDS victim

Akademi|e f academy, college; **~ker(in)** professional man (woman), university graduate; **2sch** academic

akklimatisieren: sich ~ acclimatize (**an** to)

Akkord m mus. chord; **im ~** econ. by the piece; **~arbeit** f piecework

Akkordeon n accordion

Akku m storage battery

Akkusativ m accusative

Akne f acne

Akrobat(in) acrobat

Akt m act(ion); thea. act; paint., phot. nude

Akte f file; **~n** pl files pl, records pl; **~ntasche** f briefcase

Aktie f share, bsd. Am. stock; **~ngesellschaft** f joint-stock company, Am. corporation

Aktion f campaign, drive, effort; mil. etc. operation

aktiv active; **2** n gr. active (voice); **2ität** f activity

aktuell topical; heutig: current; up-to-date

Akusti|k f acoustics pl (Lehre: sg); **2sch** acoustic

akut urgent; med. acute

Akzent m accent; Betonung: a. stress (a. fig.)

akzeptieren accept

Alarm m alarm; **2ieren** Polizei etc.: call; warnen: alert; **~ierend** alarming

albern silly, foolish

Album n album

Algen pl algae pl

Algebra f algebra

Alibi n alibi

Alimente pl alimony sg

Alkohol m alcohol; **2frei** nonalcoholic, soft; **~iker(in)**, **2isch** alcoholic

all all; **~es** everything; **~e** (Leute) everybody; **~e drei Tage** every three days; **vor ~em** above all; **~es in ~em** all in all

All n the universe

Allee f avenue

allein alone; selbst: by o.s.; **2erziehende(r)** single parent; **~stehend** single

aller|beste very best; **~dings** however, though; **~!** certainly!; **~erste** very first

Allergi|e f allergy (**gegen** to); **2sch** allergic (**gegen** to)

aller|hand a good deal (of); **das ist ja ~!** that's a bit much!; **2heiligen** n All Saints' Day; **~letzte** very last; **~meiste** (by far the) most; **~nächste** very next; **~neu(e)ste** very latest; **~seits: Tag ~!** hi, everybody!; **~wenigst: am ~en** least of all

allgemein general; üblich: common; **im ~en** in general; **2bildung** f general education; **2heit** f general public

Alliierte m ally

alljährlich annual(ly adv);
~**mählich** gradual(ly); 2**radantrieb** m all-wheel drive;
2**tag** m everyday life; ~**täglich** everyday; ~**zu** all too;
~**zuviel** too much

Alm f alpine pasture, alp

Almosen n alms pl

Alpen pl the Alps pl

Alphabet n alphabet, 2**isch**
alphabetical

Alptraum m nightmare

als zeitlich: when; nach comp:
than; ~ **Kind (Geschenk)** as
a child (gift); ~ **ob** as if;
nichts ~ nothing but

also so, therefore; F well; ~
gut! all right (then)!

alt old; hist. ancient

Altar m altar

Alte m, f old man (woman) (a.
fig.); **die** ~**n** pl the old pl

Alter n age; hohes: old age; **im**
~ **von** at the age of

älter older; **e-e** ~**e Dame** an
elderly lady

altern grow* old, age

alternativ alternative; pol.
ecological, green

Altersheim n old people's
home

Altertum n antiquity

Alt|**glascontainer** m bottle
bank, Am. glass recycling
bin; ~**lasten** pl residual pollution sg; 2**modisch** old-fashioned; 2**öl** n waste oil;
~**papier** n waste paper; ~**stadt** f old town

Aluminium n alumin(i)um (a.
in Zssgn Folie etc.)

am at the; Montag etc.: on; ~
1. Mai on May 1st; → **Abend, beste** etc.

Amateur(in) amateur

Amboß m anvil

ambulan|**t**: ~ **behandeln**
treat s.o. as an outpatient; 2**z**
f outpatient department

Ameise f ant

Amerikan|**er(in)**, 2**isch**
American

Amnestie f amnesty

Ampel f traffic light(s pl)

Ampulle f ampoule

amputieren amputate

Amsel f blackbird

Amt n office; Aufgabe: duty;
teleph. exchange; 2**lich** official; ~**szeichen** n dial(ling
Brt.) tone

Amulett n amulet, charm

amüs|**ant** amusing, entertaining; ~**ieren** amuse; **sich**
~ enjoy o.s., have* a good
time

an on (a. Licht etc.); Tisch
etc.: at; gegen: against; **von**
... ~ from ... on

Analog... analog(ue) ...

Analphabet(in) illiterate

Analyse f analysis

Ananas f pineapple

Anarchie f anarchy

Anatomie f anatomy

Anbau m agr. cultivation;
arch. annex(e); extension;
2**en** grow*; arch. add

anbehalten keep* on

anbei enclosed

an|beißen bite* into; *Fisch:* bite*; *fig.* take* the bait; **~beten** adore, worship

Anbetracht m: **in ~** (*dessen, daß*) considering (that)

an|bieten offer; **~binden** *Hund:* tie up; **~ an** tie to

Anblick m sight

an|brechen *v/t Vorräte:* break* into; *Flasche:* open; *v/i* begin*; *Tag:* break*; *Nacht:* fall*; **~brennen** burn* (*a. ~ lassen*); **~bringen** fix; **~brüllen** roar at

An|dacht f devotion; *Morgen ♀ etc.:* prayers *pl;* **♀dächtig** devout; *fig.* rapt

andauern continue, go* on; **~d → dauernd**

Andenken n keepsake; *Reise ♀:* souvenir (*beide:* **an** of); **zum ~ an** in memory of

andere other; *verschieden:* different; *et.* (*nichts*) **~s** s.th. (nothing) else; *nichts* **~s als** nothing but; **→ anders;** **~rseits** on the other hand

ändern change (*a. sich ~*); *Kleid etc.:* alter

andernfalls otherwise

anders different(ly); *jemand* **~** somebody else; **~ werden** change; **~herum** the other way round; F *fig.* queer; **~wo** elsewhere

anderthalb one and a half

Änderung f change; *bsd. kleine, a. Kleid etc.:* alteration

andeut|en hint (at), suggest; **♀ung** f hint, suggestion

Andrang m crush; rush

an|drehen turn on; **~drohen:** *j-m et.* **~** threaten s.o. with s.th.; **~eignen: sich ~** acquire; *bsd. jur.* appropriate

aneinander together; *denken:* of each other

anekeln disgust, sicken

anerkenn|en acknowledge, recognize; *lobend:* appreciate; **♀ung** f acknowledg(e)ment, recognition; appreciation

anfahren *v/i* start; *v/t* hit*; *et.: a.* run* into; *fig. j-n:* jump on

Anfall m fit, attack; **♀en** attack, assault; *Hund:* go* for

anfällig delicate; **~ für** susceptible to

Anfang m beginning, start; **♀en** begin*, start; *fig.* do*

Anfänger(in) beginner

anfangs at first; **♀buchstabe** m initial (letter); *großer* **~** capital (letter)

an|fassen touch; *ergreifen:* take* (hold of); *mit* **~** lend* (s.o.) a hand (*bei* with); **~fechten** contest; **~fertigen** make*, manufacture; **~feuchten** moisten; **~feuern** cheer; **~flehen** implore; **~fliegen** fly* to

Anflug m *aer.* approach; *fig.* touch, trace, hint

anforder|n, ♀ung f demand;

request; **~en** pl requirements pl, qualifications pl

Anfrage f inquiry

an|freunden: sich ~ make* friends (mit with); **~fühlen:** sich ~ feel* (wie like)

anführ|en lead*; täuschen: fool; **2er(in)** leader; **2ungszeichen** pl quotation marks pl, inverted commas pl

Angabe f statement; Hinweis: indication; F big tale; Sport: service; **~n** pl information sg, data pl; tech. specifications pl

angeb|en give*, state; zeigen: indicate; Preis: quote; F brag, show* off; **2er(in)** F show-off; **~lich** alleged(ly)

angeboren innate, inborn; med. congenital

Angebot n offer; **~ und Nachfrage** supply and demand

ange|bracht appropriate; **~bunden:** kurz ~ curt; short; **~heitert** (slightly) drunk

angehen go* on; j-n: concern; das geht dich nichts an that's none of your business; **~d** future, would-be

angehör|en belong to; **2ige(r)** relative; member

Angeklagte(r) defendant

Angel f fishing tackle; Tür2: hinge

Angelegenheit f matter, affair; m-e ~ my business

angelehnt: ~ sein be* ajar

Angel|haken m fishhook; **2n** fish; **~n** n fishing, angling;

~rute f fishing rod; **~schein** m fishing permit; **~schnur** f fishing line

ange|messen proper, suitable; Strafe: just; Preis: reasonable; **~nehm** pleasant; **~!** pleased to meet you; **~nommen** cj supposing; **~regt** lively; **~sehen** respected; **~sichts** in view of; **~spannt** tense

Angestellte m, f employee; die **~n** pl the staff pl

ange|wandt applied; **~wiesen:** ~ auf dependent on

ange|wöhnen: sich et. ~ get* used to doing s.th.; sich das Rauchen ~ start smoking; **2wohnheit** f habit

Angina f tonsillitis

Angler(in) angler

angreif|en attack; Gesundheit: affect; **2er** m attacker; bsd. pol. aggressor

Angriff m attack

Angst f fear (vor of); ~ haben (vor) be* afraid (of)

ängst|igen frighten; scare; **~lich** fearful, timid

anhaben have* on (a. Licht); Kleid etc.: a. wear*

anhalt|en stop; dauern: continue; den Atem ~ hold* one's breath; **~end** continual; **2er(in)** hitchhiker; per **~er** fahren hitchhike; **2spunkt** m clue

anhand by means of

Anhang m appendix

anhäng|en add; rail. etc.

couple (on) (*an* to); 2er(in) supporter; *Schmuck:* pendant; *Schild:* label, tag; *mot.* trailer; ⬩lich affectionate

an|häufen heap up, accumulate (*a. sich* ⬩); ⬩heben lift, raise; 2hieb *m: auf* ⬩ on the first try

anhören listen to; *mit* ⬩ overhear*; ⬩ sound

Anim|ateur(in) host(ess); 2ieren encourage; stimulate

Ankauf *m* purchase

Anker *m*, 2n anchor

Anklage *f* accusation, charge; 2n accuse (**wegen** of), charge (with)

Anklang *m:* ⬩ **finden** meet* with approval

an|kleben stick* on (*an* to); ⬩klopfen knock (*an* at); ⬩knipsen switch on; ⬩kommen arrive; *es kommt (ganz) darauf an* it (all) depends; *es kommt darauf an, daß* what matters is; *es darauf* ⬩ *lassen* take* a chance; *gut* ⬩ (*bei*) *fig.* go* down well (with); ⬩kreuzen tick, *Am.* check

ankündigen announce

Ankunft *f* arrival

an|lächeln, ⬩lachen smile at

Anlage *f* layout, arrangement; *e-s Gartens:* laying out; → *Bau:* Einrichtung: facility; *Werk:* plant; *tech.* system; (stereo *etc.*) set; *Geld2:* investment; *zu Brief:* enclosure; *Talent:* gift; ⬩n *pl*

park, garden(s *pl*); → **sanitär**

Anlaß *m* occasion; cause

anlasse|n leave* *od.* keep* on; *tech., mot.* start; 2r *m* starter

anläßlich on the occasion of

Anlauf *m* run-up; *Am.* approach; *fig.* start; *fig.* 2en *v/i* run* up; *fig.* start; *Metall:* tarnish; *Brille etc.:* steam up; *mar.* call at

anlege|n *v/t Schmuck etc.:* put* on; *Gurt:* fasten; *Garten:* lay* out; *Straße:* build*; *Verband:* apply; *Vorräte:* lay* in; *Geld:* invest; *v/i mar.* land; ⬩ *auf* aim at; 2r *m econ.* investor; *mar.* landing stage

anlehnen *Tür:* leave* ajar; (*sich*) ⬩ *an* lean* against (*fig.* on)

Anleitung *f* instruction(s *pl*)

Anliege|n *n* request; *Aussage:* message; ⬩r *m* resident

an|machen turn on (*a.* F *erregen*); *anzünden:* light*; *Salat:* dress; F *Frau:* make* a pass at; ⬩malen paint; ⬩maßend arrogant

Anmelde|formular *n* registration form; → **Antrag**; 2en announce; *amtlich:* register; *Zollgut:* declare; *sich* ⬩ register; *für Schule etc.: a.* enrol(l); *sich* ⬩ *bei* make* an appointment with; ⬩ung *f* registration; appointment

anmerken: *j-m et.* ⬩ notice s.th. in s.o.; *sich et.* (*nichts*)

~ lassen (not) let* it show; **Qung** f note; *erklärend:* annotation; → **Fußnote**

anmutig graceful

an|nähen sew* on; **~nähernd** approximate(ly)

Annahme f acceptance; *Vermutung:* assumption

annehm|bar acceptable; *Preis:* reasonable; **~en** accept; *vermuten:* suppose; *Kind, Namen:* adopt; *Ball:* take*; *Form etc.:* take* on; *sich gen ~* take* care of; **Qlichkeit** f convenience

Annonce f advertisement

anonym anonymous

Anorak m anorak

anordn|en arrange; *befehlen:* order; **Qung** f arrangement; order

an|packen *Problem etc.:* tackle; **~passen** adapt, adjust (*beide a. sich* ~) (*dat, an* to); **~pflanzen** cultivate, plant; **~preisen** push; **~probieren** try on; **Qrainer** m östr. resident; **~rechnen** charge; *gutschreiben:* allow; *bewerten:* count

Anrede f address; **Qn** address (*mit Namen* by name)

anregen stimulate; *vorschlagen:* suggest

Anreiz m incentive

anrichten *Speisen:* prepare, dress; *Schaden:* cause; F do*

Anruf m call; **~beantworter** m answering machine; **Qen** call, ring* up, phone

anrühren touch; mix

Ansage f announcement; **Qn** announce; **~r(in)** announcer

ansammeln accumulate (*a. sich* ~)

Ansatz m start (*zu* of); *erstes Zeichen:* first sign; *math.* set-up

anschaffen get* (*a. sich* ~); **Qung** f purchase, buy

anschauen → **ansehen**; **~lich** graphic, plastic

Anschein m: *allem ~ nach* to all appearances; **Qend** apparently

Anschlag m attack, bombing; *Bekanntmachung:* poster, bill, notice; *mus., Sport:* touch; *e-n ~ verüben auf* make * an attempt on *s.o.'s* life; **~brett** n notice (*Am.* bulletin) board; **Qen** *v/t Plakat:* post; *mus.* strike*; *Taste:* chip; *v/i Hund:* bark; *wirken:* take* (effect)

anschließen connect; *sich ~* follow; *zustimmen:* agree with; *j-m:* join *s.o.*; **~d** *adj* following; *adv* afterwards

Anschluß m connection; *im ~ an* following; **~finden** (*bei*) make* friends (with); **~ bekommen** *teleph.* get* through; **~flug** m connecting flight

an|schnallen *Ski etc.:* put* on; *sich ~* fasten one's seat belt, *mot. a.* buckle up; **~schnauzen** F take* *s.o.* off; **~schneiden** cut*; *Thema:*

bring* up; **~schrauben** screw on; **~schreiben** write* on the (black)board; *j-n:* write* to *s.o.;* **~schreien** shout at

Anschrift *f* address

an|schwellen swell* *(a. fig.);* **~schwemmen** wash ashore

ansehen (have* *od.* take* a) look at; see*; *Spiel etc.:* watch *(alle a. sich ~); mit ~* watch, witness; **~ als** look upon as; *man sieht ihm an, daß ...* one can see that...; **2n** reputation

ansehnlich considerable

ansetzen *v/t* put* *(an* to); *anfügen:* put* on, add; *Termin:* fix, set*; *Fett (Rost) ~* put* on weight (rust); *v/i: ~ zu* prepare for

Ansicht *f* sight, view; *Meinung:* opinion, view; *meiner ~ nach* in my opinion; **~skarte** *f* (picture) postcard; **~ssache** *f* matter of opinion

anspann|en, 2ung *f* strain

anspiel|en ~ auf hint at; **2ung** *f* hint, allusion

Ansporn *m* incentive; **2en** encourage; spur *s.o.* on

Ansprache *f* address, speech

ansprech|en speak* to, address; *fig.* appeal to; **~end** appealing; **2partner** *m* s.o. to talk to; contact

anspringen *v/t* jump at; *v/i Motor:* start

Anspruch *m* claim *(auf* to); → **beanspruchen; 2slos**

modest; *Buch etc.:* light; *contp.* trivial; **2svoll** hard to please; *Buch etc.:* demanding

Anstalt *f* institution; *med.* mental hospital

Anstand *m* decency; **2ständig** decent *(a. fig.);* **2standshalber** for the sake of appearances; **2standslos** unhesitatingly; without difficulty

anstarren stare at

anstatt instead of

ansteck|en pin on; *Ring:* put* on; *med.* infect; *sich ~ bei* catch* s.th. from *s.o.;* → **anzünden; ~end** infectious *(a. fig.),* durch *Berührung:* contagious; **2ung** *f* infection, contagion

an|stehen queue (up), *Am.* stand* in line; **~steigen** rise*; **~stellen** employ; *TV etc.:* turn on; *F tun:* do*; *Verbotenes:* be* up to; *sich ~* queue (up), *Am.* line up; *F (make* a) fuss*

Anstieg *m* rise, increase

an|stiften incite; **~stimmen** strike* up

Anstoß *m Fußball:* kickoff; *fig.* initiative; **~ erregen** give* offence; **~ nehmen an** take* offence at; **2en** *v/t j-n:* nudge; *v/i* clink glasses; **~ auf** drink* to

anstößig offensive

anstrahlen illuminate; *fig. j-n:* beam at

anstreichen

anstreichen paint; *Fehler, Textstelle:* mark

anstreng|en: *sich* ~ try (hard), make* an effort, work hard; **~end** strenuous, hard; **ℒung** *f* exertion, strain; *Bemühung:* effort

Anteil *m* share (*a. econ.*), part, proportion; ~ *nehmen an* take* an interest in; *mitfühlen:* sympathize with; **~nahme** *f* sympathy; interest

Antenne *f* aerial, *Am.* antenna

Anti|alkoholiker(in) teetotal(l)er; **~babypille** *f* birth-control pill; **~biotikum** *n* antibiotic; **~blockiersystem** *n* mot. anti-lock braking system

antik antique, *hist. a.* ancient; **ℒe** *f* ancient world

Antikörper *m* antibody

Antiquari|at *n* antiquarian (*modernes* ~: second-hand) bookshop; **ℒsch** second-hand

Antiquitäten *pl* antiques *pl*

antisemit|isch anti-Semitic; **ℒismus** *m* anti-Semitism

Antrag *m* application (*Formular:* form); *parl.* motion; **~steller(in)** applicant

an|treffen meet*, find*; **~treiben** *tech.* drive*, power; *zu et.:* float ashore; *Strandgut:* float ashore; **~treten** *v/i* line up; *v/t Amt, Erbe:* enter upon; *Reise:* set* out on

Antrieb *m* drive (*a. fig.*

Schwung), propulsion; *fig.* motive, impulse

antun: *j-m et.* ~ do* s.th. to s.o.; *sich et.* ~ lay* hands on o.s.

Antwort *f*, **ℒen** answer, reply

an|vertrauen: *j-m et.* ~ (en)trust s.o. with s.th.; *Geheimnis:* confide s.th. to s.o.

Anwalt *m* → *Rechtsanwalt*

Anwärter(in) candidate

anweis|en *zuweisen:* assign; *anleiten:* instruct; *befehlen:* a. direct, order; **ℒung** *f* instruction; order

anwend|en use; *Regel, Arznei:* apply; **ℒung** *f* application; use

anwesen|d present; **ℒheit** *f* presence; **ℒheitsliste** *f* attendance list (*Am.* record)

anwidern → *anekeln*

Anzahl *f* number

anzahl|en pay* on account; **ℒung** *f* down payment

anzapfen tap

Anzeichen *n* symptom, sign

Anzeige *f* advertisement; *jur.* information; *Bekanntgabe:* announcement; *tech.* display, scale; ~ *erstatten* = **ℒn** report to the police; *Instrument:* indicate, show*; *Thermometer:* read*

anziehen *Kleidung:* put* on; *Kind etc.:* dress; *Schraube:* tighten; *Bremse, Hebel:* pull; *fig.* attract, draw*; *sich* ~ get* dressed; *sich kleiden:* dress; **~d** attractive

Anzug *m* suit
anzüglich suggestive
anzünden light*; *Gebäude*: set* on fire
apart striking
apathisch apathetic
Apfel *m* apple; **~mus** *n* apple sauce; **~saft** *m* apple juice; **~sine** *f* orange; **~wein** *m* (*Am.* hard) cider
Apostel *m* apostle
Apostroph *m* apostrophe
Apotheke *f* pharmacy, *Brt. mst* chemist's, *Am. a.* drugstore; **~r(in)** pharmacist, *Brt. mst* chemist, *Am. a.* druggist
Apparat *m* apparatus; *Vorrichtung*: device; (tele-)phone; radio; TV set; camera; *am ~!* speaking!; *am ~ bleiben* hold* the line
Appartement *n* studio
appellieren appeal (*an* to)
Appetit *m* appetite (*auf* for); *guten ~!* enjoy your meal!; **2lich** appetizing
Applaus *m* applause
Aprikose *f* apricot
April *m* April
Aquarell *n* water-colo(u)r
Aquarium *n* aquarium
Äquator *m* equator
Arab|er(in) Arab; **2isch** Arabian; *Zahl, ling.*: Arabic
Arbeit *f* work, *econ., pol. u. in Zssgn a.* labo(u)r; *Stelle, einzelne ~*: job; *Produkt*: piece paper; **2en** work; **~er(in)** work-

er; **~geber** *m* employer; **~nehmer(in)** employee
Arbeits|amt *n* job centre, *Am.* employment office; **2los** out of work, unemployed; **~lose** *m, f*: *die ~n pl* the unemployed *pl*; **~losenunterstützung** *f* unemployment benefit; **~losigkeit** *f* unemployment; **~platz** *m* place of work; *Stelle*: job; **~tag** *m* workday; **2unfähig** unfit for work; *ständig*: disabled; **~zeit** *f* (*gleitende* flexible) working hours *pl*; **~zimmer** *n* study
Archäolog|e, ~in arch(a)eologist; **~ie** *f* arch(a)eology
Architekt|(in) architect; **~ur** *f* architecture
Archiv *n* archives *pl*
Arena *f* ring; *fig.* arena
Ärger *m* trouble; *Zorn*: anger; **2lich** angry; *störend*: annoying; **2n** annoy, irritate; *sich ~* be* angry
Argument *n* argument
Arie *f* aria
arm poor
Arm *m* arm; *Fluß*: branch
Armaturen *f* instruments *pl*; *Bad etc.*: fixtures *pl*; **~brett** *n* dashboard
Armband *n* bracelet; **~uhr** *f* wristwatch
Armee *f* army (*a. fig.*)
Ärmel *m* sleeve; **~kanal** *m* the (English) Channel
ärmlich poor (*a. fig.*)
armselig miserable

Armut f poverty

Aroma n flavo(u)r

Arrest m arrest; **~ bekommen** be* kept in

arrogant arrogant

Arsch m arse, Am. ass; **~loch** n arsehole, Am. asshole

Art f kind, sort; biol. species; Weise: way; **~enschutz** m protection of endangered species

Arterie f artery

artig good, well-behaved

Artikel m article (a. gr.)

Artillerie f artillery

Artist(in) mst acrobat

Arznei(mittel n) f medicine

Arzt, Ärztin doctor

ärztlich medical

As n ace; mus. A flat

Asbest m asbestos

Asche f ash(es pl); **~nbahn** f cinder track, mot. dirt track; **~nbecher** m ashtray; **~r-mittwoch** m Ash Wednesday

Asiat(in), 2isch Asian

asozial antisocial

Asphalt m, **2ieren** asphalt

Assistent(in) assistant

Ast m branch

Astro|logie f astrology; **~naut(in)** f astronaut; **~nomie** f astronomy

Asyl n asylum; **~ant(in)** refugee (seeking political asylum)

Atelier n studio

Atem m breath; **außer ~** out of breath; **(tief) ~ holen** take* a (deep) breath; **2be-**

raubend breathtaking; **2los** breathless; **~pause** f F breather; **~zug** m breath

Äther m ether

Athlet|(in) athlete; **2isch** athletic

Atlas m atlas

atmen breathe

Atmosphäre f atmosphere

Atmung f breathing

Atom n atom; in Zssgn Energie, Forschung, Kraft, Rakete, Reaktor, Waffen etc.: nuclear; **2ar** atomic, nuclear; **~bombe** f atom(ic) bomb; **~gegner** m anti-nuclear activist; **~kern** m (atomic) nucleus; **~müll** m nuclear waste; **~sperrvertrag** m nonproliferation treaty; **2waffenfrei** nuclear-free

Attent|at n attempt(ed assassination); Opfer e-s **~s werden** be* assassinated; **~äter(in)** assassin

Att|est n certificate; **~raktion** f attraction; **2traktiv** attractive; **~trappe** f dummy; **~tribut** n attribute

ätzend corrosive, caustic (a. fig.); sl. crappy, Am. gross

au int. oh!; ouch!

auch also, too, as well; sogar: even; **ich ~** so am (do) I, me too; **~ nicht** not ... either; **was** etc. **~ (immer)** whatever etc.; **wenn ~** even if

Audienz f audience

auf prp u. adv räumlich: on;

in; at; *offen:* open; *wach, hoch:* up; **gehen** ~ *acc mst* go* to; ~ **der Welt** in the world; ~ **deutsch** in German; ~ **und ab** up and down; ~ **geht's!** let's go!

aufatmen breathe a sigh of relief

Aufbau *m* building (up); *Gefüge:* structure; **2en** build (up); construct; ~ **auf** *fig.* be based on

auf|bekommen *Tür etc.:* get* open; *Aufgabe:* be* given; **~bereiten** process, treat; **~bewahren** keep*; *Vorrat:* store; **~blasen** blow* up; **~bleiben** stay up (*Tür, Laden:* open); **~blenden** *mot.* turn the headlights on; *phot.* open the aperture; **~blicken** look up; **~blühen** blossom (out); **~brausen** fly* into a temper; **~brechen** *v/t* break* *od.* force open; *v/i* burst* open; *fig.* leave*; **2bruch** *m* departure, start; **~bürden** *j-m et.* ~ burden s.o. with s.th.; **~decken** uncover; **~drängen** force *s.th.* on *s.o.*; *sich* ~ impose (*j-m* on *s.o.*); *Idee:* suggest itself; **~drehen** *v/t* turn on; *v/i fig.* open up; **2dringlich** obtrusive; **2druck** *m* imprint

aufeinander on top of each other; one after another; **~folgend** successive

Aufenthalt *m* stay; *aer., rail.* stop(over); **~sgenehmi-**

gung *f* residence permit; **~sort** *m* whereabouts; **~sraum** *m* lounge

Auferstehung *f* resurrection **auf|essen** eat* up; **~fahren** *mot.* crash (**auf** into); *fig.* start up; **2fahrt** *f* drive(way); **2fahrunfall** *m* rear-end collision; *Massen2:* pileup; **~fallen** attract attention; *j-m* ~ strike* s.o.; **~fallend, ~fällig** striking, conspicuous; *ungewöhnlich:* strange; *Kleider:* flashy; **~fangen** catch*

auffass|en understand* (**als** as); **2ung** *f* view; **2ungsgabe** *f* grasp

auffordern ask; *stärker:* tell*; **2ung** *f* request; *stärker:* demand

auffrischen freshen up; *Wissen:* brush up

auf|führen perform, present; *nennen:* list; *sich* ~ behave; **2ung** *f* performance

Aufgabe *f* task, job; *Pflicht:* duty; *math.* problem; *Schule:* exercise; homework; *Verzicht, Aufgeben:* giving up

Aufgang *m* way up; staircase; *ast.* rising

auf|geben give* up (*a. v/i*) *Anzeige:* insert; *Brief:* post, *Am.* mail; *Telegramm:* send*; *Gepäck:* check; *Hausaufgabe:* set*; *Bestellung:* place; **~gehen** open; *Sonne, Teig etc.:* rise*; *math.* come* out (even)

aufge|legt: zu et. ~ sein feel*

like (doing) s.th.; → **gelaunt**; **~regt** excited; nervous; **~schlossen** *fig.* openminded; **~ für** open to; **~weckt** bright

auf|greifen pick up; **~grund** because of; **~haben** *v/t* have* on, wear*; *Aufgabe*: have* to do; *v/i Geschäft*: be* open; **~halten** stop, hold* up; *Augen, Tür*: keep* open; **sich ~** stay

aufhängen hang* (up); *j-n*: hang*; **2r** *m* tab

auf|heben pick up; *aufbewahren*: keep*; *abschaffen*: abolish; **~heitern** cheer up; **sich ~** clear up; **~hellen** brighten (*a. sich ~*); **~hetzen**: **~ gegen** set* s.o. against; **~holen** *v/i Zeit*: make* up for; *v/i* catch* up (*gegen* with); **~hören** stop; **mit et. ~** stop (doing) s.th.; **~kaufen** buy* up; **~klären** clear up (*a. sich ~*); *j-n* inform s.o. (*über* about); *sexuell*: F tell* s.o. the facts of life; **~kleben** stick* on; **2kleber** *m* sticker; **~knöpfen** unbutton; **~kommen** come* up; *Mode etc.*: come* into fashion; *Zweifel etc.*: arise*; **~ für** pay* (for); **~laden** load; *electr.* charge

Auflage *f Buch*: edition; *Zeitung*: circulation

auflassen leave* open; *Hut etc.*: keep* on

Auflauf *m* soufflé, pudding;

2en Schiff: run* aground

auf|leben feel* up (again); (*wieder*) **~ lassen** revive; **~legen** *v/t* put* on; *v/i teleph.* hang* up; **~lehnen**: **sich ~ lean* (auf** on); **sich ~ (gegen)** revolt (against); **~lesen** pick up; **~leuchten** flash (up)

auflös|en dissolve (*a. sich ~*); (**sich in s-e Bestandteile ~)** disintegrate; *Rätsel*: solve (*a. math.*); **2ung** *f* (dis)solution; disintegration

aufmach|en open; **sich ~** set* out; **2ung** *f* getup

aufmerksam attentive; *freundlich*: thoughtful; *j-n* **~ machen auf** call s.o.'s attention to; **2keit** *f* attention; *Geschenk*: token

aufmuntern cheer up

Aufnahme *f* taking up; *Empfang*: reception; *Zulassung*: admission; *phot.* photo (-graph); *Ton2*: recording; *Film*: shooting; **~gebühr** *f* admission fee; **~prüfung** *f* entrance examination

auf|nehmen take* up (*a. Arbeit, Geld*); *aufheben*: pick up; *beherbergen*: put* s.o. up, take* in (*a. geistig*); *fassen*: hold*, contain; *empfangen*: receive; *zulassen*: admit; *phot.* take* a picture of; *Band, Platte*: record; *Film*: shoot*; **~passen** pay* attention; **~ auf** take* care of, look after; **paß auf!** look out!

aufsteigen

Aufprall m impact; **2en:** ~ **auf**
hit*; mot. a. crash into

auf|pumpen pump up; ~**put-**
schen pep up; ~**räumen**
tidy up, clean up (a. fig.)

aufrecht upright (a. fig.);
~**erhalten** maintain

aufreg|en excite; **sich** ~ get*
upset (über about); ~**end** exci-
ting; **2ung** f excitement

auf|reißen tear* open; Tür:
fling* open; Augen: open
wide; F j-n: pick up; ~**rei-**
zend provocative; ~**richten**
put* up, raise; **sich** ~ stand*
up; im Bett: sit* up; ~**richtig**
sincere; offen: frank; ~**rollen**
roll up; unroll; ~**rücken**
move up

Aufruf m call; appeal (**zu** for);
2en call on s.o.

Auf|ruhr m revolt; Krawall:
riot; **2rührerisch** rebellious

aufrunden round off

Aufrüstung f (re)armament

aufsagen say*, recite

Aufsatz m essay; Schul2:
composition; tech. top

auf|saugen absorb; ~**schie-**
ben fig. put* off, postpone

Aufschlag m impact; econ.
extra charge; Mantel: lapel;
Hose: turnup, Am. cuff; Ten-
nis: service; Zelt: pitch; v/i Tennis: serve;
auf dem Boden: hit* the
ground

auf|schließen unlock, open;
~**schneiden** v/t cut* open
(Fleisch: up); v/i F brag, boast

Aufschnitt m (slices pl of)
cold meat, Am. cold cuts pl

auf|schnüren untie; Schuh:
unlace; ~**schrauben** unscrew; ~**schrecken** v/t
startle; v/i start (up)

Aufschrei m (fig. out)cry

aufschrei|ben write* down;
~**en** cry out, scream

Auf|schrift f inscription; ~
schub m delay; e-r Frist:
respite; ~**schwung** m econ.
boom; Turnen: swing-up

Aufsehen n: ~ **erregen**
attract attention; stärker:
cause a sensation; **2erre-**
gend sensational

Aufseher(in) guard

auf|sein be* open (wach: up);
~**setzen** put* on; abfassen:
draw* up; aer. touch down;
sich ~ sit* up

Aufsicht f supervision, control;
~**srat** m supervisory board

auf|spannen Schirm: put*
up; ~**sparen** save; ~**sperren**
unlock; ~**spielen: sich** ~
show* off; ~**spießen** spear;
mit Hörnern: gore; ~**sprin-**
gen jump up; Tür: fly*
open; Haut: chap; ~**stamp-**
fen stamp (one's foot)

Auf|stand m revolt; ~**stän-**
dische pl rebels pl

auf|stapeln pile up; ~**stek-**
ken Haar: put* up; ~**stehen**
get* up; F Tür: be* open;
~**steigen** rise*; Beruf, Sport:
be* promoted; ~ **auf** get*
on(to)

aufstell|en set* *od.* put* up;
pol., Sport: nominate; *Rechnung:* draw* up; *Rekord:*
set*; *Liste:* make* up; **2ung**
f nomination; list

Aufstieg *m* ascent; *fig. a.* rise;
Sport: promotion

auf|stoßen *v/t* push open; *v/i*
belch; **~stützen: sich ~**
lean* (**auf** on); **~suchen**
visit; *Arzt etc.:* see*

Auftakt *m fig.* prelude

auf|tanken fill up; (re)fuel;
~tauchen appear; *mar.* surface; **~tauen** thaw; *Speisen:*
defrost; **~teilen** divide (up)

Auftrag *m* instructions *pl,* order (*a. econ.*); *mil.* mission;
im ~ von on behalf of; **2en**
Speisen: serve; *Farbe etc.:*
apply; **j-m et. ~** tell* s.o. to
do s.th.

auf|trennen undo*; **~treten**
behave, act; *vorkommen:* occur; **~ als** appear as; **2treten**
n appearance; behavio(u)r

Auftrieb *m phys.* buoyancy

Auftritt *m* appearance

auf|wachen wake* up; **~
wachsen** grow* up

Aufwand *m* expenditure (**an**
of); *Prunk:* pomp

aufwärmen warm up

aufwärts upward(s)

auf|wecken wake (up); **~
weichen** soften; *Schau:*
show*; **~wenden** spend*
(**für** on); **~wendig** costly

aufwert|en revalue; *fig.* in-
crease the value of; **2ung** *f*

revaluation

auf|wickeln wind* *od.* roll up
(**a. sich ~**); *Haar:* put* in
curlers; **~wiegeln** stir up, in-
cite; **~wiegen** *fig.* make* up
for; **~wirbeln** whirl up;
(*viel*) *Staub* **~**make* (quite)
a stir; **~wischen** wipe up;
~zählen list, name

aufzeichn|en record, tape;
zeichnen: draw*; **2ung** *f* recording; **~en** *pl* notes *pl*

aufziehen draw* up, pull up;
öffnen: (pull) open; *Uhr etc.:*
wind* (up); *Kind:* bring* up;
j-n ~ tease s.o.

Aufzug *m* lift, *Am.* elevator;
thea. act; F getup

aufzwingen: j-m et. ~ force
s.th. upon s.o.

Augapfel *m* eyeball

Auge *n* eye; **aus den ~n verlieren** lose* sight of; **unter
vier ~n** in private

Augen|arzt, ~ärztin ophthal-
mologist, F eye doctor;
~blick *m* moment; **2blick-
lich** *adj* present; *sofortig:* immediate; *adv* at present; *sofort:* immediately; **~braue** *f*
eyebrow; **~licht** *n* eyesight;
~zeuge *m* eyewitness

August *m* August

Auktion *f* auction; **~ator(in)**
auctioneer

Aula *f* (assembly) hall, *Am.*
auditorium

aus *prp u. adv räumlich:* mst
out of, from; *Material:* of;
Grund: out of; **~geschaltet**

etc.: out, off; *zu Ende*: over, finished; *Sport*: out; **ein**~**aus** *tech.* on – off

aus|arbeiten work out; *entwerfen*: prepare; ~**atmen** breathe out; ~**bauen** *erweitern*: extend; *fertigstellen*: complete; *Motor etc.*: remove; *verbessern*: improve; ~**bessern** mend, repair

Ausbeute *f* profit; *Ertrag*: yield; **2en** *v* exploit (*a. fig.*)

ausbild|en train, instruct; **2er(in)** instructor; **2ung** *f* training, instruction

ausbleiben fail to come

Ausblick *m* outlook

aus|brechen break* out; ~ **in** burst* into; ~**breiten** spread* (out); *Arme etc.*: stretch (out); *sich* ~ spread*

Ausbruch *m* outbreak; *Vulkan*: eruption; *Flucht*: escape, breakout; *Gefühl*: (out)burst

ausbrüten hatch (*a. fig.*)

Ausdauer *f* perseverance, endurance; **2nd** persevering

ausdehn|en stretch; *fig.* expand, extend (*alle a. sich* ~); **2ung** *f* expansion; extension

aus|denken: *sich* ~ think* *s.th.* up, invent; *vorstellen*: imagine; ~**drehen** turn off

Ausdruck *m* expression; *EDV* print-out; **2en** *EDV* print out

ausdrück|en express; *Zigarette*: put* out; ~**lich** express, explicit

etc.: out, off; *zu Ende*: over, finished; *Sport*: out; **ein**~**aus** *tech.* on – off

ausdrucks|los expressionless; ~**voll** expressive; **2weise** *f* language, style

Ausdünstung *f* odo(u)r

auseinander apart; *separate(d)*; ~**bringen** separate; ~**gehen** separate, part; *Meinungen*: differ; ~**halten** tell* apart; ~**nehmen** take* apart (*a. fig.*); ~**setzen** place *od.* seat apart; *sich* ~ *mit* deal* with; argue with *s.o.*; **2setzung** *f* argument; *kriegerische* ~ armed conflict

auserlesen choice

ausfahr|en *j-n*: take* out; *Waren*: deliver; **2t** *f* drive, ride; *mot.* exit; ~**freihalten!** do not block exit *od.* drive!

Ausfall *m* failure; *Verlust*: loss; **2en** fall* out; *nicht stattfinden*: not take* place, be* cancel(l)ed; *tech., mot.* break* down, fail; *Ergebnis*: turn out; ~ **lassen** cancel; *die Schule fällt aus* there is no school; **2end** insulting

Ausfertigung *f* drawing up; *in doppelter* ~ in two copies

aus|findig: ~ **machen** find*; ~**flippen** F freak out

Ausflüchte *pl* excuses *pl*

Ausflug *m* trip, excursion

ausfragen question (*über* about); *indirekt*: pump

Ausfuhr *f* export(ation)

ausführ|en *et.*: carry out; *econ.*: export; *darlegen*: explain; *j-n*: take* out; ~**lich** *adj* detailed; *umfassend*:

comprehensive; *adv* in detail; 2ung *f* execution; *Qualität:* workmanship; *Typ:* type, model, design

ausfüllen fill in (*Am. a.* out)

Ausgabe *f* distribution; *Buch etc.:* edition; *Geld:* expense; *EDV* output

Ausgang *m* exit, way out; end; *Ergebnis:* result, outcome; *tech.* output, outlet; **~spunkt** *m* starting point

ausgeben give* out; *Geld:* spend*; **~ als** give* out to be; F *e-n* **~** buy* *s.o.* a drink

ausge|beult baggy; **~bucht** booked up; **~dehnt** extensive; **~fallen** odd, unusual; **~glichen** (well-)balanced

ausgehen go* out; *Haare:* fall* out; *Geld, Vorräte:* run* out; *enden:* end; **~ von** come* from; *davon* **~**, *daß* assume that

ausge|lassen cheerful; **~nommen** except; **~geprägt** marked; **~rechnet: ~ er** of all people; **~ heute** today of all days; **~schlossen** out of the question; **~sprochen** *adv* decidedly; **~wogen** (well-)balanced; **~zeichnet** excellent

ausgiebig thorough; *Mahlzeit:* substantial

ausgießen pour out

Ausgleich *m* compensation; *Sport:* equalization, *Am.* even score; 2en equalize; *econ.* balance; *Am. Sport:*

make* the score even; *Verlust:* compensate

ausgrab|en dig* out *od.* up; 2ungen *pl* excavations *pl*

ausgrenzen isolate, exclude

Ausguß *m* (kitchen) sink

aus|halten *v/t* bear*, stand*; *v/i* hold* out; **~händigen** hand over

Aushang *m* notice

aus|hängen hang* out, put* up; *Tür:* unhinge; **~harren** hold* out; **~helfen** help out

Aushilf|e *f* (temporary) help; **~s...** temporary ...

aus|holen swing* (to strike); **~ mit** raise; **~horchen** sound; **~kennen: sich ~** (*in*) know* one's way (about); *fig.* know* all about *s.th.*; **~klopfen** *Pfeife:* knock out; **~kommen** get*: **~ mit** *et.*: manage with; *j-m:* get* along with; 2kommen *n:* **sein ~ haben** make* one's living; **~kundschaften** explore

Auskunft *f* information (desk); *teleph.* inquiries *pl*

aus|laden unload

Auslage *f* (window) display; **~n** *pl* expenses *pl*

Ausland *n:* **das ~** foreign countries *pl*; **ins** *od.* **im ~** abroad; **~länder(in)** foreigner; **~länderfeindlichkeit** *f* xenophobia, hostility towards foreigners; **~ländisch** foreign; **~landsgespräch** *n* international call; **~lands-**

korrespondent(in) foreign correspondent

auslass|en leave* (*Saum:* let*) out; *Fett:* melt; **s-e Wut ~ an** take* it out on; **sich ~ über** express o.s. on; **2ungszeichen** *n* apostrophe

auslaufen run* out (*a. Produktion*); *mar.* leave* port

auslegen lay* out; *Waren: a.* display; *Boden:* carpet; *deuten:* interpret; *Geld:* advance; **~ für** *tech.* design for

ausleihen *verleihen:* lend* (out); **sich ~:** borrow

Auslese *f* selection; *fig.* pick, elite; **2n** pick out, select; *Buch:* finish

ausliefer|n hand over; *pol.* extradite; *econ.* deliver; **2ung** *f* delivery; extradition

aus|löschen put* out; *fig.* wipe out; **~losen** draw* (lots) for

auslöse|n *tech.* release; *Gefangene, Pfand:* redeem; *verursachen:* cause, start; trigger; **2r** *m* (*phot.* shutter) release; trigger (*a. Waffe*)

ausmachen put* out; *Gerät etc.:* turn off; *vereinbaren:* agree on, arrange; *Teil:* make* up; *Betrag:* amount to; *Streit:* settle; *sichten:* sight; **macht es Ihnen et. aus(, wenn ...)?** do you mind (if ...)?; **es macht mir nichts aus** I don't mind (*gleichgültig:* care); **das macht nichts**

aus that doesn't matter

Ausmaß *n* extent

ausmessen measure

Ausnahm|e *f* exception; **~ezustand** *m* state of emergency; **2los** without exception; **2sweise** by way of exception; *diesmal:* for once

aus|nehmen *gastr.* clean*; *j-n:* except; *befreien:* exempt; **~nutzen** use, take* advantage of (*a. contp.*); → **ausbeuten; ~packen** unpack; **~pressen** squeeze (out); **~probieren** try (out), test

Auspuff *m* exhaust; **~gase** *pl* exhaust fumes *pl*; **~topf** *m* silencer, *Am.* muffler

aus|radieren erase; *fig.* wipe out; **~rangieren** discard; **~rauben** rob; **~räumen** empty, clear; *rechnen:* calculate, work out

Ausrede *f* excuse; **2n** *v/i* finish speaking; **~ lassen** hear* s.o. out; *v/t: j-m et.~* talk s.o. out of s.th.

ausreichen be* enough; **~d** sufficient; *Note:* D

Ausreise *f* departure; **2n** leave* (*a od.* one's country); **~visum** *n* exit visa

aus|reißen *v/t* pull *od.* tear* out; *v/i:* **F** run* away; **~renken** dislocate; **~richten** *erreichen:* accomplish; *Nachricht:* deliver; → **bestellen**; **~rotten** exterminate

Ausruf *m* cry, shout; **2en** cry, shout, exclaim; *Namen etc.:*

call out; **~ungszeichen** *n* exclamation mark

ausruhen rest (*a. sich ~*)

ausrüst|en equip; **2ung** *f* equipment

ausrutschen slip

Aussage *f* statement; *jur.* evidence; *fig.* Anliegen: message; **2n** state, declare; *jur.* testify

aus|schalten switch off; *fig.* eliminate; **~schauen**: *den ~ nach* be* on the lookout for; **~scheiden** *v/i* be* ruled out; *Sport etc.*: drop out; *aus Firma etc.*: leave*; *v/t* eliminate; *med.* secrete; **~schimpfen** scold; **~schlafen** sleep* in (*a. sich ~*); *s-n Rausch ~* sleep* it off

Ausschlag *m med.* rash; *Zeiger*: deflection; *den ~ geben* decide it; **2en** *v/i Pferd*: kick; *Zeiger*: deflect; *bot.* bud; *v/t* knock out; *fig.* refuse; **2gebend** decisive

ausschließ|en lock out; *fig.* exclude; *ausstoßen*: expel; *Sport*: disqualify; **~lich** exclusive(ly)

Ausschluß *m* exclusion; expulsion; disqualification

aus|schmücken decorate; *fig.* embellish; **~schneiden** cut* out

Ausschnitt *m Kleid*: neck; *Zeitung*: cutting, *Am.* clipping; *fig.* part; *Buch, Rede*: extract; *mit tiefem ~* low-necked

ausschreiben write* out; *Stelle etc.*: advertise

Ausschreitungen *pl* violence *sg*; riots *pl*

Ausschuß *m* committee, board; *Abfall*: waste

ausschütten pour out; *verschütten*: spill*; *econ.* pay*; *sich ~ (vor Lachen)* split* one's sides

ausschweifend dissolute

aussehen look (*wie*, like); **2** *n* look(s *pl*), appearance

aussein be* out od. over; → *aus*; *~ auf* be* out for; *j-s Geld*: be* after

außen outside; *nach ~* outward(s); *fig.* outwardly

Außen|bordmotor *m* outboard motor; **~handel** *m* foreign trade; **~minister(in)** foreign minister, *Brit.* Foreign Secretary, *Am.* Secretary of State; **~politik** *f* foreign affairs *pl*; *bestimmte*: foreign policy; **~seite** *f* outside; **~seiter(in)** outsider; **~stelle** *f* branch; **~welt** *f* outside world

außer out of; *neben*: beside(s); *ausgenommen*: except; *~ daß* except that; *alle ~* all but; *~ sich sein* be* beside o.s.; *~ wenn* unless; **~dem** besides, moreover

äußere exterior, outer, outward; **2** *n* exterior, outside; (outward) appearance

außer|gewöhnlich unusual;

~halb outside, out of; *jenseits:* beyond; **~irdisch** extraterrestrial

äußer|lich external, outward; **~n** express; *sich ~* say* s.th.; *sich ~ zu* express o.s. on

außer|ordentlich extraordinary; **~planmäßig** unscheduled

äußerst outermost; *fig.* extreme(ly); **bis zum 2en gehen (treiben)** go* (take* *s.th.*) to extremes

außerstande unable

Äußerung f utterance

aussetzen v/t *Tier etc.:* abandon; *mit dat:* expose to; *Preis etc.:* offer; **et. auszusetzen haben an** find* fault with; v/i stop, break* off; *Motor etc.:* fail

Aussicht f view (**auf** of); *fig.* chance (**auf Erfolg** of success); **~slos** hopeless; **2sreich** promising; **~sturm** m lookout tower

Aussiedler m resettler

aussöhn|en = **versöhnen**; **2ung** f reconciliation

aus|sortieren sort out; **~spannen** *fig.* (take* a) rest, relax; **~sperren** lock out; **~spielen** v/t *Karte:* play; v/i lead*

Aus|sprache f pronunciation; discussion; *private:* heart-to-heart (talk); **2sprechen** pronounce; *äußern:* express; **sich ~** have* a

heart-to-heart (talk); → **ausreden;** **~spruch** m word(s pl), saying

aus|spucken spit* out; **~spülen** rinse

ausstatt|en fit out, equip, furnish; **2ung** f equipment; furnishings pl; design

aussteh|en v/t: **ich kann ihn (es) nicht ~** I can't stand him (it); v/i be* outstanding

aussteig|en get* out od. off; *fig.* drop out; **2er(in)** dropout

ausstell|en exhibit, display; *Rechnung, Scheck:* make* out; *Paß:* issue; **2er** m exhibitor; **2ung** f exhibition, show

aussterben die out

Aussteuer f trousseau

Ausstieg m exit; *fig.* pullout, withdrawal (**aus** from)

aus|stopfen stuff; **~stoßen** eject, emit; *econ.* turn out; *Schrei etc.:* give*; *j-n:* expel

ausstrahlen radiate; *senden:* broadcast*; **2ung** f broadcast; *fig.* charisma

aus|strecken stretch (out); **~strömen** escape (**aus** from); **~suchen** choose*, select, pick (out)

Austausch m, **2en** exchange (**gegen** for)

austeilen distribute

Auster f oyster

austragen deliver; *Streit:* settle; *Wettkampf:* hold*

Australier(in)

Australi|er(in), 2sch Australian

aus|treiben drive* out; *Teufel*: exorcise; **~treten** v/t tread* *od.* stamp out; *Schuhe*: wear* out; v/i *entweichen*: escape; F go* to the toilet (*Am.* bathroom); **~ aus** leave*; **~trinken** drink* up; *leeren*: empty; **2tritt** m leaving; **~trocknen** dry up; **~üben** practi[se], *Am.* -ce; *Amt*: hold*; *Macht*: exercise; *Druck*: exert

Ausverkauf m sale; 2t sold out; *thea. a.* full house

Aus|wahl f choice, selection; *Sport*: representative team; 2**wählen** choose*, select

Auswander|er m emigrant; 2n emigrate; **~ung** f emigration

auswärt|ig out-of-town; *pol.* foreign; **~s** out of town; **~ essen** eat* out; 2**s...** *Sieg, Spiel*: away ...

auswechsel|n exchange (**gegen** for); *Rad*: change; *ersetzen*: replace; *Sport*: **A gegen B** ~ substitute B for A; 2**spieler(in)** substitute

Ausweg m way out

ausweichen make* way (*dat* for); *avoid* (*a. fig. j-m*); *e-r Frage*: evade; **~d** evasive

Ausweis m identification (card); 2**en** expel; **sich ~** identify o.s.; **~papiere** pl documents pl; **~ung** f expulsion

aus|weiten expand; **~wendig** by heart; **~werten** evaluate; *nützen*: utilize; **~wickeln** unwrap; **~wirken: sich ~ auf** affect; 2**wirkung** f effect; **~wischen** wipe out; **~wringen** wring* out; 2**wuchs** m excess; **~wuchten** balance; **~zahlen** pay* (out); pay* *s.o.* off; **sich ~** pay*; **~zählen** count (*Boxer*: out); 2**zahlung** f payment

auszeichn|en *Ware*: price; *j-n ~ mit* award *s.th.* to *s.o.*; **sich ~** distinguish o.s.; 2**ung** f marking; *fig.* distinction, hono(u)r; *Orden*: decoration; *Preis*: award

ausziehen v/t *Kleidung*: take* off; *j-n*: undress (*a. sich ~*); v/i move out

Auszubildende(r) apprentice, trainee

Auszug m move, removal; *Buch etc.*: excerpt; *Konto*2: statement (of account)

Auto n car, *bsd. Am. a.* auto(mobile); (**mit dem**) **~ fahren** drive*, go* by car

Autobahn f motorway, *Am.* expressway, superhighway; **~dreieck** n interchange; **~gebühr** f toll; **~kreuz** n interchange

Autobiographie f autobiography

Auto|bus m → *Bus*; **~fähre** f car ferry; **~fahrer(in)** motorist, driver; **~fahrt** f drive;

~friedhof m scrapyard, Am. auto junkyard

Autogramm n autograph

Auto|karte f road map; **~kino** n drive-in (cinema, Am. theater)

Automat m vending (Brt. a. slot) machine; tech. robot; → *Spielautomat*; **~ik** f automatic (system od. control); mot. automatic transmission; **~ion** f automation; **2isch** automatic

Auto|mechaniker m car (Am. auto) mechanic; **~mobil** n → *Auto*; **~nummer** f licen|ce (Am. -se) number

Autor m author

Autorin f author(ess)

autori|sieren authorize; **~tär** authoritarian; **2tät** f authority

Auto|vermietung f car hire (Am. rental) service; **~waschanlage** f car wash; **~werkstatt** f car repair shop, garage

Axt f ax(e)

B

Bach m brook, stream, Am. a. creek

Backbord n port

Backe f cheek

backen bake; in Fett: fry

Backenzahn m molar

Bäcker|(in) baker; **~ei** f bakery, baker's (shop)

Back|form f baking pan od. tin; **~hähnchen** n fried chicken, **~obst** n dried fruit; **~ofen** m oven; **~pulver** n baking powder; **~stein** m brick

Bad n bath; im Freien: swim, Brt. a. bathe; bathroom; → *Badeort*

Bade|anstalt f swimming pool, public baths pl; **~anzug** m swimsuit; **~hose** f swimming od. bathing trunks pl; **~kappe** f bathing cap; **~mantel** m bathrobe;

~meister m pool od. bath attendant

baden v/i take* od. have* a bath; im Freien: swim*, bsd. Brt. a. bathe; **~ gehen** go* swimming; v/t bathe; Baby: Brt. a. bath

Bade|ort m seaside resort; → *Kurort*; **~tuch** n bath towel; **~wanne** f bathtub; **~zimmer** n bath(room)

Bafög n: **~ erhalten** get* a grant

Bagger m excavator; mar. dredge(r); **2n** excavate; dredge

Bahn f railway, Am. railroad; Zug: train; Weg, Kurs: way, path, course; Sport: track; course; **mit der ~** by train od. rail; **~damm** m railway (Am. railroad) embankment

bahnen 364

bahnen: *j-m od.* **e-r Sache den Weg ~** clear the way for s.o. *od.* s.th.; *sich e-n Weg ~* force *od.* work one's way

Bahn|hof *m* (railway, *Am.* railroad) station; **~linie** *f* railway (*Am.* railroad) line; **~steig** *m* platform; **~übergang** *m* level (*Am.* grade) crossing

Bahre *f* stretcher

Bakterien *pl* germs *pl*, bacteria *pl*

bald soon; F *beinahe*: almost, nearly; **so ~ wie möglich** as soon as possible; **~ig** speedy; **~e Antwort** early reply

Balken *m* beam

Balkon *m* balcony

Ball *m* ball; *Tanz~*: *a.* dance

Ballast *m* ballast; **~stoffe** *pl* roughage *sg*, bulk *sg*

ballen *Faust*: clench

Ballen *m* bale; *anat.* ball

Ballett *n* ballet

Ballon *m* balloon

Ballungs|raum *m*, **~zentrum** *n* congested area, conurbation

Bambus *m* bamboo

banal banal, trite

Banane *f* banana

Banause *m* philistine

Band¹ *m* volume

Band² *n* band; *Zier~*: ribbon; *Meß~, Ton~, Ziel~*: tape (*a. auf ~ aufnehmen*); *anat.* ligament; *fig.* tie, link, bond

bandagieren bandage

Bande *f* gang; *Billard*: cush-

ions *pl*; *Eishockey*: boards *pl*; *Kegeln*: gutter

bändigen tame (*a. fig.*); *Kinder, Zorn etc.*: control

Bandit *m* bandit, outlaw

Band|scheibe *f* intervertebral disc; **~wurm** *m* tapeworm

bang(e) afraid; *besorgt*: anxious; *bange machen* frighten, scare

Bank *f* bench; *Schul~*: desk; *econ.* bank; **~angestellte(r)** bank clerk *od.* employee; **~ier** *m* banker; **~konto** *n* bank(ing) account; **~leitzahl** *f* bank code (*Am.* A.B.A. *od.* routing) number; **~note** *f* (bank)note, *Am. a.* bill

bankrott bankrupt

Bann *m* ban; *Zauber*: spell

Banner *n* banner (*a. fig.*)

bar (in) cash; *bloß*: bare; *rein*: pure; *fig.* sheer

Bar *f* bar; nightclub

Bär *m* bear

Baracke *f* hut; *contp.* shack

barbarisch barbarous

barfuß barefoot

Bargeld *n* cash; **2los** noncash

barmherzig merciful

Barmixer *m* barman

Barometer *n* barometer

Barren *m metall.* ingot; *Turnen*: parallel bars *pl*

Barriere *f* barrier

Barrikade *f* barricade

barsch gruff, rough

Bart *m* beard; *Schlüssel~*: bit

bearbeiten

bärtig bearded
Barzahlung f cash payment
Basar m bazaar
Basis f basis; mil., arch. base
Baskenmütze f beret
Baß m bass
Bast m bast; zo. velvet
bast|eln v/i make* and repair things o.s.; v/t build*, make*; **Ler** m do-it-yourselfer, (home) handyman
Batterie f battery
Bau m building (a. Gebäude), construction; Tier2: hole; e-s Raubtiers: den; **beim ~** in construction (work); **im ~** under construction
Bauarbeite|n pl construction work(s pl); **~r** m construction worker
Bauch m belly (a. fig.); anat. abdomen; F tummy; **2ig** big-bellied, bulgy; **~redner** m ventriloquist; **~schmerzen** pl bellyache sg, stomachache sg; **~tanz** m belly dancing
bauen build*, construct; Möbel etc.: a. make*
Bauer¹ m farmer; Schach: pawn
Bauer² n, m (bird) cage
Bäuer|in f farmer's wife, farmer; **2lich** rustic
Bauern|haus n farmhouse; **~hof** m farm
bau|fällig dilapidated; **2-gerüst** n scaffold(ing); **2herr(in)** owner; **2holz** n timber, Am. a. lumber; **2jahr**

n year of construction; **~ 1992** 1992 model
Baum m tree
baumeln dangle, swing* (beide a. **~ mit**)
Baum|stamm m trunk; gefällter: log; **~wolle** f cotton
Bauplatz m building site
Bausch m wad, ball; **2en: sich ~** bulge, billow, swell*
Bau|stein m brick; Spielzeug: (building) block; **~stelle** f building site; mot. roadworks pl, Am. construction zone; **~teil** n component (part), unit, module; **~unternehmer** m building contractor; **~werk** n building
Bay|er m, **2risch** Bavarian
Bazillus m bacillus, germ
beabsichtigen intend, plan
beacht|en pay* attention to; Regel etc.: observe, follow; **~ Sie, daß** note that; **nicht ~** take* no notice of; disregard, ignore; **~lich** considerable; **2ung** f attention; observance; Berücksichtigung: consideration
Beamt|e, ~in official, officer; Stand: civil servant
be|ängstigend alarming; **~anspruchen** claim; Zeit, Raum etc.: take* up; j-n: keep* s.o. busy; tech. stress; **~anstanden** object to; **~antragen** apply for; parl., jur. move (for); **~antworten** answer, reply to; **~arbeiten** work; agr. till; chem., tech.

process, treat (*a.* Thema);
Stein: hew*; *Buch:* revise;
Fall etc.: be* in charge of; F
j-n: work on; **~aufsichtigen**
supervise; *Kind:* look after;
~auftragen commission; *anweisen:* instruct; ~ **mit** put
s.o. in charge of; **~bauen**
build* on; *agr.* cultivate

beben shake*, tremble (*beide: vor* with); *Erde:* quake
Becher *m* cup; *Henkel2: a.*
mug
Becken *n* basin; pool; *anat.*
pelvis; *mus.* cymbal(*s pl*)
bedächtig deliberate

bedanken: sich ~ bei j-m (*für
et.*) ~ thank s.o. (for s.th.)
Bedarf *m* need (*an* of), want
(of); *econ.* demand (for);
~schaltestelle *f* request
stop
bedauerlich regrettable;
~erweise unfortunately
bedauern *j-n:* feel* sorry for,
pity; *et.:* regret; 2 *n* regret
(*über* at); **~swert** pitiable,
deplorable
bedecken cover; **~t** *Himmel:*
overcast
bedenk|en consider; 2en *pl*
doubts *pl*; scruples *pl*; *Einwände:* objections *pl*; **~lich**
doubtful; *ernst:* serious; critical
bedeuten mean*; **~d** important; *beträchtlich:* considerable
Bedeutung *f* meaning; *Wichtigkeit:* importance; **2slos**

insignificant; **2svoll** significant

bedien|en *v/t j-n:* serve, wait
on; *tech.* operate, work; *Telephon:* answer; *sich* ~ help
o.s.; *v/i* serve; *bei Tisch:* wait
(at table); *Karten:* follow
suit; 2ung *f* service; *Person:*
waiter, waitress; shop assistant, *bsd. Am.* clerk; *tech.*
operation, control
beding|t limited; ~ **durch**
caused by, due to; 2ung *f*
condition; *Anforderung:* requirement; **~ungslos** unconditional
bedrängen press (hard)
bedroh|en threaten; **~lich**
threatening; 2ung *f* threat
bedrücken depress, sadden
Bedürf|nis *n* need, necessity
(*für, nach* for); 2**tig** needy,
poor
be|eilen: *sich* ~ hurry (up);
~eindrucken impress; **~einflussen** influence; *nachteilig:* affect; **~einträchtigen**
affect, impair; **~end(ig)en**
(bring* to an) end, finish;
~erben: *j-n* be* s.o.'s heir
beerdig|en bury; 2ung *f* funeral; 2**ungsinstitut** *n* undertakers *pl*, *Am.* funeral
home
Beere *f* berry; *Wein2:* grape
Beet *n* bed
befähig|t (cap)able
befahr|bar passable; **~en**
drive* *od.* travel on; *mar.*
navigate

befangen self-conscious; prejudiced (*a. jur.*)

befassen: sich ~ mit engage in; *Buch etc.*: deal* with

Befehl *m* order; command (*über* of); **2en** order; command

befestigen fasten (*an* to), fix (to), attach (to); *mil.* fortify

befeuchten moisten, damp

befinden: sich ~ be* (situated *od.* located)

befolgen follow; *Vorschrift: a.* observe; *Gebote:* keep*

befördern carry, transport; *zu ... befördert werden* be* promoted (to) ...; **2ung** *f* transport(ation) (*a. ~smittel*); promotion

be|fragen question, interview; **~freien** free; *retten:* rescue; **~freunden: sich ~ mit** make* friends with; *fig.* warm to; **~freundet** friendly; **~ sein** be* friends

befriedig|en satisfy; *sich selbst ~* masturbate; **~end** *adj* satisfactory; **2ung** *f* satisfaction

befristet limited (*auf* to)

befruchten fertilize

befugt authorized

Befund *m* finding(s *pl*)

befürchten, **2ung** *f* fear

befürworten advocate

begabt gifted, talented; **2ung** *f* gift, talent(s *pl*)

begegn|en meet* (*a.* ~); **2ung** *f* meeting; encounter

begehen *feiern:* celebrate;

Tat: commit; *Fehler:* make*

begehr|en desire; **~t** popular, (much) in demand

begeister|n fill with enthusiasm; *sich ~ für* be* enthusiastic about; **~t** enthusiastic; **2ung** *f* enthusiasm

Begier|de *f* desire (*nach* for); **2ig** eager (*nach*, *auf* for)

begießen water; *Braten:* baste; F *fig.* celebrate

Beginn *m* beginning, start; *zu ~* at the beginning; **2en** begin*, start

beglaubig|en attest, certify; **2ung** *f* certification

begleichen pay*, settle

begleit|en accompany; *j-n nach Hause ~* s.o. home; **2er(in)** companion; **2ung** *f* company; *Schutz:* escort; *mus.* accompaniment

be|glückwünschen congratulate (*zu* on); **~gnadigen** pardon; **~gnügen: sich ~ mit** be* satisfied with; **~graben** bury; **2gräbnis** *n* funeral; **~greifen** comprehend, understand; **~greiflich** understandable; **~grenzen** limit, restrict (*auf* to)

Begriff *m* idea, notion; *Ausdruck:* term; *im ~ sein zu* be* about to

begründen give* reasons for; → *gründen*

begrüß|en greet, welcome; **2ung** *f* greeting, welcome

begünstigen favo(u)r

be|haart hairy; **~haglich** comfortable; cosy

behalten keep* (**für sich** to o.s.); **sich merken:** remember

Behälter m container

behand|eln treat (a. med.); **Thema:** deal* with; **schonend** ~ handle with care; **2ung** f treatment

beharr|en insist (**auf** on); **~lich** persistent

behaupt|en falsch.ch: pretend; **2ung** f claim

be|heben repair; **~helfen: sich** ~ **mit** make* do with; **sich** ~ **ohne** do* without; **~herbergen** accommodate

beherrsch|en rule (over), govern; **Lage, Markt** etc.: control; **Sprache:** have* command of; **sich** ~ control o.s.; **2ung** f command, control; **die** ~ **verlieren** lose* one's temper

be|hilflich: j-m ~ **sein** help s.o. (**bei** with, in); **~hindern** hinder; **mot.** etc. obstruct; **~hindert** handicapped

Behörde f authority

behutsam careful; **sanft:** gentle

bei räumlich: near; at; zeitlich: during; ~ **j-m** at s.o.'s (place); **wohnen** ~ stay (ständig: live) with; **arbeiten** ~ work for; **e-e Stelle** ~ a job with; ~ **Müller Adresse:** c/o Müller; **ich habe ... ~ mir** I have ... with me; ~ **Licht** by light; ~ **Tag** during the day; ~

Nacht at night; ~ **Regen** (**Gefahr**) in case of rain (danger); ~ **der Arbeit** at work; betont: **~weitem** by far; → **beim**

bei|behalten keep* up, retain; **~bringen** teach*; **mitteilen:** tell*

Beichte f confession; **2n** confess (a. fig.)

beide both; **Tennis:** all; **m-e ~n Brüder** my two brothers; **wir** ~ the two of us; betont: both of us; **keiner von ~n** neither of them; **~rlei:** ~ **Geschlechts** of either sex

beieinander together

Bei|fahrer m front(-seat) passenger; co-pilot; **~fall** m applause; **fig.** approval; **~fügen** e-m Brief: enclose

beige tan, beige

Bei|geschmack m smack (**von** of) (a. fig.); **~hilfe** f aid, allowance; **jur.** aiding and abetting

Beil n hatchet; großes: ax(e)

Beilage f Zeitung: supplement; **Essen:** side dish; vegetables pl

bei|läufig casual(ly); **~legen** Streit: settle; → **beifügen**

Beileid n condolence; **herzliches** ~ my deepest sympathy

beiliegend enclosed

beim: ~ **Arzt** etc. at the doctor's etc.; ~ **Sprechen** while speaking; ~ **Spielen** at play

beimessen attach (**dat.** to)

Bein n leg; **Knochen:** bone

beinah(e) almost, nearly

beisammen together; 2**sein** n get-together

Beischlaf m sexual intercourse

Beisein n presence

beiseite aside; **~ schaffen** remove; *j-n:* liquidate

beisetz|en bury; 2**ung** f funeral

Beispiel n example; **zum ~** for example; **sich an j-m ein ~ nehmen** follow s.o.'s example; 2**haft** exemplary; 2**los** unprecedented

beißen bite*; **sich ~** *Farben:* clash; **~d** biting, pungent

Bei|stand m assistance; 2**stehen** assist, help; 2**steuern** contribute (**zu** to)

Beitrag m contribution; *Mitglieds*2: subscription, *Am.* dues *pl*; 2**en** contribute (**zu** to)

beitreten join

Beiwagen m sidecar

beizen stain; *Fleisch:* pickle

bejahen answer in the affirmative; **~d** affirmative

bejahrt aged, elderly

bekämpfen fight* (against)

bekannt (well-)known; *vertraut:* familiar; **j-n ~ machen mit** introduce s.o. to; 2**e(r)** acquaintance, *mst* friend; **~geben** announce; **~lich** as you know; 2**machung** f (public) announcement; 2**schaft** f acquaintance

bekenn|en confess; *zugeben:* admit; **sich schuldig ~** *jur.*

plead guilty; 2**tnis** n confession; *Religion:* denomination

beklagen lament; **sich ~** complain (**über** of, about)

Bekleidung f clothing

beklommen anxious

be|kommen get*; *Brief, Geschenk:* a. receive; *Krankheit, Zug etc.: a.* catch*; *Kind:* have*; **j-m ~** agree with s.o.; **~kräftigen** confirm; **~laden** load; *fig. a.* burden

Belag m covering; *tech.* coat(ing); *Brot*2: spread; (sandwich) filling

belager|n besiege; 2**ung** f siege

be|langlos irrelevant; **~lasten** load; *fig.* burden; worry, *beschweren:* weight; *jur.* incriminate; *Umwelt:* pollute; **j-s Konto ~ mit** charge s.th. to s.o.'s account; **~lästigen** molest; *ärgern:* annoy, bother; 2**lastung** f load; *fig.* burden; strain, stress; **~laufen: sich ~ auf** amount to; **~lebt** *Straße:* busy, crowded

Beleg m *Beweis:* proof; *econ.* receipt; *Unterlage:* document; 2**en** cover; *Platz etc.:* reserve; *beweisen:* prove; *Kurs etc.:* enrol(l) for, take*; *Brote etc.:* put* s.th. on; **den 1. Platz ~** take* first place; **~schaft** f staff *sg, pl*; 2**t** taken, occupied; *Hotel etc.:* full; *teleph.* engaged, *Am.* busy; *Stimme:* husky; *Zun-*

belehren 370

ge: coated; **~es Brot** sandwich

belehren teach*; inform
beleidig|en offend, *stärker:*
insult; **~end** offensive, in-
sulting; **2ung** f offen|ce, *Am.*
-se, insult
beleucht|en light* (up), illu-
minate; **2ung** f light(ing); il-
lumination
Belgi|er(in), **2sch** Belgian
belicht|en expose; **2ung** f ex-
posure (*a.* **~szeit**); **2ungs-
messer** m exposure meter
Belieb|en n: **nach ~** at will;
2ig any; *jeder* **~e** anyone; **2t**
popular (*bei* with); **~theit** f
popularity
beliefern supply
bellen bark
belohn|en, **2ung** f reward
belüg|en: *j-n* **~** lie to s.o.;
~malen paint; **~mängeln**
find* fault with
bemerk|bar noticeable; *sich*
~ machen draw* attention
to o.s.; *Folgen etc.:* begin* to
show; **~en** notice; *sagen:* remark; **~enswert** remarkable
(*wegen* for); **2ung** f remark
bemitleiden pity, feel* sorry
for; **~swert** pitiable
bemüh|en: *sich* **~** try (hard);
sich **~ um** et.: try to get; *j-n:*
try to help; **2ung** f effort;
danke für Ihre **~en!** thank
you for your trouble
benachbart neighbo(u)ring
benachrichtig|en inform;
2ung f information

benachteilig|en place *s.o.* at
a disadvantage; *sozial:* di-
scriminate against; **2te** *pl the*
underprivileged; **2ung** f disadvantage; discrimination
benehmen: *sich* **~** behave
(o.s.); **2** n behavio(u)r, conduct; manners *pl*
beneiden envy (*j-n um et.*
s.o. s.th.); **~swert** enviable
benennen name
Bengel m (little) rascal
benommen dazed
benötigen need, require
benutz|en use; *nützen:*
make* use of; **2er(in)** user;
2ung f use
Benzin n petrol, *Am.* gas(o-
line)
beobacht|en watch; *genau:*
observe; **2er(in)** observer;
2ung f observation
bepflanzen plant (*mit* with)
bequem comfortable; *leicht:*
easy; *faul:* lazy; **2lichkeit** f
comfort; laziness; **~en** *pl*
conveniences *pl*
berat|en *j-n:* advise; counsel;
etw.: debate, discuss; *sich* **~**
confer; **2er(in)** adviser;
counsel(l)or; **2ung** f advice
(*a. med.*); debate; *Besprechung:* consultation, conference; **2ungsstelle** f coun-
sel(l)ing cent|re, *Am.* -er
berauben rob; *fig.* deprive
(*gen* of)
berechn|en calculate; *econ.*
charge; **~end** calculating;
2ung f calculation

berechtig|en entitle; *ermächtigen*: authorize; **~t** entitled; *Anspruch*: legitimate

Bereich *m* area; *Umfang*: range; *(Sach)Gebiet*: field; **2ern** enrich (*sich* o.s.)

Bereifung *f* (set of) tyres (*Am.* tires)

be|reinigen settle; **~reisen** tour; *Vertreter*: cover

bereit ready, prepared; **~en** prepare; *verursachen*: cause; *Freude*: give**~; ~halten** have* *s.th.* ready; *sich* **~ be*** ready, stand* by; **~s** already; **2schaft** *f* readiness; **~stellen** make* available, provide; **~willig** ready, willing

bereuen regret; repent (of)

Berg *m* mountain; **~e von** heaps *od.* piles of; *die Haare standen ihm zu* **~e** his hair stood on end; **2ab** downhill (*a. fig.*); **2auf** uphill; **~bahn** *f* mountain railway; **~bau** *m* mining

bergen rescue, save; *Tote*: recover; *enthalten*: hold*

Berg|führer(in) mountain guide; **2ig** mountainous; **~kette** *f* mountain range; **~mann** *m* miner; **~rutsch** *m* landslide; **~schuh** *m* climbing boot; **~steigen** *n* (mountain) climbing; **~steiger(in)** (mountain) climber

Bergung *f* recovery; *Rettung*: rescue

Berg|wacht *f* alpine rescue service; **~werk** *n* mine

Bericht *m* report (*über* on), account (of); **2en** report; *Presse*: a. cover (*über et. s.th.*); *j-m et.* **~** inform s.o. of s.th.; **~erstatter(in)** reporter; correspondent

berichtigen correct

Bernstein *m* amber

bersten burst* (*vor* with)

berüchtigt infamous, notorious (*wegen* for)

berücksichtigen consider

Beruf *m* job, occupation; *Gewerbe*: trade; *bsd. akademischer*: profession; *a.* appoint; *sich* **~ auf** refer to; **2lich** *adj* professional; *adv* on business

Berufs|... *Sportler etc.*: professional ...; **~ausbildung** *f* vocational *od.* professional training; **~beratung** *f* vocational guidance; **~kleidung** *f* work clothes *pl*; **~schule** *f* vocational school; **2tätig** working; **~tätige** *pl* working people *pl*; **~verkehr** *m* commuter *od.* rush-hour traffic

Berufung *f* appointment (*zu* to); *unter* **~ auf** with reference to; **~ einlegen** appeal

beruhen: ~ auf be* based on; *et. auf sich* **~ lassen** let* *s.th.* rest, leave* it at that

beruhig|en quiet, calm (down), soothe (*a. Nerven*); *Besorgte*: reassure; *sich* **~** calm down; **2ung** *f* calming (down); *Erleichterung*: relief; **2ungsmittel** n sedative; *Pille:* tranquil(l)izer

berühmt famous

berühren touch; *fig. a.* affect; **2ung** f contact, touch

Besatzung f crew; *mil.* occupation (forces *pl*)

beschädig|en damage; **2ung** f damage (*gen* to)

beschaffen provide, get*; *Geld:* raise; **2heit** f state, condition

beschäftig|en employ; keep* busy; *sich* ~ occupy o.s.; **2ung** f employment; occupation

beschäm|en make* *s.o.* feel ashamed; **~end** shameful, humiliating; **~t** ashamed

Bescheid m: ~ **geben** (*bekommen*) send* (receive) word; ~ **sagen** let* *s.o.* know; (*gut*) ~ **wissen** (*über*) know* (all about)

bescheiden modest; **2heit** f modesty

bescheinig|en certify; *Empfang:* acknowledge; **2ung** f certification; *Schein:* certificate; *Quittung:* receipt

bescheißen cheat

beschenken: (*reich*) ~ **give*** *s.o.* (shower *s.o.* with) presents

Bescherung f distribution of (Christmas) presents

beschicht|en coat; **be|schießen** fire *od.* shoot* at; bombard (*a. phys.*); **beschimpfen** abuse, insult;

~**schissen** lousy, rotten

Beschlag m metal fitting(s *pl*); *in* ~ **nehmen** occupy; *j-n:* monopolize; **2en** v/t cover; *tech.* fit, mount; *Pferd:* shoe; *v/i Glas:* steam up; *adj* steamed-up; *fig.* well-versed; ~**nahme** f confiscation; **2nahmen** confiscate

beschleunig|en accelerate, speed* up; **2ung** f acceleration

beschl|ießen decide (on); *Gesetz:* pass; *beenden:* conclude; **2uß** m decision

be|schmieren smear, soil; *Wand:* cover with graffiti; ~**schmutzen** soil, dirty; ~**schneiden** clip, cut* (*a. fig.*); *Baum:* prune; *med.* circumcise; ~**schönigen** gloss over

beschränk|en limit, restrict; *sich* ~ *auf* confine o.s. to; **2ung** f limitation, restriction

beschreib|en describe; *Papier:* write* on; **2ung** f description; account

beschrift|en inscribe; mark; **2ung** f inscription

beschuldig|en: *j-n e-r Sache* ~ accuse s.o. of (doing) s.th., charge s.o. with s.th.; **2ung** f accusation, charge

beschützen protect

Beschwer|de f complaint; **2en** weight *s.th.*; *sich* ~ complain (*über* about, of; *bei* to)

be|schwichtigen appease, calm; ~**schwingt** buoyant; *mus.* lively; ~**schwipst** tipsy;

~schwören et.: swear* to; j-n: implore; Geister: conjure up; **~seitigen** remove

Besen m broom

besessen obsessed (von by)

besetz|en occupy (a. mil.); Stelle: fill; thea. cast*; Kleid: trim; Haus: squat in; **~t** occupied; Platz: taken; teleph. engaged, Am. busy; **2tzeichen** n engaged tone, Am. busy signal; **2ung** f thea. cast; mil. etc. occupation

besichtig|en visit, see*; prüfend: inspect; **2ung** f sightseeing; visit (to); inspection

besied|eln settle; bevölkern: populate; **~elt: dicht** ~ densely populated; **2lung** f settlement

besiegen defeat, beat*

Besinnung f consciousness; **zur ~ kommen** come* to one's senses; **2slos** unconscious

Besitz m possession; Eigentum: property; **2en** possess, own; **~er(in)** owner

besohlen (neu: re)sole

Besoldung f pay; salary

besonder|e special, particular; **2heit** f peculiarity; **~s** especially; hauptsächlich: chiefly, mainly

besonnen prudent, calm

besorg|en get*, buy*; → erledigen; **2nis** f concern, alarm, anxiety; **~niserregend** alarming; **~t** worried, concerned; **2ung** f: **~en ma-**

chen go* shopping

besprech|en discuss, talk s.th. over; Buch etc.: review; **2ung** f discussion; meeting, conference; review

besser better; **~gehen: es geht ihm** ~ he is better; **~n: sich** ~ get* better, improve; **ich werde mich** ~ I'll try harder; **2ung** f improvement; **gute** ~! get better soon!

Bestand m (continued) existence; Vorrat: stock; **~ haben** (be*) last(ing)

beständig constant, steady; Wetter: settled

Bestandteil m part, component; Zutat: ingredient

bestärken j-n: encourage

bestätig|en confirm; bescheinigen: certify; Empfang: acknowledge; **sich** ~ prove (to be) true; **2ung** f confirmation; certificate; acknowledg(e)ment; psych. affirmation

beste best; **am ~n** best; **es ist das ~, wir** it would be best to inf; **der (die, das) 2** the best

bestech|en bribe; **~lich** corrupt; **2ung** f bribery

Besteck n knife, fork and spoon; **~e** (pl) cutlery

bestehen v/t Prüfung: pass; v/i exist, be*; ~ **auf** insist on; ~ **aus** (in) consist of (in); **~bleiben** last, survive

be|stehlen steal* s.o.'s money etc.; **~steigen** get*

on (*Fahrzeug: a.* into); *Berg:* climb; *Thron:* ascend

bestell|en order; *Zimmer etc.:* book; *vor~:* reserve; *j-n:* ask (*stärker:* tell*) to come; *Gruß:* give*, send*; *Boden:* cultivate; **kann ich et. ~?** can I take a message?; **~ Sie ihm ...** tell him ...; **2nummer** *f* order number; **2schein** *m* order form; **2ung** *f* order; booking; reservation

Bestie *f* beast; *fig. a.* brute

bestimm|en determine, decide; *Begriff:* define; *auswählen:* choose*, pick; **~ über** have* at one's disposal; **zu ~ haben** be* in charge, F be* the boss; *bestimmt für* meant for; *~t adj* certain; *besondere:* special; *festgelegt:* fixed; *energisch:* firm; *gr.* definite; *adv* certainly; *ganz ~* definitely; *er ist ~ ...* he must be ...; **2ung** *f* regulation; *Zweck:* purpose; **2ungsort** *m* destination

bestraf|en punish; **2ung** *f* punishment

bestrahlen irradiate

Bestreb|en *n,* **~ung** *f* effort

be|streichen spread*; **~streiten** deny

bestürz|t dismayed; *consternation;* **2ung** *f* consternation, dismay

Besuch *m* visit; *Teilnahme:* attendance; **~ haben** have* company *od.* guests; **2en** visit; *kurz:* call on; *Schule, Veranstaltung etc.:* attend;

~er(in) visitor, guest; **~szeit** *f* visiting hours *pl*

be|tasten touch, feel*; **~tätigen** *tech.* operate; *Bremse:* apply; *sich ~* be* active

betäub|en stun (*a. fig.*), daze; *med.* an(a)esthetize; **2ung** *f* *med.* an(a)esthetization; *Zustand:* an(a)esthesia; *fig.* stupefaction; **2ungsmittel** *n* an(a)esthetic; *Droge:* narcotic

Bete *f:* *Rote~* beet(root *Brt.*)

beteilig|en give* *s.o.* a share (*an* in); *sich ~* (*an*) take* part (in), participate (in); **~t** concerned; **~t sein an** be* involved in; *econ.* have* a share in; **2ung** *f* participation; share

beten (say* one's) pray(ers)

beteuern protest

Beton *m* concrete

beton|en stress; *fig. a.* emphasize; **2ung** *f* stress; *fig.* emphasis

Be|tracht: *in ~ ziehen* take* into consideration; ~ *ziehen Frage:* consider; **~trachten** look at; **~ als** look upon *od.* regard as; **2trächtlich** considerable

Betrag *m* amount, sum; **2en** amount to; *sich ~* behave (*o.s.*); **~en** *n* behavio(u)r, conduct

betreffen concern; *betrifft* (*Betr.*) re; **was ... betrifft** as for, as to; **2end** concerning; *die* **2en ...** the ... concerned

be|treten *v/t* step on; *eintreten:* enter; **2** (*des Rasens*) *verboten!* keep out (off the grass)!; *adj* embarrassed; **~treuen** look after

Betrieb *m* business, firm; *tech.* operation; *außer ~* out of order; *es war viel ~ in ...* the ... was very busy

Betriebs|ferien *pl* company holiday *sg*; **~leitung** *f* management; **~rat** *m* works council; **~unfall** *m* industrial accident; **~wirtschaft** *f* business administration

be|trinken: *sich ~* get* drunk; **~troffen** affected; → **bestürzt**

Be|trug *m* cheating; *jur.* fraud; **2trügen** cheat (*Partner:* on s.o.; *j-n um* s.o. out of); **~trüger(in)** swindler, trickster

betrunken, **2e(r)** drunk

Bett *n* bed; *ins ~ gehen* (*bringen*) go* (put*) to bed; **~decke** *f* blanket; quilt

betteln beg (*um* for)

Bett|gestell *n* bedstead; **2lägerig** bedridden; **~laken** *n* sheet

Bettler(in) beggar

Bett|ruhe *f:* **~ verordnen** order to stay in bed; **~vorleger** *m* bedside rug; **~wäsche** *f* bed linen; **~zeug** *n* bedding, bedclothes *pl*

beugen bend* (*a. sich ~*; *dat* to); *gr.* inflect

Beule *f* bump; *Auto:* dent

be|unruhigen disturb, alarm; **~urlauben** give* s.o.

leave *od.* time off; *vom Amt:* suspend; **~urlaubt** on leave; **~urteilen** judge

Beuschel *n östr.* lung(s *pl*)

Beute *f* loot; **~tier:** prey (*a. fig.*); *Opfer:* victim

Beutel *m* bag; *zo., Tabaks2:* pouch

bevölker|n populate; **2t →** **besiedelt**; **2ung** *f* population

bevollmächtig|en authorize; **2te(r)** authorized person

bevor before; **~munden** patronize; **~stehen** be* approaching, be* near (*Gefahr:* imminent); *j-m ~* await s.o.; **~zugen** prefer; **~zugt** privileged

bewach|en guard; **2er** *m*, **2ung** *f* guard

bewaffn|en arm; **2ung** *f* armament; *Waffen:* arms *pl*

bewahren keep*; **~ vor** preserve *od.* save from

bewähr|en: *sich ~* prove successful; *sich ~ als* prove to be; **~t (well-)tried, reliable; *Person:* experienced; **2ung** *f* probation (*a. Frist*)

be|waldet wooded, woody; **~wältigen** master, manage; **~wandert** (well-)versed

bewässer|n *Land etc.:* irrigate; **2ung** *f* irrigation

beweg|en: (*sich*) ~ move, stir; *j-n ~ zu* get* s.o. to do s.th.; **~grund** *m* motive; **~lich** movable; *Teile:* moving; *flink:* agile; *flexibel:*

flexible; **2lichkeit** f mobility; **~t** Meer: rough; Leben: eventful; fig. moved, touched; **2ung** f movement (a. pol.); motion (a. phys.); körperliche: exercise; **in ~ setzen** set* in motion; **~ungslos** motionless

Beweis m proof (für of); **2en** prove*; **~mittel** n, **~stück** n (piece of) evidence

bewerb|en: sich ~ um apply for; pol. → **kandidieren**; **2er(in)** applicant; Sport: competitor; **2ung** f (Schreiben: letter of) application

be|werten rate, judge; econ. value; **~willigen** grant, allow; **~wirken** cause, bring* about

bewirt|en entertain; **~schaften** manage, run*; agr. farm; **2ung** f entertaining; Lokal: service; **freundliche ~** kind hospitality

bewohn|en inhabit, live in; **~t** Haus: occupied; **2er(in)** inhabitant; occupant

bewölk|en: sich ~ cloud over (a. fig.); **~t** cloudy, overcast; **2ung** f clouds pl

Bewunder|er m admirer; **2n** admire (**wegen** for); **2nswert** admirable

bewußt conscious; **sich gen ~ sein** be* aware od. conscious of; **~los** unconscious; **~machen** make* s.o. aware of s.th.; **2sein** n consciousness; **bei ~** conscious

bezahl|en Summe, j-n: pay*; Ware etc.: pay* for (a. fig.); **2ung** f payment; Lohn: pay

bezaubernd charming

bezeichn|en: ~ als call, describe as; **~end** characteristic; **2ung** f name

bezeugen testify to

bezieh|en cover; Bett: change; Haus etc.: move into; erhalten: receive; Zeitung: subscribe to; **~ auf** relate to; **sich ~ Himmel:** cloud over; **sich ~ auf** refer to; **2ung** f relation (**zu** to s.th.; with s.o.); Verwandtschaft, Zweier2: relationship; Hinsicht: respect; **~en haben** have* connections, know* the right people; **~ungsweise** respectively; oder (vielmehr): or (rather)

Bezirk m district

Be|zug m cover(ing); case, slip; econ. purchase; Zeitung: subscription (to); **Bezüge** pl earnings pl; **~ nehmen auf** refer to; **in 2 auf =** **2züglich** regarding, concerning

be|zwecken aim at, intend; **~zweifeln** doubt

Bibel f Bible

Biber m beaver

Bibliothek f library; **~ar(in)** librarian

biblisch biblical

bieder contp. square

bieg|en bend* (a. sich ~); **~**

bitter

um (*in*) turn (a)round (into); **~sam** flexible; **2ung** *f* curve

Biene *f* bee; **~nkorb** *m*, **~nstock** *m* (bee)hive

Bier *n* beer; **~deckel** *m* coaster, *Brt. a.* beer mat; **~krug** *m* beer mug

Biest *n* F beast

bieten offer; *Auktion:* bid*; **sich ~** present itself; **sich ~ lassen** put* up with *s.th.*

Bilanz *f* balance; *fig.* result

Bild *n* picture; *sprachliches:* image; *fig.* idea

bilden form (*a.* **sich ~**); *fig.* educate (**sich** o.s.)

Bild|erbuch *n* picture book; **~hauer(in)** sculptor; **2lich** *fig.* figurative; **~platte** *f* videodis|c, *Am.* -k; **~röhre** *f* picture tube

Bildschirm *m* TV screen; *EDV a.* display, monitor; *Gerät:* VDT, video display terminal; **~arbeitsplatz** *m* workstation; **~text** *m* Brt. TV viewdata; *Am. EDV* videotex(t)

Bildung *f* education; *von et.:* formation; **~s...** educational

Billard *n* billiards *sg*

billig cheap, inexpensive; **~en** approve of

Billion *f* trillion

Binde *f* bandage; (arm-)sling; → *Damenbinde*; **~glied** *n* (connecting) link; **~haut** *f* conjunctiva; **~hautzündung** *f* conjunctivitis; **2n**

bind* (*fig.* **sich** o.s.); tie; *Krawatte:* knot; **2nd** binding; **~strich** *m* hyphen

Bindfaden *m* string

Bindung *f* fig. tie, link, bond; *Ski:* binding

Binnen|... inland ...; **~markt** *m der EG:* single market

Bio..., 2... Chemie, dynamisch *etc.:* bio

Biographie *f* biography

Bio|laden *m* health food shop; **~logie** *f* biology; **2logisch** biological; *agr.* organic

Birke *f* birch(-tree)

Birne *f* pear; *electr.* bulb

bis *zeitlich:* till, until, (up) to; *räumlich:* (up) to, as far as; **von ... ~** from ... to; **~ auf** except, but; **~ jetzt** up to now, so far; **zwei ~ drei** two or three

Bischof *m* bishop

bisher up to now, so far

Biß *m* bite (*a. fig.*)

bißchen: ein ~ a little, a (little) bit (of)

Bissen *m* bite

bissig *fig.* cutting; **ein ~er Hund** a dog that bites; *Vorsicht, ~er Hund!* beware of the dog!

Bitte *f* request (**um** for)

bitte please; *als Antwort:* that's all right, not at all; *beim Bedienen etc.:* here you are; **(wie) ~?** pardon?

bitten ask (**um** for)

bitter bitter

bläh|en swell* (a. sich ~);
  ⚬ungen pl flatulence sg

Blam|age f disgrace; **⚬ieren**
  make* s.o. look like a fool;
  sich ~ make* a fool of o.s.

blank shining, shiny; F broke;
  ⚬o... blank ...

Bläschen n bubble; med.
  small blister

Blase f bubble; anat. bladder; med. blister

blas|en blow*; **⚬instrument**
  n wind instrument; **⚬kapelle**
  f brass band

blaß pale (vor with); ~ **werden** turn od. go* pale

Blässe f paleness, pallor

Blatt n leaf; Papier⚬: sheet;
  Säge: blade; Karten: hand;
  (news)paper

blättern: ~ **in** leaf through

Blätterteig m puff pastry

blau blue; F tight; **⚬er Fleck**
  bruise; **⚬es Auge** black eye;
  Fahrt ins ⚬e unplanned pleasure trip; organisiert: mystery tour; **⚬beere** f bilberry,
  Am. blueberry

bläulich bluish

Blausäure f prussic acid

Blech n sheet metal; **⚬dose** f
  (tin) can, Brt. a. tin; **⚬schaden** m mot. dent(s pl)

Blei n lead

bleiben stay, remain; ~ **bei**
  stick* to; ~ **Apparat** etc.: **⚬d**
  lasting; **⚬lassen** leave* s.th.
  alone, not do* s.th.; **laß das
  bleiben!** stop it!

bleich pale (vor with); **⚬en**

bleach; **⚬gesicht** n paleface

blei|ern lead(en fig.); **⚬frei**
  unleaded; **⚬stift** m pencil;
  ⚬stiftspitzer m pencil sharpener

Blende f blind; phot. aperture; (bei) ~ **8** (at) f-8; **⚬n**
  blind, dazzle; **⚬nd** F great

Blick m look; flüchtiger:
  glance; Aussicht: view; **auf
  den ersten** ~ at first sight;
  ⚬en look; **sich ~ lassen**
  show* one's face

blind blind; Spiegel etc.: dull;
  Alarm: false; **⚬er Passagier**
  stowaway

Blinddarm m appendix;
  ⚬entzündung f appendicitis; **⚬operation** f appendectomy

Blind|e m (f) blind (wo)man;
  ⚬enhund m guide dog; **⚬enschrift** f braille; **⚬gänger** m
  dud; **⚬heit** f blindness;
  ⚬lings blindly; **⚬schleiche** f
  blindworm

blinken sparkle, shine*;
  flash (a signal); mot. indicate, signal; **⚬er** m mot. indicator, Am. turn signal

blinzeln blink (one's eyes)

Blitz m (flash of) lightning;
  ⚬ableiter m lightning conductor; **⚬en** flash; **es blitzt**
  it is lightening; **⚬gerät** n
  flash; **⚬lampe** f flashbulb;
  ⚬licht(aufnahme f) n flash
  (picture); **⚬schlag** m lightning stroke; **⚬schnell** like a
  flash; **⚬würfel** m flashcube

Block *m* block; *pol.* bloc; *Schreib*2: pad; *Auge*: block-ade; **~flöte** *f* recorder; **~haus** *n* log cabin; **2ieren** block; *mot.* lock; **~schrift** *f* block letters *pl*

blöd|(e) silly, stupid; **~eln** fool around; **2sinn** *m* nonsense; **~sinnig** idiotic

blöken bleat

blond blond, fair

bloß *adj* bare; naked; *nichts als:* mere; *adv* only, merely; **~legen** lay* bare; **~stellen** compromise (*sich* o.s.)

blühen bloom; *Baum:* blossom; *fig.* flourish

Blume *f* flower; *Wein:* bouquet; *Bier:* froth; **~händler(in)** florist; *Laden:* florist's; **~nkohl** *m* cauliflower; **~nstrauß** *m* bunch of flowers; bouquet; **~ntopf** *m* flowerpot

Bluse *f* blouse

Blut *n* blood; **2arm** an(a)emic; **~bad** *n* massacre; **~bank** *f* blood bank; **~druck** *m* blood pressure

Blüte *f* flower; bloom; *Baum*2: blossom; *fig.* height, heyday

Blut|**egel** *m* leech; **2en** bleed*

Blütenblatt *n* petal

Blut|**er** *m* h(a)emophiliac; **~erguß** *m* effusion of blood; **~gruppe** *f* blood group; **2ig** bloody; **~kreislauf** *m* (blood) circulation; **~probe**

f blood test; **~spender(in)** blood donor; **2stillend** styptic; **~sverwandte(r)** blood relation; **~transfusion** *f* blood transfusion; **~ung** *f* bleeding, h(a)emorrhage; **~vergießen** *n* bloodshed; **~vergiftung** *f* blood poisoning; **~verlust** *m* loss of blood; **~wurst** *f* black pudding, *Am.* blood sausage

Bö *f* gust, squall

Bock *m* buck (*a. Turnen*); → *Widder, Ziegenbock; sl.* (*ich hab'*) *keinen* ~ I'm not into that; *null* ~ not interested; **2ig** obstinate; sulky; **~wurst** *f* hot sausage

Boden *m* ground; *agr.* soil; *Gefäß, Meer:* bottom; *Fuß*2: floor; *Dach*2: attic; **2los** bottomless; *fig.* incredible; **~schätze** *pl* mineral resources *pl*

Bogen *m* curve, bend; *math.* arc; *arch.* arch; *Ski:* turn; *Papier:* sheet; *Pfeil und* ~ bow and arrow; **~schießen** *n* archery; **~schütze** *m* archer

Bohle *f* plank

Bohne *f* bean; **~nstange** *f* beanpole (*a. f. fig.*)

bohnern polish, wax

bohr|**en** bore, drill; **2er** *m* drill; **2insel** *f* oil rig; **2maschine** *f* (electric) drill; **2turm** *m* derrick

Boje *f* buoy

Bolzen *m* bolt

bombardieren bomb; *fig.*
bombard

Bombe f bomb; **~nangriff** m
air raid; **~nanschlag** m
bombing (**auf** *of*), bomb attack (on); **~r** m bomber

Bon m coupon, voucher

Bonbon m, n sweet, *Am.* candy

Boot n boat; **~ fahren** go*
boating

Bord[1] n shelf

Bord[2] m *mar., aer.:* **an ~** on
board; **über ~** overboard;
von ~ gehen go* ashore;
~karte f boarding pass;
~stein m kerb, *Am.* curb

borgen → **leihen**

Borke f bark

Börse f stock exchange;
~nbericht m market report;
~nkurs m quotation; **~n-
makler(in)** stockbroker

Borst|**e** f bristle; **2ig** bristly

Borte f border; *Besatz:* lace

bösartig vicious; *med.* malignant

Böschung f slope, bank

böse bad, evil; *zornig:* angry,
Am. a. mad; **2** n evil

bos|**haft** malicious; **2heit** f
malice; malicious act *od.* remark

Botani|**k** f botany; **~ker(in)**
botanist; **2sch** botanical

Bot|**e**, **~in** messenger

Botschaft f message; *Amt:*
embassy; **~er(in)** ambassa-
dor

Bowle f cup; *heiße:* punch

box|**en** box; **2en** n boxing;
2er m boxer; **2kampf** m
boxing match, fight

boykottieren boycott

Branche f line (of business),
trade; **~n(telefon)buch** n
yellow pages pl

Brand m fire; **in ~ geraten**
(*stecken*) catch* (set* on)
fire; **2en** surge, break*;
~stifter m arsonist; **~stif-
tung** f arson; **~ung** f surf,
breakers pl; **~wunde** f burn

braten fry; *im Ofen:* roast;
→ **grillen** *etc.*; **2** m roast
(meat); **~stück** f joint; **2ett** n
dripping; **2soße** f gravy

Brat|**fisch** m fried fish; **~huhn**
n roast chicken; **~kartoffeln**
pl fried potatoes pl; **~pfanne**
f frying pan; **~röhre** f oven;
~wurst f grilled sausage

Brauch m custom; **2bar** useful; **2en** need; *Zeit:* take*;
ge~: use; *müssen:* have* to

brau|**en** brew; **2rei** f brewery

braun brown; (*sun*)tanned; **~
werden** get* a tan

Bräun|**e** f (sun)tan; **2en**
brown; *Sonne:* tan

Brause f shower → *Limonade;* **2n** roar; *eilen:* rush

Braut f bride; *Verlobte:* fiancée

Bräutigam m bridegroom;
Verlobter: fiancé

Braut|**jungfer** f bridesmaid;
~kleid n wedding dress;
~paar n bride and (bridegroom; *Verlobte:* engaged
couple

brav good, well-behaved
brech|en break*; ~er.: throw* up, *Brt. a.* be* sick; *med.* vomit; *sich ~ opt.* be* refracted; **2reiz** *m* nausea

Brei *m* pulp, mash; *Kinder2:* pap; **2ig** pulpy, mushy

breit wide; broad (*a. fig.*); **2e** *f* width, breadth; *geogr.* latitude; **2engrad** *m* degree of latitude; **2wand** *f* wide screen

Brems|belag *m* brake lining; ~e *f* brake; *zo.* gadfly; **2en** (put* on the brake(s); slow down; ~kraftverstärker *m* brake booster; ~leuchte *f* stop light; ~pedal *n* brake pedal; ~spur *f* skid marks *pl;* ~weg *m* stopping distance

brenn|bar combustible; (in)flammable; ~en burn*; *wehtun: a.* smart; be* on fire; **2er** *m* burner; **2essel** *f* (stinging) nettle; **2holz** *n* firewood; **2punkt** *m* focus; **2stoff** *m* fuel

Brett *n* board; → *Anschlagbrett*

Brezel *f* pretzel

Brief *m* letter; ~bogen *m* sheet of (note)paper; ~kasten *m* letter-box, *Am.* mailbox; **2lich** by letter; ~marke *f* stamp; ~öffner *m* paper knife, *Am.* letter opener; ~papier *n* stationery; ~tasche *f* wallet; ~träger(in) post(wo)man, *Am.* mailman, mail carrier; ~um-

schlag *m* envelope; ~wechsel *m* correspondence

Brillant *m* (cut) diamond; 2 *adj* brilliant

Brille *f* (pair of) glasses *pl,* spectacles *pl; Schutz2:* goggles *pl;* toilet seat

bringen bring*; *fort~, hin~:* take*; *verursachen:* cause; ~ **zu** get* *s.o.* to do *s.th.,* make* *s.o.* do *s.th.;* **es zu et. (nichts) ~** succeed (fail) in life

Brise *f* breeze

Brit|e, ~in Briton; *die Briten pl* the British *pl;* **2isch** British

bröckeln crumble

Brocken *m* piece; *Klumpen:* lump; ~ *pl Worte:* scraps *pl*

Brombeere *f* blackberry

Bronchitis *f* bronchitis

Bronze *f* bronze

Brosche *f* brooch, *Am. a.* pin

Broschüre *f* booklet

Brot *n* bread; *belegtes:* sandwich; **ein ~** a loaf of bread; ~aufstrich *m* spread

Brötchen *n* roll

Bruch *m* break (*a. fig.*), breakage; *med.* hernia; *Knochen2:* fracture; *math.* fraction; *geol.* fault; *Nichteinhalten:* breach; *jur.* violation

brüchig brittle; cracked

Bruch|landung *f* crash landing; ~rechnung *f* fractions *pl;* ~stück *n* fragment; ~teil *m* fraction

Brücke f bridge; *Teppich*: rug; **~npfeiler** m pier

Bruder m brother (a. eccl.)

brüderlich brotherly; **2keit** f brotherhood

Brühe f broth; clear soup; F slop(s pl)

brüllen roar; *Stier*: bellow

brumm|en growl; *Insekt*: hum, buzz (a. *Motor* etc.); **~ig** grumpy

brünett dark(-haired)

Brunnen m well; *Quelle*: spring; *Spring2*: fountain

Brunst f rutting season

Brust f chest; *weibliche* ~: breast(s pl); bosom

brüsten: *sich* ~ (*mit*) boast od. brag (about, of)

Brust|korb m chest; anat. thorax; **~schwimmen** n breaststroke

Brüstung f parapet

Brustwarze f nipple

Brut f brood (a. fig.), hatch

brutal brutal; **2ität** f brutality

brüten brood, sit* (on eggs); ~ *über* brood over

brutto gross (a. in Zssgn)

Bube m *in Karten*: knave, jack

Buch n book; *Dreh2*: script

Buche f beech

buchen book; econ. enter

Bücher|ei f library; **~regal** n bookshelf; **~schrank** m bookcase

Buch|fink m chaffinch; **~halter(in)** bookkeeper; **~haltung** f bookkeeping; **~händler(in)** f bookseller; **~hand-**

lung f bookshop, Am. bookstore

Büchse f box, case; *Blech2*: can, Brt. a. tin; *Gewehr*: rifle; **~nfleisch** n canned (Brt. a. tinned) meat; **~nöffner** m tin (Am. can) opener

Buchstabe m letter; **2abieren** spell*; **2äblich** literally

Bucht f bay; *kleine*: creek

Buchung f booking; econ. entry

Buckel m hump; contp. hunchback

bücken: *sich* ~ bend* (down)

bucklig hunchbacked; **2e(r)** hunchback

Bude f stall, booth; F pad; contp. dump, hole

Büfett n sideboard; bar, counter; *kaltes* (*warmes*) ~ cold (hot) buffet (meal)

Büffel m buffalo; **2n** cram

Bug m mar. bow; aer. nose

Bügel m hanger; *Brillen2* etc.: bow; **~brett** n ironing board; **~eisen** n iron; **~falte** f crease; **2frei** no(n)-iron; **2n** iron, press

Bühne f stage; fig. a. scene; **~nbild** n (stage) set(ting)

Bullauge n porthole

Bulle m bull; F fig. cop(per)

Bummel m stroll, saunter; *trödeln*: dawdle; **~streik** m go-slow, Am. slowdown; **~zug** m slow train

bumsen F bang (a. V)

Bund¹ m union, federation; *Hosen2* etc.: (waist)band

Bund² n, **Bündel** n, 2n bundle
Bundes|... Federal ...; **~ge-
nosse** m ally; **~kanzler(in)**
Federal Chancellor; **~land** n
state, Land; **~liga** f First Division; **~republik** f Federal
Republic; **~staat** m confederation; **~tag** m (Lower
House of) German Parlia-
ment; **~wehr** f German
Federal Armed Forces pl
Bündnis n alliance
Bunker m air-raid shelter
bunt (multi)colo(u)red; col-
o(u)rful (a. fig.); fig. varied;
2**stift** m colo(u)red pencil,
crayon
Burg f castle
Bürge m guarantor; für Ein-
wanderer: sponsor; 2n: ~ für
stand* surety for; sponsor
s.o.; guarantee s.th.
Bürger(in) citizen; **~krieg** m
civil war; 2**lich** civil; mid-
dle-class; contp. bourgeois;
~meister(in) mayor; **~rech-**
te pl civil rights pl; **~steig** m
pavement, Am. sidewalk
Büro n office; **~angestell-
te(r)** clerk; **~klammer** f (paper) clip; **~kratie** f bureauc-
racy
Bursche m fellow, guy
Bürste f, 2n brush
Bus m bus; Reise2: a. coach
Busch m bush, shrub
Büschel n tuft, bunch
buschig bushy
Busen m bosom, breasts pl
Bushaltestelle f bus stop
Bussard m buzzard
Buße f penance (tun do*);
Geld2: fine
büßen pay* od. suffer for
s.th.; eccl. repent
Bußgeld n fine, penalty
Büste f bust; **~nhalter** m
bra
Butter f butter; **~blume** f but-
tercup; **~brot** n (slice of)
bread and butter; **~milch** f
buttermilk

C

Café n café, coffee-house
Camping n camping; **~bus** m
camper; **~platz** m campsite,
Am. campground
Catcher(in) (all-in) wrestler
CD-Spieler m compact disc
(Am.-k) player
Cello n (violon)cello
Celsius: 5 Grad ~ (abbr. 5°C)
five degrees centigrade od.
Celsius
Champagner m champagne
Champignon m (field)
mushroom
Chance f chance
Chao|s n chaos; 2**tisch** cha-
otic
Charakter m character; 2**isie-
ren** characterize; 2**istisch**
characteristic; **~zug** m trait

charm|ant charming; **2e** m charm

Charter... charter ...

Chauffeur m chauffeur

Chauvi m male chauvinist (pig)

Chef m boss; head; **~arzt, ~ärztin** senior consultant, Am. medical director; **~in** f → **Chef**

Chem|ie f chemistry; **~ikalien** pl chemicals pl; **~iker(in)** chemist; **2isch** chemical; **~otherapie** f chemotherapy

Chiffre f code, cipher; Anzeige: box (number)

Chines|e, ~in, 2isch Chinese

Chinin n quinine

Chip m chip; **~s** pl crisps pl, Am. chips pl

Chirurg m surgeon; **~ie** f surgery; **~in** f surgeon; **2isch** surgical

Chlor n chlorine

Chole|ra f cholera; **~sterin** n cholesterol

Chor m choir (a. arch.); **im ~** in chorus

Christ m Christian; **~entum** n Christianity; **~in** f Christian; **~kind** n Infant Jesus; **2lich** Christian

Chrom n chrome

Chron|ik f chronicle; **2isch** chronic; **2ologisch** chronological

Computer m computer

Conférencier m compère, Am. master of ceremonies

Corner m östr. corner (kick)

Couch f couch

Coupé n coupé; **~on** m voucher, coupon

Cousin m, **~e** cousin

Creme f cream

D

da adv there; here; zeitlich: then; cj as, since, because

dabei mit enthalten: included, with it; gleichzeitig: at the same time; **es ~ lassen** leave* it at that; **es ist nichts ~** there's no harm in it; **es bleibt ~** that's final; **~bleiben** stick* to it; **~sein** be* present od. there; **~, et. zu tun** be* doing s.th.

dableiben stay

Dach n roof; **~boden** m attic;

~decker(in) roofer; **~gepäckträger** m roof(-top luggage Am.) rack; **~kammer** f garret; **~rinne** f gutter

Dachs m badger

Dachziegel m tile

Dackel m dachshund

dadurch dies od. that way; deshalb: for this reason, so; **~, daß** by doing s.th.; **dafür** for it od. that; anstatt: instead; in return, in exchange; **~ sein** be* in favo(u)r of it; **er kann nichts ~** it's not his fault

dagegen against it; *jedoch:* however, on the other hand; **haben Sie an ~ (, daß)?** do you mind (if)?; **ich habe nichts ~** I don't mind

daheim at home

daher from there; *bei Verben der Bewegung:* ... along; *deshalb:* that is why

dahin there, to that place; *bei Verben der Bewegung:* ... along; *bis ~* till then; up to there; **~ten** back there

dahinter behind it; **~kommen** find* out (about it); **~stecken** be* behind it

dalassen leave* behind

damal|ig, ~s then, at that time

Dame *f* lady; *Tanz:* partner; *Karte, Schach:* queen; *Spiel:* draughts, *Am.* checkers

Damen|binde *f* sanitary towel (*Am.* napkin); **2haft** ladylike; **~wahl** *f* ladies' choice

damit *adv* with it; *was meinst du ~?* what do you mean by that?; *cj* so that

Damm *m* → **Staudamm** etc.

dämmer|ig dim; **~n** dawn (*a.* F *j-m* on s.o.); get* dark; **2ung** *f* dusk; *Morgen:* dawn

Dampf *m* steam, vapo(u)r; **2en** steam

dämpfen soften; *Schall:* deaden, muffle; *Stoff, Speisen:* steam; *fig.* dampen; subdue

Dampf|er *m* steamer; **~kochtopf** *m* pressure cooker; **~maschine** *f* steam engine

danach after it; *später:* afterwards; *entsprechend:* according to it; *suchen etc.:* for it; *fragen:* about it

Däne *m* Dane

daneben next to it, beside it; *außerdem:* besides, at the same time; *am Ziel vorbei:* beside the mark; *~!* missed (it)!

Dän|in *f* Dane; **2isch** Danish

Dank *m* (**schönen** many) thanks *pl; Gott sei ~!* thank God!; **2** *prp* thanks to; **2bar** grateful; *lohnend:* rewarding; **~barkeit** *f* gratitude; **2e: ~ (schön)** thank you (very much); **2en** thank; *nichts zu ~* not at all

dann then; *~ und wann* (every) now and then

daran on it; *sterben, denken:* of it; *glauben:* in it; *leiden:* from it

darauf on (top of) it; *zeitlich:* after (that); *am Tag ~* the day after; → **ankommen**, **~hin** as a result, then

daraus from it; *was ist ~ geworden?* what has become of it?

darin in it *od.* that; *gut ~ sein* be* good at it

Darlehen *n* loan

Darm *m* bowel(s *pl*), intestine(s *pl*), gut(s *pl*); *Wurst:* skin

darstell|en show*; *theat.* play; *schildern:* describe; 2er(in) ac|tor (-tress); 2ung *f* representation

darüber over *od.* above it; *quer:* across it; *davon:* about it; ~ **hinaus** in addition

darum (a)round it; *deshalb:* therefore, that's why; *bitten:* for it

darunter under *od.* below it; *dazwischen:* among them; *weniger:* less; **was verstehst du ~?** what do you understand by it?

das → *der*

dasein be* there; exist; *noch* ~ **be*** left

Dasein *n* life, existence

daß that; *damit:* so (that); *ohne* ~ without *ger*

dastehen stand* there

Datei *f* EDV file; ~**verwaltung** *f* file management

Daten *pl* data (*EDV a. sg*), facts *pl*; *persönliche:* a. particulars *pl*; ~**bank** *f* database; ~**fluß** *m* data flow; ~**schutz** *m* data protection; ~**träger** *m* data storage medium; ~**verarbeitung** *f* data processing

datieren date

Dativ *m* dative (case)

Dattel *f* date

Datum *n* date

Dauer *f* duration; *für die* ~ *von* for a period of; *auf die* ~ in the long run; *von* ~ *sein* last; 2**haft** lasting; *Stoff etc.:*

durable; ~**karte** *f* season ticket; ~**lauf** *m* jog(ging); 2n last, take*; 2nd continual(ly); ~ *et. tun* keep* (on) doing s.th.; ~**welle** *f* perm(anent *Am.*)

Daumen *m* thumb

Daune *f* down; ~**ndecke** *f* eiderdown (quilt)

davon (away) from it; *dadurch:* by it; *darüber:* about it; *fort:* away; *in Zssgn mst* off; *von et.:* of it; *das kommt ~!* there you are!; ~**kommen** get* away with

davor before it; in front of it; *sich fürchten etc.:* of it

dazu *Zweck:* for it; *trinken etc.:* with it; *außerdem:* in addition; ~ **kommen** (, **es zu tun**) get* around to (doing) it; ~**gehören** belong to it, be* part of it; ~**kommen** join s.o.; *et.:* be* added

dazwischen between (them); *zeitlich:* (in) between; *darunter:* among them; ~**kommen: wenn et. dazwischenkommt** if s.th. unexpected happens *od.* holds s.o. up

Debatte *f* debate

Deck *n* deck

Decke *f* blanket; *Zimmer:* ceiling; tablecloth; ~**l** *m* lid, top; 2n cover; *sich* ~ coincide; → *Tisch*

Deckung *f* cover

defekt defective, faulty; out of order; 2 *m* defect, fault

defi|nieren define; 2**nition** *f*

definition; **2zit** *n* deficit; *Mangel:* deficiency

Degen *m* sword; *Fechten:* épée

dehn|bar elastic (*a. fig.*); **~en** stretch (*a. fig.*)

Deich *m* dike

Deichsel *f* pole, shaft(s *pl*)

dein your; **~er, ~e, ~(e)s** yours; **~etwegen** for your sake; *wegen dir:* because of you

Dekan *m* dean

Deklin|ation *f gr.* declension; **2ieren** *gr.* decline

Dekor|ateur(in) decorator; window dresser; **~ation** *f* (window) display; *thea.* scenery; **2ieren** decorate; *Fenster etc.:* dress

delikat delicious; *fig.* ticklish; **2esse** *f* delicacy; **2essengeschäft** *n* delicatessen *sg*

Delle *f* dent

Delphin *m* dolphin

dementieren deny

dem|entsprechend accordingly; **~nach** therefore; **~nächst** shortly

Demokrat|(in) democrat; **~ie** *f* democracy; **2isch** democratic

demolieren demolish

Demonstr|ant(in) demonstrator; **~ation** *f* demonstration; **2ieren** demonstrate

demontieren dismantle

De|mut *f* humility; **2mütig** humble; **2mütigen** humiliate; **~mütigung** *f* humiliation

denk|bar conceivable; **~en** think* (*an, über* of, about); **daran ~** (*zu*) remember (to); *das kann ich mir ~* I can imagine; **2mal** *n* monument; *Ehrenmal:* memorial; **2zettel** *m fig.* lesson

denn for, because; *es sei ~, daß* unless, except; **~noch** yet, nevertheless

Denunz|iant(in) informer; **2ieren** inform against

Deodorant *n* deodorant

Deponie *f* dump; **2ren** deposit

Depr|ession *f* depression; **2imieren** depress

der, die, das the; **dem** *pron* that, this; he, she, it; **die** *pl* these, those, they; *rel pron* who, which, that

derart so (much), like that; **~ig** such (as this)

derb coarse; tough, sturdy

dergleichen: *und ~* and the like; *nichts ~* nothing of the kind

der-, die-, dasjenige he, she, that; *diejenigen pl* those

dermaßen → **derart**

der-, die-, dasselbe the same; he, she, it

desertieren desert

deshalb therefore, that is why, so

Desin|fektionsmittel *n* disinfectant; **2fizieren** disinfect

Dessert *n* dessert

destillieren distil(l)

desto → **je**

deswegen → **deshalb**
Detail n detail
Detektiv(in) detective
deuten interpret; *Sterne, Traum*: read*; ~ **auf** point at
deutlich clear, distinct
deutsch German (**auf** in); 2e(r) German
Devise f motto; ~n pl foreign currency sg
Dezember m December
dezent discreet
Dezimal... decimal ...
Dia n slide
Diagnose f diagnosis
diagonal diagonal
Dialekt m dialect
Dialog m dialog(ue)
Diamant m diamond
Diät f (**auf** on a) diet
dich you; ~ (**selbst**) yourself
dicht dense, thick; ~ **an** od. **bei** close to
dichten compose, write* (poetry); 2r(in) poet(ess); writer
Dichtung f poetry; (poetic) work; *tech.* seal(ing)
dick thick; *Person*: fat; ~ **machen** be* fattening; 2icht n thicket; ~köpfig stubborn; 2milch f curd(s pl)
Dieb|(in) thief; ~stahl m theft, *jur. mst* larceny
Diele f board, plank; *Vorraum*: hall, *Am. a.* hallway
dien|en serve (*j-m* s.o.); ~er m servant; 2erin f maid; 2st m service; *Arbeit*: work; ~ **haben** be* on duty; **im**

(**außer**) ~ on (off) duty
Dienstag m Tuesday
Dienst|grad m grade, rank; ~**leistung** f service; 2**lich** official; ~**mädchen** n maid, help; ~**stunden** pl office hours pl; 2**tuend** on duty
dies, ~er, ~e, ~es this (one); ~e pl these
diesig hazy, misty
dies|jährig this year's; ~**mal** this time; ~**seits** on this side of
Dietrich m picklock
Differenz f difference
Digital... digital ...
Dikt|at n dictation; ~**ator** m dictator; ~**atur** f dictatorship; 2**ieren** dictate; ~**iergerät** n Dictaphone
Ding n thing; **vor allen ~en** above all; ~**s(bums)**, ~**sda** n thingamajig
Diphtherie f diphtheria
Diplom n diploma
Diplomat|(in) diplomat; ~**ie** f diplomacy; 2**isch** diplomatic (*a. fig.*)
dir (to) you; ~ (**selbst**) yourself
direkt direct; *TV* live; ~ **neben** etc. right next to etc.; 2**ion** f management; 2**or(in)** director, manager; *Schule*: head|master (-mistress), principal; 2**übertragung** f live broadcast
Dirig|ent(in) f conductor; 2**ieren** mus. conduct; direct
Diskette f diskette; ~**nlaufwerk** n disk drive

Diskont m discount

Disko(thek) f disco(thèque)

dis|kret discreet; **2kretion** f discretion; **~kriminieren** discriminate against; **2kriminierung** f discrimination; **2kussion** f discussion; **2-kuswerfen** m discus throwing; **~kutieren** discuss; **~qualifizieren** disqualify

Distanz f distance (a. fig.); **2ieren: sich ~ von** distance o.s. from

Distel f thistle

Disziplin f discipline; Sport: event; **2iert** disciplined

divi|dieren divide (**durch** by); **2sion** f division

DNS f chem. DNA

doch but, however, yet; → trotzdem; also ~ (noch) after all; setz dich ~! do sit down!; das stimmt nicht! – ~! that's not true! - yes, it is!

Docht m wick

Dock n dock

Dogge f (jack)daw

dogmatisch dogmatic

Dohle f (jack)daw

Doktor m doctor ('s degree)

Dokument n document; **~arfilm** m documentary

Dolch m dagger

dolmetsch|en interpret; **2er(in)** interpreter

Dom m cathedral

Dompteur, **~se** (animal) tamer od. trainer

Donner m, **2n** thunder; **~stag** m Thursday

doof dumb, stupid

Doppel n duplicate; Sport: doubles pl; **~...** Bett, Zimmer etc.: double ...; **~decker** m aer. biplane; Bus: double-decker; **~gänger(in)** double; **~punkt** m colon; **~stecker** m two-way adapter; **2t** adj double; **~ so viel** twice as much

Dorf n village

Dorn m thorn (a. fig.); Schnalle: tongue; **2ig** thorny

Dorsch m cod(fish)

dort (over) there; **~her** from there; **~hin** there

Dose f can, Brt. a. tin; **~nöffner** m tin (Am. can) opener

Dosis f dose (a. fig.)

Dotter m, n yolk

Dozent(in) lecturer

Drache m dragon; **~n** m kite; Sport: hang glider; **e-n ~ steigen lassen** fly*a kite; **~nfliegen** n hang gliding

Draht m wire; **2los** wireless; **~seilbahn** f cableway

Drama n drama; **~tiker(in)** dramatist, playwright; **2-tisch** dramatic

dran F → daran; **ich bin ~** it's my turn

Drang m urge, drive

dräng|en push, shove; **~ zu** pester s.o. to do s.th.; **~en** push, shove; zu et.: press, urge; Zeit: be*pressing; **sich ~** press; durch et.: force one's way

drankommen have* one's

turn; **als erster ~ be*** first

drauf F → **darauf; ~ und dran sein zu** be* just about to *do s.th.*

draußen outside; outdoors

Dreck m F dirt; filth; *fig.* a. trash; 2ig dirty; filthy

dreh|bar revolving, rotating; 2buch n script; ~en turn; Film: shoot*; sich ~ turn; schnell: spin*; Zigarette: roll; sich ~ um fig. be* about; 2er(in) turner; 2stuhl m swivel chair; 2tür f revolving door; 2ung f turn; rotation; 2zahlmesser m rev(olution) counter

drei three; 2 f Note: fair, C; 2eck n triangle; ~eckig triangular; ~fach threefold, triple; 2rad n tricycle; 2Big thirty; 2Bigste thirtieth; ~zehn(te) thirteen(th)

dreschen thresh; F thrash

dressieren train

Drillinge pl triplets pl

drin F → **darin; das ist nicht ~!** no way!

dringen: ~ auf insist on; ~ aus escape (Töne: come*) from; ~ durch (in) penetrate (into); ~d urgent, pressing; Verdacht: strong

drinnen inside; indoors

dritte third; ~ Welt Third World; 2l n third; ~ns thirdly

Drog|e f drug; 2enabhängig drug-addicted; ~erie f chemist's, Am. drugstore;

~ist(in) chemist, Am. druggist

drohen threaten, menace

dröhnen roar; resound

Drohung f threat, menace

drollig funny, droll

Dromedar n dromedary

Droschke f carriage

Drossel f thrush; 2n tech. throttle (a. fig.)

drüben over there

Druck m pressure; print. print(ing); ~buchstabe m block letter; 2en print

drücken v/t press; Knopf: a. push; fig. Preis etc.: bring* down; sich ~ vor shirk (doing) s.th.; v/i Schuh: pinch; ~d oppressive

Druck|er m printer (a. EDV); ~erei f printing office, Am. print shop; ~knopf m press-stud, Am. snap fastener; electr. push button; ~sache f printed matter; ~schrift f block letters pl

Drüse f gland

Dschungel m jungle

du you

Dübel m, 2n dowel

ducken: sich ~ crouch

Dudelsack m bagpipes pl

Du|ell n duel; ~ett n duet

Duft m scent, fragrance, smell; 2en smell* (nach of); 2end fragrant; 2ig filmy, gauzy

duld|en tolerate, put* up with; ~sam tolerant

dumm stupid; 2heit f stupidity; stupid od. foolish thing; 2kopf m fool

dumpf dull; *Ahnung:* vague

Düne *f* (sand) dune

Dung *m* dung, manure

düngen fertilize; **2r** *m* fertilizer

dunkel dark (*a. fig.*); **2heit** *f* dark(ness); **2kammer** *f* darkroom

dünn thin; *Kaffee:* weak

Dunst *m* haze; *chem.* vapo(u)r

dünsten stew, braise

dunstig hazy, misty

Dur *n* major (key)

durch through; by *s.o.;* *math.* divided by; *gastr.* (well) done; **~aus** absolutely, quite; **~ nicht** by no means; **~blättern** leaf through

Durchblick *m* fig. grasp of *s.th.;* **2en** look through; F get* it; **~ lassen** give* to understand

durch|bohren pierce; *durchlöchern:* perforate; **~brechen** break* through; break* (in two); **~brennen** *Sicherung:* blow*; *Reaktor:* melt*down; F run* away; **~bringen** get* (*Kranke:* pull) through; **~dacht** (well) thought-out; **~drehen** *v/t* mince; *v/i Rad:* spin; F crack up; **~dringen** *v/t* penetrate; *v/i* get* through

durcheinander confused; *et.:* (in) a mess; **2** *n* mess, confusion; **~bringen** confuse, mix up

durchfahr|en go* through; **2t** *f* passage; **~ verboten!** no thoroughfare

Durchfall *m* diarrh(o)ea; **2en** fall* through; *Prüfling:* fail; *thea.* be* a flop

durchführ|bar practicable; **~en** carry out, do*

Durchgang *m* passage; *fig, Sport:* round; **~ verboten** private; **~s...** *Verkehr etc.:* through ...; *Lager etc.:* transit ...

durchgebraten well done

durchgehen go* through; *Pferd:* bolt; F run* away (*mit* with); **~d** continuous; *Zug:* through; **~ geöffnet** open all day

durchgreifen take* drastic measures; **~d** drastic; radical

durch|halten *v/t* keep* up; *v/i* hold* out; **~kommen** come* (*durch Prüfung etc.:* get*) through; **~kreuzen** *Plan etc.:* cross, thwart; **~lassen** let* pass *od.* through; **~lässig** permeable (to); *undicht:* leaky; *Schuhe:* wear*) through; **~laufen** run* through; *Schule, Stufen:* pass through; **2lauferhitzer** *m* (instant) water heater; **~lesen** read* (through); **~leuchten** *med.* X-ray; *pol. etc.* screen; **~löchern** perforate; **~machen** go* through; *die Nacht* make* a night of it; **2messer** *m* diameter; **~näßt** soaked; **~queren** cross

Durchreise *f* transit (*a. in*

Zssgn); **auf der ~ sein** be* passing through; **2n** *v/i* travel through; *v/t* tour

durch|reißen tear* (in two); **2sage** *f* saying; **~schauen** look (*fig. j-n, et.:* see*) through

durchscheinen shine* through; **~d** transparent

Durchschlag *m* (carbon) copy; **2en** cut* in two; *Kugel etc.:* go* through; **sich ~** struggle along; **2end** *Erfolg:* sweeping; **~papier** *n* carbon paper; **~skraft** *f* impact

durchschneiden cut*

Durchschnitt *m* (**im** *od.* **an**) average; **2lich** *adj* average; ordinary; *adv* on an average

Durchschrift *f* copy

durch|sehen *v/i* see* *od.* look through; *v/t* look *od.* go* through; **~setzen** *et.:* put* (*stärker:* push) through; **sich ~** get* one's way; be* successful; **~sichtig** transparent; *klar:* clear; **~sickern** seep through; *fig.* leak out; **~sieben** sift; *mit Kugeln:* riddle; **~sprechen** discuss, talk *s.th.* over; **~stehen** go* through; **~streichen** cross

out; **~suchen**, **2suchung** *f* search; **2wahl** *f* direct number; **~wählen** dial direct; **~weg** without exception; **~wühlen** ransack, rummage through; **2zug** *m* draught, *Am.* draft

dürfen be* allowed to; **darf ich (...)?** may I (...)?; **du darfst nicht** you must not

dürftig poor; scanty

dürr dry; *Boden etc.:* barren, arid; *mager:* skinny; **2e** *f* drought

Durst *m* thirst; **~ haben** be* thirsty (**auf** for); **2ig** thirsty

Dusche *f* shower; **2n** have* *od.* take* a shower

Düse *f* nozzle, jet; **~nflugzeug** *n* jet (plane); **~njäger** *m* jet fighter

düster dark, gloomy

Dutzend *n* dozen

duzen use the familiar 'du' with *s.o.*; **sich ~** be* on 'du' terms

Dynamik *f phys.* dynamics *sg; fig.* dynamism; **2misch** dynamic; **~mit** *n* dynamite; **~mo** *m* dynamo

D-Zug *m* express train

E

Ebbe *f* ebb tide, *Niedrigwasser:* low tide

eben *adj* even; *flach:* flat; *math.* plane; *adv* just; *genau:*

exactly; **so ist es ~** that's the way it is; **2e** *f* plain; *math.* plane; *fig.* level

eben|falls as well, too; **~so**

just as; ~**sogut** just as well; ~**soviel** just as much; ~**sowenig** just as little *od.* few

Eber *m* boar

ebnen level; *fig.* smooth

Echo *n* echo; *fig.* response

echt genuine, real; *wahr:* true; *Dokument:* authentic; F ~ **gut** real good

Eck|e *f* corner (*a. Sport*); *Kante:* edge; 2**ig** square, angular; ~**zahn** *m* canine tooth

edel noble; 2**metall** *n* precious metal; 2**stein** *m* precious stone; *geschnitten:* gem

EDV *f* data processing

Efeu *m* ivy

egal F → *gleich; das ist mir* ~ I don't care

Egge *f*, 2**n** harrow

Egois|mus *m* ego(t)ism; ~**t(in)** ego(t)ist; 2**tisch** selfish, ego(t)istic(al)

ehe before

Ehe *f* marriage; ~**bruch** *m* adultery; ~**frau** *f* wife; 2**lich** conjugal; *Kind:* legitimate

ehemal|ig former, ex-...; ~**s** formerly

Ehe|mann *m* husband; ~**paar** *n* married couple

eher sooner; *lieber:* rather; *nicht* ~ *als* not until

Ehering *m* wedding ring

ehrbar respectable

Ehre *f*, 2**n** hono(u)r

Ehren|... *Bürger, Doktor, Mitglied etc.:* honorary ...; 2**amtlich** honorary; ~**gast** *m* guest of hono(u)r; ~**wort**

word of hono(u)r

Ehr|furcht *f* respect (*vor* for); 2**fürchtig** respectful; ~**geiz** *m* ambition; 2**geizig** ambitious

ehrlich honest; F ~!(?) honestly!(?); 2**keit** *f* honesty

Ehrung *f* hono(u)r(ing)

Ei *n* egg; V ~**er** *pl* balls *pl*

Eiche *f* oak (tree); 2**l** *f* acorn; *anat.* glans (penis)

eichen *tech.* ga(u)ge

Eichhörnchen *n* squirrel

Eid *m* oath (*ablegen* take*)

Eidechse *f* lizard

eidesstattlich: ~**e Erklärung** statutory declaration

Eidotter *m, n* (egg) yolk

Eier|becher *m* eggcup; ~**kuchen** *m* pancake; ~**stock** *m* ovary; ~**schale** *f* eggshell; ~**uhr** *f* egg timer

Eifer *m* zeal, eagerness; ~**sucht** *f* jealousy; 2**süchtig** jealous (*auf* of)

eifrig eager, zealous

Eigelb *n* (egg) yolk

eigen (of one's own); (*über*)*genau:* particular, F fussy; 2-**art** *f* peculiarity; ~**artig** peculiar; *seltsam:* strange; ~**händig** with one's own hands; 2**heim** *n* home (of one's own); ~**mächtig** arbitrary; 2**name** *m* proper noun

Eigenschaft *f* quality; *chem. etc.* property; ~**swort** *n* adjective

eigensinnig stubborn

eigentlich actual(ly), real(ly)

Eigen|tum n property; **∼tü-mer(in)** m owner, propriet|or (-ress); **2tümlich** peculiar; **∼tumswohnung** f owner-occupied flat, Am. condominium; **2willig** wil(l)ful; fig. individual

eign|en: sich ∼ für be* suited od. fit for; **2ung** f suitability

Eil|bote m: **durch ∼n** express, Am. (by) special delivery; **∼brief** m express (Am. special delivery) letter

Eile f (in a) hurry; **2en** hurry; et.: be* urgent; **2ig** hurried, hasty; dringend: urgent; **es ∼ haben** be* in a hurry; **∼zug** m semifast train, Am. limited

Eimer m bucket, pail

ein one; a, an; **∼ - aus** - on - off; **∼ander** each other

ein|arbeiten break* s.o. in; **sich ∼** work o.s. in; **∼äschern** Leiche: cremate; **∼atmen** breathe, inhale

Ein|bahnstraße f one-way street; **∼band** m binding, cover; **∼bau** m installation, fitting; **∼bau...** Möbel etc.: built-in ...; **2bauen** build* in, instal(l), fit; **2berufen** call; mil.: call up, Am. draft; **2biegen** turn (in into)

einbild|en: sich ∼ imagine; **sich et. ∼ auf** be* conceited about; **2ung** f imagination; Dünkel: conceit

ein|binden bind*; fig. integrate; **∼blenden** fade in

einbrech|en Dach etc.: collapse; Winter: set* in; **∼ in** break* into, burgle; Eis etc.: fall* through; **2er** m burglar

einbringen bring* in; **sich ∼** put* a lot (of o.s.) into; **nichts ∼** not pay*; be* no use

Einbruch m burglary; **bei ∼ der Nacht** at nightfall

ein|bürgern naturalize; **sich ∼** come* into use; **∼büßen** lose*; **∼deutig** clear

eindring|en: ∼ in enter; force one's way into; mil. invade; **∼lich** urgent; **2ling** m intruder

Ein|druck m impression; **2drücken** break* od. push in; **2drucksvoll** impressive

ein|eiig Zwillinge: identical; **∼einhalb** one and a half

ein|er, ∼e, ∼(e)s one

einerlei of the same kind; → **gleich**; **2** n; **das ewige (tägliche) ∼** the same old (daily) routine

einerseits on the one hand

einfach adj simple; leicht: a. easy; Fahrkarte: single, Am. one-way; adv simply, just; **2heit** f simplicity

einfädeln thread; fig. arrange; **sich ∼** get* in lane

einfahr|en v/i come* (Zug: a. pull) in; v/t mot. break* in; Ernte: bring* in; **2t** f entrance, way in; mot. drive (-way)

Einfall m idea, mil. invasion;

2en fall* in, collapse; **~ in** invade; **j-m ~** occur to s.o., come* to s.o.'s mind

Einfamilienhaus n single family home

ein|farbig self-coloured, Am. solid-color(ed); **~fassen** border; **~fetten** grease

Einfluß m influence; **2reich** influential

ein|förmig uniform; **~frieren** freeze*

Ein|fuhr f import(ation); **2-führen** introduce; ins Amt: instal(l); econ. import; **~führung** f introduction

Ein|gabe f petition; EDV input; **~gang** m entrance; econ. arrival; Brief: receipt

eingeben med. administer (to s.o.); Daten: feed*

einge|bildet imaginary; dünkelhaft: conceited; **2borene(r)** native; **~fallen** sunken, hollow

eingehen v/i come* in, arrive; Stoff: shrink*; zo. die; **~ auf** agree to; Details: go* into; **~ on** listen od. take to; v/t Risiko: take*; Wette: make*; **~d** thorough(ly)

einge|macht preserved, pickled; **~meinden** incorporate; **~nommen: ~ sein von** be* taken with; **~schrieben** registered

Eingeweide pl intestines pl, bowels pl

eingewöhnen: sich ~ in settle into

ein|gießen pour; **~gleisig** single-track; **~gliedern** integrate (in into); **~greifen** step in, interfere; in Gespräch: join in

Eingriff m intervention, interference; med. operation

ein|halten v/t keep*; v/i stop; **~hängen** teleph. hang* up

einheimisch native; econ. domestic; **2e(r)** local, native

Einheit f unit; pol. etc. unity; **2lich** uniform; homogeneous; **~s...** Preis etc.: standard ...

einholen catch* up with; Zeitverlust: make* up for; Segel, Fahne: strike*

einig agree; **(sich) nicht ~ sein** differ; **~e** some, several; **~en** unite; **sich ~** come* to an agreement; **~ermaßen** somewhat; F all right, could be worse; **~es** some(thing); quite a lot; **2keit** f unity; agreement; **2ung** f agreement; pol. unification

einkalkulieren take* into account, allow for

Einkauf m purchase; **2en** buy*, purchase; **~ gehen** go* shopping; **~s...** Tasche, Zentrum etc.: shopping ...; **~sbummel** m shopping tour od. spree; **~spreis** m purchase price; **~swagen** m trolley, Am. grocery cart

ein|kehren stop (in at);

kleiden clothe; **klemmen** jam

Einkommen *n* income; **steuer** *f* income tax

Einkünfte *pl* income *sg*

einlad|en *j-n*: invite; *Güter etc.*: load; **end** inviting; **ung** *f* invitation

Einlage *f* econ. deposit; investment; *Sport*: insole; *thea. etc.* interlude

einlassen let* in, admit; *sich ~ mit (auf)* get* involved with (in)

ein|laufen *v/i Sport*: come* on (*ins Ziel*: in); *Zug*: pull in; *Schiff*: enter port; *Stoff*: shrink*; *Wasser*: run* in; *sich ~* warm up; **leben**: *sich ~* settle in; **legen** put* in (*a. Gang, gutes Wort*); *Haare*: set*; *gastr.* pickle

einleit|en start; introduce; *med.* induce; **ung** *f* introduction

ein|leuchten make* sense; **liefern**: *~ in(s)* take* to; **lösen** *Scheck*: cash; **machen** preserve; pickle; *Marmelade*: make*

einmal once; one day; *auf ~* all at once; *nicht ~* not even; → **noch**, **2eins** *N* multiplication table; **ig** *fig.* unique; F fabulous

einmischen: *sich ~* meddle, interfere

Einmündung *f* junction

Ein|nahme *f* taking; **n** *pl* receipts *pl*; **2nehmen** take* (*a.*

mil.); *Geld*: earn, make*; **2nehmend** engaging

ein|ordnen put* in its place; *Akten*: file; *sich ~ mot.* get* in lane; **packen** pack (up); *einwickeln*: wrap up; **parken** park; **pflanzen** (*med., fig.* im)plant; **planen** plan (*Zeit etc.*: allow) for; **prägen** impress; *sich et.*, memorize *s.th.*; **rahmen** frame; **reiben** rub (*s.th.* in); **reichen** hand *od.* send* in

Einreise *f* entry; **visum** *n* entry visa

einrenken *med.* set*; *fig.* straighten out

einricht|en furnish; *gründen*: establish; *ermöglichen*: arrange; *sich ~* furnish one's home; *sich ~ auf* prepare for; **2ung** *f* furnishings *pl*; *tech.* installation(s *pl*), facilities *pl*; *öffentliche*: institution, facility

eins one; one thing; **2** *f Note*: excellent, A

einsam lonely; solitary; **2keit** *f* loneliness; solitude

einsammeln collect

Einsatz *m* tech. insert(ion); *Spiel*: stake(s *pl*); *Eifer*: effort(s *pl*); *Verwendung*: use; *Risiko*: risk

ein|schalten switch *od.* turn on; *j-n*: call in; *sich ~* step in; **schätzen** judge, rate; **schenken** pour (out); **schicken** send* in; **schla-**

fen fall* asleep, go* to sleep (*a. Glied*); **~schläfern** lull (*Tier:* put*) to sleep; **~schlagen** *v/t* knock in (*Zähne:* out); *zerbrechen:* break*, smash; *Weg:* take*; *v/i Blitz, Geschoß:* strike*; *fig.* be* a success; **~schließen** lock in *od.* up; *umgeben:* enclose; *mil.* surround; *fig.* include; **~schließlich** including; **~schneidend** *fig.* drastic; **2schnitt** *m* cut; *fig.* break

einschränk|en restrict, reduce, cut* down on (*a. Rauchen etc.*); **sich ~** economize; **2ung** *f* restriction; **ohne ~** without reservation

Einschreiben *n* registered letter; 2 → **eintragen; sich ~** enrol(l)

ein|schreiten intervene, step in; take* (legal) measures; **~schüchtern** intimidate; **~sehen** see*, realize; **~seitig** one-sided; *pol.* unilateral; **~senden** send* in; **~setzen** *v/t* put* in, insert; *ernennen:* appoint; *Mittel:* use; *Geld:* stake; *Leben:* risk; **sich ~ für** support; *v/i* set* in, start

Einsicht *f* insight; realization; **2ig** reasonable

einsilbig monosyllabic; *fig.* taciturn

ein|sparen save, economize on; **~sperren** lock (*Tier:* shut*) up; **~springen** fill in (**für** for)

Einspritz... fuel-injection ...

Einspruch *m* objection (*a. jur.*), protest

einspurig single-lane

einst once; *künftig:* one day

ein|stecken pocket (*a. fig.*); *electr.* plug in; *Brief:* post, *Am. a.* mail; *hinnehmen:* take*; **~steigen** get* in; *Bus, Zug, aer.:* get* on, board

einstell|en *j-n:* engage, employ, hire; *aufgeben:* give* up; *beenden:* stop; *tech.* adjust (**auf** to); *Radio:* tune in (to); *opt.* focus (on); **sich ~** appear; **sich ~ auf** adjust to; *vorsorglich:* be* prepared for; **2ung** *f* employment; *Haltung:* attitude; *tech.* adjustment; *opt., phot.* focus(sing); *Film:* take

ein|stimmig unanimous; **~stöckig** one-storey(ed), *Am.* -storied

ein|studieren *thea.* rehearse; **~stufen** grade, rate; **2sturz** *m,* **~stürzen** collapse

einstweilen for the present

eintauschen exchange (**gegen** for)

einteil|en divide (**in** into); *Zeit:* organize; **~ig** one-piece; **2ung** *f* division; organization

eintönig monotonous

Eintopf *m* stew

Eintracht *f* harmony

eintragen enter; *amtlich:* register (*a. sich ~*)

einträglich profitable

ein|treffen arrive; happen; *sich erfüllen*: come* true; **~treten** enter; happen; *~ in* join; *~ für* support

Eintritt *m* entry; *Zutritt, Gebühr*: admission; *~ frei!* admission free; *~ verboten!* keep out!; **~sgeld** *n* admission (fee); **~skarte** *f* ticket

einver|standen: *~ sein* agree *(mit* to); *~!* agreed! **Ständnis** *n* agreement

Einwand *m* objection

Einwander|er *m* immigrant; **Ön** immigrate; **~ung** *f* immigration

einwandfrei perfect

Einweg- nonreturnable ..., disposable ...

ein|weichen soak; **~weihen** inaugurate, *Am.* dedicate; *~ in* let* *s.o.* in on *s.th.;* **~weisen:** *~ in* send* to; *Arbeit:* instruct in; **~wenden** object *(gegen* to); **~werfen** throw* in *(a. Wort; Sport: a. v|i);* *Fenster:* break*; *Brief:* post, *Am. a.* mail; *Münze:* insert

einwickeln wrap (up)

einwilli|gen, **Ögung** *f* consent *(in* to)

einwirken: *~ auf* act (up)on; *j-n:* work on

Einwohner|(in) inhabitant; **~meldeamt** *m* registration office

Einwurf *m Sport:* throw-in; *Schlitz:* slot; *fig.* objection

Einzahl *f* singular; **Öen** pay*

in; **Öung** *f* payment, deposit

einzäunen fence in

Einzel *n Tennis:* singles *sg;* **~gänger(in)** loner; **~handel** *m* retail; **~heit** *f* detail, particular; **Ön** single; *getrennt:* separate(ly); *Schuh etc.:* odd; *der ~e* the individual; *~e pl* several, some; *im ~en* in detail; **~zimmer** *n* single room

einziehen *v|i* move in; *v|t* draw* in; *bsd. tech.* retract; *Kopf:* duck; *Segel, Fahne:* strike*; *mil.* call up, *Am. a.* draft; *Besitz:* confiscate

einzig only; *das ~e* the only thing; *kein ~es ...* not a single ...; **~artig** unique

Einzug *m* moving in; entry

Eis *n* ice; ice cream; **~bahn** *f* skating rink; **~bär** *m* polar bear; **~becher** *m* sundae; **~berg** *m* iceberg; **~diele** *f* ice-cream parlo(u)r

Eisen *n* iron

Eisenbahn *f* railway, *Am.* railroad; **~er** *m* railwayman, *Am.* railroad man; **~wagen** *m* coach

Eisen|erz *n* iron ore; **~waren** *pl* hardware *sg*

eisern iron *(a. fig.),* of iron

eis|gekühlt iced; **Öhockey** *n (Brt.* ice) hockey; **~ig** icy *(a. fig.);* **~kalt** icecold; **~kunstlauf** *m* figure skating; **Ö-kunstläufer(in)** figure skater; **Öwürfel** *m* ice cube; **Özapfen** *m* icicle

eitel vain; **2keit** f vanity

Eit|er m pus; **2ern** fester; **2rig** purulent, festering

Eiweiß n white of egg; biol. protein

Ekel m disgust (**vor** at), nausea (at); in F beast; **2-erregend**, **2haft** sickening, disgusting, nauseating; **2n:** *ich ekle mich vor ...*, *... ekelt mich* ... makes me sick

Ekzem n eczema

elastisch elastic, flexible

Elch m elk, Am. moose

Elefant m elephant

elegant elegant, smart

Elektri|ker(in) electrician; **2sch** electric(al)

Elektrizität f electricity; **~s-werk** n power station

Elektrogerät n electric appliance

Elektron|en... electron(ic) ...; **~ik** f electronics sg; **2isch** electronic

Elektro|rasierer m electric razor; **~technik** f electrical engineering; **~techniker(in)** electrical engineer

Element n element

Elend n misery, **2** miserable; **~sviertel** n slum(s pl)

elf eleven

Elfenbein n ivory

Elfmeter m penalty (kick)

elfte eleventh

Ellbogen m elbow

Elster f magpie

elter|lich parental; **2n** pl parents pl; **2nteil** m parent

Email n, **~le** f enamel

Emanzip|ation f emancipation; **2iert** emancipated

Emigrant(in) emigrant, bsd. pol. refugee

Empfang m reception (a. Radio); Erhalt: receipt; **2en** receive; welcome

Empfäng|er m receiver (a. Radio); post. addressee; **2lich** susceptible (**für** to); **~nisverhütung** f contraception, birth control

Empfangs|bestätigung f receipt; **~chef** m, **~dame** f receptionist

empfehl|en recommend; **~enswert** recommendable; ratsam: advisable; **2ung** f recommendation

empfind|en feel*; **~lich** sensitive (**gegen** to); leicht gekränkt: touchy; **~e Stelle** sore spot; **~sam** sensitive; **2ung** f sensation; seelisch: feeling

empor up, upward(s)

empör|end shocking; **~t** indignant, shocked; **2ung** f indignation

emsig busy

Ende n end(ing Film etc.); am **~** at the end; schließlich: in the end, eventually; **zu ~** over, out; Zeit: up; **zu ~ gehen** come* to an end; **2n** (come* to an) end; finish

End|ergebnis n final result; **2gültig** final; **~lagerung** f final disposal (of nuclear waste); **2lich** finally, at last; **2los** endless; **~runde** f, **~spiel** n final(s pl); **~station** f terminus; **~summe** f (sum) total; **~ung** f gr. ending

Energie f energy; **~ieversorgung** f power supply; **2isch** energetic; *streng*: strict, firm

eng narrow; *Kleidung*: tight; *nah, vertraut*: close; *beengt*: cramped

Engel m angel

Engländer m Englishman; **die ~** pl the English pl; **~in** f Englishwoman

englisch (**auf**) **in** English

Engpaß m bottleneck

engstirnig narrow-minded

Enkel m grandchild; grandson; **~in** f granddaughter

enorm enormous

Ensemble n thea. company; *Besetzung*: cast

entbehr|en do* without; *erübrigen*: spare; *vermissen*: miss; **~lich** dispensable; *überflüssig*: superfluous; **2ungen** pl privations pl

entbind|en give* birth; *fig.* relieve s.o. (**von** of); **entbunden werden von** med. give* birth to; **2ung** f med. delivery

entdeck|en discover, find*; **2er** m discoverer; **2ung** f discovery

Ente f duck; F *fig.* hoax

ent|ehren dishono(u)r; **~eignen** expropriate; **~erben**

disinherit; **~fallen** be* dropped; *j-m*: slip s.o.'s memory; **~falten** unfold (*a. sich ~*); *fig. Fähigkeiten, sich*: develop

entfern|en remove; **sich ~** leave*; **~t** distant (*a. fig.*); **2ung** f distance; removal; **2ungsmesser** m phot. range finder

entflieh|en flee*, escape; **~fremden** estrange (*dat* from); **~frosten** mot. demist, Am. defrost

entführ|en kidnap; *Flugzeug etc.*: hijack; **2er** m kidnap(p)er; hijacker; **2ung** f kidnap(p)ing; hijacking

entgegen contrary to; *Richtung*: toward(s); **~gehen** go* to meet; **~gesetzt** opposite; **~kommen** come* to meet; *fig.* meet* s.o. halfway; **~kommend** obliging, kind, helpful; **~nehmen** accept, receive; **~sehen** await; *freudig*: look forward to; **~strecken** hold* out (*dat* to)

ent|gegnen reply; **~gehen** escape; **sich ~ lassen** miss; **~giften** decontaminate; **~gleisen** be* derailed; **~gleiten** *fig. ... entgleitet j-m* s.o. loses hold of ...

ent|halten contain, hold*; **sich ~** abstain (*gen* from); **~sam** abstinent; **2ung** f abstention

enthüllen uncover; *Denkmal*: unveil; *fig.* reveal

enthusiastisch enthusiastic

ent|kleiden: (sich) ~ undress, strip; **~kommen** escape; get* away; **~laden** unload; **sich** ~ *electr.* discharge; *fig.* explode

entlang along; **~ ... fahren, gehen** *etc.*: ... along

entlass|en dismiss; *Patient*: discharge (*a. mil.*); *Häftling*: release; **2ung** *f* dismissal; discharge; release

ent|lasten relieve *s.o.* of some of his work; *jur.* exonerate; **den Verkehr** ~ relieve traffic congestion; **~laufen** run* away (*dat* from); **~legen** remote; **~lüften** ventilate; **~mutigen** discourage; **~nehmen** take* (*dat* from); **~ aus** *fig.* gather from; **~reißen** snatch (away) (*dat* from); **~rinnen** escape (*dat* from)

entrüst|en: sich ~ get* indignant (**über** at *s.th.*, with *s.o.*); **~et** indignant, shocked; **2ung** *f* indignation

entschädig|en compensate; **2ung** *f* compensation

entscheid|en: (sich) ~ decide; **~end** decisive; *kritisch*: crucial; **2ung** *f* decision

ent|schließen: sich ~ decide, make* up one's mind; **~schlossen** determined; **2schluß** *m* decision, resolution

entschlüsseln decipher, decode

entschuldig|en excuse; **sich** ~ apologize (**bei** to); *absagen*: excuse o.s.; **~ Sie (bitte)!** excuse me!; **2ung** *f* excuse (*a. Schreiben*); apology; **um ~ bitten** apologize (*j-n* to s.o.); **~! excuse me!; tut mir leid!** (I'm) sorry!

Entsetz|en *n* horror; **2lich** horrible, terrible

Entsorgung *f* (safe) disposal (of waste *etc.*)

entspann|en: sich ~ relax; *pol.* ease (up); **2ung** *f* relaxation; *pol.* détente

entsprech|en correspond to; *e-r Beschreibung*: answer; *Anforderungen etc.*: meet*; **~end** corresponding (to); *passend*: appropriate; **2ung** *f* equivalent

entspringen *Fluß*: rise*

entsteh|en arise*, come* about; *allmählich*: develop; **~ aus** originate from; **~ durch** be* caused by; **2ung** *f* origin

entstellen disfigure; *fig.* distort

enttäusch|en disappoint; **2ung** *f* disappointment

entweder: ~ ... oder either ... or

ent|weichen escape; **~werfen** design; *Schriftstück*: draw* up

entwert|en lower the value of; *Fahrschein etc.*: cancel; **2ung** *f* devaluation; cancellation

entwick|eln: (sich) ~ develop

(**zu** into); 2**lung** f development; 2**lungshelfer(in)** development aid volunteer; *Brt.* person in the voluntary Service Overseas; *Am.* Peace Corps Volunteer; 2**lungsland** n developing country

ent**wirren** disentangle; ~**wischen** get* away

ent**zieh|en** take* away (*dat* from); *Führerschein, Lizenz:* revoke; 2**ungskur** f detoxification (treatment)

ent**ziffern** decipher

ent**zück|end** delightful; ~**t** delighted (**von** at, with)

ent**zünd|en**: **sich** ~ catch* fire; *med.* become* inflamed; ~**et** inflamed; 2**ung** f inflammation

ent**zwei** → **kaputt**; ~**en**: **sich** ~ fall* out, break* (**mit** with)

Epidemie f epidemic

Epoche f epoch

er he; *Sache:* it

Erbanlage f gene(s pl), genetic code

Er|barmen n pity, mercy; 2**bärmlich** pitiful; *elend:* miserable; 2**barmungslos** merciless, relentless

er**bau|en** build*, construct; 2**r** m builder, constructor

Erbe[1] m heir

Erbe[2] n inheritance, heritage; 2**n** inherit

er**beuten** capture

Erbin f heiress

er**bittert** fierce, furious

erblich hereditary

er**blinden** go* blind

Erbschaft f inheritance

Erbse f pea

Erd|apfel m östr. potato; ~**beben** n earthquake; ~**beere** f strawberry; ~**boden** m earth, ground; ~**e** f earth; *Bodenart:* ground, soil; 2**en** electr. earth, *Am.* ground; ~**gas** n natural gas; ~**geschoß** n ground (*Am. a.* first) floor; ~**kugel** f globe; ~**kunde** f geography; ~**nuß** f peanut; ~**öl** n (mineral) oil, petroleum

er**drosseln** strangle

er**drücken** crush (to death); ~**d** fig. overwhelming

Erd|rutsch m landslide (*a. pol.*); ~**teil** m continent

er**dulden** suffer, endure

er**eign|en**: **sich** ~ happen; 2**is** n event; ~**isreich** eventful

Erektion f erection

er**fahr|en** learn*, hear*; *erleben:* experience; ~**en** *adj* experienced; 2**ung** f experience

er**fassen** seize; *begreifen:* grasp; *amtlich:* register

er**find|en** invent; 2**er(in)** inventor; ~**erisch** inventive; 2**ung** f invention

Erfolg m success; *Folge:* result; ~**haben** be* successful, succeed; 2**los** unsuccessful; 2**reich** successful; 2**versprechend** promising

er**forder|lich** necessary; ~**n** require, demand

er**forschen** explore

erfreu|en please; **~lich** pleasing; **~licherweise** fortunately; **~t** pleased

erfrieren freeze* (to death); *Pflanze:* be* killed by frost; **erfrorene Zehen** frostbitten toes; **2ung** f frostbite

erfrischen refresh; **2ung** f refreshment

er|füllen fulfil(l); *halten:* keep*; *Zweck:* serve; *Erwartung:* meet*; **~ mit** fill with; **sich ~** come* true; **~gänzen** complement (**sich** each other); *hinzutun:* supplement, add; **~geben** amount to; **sich ~** surrender; → **entstehen**; **sich ~ aus** result from

Ergebnis n result (a. Sport), outcome; **2los** fruitless

ergehen: so erging es mir auch the same thing happened to me; **et. über sich ~ lassen** (grin and) bear it

ergiebig productive, rich

ergreifen seize, grasp, take* hold of; *Gelegenheit, Maßnahme:* take*; *Beruf:* take* up; *fig.* move, touch; **2ung** f capture, seizure

ergriffen moved

er|halten get*, receive; *bewahren:* preserve, keep*; *unterstützen:* support; *schützen:* protect; **gut ~** in good condition; **~hältlich** obtainable, available

erhängen: (sich) ~ hang* (o.s.)

erheben raise; **sich ~** rise*;

~lich considerable; **2ung** f survey; *geogr.* elevation

Erheiterung f amusement

er|hitzen heat; **~hoffen** hope for

erhöhen raise; *fig. a.* increase; **2ung** f *fig.* increase

erholen: sich ~ recover; *entspannen:* relax; **~sam** restful; **2ung** f recovery, rest, relaxation

erinnern: j-n ~ (an) remind s.o. (of); **sich ~ (an)** remember; **2ung** f memory (**an** of); → **Andenken**

erkälten: sich ~ catch* (a) cold; **(stark) erkältet sein** have* a (bad) cold; **2ung** f cold

erkennen recognize; *verstehen:* see*, realize; **~tlich: sich ~ zeigen** show* (s.o.) one's gratitude; **2tnis** f realization; **~se** pl findings pl

Erker m bay

erklär|en explain (**j-m** to s.o.); *verkünden:* declare; **2ung** f explanation; declaration; **e-e ~ abgeben** make* a statement

erkranken fall* ill; **~ an** catch*, contract; **2ung** f falling ill; illness, sickness

erkundig|en: sich ~ inquire (**nach** about s.th., **after** s.o.); **2ungen** pl inquiries pl (**einholen** make*)

Erlaß m regulation; **2lassen** *Verordnung:* issue; **j-m et.:** release s.o. from

erlauben

404

erlaub|en allow, permit; *sich* ~ permit o.s.; dare; → **gönnen**; **2nis** *f* permission

erläutern explain

erleb|en experience; see*; *Schlimmes:* go* through; *das ~ wir nicht mehr* we won't live to see that; **2nis** *n* experience; adventure

erledigen take* care of; *Problem:* settle; F *j-n:* finish

erleichter|n make* s.th. easier; **~t** relieved; **2ung** *f* relief

er|leiden suffer; **~lernen** learn*; **~lesen** choice

Erlös *m* proceeds *pl*

erloschen extinct

erlös|en deliver (*von* from); **2er** *m* Saviour; **2ung** *f eccl.* salvation; *fig.* relief

er|mächtigen authorize; **~mahnen** admonish; warn; **2mahnung** *f* warning; caution (*Brt. a. Sport*)

ermäßig|en reduce; **2ung** *f* reduction

ermessen assess, judge; **2** *n* discretion

ermitt|eln find* out; *bestimmen:* determine; *jur.* investigate; **2lung** *f* finding; **~en** *pl* investigations *pl*

ermöglichen make* possible, allow *s.o.* to do s.th.

ermord|en murder; *bsd. pol.* assassinate; **2ung** *f* murder (*gen* of); assassination (of)

ermüd|en tire; **~end** tiring; **2ung** *f* fatigue

er|muntern, ~mutigen encourage; **2mutigung** *f* encouragement

ernähr|en feed*; *Familie:* support; **~ von** live on; **2ung** *f* nutrition, diet

ernenn|en appoint; **2ung** *f* appointment

erneu|ern renew; **2erung** *f* renewal; **~t** *adj* (re)new(ed); *adv* once again

ernst serious, earnest; **~ nehmen** take* seriously; **2** *m* seriousness; *im ~* (?) seriously (?); **~haft, ~lich** serious(ly)

Ernte *f* harvest; *Ertrag:* crop(s *pl*); **~dankfest** *n* harvest festival, *Am.* Thanksgiving; **2n** harvest, reap (*a. fig.*)

Erober|er *m* conqueror; **2n** conquer; **~ung** *f* conquest

eröffn|en open; **2ung** *f* opening

erörter|n discuss; **2ung** *f* discussion

erotisch erotic, sexy

erpress|en blackmail; *Geld:* extort; **2er(in)** blackmailer; **2ung** *f* blackmail

erraten guess

erreg|en excite; *verursachen:* cause; **2er** *m* germ, virus; **2ung** *f* excitement

erreich|bar within reach; *jemand:* available; **~en** reach; *Zug a.:* catch*; *fig.* achieve

er|richten set* up, erect; *fig.* establish; **~röten** blush

Errungenschaft *f* achievement; F acquisition

Ersatz m replacement; substitute (a. Person); → **Schadenersatz**; ～ **Reifen, Teil** etc.: spare ...; ～**spieler(in)** substitute

erschaffen create

erschein|en appear; **2en** n appearance; **2ung** f appearance; Geist: apparition; Natur2 etc.: phenomenon

er|schießen shoot* (dead); ～**schlagen** kill; ～**schließen** develop

erschöpf|t exhausted; **2ung** f exhaustion

erschrecken v/t frighten, scare; v/i be* frightened

erschütter|n shake*; fig. a. move; **2ung** f fig. shock

erschweren make* (more) difficult

erschwinglich affordable

ersetz|bar replaceable; ～**en** replace (durch by); ausgleichen: make* up for

erspar|en save; j-m: spare s.o. s.th.; **2nisse** pl savings pl

erst first; nicht früher als: not till od. before; nur, nicht mehr od. später als: only

erstarr|en stiffen; fig. freeze*; ～**t** stiff, numb

erstatten Geld: refund; → **Anzeige**

Erstaun|en n astonishment; **2lich** astonishing, amazing; **2t** astonished

erstbeste first

erste first; als ～(r), als ～ first; fürs ～ for the time

being; → **Mal**

erstechen stab (to death)

erstens first(ly)

ersticken suffocate, choke

erstklassig first-class

er|strecken: sich ～ extend, stretch; **sich ～ über a.** cover; ～**suchen, 2suchen** n request; ～**tappen** catch*, surprise; ～**teilen** give*

Ertrag m yield; Einnahmen: proceeds pl, returns pl; **2en** bear*, endure, stand*

erträglich tolerable

er|tränken, ～trinken drown; ～**übrigen** spare; **sich ～** be* unnecessary; ～**wachen** wake* (up)

erwachsen, 2e(r) adult

er|wägen consider; ～**wähnen** mention; ～**wärmen** warm (a. **sich ～; für** to)

erwart|en expect; Kind: be* expecting; warten auf: wait for; **2ung** f expectation

er|weisen Dienst, Gefallen: do*; **sich ～ als** prove to be; ～**weitern: (sich) ～** enlarge, extend; bsd. econ. expand

erwerb|en acquire; **2ung** f acquisition

erwidern reply; Besuch, Gruß, Liebe: return

erwischen catch*, get*

erwünscht desirable

erwürgen strangle

Erz n ore

erzähl|en tell*; narrate; **2er(in)** narrator; **2ung** f story, tale

Erz|bischof m archbishop; **~engel** m archangel

erzeug|en 2er m producer; **2nis** n product

erzie|hen bring* up; educate; **~ zu** teach* s.o. to be od. to do s.th.; **2her(in)** educator; teacher; nursery-school teacher; **2hung** f upbringing; education; **2-hungsanstalt** f approved school, Am. reformatory

erzielen achieve; Sport, Punkte etc.: score

es it; Baby, Tier: a. he; she

Esche f ash (tree)

Esel m donkey, ass (a. F contp.); **~sohr** n fig. dog-ear

eßbar eatable, edible

essen eat*; **zu Abend ~** have* supper (feiner: dinner); **~ gehen** eat* out; → Mittag

Essen n food; Mahlzeit: meal; Gericht: dish

Essig m vinegar; **~gurke** f pickle(d gherkin)

Eß|löffel m tablespoon; **~tisch** m dining table; **~zimmer** n dining room

Etage f floor, stor(e)y; **~nbett** n bunk bed

Etat m budget

Etikett n label; (price) tag

Etui n case

etwa zirka: about; in Fragen: perhaps, by any chance; zum Beispiel: for example; **nicht ~(, daß)** not that; **~ig** any (possible)

etwas indef pron something; fragend: anything; adj some; adv a little; somewhat

euch you; **~ (selbst)** yourselves

eu|er, ~(e)re your

Eule f owl

Euro|... Scheck etc.: Euro...; **~pa...** European ...; **~pä-er(in), 2päisch** European

Euter n udder

evangeli|sch Protestant; lutherisch: Lutheran; **2um** n gospel

eventuell adj possible; adv possibly, perhaps, maybe

ewig eternal; F constant(ly); **auf ~** for ever; **2keit** f eternity

exakt exact, precise

Examen n exam(ination)

Exemplar n specimen; Buch etc.: copy

exerzieren drill

Exil n exile

Exist|enz f existence; **2ieren** exist; subsist (von) on

Expedition f expedition

Experiment n, **2ieren** experiment

explo|dieren explode (a. fig.), burst*; **2sion** f explosion; **~siv** explosive

Export m export(ation); Bier: lager; **2ieren** export

extra extra; speziell: special(ly); F absichtlich: on purpose

extrem, 2 n extreme

F

Fabel f fable; **2haft** fabulous
Fabrik f factory; **~at** n make; **Erzeugnis**: product
Fach n compartment, shelf; *in Wand etc.* box, pigeonhole; *ped., univ.* subject; *Gebiet*: line, (special) field; **~arbeiter(in)** skilled worker; **~arzt**, **~ärztin** specialist (**für** in)
Fächer m fan
Fach|geschäft n specialist shop *od.* store; **~kenntnisse** pl specialized knowledge sg; **2lich** professional; technical; **~mann** m expert; **~werkhaus** n half-timbered house
Fackel f torch
fad(e) tasteless; *fig.* dull
Faden m thread (*a. fig.*)
fähig capable, able; **2keit** f (cap)ability; talent; skill
fahnd|en, **2ung** f search (**nach** for)
Fahne f flag; F **e-e ~ haben** reek of alcohol
Fahrbahn f road(way); lane
Fähre f ferry(boat)
fahren v/i *go* (*mit dem Auto, Bus etc.* by car, bus etc.); *in od. auf e-m Fahrzeug*: ride*; *Auto ~*: drive*; v/t drive*; *Zweirad*: ride*
Fahrer(in) driver; **~flucht** f hit-and-run offence
Fahr|gast m passenger; **~geld** n fare; **~gemeinschaft** f car pool; **~gestell** n *mot.* chassis; **~karte** f ticket; **~kartenautomat** m ticket machine; **~kartenschalter** m ticket office; **2lässig** reckless; **~lehrer(in)** driving instructor; **~plan** m timetable, *Am. a.* schedule; **2planmäßig** adj scheduled; adv on time *od.* schedule; **~preis** m fare; **~rad** n bicycle, F bike; **~schein** m ticket; **~scheinentwerter** m ticket-cancelling machine; **~schule** f driving school; **~schüler(in)** learner(-driver), *Am.* student driver; **~stuhl** m lift, *Am.* elevator; **~stunde** f driving lesson
Fahrt f ride, *mot. a.* drive; *Reise*: trip (*a. Ausflug*), journey; *in voller* ~ at full speed
Fährte f track (*a. fig.*)
Fahr|werk n *aer.* landing gear; **~zeug** n vehicle; *mar.* vessel
Fakultät f *univ.* faculty
Falke m hawk (*a. pol.*), falcon
Fall m fall; *gr., jur., med.* case; **auf jeden (keinen)** ~ in any (no) case; **für den ~, daß ...** in case ...
Falle f trap
fallen fall*, drop (*a. ~ lassen*); *mil.* be* killed (in action)

fällen *Baum:* fell, cut* down; *Urteil:* pass

fallenlassen *fig.* drop

fällig due; *Geld: a.* payable

falls if, in case

Fallschirm *m* parachute

falsch wrong; *unwahr, un-echt:* false; *gefälscht:* forged; **~ gehen** *Uhr:* be* wrong; **~ verbunden!** *teleph.* sorry, wrong number

fälschen forge, fake; *Geld: a.* counterfeit

Falschgeld *n* counterfeit money

Fälschung *f* forgery, fake; counterfeit

Falt|e *f* fold; *Knitter⌀, Runzel:* wrinkle; *Rock etc.:* pleat; *Bügel⌀:* crease; **⌀en** fold; **~er** *m* butterfly; **⌀ig** wrinkled

familiär informal, personal; **~e Probleme** family problems

Familie *f* family; **~nname** *m* family name, surname, *Am. a.* last name; **~nstand** *m* marital status

Fanati|ker(in) *f,* **⌀sch** fanatic

Fang *m* catch; **⌀en** catch*; **sich (wieder) ~** recover o.s.

Farb|e *f* colo(u)r; *Mal⌀:* paint; *Gesichts⌀:* complexion; *Bräune:* tan; *Karten:* suit; **~ haben**, **⌀echt** colo(u)rfast

färben dye; *ab~:* bleed*; **sich rot ~** turn red

Farb|fernseher *m* colo(u)r TV set; **~film** *m* colo(u)r film; **⌀ig** colo(u)red; *Glas:* stained; *fig.* colo(u)rful; **⌀los** colo(u)rless; **~stift** *m* → **Buntstift;** **~ton** *m* shade

Farnkraut *n* fern

Fasan *m* pheasant

Fasching *m* → **Karneval**

Faschismus *m* fascism

Fas|er *f* fib|re, *Am.* -er; *Holz:* grain; **⌀e(r)ig** fibrous; **⌀ern** fray (out)

Faß *n* barrel; **~bier** *n* draught (*Am.* draft) beer

Fassade *f* facade, front

fassen seize, grasp, take* hold of; *Verbrecher:* catch; *enthalten:* hold*; *Schmuck:* set*; *fig.* grasp, understand*; **sich ~** compose o.s.; **nicht zu ~** incredible; → **kurz**

Fassung *f Schmuck:* setting; *Brille:* frame; *electr.* socket; *schriftlich:* draft(ing); *Wortlaut:* wording, version; **die ~ verlieren** lose* one's temper; **aus der ~ bringen** upset*, shake*; **⌀slos** stunned, aghast

fast almost, nearly

fast|en fast; **⌀enzeit** *f* Lent; **⌀nacht** *f* → **Karneval**

fatal unfortunate

fauchen hiss (*a. f fig.*)

faul rotten, bad; *Person:* lazy; *Ausrede:* lame; *f verdächtig:* fishy; **~en** rot, decay

faulenze|n laze, loaf; **⌀r(in)** loafer, lazybones

Faulheit *f* laziness

Fäulnis f rottenness, decay
Faultier n zo. sloth; → **Faulenzer(in)**
Faust f fist; **~handschuh** m mitt(en); **~regel** f rule of thumb; **~schlag** m punch
Favorit(in) f favo(u)rite
Fax n fax; fax machine; **2en** (send* a) fax (to)
Feb|er östr., **~ruar** m February
fechten fence; **2** n fencing
Feder f feather; Schreib~: nib; tech. spring; **~ball** m badminton; Ball: shuttlecock; **~bett** n eiderdown; **~gewicht** n featherweight; **~halter** m penholder; **2n** be* springy; wippen: bounce; **~ung** f suspension
Fee f fairy
fegen sweep* (a. fig.)
fehlen be* missing (Schule etc.: absent); dat ~ (an) be* lacking s.th.; **sie fehlt uns** we miss her; **was fehlt Ihnen?** what's wrong with you?
Fehler m mistake, error; Schuld, Mangel: fault (a. Tennis); tech. a. defect, flaw; **2frei** faultless, perfect; **2haft** full of mistakes; tech. faulty
Fehl|geburt f miscarriage; **~griff** m mistake; wrong choice; **~schlag** m fig. failure; **2schlagen** fail; **~zündung** f backfire (a. ~ haben)
Feier f celebration; party; **~abend** m end of a day's work; closing time; evening

(at home); **~ machen** quit* work; **nach ~** after work; **2lich** solemn; **2n** celebrate; **~tag** m holiday
feig(e) cowardly, F chicken
Feige f fig
Feig|heit f cowardice; **~ling** m coward
Feile f, **2n** file
feilschen haggle (**um** over)
fein fine; Gehör etc.: keen; zart: delicate; vornehm: distinguished; F posh
Feind|(in) enemy; **2lich** hostile; mil. enemy; **~schaft** f hostility; **2selig** hostile
fein|fühlig sensitive; **2heit** f fineness; delicacy; **2kost(-geschäft** n) f delicatessen sg, pl (sg); **2mechaniker(in)** precision mechanic; **2schmecker(in)** f gourmet
Feld n field; Schach: square; **~flasche** f canteen, water-bottle; **~webel** m sergeant; **~weg** m (field) path; **~zug** m campaign (a. fig.)
Felge f (wheel) rim
Fell n coat; abgezogenes: skin; Pelz: fur
Fels|(en) m rock; **~brocken** a. boulder; **2ig** rocky
femin|in feminine; **2ismus** m feminism; **2istin** f, **~istisch** feminist
Fenster n window; **~brett** n window-sill; **~laden** m shutter; **~platz** m window seat; **~putzer** m window cleaner; **~rahmen** m win-

dow frame; **~scheibe** f (window) pane

Ferien pl holiday(s pl), Am. vacation sg; **in ~ sein (fahren)** be* (go*) on holiday (Am. vacation); **~haus** n cottage; **~wohnung** f holiday flat(let), Am. vacation rental

Ferkel n piglet; F fig. pig

fern far(away), distant (a. Zukunft); **2amt** n telephone exchange; **2bedienung** f remote control; **2e** f (aus der a) distance; **~er** in addition; **2fahrer(in)** long-distance lorry driver, Am. trucker; **2gespräch** n long-distance call; **~gesteuert** remote-controlled; Rakete: guided; **2glas** n binoculars pl; **~halten** keep* away (von from); **2heizung** f district heating; **2kopierer** m fax machine; **2lenkung** f remote control; **2licht** n mot. main (Am. high) beam; **2rohr** n telescope; **2schreiben** n, **2schreiber** m telex

Fernseh|en n (im on) television; **~en** watch television; **~er** m TV set; television viewer; **~sendung** f TV broadcast od. program(me)

Fern|sprech... → Telefon...; **~verkehr** m long-distance traffic

Ferse f heel

fertig finished; bereit: ready; **~bringen** manage; **2haus** n

prefab(ricated) house; **2keit** f skill; **~machen** finish (a. fig. j-n); für et.: get* ready (a. sich ~); **2stellung** f completion

fesch smart, neat

Fessel f anat. ankle; **~n** pl bonds (pl a. fig.), tie (up); fig. fascinate

fest firm (a. fig.); nicht flüssig: solid; Schlaf: sound

Fest n festival (a. eccl.); Feier: celebration; party

fest|binden fasten, tie (an to); **~halten** hold* on to (a. sich ~ an); ~ an fig. stick* to; **2land** n mainland; europäisches: Continent; **~legen** fix; sich ~ auf commit o.s. to; **~lich** festive; **~machen** fix, fasten; mar. moor (alle: an to); **2nahme** f, **~nehmen** arrest; **2platte** f EDV hard disk; **~setzen** fix, set*; **2spiele** pl festival sg; **~stehen** be* certain (Termin etc.: fixed); **~stellen** hold* (out); see*, notice; ermitteln: determine; **2ung** f fortress; **2zug** m pageant, parade

fett fat (a. fig.); gastr. fatty; print. bold; **2** n fat; grease (a. tech.); **2fleck** m grease spot; **~ig** greasy

Fetzen m shred; Lumpen: rag; Papier: scrap

feucht damp, moist; Luft: a. humid; **2igkeit** f moisture; dampness; Luft: humidity

Feuer n fire (a. fig.); **hast du**

~? have you got a light?; **~ fangen** catch* fire; *fig.* fall* for *s.o.*; **~alarm** *m* fire alarm; **~bestattung** *f* cremation; **~fest** fireproof; **2gefährlich** (in)flammable; **2leiter** *f* fire escape; **~löscher** *m* fire extinguisher; **~melder** *m* fire alarm; **2n** fire; **~wehr** *f* fire brigade (*Am. a.* department); *Löschzug:* fire engine (*Am.* truck); *Gebäude:* fire station; **~wehrmann** *m* fireman; **~werk** *n* fireworks *pl*; **~werkskörper** *m* firework; *kleiner:* firecracker; **~zeug** *n* lighter

feurig fiery, ardent

Fichte *f* spruce, F pine; **~nnadel** *f* pine needle

ficken V fuck

Fieber *n* temperature, fever; **2haft** feverish; **2n** have* a temperature; **~thermometer** *n* clinical (*Am.* fever) thermometer

fies mean, nasty

fiebrig feverish

Figur *f* figure; → *Schach*

Filet *n* fil(l)et

Filiale *f* branch

Film *m* film; *Spiel*~: *a.* picture, *bsd. Am.* movie; **e-n ~ einlegen** load a camera; **~aufnahme** *f* filming, shooting; *Einstellung:* take, shot; **2en** film, shoot*; **~kamera** *f* film (*Am.* motion-picture) camera; **~schauspieler(in)** film (*bsd. Am.* movie) act|or

(-ress); **~verleih** *m* film distributors *pl*

Filter *m, tech.* n filter (*a.* in *Zssgn Papier, Zigarette etc.*); **~kaffee** *m* filtered coffee; **2n** filter

Filz *m* felt; **2en** F frisk; **~stift** *m* felt(-tipped) pen, marker

Finale *n* finale; *Sport:* final(s *pl*)

Finanz|amt *n* Inland (*Am.* Internal) Revenue; **~en** *pl* finances *pl*; **2iell** financial; **2ieren** finance; **~minister** *m* Minister of Finance, *Brt.* Chancellor of the Exchequer, *Am.* Secretary of the Treasury

find|en find*; *meinen:* think*, believe; *wie ... Sie ...?* how do you like ...?; **2erlohn** *m* finder's reward

Finger *m* finger; **~abdruck** *m* fingerprint; **~hut** *m* thimble; *bot.* foxglove; **~spitze** *f* fingertip

Fink *m* finch

Finn|e, ~in Finn; **2isch** Finnish

finster dark; *düster:* gloomy; *Miene:* grim; *fragwürdig:* shady; **2nis** *f* darkness

Firma *f* firm, company

firmen *eccl.* confirm

First *m arch.* ridge

Fisch *m* fish; **~e** *pl ast.* Pisces *sg*; **~dampfer** *m* trawler; **2en** fish; **~er** *m* fisher; **~er...** *Boot, Dorf etc.:* fishing ...; **~fang** *m* fishing; **~gräte** *f* fishbone; **~händler** m fish dealer, bsd. Brt. fishmonger; **~zucht** f fish farming

fit (*sich halten* keep*) fit; **Neßcenter** n health club, gym, Am. mst fitness center

fix *fest(gelegt)*: fixed; *flink*: quick; „*hell*": bright

FKK f nudism

flach flat; *seicht*: shallow

Fläche f *Ober2*: surface; *geom.* area; *weite ~*: expanse

Flachland n lowland, plain

Flachs m flax

flackern flicker

Flagge f flag

Flamme f flame (a. Herd)

Flanell m flannel

Flanke f flank; *Sport*: cross

Flasche f bottle; **~nbier** n bottled beer; **~nöffner** m bottle opener; **~npfand** n deposit; **~nzug** m pulley

flatter|haft flighty, fickle; **~n** flutter; *Räder*: wobble

Flaum m down, fluff, fuzz

flauschig fluffy

Flaute f mar. calm; econ. slack period

Flechte f bot., med. lichen; **2n** plait; *Korb, Kranz*: weave*

Fleck m spot (a. Stelle); stain; *kleiner*: speck; *Klecks*: blot; → *blau*; **~entferner** m stain remover; **2ig** spotted; *schmutzig*: a. stained

Fledermaus f bat

Flegel m fig. lout, boor

flehen beg (um for)

Fleisch n meat; *lebendes*: flesh (a. fig.); **~brühe** f consommé; **~er** m butcher; **~erei** f butcher's (shop); **~hauer** m östr. butcher('s); **2ig** fleshy; bot. pulpy; **~konserven** canned (Brt. a. tinned) meat sg

Fleiß m hard work, diligence, industry; **2ig** hard-working, diligent, industrious

fletschen *Zähne*: bare

Flick|en m patch; **2en** mend, repair; *notdürftig*: patch (up); **~werk** n patch-up job

Flieder m lilac

Fliege f fly; *Krawatte*: bow tie

fliegen fly*; F *fallen*: fall*; fig. be* thrown out; → **Luft**

Fliegen|gewicht n flyweight; **~pilz** m fly agaric

Flieger m pilot (a. *in*); mil. airman; F plane

fliehen flee*, run* away (*beide*: vor from)

Fliese f, **2n** tile

Fließ|band n assembly line; *Förderband*: conveyor belt; **2en** flow; **2end** flowing; *Wasser*: running; *Sprache*: fluent; *unbestimmt*: fluid

flimmern flicker

flink quick, nimble, brisk

Flinte f shotgun; F gun

Flirt m flirtation; **2en** flirt

Flitterwochen pl honeymoon sg

flitzen flit, whiz(z)

Flock|e f flake; *Wolle*: flock; **2ig** fluffy, flaky

Floh *m* flea; **~markt** *m* flea market

Floß *n* raft, float

Flosse *f* fin; *Robbe:* flipper

Flöte *f* flute; → **Blockflöte**

flott brisk; *beschwingt:* lively; *schick:* smart; **2e** *f* fleet; **2enstützpunkt** *m* naval base; **~machen** set* afloat; *F* get* *s.th.* going again

Fluch *m* curse; *Wort:* swear-word; **2en** swear*, curse

Flucht *f* flight (*vor* from); escape (*aus* from); *auf der ~* on the run

flüchten flee* (*nach, zu* to); run* away; *entkommen:* escape; **~ig** fugitive; *kurz:* fleeting; *oberflächlich:* superficial; *nachlässig:* careless; **2igkeitsfehler** *m* slip; **~ling** *m* refugee; **~lings-lager** *n* refugee camp

Flug *m* flight; **~begleiter(in)** *f* flight attendant; **~blatt** *n* handbill, leaflet

Flügel *m* wing; *Mühle:* sail; *mus.* grand piano

Fluggast *m* (air) passenger

flügge (full[y]) fledged

Flug|gesellschaft *f* airline; **~hafen** *m* airport; **~linie** *f* air route; **~lotse** *m* air traffic controller; **~plan** *m* flight schedule; **~platz** *m* airfield; *großer:* airport; **~schein** *m* (air) ticket; **~sicherung** *f* air traffic control; **~steig** *m* gate; **~verkehr** *m* air traffic; **~zeit** *f* flying time

Flugzeug *n* plane, aircraft; **~absturz** *m* plane crash; **~entführung** *f* hijacking, sky-jacking; **~träger** *m* aircraft carrier

Flunder *f* flounder

Fluor *n* fluorine; *Wirkstoff:* fluoride; **~kohlenwasser-stoffe** *pl* CFC's, chloro-fluorocarbons *pl*

Flur *m* hall; *Gang:* corridor

Fluß *m* river; *Fließen:* flow; **2abwärts** downstream; **2aufwärts** upstream; **~bett** *n* river bed

flüssig liquid; *Metall:* melt-ed; *Sprache, Stil:* fluent; **2keit** *f* liquid; fluency

flüstern whisper

Flut *f* flood (*a. fig.*); → *Hochwasser;* **~licht** *n* flood-light; **~welle** *f* tidal wave

Fohlen *n* foal; *männliches:* colt; *weibliches:* filly

Föhn *m* foehn, warm dry wind

Folge *f* result, consequence; *Wirkung:* effect; *Serie:* series; *Teil:* sequel, episode; *in* (*rascher*) *~* in (quick) succession; **2en** follow; *gehorchen:* obey; *hieraus folgt* from this it follows; *wie folgt* as follows; **2end** following; **2ern** conclude (*aus* from); **~erung** *f* conclusion; **2lich** thus, therefore

Folie *f* foil; *Projektor:* transparency; → **Frischhaltefolie**

Folter *f*, **2n** torture

Fön m TM hairdryer

Fonds m fund(s pl)

fönen blow-dry

Fontäne f jet, spout

Förderband n conveyor belt

fordern demand; jur. a. claim (a. Tote); Preis: ask

fördern promote; unterstützen: support; tech. mine

Forderung f demand; Anspruch: claim; econ. charge

Förderung f promotion; univ. grant; tech. mining

Forelle f trout

Form f form, shape; Sport: a. condition; tech. mo(u)ld; **~al** formal; **~alität** f formality; **~at** n size; Buch etc.: format; **~el** f formula; **~ell** formal

förmlich formal; fig. regular

formlos shapeless; fig. informal

Formul|ar n form, blank; **~ieren** formulate; ausdrücken: express; **~ierung** f formulation; expression

forsch brisk, straightforward

forsch|en (do*) research (work); **~** nach search for; **~er(in)** (research) scientist; Entdecker: explorer; **~ung** f research (work)

Förster(in) forester

Forstwirtschaft f forestry

fort away, off; nicht da: gone; **~bewegen:** sich **~** move; **~bildung** f further education od. training; **~fahren** leave*; mot. a. drive* off; fig. continue; **~führen** continue;

~gehen go* away, leave*;
~geschritten advanced; **~laufend** consecutive, successive; **~pflanzen:** sich **~** reproduce; **₂pflanzung** f reproduction; **~schreiten** progress; **₂schritt** m progress; **~schrittlich** progressive; **~setzen** continue; **₂setzung** f continuation; TV etc.: sequel; **~folgt** to be continued

Foto n photo(graph), picture; **~album** n photo album; **~apparat** m camera; **~graf** m photographer; **~grafie** f photography; Bild: → Foto; **₂grafieren** photograph; take* a picture od. pictures of; **~grafin** f photographer; **~kopie** f (photo)copy; **~modell** n model

Foyer m foyer, lobby

Fracht f freight, load; mar., aer. a. cargo; Gebühr: carriage, Am. freight; **~er** m freighter

Frack m tails pl

Frage f question; in **~** kommen be* possible (Person: eligible); **~bogen** m question(n)aire; **~** an ask (nach for); sich **~** wonder; **~zeichen** n question mark

frag|lich doubtful; betreffend: in question; **~würdig** dubious, F shady

frankieren stamp

Franse f fringe

Franz|ose, **~ösin** French|-

man (-woman); 2ösisch French

Frau f woman; *Ehe*2: wife; ~ **X** Mrs *od.* Ms X

Frauen|arzt, ~ärztin gyn(a)e-cologist; **~bewegung** f feminist movement, Women's Lib; **2feindlich** sexist

Fräulein n Miss

frech impudent, F cheeky, *Am. a.* fresh; **2heit** f impudence, F cheek, nerve

frei free (**von** from, of); *nicht besetzt*: vacant; *~beruflich*: freelance; im **~er Tag** a day off; im 2en outdoors

Frei|bad n outdoor (swimming) pool; **2bekommen** get* a day etc. off; **2geben** release; give* *s.o. a day etc.* off; **2gebig** generous; **~gepäck** n free luggage; **2haben** have* *a day etc.* off; **~hafen** m free port; **2halten** *Straße etc.*: keep* clear; *Platz*: *j-n*: treat *s.o.* (to s.th.); **~heit** f freedom, liberty; **~heits-strafe** f prison sentence; **~karte** f free ticket; **2lassen** release, set* free; **~lassung** f release

freilich indeed, of course

Frei|licht... open-air ...; **2ma-chen** *Post*: prepay*, stamp; **sich** ~ undress; **sich** ~ **von** free o.s. from; **~maurer** m Freemason; **2sprechen** acquit; *eccl.* 2absolve (**von** from); **~spruch** m acquittal; **2stehen** *Sport*: be* un-

marked; *es steht dir frei zu* you're free to; **2stellen** exempt (**von** from); *j-m et.* ~ leave* s.th. to s.o.; **~stoß** m free kick; **~tag** m Friday; **2willig** voluntary; **~willi-ge(r)** m volunteer; **~zeit** f free *od.* leisure time

fremd strange; *ausländisch*: foreign; *unbekannt*: unknown; 2e m, f stranger; *Ausländer(in)*: foreigner

Fremden|führer(in) guide; **~verkehr** m tourism; **~ver-kehrsbüro** n tourist office; **~zimmer** n (guest) room

fremd|gehen be* unfaithful (to one's wife *etc.*); 2-**sprache** f foreign language; **2wort** n foreign word; hard word

Frequenz f frequency

fressen eat*, feed* on; *ver-schlingen*: devour

Freud|e f joy; *Vergnügen*: pleasure; ~ **haben an** enjoy; ... **macht** ~ is fun; 2e-**strahlend** radiant (with joy); **2ig** joyful; *Ereignis*: happy

freuen: sich ~ be* glad *od.* happy (**über** about); **sich** ~ **auf** look forward to

Freund m friend; boyfriend; **~in** f friend; girlfriend; **2lich** friendly, kind, nice; *Raum, Farben*: cheerful; **~schaft** f friendship

Fried|en m peace; **~hof** m cemetery; **2lich** peaceful

frieren freeze*; *ich friere* I'm cold (*stärker:* freezing)

frisch fresh; *Wäsche:* clean; **~ gestrichen!** wet paint!; **2e f** freshness; **Herren2:** a. barber('s); **2haltefolie f** clingfilm, *Am.* plastic wrap

Friseur|r m hairdresser('s *Salon*); **Herren2:** a. barber('s); *Salon: Am.* beauty parlor; barbershop; **~se f** hairdresser

frisieren do* *s.o.'s* (*sich* one's) hair

Frist f (prescribed) period; *Termin:* deadline; **2los** without notice

Frisur f hairstyle, haircut

froh glad (*über* about)

fröhlich cheerful, happy

fromm religious, pious

Frömmigkeit f piety

Fronleichnam m Corpus Christi (Day)

Front f front; *in ~ liegen* be* ahead; **2al** head-on; **~antrieb m** frontwheel drive

Frosch m frog; **~schenkel pl** frog legs *pl*

Frost m frost

frösteln feel chilly, shiver

frost|ig frosty (*a. fig.*); **2-schutz(mittel n) m** antifreeze

Frottee|e n, m terry(cloth); **2ieren** rub down

Frucht f fruit; **2bar** fertile; **~barkeit f** fertility

früh early; *zu ~ kommen* be* early; *heute ~* this morning; **2aufsteher m** early riser, F

early bird; **~er** in former times; *ich war ~ ...* I used to be ...; **~ere** *ehemalige:* former; **~estens** at the earliest; **2geburt f** premature birth; premature baby; **2jahr n**, **~ling m** spring; **~morgens** early in the morning; **~reif** precocious

Frühstück n (*zum* for) breakfast; **2en** (have*) breakfast

Frust m frustration; **2riert** frustrated

Fuchs m fox; *Pferd:* sorrel

Füchsin f she-fox, vixen

Fuge f joint; *mus.* fugue

fügen: *sich ~ (in)* submit (to)

fühl|bar noticeable; **~en:** (*sich*) *~* feel*; **2er m** feeler

führen *v/t* lead*; *herum~*, *lenken:* guide; *bringen:* take*; *Betrieb etc.:* run*, manage; *Waren:* sell*, deal* in; *Buch, Konto:* keep*; *mil.* command; *~ durch* show* *s.o.* round; *sich ~* conduct *o.s.*; *v/i* lead* (*zu* to); **~d** leading, prominent

Führer(in) leader (*a. pol.*); *Fremden2:* guide; *Buch:* guide (book); **~schein m** *mot.* driving licence, *Am.* driver's license

Führung f leadership; *econ.* management; *Besichtigung:* (conducted) tour; *gute ~* good conduct; *in ~ gehen* (*sein*) take* (be* in) the lead; **~szeugnis n** certificate of (good) conduct

Füll|e f wealth, abundance; *Gedränge*: crush; *Haar, Wein*: body; **2en** fill; *Kissen, gastr.*: stuff; **~er** m fountain pen; **~ung** f filling (a. Zahn); *gastr.* stuffing

fummeln fumble, fiddle

Fund m find, discovery

Fundament n foundation(s pl); *fig. a.* basis

Fund|büro n lost-property office, *Am.* lost and found (department); **~gegenstand** m found article; **~grube** f rich source, mine

fünf five; *Note*: fail, poor; **2eck** n pentagon; **2kampf** m pentathlon; **2linge** pl quintuplets pl; **~te, 2tel** n fifth; **~tens** fifthly, in the fifth place; **~zehn(te)** fifteen(th); **~zig** fifty; **~zigste** fiftieth

Funk m radio; **~e** m spark; *fig. a.* glimmer; **2ln** sparkle, glitter; *Stern: a.* twinkle; **2en** radio, transmit; **~er(in)** radio operator; **~gerät** n (two-way) radio; **~haus** n broadcasting cent|re, *Am.* -er; **~signal** n radio signal; **~spruch** m radio message; **~streife** f (radio) patrol car

Funktion f function; **~är(in)** functionary, official; **2ieren** work

Funk|turm m radio tower; **~verkehr** m radio communication(s pl)

für for; *zugunsten: a.* in fa-

vo(u)r of; *Tag ~ Tag* day after day; *Wort ~ Wort* word by word; *was ~ ...?* what (kind od. sort of) ...?

Furche f, **2n** furrow

Furcht f fear, dread; *aus ~ vor (daß)* for fear of (that); **2bar** terrible, awful

fürcht|en fear (*um* for); *sich ~* be* scared *od.* afraid (*vor* of); *ich fürchte, ...* I'm afraid ...; **~erlich** → furchtbar

furchtlos fearless

füreinander for each other

Fürsorge f care; *öffentliche ~* public welfare (work); *von der ~ leben* be* on social security (*Am.* on welfare); **~r(in)** social *od.* welfare worker

Fürsprecher(in) advocate

Fürst m prince; **~entum** n principality; **~in** f princess

Furt f ford

Furunkel m boil, furuncle

Fuß m foot; *zu ~* on (*Am. a.* by) foot; *zu ~ gehen* walk; **~abstreifer** m doormat

Fußball m soccer, *Brt. mst* football; *Ball*: football, soccer ball; **~platz** football ground *od.* field; **~spiel** n football match, *Am.* soccer game; **~spieler(in)** soccer (*Brt. mst* football) player

Fuß|boden m floor; **~bremse** f mot. footbrake

Fußgänger|(in) pedestrian; **~übergang** m pedestrian crossing; **~zone** f pedestrian

precinct, *Am.* (pedestrian *od.* shopping) mall
Fuß|gelenk *n* ankle (joint); **~note** *f* footnote; **~sohle** *f* sole (of the foot); **~spur** *f* footprint; **~tritt** *m* kick; **~weg** *m* footpath

Futter *n agr.* feed; *Heu etc.:* fodder; dog *etc.* food; *tech., Mantel♭ etc.:* lining
Futteral *n* case; *Hülle:* cover
füttern feed*; *Kleid:* line; **♭ung** *f* feeding (time)
Futur *m* future (tense)

G

Gabe *f* gift (*a.* Talent); *med.* dose; *milde ~* alms *pl*
Gabel *f* fork; *teleph.* cradle; **♭n:** *sich ~* fork; **~stapler** *m* fork-lift truck
gackern cackle
gaffen gape; stare
Gage *f* salary; fee
gähnen yawn
Galerie *f* gallery
Galgen *m* gallows *sg*
Galle *f* bile; *Organ = ~blase* *f* gall bladder; **~nstein** *m* gallstone
Galopp *m*, **♭ieren** gallop
gamm|eln F bum around; **♭ler(in)** loafer, bum
Gang *m* walk; **~art:** *a.* gait, way *s.o.* walks; *Pferd:* pace; *Durch♭:* passage; *Kirche, aer. etc.:* aisle; → *Flur; mot.* gear; *gastr., (Ver)Lauf:* course; *in ~ bringen* get* *s.th.* going, start *s.th.; in ~ kommen* get* started; *im ~e sein* be* (going) on, be* in progress; *in vollem ~(e)* in full swing
gängig current; *econ.* sal(e)able

Gangschaltung *f* gears *pl; Hebel:* gear stick
Gans *f* goose
Gänse|blümchen *n* daisy; **~braten** *m* roast goose; **~haut** *f fig.* gooseflesh; *dabei kriege ich e-e ~* it gives me the creeps; **~rich** *m* gander
ganz *adj* whole; *heil:* a. undamaged; *den ~en Tag* all day; *sein ~es Geld* all his money; *adv* wholly, completely; *sehr:* very; *ziemlich:* quite, rather; **~ und gar nicht** not at all; → *groß*
gänzlich complete(ly)
Ganztagsbeschäftigung *f* full-time job
gar *Speisen:* done; *~ nicht(s)* not(hing) at all; *oder ~* or even; → *ganz*
Garage *f* garage
Garantie *f*, **♭ren** guarantee
Garde *f* guard; *mil.* Guards *pl*
Garderobe *f* wardrobe, clothes *pl;* cloakroom, *Am.* checkroom; *thea.* dressing room; *Flur♭:* coat rack
Gardine *f* curtain

gären ferment, work

Garn n yarn; thread

Garnele f shrimp, prawn

garnieren garnish

Garnison f garrison

Garnitur f set; *Möbel: a.* suite

Garten m garden

Gärtner|(in) gardener; **~ei** f market (*Am.* truck) garden

Gas n gas; **~ geben** accelerate; **2förmig** gaseous; **~hahn** m gas tap (*Am.* valve); **~heizung** f gas heating; **~herd** m gas cooker *od.* stove; **~leitung** f gas main; **~pedal** n accelerator

Gasse f lane, alley

Gast m guest; visitor; *im Lokal:* customer; **~arbeiter(in)** f foreign worker

Gästezimmer n guest room; spare (bed)room

gast|freundlich hospitable; **2freundschaft** f hospitality; **2geber(in)** host(ess); **2haus** n, **2hof** m restaurant; hotel; *Land2:* inn; **~lich** hospitable; **2spiel** n thea. (guest) performance; concert; **2stätte** f restaurant; **2stube** f taproom; restaurant; **2-wirt(in)** landl/ord (-lady); **2wirtschaft** f restaurant

Gas|werk n gasworks sg, pl; **~zähler** m gas meter

Gatt|e m husband; **~in** f wife

Gattung f type, class, sort; *biol.* genus; *Art:* species

GAU m MCA (maximum credible accident), *Am.*

worst-case scenario; nuclear meltdown

Gaumen m palate (*a. fig.*)

Gauner(in) swindler, crook

Gazelle f gazelle

Gebäck n pastry; → **Keks**

Gebärde f gesture

gebär|en give* birth to; **2-mutter** f uterus, womb

Gebäude n building

geben give*; *Karten:* deal*; *sich ~* behave; *nachlassen:* pass; get* better; **es gibt** there is, there are; *was gibt es?* what is it?; *zum Essen etc.:* what's for lunch *etc.?*; *TV etc.:* what's on?

Gebet n prayer

Gebiet n area; *bsd. pol.* territory; *fig.* field

Gebilde n object, structure

gebildet educated

Gebirg|e n mountains pl; **2ig** mountainous

Gebiß n (set of) teeth; *künstliches:* (set of) false teeth, denture(s) pl

geboren born; **~er Deutscher** German by birth; **~e Smith** née Smith

geborgen safe, secure

Gebot n eccl. commandment; *Vorschrift:* rule; *Erfordernis:* necessity; *Auktion:* bid

Gebrauch m use; **2en** use; *ich könnte ... ~* I could do with ...

gebräuchlich common

Gebrauchs|anweisung f instructions pl; **2t** used; econ.

a. second-hand; **~twagen** *m* used car

gebrechlich frail, infirm

Ge|brüder *pl* brothers *pl*; **~brüll** *n* roar(ing)

Gebühr *f* charge, fee; *Abgabe:* dues *pl*, rate(s *pl*); *Post:* postage; *Maut:* toll; **2end** due, proper; **2enfrei** free of charge; **2enpflichtig** subject to charge(s)

Geburt *f* birth; **~enkontrolle** *f,* **~enregelung** *f* birth control

gebürtig: ~ aus a native of

Geburts|datum *n* date of birth; **~jahr** *n* year of birth; **~ort** *m* birthplace; **~tag** *m* birthday; → **haben**; **~urkunde** *f* birth certificate

Gebüsch *n* bushes *pl*

Gedächtnis *n* memory

Gedanke *m* thought; idea; *sich* **~n machen über** think* about; be* worried about; **2nlos** thoughtless; **~nstrich** *m* dash

Ge|därme bowels *pl*, intestines *pl*; **~deck** *n* cover; → *Menü;* **2deihen** thrive,* prosper

gedenken (*gen*) remember; **~ zu** intend to; **2feier** *f* commemoration; **2stätte** *f* memorial

Gedicht *n* poem

Gedränge *n* crowd, crush

gedrungen stocky, thickset

Geduld *f* patience; **2en:** *sich* **~** wait; **be ~** patient; **2ig**

patient

ge|ehrt hono(u)red; *Brief:* **Sehr ~er Herr N.!** Dear Mr N.; **~eignet** suitable, fit

Gefahr *f* danger; *auf eigene* **~** at one's own risk

gefähr|den endanger; risk; **~lich** dangerous

Gefährte *m,* **~in** companion

Gefälle *n* slope, incline; *fig.* difference(*s pl*)

Gefallen¹ *f* favo(u)r

Gefallen² *n:* **~ finden an** take* pleasure in *s.th.;* take* (a fancy) to *s.o.*

gefallen please; *es gefällt mir* (*nicht*) I (don't) like it; (*wie*) *gefällt dir ...?* (how) do you like ...?; *sich* **~ lassen** put* up with

gefällig pleasant; obliging, kind; **2keit** *f* kindness; *Gefällen:* favo(u)r

gefangen captive; imprisoned; **2e(r)** prisoner; *Sträfling:* convict; **~nehmen** take* prisoner; *fig.* captivate; **2schaft** *f* captivity, imprisonment

Gefängnis *n* prison, jail; **~strafe** *f* prison sentence

Gefäß *n* vessel (*a. anat.*)

gefaßt composed; **~ auf** prepared for

Ge|fecht *n* mil. combat, action; **2federt** springy, resilient; **~fieder** *n* plumage, feathers *pl; fig.* **~flügel** *n* poultry; *fig.* **2fragt** in demand, popular; **2fräßig** voracious

gehen

gefrier|en freeze*; **2fach** n freezing compartment; **2fleisch** n frozen meat; **~getrocknet** freeze-dried; **2punkt** m freezing point; **2schrank** m, **2truhe** f freezer

Gefüge n structure; **2ig** (com)pliant

Gefühl n feeling; Sinn: a. sense; bsd. kurzes: sensation; **~sregung:** a. emotion; **2los** insensible; taub: numb; herzlos: unfeeling, heartless; **~voll** (full of) feeling; emotional; sanft: gentle; a. contp.: sentimental

gegen against; Mittel: for; ungefähr: about, around; für: (in return) for; verglichen mit: compared with

Gegen... Angriff, Argument etc.: counter...

Gegend f region, area

gegen|einander against each other; **2fahrbahn** f opposite lane; **2gewicht** n counterweight; **2gift** n antidote; **2leistung** f quid pro quo; **als ~** in return; **2licht** n back light; **bei** od. **im ~** against the light; **2maßnahme** f countermeasure; **2mittel** n antidote; **2satz** m contrast; **2genteil** n: opposite; **im ~ zu** in contrast to od. with; **im Widerspruch:** in opposition to; **~sätzlich** contrary, opposite; **2seite** f opposite side; **~seitig** adj mutual; adv gegen-

2spieler(in) opponent; **2stand** m object; Thema: subject (matter); **2stück** n counterpart; **2teil** n opposite; **im ~** on the contrary

gegenüber opposite; fig. to, toward(s); compared with; **~stehen** be* faced with, face; **~stellen** confront with; compare with s.th.

Gegen|verkehr m oncoming traffic; **~wart** f present (time); Anwesenheit: presence; gr. present (tense); **2wärtig** (at) present; **~wind** m head wind

Gegner|(in) opponent; Feind: enemy; **2isch** opposing; mil. enemy

Gehacktes n → Hackfleisch

Gehalt¹ m content

Gehalt² n salary; **~serhöhung** f (pay) rise, Am. raise

gehässig malicious, spiteful

Gehäuse n case, casing; zo. shell; Kern: core

geheim secret; **2dienst** m secret service; **2nis** n secret; mystery; **~nisvoll** mysterious

gehemmt inhibited, self-conscious

gehen go*; zu Fuß: walk; weg~: leave*; funktionieren: work; Ware: sell*; dauern: take*, last; möglich sein: be* possible; **~ um** be* about, concern; **wie geht es Ihnen?** how are you? **mir geht es gut** I'm fine; **es geht nichts**

gehenlassen

422

über there is nothing like; **~lassen: sich ~** let* o.s. go

geheuer: *nicht (ganz)* ~ eerie, creepy; *Sache:* fishy

Gehilf|e, ~in assistant

Gehirn *n* brain(s *pl*); **~erschütterung** *f* concussion

Gehör *n* hearing; ear

gehorchen obey

gehör|en belong (*dat, zu* to); *es gehört sich (nicht)* it's proper *od.* right (not done); **~ig** *adj* due, proper; F good; *adv* F thoroughly

gehorsam obedient; 2 *m* obedience

Geh|steig *m*, **~weg** *m* pavement, *Am.* sidewalk

Geier *m* vulture

Geige *f* violin, F fiddle; **~r(in)** violinist

geil randy, V horny; *sl.* magic, *Am.* awesome

Geisel *f* hostage; **~nehmer** *m* hostage-taker

Geiß(bock) → **Ziege(nbock)**

Geißel *f* scourge (*a. fig.*)

Geist *m* spirit; *Sinn, Gemüt, Verstand:* mind; *Witz:* wit; *Gespenst:* ghost

geistes|abwesend absentminded; **2gegenwart** *f* presence of mind; **~gegenwärtig** alert; *schlagfertig:* quick-witted; **~gestört** mentally disturbed; **~krank** insane, mentally ill; **2zustand** *m* state of mind

geistig mental; *Fähigkeiten etc.:* intellectual; **~ behin-**

dert mentally handicapped

geist|lich religious, spiritual; **2licher** *m* clergyman; priest; *protestantisch:* minister; **~los** trivial, silly; **~reich** witty, clever

Geiz *m* stinginess; **~hals** *m* skinflint, miser; **~ig** stingy

ge|konnt masterly, skil(l)ful; **2lächter** *n* laughter; **~laden** loaded; *electr.* charged; F furious; **~ haben** be* drunk; **~lähmt** paraly|sed, *Am.* -zed

Gelände *n* country, ground; *Bau2 etc.:* site; *auf dem (Betriebs- etc.)* ~ on the premises; **~...** *Lauf etc.:* cross-country ...

Geländer *n* banister(s *pl*); **~stange:** handrail; *Balkon, Brücke:* parapet

gelassen calm, cool

Gelatine *f* gelatin(e)

ge|läufig common; *vertraut:* familiar; **~launt:** *gut (schlecht)* ~ *sein* be* in a good (bad) mood

gelb yellow; **~lich** yellowish; **2sucht** *f* jaundice

Geld *n* money; **~anlage** *f* investment; **~automat** *m* cash dispenser, *Am.* automatic teller (machine); **~beutel** *m* purse; **~buße** *f* fine; **~schein** *m* (bank)note; **~schrank** *m* safe; **~strafe** *f* fine; **~stück** *n* coin; **~wechsel** *m* exchange of money

Gelee *n, m* jelly

gelegen situated; *passend:* convenient; **~ kommen** suit

Gelegenheit f occasion; *günstige:* opportunity; **~sarbeit** f odd job; **~skauf** m bargain

gelegentlich occasional(ly)

gelehrig docile; **~t** learned; **2te(r)** scholar

Gelenk n joint; **2ig** flexible (*a. tech.*), supple

gelernt skilled, trained

Geliebte f mistress; **~r** m lover

gelinde **~ gesagt** to put it mildly

gelingen succeed, be* successful; *geraten:* turn out (well); *es gelang mir, et. zu tun* I succeeded in doing (managed to do) s.th.

gellend shrill, piercing

geloben vow, promise

gelt|en be* valid; *Sport:* count; *Mittel etc.:* be* allowed; **~ für** apply to; *j-m* be* meant for s.o.; **~ als** be* regarded as; **~ lassen** accept; *nicht viel* **~** not count for much; **~end** *Recht etc.:* established; **~end machen** assert; **2ung** f prestige; *zur* **~ kommen** show* to advantage

Gelübde n vow

gelungen successful

gemächlich leisurely

Gemälde n painting, picture; **~galerie** f picture gallery

gemäß according to; **~igt** moderate; *meteor.* temperate

gemein mean; **~ haben (mit)** have* in common (with)

Gemeinde f *pol.* municipality; *Gemeinschaft:* community; *eccl.* parish; *in der Kirche:* congregation; **~rat** m (*Person:* member of the) local (*Am.* city) council

Gemein|heit f mean thing (to do *od.* say); F dirty trick; **2sam** common; *econ. a.* joint; **~ tun do*** *s.th.* together; **~schaft** f community

Gemetzel n massacre

Gemisch n mixture; **2t** mixed (*a. Gefühle etc.*)

Gemse f chamois

Gemurmel n murmur

Gemüse n vegetable(s *pl*); **~händler(in)** greengrocer, *Am.* retailer of fruit and vegetables

Gemüt n mind; **~sart:** nature; **2lich** comfortable, snug, cosy; *mach es dir* **~** make yourself at home; **~lichkeit** f cosiness; cosy *od.* relaxed atmosphere; **~sbewegung** f emotion; **~szustand** m state of mind

Gen n gene

genau exact(ly), precise(ly); *sorgfältig:* careful(ly); *zuhören etc.:* closely; **~genommen** strictly speaking; **2igkeit** f accuracy, precision

genehmig|en permit; *amtlich: a.* approve; F let treat o.s. to s.th.; **2ung** f permission; *Schein:* permit

geneigt inclined (**zu** to)

General m general; **~direktor(in)** general manager; **~konsul(at)** m (n) consul(ate) general; **~probe** f dress rehearsal; **~sekretär(in)** secretary-general; **~streik** m general strike; **~vertreter(in)** general agent

Generation f generation

Generator m generator

genes|en recover (**von** from); **2ung** f recovery

Genetik f genetics sg

genial brilliant

Genick n (back of the) neck

Genie n genius

genieren: sich ~ feel* od. be* embarrassed

genieß|bar edible; drinkable; **~en** enjoy (**et. zu tun** doing s.th.); **2er(in)** gourmet; bon vivant

Genitiv m genitive (case)

genormt standardized

Genoss|e m pol. comrade; **~enschaft** f co(-)operative (society); **~in** f pol. comrade

Gentechnik f genetic engineering

genug enough, sufficient

genüg|en be* enough; **das genügt** that will do; **~end** ~ **genug;** **~sam** modest

Genugtuung f satisfaction

Genus n gr. gender

Genuß m pleasure; Zusichnahme: consumption; **ein ~ a** real treat

Geo|graphie f geography;

~logie f geology; **~metrie** f geometry

Gepäck n luggage, Am. a. baggage; **~ablage** f luggage rack; **~annahme** f luggage counter; aer. check-in counter; **~aufbewahrung** f left-luggage office, Am. baggage room; **~ausgabe** f aer. luggage (Am. baggage) claim (area); rail. → **Gepäckaufbewahrung;** **~kontrolle** f luggage check; **~schein** m luggage ticket, Am. baggage check (receipt); **~stück** n piece of luggage; **~träger** m aer Rad etc.: rack; **~wagen** m luggage van; Am. baggage car

gepflegt well-groomed, neat

Ge|plapper n babbling; **~polter** n rumble; **~quassel** n blabber

gerade adj straight (a. fig.); Zahl etc.: even; direkt: direct; Haltung: upright, erect; adv just (a. ~ noch); **nicht** ~ not exactly; **ich wollte** ~ I was just about to; **warum ~ ich?** why me of all people?

Gerade f (straight) line; Boxen: jab; **2aus** straight ahead; **2wegs** straight, directly; **2zu** simply, downright

Gerät n device, F gadget; Haushalts2 etc.: appliance; TV etc.: set; Meß2: instrument; Werkzeug: tool; Turn2: apparatus; Ausrü-

stung: equipment, gear; tools *pl*; (kitchen) utensils *pl*

gerat|en turn out (*gut* well); **~ an** come* across; **~ in** get* into; **2ewohl** *n*: *aufs* **~** at random

geräumig spacious

Geräusch *n* sound, noise; **2-los** noiseless; without a sound

gerben tan

gerecht just, fair; **~ werden** do* justice to; **2igkeit** *f* justice, fairness

Gerede *n* talk; gossip

gereizt irritable

Gericht *n* dish; *jur.* court; **2lich** judicial, legal

Gerichts|hof *m* law court; *Oberster* **~** Supreme Court; **~medizin** *f* forensic medicine; **~saal** *m* courtroom; **~verhandlung** *f* (court) hearing; *Straf2*: trial; **~vollzieher** *m* bailiff, *Am.* marshal

gering little, small; *unbedeutend* = **~fügig** slight, minor; *Betrag, Vergehen*: petty; **~schätzig** contemptuous; **~ste** least

gerinnen curdle; *Milch a.* curdle; *Blut: a.* clot

Gerippe *n* skeleton

gerissen cunning, clever

gern(e) willingly, gladly; **~ haben** like, be* fond of; *et* (*sehr*) **~ tun** like (love) doing s.th.; **~ geschehen!** not at all

Geröll *n* scree

Gerste *f* barley; **~nkorn** *n*

Geruch *m* smell; *bsd. unangenehmer*: odo(u)r; *Duft*: scent; **2los** odo(u)rless

Gerücht *n* rumo(u)r

gerührt touched, moved

Gerümpel *n* lumber, junk

Gerundium *n* gerund

Gerüst *n* scaffold(ing)

gesamt whole, entire, total, all; **2ausgabe** *f* complete edition; **2heit** *f* whole, totality; **2schule** *f* comprehensive school

Gesandt|e(r) envoy; **~schaft** *f* legation, mission

Gesang *m* singing; *Lied*: song; **~buch** *n* hymn book; **~verein** *m* choral society

Gesäß *n* bottom

Geschäft *n* business; *Laden*: shop, *Am.* store; *gutes etc.*: deal, bargain; **2ig** busy, active; **2lich** *adj* business ...; *adv* on business

Geschäfts|... business ...; **~frau** *f* businesswoman; **~führer(in)** manager; **~mann** *m* businessman; **~ordnung** *f* rules *pl* of procedure; *parl.* standing orders *pl*; **~partner(in)** partner; **~räume** *pl* business premises *pl*; **~reise** *f* business trip; **~schluß** *m* closing-time; *nach* **~** *a.* after business hours

geschehen happen, occur, take* place; *es geschieht ihm recht* it serves him right; **2** *n* events *pl*

gescheit clever, bright

Geschenk *n* present, gift; **~packung** *f* gift box

Geschicht|e *f* story; *Wissenschaft*: history; *fig*. business, thing; **2lich** historical

Geschick *n* fate, destiny; *Können* = **~lichkeit** *f* skill; **2t** skil(l)ful

geschieden divorced

Geschirr *n* dishes *pl*; *Porzellan*: china; kitchen utensils *pl*, pots and pans; *Pferde*: harness; **~spüler** *m* dishwasher; **~tuch** *n* tea (*Am*. dish) towel

Geschlecht *n* sex; *Gattung*: kind, species; *Familie*: family; *gr*. gender; **2lich** sexual

Geschlechts|krankheit *f* venereal disease; **~teile** *pl* genitals *pl*; **~verkehr** *m* (sexual) intercourse

ge|schliffen cut; *fig*. polished; **~schlossen** closed; **~e Gesellschaft** private party

Geschmack *m* (*Sinn*: sense of) taste (*a. fig*.); *Aroma*: flavo(u)r; **2los** tasteless; **~ssache** *f* matter of taste; **2voll** tasteful; in good taste

geschmeidig supple, lithe

Gechöpf *n* creature

Geschoß *n* projectile, missile; *Stockwerk*: stor(e)y, floor

Geschrei *n* shouting; *Angst2*: screams *pl*; *Baby*: crying; *fig*. fuss

Geschütz *n* gun, cannon

Geschwader *n mar*. squad-

ron; *aer*. wing, *Am*. group

Geschwätz *n* babble; *Klatsch*: gossip; *Unsinn*: nonsense; **2ig** talkative

geschweige: **~ (denn)** let alone

Geschwindigkeit *f* speed; **~begrenzung** *f* speed limit; **~überschreitung** *f* speeding

Geschwister *pl* brother(s *pl*) and sister(s *pl*)

geschwollen swollen; *fig*. pompous, bombastic

Geschworene, *m, f* member of a jury; **die ~n** *pl* the jury *sg, pl*

Geschwulst *f* growth, tumo(u)r

Geschwür *n* abscess, ulcer

Geselchtes *n östr*. smoked meat

Gesell|e *m* journeyman, skilled worker; F fellow; **2ig** social; **~in** *f* trained woman hairdresser *etc*., journeywoman

Gesellschaft *f* society; *econ., Umgang*: company; party; *j-m* **~ leisten** keep* s.o. company; **2lich** social

Gesellschafts|... *Kritik etc*.: social ...; **2fähig** socially acceptable, decent; **~reise** *f* package *od*. conducted tour; **~spiel** *n* parlo(u)r game

Gesetz *n* law; **~buch** *n* code (of law); **~entwurf** *m* bill; **~geber** *m* legislator; **~gebung** *f* legislation; **2lich** law-

Gewalt

ful, legal; **~ geschützt** patented, registered
gesetzt staid; *Alter:* mature; **~ den Fall ...** supposing ...
gesetzwidrig illegal
Gesicht *n* face; **~sausdruck** *m* (facial) expression, look; **~sfarbe** *f* complexion; **~spunkt** *m* point of view, aspect; **~szüge** *pl* features *pl*
Gesindel *n* riffraff *sg, pl*
Gesinnung *f* mind; *Haltung:* attitude; *pol.* convictions *pl*
gespannt tense (*a. fig.*); *neugierig:* curious; **~ sein auf** be* anxious to see; **~ sein, ob (wie)** wonder if (how)
Gespenst *n* ghost; **2isch** ghostly, **2** spooky
Gespräch *n* talk (*a. pol.*), conversation; *teleph.* call; **2ig** talkative
Gestalt *f* shape (**annehmen** take*), form; *Figur, Person:* figure; **2en** arrange; *entwerfen:* design; *sich ... ~* turn out to be ...; **~ung** *f* arrangement; design; *Raum2:* decoration
geständ|ig: **~ sein** confess; **2nis** *n* confession
Gestank *m* stench, stink
gestatten allow, permit
Geste *f* gesture
gestehen confess
Ge|stein *n* rock, stone; **~stell** *n* stand, base; *Regal:* shelves *pl; Rahmen:* frame
gestern yesterday; **~ abend** last night

gestreift striped
gestrig yesterday's
Gestrüpp *n* undergrowth
Gestüt *n* stud farm
Gesuch *n* application; **2t** wanted (**wegen** for)
gesund healthy; (**wieder**) **~ werden** get* well (again); **~er Menschenverstand** common sense; **2heit** *f* health; **~!** bless you!
Gesundheits|amt *n* Public Health Office (*Am.* Department); **2schädlich** injurious to health; **ungesund:** unhealthy; **~zustand** *m* state of health
Getränk *n* drink, beverage
Getreide *n* grain, cereals *pl*
Getriebe *n* (**automatisches** automatic) transmission
getrost safely
Ge|tue *n* fuss; **~tümmel** *n* turmoil
Gewächs *n* plant; *Wein, med.:* growth; **~haus** *n* greenhouse, hothouse
ge|wachsen: j-m ~ sein be* a match for s.o.; **e-r Sache ~ sein** be* equal to s.th.; **~wagt** daring; *Witz:* risqué
Gewähr *f:* **~ übernehmen (für)** guarantee; **2en** grant, allow; **2leisten** guarantee
Gewahrsam *m:* **in ~ nehmen** take* in safekeeping (*j-n:* into custody)
Gewalt *f* force, violence; *Macht:* power; *Beherrschung:* control; **mit ~** by

force; **2ig** powerful, mighty; *riesig*: enormous; **~losigkeit** *f* non-violence; **2sam** *adj* violent; *adv* by force; **~ öffnen** force open; **2tätig** violent

Gewand *n* robe, gown; *eccl.* vestment

gewandt nimble; *geschickt*: skil(l)ful; *fig.* clever

Ge|wässer *n* body of water; **~** *pl* waters *pl*; **~webe** *n* fabric; *biol.* tissue; **~wehr** *n* gun; **~weih** *n* antlers *pl*, horns *pl*

Gewerb|e *n* trade, business; **2lich** commercial, industrial; **2smäßig** professional

Gewerkschaft *f* (trade) union, *Am.* labor union; **~(l)er(in)** trade (*Am.* labor) unionist; **2lich** trade (*Am.* labor) union

Gewicht *n* weight (*a. fig.*); **~heben** *n* weight lifting; **2ig** weighty

gewillt willing, ready

Ge|wimmel *n* throng; **~winde** *n* thread

Gewinn *m* profit; *Ertrag*: gain(s) *pl*; *Lotterie*: prize; *Spiel2*: winnings *pl*; **2bringend** profitable; **2en** win*; *tech.* extract, mine; *fig.* gain; **~er(in)** winner

gewiß certain(ly)

Gewissen *n* conscience; **2haft** conscientious; **2los** unscrupulous; **~sbisse** *pl* pricks *pl* of conscience

gewissermaßen to a certain extent, more or less

Gewißheit *f* certainty

Gewitter *n* thunderstorm

gewöhnen: sich (j-n) ~ an get* (s.o.) used to

Gewohnheit *f* habit

gewöhnlich common, ordinary, usual; *unfein*: vulgar; **wie ~** as usual

gewohnt usual; **~ sein** be* used to (*doing*) s.th.

Gewölbe *n* vault

gewunden winding

Gewürz *n* spice; **~gurke** *f* pickle(d gherkin)

Gezeiten *pl* tide(s *pl*)

geziert affected

Gezwitscher *n* chirp(ing), twitter(ing)

gezwungen forced, unnatural

Gicht *f* gout

Giebel *m* gable

Gier *f* greed; **2ig** greedy

gieß|en pour; *tech.* cast*; *Blumen*: water; **es gießt** it's pouring; **2erei** *f* foundry; **2kanne** *f* watering can

Gift *n* poison; *zo. a.* venom (*a. fig.*); **2ig** poisonous; venomous (*a. fig.*); *vergiftet*: poisoned; *chem., med.* toxic; **~müll** *m* toxic waste; **~pilz** *m* poisonous mushroom, toadstool; **~schlange** *f* venomous snake; **~zahn** *m* poisonous fang

Gipfel *m* summit, top; *Spitze*: peak; F limit; **~konferenz** *f* summit (meeting)

Gips *m* plaster (of Paris); **in ~**

med. in (a) plaster (cast); **∼abdruck** *m*, **∼verband** *m* plaster cast

Giraffe *f* giraffe

Girlande *f* garland

Girokonto *n* current (*Am.* checking) account

Gischt *m*, *f* (sea) spray

Gitarre *f* guitar

Gitter *n* lattice; *Fenster:* grating; *hinter ∼n* behind bars

Glanz *m* shine, gloss, lust|re, *Am.* -er; *fig.* glamo(u)r

glänzen shine*, gleam; 2**∼end** shiny, glossy, brilliant (*a. fig.*)

Glas *n* glass; **∼er(in)** glazier

glas|ieren glaze; *Kuchen:* ice, frost; **∼ig** glassy; 2**scheibe** *f* (glass) pane; 2**ur** *f* glaze; *Kuchen:* icing

glatt smooth (*a. fig.*); *rutschig:* slippery; *Sieg:* clear; *Lüge etc.:* downright

Glätte *f* slipperiness

Glatteis *n* (black, *Am.* glare) ice; *icy roads pl*

glätten smooth

glattrasiert clean-shaven

Glatze *f* bald head; *e-e ∼ haben* be* bald

Glaube *m* belief, *bsd. eccl.* faith (*beide:* **an** in); 2**n** believe; *meinen:* a. think*; *annehmen:* a. suppose; **∼nsbekenntnis** *n* creed

glaubhaft credible

Gläubiger *m* creditor

glaubwürdig credible

gleich *adj* same; *Rechte, Lohn etc.:* equal; *zur ∼en Zeit* at the same time; *es ist mir ∼* it doesn't make any difference to me; (*ist*) **∼** *math.* equals, is; *adv* alike, equally; *so∼:* at once, right away; *∼ groß (alt)* of the same size (age); *∼ nach (neben)* right after (next to); *∼ gegenüber* just opposite; *es ist ∼ 5* it's almost 5 o'clock; **∼altrig** (of) the same age; **∼berechtigt** having equal rights; 2**berechtigung** *f* equal rights *pl*; **∼bleibend** constant, steady; **∼en** be* *od.* look like; *∼falls* also, likewise; *danke, ∼!* (thanks,) the same to you!; 2**gewicht** *n* balance (*a. fig.*); **∼gültig** indifferent (*gegen* to); *das (er) ist mir ∼* I don't care (for him); 2**gültigkeit** *f* indifference; **∼heit** *f* equality; **∼mäßig** regular; *Verteilung:* equal; **∼namig** of the same name; 2**strom** *m* direct current, DC; 2**ung** *f* *math.* equation; **∼wertig** equally good; **∼er Gegner** *s.o.'s* match; **∼zeitig** simultaneous(ly), at the same time

Gleis *n* rails *pl*, track(s *pl*), line; *Bahnsteig:* platform, *Am. a.* gate

gleit|en glide, slide*; **∼end:** *∼e Arbeitszeit* flexible working hours *pl*; 2**flug** *m* glide; 2**schirmfliegen** *n* paragliding

Gletscher *m* glacier; **∼spalte** *f* crevasse

Glied n anat. limb; Penis: penis; tech.: divide (in into) structure; divide (in into) **2ern**

glimmen smo(u)lder

glimpflich: ~ **davonkommen** get* off lightly

glitschig slippery

glitzern glitter, sparkle

glob|al global; **2us** m globe

Glocke f bell; **2nspiel** n chimes pl; **~nturm** m bell tower

glotzen gawk, gawp

Glück n (good) luck, fortune; Gefühl: happiness; ~ **haben** be* lucky; **viel** ~! good luck!; **zum** ~ fortunately

Glucke f sitting hen

glücken → **gelingen**

gluckern gurgle

glücklich happy; vom Glück begünstigt: lucky, fortunate; **~erweise** fortunately

glucksen gurgle; F chuckle

Glück|spiel n game of chance; gambling; **2strahlend** radiant; **~wunsch** m congratulations pl (zu on); **herzlichen** ~! congratulations!; happy birthday!

Glüh|birne f light bulb; **2end** glowing; Eisen: red-hot; fig. ardent; **2endheiß** blazing hot; **~wein** m mulled wine; **~würmchen** n glow-worm

Glut f (glowing) fire; embers pl; Hitze: blazing heat; fig. ardo(u)r

GmbH f limited company,

Am. close corporation

Gnade f mercy; eccl. grace; Gunst: favo(u)r; **~ngesuch** n petition for mercy

gnädig merciful; gütig: gracious; **~e Frau** madam

Goal n östr. goal

Gold n gold; **~barren** m gold bar od. ingot; **2en** gold(en) fig.; **~fisch** m goldfish; **2ig** fig. sweet, cute; **~schmied(in)** goldsmith; **~stück** n gold coin; fig. gem

Golf[1] m geogr. gulf

Golf[2] n golf; **~platz** m golf course; **~schläger** m golf club; **~spieler(in)** m golfer

Gondel f gondola; cabin

gönne|n: j-m: (s.th.) et. ~ allow s.o. (o.s.) s.th.; neidlos: not (be)grudge s.o. s.th.; **~rhaft** patronizing

Gorilla m gorilla (a. fig.)

Gosse f gutter (a. fig.)

Gott m God; **2heit** f: god; ~ **sei Dank**(!) thank God(!); **um** ~**es willen!** for heaven's sake!

Gottes|dienst m (divine, Am. worship) service; **~lästerung** f blasphemy

Gött|in f goddess; **2lich** divine

Götze m, **~nbild** n idol

Gouverneur m governor

Grab n grave; tomb; **~en** m ditch; mil. trench; **2en** dig*; Tier: a. burrow; **~gewölbe** n vault, tomb; **~mal** n tomb; Ehrenmal: monument; **~schrift** f epitaph; **~stein** m tombstone, gravestone

Grad *m* degree; *mil. etc.* rank, grade; **15 ~ Kälte** 15 degrees below zero; **2uell** in degree; *gradweise:* gradual(ly)

Graf *m* count; *Brt.* earl

Gräfin *f* countess

Grafschaft *f* county

Gramm *n* gram

Grammati|k *f* grammar; **2sch** grammatical

Granate *f mil.* shell

Granit *m* granite

Graph|ik *f* graphic arts *pl*; *Druck:* print; *tech. etc.* graph, diagram; **~iker(in)** graphic artist; **2isch** graphic

Gras *n* grass; **2en** graze

gräßlich hideous, atrocious

Grat *m* ridge, crest

Gräte *f* (fish)bone

gratis free (of charge)

gratulieren congratulate (*zu* on); *zum Geburtstag* ~ wish *s.o.* many happy returns (of the day)

grau grey, *bsd. Am.* gray

grau|en: *mir graut vor* I dread (the thought of); **2en** *n* horror; **~enhaft** horrible

Graupel *f* sleet

grau|sam cruel; **2samkeit** *f* cruelty; **~sen** → *grauen*; **~sig** horrible

gravieren engrave

graziös graceful

greif|bar at hand; *fig.* tangible; **~en** seize, grab, take* hold of; **~ nach** reach for; **~ zu** resort to; *um sich* ~ spread*

Greis(in) (very) old (wo)man

grell glaring; *Ton:* shrill

Grenze *f* border; *Linie:* boundary; *fig.* limit; **2n:** ~ *an* border on; *fig. a.* verge on; **2nlos** boundless

Grenzübergang *m* border crossing(-point), checkpoint

Griech|e *m,* **~in,** **2isch** Greek

griesgrämig grumpy

Grieß *m* semolina

Griff *m* grip, grasp; *Tür2, Messer2 etc.:* handle

Grill *m* grill; *bsd. draußen:* barbecue; **~e** *f zo.* cricket; **2en** grill, barbecue; **2fest** *n* barbecue

Grimasse *f* grimace; **~n schneiden** make* faces

grimmig grim

grins|en grin (*über* at); *höhnisch:* sneer (at); **2en** *n* grin; sneer

Grippe *f* flu, influenza

grob coarse (*a. fig. derb*); *Fehler etc.:* gross; *frech:* rude; *ungefähr:* rough(ly)

grölen bawl

grollen *Donner:* rumble

Groschen *m* ten-pfennig piece; *fig.* penny

groß big; *bsd. Umfang, Zahl:* large; *hoch(gewachsen):* tall; *erwachsen:* grown-up; *fig. bedeutend:* great (*a. Freude, Schmerz etc.*); *Buchstabe:* capital; **~es Geld** paper money; F big money; *im* **~en** *(und) ganzen* on the whole; **~artig** great, F *a.* terrific; **2aufnahme** *f* close-up

Größe f size; Körper2: height; bsd. math. quantity; Bedeutung: greatness; Person: celebrity; star

Groß|eltern pl grandparents pl; **~handel** m wholesale (trade); **~händler** m wholesaler; **~macht** f Great Power; **~mutter** f grandmother; **~schreibung** f capitalization; **2spurig** arrogant; **~stadt** f big city

größtenteils mostly, mainly

Groß|vater m grandfather; **~wild** n big game; **2ziehen** raise, rear; Kind: a. bring* up; (a. Erziehung): Planung etc.: on a large scale

grotesk grotesque

Grotte f grotto

Grübchen n dimple

Grube f pit; Bergwerk: mine

grübeln ponder, muse (über on, over)

Gruft f tomb, vault

grün green (a. fig. u. pol.); → **Grüne**; **2anlage** f park

Grund m reason; Boden: ground; agr. a. soil; Meer etc.: bottom; aus diesem **~(e)** for this reason; im **~(e)** actually, basically; **~...** Ausbildung, Regel, Wissen etc.: mst basic ...; **~begriffe** pl basics pl, fundamentals pl; **~besitz** m land(ed property); **~besitzer(in)** landowner

gründe|n found (a. Familie),

establish; **2r(in)** founder

Grund|fläche f math. base; arch. (surface) area; **~gebühr** f basic rate; **~gedanke** m basic idea; **~gesetz** n constitution; **~lage** f foundation; **~legend** fundamental, basic

gründlich thorough(ly)

grund|los fig. unfounded; **2mauer** f foundation

Gründonnerstag m Maundy Thursday

Grund|riß m ground plan; **~satz** m principle; **2sätzlich** fundamental; **~ dagegen** against it on principle; **~schule** f primary school; **~stein** m foundation stone; **~stück** n plot (of land); (building) site; premises pl; **~stücksmakler(in)** (Am. real) estate agent

Gründung f foundation

grund|verschieden entirely different; **2wasser** n groundwater

Grüne(r) pol. Green

grunzen grunt

Gruppe f group; **2ieren** group; sich ~ form groups

Grusel|... Film etc.: horror ...; **2ig** eerie, creepy; **2n: es gruselt mich** it gives me the creeps

Gruß m greeting(s pl); mil. salute

Grüße pl: viele **~ an ...** give my regards (herzlicher: love) to ...; **mit freundlichen ~n**

yours sincerely; *herzliche* ~ best wishes; love; 2n greet, say* hello (to); *bsd. mil.* salute; *grüß dich!* hello!, hi!; *(j-n)* ~ *lassen* send* one's regards *od.* love

gucken look; F *TV* watch

Gulasch *n* goulash

gültig valid, good *(a. Sport)*; **2keit** *f* validity

Gummi *n* rubber *(a.* F *Kondom u. in Zssgn Ball, Sohle etc.);* **~band** *n* rubber band; **2eren** gum; **~knüppel** *m* truncheon, *Am. a.* billy *(club);* **~stiefel** *pl* Wellington *(Am.* rubber) boots *pl*

günstig favo(u)rable; *passend:* convenient; *Preis:* reasonable; *im ~sten Fall* at best

Gurgel *f* throat; 2n gargle; *Wasser:* gurgle

Gurke *f* cucumber; *Gewürz2:* pickle(d gherkin)

Gurt *m* belt; *Halte2, Trage2:* strap

Gürtel *m* belt

Guß *m* downpour; *tech.* casting; *gastr.* icing; *~eisen* *n* cast iron

gut *adj* good; *Wetter:* a. fine; *ganz* ~ not bad; *also* ~! all right (then)!; *schon* ~! never mind!; *(wieder)* ~ *werden* be* all right; ~ *in et.* good at (doing) s.th.; *adv* well; *aussehen, klingen, schmecken etc.:* good; *mach's* ~! take care (of yourself)!

Gut *n* estate; *econ.* goods *pl*

Gut|**achten** *n* (expert) opinion; **~achter(in)** expert; **2artig** good-natured; *med.* benign; **2aussehend** good-looking

Gute *n* good; **~s tun** do* good; *alles* ~! good luck!

Güte *f* kindness; *econ.* quality; *meine* ~ good gracious!

Güter *pl* goods *pl*; **~bahnhof** *m* goods station, *Am.* freight depot; **~wagen** *m* (goods) waggon, *Am.* freight car; **~zug** *m* goods *(Am.* freight) train

gut|**gehen** go* (off) well, work out well; *wenn alles gutgeht* if nothing goes wrong; *mir geht es gut* I'm (*bsd. finanziell:* doing) fine; **~gelaunt** cheerful; → *gelaunt;* **~gemeint** well-meant; **~gläubig** credulous; **~haben:** *du hast (noch)* ... *gut* I (still) owe you ...; **2haben** *n* credit (balance)

gut|**machen** make* up for, repay*; **~mütig** good-natured

Gut|**schein** *m* coupon, voucher; **~schrift** *f* credit(ing)

Guts|**haus** *n* manor house; **~hof** *m* estate, manor

guttun do* *s.o.* good

Gymnasium *n* (German) secondary school, *Brt. appr.* grammar school

Gymnastik *f* exercises *pl*; *Turnen:* gymnastics pl

Gynäkolog|**e, ~in** gyn(a)ecologist

H

Haar n hair; *sich die ~e schneiden lassen* have* one's hair cut; *um ein ~* by a hair's breadth; **~bürste** f hairbrush; **~festiger** m hair (setting) spray; **2ig** hairy; fig. a. ticklish; in Zssgn: ...-haired; **~klemme** f hair clip, Am. bobby pin; **~nadel** f hairpin; **~nadelkurve** f hairpin bend (Am. curve); **~schnitt** m haircut; **~spalterei** f hairsplitting; **~sträubend** hair-raising; **~trockner** m hair dryer; **~wäsche** f, **~waschmittel** n shampoo; **~wasser** n hair tonic

Habe f s.o.'s belongings pl

haben have* (got); *er hat Geburtstag* it's his birthday; *welche Farbe hat ...?* what colo(u)r is ...?; → *Durst, Hunger* etc.

habgierig greedy

Habicht m (gos)hawk

Hacke f hoe; Ferse: heel; **2en** chop (a. Fleisch), hack; **~er** m EDV hacker; **~fleisch** n minced (Am. ground) meat

Hafen m harbo(u)r, port; **~arbeiter** m docker; **~stadt** f (sea)port

Hafer m oats pl; **~brei** m porridge; **~flocken** pl rolled oats pl; **~schleim** m gruel

Haft f imprisonment; *in ~* un-

der arrest; **2bar** responsible; jur. liable; **2en** stick*, adhere (an to); **~ für** answer for, be* liable for

Häftling m prisoner

Haftpflichtversicherung f liability (mot. third-party) insurance; **~ung** f liability

Hagel m hail (a. fig.); **~korn** n hailstone; **2n** hail (a. fig.)

hager lean, gaunt

Hahn m cock; Haus2: Am. a. rooster; Wasser2: tap, Am. a. faucet; → *Gashahn*

Hähnchen n chicken

Hai(fisch) m shark

häkeln crochet

Haken m hook; Zeichen: tick, Am. check; fig. snag, catch; **~kreuz** n swastika

halb half; *e-e ~e Stunde* half an hour; *~ elf* half past ten, 10.30; **2finale** n semifinal; **~ieren** halve; **2insel** f peninsula; **2kreis** m semicircle; **2kugel** f hemisphere; **2laut** adj low; adv in an undertone; **2leiter** m semiconductor; **2mond** m half moon, crescent; **2pension** f half board, Am. room plus one main meal; **2schuh** m (low) shoe; **2tags...** part-time ...; half day ...; **~wegs** more or less; *leidlich:* tolerably; **2wüchsige(r)** adolescent, teenager; **2zeit** f half; *Pause:* half time

Hälfte f half; *die ~ von* half of

Halfter n halter; holster

Halle f hall; *Hotel: a.* lounge; *in der ~* indoors

hallen resound, reverberate

Hallenbad n indoor swimming pool

Halm m blade; *Getreide:* stalk, stem; *Stroh2:* straw

hallo hello!; *Gruß: a.* hi!

Hals m neck; *Kehle:* throat; **~band** n *Hund etc.:* collar; **~entzündung** f sore throat; **~kette** f necklace; **~Nasen-Ohren-Arzt** m ear-nose-and-throat doctor; **~schlagader** f carotid; **~schmerzen** pl: ~ *haben* have* a sore throat; **~tuch** n scarf

Halt m hold; *Stütze:* support; *Stopp:* stop, halt; *2!* stop!; *mil.* halt!; **2bar** durable; *Lebensmittel:* not perishable; *fig.* tenable; **~barkeitsdatum** n sell-by (*Am.* expiration) date

halten v/t hold*; *Tier, Wort etc.:* keep*; *Rede:* make*; ~ *für* regard as; *irrtümlich:* (mis)take* for; *viel (wenig) ~ von* think* highly (little) of; *sich ~* keep*; *Wetter etc.:* last; *v/i* hold*, last; *an~:* stop; **~zu** stand* by

Halt|er m owner; *tech.* holder, stand, rack; **~estelle** f stop; **~everbot** n no stopping (area); **2machen** stop; **~ung** f

posture; *fig.* attitude (*zu* towards)

hämisch malicious

Hammel m wether; **~fleisch** n mutton

Hammer m hammer

hämmern hammer

Hampelmann m jumping jack; *contp.* clown, sucker

Hamster m hamster; **2n** hoard

Hand f hand; *von (mit der) ~* by hand; *sich die ~ geben* shake* hands (with s.o.); *Hände hoch!* hands up!; **~arbeit** f manual labo(u)r; needlework; *es ist ~* it is handmade; **~ball** m handball; **~bremse** f handbrake; **~buch** n manual, handbook

Händedruck m handshake

Handel m commerce; **~sverkehr:** trade; *abgeschlossener:* transaction, deal; ~ *treiben* trade (*mit* with s.o.); **2n** act; *feilschen:* bargain (*um* for); **~ mit** deal* od. trade in s.th.; **~ von** deal* with, be* about

Handels|abkommen n trade agreement; **~bilanz** f (*aktive* favo[u]rable) balance of trade; **~kammer** f Chamber of Commerce; **~schule** f commercial school; **~ware** f merchandise

Hand|feger m handbrush; **~fläche** f palm; **~gelenk** n wrist; **~gemenge** n scuffle; **~gepäck** n hand luggage; **~granate** f hand grenade;

~griff m tech. etc. handle; *Verrichtung:* operation; **~haben** handle, manage
Händler(in) dealer, trader
handlich handy
Handlung f act(ion); *Film, Buch:* story, plot, action; *econ.* shop, store; **~sweise** f conduct
Hand|schellen pl handcuffs pl; **~schrift** f hand(writing); *hist.* manuscript; **2schriftlich** handwritten; **~schuh** m glove; **~tasche** f handbag; **~tuch** n towel; **~voll** f handful; **~werk** n (handi)craft, trade; **~werker(in)** crafts(wo)man, work(wo)man; **~werkzeug** n tools pl
Hanf m hemp
Hang m slope; *fig.* inclination (**zu** for), tendency (to)
Hänge|brücke f suspension bridge; **~matte** f hammock
hängen hang* (**an** on); **~ an** *fig.* be* fond of; *stärker:* be* devoted to; **~bleiben** get* stuck (*a. fig.*); **~ an** get* caught on
hänseln tease (**wegen** about)
Happen m morsel, bite
Hardware f hardware
Harfe f harp
Harke, **2n** rake
harmlos harmless
Harmon|ie f harmony; **2ieren** harmonize; **2isch** harmonious
Harn m urine; **~blase** f (urinary) bladder

Harpun|e, **2ieren** harpoon
hart hard, F *a.* tough; *Sport:* rough; *streng:* severe
Härte f hardness; roughness; severity
hart|gekocht hard-boiled; **~näckig** stubborn
Harz n resin
Haschisch n hashish, *sl.* pot
Hase m hare
Haselnuß f hazelnut
Hasenscharte f harelip
Haß m hatred, hate
hassen hate
häßlich ugly; *fig. a.* nasty
hastig hasty, hurried
Haube f bonnet; *Schwestern2:* cap; *mot.* bonnet, *Am.* hood
Hauch m breath; *Duft:* whiff; *fig.* touch; **2en** breathe
hauen hit*; *tech.* hew*; **sich ~** have* a fight, fight*
Haufen m heap, pile; F *fig.* crowd; **ein ~** F loads of
häuf|en pile up, accumulate; (*beide a.* **sich ~**); **sich ~** *fig.* increase; **~ig** frequent(ly)
Haupt n head; *fig.* a. leader; **~... in** *Zssgn mst* main ...; **~bahnhof** m main od. central station; **~darsteller(in)** lead(ing man od. lady); **~figur** f main character; **~film** m feature (film); **~gewinn** m first prize
Häuptling m chief(tain)
Haupt|mann m captain; **~quartier** n headquarters pl; **~rolle** f lead(ing part);

sache f main thing; **2-sächlich** main(ly), chief(ly); **~satz** m gr. main clause; **~stadt** f capital; **~straße** f main street; → **~verkehrsstraße** f main road; **~verkehrszeit** f rush hour(s pl)

Haus n house; **nach ~e** home; **zu ~e** at home; **~angestellte(r)** domestic (servant); **~apotheke** f medicine cabinet; **~arbeit** f housework; univ. etc. paper; **~arzt**, **~ärztin** family doctor; **~aufgaben** pl homework sg; **~besetzer(in)** squatter; **~besitzer(in)** home owner; Vermieter(in): land|lord (-lady); **~flur** m hall; **~frau** f housewife; **~halt** m household; econ. pol. budget; **~hälterin** f housekeeper; **~herr(in)** land|lord (-lady); Gastgeber(in): host(ess)

hausiere|n peddle, hawk; **2r(in)** pedlar, hawker

häuslich domestic

Haus|meister(in) caretaker, janitor; **~ordnung** f house rules pl; **~schlüssel** m front-door key; **~schuh** m slipper; **~suchung** f house search; **~tier** n domestic animal; **~tür** f front door; **~wirt(in)** land|lord (-lady); **~wirtschaft** f housekeeping; Lehre: domestic science, Am. home economics sg

Haut f skin; **~arzt**, **~ärztin** dermatologist; **~farbe** f

colo(u)r (of one's skin); Teint: complexion

Hebamme f midwife

Hebebühne f (car) hoist

Hebel m lever

heben lift, raise (a. fig.); heave; **sich ~** rise*, go* up

hebräisch Hebrew

Hecht m pike; **2en** dive*

Heck n mar. stern; aer. tail; mot. rear (a. in Zssgn)

Hecke f hedge

Heer n army; fig. a. host

Hefe f yeast

Heft n notebook; Schul2: Brt. a. exercise book; **~chen**: booklet; Ausgabe: issue, number; **2en** fasten, fix (an to); tech. staple, tack; **~er** m stapler; Ordner: file

heftig violent, fierce; stark: hard; Schmerz: severe

Heft|klammer f staple; **~pflaster** n adhesive plaster, Am. band-aid

hegen preserve; fig. have

Heide¹ m heathen

Heide² f heath(land); **~kraut** n heather, heath

Heidelbeere f → Blaubeere

heidnisch heathen

heikel delicate, tricky

heil safe, unhurt; Sache: undamaged, whole

Heil|anstalt f sanatorium; Nerven2: mental hospital; **2bar** curable; **2en** v/t cure; v/i heal (up)

heilig holy; geweiht: sacred (a. fig.); **2abend** m Christ-

Heilige(r)

sanctuary, shrine

Heil|mittel n remedy; **~prak-
tiker(in)** nonmedical practi-
tioner

heim, 2 n home (a. in Zssgn
Spiel etc.); **2arbeit** f out-
work, Am. homework

Heimat f home, native country; Ort: home; native
village; **2los** homeless

Heim|computer m home
computer; **2isch** home, domestic; zo., zo. etc.: native;
sich ~ fühlen feel* at home;
2kehren, 2kommen return
home; **2lich** secret(ly); **2-
reise** f journey home; **2-
tückisch** insidious (a.
Krankheit); Mord etc.:
treacherous; **~weg** m way
home; **~weh** n homesick-
ness; **~ haben** be homesick;
~werker m home mechanic,
do-it-yourselfer

Heirat f marriage; **2en** marry,
get* married (to s.o.); **~s-
antrag** m proposal

heiser hoarse; **2keit** f hoarse-
ness

heiß hot (a. fig. u. F); **mir ist ~**
I am od. feel hot

heißen be* called; bedeuten:
mean*; **wie ~ Sie?** what's
your name?; **wie heißt das?**
what do you call this?; **es
heißt im Text:** it says; **das
heißt** that is

heiter cheerful; Film etc.: humorous; meteor. fair; **2keit** f

Belustigung: amusement

heiz|en heat; **2er** m mar.,
rail. stoker; **2kissen** n heating pad; **2körper** m radiator; **2öl** n fuel oil; **2platte** f
hot plate; **2ung** f heating

hektisch hectic

Held m hero; **2enhaft** heroic;
~in f heroine

helfen help (bei with); **~
gegen** be* good for; **er weiß
sich zu ~** he can manage; **es
hilft nichts** it's no use

Helfer(in) helper, assistant

hell light (a. Farbe); Licht
etc.: bright; Klang, Stimme:
clear; Kleid etc.: light-
colo(u)red; Bier: pale; fig.
bright, clever; **~es** Bier etc.:
light ...; **~blond** very fair;
2seher(in) clairvoyant(e)

Helm m helmet

Hemd n shirt

hemm|en check, stop; **~
gehemmt;** **2ung** f psych. in-
hibition; moralisch: scruple;
~ungslos unrestrained; unscrupulous

Hengst m stallion

Henkel m handle

Henne f hen

Henker m executioner

her hier~: here; zeitlich: ago;
von ... ~ from

herab down; **~lassend** con-
descending; **~sehen: ~ auf**
look down upon; **~setzen**
reduce; fig. disparage

heran: ~ an up to; **~kom-
men: ~ an** come* near to;

~wachsen grow* (up) (**zu** into); **Qwachsende(r)** adolescent

herauf up (here); upstairs; **~beschwören** call up; *verursachen*: provoke; **~ziehen** *v/t* pull up; *v/i* come* up

heraus out; *fig. aus ... ~* out of ...; **~bekommen** get* out; *Geld*: get* back; *fig.* find* out; **~bringen** bring* out; *fig. = ~finden* find* out, discover; **~fordern** challenge; *=*: provoke, ask for it; **Qforderung** *f* challenge; provocation; **~geben** give* back; *ausliefern*: give* up, surrender; *Buch*: publish; *Geld*: give* change (**auf** for); **Qgeber(in)** publisher; *Zeitung*: editor; **~holen** get* out (**aus** of); **~kommen** come* out; **~aus** get* out of; **groß ~** make* it (big); **~nehmen** take* out; **sich et.** ~ take* liberties; **sich ~ als** turn out *od.* prove* to be; **~strecken** stick* out; **~ziehen** pull out

herb *Geschmack*: tart; *Wein*: dry; *fig.* bitter; F tough

herbei up, over, here

Herberge *f* hostel

Herbst *m* autumn, *Am. a.* fall

Herd *m* cooker, *Am.* stove

Herde *f* herd; *Schaf*², *Gänse*² *etc.*: flock

herein in (here); **~fallen** be* taken in; **~legen** *fig.* take* in, fool

her|fallen: ~ über attack; **Qgang** *m*: **den ~ schildern** give* an account of what happened; **~geben** give* up; **sich ~ zu** lend* o.s. to

Hering *m* herring

her|kommen come* (here); **Qkunft** *f* origin; *j-s*: *a.* birth

Heroin *n* heroin

Herr *m* gentleman; *Besitzer*, *Gebieter*: master; *eccl. the* Lord; **~ Brown** Mr Brown; *m-e* **~en** gentlemen

Herren|... *in Zssgn* men's ...; **Qlos** ownerless

herrichten get* *s.th.* ready

Herrin *f* mistress

herrisch imperious

herrlich marvel(l)ous

Herrschaft *f* rule, power, control (*a. fig.*) (**über** over); *(m-e)* **~en!** (ladies and) gentlemen!; F folks!

herrsche|n rule; **es herrschte ...** there was ...; **Qr(in)** ruler; sovereign, monarch

her|rühren: ~ von come* from; **~stellen** make*, produce, manufacture; *fig.* establish; **Qstellung** *f* manufacture, production

herüber over (here), across

herum (a)round; **~führen** show* *s.o.* (a)round; **~kommen** get* around (**um** *et.* *s.th.*); **~kriegen: ~ zu** get* *s.o.* to do *s.th.*; **~lungern** loaf *od.* hang* around; **~reichen** pass *od.* hand round; **~treiben: sich ~** knock about

herunter down; downstairs;
~**gekommen** run-down; *a.
Person*: seedy, shabby; ~
holen get* down; ~**kommen** come* down(stairs); *
fig.* get* run-down

hervor out of *od.* from, forth;
~**bringen** bring* out, produce (*a. fig.*); *Wort*: utter;
~**gehen**: ~ **aus** follow from;
~**heben** stress, emphasize;
~**ragend** *fig.* outstanding;
~**rufen** cause, bring* about;
~**stechend** *fig.* striking

Herz *n anat.* heart (*a. fig.*);
Karten: heart(s *pl*); ~**anfall**
m heart attack; ~**enslust** *f*:
nach ~ to one's heart's content; ~**fehler** *m* heart defect;
2**haft** hearty; *nicht süß*:
savo(u)ry; ~**infarkt** *m* cardiac infarct(ion), F *mst* coronary; ~**klopfen** *n med.*
palpitation; *er hatte* ~ (*vor*)
his heart was throbbing
(with); ~**krank** suffering
from a heart disease; 2**lich**
cordial, hearty; ~**lichkeit** *f*
cordiality; 2**los** heartless

Herzog *m* duke; ~**in** *f* duchess; ~**tum** *n* duchy

Herz~**schlag** *m* heartbeat;
med. heart failure; ~**schritt-
macher** *m* pacemaker; ~
verpflanzung *f* heart transplant

Hetze *f* rush; *pol.* agitation;
2**n** *v/i* rush; agitate; ~*v/t*
chase; *fig.* rush; ~ **auf Hund**
etc.: set* on *s.o.*

Heu *n* hay

Heuch|**elei** *f* hypocrisy; 2**eln**
feign; ~**ler(in)** hypocrite; 2-
lerisch hypocritical

heuer *östr.* this year

heulen howl; *weinen*: bawl

Heu|**schnupfen** *m* hay fever;
~**schrecke** *f* grasshopper;
Afrika etc.: locust

heut|**e** today; ~ **abend** this
evening, tonight; ~ **früh**, ~
morgen this morning; ~ **in
acht Tagen** a week from
now; ~ **vor acht Tagen** a
week ago today; ~**ig** today's;
gegenwärtig: present; ~**zutage** nowadays, these days

Hexe *f* witch; ~**nschuß** *m*
lumbago; ~**rei** *f* witchcraft

Hieb *m* blow, stroke

hier here; ~ **entlang!** this way!

hier|**auf** on it *od.* this; after
that, then; ~**aus** from this;
~**bei** here, in this case; while
doing this; ~**durch** by this,
hereby; ~**für** for this; ~**her**
(over) here, this way; *bis* ~ so
far; ~**in** in this; ~**mit** with
this; ~**nach** after this; *dem-
zufolge*: according to this;
~**über** *fig.* about this (subject); ~**von** *od.* from this

hierzu for this; *dazu*: to this;
~**lande** in this country, here

hiesig local

Hi-Fi-Anlage *f* hi-fi, stereo

Hilfe *f* help; *Beistand*: aid (*a.
econ.*); relief (*für* to); *Erste* ~
first aid; ~*!* help!; ~**ruf** *m* cry
for help

hilflos helpless

Hilfs|arbeiter(in) unskilled worker; **2bedürftig** needy; **2bereit** helpful, ready to help; **~mittel** *n* aid; *tech. a.* device; **~verb** *n* auxiliary

Himbeere *f* raspberry

Himmel *m* sky; *eccl., fig.* heaven; **2blau** sky-blue; **~fahrt** *f* Ascension (Day); **~s-richtung** *f* direction

himmlisch heavenly

hin there; *bis ~ zu* as far as; *auf j-s ... ~* at s.o.'s ...; *~ und her* to and fro, back and forth; *~ und wieder* now and then; *~ und zurück* there and back; *Fahrkarte:* return (ticket), *Am.* round trip

hinab → *hinunter*

hinauf up (there); upstairs; *die ... ~* up; **~gehen** go* up; *fig. a.* rise*; **~steigen** climb up

hinaus out; *aus ... ~* out of ...; **~gehen** go* out(side); ~ *über* go* beyond; **~laufen:** ~ *auf* come* *od.* amount to; **~schieben** *fig.* put* off, postpone; **~werfen** throw* out (*aus of*); **~zögern** put* off

Hin|blick *m: im ~ auf* with regard to; **2bringen** take* there

hinder|lich: *j-m ~ sein* be* in s.o.'s way; **~n** hinder; ~ *an* prevent from *ger;* **2nis** *n* obstacle

hindurch through; *... ~* throughout ...

hinein in; **~gehen** go* into (-side); ~ *in passen:* go* into; **~steigern:** *sich ~* get* worked up (*in* about)

hinfahr|en go* (*j-n* take*) there; **2t:** *auf der ~* on the way there

hin|fallen fall* (down); **~füh-ren** lead* *od.* take* there; **2gabe** *f* devotion; **~geben:** *sich ~* give* (*widmen:* devote) o.s. to; **~gehen** go* (there); *Zeit:* pass; **~halten** hold* out; *j-n:* stall, put* off

hinken limp

hin|legen lay* *od.* put* down; *sich ~* lie* down; **~nehmen** *ertragen:* put* up with; **2reise** *f → Hinfahrt;* **~richten** execute; **2richtung** *f* execution; **~setzen** set* *od.* put* down; *sich ~* sit* down; **~sichtlich** with regard to; **~stellen** put* (down); *sich ~* stand*; ~ *als* make* *s.o. od. s.th.* appear to be

hinten at (*Auto etc.:* in) the back; *von ~* from behind

hinter behind; *~ ... hersein* be* after ...

Hinter|... *Achse, Eingang, Rad etc.:* rear ...; **~bein** *n* hind leg; **~bliebene** *m, f* surviving dependant; *die ~n lit.* the bereaved

hinter|e rear, back; **~einan-der** one after the other; *dreimal ~* three times in a row; **2gedanke** *m* ulterior motive; **~gehen** deceive; **2-**

grund *m* background; **2halt** *m* ambush; **~her** behind, after; *zeitlich:* afterwards; **2-kopf** *m* back of the head; **~lassen** leave*; **~legen** deposit; **2n** *m* bottom, behind; **2teil** *n* back od. rear (part); *f* → **Hintern**; **2treppe** *f* back stairs *pl*; **2tür** *f* back door

hinüber over, across; F ruined

hinunter down; downstairs; **den ... ~** down the ...; **~schlucken** swallow

Hinweg *m* way there

hinweg: **über ... ~** over ...; **~kommen:** **~ über** get* over; **~setzen:** **sich ~ über** ignore

Hin|weis *m* hint; *Zeichen:* indication, clue; *Verweis:* reference; **2weisen:** **j-n ~ auf** draw* od. call s.o.'s attention to; **~ auf** point at od. to; **2werfen** throw* down; **2-ziehen:** **sich ~** stretch (*bis zu* to); *zeitlich:* drag on

hinzu in addition; **~fügen** add; **~kommen** be* added; **~ziehen** *Arzt etc.:* call in

Hirn *n* brain; **~gespinst** *n* (*reines* mere) fantasy; **2ver-brannt** crazy, crackpot

Hirsch *m* stag; *Gattung:* (red) deer; **~kuh** *f* hind

Hirt(e) *m* herdsman; *Schaf2, fig.:* shepherd

hissen hoist

historisch historic(al)

Hitze *f* heat (*a. zo.*); **2ebe-**

ständig heat-resistant; **~e-welle** *f* heat wave; **2ig** hot-tempered; *Debatte:* heated; **~kopf** *m* hothead; **~schlag** *m* heatstroke

Hobel *m*, **2n** plane

hoch high; *Baum, Gebäude:* tall; *Strafe:* heavy, severe; *Alter:* great, old; *Schnee:* deep; **~ oben** high up; *math.:* **~ zwei** squared

Hoch *n meteor.* high (*a. fig.*); **~achtung** *f* respect; **2ach-tungsvoll** *Brief:* Yours sincerely; **~betrieb** *m* rush; **2-deutsch** High od. standard German; **~druck** *m* high pressure; **~ebene** *f* plateau, tableland; **~form** *f:* **in ~** in top form; **~gebirge** *n* high mountains *pl*; **~geschwin-digkeits...** high-speed ...; **~-haus** *n* high-rise, tower block; **~konjunktur** *f* boom; **~mut** *m* arrogance; **2mütig** arrogant; **~ofen** *m* blast furnace; **~saison** *f* peak season; **~schule** *f* university; college; academy; **~sommer** *m* midsummer; **~spannung** *f* high tension (*a. fig.*) od. voltage; **~sprung** *m* high jump

höchst *adj* highest; *äußerst:* extreme; *adv* highly, most, extremely

Hochstapler(in) impostor

höchst|ens at (the) most, at best; **2form** *f* top form; **2ge-schwindigkeit** *f* (*mit* at) top speed; **zulässige ~** speed limit; **⒉leistung** f top performance; **~wahrscheinlich** most likely

Hoch|verrat m high treason; **~wasser** n high tide; *Überschwemmung:* flood; **⒉wertig** high-grade; **~zahl** f exponent

Hochzeit f wedding; *Trauung: a.* marriage; **~s...** *z. Geschenk, Kleid, Tag etc.:* wedding ...; **~sreise** f honeymoon

hocke|n squat; **⒉r** m stool

Höcker m *Kamel:* hump

Hoden m testicle

Hof m yard; *agr.* farm; *Fürsten⒉, Innen⒉:* court

hoffe|n hope (**auf** for); **~entlich** I hope, let's hope; **⒉nung** f hope; **~nungslos** hopeless

höflich polite, courteous (**zu** to); **⒉keit** f politeness

Höhe f height; *aer., ast., geogr.* altitude; *An⒉:* hill; *e-r Summe, Strafe etc.:* amount; *Niveau:* level; *Ausmaß:* extent; *mus. pitch:* **in die ~** up

Hoheitsgebiet n territory

Höhen|luft f mountain air; **~messer** m altimeter; **~sonne** f sunlamp; **~zug** m mountain range

Höhepunkt m climax

hohl hollow (*a. fig.*)

Höhle f cave; *zo.* hole

Hohl|maß n measure of capacity; **~raum** m hollow, cavity

Hohn m derision, scorn

höhnisch sneering

holen (go* and) get*, fetch, go* for; *rufen:* call; **~ lassen** send* for; **sich ~** *Krankheit etc.:* catch*, get*

Holländer(in) Dutch|man (-woman); **⒉isch** Dutch

Höll|e f hell; **⒉isch** infernal

holper|ig, **~n** jolt, bump

Holunder m elder

Holz n wood; *Nutz⒉:* timber, *Am. a.* lumber

hölzern wooden

Holz|fäller m logger; **~handlung** f lumberyard; **⒉ig** woody; **~kohle** f charcoal; **~schnitt** m woodcut; **~schuh** m clog; **~wolle** f wood shavings pl; **~wurm** m woodworm

homosexuell homosexual

Honig m honey

Honorar n fee

Hopfen m hops pl; *bot.* hop

Hör|apparat m hearing aid; **⒉bar** audible

horchen listen (**auf** to); *heimlich:* eavesdrop

Horde f horde, *F a.* bunch

höre|n hear*; *an~, Radio, Musik etc.:* listen to (**a. ~ auf**); *gehorchen:* obey, listen; **~ von** hear* from *s.o.;* **er hört schwer** his hearing is bad; **⒉r** m listener; *teleph.* receiver; **⒉rin** f listener

Horizont m (**am** on the) horizon; **≈al** horizontal

Horn n horn; mus. (French) horn; **∼haut** f horny skin; Auge: cornea

Hornisse f hornet

Horoskop n horoscope

Hör|saal m lecture hall; **∼spiel** n radio play; **∼weite** f: **in ∼** within earshot

Hose f (pair of) trousers pl od. Am. pants pl; sportliche: slacks pl; kurze: shorts pl

Hosen|anzug m trouser (Am. pants) suit; **∼schlitz** m fly; **∼tasche** f trouser pocket; **∼träger** pl (pair of) braces pl od. Am. suspenders pl

Hospital n hospital

Hostess f hostess

Hostie f eccl. host

Hotel n hotel; **∼direktor(in)** hotel manager; **∼zimmer** n hotel room

Hubraum m cubic capacity

hübsch pretty, nice(-looking), cute; Geschenk: nice

Hubschrauber m helicopter

Huf m hoof; **∼eisen** n horseshoe

Hüft|e f hip; **∼gelenk** n hip-joint; **∼halter** m girdle

Hügel m hill; **≈ig** hilly

Huhn n chicken; Henne: hen

Hühner|auge n corn; **∼brühe** f chicken broth; **∼stall** m henhouse

Hülle f cover(ing), wrap(ping); Schutz**≈**, Buch**≈**: jacket; Platten**≈**: Brt. a. sleeve; **in**

∼ und Fülle in abundance; **≈n** wrap, cover

Hülse f case; bot. pod; **∼früchte** pl pulse sg

human humane, decent

Hummel f bumble-bee

Hummer m lobster

Humor m humo(u)r; (**keinen**) **∼ haben** have* a (no) sense of humo(u)r; **≈voll** humorous

humpeln limp, hobble

Hund m dog; F bastard

Hunde|hütte f kennel, Am. doghouse; **∼kuchen** m dog biscuit; **∼leine** f lead, leash; **∼marke** f dog tag; **≈müde** dog-tired

hundert a od. one hundred; **≈jahrfeier** f centenary, Am. a. centennial; **∼ste**, **≈stel** n hundredth

Hündin f bitch

Hundstage pl dogdays pl

Hüne m giant

Hunger m hunger; **∼ bekommen** (**haben**) get* (be*) hungry; **≈n** go* hungry, starve; **∼snot** f famine

hungrig hungry (**auf** for)

Hupe f horn; **≈n** hoot, honk

hüpfen hop, skip; bounce

Hürde f hurdle

Hure f whore, prostitute

hurra hooray!

huschen flit, dart

hüsteln cough slightly

husten, **≈** m cough; **≈saft** m cough syrup

Hut m hat

hüten guard; *Schafe etc.*: herd; *Kind, Haus*: look after; *sich ~ vor* beware of; *sich ~, zu* be* careful not to *do s.th.*
Hütte *f* hut; *Häuschen*: cabin; *Berg2 etc.*: lodge; *tech.* metallurgical plant
Hydrant *m* hydrant
hydraulisch hydraulic

Hygien|e *f* hygiene; **2isch** hygienic(ally)
Hymne *f* hymn
Hypno|se *f* hypnosis; **2tisieren** hypnotize
Hypothek *f* mortgage
Hypothese *f* hypothesis
Hysteri|e *f* hysteria; **2sch** hysterical

I

ich I; *~ selbst* (I) myself; *~ bin's* it's me
Ideal *n*, **2** ideal
Idee *f* idea; *e-e ~* a bit
identi|fizieren identify *(sich o.s.)*; *~sch* identical; **2tät** *f* identity
Ideologie *f* ideology
Idiot *m* idiot; **2isch** idiotic
Idol *n* idol
Igel *m* hedgehog
ignorieren ignore
ihm (to) him; (to) it
ihn him; it
ihnen *pl* (to) them; **Ihnen** *sg, pl* (to) you
ihr *pers pron* you; (to) her; *poss pron* her; *pl* their; **2** *sg, pl* your; *~etwegen* for her *(pl* their) sake; because of her *(pl* them)
illegal illegal
Illustr|ation *f* illustration; **2ieren** illustrate; *~ierte f* magazine
Imbiß *m* snack; *~stube f* snack bar

Imker(in) beekeeper
immer always; *~ mehr* more and more; *~ noch* still; *~ wieder* again and again; *für ~* for ever, for good; *wer (was etc.) (auch) ~* whoever, what(so)ever *etc.*; *~hin* after all; *~zu* all the time
Immobilien *pl* real estate *sg*; *~makler(in)* (*Am.* real) estate agent
immun immune; **2ität** *f* immunity; **2schwäche** *f* immunodeficiency; *Erworbene ~* AIDS
Imperativ *m* imperative
Imperfekt *n* past (tense)
Imperialismus *m* imperialism
impf|en vaccinate; **2schein** *m* certificate of vaccination; **2stoff** *m* vaccine; **2ung** *f* vaccination
imponieren *j-m ~* impress s.o.
Import *m* import(ation); **2ieren** import

impotent impotent
imprägnieren waterproof
improvisieren improvise
impulsiv impulsive
imstande capable of
in *räumlich:* in, at; *innerhalb:* within, inside; *wohin?* into, in, to; ~ *der (die) Schule* at (to) school; ~*ns Bett (Kino etc.)* to bed (the cinema *etc.*); *zeitlich:* in, at, during; within; *gut* ~ good at
Inbegriff *m* epitome; **2en** included
indem while, as; *dadurch, daß:* by *doing s.th.*
Ind|er(in) Indian; ~**ianer(in)** (American) Indian
Indikativ *m* indicative
indirekt indirect
indisch Indian
individu|ell, 2um *n* individual
Indizien *pl,* ~**beweis** *m* circumstantial evidence *sg*
Industrialisierung *f* industrialization
Industrie *f* industry; ~**...** industrial; ~**gebiet** *n* industrial area; ~**staat** *m* industrial(ized) country
ineinander in(to) one another; ~ *verliebt* in love with each other
Infektion *f* infection; ~**skrankheit** *f* infectious disease
Infinitiv *m* infinitive
infizieren infect
Inflation *f* inflation

infolge owing *od.* due to; ~**dessen** consequently
Inform|atik *f* computer science; ~**atiker(in)** computer scientist; ~**ation** *f* information (*a.* ~*en pl*); **2ieren** inform
Ingenieur(in) engineer
Ingwer *m* ginger
Inhaber(in) owner, proprietor (-ress); *Wohnung:* occupant; *Laden:* keeper; *Paß, Amt etc.:* holder
Inhalt *m* contents *pl; Raum2:* volume; *Sinn:* meaning; ~**sangabe** *f* summary; ~**sverzeichnis** *n Buch:* table of contents
Initiative *f* initiative; *die* ~ *ergreifen* take* the initiative
inklusive including
In|land *n* home (country); *Landesinnere:* inland (*a.* ~**s...**); **2ländisch** domestic, home(-made)
Inlett *n* (bed) tick(ing)
innen inside; *im Haus: a.* indoors; *nach* ~ inwards
Innen|architekt(in) interior designer; ~**minister** *m* minister of the interior, *Brt.* Home Secretary, *Am.* Secretary of the Interior; ~**politik** *f* domestic politics; ~**seite** *f: auf der* ~ (on the) inside; ~**stadt** *f* (city) cent|re, *Am.* -er, *Am. a.* downtown
inner inner; *med., pol.* internal; **2e** *n* interior; **2eien** *pl* offal *sg; Fisch:* guts *pl;* ~**halb**

within; **~lich** internal(ly); **~ste** in(ner)most

inoffiziell unofficial

Insass|e, ~in passenger; *Heim etc.*: inmate

Inschrift f inscription

Insekt n insect

Insel f island

Inser|at n advertisement, F ad; **£ieren** advertise

insgesamt altogether

insofern: ~ als in so far as

Inspektion f inspection

Install|ateur(in) plumber; fitter; **£ieren** install(s)

instand: ~ halten keep* in good order; *tech.* maintain

Instinkt m instinct

Institut n institute; **~ion** f institution

Instrument n instrument

Inszenierung f production, staging (*a. fig.*)

intellektuell, £e(r) intellectual, F highbrow

intelligen|t intelligent; **£z** f intelligence

Intendant(in) director

intensiv intensive; *Geruch etc.*: strong; **£kurs** m crash course; **£station** f intensive care unit

Intercity m intercity train

interess|ant interesting; **£e** n interest (*an, für* in); **£ent(in)** *econ.* prospect; **~ieren** interest (*für* in); **sich ~ für** be* interested in)

Internat n boarding school

international international

inter|pretieren interpret; **£punktion** f punctuation; **£view** n, **~viewen** interview

intim intimate

intolerant intolerant

intransitiv intransitive

Invalide m, f invalid

Invasion f invasion

invest|ieren invest; **£ition** f investment

inwie|fern in what way *od.* respect; **~weit** to what extent

inzwischen meanwhile

irdisch earthly; worldly

Ire m Irishman; **die ~n** pl the Irish pl

irgend in Zssgn: some...; any...; **~ et.** something; anything; **~ jemand** someone, somebody; anyone, anybody; **~ein(e)** some(one); any(one); **~wann** sometime (or other); **~wie** somehow; F kind *od.* sort of; **~wo** somewhere; anywhere

Ir|in f Irishwoman; **sie ist ~** she's Irish; **£isch** Irish

Iron|ie f irony; **£isch** ironic(al)

irre mad, insane; F **toll:** magic, *Am.* awesome; **£** m, f mad|man (-woman), lunatic; **~führen** mislead*; **~machen** confuse; **~n** *umher-:* wander, stray; **sich ~** be* wrong *od.* mistaken; **sich ~ in** get* s.th. wrong; **£nanstalt** f mental hospital

irritieren *reizen:* irritate; *verwirren:* confuse

Irrsinn m madness; 2ig insane, mad; F → *irre*

Irr|tum m error, mistake; *im ~ sein* be* mistaken; 2tümlich(erweise) by mistake

Ischias m sciatica, lumbago

Islam m Islam

Isol|ation f isolation; *tech.* insulation; ~ierband n insulating tape; 2ieren isolate; *tech.* insulate

Israeli m, f, 2sch Israeli

Italie|ner(in), 2nisch Italian

J

ja yes; *wenn* ~ if so

Jacht f yacht

Jacke f jacket; *längere:* coat; ~tt n jacket, coat

Jagd f hunt(ing); *Brt. a.* shoot(ing); *Verfolgung:* chase; ~flugzeug n fighter (plane); ~hund m hound; ~revier n hunting ground; ~schein m hunting licen|ce, *Am.* -se

jagen hunt; *rasen:* race, dash; *verfolgen:* chase; ~ *aus* drive* out of

Jäger m hunter; *aer.* fighter

Jaguar m jaguar

jäh sudden; *steil:* steep

Jahr n year; *im* ~ ... in (the year) ...; *mit 18* ~en at the age of) eighteen; *ein 20* ~e *altes Auto* a 20-year-old car; 2elang *adj* (many) years of ...; *adv* for (many) years

Jahres... *Bericht etc.:* annual ...; ~tag m anniversary; ~zahl f date, year; ~zeit f season, time of (the) year

Jahr|gang m age group; *Schule:* year, *Am. a.* class;

Wein: vintage; ~hundert n century

...jährig in 2ssgn: ...-year-old, of ... (years)

jährlich yearly, annual(ly); *adv a.* every year

Jahr|markt m fair; ~zehnt n decade

jähzornig hot-tempered

Jalousie f (venetian) blind

Jammer m misery; *es ist ein* ~ it's a shame

jämmerlich miserable

jammern moan (*über* about), complain (about)

Janker m östr. jacket

Jänner östr., **Januar** m January

Japan|er(in), 2isch Japanese

jäten weed (*a. Unkraut* ~)

Jauche f liquid manure

jauchzen shout for joy

jaulen howl, yowl

Jause f östr. snack

jawohl yes, sir!; (that's) right

je ever; *pro:* per; ~ *zwei* two each; ~ *nach* ... according to ...; ~ *nachdem* (, *wie*) it de-

pends (on how); ~ ..., **desto**
... the ... the ...

jed|er, ~e, ~es every; ~ *beliebige*: any; ~ *einzelne*: each; *von zweien*: either; **jeden zweiten Tag** every other day; **~enfalls** in any case, anyway; **~ermann** everyone, everybody; **~erzeit** always; (at) any time; **~esmal** every time

jedoch however, yet

jemals ever

jemand someone, somebody; anyone, anybody

jene, ~r, ~s that (one); ~ *pl* those *pl*

jenseits beyond (*a. fig.*); 2 *n* next world, hereafter

jetzige present; existing

jetzt now, at present; *bis ~* so far; *erst ~* only now; *von ~ an* from now on

jeweils at a time; *je*: each

Jockei *m* jockey

Jod *n* iodine

jogg|en jog; 2**en** *n* jogging; 2**er(in)** jogger

Joghurt *m, n* yog(h)urt

Johannisbeere *f*: *rote ~* redcurrant; *schwarze ~* blackcurrant

Journalist(in) journalist

jubeln cheer, shout for joy

Jubiläum *n* anniversary

juck|en, 2**reiz** *m* itch

Jude *m* Jew

Jüd|in *f* Jewess; 2**isch** Jewish

Jugend *f* youth; young

people *pl*; **~amt** *n* youth welfare department; 2**frei** *Film*: U- (*Am.* G-)rated; *nicht ~* X-rated; **~herberge** *f* youth hostel; **~kriminalität** *f* juvenile delinquency; 2**lich** youthful, young; **~liche** *m, f* teenager, *m* a. youth; **~ pl** young people *pl*; **~stil** *m* Art Nouveau

Jugoslaw|e, ~in, 2**isch** Yugoslav(ian)

Juli *m* July

jung young

Junge¹ *m* boy, F kid

Junge² *n Hund*: pup(py); *Katze*: kitten; *Raubtier*: cub; *~ pl* young *pl*

jungenhaft boyish

jünger younger; *zeitlich näher*: (more) recent

Jünger(in) disciple

Jung|fer *f*: *alte ~* old maid; **~frau** *f* virgin; *ast.* Virgo; **~geselle** *m* bachelor; **~gesellin** *f* bachelor girl

jüngste youngest; *Ereignisse*: latest; *in ~r Zeit* lately, recently; *das* 2 *Gericht, der* 2 *Tag* the Last Judg(e)ment, Doomsday

Juni *m* June

junior, 2 *m* junior

Jur|a *pl*: *~ studieren* study (the) law; **~ist(in)** lawyer; law student; 2**istisch** legal

Jury *f* jury

Justiz *f* (administration of) justice; **~minister** *m* minister of justice; *Brt.* Lord Chancellor, *Am.* Attorney General; **~ministerium** *n* ministry of justice; *Am.* Department of Justice

Juwel|en *pl* jewel(le)ry *sg*; **~ier(in)** *m* jewel(l)er

Jux *m* joke

K

Kabel *n* cable; **~fernsehen** *n* cable TV

Kabeljau *m* cod(fish)

Kabin|e *f* cabin; *Sport:* locker room; *Umkleide2 etc.:* cubicle; **~ett** *n pol.* cabinet

Kabriolett *n* convertible

Kachel *f*, **2n** tile; **~ofen** *m* tiled stove

Kadaver *m* carcass

Käfer *m* beetle, *Am. a.* bug

Kaffee *m* coffee; **~kanne** *f* coffeepot; **~maschine** *f* coffee maker; **~mühle** *f* coffee mill

Käfig *m* cage

kahl bare; *Mensch:* bald

Kahn *m* boat; *Last2:* barge

Kai *m* quay, wharf

Kaiser(in) *m* emper|or (-ress); **~reich** *n* empire; **~schnitt** *m* c(a)esarean

Kajüte *f* cabin

Kakao *m* cocoa; *bot.* cacao

Kakt|ee *f*, **~us** *m* cactus

Kalb *n* calf; **~fleisch** *n* veal; **~sbraten** *m* roast veal

Kalender *m* calendar

Kalk *m* lime; *med.* calcium; *geol.* = **~stein** *m* limestone

Kalorie *f* caloric; **2narm** low-calorie

kalt cold; *mir ist* **~** I'm cold; **~blütig** *adj* cold-blooded; *adv* in cold blood

Kälte *f* cold(ness *fig.*); → **Grad;** **~welle** *f* cold wave

Kamel *n* camel

Kamera *f* camera

Kamerad(in) companion, friend; *mil. a.* fellow soldier, comrade (-in-arms); **~schaft** *f* companionship, friendship

Kamille *f* camomile

Kamin *m* fireplace; *am* **~** by the fire(side); → *Schornstein;* **~sims** *m, n* mantelpiece

Kamm *m* comb; *zo. a.* crest

kämmen comb

Kammer *f* (small) room; **~musik** *f* chamber music

Kampagne *f* campaign

Kampf *m* fight (*a. fig.*); *mil. a.* combat; battle

kämpfe|n fight*, struggle; **2r(in)** fighter

Kampfrichter(in) judge

Kanad|ier(in), 2isch Canadian

Kanal *m* canal; *natürlicher:* channel (*a. TV, tech., fig.*); *Abzug:* sewer, drain; **~isation** *f* sewerage; *Fluß:*

canalization; **2isieren** provide with a sewerage (system); *Fluß*: canalize; *fig.* channel

Kanarienvogel *m* canary

Kandid|at(in) candidate; **2ieren** be* a candidate, stand*, *Am.* run* (**für** for)

Känguruh *n* kangaroo

Kaninchen *n* rabbit

Kanister *m* (fuel) can

Kanne *f Kaffee2, Tee2*: pot; *Milch2 etc.*: can

Kanon *m* canon, *mus.* round

Kanone *f* cannon, gun (*a. F Waffe*); *fig.* ace, crack

Kante *f* edge

Kantine *f* canteen, *Am.* cafeteria

Kanu *n* canoe

Kanzel *f* pulpit; *aer.* cockpit

Kanzler(in) chancellor

Kap *n* cape, headland

Kapazität *f* capacity; *fig.* authority

Kapelle *f* chapel; *mus.* band

kapieren get* (it)

Kapital *n* capital; **~anlage** *f* investment; **~ismus** *m* capitalism; **~ist(in)** **2istisch** capitalist; **~verbrechen** *n* capital crime

Kapitän(in) captain

Kapitel *n* chapter; F story

kapitulieren surrender

Kaplan *m* curate

Kappe *f* cap; *tech. a.* top

Kapsel *f* capsule; case

kaputt broken; *Lift etc.*: out of order; *erschöpft*: worn out; *ruiniert*: ruined; **~ gehen** break*; *mot. etc.* break* down; *Ehe etc.*: break* up; *Mensch*: crack (up); **~machen** break*, wreck; ruin

Kapuze *f* hood; *eccl.* cowl

Karaffe *f* decanter, carafe

Karawane *f* caravan

Kardinal *m* cardinal; **~zahl** *f* cardinal number

Karfiol *m östr.* cauliflower

Karfreitag *m* Good Friday

kariert checked; *Papier*: squared

Karies *f* (dental) caries

Karikatur *f* cartoon; *Porträt*, *fig.*: caricature

Karneval *m* carnival, Mardi Gras, *Brt. a.* Shrovetide

Karo *n* square, check; *Karten*: diamonds *pl*

Karosserie *f mot.* body

Karotte *f* carrot

Karpfen *m* carp

Karre *f*, **~n** *m* cart

Karriere *f* career

Karte *f* card; → *Fahr-, Land-, Speisekarte etc.*

Kartei *f* card index; **~karte** *f* index *od.* file card

Karten|spiel *n* card game; pack (*Am. a.* deck) of cards; **~telefon** *n* cardphone

Kartoffel *f* potato; **~brei** *m* mashed potatoes *pl*

Karton *m* cardboard box, carton; → *Pappe*

Karussel *n* merry-go-round

Karwoche *f* Holy Week

Käse

452

Käse *m* cheese; F *~!* baloney!; **~kuchen** *m* cheesecake

Kaserne *f* barracks *sg, pl*

Kasino *n* casino; cafeteria; *mil.* (officers') mess

Kasperletheater *n* Punch and Judy show

Kasse *f Kaufhaus etc.*: cash desk; *Am.* cashier('s stand); *Bank*: cashier's window *od.* counter; *Supermarkt*: checkout; *Laden*2: till; *Registrier*2: cash register; *thea. etc.* box-office

Kassen|patient(in) non-private patient; *Brt. appr.* NHS patient; **~zettel** *m* sales slip (*Am.* check)

Kassette *f* box, case; *mus., TV, phot.* cassette; **~n...** *Recorder etc.*: cassette ...

kassiere|n collect, take* (the money); *darf ich jetzt ~?* do you mind if I give you the bill now?; **2r(in)** cashier; *Bank*: a. teller; *Beitrag etc.*: collector

Kastanie *f* chestnut

Kasten *m* box (*a.* F *TV*), case; *Getränke*2: crate; case

Katalog *m* catalog(ue)

Katalysator *m* catalyst; *mot.* catalytic converter

Katastrophe *f* disaster

Kategorie *f* category

Kater *m* tomcat; F hangover

Kathedrale *f* cathedral

Katholi|k(in), 2sch Catholic

Katze *f* cat; *junge*: kitten

Kauderwelsch *n* gibberish

kauen chew

kauern crouch, squat

Kauf *m* purchase; *guter ~* bargain; *in ~ nehmen* put* up with; **2en** buy*, purchase

Käufer(in) buyer; customer

Kauf|frau *f* businesswoman; **2haus** *n* department store

käuflich for sale; *fig.* venal

Kaufmann *m Händler*: dealer, merchant; shopkeeper; *Am.* storekeeper; grocer

Kaugummi *m* chewing gum

kaum hardly, scarcely

Kaution *f* security; *jur.* bail

Kauz *m* owl; F character

Kavalier *m* gentleman

Kaviar *m* caviar(e)

Kegel *m* cone; *Figur*: pin; **~bahn** *f* skittle (*Am.* bowling) alley; **2förmig** conic(al); **2n** play (at) skittles *od.* ninepins, *Am.* (go*) bowl (-ing)

Kehl|e *f* throat; **~kopf** *m* larynx

Kehr|e *f* (sharp) bend; **2en** sweep*; *wenden*: turn

keifen nag, scold

Keil *m* wedge; **~er** *m* wild boar; **~riemen** *m* V-belt

Keim *m* germ; *bot.* bud; **2en** *Samen*: germinate; *sprießen*: sprout; **2frei** sterile

kein: *~(e)* no, not any; *~e(r)* no one, nobody; none (*a. ~es*); *~er von beiden* neither (of the two); *~er von uns* none of us; **~esfalls**, **~eswegs** by no means; **~mal** not once

Keks *m*, *n* biscuit, *Am.* cookie; *ungesüßt*: cracker

Kelch *m* cup; *eccl.* chalice

Kelle *f* ladle; *tech.* trowel

Keller *m* cellar, basement (*a.* **~geschoß**)

Kellner *m* waiter (-ress)

keltern *Trauben*: press

kennen know*; **~enlernen** get* to know (**sich** each other); *j-n.*: *a.* meet* (*a. sich* **~**); **~er(in)** expert; *Kunst*♀, *Wein*♀: connoisseur; **♀tnis** *f* knowledge; **~zeichen** *n* mark, sign; *mot.* registration (*Am.* license) number; **~zeichnen** mark; *fig.* characterize

kentern capsize, overturn

Keramik *f* ceramics *pl*, *tech. sg.* pottery

Kerbe *f* notch

Kerl *m* fellow, guy

Kern *m Obst*: pip, *Am.* seed; *Kirsch*♀ *etc.*: stone, *Am.* pit; *Nuß*: kernel; *tech.* core (*a. Reaktor*♀); *phys.* nucleus (*a. Atom*♀); *fig.* core, heart; **~...** *Energie, Forschung, Waffen etc.*: nuclear ...; **♀gesund** thoroughly healthy; **~kraft** *f* nuclear power; **~kraftgegner(in)** anti-nuclear activist; **~kraftwerk** *n* nuclear power station; **~spaltung** *f* nuclear fission

Kerze *f* candle; *mot.* spark(ing) plug

Kessel *m* kettle, *tech.* boiler

Kette *f* chain; *Hals*♀: necklace; **~n...** *Raucher, Reaktion etc.*: chain ...

keuchen pant, gasp; **♀husten** *m* whooping cough

Keule *f* club; *Fleisch*: leg

Kfz.-Brief *m* registration document (*Am.* certificate); **~Steuer** *f* motor vehicle tax; **~Versicherung** *f* car insurance

kichern giggle, titter

Kiefer¹ *m* jaw(-bone)

Kiefer² *f bot.* pine

Kiel *m mar.* keel

Kieme *f* gill

Kies *m* gravel; **~el** *m* pebble

Kilo(gramm) *n* kilogram; **~meter** *m* kilomet|re, *Am.* -er; **~watt** *n* kilowatt

Kind *n* child, F kid; baby

Kinder|arzt, ~ärztin p(a)ediatrician; **~bett** *n* cot, *Am.* crib; **~garten** *m* kindergarten, nursery school; **~gärtner(in)** → *Erzieher(in)*; **~hort** *m* crèche, *Am.* day-care center; **~lähmung** *f* polio(-myelitis); **♀los** childless; **~mädchen** *n* nurse(maid); **~wagen** *m* pram, *Am.* baby carriage; **~zimmer** *n* children's room, nursery

Kind|heit *f* childhood; **♀isch** childish; **♀lich** childlike

Kinn *n* chin

Kino *n* cinema, F the pictures *pl*, *Am.* motion pictures *pl*, F the movies *pl*; *Gebäude*: cinema, *bsd. Am.* movie theater

Kippe *f* butt, stub; →

kippen

Müllkippe; &n *v/i* tip (over); *v/t* tilt

Kirch|e *f* church; **~enlied** *n* hymn; **~enschiff** *n* nave; **~enstuhl** *m* pew; **~gänger(in)** churchgoer; **&lich** church..., ecclesiastical(ly); **~turm** *m* steeple; *Spitze*: spire; *ohne Spitze*: church tower

Kirsche *f* cherry

Kissen *n* cushion; *Kopf&*: pillow

Kiste *f* box, case, chest; *Latten&*: crate

Kitsch *m* trash, kitsch

Kitt *m* cement; *Glaser&*: putty

Kittel *m* smock; overall; *Arzt&*: (white) coat

kitten cement; putty

kitz|eln tickle; **~lig** ticklish

kläffen yap, yelp

klaffend gaping

Klage *f* complaint; *Weh&*: lament; *jur.* action, (law)suit; **&n** complain; *jur.* go* to court; sue *s.o.*

Kläger(in) *jur.* plaintiff

kläglich miserable

klamm *Finger etc.*: numb

Klammer *f* clamp, cramp; *Haar&*: clip; *Zahn&*: brace; *math., print.* bracket(s *pl*); → *Büro-, Wäscheklammer*; **&n** clip (together); **sich ~ an** cling* to (*a. fig.*)

Klang *m* sound; ring(ing)

Klapp... *Bett, Rad, Sitz, Stuhl, Tisch etc.*: folding ...

Klappe *f* flap; *Deckel*: lid;

anat. valve; *mot.* tail|board, *Am.* -gate; F *Mund*: trap; **&n** *v/t*: *nach oben ~* lift *od.* put* up; *nach unten ~* lower, put* down; *v/i* clap, clack; *fig.* work (out well)

Klapper *f* rattle; **&n** clatter, rattle (**mit et.** s.th.); **~schlange** *f* rattlesnake

Klappmesser *n* jackknife

Klaps *m* slap, smack

klar clear; *offensichtlich*: *a.* obvious; **~zu(m)** ... ready for ...; **ist dir ~, daß ...?** do you realize that ...?; **alles ~(?)** everything o.k.(?)

Klär|anlage *f* sewage works; **&en** *Wasser*: treat; *fig.* clear up; **sich ~** be* settled

klar|machen make* s.th. clear; **sich ~** realize; **~stellen** get* s.th. straight

Klasse *f* class; *Schul&*: *a.* form, *Am.* grade; F super; **~narbeit** *f* (classroom) test; **~nzimmer** *n* classroom

Klass|ik *f* classical period; **&isch** classic(al *mus., lit.*)

Klatsch *m*, **~base** *f* gossip; **&en** clap, applaud; F *schlagen, werfen*: splash; slap, bang; *ins Wasser*: splash; F *fig.* gossip

klauben *östr.* pick; gather

Klaue *f* claw; *Schrift*: scrawl; **&n** F pinch, steal* (*a. fig.*)

Klavier *n* piano

kleb|en *v/t* glue, paste, stick*; *v/i* stick*, cling* (*an* to); **~rig** sticky; **&stoff** *m* glue; **&streifen** *m* adhesive tape

Klee(blatt n) m clover(leaf)

Kleid n dress; **~er** pl clothes pl; **2en** dress (a. sich **~**)

Kleider|bügel m (coat) hanger; **~bürste** f clothes brush; **~haken** m (coat) hook od. peg; **~schrank** m wardrobe

Kleidung f clothes pl

Kleie f bran

klein small, bsd. F little (a. Bruder, Finger etc.); von Wuchs: short; **2...** Bus etc.: mini...; **2bildkamera** f 35 mm camera; **2geld** n (small) change; **2igkeit** f trifle; Geschenk: little something; zu essen: snack; **e-e ~ leicht:** nothing, child's play; **2kind** n infant; **2laut** subdued; **~lich** narrow-minded; geizig: stingy; **~schneiden** chop up; **2st...** mst micro...; **2stadt** f small town; **~städtisch** small-town, provincial; **2wagen** m small car, mini, Am. subcompact

Kleister m, **2n** paste

Klemme f tech. clamp; electr. terminal; **→ Haarklemme;** in der **~** in a jam; **2n** jam, squeeze; Tür etc.: be* stuck; sich **~** jam one's finger etc.

Klempner(in) f plumber

Klette f bur(r); fig. leech

klettern climb (a. **~ auf**)

Klient(in) f client

Klima n climate; **~anlage** f air-conditioning

klimpern jingle, chink; F tinkle (away) (**auf** at)

Klinge f blade

Klingel f bell; **~knopf** m bell-push; **2n** ring* (the bell)

klingen sound; ring*

Klinik f hospital, clinic

Klinke f (door) handle

Klippe f cliff, rock

klirren clink, tinkle; Fenster, Kette etc.: rattle; Schwerter, Teller: clatter

Klischee n fig. cliché

Klo n loo, Am. john

klobig bulky, clumsy

klopfen knock; Herz: beat*; heftig: throb; auf die Schulter etc.: tap; freundlich: pat; **es klopft** there's a knock at the door

Klops m meatball

Klosett n lavatory, toilet

Kloß m dumpling; fig. lump

Kloster n monastery; Nonnen2: convent

Klotz m block; Holz: a. log

Klub m club

Kluft f fig. gap, chasm

klug clever, intelligent

Klump|en m lump; Erd2 etc.: clod; **~fuß** m clubfoot

knabbern nibble, gnaw

Knäckebrot n crispbread

knack|en crack (a. fig. u. F); **2punkt** m sticking point

Knall m bang; Peitsche: crack; Korken: pop; **e-n ~ haben** be* nuts; **~bonbon** m, n cracker; **2en** bang; crack; pop

knapp scarce; kurz: brief; spärlich: scanty, meagre,

Am. -er; *Mehrheit, Sieg etc.:* narrow, bare; *eng:* tight; ~ **an** ... short of ...; ~ **werden** run* short; **~halten** keep* *s.o.* short

knarren creak

knattern crackle; *mot.* roar

Knäuel *m, n* ball; tangle

Knauf *m* knob

knautsch|en crumple; **2zone** *f* crumple zone

Knebel *m,* **2n** gag

kneif|en pinch; F chicken out; **2zange** *f* pincers *pl*

Kneipe *f* pub, *Am.* saloon

kneten knead; mo(u)ld

Knick *m* fold, crease; *Kurve:* bend; **2en** fold, crease; bend*; *brechen:* break*

Knie *n* knee; **2n** kneel*; ~ **kehle** *f* hollow of the knee; **~scheibe** *f* kneecap; **~strumpf** *m* knee(-length) sock

knipsen punch; *phot.* take* a picture (of)

Knirps *m* shrimp

knirschen crunch; *mit den Zähnen* ~ grind* one's teeth

knistern crackle; *Papier etc.:* rustle

knittern crumple, crease

Knoblauch *m* garlic

Knöchel *m* Fuß̱: ankle; *Fingeṟ:* knuckle

Knoch|en *m* bone; **~enbruch** *m* fracture; **2ig** bony

Knödel *m* dumpling

Knolle *f* tuber; *Zwiebel:* bulb

Knopf *m,* **knöpfen** button

Knopfloch *n* buttonhole

Knorpel *m* gristle; *anat.* cartilage

Knospe *f,* **2n** bud

Knoten *m* knot; *med.* lump; 2 (make* a) knot (in); **~punkt** *m* junction

Knüller *m* (smash) hit

knüpfen tie; *Teppich:* weave*

Knüppel *m* stick (*a. Steuer*2 *etc.*), cudgel; ~ **Gummiknüppel;** **~schaltung** *f mot.* floor shift

knurren growl, snarl; *fig.* grumble; *Magen:* rumble

knusprig crisp, crunchy

Koch *m* cook; chef; **~buch** *n* cookbook; **2en** *v/t* cook; *Eier, Wasser, Wäsche:* boil; *Kaffee, Tee etc.:* make*; *v/i* (do* the) cook(ing); *Flüssiges:* boil (*fig.* **vor Wut** with rage); **~er** *m* cooker

Köchin *f* cook

Koch|nische *f* kitchenette; **~platte** *f* hotplate; **~topf** *m* pot, saucepan

Köder *m,* **2n** bait

Koffein *n* caffeine; **2frei** decaffeinated

Koffer *m* (suit)case; **~radio** *n* portable radio; **~raum** *m mot.* boot, *Am.* trunk

Kohl *m* cabbage

Kohle *f* coal; *electr.* carbon; **~hydrat** *n* carbohydrate; **~n-dioxid** *n* carbon dioxide; **~nsäure** *f* carbonic acid; *im Getränk:* fizz; **~nstoff** *m* carbon; **~nwasserstoff** m hydrocarbon

Koje f berth, bunk

Kokain n cocaine

Kokosnuß f coconut

Koks m coke (a. sl. Kokain)

Kolben m Gewehr♀: butt; tech. piston

Kolik f colic

Kolleg|e m, **~in** colleague

Kolonie f colony

Kolonne f column; Wagen♀: convoy

Kombi m estate car, bsd. Am. station wagon; **~nation** f combination; Mode: set; aer. flying suit; Fußball etc.: combined move; **♀nieren** v/t combine; v/i reason

Komfort m luxury; Ausstattung: (modern) conveniences pl; **♀abel** luxurious

Komi|k f humo(u)r; comic effect; **~ker(in)** comedian; f Beruf: comedienne; **♀sch** funny; fig. a. strange; Oper etc.: comic

Komitee n committee

Komma n comma; **sechs ~ vier** six point four

Kommand|ant m commander; **♀ieren** v/t, **~o** n command

kommen come*; a.: arrive; gelangen: get*; **zur Schule ~** start school; **ins Gefängnis ~** go* to jail; **j-n: a.** call; **~ auf** think* of; remember; **zu et. ~** come* by s.th.; get* around to (doing) s.th.; **zu sich ~**

come* round od. to; **du kommst** it's your turn

Kommentar m comment(ary TV etc.); **♀ieren** comment on

Kommiss|ar(in) Polizei: superintendent, Am. captain; **~ion** f commission; Ausschuß: a. committee

Kommode f chest of drawers, Am. a. bureau

Kommunis|mus m communism; **~t(in)**, **♀tisch** communist

Komödie f comedy

Kompanie f company

Komparativ m comparative

Kompaß m compass

kompatibel compatible

komplett complete

komplex, **♀** m complex

Kompliment n compliment

Kompliz|e m, **~in** accomplice

komplizieren complicate; **~t** complicated, complex

kompo|nieren compose; **♀- nist(in)** composer

Kompott n stewed fruit

Kompromiß m compromise

kondens|ieren condense; **♀milch** f condensed milk

Kondition f condition; **♀al**, **~al** m conditional

Konditor|(in) confectioner; **~ei** f confectionery (a. **~waren** pl); café

Kondom n, m condom

Konfekt n sweets pl, Am. candy; chocolates pl

Konferenz f conference

Konfession f denomination

Konfirmation f confirmation

Konfitüre f jam

Konflikt m conflict

konfrontieren confront

Kongreß m congress

König m king; **~in** f queen; **2lich** royal; **~reich** n kingdom

Konjug|ation f gr. conjugation; **2ieren** gr. conjugate

Konjunkt|ion f gr. conjunction; **~iv** m subjunctive; **~ur** f economic situation

Konkurr|ent(in) competitor, rival; **~enz** f competition; **die ~** one's competitor(s pl); **2enzfähig** competitive; **2ieren** compete

Konkurs m bankruptcy

können can*, be* able to, know* how to; Sprache: know*, speak*; **kann ich ...?** can od. may I ...?; **ich kann nicht mehr** I can't go on; I can't eat any more; **es kann sein** it may be

konsequen|t consistent; **2z** f consistency; Folge: consequence

konservativ conservative

Konserven pl canned (Brt. a. tinned) food(s pl); **~büchse** f, **~dose** f can, Brt. a. tin

konservier|en preserve; **2ungsstoff** m preservative

Konsonant m consonant

konstru|ieren construct; entwerfen: design; **2ktion** f construction

Konsul|(in) consul; **~at** n consulate

Konsum m consumption; econ. cooperative (store)

Kontakt m contact; **~ aufnehmen (haben)** get* (be*) in touch; **2arm** unsociable; **2freudig** sociable; **~linsen** pl contact lenses pl

Kontinent m continent

Konto n account; **~auszug** m statement of account; **~stand** m balance (of an account)

kontra against, versus; → **pro**

Kontrast m contrast

Kontroll|e f control; Aufsicht: a. supervision; Prüfung: a. check(up); **~eur** (in) (ticket) inspector; **2ieren** check (j-n: up on s.o.); beherrschen, überwachen: control

Konversation f conversation

Konzentr|ation f concentration; **~ationslager** n concentration camp; **2ieren** concentrate (a. sich **~**)

Konzert n concert; Musikstück: concerto; **~saal** m concert hall

Konzession f concession; jur. licen|ce, Am. -se

Kopf m head (a. fig.); **~ende** n head, top; **~hörer** m headphones pl; **~kissen** n pillow; **~salat** m lettuce; **~schmerzen** pl headache sg; **~sprung** m header; **~tuch** n (head)scarf; **2über** head first

Kopie f, 2ren copy; ∼rer m, ∼rgerät n copier; ∼rladen m copy shop od. cent|re, Am. -er

Kopilot(in) copilot

koppeln couple

Koralle f coral

Korb m basket; *j-m e-n ∼ geben* turn s.o. down; ∼... *Möbel etc.:* wicker ...

Kord m corduroy; ∼el f cord

Kork|(en) m cork; ∼enzieher m corkscrew

Korn n grain (a. phot., tech.)

körnig grainy; ...-grained

Körper m body; ∼bau m physique; 2behindert physically handicapped, disabled; 2lich physical; ∼pflege f hygiene; ∼teil m part of the body

korrekt correct; 2ur f correction; print. proof(reading)

Korrespond|ent(in) correspondent; ∼enz f correspondence; 2ieren correspond

korrigieren correct

Korsett n corset

Kosename m pet name

Kosmet|ik f beauty culture; *Mittel:* cosmetics pl; ∼ikerin f beautician; 2isch cosmetic

Kost f food, diet; *Verpflegung:* board; 2bar precious, valuable; ∼barkeit f precious object

kosten[1] taste, try

kosten[2] cost; *Zeit:* a. take*

Kosten pl cost(s pl); Un2: expenses pl; ∼los free (of

charge), *get** s.th.* for nothing

köstlich delicious; fig. priceless; *sich ∼ amüsieren* have* a very good time

Kost|probe f sample; 2spielig expensive, costly

Kostüm n (woman's) suit; *thea. etc.* costume

Kot m excrement

Kotelett n chop

Köter m mutt, cur

Kotflügel m mudguard, Am. fender

Krabbe f shrimp; prawn

krabbeln crawl

Krach m crash (a. fig., pol.); *Lärm:* noise; *Streit:* quarrel; 2en crack (a. Schuß), crash (a. prallen)

krächzen croak

Kraft f strength, force (a. fig., pol.), power (a. phys.); *in ∼ treten* come* into force; ∼brühe f consommé; ∼fahrer(in) motorist; ∼fahrzeug n motor vehicle; Zssgn → KFZ..., Auto...

kräftig strong (a. fig.); *Essen:* substantial; F *tüchtig:* good

kraft|los weak; 2stoff m fuel; 2werk n power station

Kragen m collar

Krähe f, 2n crow*

Kralle f claw (a. fig.)

Kram m stuff, junk; 2en rummage (around)

Krampf m cramp; *stärker:* spasm; F fig. fuss; ∼ader f varicose vein

Kran m, ∼ich m crane

krank

krank 460

krank ill (*nur pred*), sick; 2**e** *m*, *f* sick person, patient; *die* **~n** the sick

kränken hurt*, offend

Kranken|geld *n* sickpay; **~haus** *n* hospital; **~kasse** *f* health insurance; **~pfleger** *m* male nurse; **~schein** *m* health insurance certificate; **~schwester** *f* nurse; **~versicherung** *f* health insurance; **~wagen** *m* ambulance; **~zimmer** *n* sickroom

krank|haft morbid; 2**heit** *f* illness; *bestimmte:* disease

kränk|lich sickly; 2**ung** *f* insult, offen|ce, *Am.* -se

Kranz *m* wreath; *fig.* ring

kraß crass, gross

Krater *m* crater

kratz|en: (**sich**) **~** scratch (o.s.); 2**er** *m* scratch (*a.* F)

kraulen scratch (gently); *Sport:* crawl

kraus curly, frizzy

Kraut *n* herb; *Kohl:* cabbage; sauerkraut

Krawall *m* riot

Krawatte *f* (neck)tie

Krebs *m* crayfish; crab; *med.* cancer; *ast.* Cancer

Kredit *m* credit; → *Darlehen*; **~karte** *f* credit card

Kreide *f* chalk

Kreis *m* circle (*a. fig.*); *pol.* district; **~bahn** *f* orbit

kreischen screech, scream

kreis|en (move in a) circle, revolve, rotate; *Blut:* circulate; **~förmig** circular; 2**lauf**

m circulation; *biol., fig.* cycle; 2**laufstörungen** *pl* circulatory trouble *sg;* 2**verkehr** *m* roundabout, *Am.* traffic circle

Krempe *f* brim

Kren *m* östr. horseradish

Krepp *m* crepe (*a.* in Zssgn)

Kreuz *n* cross; crucifix; *anat.* (small of the) back; *Karten:* club(*s pl*); → *quer*

kreuz|en cross (*a. sich* **~**); *mar.* cruise; 2**fahrt** *f* cruise; **~igen** crucify; 2**otter** *f* adder; 2**schmerzen** *pl* backache *sg;* 2**ung** *f* crossing, junction; *biol., fig.* cross; 2**verhör** *n*: **ins ~ nehmen** cross-examine; 2**worträtsel** *n* crossword (puzzle); 2**zug** *m* crusade

kriech|en creep*, crawl (*a. contp.*); 2**spur** *f* slow lane

Krieg *m* war

kriegen get*; catch*

Kriegs|dienstverweigerer *m* conscientious objector; **~gefangene(r)** prisoner of war; **~gefangenschaft** *f* captivity; **~verbrechen** *n* war crime

Kriminal|beamte, ~beamtin (plain-clothes) detective; **~film** *m* (crime) thriller; **~ität** *f* crime; **~polizei** *f* criminal investigation department (*Am.* division); **~roman** *m* detective novel

kriminell, 2**e(r)** criminal

Krippe *f* crib, manger; → *Kinderhort*

Krise f crisis

Kristall m, ~n crystal

Kriterium n criterion

Kriti|k f criticism; thea. etc. review; **~ker(in)** critic; **2sch** critical; **2sieren** criticize

kritzeln scrawl, scribble

Krokodil n crocodile

Krone f, **krönen** crown

Kron|enkorken m crown cap; **~leuchter** m chandelier

Krönung f coronation

Kropf m goit|re, Am. -er

Kröte f toad

Krücke f crutch

Krug m jug, pitcher; mug

Krümel m crumb

krumm crooked (a. fig.), bent

krümm|en bend*; crook (a. Finger); **2ung** f bend; curve; math., geogr., med. curvature

Krüppel m cripple

Kruste f crust

Kruzifix n crucifix

Kubik... cubic ...

Küche f kitchen; gastr. cuisine, cooking

Kuchen m cake

Küchenschrank m (kitchen) cupboard

Kuckuck m cuckoo

Kufe f runner; aer. skid

Kugel f ball; Gewehr etc.: bullet; math., geogr. sphere; Sport: shot; **~lager** n ball bearing; **~schreiber** m ball (-point) pen; **2sicher** bulletproof; **~stoßen** n shot put

Kuh f cow

kühl cool (a. fig.); **2box** f cold box; **~en** cool, chill; **2er** m mot. radiator; **2erhaube** f bonnet, Am. hood; **2schrank** m refrigerator; **2truhe** f freezer

kühn bold, daring

Kuhstall m cowshed

Küken n chick (a. F fig.)

Kulissen pl scenery sg

kultivieren cultivate

Kultur f culture (a. biol.), civilization; **~beutel** m toilet bag (Am. kit); **2ell** cultural

Kümmel m caraway

Kummer m grief, sorrow

kümmer|lich miserable; dürftig: poor; **~n** concern; sich ~ um look after, take* care of

Kumpel m miner; F pal

Kunde f customer; **~ndienst** m service (department)

Kundgebung f pol. rally

kündig|en cancel; j-m: give* s.o. notice; **2ung** f (Frist: period of) notice

Kund|in f customer; **~schaft** f customers pl

Kunst f art; Fertigkeit: a. skill; **~dünger** m artificial fertilizer; **~faser** f synthetic fib|re, Am. -er; **~gewerbe** n arts and crafts pl

Künstler|(in) artist; **2isch** artistic

künstlich artificial

Kunst|stoff m synthetic (material), plastic; **~stück** n trick; **~werk** n work of art

Kupfer n copper; **~stich** m copperplate

Kuppe f (hill)top; (finger)tip

Kuppel| f dome; **~elei** f procuring; **2eln** couple; *mot.* put* the clutch in *od.* out; **~lung** f coupling; *mot.* clutch

Kur f cure

Kurbel f, **2n** f crank; **~welle** f crankshaft

Kürbis m pumpkin

Kur|gast m visitor; **2ieren** cure; **~ort** m health resort

Kurs m course; *Börse:* price; *Wechsel*2: (exchange) rate; **~buch** n railway (*Am.* railroad) timetable

kursieren circulate

Kurswagen m through carriage

Kurve f curve; **2nreich** winding; F *Frau:* curvaceous

kurz short; *zeitlich:* a. brief; **~e Hose** shorts pl; **sich ~ fassen** be* brief; **~ (gesagt)**

in short; **vor ~em** a short time ago

Kürze f shortness; **in ~** shortly; **2n** shorten (*um* by); *Buch etc.:* abridge; *Ausgaben:* cut*, reduce

kurz|erhand without hesitation; **~fristig** adj short-term; adv at short notice; **2geschichte** f short story

kürzlich recently

Kurz|schluß m short circuit; **~schrift** f shorthand; **2sichtig** short-sighted, near-sighted; **~waren** pl haberdashery sg, *Am.* notions pl; **~welle** f short wave

Kusine f cousin

Kuß m, **küssen** kiss (*a.* **sich ~**)

Küste f coast, shore

Küster(in) verger, sexton

Kutsche f coach, carriage; **~r** m coachman

Kutte f cowl

Kutter m cutter

L

Labor n lab(oratory); **~ant(in)** laboratory technician

Lache f pool, puddle

lächeln, 2 n smile

lachen laugh; **2 n** laugh(ter)

lächerlich ridiculous

Lachs m salmon

Lack m varnish; *Farb*2: lacquer; *mot.* paint(work); **2ieren** varnish; *mot., Nägel:*

paint

laden load; *electr.* charge

Laden m shop, *Am.* store; *Fenster:* shutter; **~dieb(in)** shoplifter; **~schluß** m closing time; **~tisch** m counter

Ladung f load, freight; *mar., aer.* cargo; *electr.* charge

Lage f situation, position; *Schicht:* layer; **in der ~ sein zu** be* able to

Lager n camp; econ. stock (auf in); tech. bearing; geol. deposit; ~**feuer** n campfire; ~**haus** n warehouse; 2n v/i camp; econ. be* stored; ab~ age; v/t store, keep* in a place; ~**ung** f storage

lahm lame; ~**en** be* lame (auf in)

lähm|en paraly|se n, Am. -ze; 2**ung** f paralysis

Laib m loaf

Laie m layman; amateur

Laken n sheet

Lakritze f liquorice

lallen speak* drunkenly

Lamm n lamb

Lampe f lamp; ~**nschirm** m lampshade

Land n Fest2: land (a. ~besitz); pol. country; Bundes2: state; Land; **an** ~ ashore; **auf dem** ~(e) in the country; ~**e**-**bahn** f runway; 2**en** land

Länderspiel n international match od. game

Landes|... Grenze etc.: national ...; ~**innere** n interior

Land|karte f map; ~**kreis** m district

ländlich rural; derb: rustic

Land|schaft f countryside; landscape (a. paint.); schöne: scenery; ~**smann, ~smännin** (fellow) country|man (-woman); ~**straße** f (secondary od. country) road; ~**streicher(in)** tramp; ~**tag** m Land parliament

Landung f landing; ~**ssteg** m gangway

Land|weg m: **auf dem** ~(e) by land; ~**wirt(in)** farmer; ~**wirtschaft** f agriculture, farming; 2**wirtschaftlich** agricultural

lang long; Person: tall; ~**e** (for a) long (time)

Länge f length; geogr. longitude

langen F genügen, reichen; **mir langt's** I've had enough

Langeweile f boredom

lang|fristig long-term; ~**jäh**-**rig** ... of many years, (many) years of ...; 2**lauf** m cross-country skiing

länglich longish, oblong

längs along(side)

langsam slow; 2**schlä**-**fer(in)** late riser; 2**spielplat**-**te** f LP

längst long ago od. before

Langstrecken... long-distance ...; aer., mil. long-range ...

langweil|en bore; **sich** ~ be* bored; ~**ig** boring, dull; Person bore

Langwelle f long wave

Lappalie f trifle

Lappen m rag, cloth

läppisch ridiculous

Lärche f larch

Lärm m noise

Larve f mask; zo. larva

Lasche f flap; tongue

Laser m laser

lassen let*; *an e-m Ort, in e-m Zustand:* leave*; *unter~:* stop; *veran~:* make*; *et. tun od. machen* ~ have* s.th. done *od.* made

lässig casual; careless

Last *f* load; burden; *Gewicht:* weight; *zur* ~ *fallen* be* a burden to *s.o.;* **2en:** ~ *auf* weigh (up)on

Laster *n* vice

läst|ern: ~ *über* run* down; **~ig** troublesome

Lastwagen *m* truck, *Brt. a.* lorry

Latein *n,* **2isch** Latin

Laterne *f* lantern; streetlight; **~npfahl** *m* lamppost

Latte *f* lath; *Zaun:* pale

Lätzchen *n* bib, feeder

Laub *n* foliage, leaves *pl;* **~baum** *m* deciduous tree

Laube *f* arbo(u)r, bower

Laub|frosch *m* tree frog; **~säge** *f* fretsaw

Lauch *m* leek

lauern lurk, lie* in wait

Lauf *m* run; *Bahn, Ver2:* course; *Gewehr:* barrel; **~bahn** *f* career; **2en** run*; *gehen:* walk; **2enlassen** let* *s.o.* go (*straffrei:* off)

Läufer *m* runner (*a. Teppich*); *Schach:* bishop

Lauf|masche *f* ladder, *Am.* run; **~werk** *n* drive

Lauge *f* lye; *Seifen2:* suds *pl*

Laun|e *f:* ... ~ *haben* be* in a ... mood; **2isch** moody

Laus *f* louse

lauschen listen (*dat* to)

laut *adj* loud; noisy; *adv* aloud, loud(ly); *prp* according to; **2** *m* sound; **~en** be*; *Satz:* read*

läuten ring; *es läutet* the bell is ringing

lauter nothing but

laut|los soundless; **2schrift** *f* phonetic transcription; **2-sprecher** *m* (loud)speaker; **~stärke** *f* volume

lauwarm lukewarm

Lava *f* lava

Lavendel *m* lavender

Lawine *f* avalanche

leben live (*von* on); be* alive; **2** *n* life; *am* ~ alive; *ums* ~ *kommen* lose* one's life; **~dig** living, alive; *fig.* lively

Lebens|bedingungen *pl* living conditions *pl;* **~gefahr** *f* mortal danger; *unter* ~ at the risk of one's life; **2ge-fährlich** dangerous (to life); **~haltungskosten** *pl* cost *sg* of living; **2länglich** for life; **~lauf** *m* personal record, curriculum vitae; **2lustig** fond of life; **~mittel** *pl* food *sg;* **~mittelgeschäft** *n* grocer's, *Am.* grocery store; **~standard** *m* standard of living; **~unterhalt** *m* livelihood; *s-n* ~ *verdienen* earn one's living; **~versicherung** *f* life insurance; **2wichtig** vital, essential; **~zeichen** *n* sign of life

Leber *f* liver; **~fleck** *m* mole

Lebewesen n living being; **leb|haft** lively; *Verkehr*: heavy; **2kuchen** m gingerbread; **~los** lifeless

Leck n, *~en* leak

lecken² lick (*a. ~ an*)

lecker delicious, F yummy; **2bissen** m delicacy, treat

Leder n leather

ledig single, unmarried

leer empty; *Haus etc.*: *a.* vacant; *Seite etc.*: blank; *Batterie*: dead; **2e** f emptiness; **~en** empty (*a. sich ~*); **2lauf** m neutral; **2ung** f post. collection, *Am.* mail pick-up

legal legal, lawful

legen lay* (*a. Ei*); place, put*; *Haare*: set*; *sich ~* lie* down; *fig.* calm down

Legende f legend

Lehm m loam; *Ton*: clay

Lehn|e f back(rest); arm (-rest); **~en** lean* (*a. sich ~*), rest (*an, gegen* against); **~stuhl** m armchair

Lehrbuch n textbook

Lehre f science; theory; *eccl., pol.* teachings *pl*; *Ausbildung*: apprenticeship; *Warnung*: lesson; **2n** teach*, instruct; **~r(in)** teacher, instructor

Lehr|gang m course; **~ling** m apprentice; **2reich** instructive; **~stelle** f apprenticeship

Leib m body; *anat.* abdomen; **~gericht** n favo(u)rite dish; **~wache** f, **~wächter** m bodyguard

Leiche f (dead) body, corpse; **~nhalle** f mortuary; **~n-schauhaus** n morgue

leicht light (*a. fig.*); *einfach*: easy; **2athlet(in)** (track-and-field) athlete; **2athletik** f track and field (events *pl*); **2sinn** m carelessness; **~sinnig** careless

Leid n grief, sorrow

leid: **es** (**er**) **tut mir ...** I'm sorry (for him); **~en** suffer (*an* from); *ich kann ... nicht ~* I can't stand ...; **2en** n suffering; *med.* complaint

Leidenschaft f passion; **2lich** passionate

leider unfortunately

Leih|bücherei f public library; **2en** *j-m*: lend*; *sich ~*: borrow; *→ mieten*; **~ge-bühr** f rental (fee); **~haus** n pawnshop; **~wagen** m hired (*Am.* rented) car

Leim m, **2en** f glue

Leine f line; *→ Hundeleine*

Lein|en n linen; **~tuch** n sheet; **~wand** f paint. canvas; *Kino*: screen

leise quiet; *Stimme*: *a.* low; **~r stellen** turn down

Leiste f ledge; *anat.* groin

leisten do*, work; *Dienst, Hilfe*: render; *vollbringen*: achieve; *ich kann mir ... (nicht) ~* I can('t) afford ...

Leistung f performance; achievement; *tech. a.* output; *Dienst2*: service; *Sozial2*: benefit

Leit|artikel *m* editorial; **2en** lead*, guide; conduct (*a. phys., mus.*): *Betrieb etc.*: run*, manage

Leiter *f* ladder (*a. fig.*)

Leiter(in) leader; conductor (*a. mus., phys.*); *Firma, Amt*: head, manager; chairperson

Leitplanke *f* crash barrier, *Am.* guardrail

Leitung *f* management, direction; *Vorsitz*: chairmanship; *tech., teleph.* line; **Haupt2**: main(s *pl*); pipe(s *pl*); cable(s *pl*); **~srohr** *n* pipe; **~swasser** *n* tap water

Lekt|ion *f* lesson; **~üre** *f* reading (matter); *ped.* reader

Lende *f* loin

lenk|en steer, drive*; *fig.* direct; *Kind*: guide; **2er** *m* handlebar; **2rad** *n* steering wheel; **2ung** *f* steering (system)

Leopard *m* leopard

Lerche *f* lark

lernen learn*; study

lesbisch lesbian

Lese|buch *n* reader; **2n** read*; *Wein*: harvest; **~r(in)** reader; **2rlich** legible; **~zeichen** *n* bookmark

letzte last; *neueste*: latest

Leucht|e *f* light, lamp; **2en** shine*; *schimmern*: gleam; **2end** shining, bright; **~er** *m* candlestick; → *Kronleuchter*; **~reklame** *f* neon sign(s *pl*); **~turm** *m* lighthouse; **~ziffer** *f* luminous digit

leugnen deny

Leute *pl* people *pl*; F folks *pl*

Lexikon *n* dictionary; encyclop(a)edia

Libelle *f* dragonfly

liber|al liberal; **2o** *m* sweeper

Licht *n* light; **~bild** *n* photo (-graph); *Dia*: slide; **2empfindlich** *phot.* sensitive

lichten *Wald*: clear; *den Anker* ~ weigh anchor; *sich* ~ get* thin(ner)

Licht|hupe *f*: *die* ~ *benutzen* flash one's lights (at s.o.); **~jahr** *n* light year; **~maschine** *f* generator; **~schalter** *m* light switch; **~strahl** *m* ray *od.* beam of light

Lichtung *f* clearing

Lid *n* (eye)lid; **~schatten** *m* eye shadow

lieb dear; *nett*: nice, kind

Liebe *f*, **2n** love

liebenswürdig kind

lieber rather, sooner; ~ *haben* prefer, like better

Liebes|brief *m* love letter; **~paar** *n* lovers *pl*

liebevoll loving, affectionate

Lieb|haber *m* lover (*a. fig.*); **~haberei** *f* hobby; **2lich** sweet (*a. Wein*); **2ling** *m* darling (*a. Anrede*); *bsd. Kind, Tier*: pet; **~los** unkind; *nachlässig*: careless(ly)

Lied *n* song

liederlich slovenly, sloppy

Liedermacher(in) singer-songwriter

Liefer|ant(in) supplier; **2-bar** available; **2n** deliver; supply; **~schein** *m* receipt (for delivery); **~ung** *f* delivery; supply; **~wagen** *m* (delivery) van

Liege *f* couch; (camp) bed

liegen lie*; *Haus etc.*: be* (situated); **~ nach** face; **daran liegt es (, daß)** that's (the reason) why; **j-m ~** appeal to s.o.; **~bleiben** stay in bed; *Sache*: be* left behind; **~lassen** leave* (behind)

Liege|stuhl *m* deck chair; **~wagen** *m* couchette

Lift *m* lift, *Am.* elevator

Liga *f* league

Likör *m* liqueur

lila purple, violet

Lilie *f* lily

Limonade *f* lemonade

Limousine *f* saloon car, *Am.* sedan

Linde *f* lime tree, linden

lindern relieve, ease

Lineal *n* ruler

Linie *f* line; *fig.* figure; **~nflug** *m* scheduled flight

link|e left (*a. pol.*); **2¹** *f pol.* left; **2e²** *m, f* leftist; **~s** (on the *od.* to the) left; **2s-händer(in)** left-hander

Linse *f bot.* lentil; *opt.* lens

Lippe *f* lip; **~nstift** *m* lipstick

lispeln (have* a) lisp

List *f* cunning; trick

Liste *f* list; *Namen*: *a.* roll

listig cunning, sly

Liter *m, n* lit|re, *Am.* -er

litera|risch literary; **2tur** *f* literature

Lizenz *f* licen|ce, *Am.* -se

Lob *n*, **2en** praise; **2enswert** praiseworthy

Loch *n* hole; **2en**, **~er** *m* punch; **~karte** *f* punch(ed) card

Locke *f* curl; *a* lock; **2n¹** curl (*a. sich* **~**)

locken² lure, entice

Lockenwickler *m* curler

locker loose; *fig.* relaxed; **~n** loosen (*a. sich* **~**), slacken; *Griff, fig.*: relax

lockig curly, curled

Löffel *m* spoon

Loge *f thea.* box; *Bund:* lodge

logisch logical

Lohn *m* wages *pl*, pay; *fig.* reward; **2en: sich ~** be* worth it, pay*; **~erhöhung** *f* rise, *Am.* raise; **~steuer** *f appr.* income tax; **~stopp** *m* wage freeze

Loipe *f* (cross-country) course

Lokal *n* restaurant, pub *etc.*; **~...** *mst* local ...

Lokomotiv|e *f* engine; **~führer** *m* train driver, *Am.* engineer

Lorbeer *m* laurel; bay leaf

Los *n* lot (*a. fig.*); (lottery) ticket, number; **~e ziehen** draw* lots

los off; *Hund etc.*: loose; **was ist ~?** what's the matter?; **~ sein** be* rid of; **~!** hurry up!; let's go!; **~binden** untie

Löschblatt

Lösch|blatt n blotting paper; **2en** extinguish, put* out; *Schrift, tech.*: erase; *Durst:* quench; *mar.* unload

lose loose (a. fig.)

Lösegeld n ransom

losen draw* lots (**um** for)

lösen undo*; *lockern:* loosen; *Bremse etc.*: release; *Problem etc.*, auch *Karte:* buy*; → **ab-**, **auflösen**

los|fahren leave*; drive* off; **~gehen** leave*; start, begin*; ~ **auf** go* for s.o.; **~lassen** let* go

löslich soluble

los|machen release; loosen; **~reißen** tear* off

Lösung f solution (a. fig.); **~smittel** n solvent

loswerden get* rid of

Lot n plumb (line)

löten solder

Lotse m, **2n** pilot

Lott|erie f lottery; **~o** n lotto

Löwe m lion; *ast.* Leo; **~enzahn** m dandelion; **~in** f lioness

Luchs m lynx

Lücke f gap; **2nhaft** incomplete; **2nlos** complete

Luft f air; (*frische*) ~ **schöpfen** get* a breath of fresh air; **in die ~ sprengen** (*fliegen*) blow* up; **~angriff** m air raid; **~ballon** m balloon; **~blase** f air bubble; **~brücke** f airlift; **2dicht** airtight;

~druck m air pressure

lüften air, ventilate

Luft|fahrt f aviation; **~kissenfahrzeug** n hovercraft; **2krank** airsick; **~kurort** m health resort; **2leer:** **~er Raum** vacuum; **~linie** f; **50 km** = 50 km as the crow flies; **~loch** n air vent (*aer.* pocket); **~matratze** f air mattress; **~post** f air mail; **~pumpe** f bicycle pump; **~röhre** f windpipe

Lüftung f ventilation

Luft|veränderung f change of air; **~verschmutzung** f air pollution; **~waffe** f air force; **~zug** m draught, *Am.* draft

Lüg|e f, **2en** lie; **~ner(in)** f liar

Luke f hatch; *Dach:* skylight

Lumpen m rag

Lunge f lungs pl; **~nentzündung** f pneumonia

Lupe f magnifying glass

Lust f desire; *contp.* lust; ~ **haben zu et. auf** feel* like (doing) s.th.

lust|ig funny; *fröhlich:* cheerful; **sich ~ machen über** make* fun of; **2spiel** n comedy

lutsch|en suck (a. ~ **an**); **2er** m lollipop

luxuriös luxurious

Luxus m, **~artikel** m luxury; **~hotel** n luxury hotel

Lymphdrüse f lymph gland

Lyrik f poetry

M

machbar feasible

machen *tun, erledigen:* do*; *herstellen, verursachen:* make*; *Prüfung:* take*; *bestehen:* pass; *Betrag etc.:* be*, amount to; **wieviel macht das?** how much is it?; **(das) macht nichts** it doesn't matter; **sich et. (nichts) ~ aus** (not) care about; (not) *mögen:* (not) care for; **mach schon!** hurry up!; → **lassen**

Macho *m* macho

Macht *f* power (*a. Staat*)

mächtig powerful, mighty (*a. F sehr*); riesig: huge

machtlos powerless

Mädchen *n* girl; *Dienst*♀: maid; **~name** *m* girl's name; *Frau:* maiden name

Mad|e *f* maggot; *Obst*♀: worm; **2ig** wormeaten

Magazin *n* magazine

Magen *m* stomach; **~beschwerden** *pl.* stomach trouble *sg*; **~geschwür** *n* ulcer; **~schmerzen** *pl* stomachache *sg*

mager lean (*a. Fleisch*), thin, skinny; low-fat *od.* **-calorie**; *fig.* meag|re, *Am.* -er

Mag|ie *f*, **2isch** magic

Magnet *m* magnet; **~...** *Band etc.:* magnetic ...; **2isch** magnetic

mähen cut*, mow*; reap

mahlen grind*

Mahlzeit *f* meal

Mähne *f* mane

Mahnung *f econ.* reminder

Mai *m* May; **~glöckchen** *n* lily of the valley; **~käfer** *m* cockchafer

Mais *m* maize, *Am.* corn

Majestät *f* majesty

makellos immaculate

Makler(in) (*Am. real*) estate agent; *Börsen*♀: broker

Mal *n* time; *Zeichen:* mark; **zum ersten (letzten) ~** for the first (last) time

mal times; multiplied by

male|n paint; **2r(in)** painter; **2rei** *f* painting; **~risch** picturesque

Malz *n* malt

Mama *f → Mutti*

man you, one; they *pl*

manch, **~er**, **~e**, **~es** *mst* some *pl*; many *pl*; **~mal** sometimes

Mandant(in) *f* client

Mandarine *f* tangerine

Mandel *f bot.* almond; *anat.* tonsil; **~entzündung** *f* tonsillitis

Manege *f* (circus) ring

Mangel *m* lack (**an** of); *tech.* fault; *econ.* deficiency; **2haft** poor, unsatisfactory; **~ware** *f:* **~ sein** be* scarce

Manieren pl manners pl

Mann m man; Ehe2: husband

Männchen n zo. male

Mannequin n (fashion) model

männlich masculine (a. gr.); biol. male

Mannschaft f team; mar., aer. crew

Manöv|er n, **2rieren** manoeuvre, Am. maneuver

Mansarde f attic (room)

Manschette f cuff; **~knopf** m cuff link

Mantel m coat; tech. jacket

Manuskript n manuscript

Mappe f portfolio; → **Aktentasche** etc

Märchen n fairy tale

Marder m marten

Margarine f margarine

Marienkäfer m ladybird, Am. lady bug

Marille f östr. apricot

Marine f navy

Marionette f puppet

Mark¹ f Geld: mark

Mark² n anat. marrow

Marke f econ. brand; Fabrikat: make; post. etc. stamp

markieren mark; fig. act

Markise f awning

Markt m market

Marmelade f Jam; Orangen2: marmalade

Marmor m marble

Marsch m march (a. mus.); **~flugkörper** m cruise missile; **2ieren** march

Märtyrer(in) martyr

März m March

Marzipan n marzipan

Masche f mesh; Strick2: stitch; F fig. trick

Maschine f machine; Motor: engine; aer. plane; **2ll** mechanical; **~ngewehr** n submachinegun; **~npistole** f submachine gun; **2schreiben** type

Masern pl measles pl

Maserung f Holz etc.: grain

Mask|e f mask; **2ieren: sich** ~ put* on a mask

Maß¹ n measure; Grad: extent; **~e** pl measurements pl

Maß² f lit|re (Am. -er) of beer

Massaker n massacre

Masse f mass; Substanz: substance; **e-e** ~ F loads of

massieren massage

mäßig, ~en moderate

massiv solid; fig. massive

maß|los immoderate; **2nahme** f measure, step; **2stab** m scale; fig. standard; **~voll** moderate

Mast m mast; Stange: pole

mästen fatten; F stuff

Material n material(s pl tech.); **2istisch** materialistic

Materie f matter

Mathematik f mathematics sg; **~er(in)** mathematician

Matratze f mattress

Matrose m sailor, seaman

Matsch m mud, sludge

matt weak; Farbe etc.: dull, pale; phot. matt(e); Glas: frosted; Schach: checkmate

Matte f mat

Mattscheibe f screen

Matura f östr. → **Abitur**

Mauer f wall

Maul n mouth; **~korb** m muzzle; **~tier** n mule; **~wurf** m mole

Maurer(in) bricklayer

Maus f mouse (a. EDV); **~e-falle** f mousetrap

maxim|al, 2um n maximum

Mechani|k f mechanics sg; tech. mechanism; **~ker(in)** mechanic; 2sch mechanical; **~smus** m mechanism

meckern bleat; F grumble

Medaille f medal

Medien pl (mass) media pl

Medi|kament n medicine, drug; **~zin** f medicine; 2-zinisch medical

Meer n sea, ocean; **~enge** f straits pl; **~esspiegel** m sea level; **~rettich** m horseradish; **~schweinchen** n guinea pig

Mehl n flour; grobes: meal

mehr more; übrig: left; **~ere** several; **~fach** repeated(ly); 2heit f majority; **~mals** several times; 2weg... returnable ...; reusable ...; 2wert-steuer f value-added tax, VAT; 2zahl f majority; gr. plural

meiden avoid

Meile f mile

mein my; **~e(r), ~s** mine

Meineid m perjury

meinen think*, believe; äu-

ßern: say*; sagen wollen, sprechen von: mean*

meinetwegen for my sake; wegen mir: because of me; **~!** I don't mind

Meinung f opinion; meiner **~ nach** in my opinion; **~sver-schiedenheit** f disagreement

Meise f titmouse

Meißel m, 2n chisel

meist most(ly); am **~en** most (of all); **~ens** mostly

Meister(in) master; Sport: champion; **~schaft** f championship; **~werk** n masterpiece

melancholisch melancholy

meld|en report; Funk od.: a. announce; sich **~** report (bei to); amtlich: register (with); Schule: raise one's hand; answer the telephone; Teil-nahme: enter (zu for); 2ung f report; announcement; registration; entry

melken milk

Melodie f melody, tune

Melone f melon; Hut: bowler (hat), Am. derby

Menge f quantity, amount; Menschen2: crowd; math. set; **e-e ~** lots of

Mensa f cafeteria

Mensch m human being; person; der **~** man(kind); die **~en** pl people pl; mankind sg; kein **~** nobody

Menschen|affe m ape; **~le-ben** n human life; 2leer

deserted; ~menge f crowd;
~rechte pl human rights pl;
~verstand m → gesund

Menschheit f mankind

menschlich human; fig. humane; 2keit f humanity

Menstruation f menstruation

Menü n table d'hôte, Brt. a. set lunch etc.; EDV menu

merk|en notice; sich ~ remember; 2mal n feature; ~würdig strange, odd

Messe f fair; eccl. mass

messen measure

Messer n knife

Meßgerät n measuring instrument, meter

Messing n brass

Metall n metal

Meter m, n met|re, Am. -er; ~maß n tape measure

Methode f method, way

Metzger(ei f) m butcher('s)

Meuterei f mutiny

mich me; ~ (selbst) myself

Miene f look, expression

mies f rotten, lousy

Miet|e f rent; 2en rent; Brt. Auto: hire; ~er(in f) tenant; Unter2: lodger; ~shaus n block of flats, Am. apartment building; ~vertrag m lease; ~wagen m hired (Am. rented) car; ~wohnung f (rented) flat, Am. apartment

Mikro|phon n microphone, F mike; ~prozessor m microprocessor; ~skop n microscope; ~welle f microwave (a. Gerät)

Milch f milk; ~glas n frosted glass; 2ig milky; ~kaffee m coffee with milk; ~reis m rice pudding; ~straße f Milky Way; ~zahn m milk (Am. baby) tooth

mild mild; ~ern lessen, soften

Milieu n environment

Militär n the military pl

Milli|arde f billion; ~meter m, n millimet|re, Am. -er; ~on f million; ~onär(in) millionaire(ss)

Milz f spleen

Minder|heit f minority; 2jährig under age

minderwertig inferior (quality econ.); 2keitskomplex m inferiority complex

mindest least; 2... minimum ...; ~ens at least

Mine f mine; Bleistift: lead; Ersatz2: refill

Mineral n mineral; ~wasser n mineral water

Minirock m miniskirt

Minister|(in) minister, secretary; ~ium n ministry, department, Brit. a. office

minus minus; below zero

Minute f minute

mir (to) me

misch|en mix; Tee etc.: blend; Karten: shuffle; 2ling m half-breed; 2ung f mixture; blend

miß|achten disregard, ignore; 2bildung f deformity; ~billigen disapprove of; 2brauch m, ~brauchen abuse; 2**erfolg** *m* failure; 2**geschick** *n* mishap; 2**handlung** *f* ill-treatment; *jur.* assault and battery

Mission *f* mission; **~ar(in)** missionary

miß|lingen, ~raten fail; turn out badly; 2**stand** *m* bad state of affairs; grievance; 2**trauen** distrust, suspicion; **~trauisch** suspicious; 2**verständnis** *n* misunderstanding; **~verstehen** misunderstand*

Mist *m* manure; F trash

Mistel *f* mistletoe

Misthaufen *m* manure heap

mit with; **~ der Bahn** *etc.* by train *etc.*; → *Jahr*; 2**arbeit** *f* cooperation; **~arbeiter(in)** colleague; employee; *pl* staff *pl*; **~bringen** bring* (with one); 2**bürger(in)** fellow citizen; **~einander** with each other; together; 2**esser** *m* med. blackhead; **fahren:** *mit j-m* **~** go* with s.o.; *j-n* **~ lassen** give* s.o. a lift; 2**fahrzentrale** *f* car pool(ing) service; **~fühlend** sympathetic; **~geben** give* s.o. s.th. (to take along); 2**gefühl** *n* sympathy; **~gehen:** *mit j-m* **~** go* with s.o.

Mitglied *n* member; **~schaft** *f* membership

Mit|inhaber(in) copartner; 2**kommen** come* along; *Schritt halten* keep* up (**mit** with)

Mitleid *n* pity (*a.* **~ haben mit**); 2**ig** compassionate

mit|machen *v/i* join in; *v/t* take* part in; *erleben:* go* through; 2**mensch** *m* fellow man *od.* being; **~nehmen** take* (along) (with one); *im Auto:* give* *s.o.* a lift; *fig.* put* *s.o.* under stress; **~schreiben** take* notes; take* *s.th.* down; 2**schüler(in)** fellow student; **~spielen** join in; **~ in ~** *od.* appear in

Mittag *m* noon, midday; **heute** 2 at noon today; (**et.**) **zu ~ essen** have* (s.th. for) lunch; **~essen** *n* (**zum** for) lunch; 2**s** at noon; **~spause** *f* lunch break

Mitte *f* middle; centre, *Am.* -er

mitteil|en inform *s.o.* of *s.th.*; 2**ung** *f* message, information

Mittel *n* means, way; remedy (**gegen** for); *Durchschnitt:* average; **~** *pl* means *pl*; **~alter** *n* Middle Ages *pl*; 2**alterlich** medi(a)eval; 2**groß** of medium height; medium-sized; **~los** without means; 2**mäßig** average; **~punkt** *m* centre, *Am.* -er; **~streifen** *m mot.* central reservation, *Am.* median strip; **~stürmer(in)** centre (*Am.* -er) forward; **~weg** *m* middle course; **~welle** *f* medium wave, AM

mitten: ~ *in (auf, unter)* in the middle of

Mitternacht *f* midnight

mittlere middle; average

Mittwoch *m* Wednesday

mix|en mix; **2er** *m* mixer

Möbel *pl* furniture *sg*; **~stück** *n* piece of furniture; **~wagen** *m* furniture (*Am.* moving) van

möblieren furnish

Mode *f* fashion, vogue

Modell *n* model

Modenschau *f* fashion show

Moderator(in) *TV* host

moderig musty, mo(u)ldy

modern modern; fashionable; **~isieren** modernize

Modeschmuck *m* costume jewel(le)ry

modisch fashionable

Mofa *n* moped

mogeln cheat

mögen: *lieber* ~ like better, prefer; *nicht* ~ dislike; *ich möchte* I'd like; *ich möchte lieber* I'd rather

möglich possible; → *bald*; **~erweise** possibly; **2keit** *f* possibility; **~st** if possible; as ... as possible

Mohammedaner(in) Muslim, Mohammedan

Mohn *m* poppy (seeds *pl*)

Möhre, Mohrrübe *f* carrot

Molkerei *f* dairy

Moll *n* minor (key)

mollig snug, cosy; *rundlich:* chubby, plump

Moment *m* moment; *im* ~ at the moment; **2an** *adj* present; *adv* at the moment

Monarchie *f* monarchy

Monat *m* month; **2lich** monthly; **~skarte** *f* (monthly) season ticket

Mönch *m* monk

Mond *m* moon; **~fähre** *f* lunar module; **~finsternis** *f* lunar eclipse; **~schein** *m* moonlight

Mono|log *m* monolog(ue); **2ton** monotonous

Montag *m* Monday

Mont|age *f* assembly; **~eur(in)** fitter; mechanic; **2ieren** assemble; *anbringen:* fit

Moor *n* bog; moor(land)

Moos *n* moss

Moped *n* moped

Moral *f* morals *pl*; *Lehre:* moral; *mil. etc.* morale; **2isch** moral

Morast *m* morass; **2ig** muddy

Mord *m* murder (*an* of)

Mörder(in) murder|er (-ess)

morgen tomorrow; ~ *früh* tomorrow morning

Morgen *m* morning; *Maß:* acre; *am* ~, *morgens:* **~rock** *m* dressing gown; **2s** (*früh*) early) in the morning

morgig tomorrow's

Morphium *n* morphine

morsch rotten, decayed

Mörtel *m* mortar

Mosaik *n* mosaic

Moschee *f* mosque

Moskito *m* mosquito

Moslem m Muslim

Most m grape juice; *Apfel2:* cider

Motiv n motive; *paint., mus.* motif; **2ieren** motivate

Motor m motor, engine; **~boot** n motor boat; **~haube** f bonnet, *Am.* hood; **~rad** n motorcycle; **~radfahrer(in)** motorcyclist; **~roller** m (motor) scooter; **~schaden** m engine trouble

Motte f moth

Möwe f (sea)gull

Mücke f mosquito, midge

müde tired, weary

Muffel m sourpuss; **2ig** musty; F grumpy

Mühe f trouble; *Anstrengung:* effort; *j-m ~ machen* give* s.o. trouble; *sich ~ geben* try hard; **2los** without difficulty; **2voll** laborious

Mühle f mill

mühsam laborious

Mulde f hollow, depression

Mull m gauze

Müll m refuse, rubbish, *Am. a.* garbage; **~abfuhr** f refuse (*Am.* garbage) collection; **~eimer** m dustbin, *Am.* garbage can

Müller(in) miller

Müll|kippe f dump; **~schlukker** m refuse (*Am.* garbage) chute

multiplizieren multiply (*mit* by)

Mund m mouth; *den ~ halten* shut* up; **~art** f dialect

münden: *~ in Fluß:* flow into; *Straße:* lead* into

Mund|geruch m bad breath; **~harmonika** f harmonica

mündlich verbal; *Prüfung etc.:* oral

Mundstück n mouthpiece; *Zigarette:* tip

Mündung f mouth; *Feuerwaffe:* muzzle

Mundwasser n mouthwash

Munition f ammunition

Münster n cathedral

munter *wach:* awake; *lebhaft:* lively

Münz|e f coin; *Gedenk2:* medal; **~fernsprecher** m pay phone; **~wechsler** m change machine

mürbe tender; *Gebäck:* crisp; *brüchig:* brittle

murmel|n murmur; **2tier** n marmot

murren grumble

mürrisch sullen, grumpy

Mus n mush; *Obst:* stewed fruit

Muschel f mussel; *Schale:* shell; *teleph.* earpiece

Museum n museum

Musik f music; **2alisch** musical; **~automat** m, **~box** f jukebox; **~er(in)** musician; **~instrument** n musical instrument

Muskat m, **~nuß** f nutmeg

Muskel m muscle; **~kater** m aching muscles *pl;* **~zerrung** f pulled muscle

muskulös muscular

Muße f leisure

müssen must*, have* (got) to; F have* to go to the toilet; *müßte* should; ought to

Muster *n* pattern; *Probe:* sample; *Vorbild:* model (*a. in Zssgn*); 2n eye *s.o.*; size *s.o.* up; *mil.* gemustert werden have* one's medical

Mut *m* courage; ~machen encourage *s.o.*; 2ig coura-

geous; 2maßlich presumed

Mutter *f* mother; *tech.* nut

mütterlich motherly

Mutter|mal *n* birthmark; ~sprache *f* mother tongue

Mutti *f* mum(my), *Am.* mom(my)

mutwillig wilful, wanton

Mütze *f* cap

mysteriös mysterious

Mythologie *f* mythology

N

Nabe *f* hub

Nabel *m* navel

nach after; *Richtung:* (to-)wards; for; *gemäß:* according to, by; ~ *und* ~ gradually

nachahmen imitate, copy; *fälschen:* counterfeit

Nachbar|(in) neighbo(u)r; ~schaft *f* neighbo(u)rhood

nachdem after, when; *je* ~, *wie* depending on how

nach|denken think* (*über* about); ~denklich thoughtful; 2druck *m* emphasis; *print.* reprint; ~drücklich emphatic; *raten etc.:* strongly; ~eifern emulate

nacheinander one after the other, in turns

nacherzäh|len retell*; 2lung *f* reproduction

Nachfolger|(in) successor

nachforsch|en investigate; 2ung *f* investigation

Nachfrage *f* inquiry; *econ.* demand; 2n inquire, ask

nach|fühlen: *j-m et.* ~ understand* how s.o. feels; ~füllen refill; ~geben give* way; *fig.* give* in; 2gebühr *f* surcharge; ~gehen follow; *e-m Fall:* investigate; *Uhr:* be* slow; ~giebig yielding, soft; ~haltig lasting

nachher afterwards

Nachhilfe *f* coaching

nachholen make* up for

Nachkomme *m* descendant; ~n *pl jur.* issue *sg*; 2n follow; *fig.* comply with

Nachkriegs... postwar ...

Nachlaß *m econ.* reduction, discount; *jur.* estate

nach|lassen decrease, diminish; *Schmerz etc.:* wear* off; ~lässig careless, negligent; ~laufen run* after; ~lesen look up; ~machen → nachahmen

Nachmittag m afternoon; *am ~ = 2s* in the afternoon

Nach|nahme f cash on delivery; **~name** m surname, last name; **~porto** n surcharge; **2prüfen** check; **2rechnen** check

Nachricht f news sg (a. **~en** pl); Botschaft: message

Nachruf m obituary

Nach|saison f off(-peak) season; **2schlagen** look up; **~schub** m supplies pl; **2sehen** v/i (have* a) look; **~ ob** (go* and) see* if; v/t check; Wort etc.: look up; **2senden** send* on, forward; **2sichtig** indulgent; **~silbe** f suffix; **2sitzen**: **~ müssen** be* kept in; **2sprechen**: j-m ~ say* od. repeat s.th. after s.o.

nächst|beste first; **~e** next; nächstliegend: nearest (a. Verwandte)

nachstellen Uhr: put* back; tech. (re)adjust; j-m: be* after s.o.

Nächstenliebe f charity

Nacht f night; in der ~, nachts; **~dienst** m night duty

Nachteil m disadvantage

Nachthemd n nightdress, Am. nightgown; Männer2: nightshirt

Nachtigall f nightingale

Nachtisch m dessert

Nachtlokal n nightclub

nachträglich additional; später: later; Wünsche: belated

nacht|s at od. by night; **2schicht** f night shift; **2tisch** m bedside table; **2wächter** m (night) watchman

nach|wachsen grow* again; **2weis** m proof; **~weisen** prove*; **2welt** f posterity; **2wirkung** f after-effect; **~wort** n epilog(ue); **2zahlen** pay* extra; **2zählen** count (again); check; **2zahlung** f additional payment

Nacken m (nape of the) neck

nackt naked; bloß, fig.: bare

Nadel f needle; Steck2, Haar2 etc.: pin; **~baum** m conifer(ous tree)

Nagel m nail; **~lack** m nail-polish; **~lackentferner** m nail polish remover

nage|n gnaw (an at); **2tier** n rodent

nah(e) near, close (bei to)

Nähe f proximity; Umgebung: vicinity; in der ~ close by; mit gen: near

nahe|gehen affect deeply; **~legen** suggest; **~liegen** seem likely

nähen sew*; Kleid: make*

Näher|es details pl; **2n**: sich ~ approach

Näh|garn n thread; **~maschine** f sewing machine; **~nadel** f needle

nahr|haft nutritious, nourishing; **2ung** f food, nourishment; **2ungsmittel** pl food sg, foodstuffs pl

Naht f seam; med. suture

Nahverkehr m local traffic
Nähzeug n sewing kit
naiv naive
Nam|e m name; **~enstag** m name-day; **2entlich** by name; *lit.* in particular
nämlich that is (to say)
Napf m bowl, basin
Narbe f scar
Narkose f: **in ~** under an an(a)esthetic
Narr m, **2en** fool
Narzisse f mst daffodil
nasal nasal
naschen: gern ~ have* a sweet tooth
Nase f nose; **~nbluten** n nosebleed; **~nloch** n nostril; **~nspitze** f tip of the nose
Nashorn n rhinoceros
naß wet
Nässe f wet(ness)
naßkalt damp and cold
Nation f nation
national national; **2hymne** f national anthem; **2ität** f nationality; **2mannschaft** f national team
Natron n baking soda
Natter f adder, viper
Natur f nature; **~ereignis** n natural phenomenon; **~gesetz** n law of nature; **2getreu** true to life; lifelike; **~katastrophe** f natural disaster, act of God
natürlich adj natural; adv naturally, of course
Natur|schutzgebiet n nature od. wildlife (p)reserve; **~wis-**

senschaft f (natural) science; **~wissenschaftler(in)** (natural) scientist
Nazi m Nazi
Nebel m mist; *stärker:* fog; **~(schluß)leuchte** f (rear) fog lamp
neben beside, next to; *außer:* besides; *verglichen mit:* compared with; **~an** next door; **~bei** in addition, at the same time; *übrigens:* by the way; **2beschäftigung** f sideline; **~einander** next (door) to each other; **2fach** n subsidiary subject; *Am.* minor; **2fluß** m tributary; **2gebäude** n adjoining building; *Anbau:* annex(e); **2kosten** pl extras pl; **2produkt** n by-product; **~sächlich** unimportant; **2satz** m subordinate clause; **2straße** f side street; minor road; **2tisch** m next table; **2wirkung** f side effect; **2zimmer** n adjoining room
neblig foggy; misty
neck|en tease; **~isch** saucy
Neffe m nephew
negativ negative
nehmen take* (a. sich ~)
Neid m envy; **2isch** envious
neig|en: (sich) ~ bend*, incline; **~ zu** tend to (do) s.th.; **2ung** f inclination; fig. a. tendency
nein no
Nelke f carnation; Gewürz: clove

nennen name, call; mention; **sich ... be*** called ...; **~swert** worth mentioning
Neon n neon (a. in Zssgn)
Nerv m nerve; **j-m auf die ~en gehen** get* on s.o.'s nerves; **~en** be* a pain (in the neck)
Nerven|arzt, ~ärztin neurologist; **~klinik** f mental hospital; **~system** n nervous system; **~zusammenbruch** m nervous breakdown
nervös nervous; **~osität** f nervousness
Nerz m mink (a. Mantel)
Nest n nest; contp. dump
nett nice; **so ~ sein zu ... be*** kind enough to ...
netto net (a. in Zssgn)
Netz n net; fig. network (a. teleph.); electr. power, Brt. a. mains sg, pl; **~anschluß** m mains supply; **~haut** f retina; **~karte** f (rail etc.) pass
neu new; **~zeitlich:** modern; **~(e)ste** latest; **von ~em** anew, afresh; **was gibt es 2es?** what's new?; **~artig** novel; **2bau** m new building; **2erung** f innovation; **~geboren** newborn; **2gier** f curiosity; **~gierig** curious; **2heit** f novelty; **2igkeit** f (piece of) news; **2jahr** n New Year('s Day); **~lich** the other day; **2mond** m new moon
neun nine; **~te, 2tel** n ninth; **~zehn(te)** nineteen(th); **2zig** ninety; **~zigste** ninetieth
neutral neutral; **2alität** f

neutrality; **2on(en...)** n neutron (...); **2um** n gr. neuter
Neuzeit f modern history
nicht not; **~ mehr** not any more, no longer
Nicht... Mitglied, Raucher, Schwimmer etc.: non...
Nichte f niece
nichts, 2 n nothing; **~sagend** meaningless
nick|en nod; **2erchen** n nap
nie never; **fast ~** hardly ever
nieder adj low; adv down; **~geschlagen** depressed; **2kunft** f childbirth; **2lage** f defeat; **lassen: sich ~** settle (down); econ. set* up; **2lassung** f establishment; Filiale: branch; **~legen** lay* down; Amt: resign (from); **2schlag** m rain(fall); radioaktiver: fallout; Boxen: knockdown; **~schlagen** knock (Aufstand: put*) down; **~trächtig** base, mean; **2ung** f lowland(s pl)
niedlich pretty, sweet, cute
niedrig low (a. fig.)
niemals never, at no time
niemand nobody, no one; **2sland** n no-man's-land
Niere f kidney
niesel|n, 2regen m drizzle
niesen sneeze
Niete f Los: blank; fig. failure; tech. rivet
Nilpferd n hippopotamus
nippen sip (an at)
nirgends nowhere
Nische f niche, recess

nisten nest

Niveau n level; fig. a. standard

noch still (a. ~ immer); ~ ein another, one more; ~ einmal once more od. again; ~ etwas? anything else?; ~ nicht(s) not(hing) yet; ~ nie never before; ~ größer etc. even bigger etc.; ~mals once more od. again

Nomin|ativ m nominative; 2**ieren** nominate

Nonne f nun

Nord(en m) north

nördlich north(ern); Wind, Kurs: northerly

Nord|osten m) northeast; ~pol m North Pole; ~west(en** m) northwest

nörgeln carp, nag

Norm f standard, norm

normal normal; 2... tech. standard ...; Verbraucher etc.: average ...; 2**benzin** n regular (grade) petrol (Am. gas); ~**erweise** normally

Norweg|er(in), 2**isch** Norwegian

Not f need; Elend: misery; in ~ in need od. trouble

Notar(in) notary (public)

Not|arzt m doctor on call; mot. (emergency) ambulance; ~**ausgang** m emergency exit; ~**bremse** f emergency brake; 2**dürftig** scanty; ~ reparieren patch up

Note f note; Zensur: mark, grade; ~n lesen read* music

Not|fall m emergency; 2**falls** if necessary

notieren make* a note of

nötig necessary; ~ haben need

Notiz f note, memo; ~**buch** n notebook

not|landen make* an emergency landing; ~**leidend** needy; 2**ruf** m teleph. emergency call; 2**rufsäule** f emergency phone, Am. call box; 2**rutsche** f aer. (emergency) escape chute; 2**signal** n distress signal; 2**wehr** f self-defen|ce, Am. -se; 2**wendig** necessary; 2**zucht** f rape

Novelle f novella

November m November

Nu m: im ~ in no time

nüchtern sober; sachlich: matter-of-fact

Nudel f noodle

null zero; teleph. 0 [əʊ]; Sport: nil, nothing; Tennis: love; Fehler: no; 2 f ~ null; contp. a nobody; gleich ~ nil; 2**punkt** m zero

numerieren number

Nummer f number; Zeitung etc.: a. issue; Größe: size; ~**schild** n mot. number (Am. license) plate

nun now; also, na: well; ~? well?; was ~? now what?

nur only, just; bloß: merely; ~ noch only

Nuß f nut; ~**knacker** m nutcracker; ~**schale** f nutshell

Nüstern pl nostrils pl
Nutte f tart, Am. a. hooker
Nutzen m use; Gewinn: profit, gain; Vorteil: advantage; 2 → **nützen**
nütz|en v/i be* of use; es

o int. oh!; ~ **weh!** oh dear!
Oase f oasis
ob whether, if; **als** ~ as if
Obdach n shelter; ~**lose(r)** homeless person
O-Beine pl: ~ **haben** be* bow-legged
oben above; up; at the top; upstairs; **siehe** ~ see above; ~ **ohne** topless; ~**auf** on (the) top; fig. feeling great; ~**erwähnt** above-mentioned
Ober m waiter; ~**arm** m upper arm; ~**arzt**, ~**ärztin** assistant medical director; ~**befehlshaber** m commander in chief; 2e upper, top; ~**fläche** f surface; 2**flächlich** superficial; 2**halb** above; ~**hemd** n shirt; ~**kellner(in)** head wait|er (-ress); ~**kiefer** m upper jaw; ~**körper** m upper part of the body; ~**lippe** f upper lip
Obers n östr. cream
Ober|schenkel m thigh; ~**schule** f → **Gymnasium**
Ober|st m colonel; 2**ste** top; highest; ~**teil** n top; ~**weite** f bust size

nützt nichts (zu) it's no use (ger); v/t (make*) use (of), take* advantage of; ~**lich** useful; advantageous
nutzlos useless, (of) no use
Nylon n nylon

obgleich (al)though
Obhut f care
Objekt n object (a. gr.); ~**iv** n phot. lens; 2**iv** objective
Obst n fruit; ~**garten** m orchard; ~**torte** f fruit tart
obszön obscene, filthy
obwohl (al)though
Ochse m ox; ~**nschwanzsuppe** f oxtail soup
öd(e) deserted, desolate
oder or; ~ **aber** or else
Ofen m stove; Back2: oven
offen open; Stelle: vacant; fig. frank; ~ **gesagt** frankly (speaking); ~**bar** obvious (-ly); anscheinend: apparent(ly); ~**lassen** leave* open; ~**sichtlich** → **offenbar**
offensiv offensive
offenstehen be* open*
öffentlich public; auftreten etc.: in public; 2**keit** f the public
offiziell official
Offizier m officer
öffn|en open (a. sich ~); 2**er** m opener; 2**ung** f opening; 2**ungszeiten** pl opening hours pl

oft often, frequently
öfter several times; often
oh *int.* o(h)!
ohne without; **~hin** anyhow
Ohn|macht *f med.* unconsciousness; *in* **~ fallen** faint; **2mächtig** helpless; *med.* unconscious; **~ werden** faint
Ohr *n* ear
Öhr *n* eye
Ohren|arzt, **~ärztin** ear-nose-and-throat doctor; **2betäubend** deafening; **2schmerzen** *pl* earache *sg*
Ohr|feige *f* slap in the face; **~läppchen** *n* ear lobe; **~ring** *m* earring
Ökologie *f* ecology
Oktober *m* October
Öl *n* oil; **2en** oil; *tech. a.* lubricate; **~gemälde** *n* oil painting; **~heizung** *f* oil heating; **2ig** oily
oliv, 2e *f* olive
Öl|quelle *f* oil well; **~unfall** *m* oil spill
Olymp|ia..., **2isch** Olympic; *Olympische Spiele pl* Olympic Games *pl*
Oma *f* Grandma
Omnibus *m* → **Bus**
Onkel *m* uncle
Oper *f* opera; opera house
Operation *f* operation
Operette *f* operetta
operieren: *j-n ~* operate on s.o.; *sich ~ lassen* have* an operation
Opfer *n* sacrifice; *Mensch*, *Tier:* victim; **2n** sacrifice

Opposition *f* opposition
Optiker(in) optician
Optimist(in) optimist; **2isch** optimistic
Orange *f* orange; **~nmarmelade** *f* marmalade
Orchester *n* orchestra
Orchidee *f* orchid
Orden *m* order (*a. eccl.*); medal, decoration
ordentlich tidy, neat; *richtig:* proper; → **anständig**
ordinär vulgar
ordn|en put* in order; arrange; **2er** *m* file; *Helfer:* attendant; **2ung** *f* order; class; *in ~* all right; *in ~ bringen* put* right; repair, fix; **2ungszahl** *f* ordinal number
Organ *n* organ; F voice; **~isation** *f* organization; **2isch** organic; **~isieren** organize (*a. sich ~*); F get*; **~ismus** *m* organism
Orgel *f* organ
orientalisch oriental
orientier|en *j-n:* inform; *sich ~* orient o.s.; **2ung** *f* orientation; *die ~ verlieren* lose* one's bearings; **2ungssinn** *m* sense of direction
Origin|al *n*, **2al** original, **2ell** original; *Idee etc.:* ingenious; witty
Orkan *m* hurricane
Ort *m* place; → **Dorf** *etc.*; *vor ~ fig.* on the spot
Orthopäd|e, **~in** orthop(a)edic doctor
örtlich local

Ortschaft f place, village

Orts|gespräch n local call; **~kenntnis** f: **~haben** know* a place; **~zeit** f local time

Öse f eye; *Schuh:* eyelet

Ost(en m) east

Oster|ei n Easter egg; **~glocke** f daffodil; **~hase** m Easter bunny; **~n** n Easter

Österreich|er(in), **2isch**

Austrian

östlich eastern; *Wind etc.:* easterly; **~von** east of

Otter[1] m otter

Otter[2] f adder, viper

Ouvertüre f overture

oval, **2** n oval

Oxyd n oxide; **2ieren** oxidize

Ozean m ocean, sea

Ozonschicht f ozone layer

P

Paar n pair; *Ehe~ etc.:* couple; **2: ein ~** a few, some; **2en (sich)** ~ mate; **2mal: ein ~** a few times; **2weise** in pairs

Pacht f, **2en** lease

Pächter(in) leaseholder

Päckchen n small parcel; → *Packung*

pack|en pack; *ergreifen:* grab, seize; *fig.:* thrill; **2papier** n brown paper; **2ung** f package, box; *kleinere, a. Zigaretten2:* packet, *Am. a.* pack

pädagogisch educational

Paddel n paddle; **~boot** n canoe; **2n** paddle, canoe

Paket n package; *post.* parcel; **~karte** f (parcel) mailing form; *Am.* parcel post slip

Palast m palace

Palme f palm (tree); **~sonntag** m Palm Sunday

Pampelmuse f grapefruit

paniert breaded

Panne f breakdown; *fig.* mishap; **~ndienst** m *mot.* emergency road service

Panther m panther

Pantoffel m slipper

Panzer m armo(u)r; *mil.* tank; *zo.* shell; **~schrank** m safe

Papa m dad(dy), pa

Papagei m parrot

Papier n paper; **~e** pl papers pl, documents pl; *Ausweis2e:* identification sg; **~geschäft** n stationer's (shop, *Am.* store); **~korb** m waste (-paper) basket

Pappe f cardboard

Pappel f poplar

Papp|karton m, **~schachtel** f cardboard box, carton

Paprika m *~schote:* pepper; *Gewürz:* paprika

Papst m pope

Parade f parade

Paradeiser m *östr.* tomato

Paradies n paradise

Paragraph m jur. article, section; print. paragraph

parallel, 2e f parallel

Parfüm n perfume; **~erie** f perfumery; **2iert** perfumed

Park m park; **2en** park; **~en verboten!** no parking!

Parkett n parquet; thea. stalls pl, Am. orchestra

Park|gebühr f parking fee; **~haus** n multi-storey car park, Am. parking garage; **~lücke** f parking space; **~platz** m parking space; Anlage: car park, Am. parking lot; **~scheibe** f parking disc, Am. -k; **~uhr** f parking meter; **~verbot** n no parking

Parlament n parliament

Parodie f parody, takeoff

Partei f party; **2isch** partial; **2los** independent

Parterre n ground floor

Partie f Spiel: game; Teil: part, passage (a. mus.)

Partisan(in) partisan, guerrilla

Partizip n participle

Partner|(in) partner; **~schaft** f partnership

Paß m passport; Sport, geogr.: pass

Passage f passage

Passagier(in) passenger

Passant(in) passerby

Paßbild n passport photo

passen fit; zusagen: suit (j-m s.o.), be* convenient; **~ zu** go* with, match; **~d** suitable; matching

passieren v/i happen; v/t pass (through)

passiv, 2 n passive

Paste f paste; **~te** f pie

Pate m godfather; godchild; **~nkind** n godchild

Patent n patent; 2 handy, clever

Patient(in) patient

Patin f godmother

Patriot(in) patriot

Patrone f cartridge

Patsche f: **in der ~ sitzen** be* in a jam

patzig rude, Am. a. fresh

Pauke f kettledrum

Pauschal|e f lump sum; **~reise** f package tour

Pause f break, Am. Schu2: recess; thea. etc. interval, Am. intermission; Sprech2: pause; 2nlos uninterrupted, nonstop

Pavian m baboon

Pavillon m pavilion

Pech n pitch; fig. bad luck

Pedal n pedal

pedantisch pedantic

peinlich embarrassing; **~ genau** meticulous

Peitsche f, **~n** whip

Pelle f skin; 2en peel; **~kartoffeln** pl potatoes pl (boiled) in their jackets

Pelz m fur; 2gefüttert furlined; **~mantel** m fur coat

Pendel n pendulum; 2eln swing*; Bus etc.: shuttle; Person: commute; **~elverkehr** m shuttle service; commuter traffic; **~ler** *m* commuter

penetrant obtrusive

Penis *m* penis

Pension *f* (old-age) pension; boarding-house; **2ieren:** *sich ~ lassen* retire; **2iert** retired

per *pro:* per; *durch:* by

perfekt perfect; **2** *n gr.* present perfect

Periode *f* period (*a. med.*)

Perle *f* pearl; *Glas2:* bead; *fig.* sparkle, bubble

Perlmutt *n* mother-of-pearl

Person *f* person; *für zwei ~en* for two

Personal *n* staff, personnel; **~abteilung** *f* personnel department; **~ausweis** *m* identity card; **~chef(in)** staff manager; **~ien** *pl* particulars *pl,* personal data *pl;* **~pronomen** *n* personal pronoun

Personenzug *m* passenger train; local train

persönlich personal(ly); **2keit** *f* personality

Perücke *f* wig

pessimistisch pessimistic

Pest *f* plague

Petersilie *f* parsley

Petroleum *n* kerosene

Pfad *m* path; **~finder** *m* boy scout; **~finderin** *f* girl guide (*Am.* scout)

Pfahl *m* stake, post; pole

Pfand *n* security; *Sache:* pawn; *Flaschen2:* deposit

pfänden seize, attach

Pfandflasche *f* returnable bottle

Pfann|e *f* pan; **~kuchen** *m* pancake

Pfarrer *m* priest; *Protestant:* minister; *evangelischer:* pastor; **~in** *f* (woman) pastor

Pfau *m* peacock

Pfeffer *m* pepper; **~kuchen** *m* gingerbread; **~minze** *f* peppermint; **2n** pepper; **~streuer** *m* pepper pot

Pfeife *f* whistle; *Tabak2, Orgel2:* pipe; **2n** whistle

Pfeil *m* arrow

Pfeiler *m* pillar

Pferd *n* horse; *zu ~e* on horseback; **~erennen** *n* horse race; **~eschwanz** *m fig.* ponytail; **~estall** *m* stable; **~estärke** *f* horsepower

Pfiff *m* whistle

Pfifferling *m* chanterelle

pfiffig clever

Pfingst|en *n* Whitsun; **~montag** *m* Whit Monday; **~rose** *f* peony; **~sonntag** *m* Whit Sunday

Pfirsich *m* peach

Pflanze *f,* **2n** plant; **~nfett** *n* vegetable fat *od.* oil

Pflaster *n* plaster, *Am.* band-aid; *Straße:* pavement; **2n** pave; **~stein** *m* paving stone

Pflaume *f* plum; *Back2:* prune

Pflege *f* care; *med.* nursing; *fig.* cultivation; **~... *Eltern, Kind etc.:* foster-...; **~heim** *n* nursing home; **2leicht**

easy-care, wash-and-wear;
2n care for; *med. a.* nurse;
fig. cultivate; **sie pflegte zu
sagen** she used to say; **~r** m
male nurse; **~rin** f nurse
Pflicht f duty; *Sport:* compulsory event(s pl); **~fach** n
compulsory subject; **~versi-
cherung** f compulsory insurance
Pflock m peg
pflücken pick, gather
Pflug m plough, *Am.* plow
pflügen plough, *Am.* plow
Pforte f gate, door
Pförtner(in) gatekeeper;
doorkeeper
Pfosten m (*Sport:* goal)post
Pfote f paw
Pfropfen m stopper; cork;
Watte etc.: plug; *med.* clot
pfui ugh!; *Sport etc.:* boo!
Pfund n pound
pfuschen bungle
Pfütze f puddle, pool
Phantas|ie f imagination;
Trugbild: fantasy; **2ieren**
med. be* delirious; F talk
nonsense; **2tisch** fantastic
Phase f phase, stage
Philosoph|(in) philosopher;
~ie f philosophy
phlegmatisch phlegmatic
phonetisch phonetic
Phosph|at n phosphate; **~or**
m phosphorus
Photo... → **Foto**
Physik f physics sg; **2alisch**
physical; **~er(in)** f physicist
physisch physical

Pianist(in) pianist
Pick|el m *med.* pimple;
2(e)lig pimpled, pimply
picken peck, pick
Picknick n picnic
piep(s)en chirp; *electr.* bleep
Pik n spade(s pl)
pikant spicy, piquant (*a. fig.*)
Pilger(in) pilgrim
Pille f pill
Pilot(in) pilot (*a. in Zssgn*)
Pilz m mushroom; *biol., med.*
fungus
pingelig fussy
Pinguin m penguin
pinkeln (take* a) pee
Pinsel m brush
Pinzette f tweezers pl
Pionier m pioneer; *mil.* engi-
neer
Pirat(in) pirate
Piste f course; *aer.* runway
Pistole f pistol, gun
Plage f trouble; *Insekten2
etc.:* plague; **2n** trouble,
bother; **sich ~** toil, drudge
Plakat n poster, placard
Plakette f plaque, badge
Plan m plan; *Absicht:* a. in-
tention
Plane f awning, tarpaulin
planen (make*) plan(s for)
Planet m planet
Planke f plank, board
plan|los without plan; *ziel-
los:* aimless; **~mäßig** *adj* sys-
tematic; *rail. etc.* scheduled;
adv as planned
Plansch|becken n paddling
pool; **2en** splash, paddle

Plantage f plantation

plappern chatter, prattle

plärren bawl; Radio: blare

Plastik¹ f sculpture

Plastik² n, ~k..., 2sch plastic

plätschern ripple, splash

platt flat; fig. trite; F flabbergasted

Platte f plate; Stein: slab; Schall2: record; EDV disk; **kalte** ~ plate of cold meats (Am. cuts)

plätten iron, press

Platten|spieler m record player; **~teller** m turntable

Platt|form f platform; **~fuß** m flat foot; mot. flat (tyre Brt.)

Platz m place; spot; Raum: room, space; Lage, Bau2: site; Sitz: seat; öffentlicher: square, runder: circus; **~ nehmen** take* a seat; **~anweiser(in)** usher(ette)

Plätzchen n → Keks

platz|en burst* (a. fig.); explode; F fig. come* to nothing; **2karte** f seat reservation; **2regen** m downpour

Plauder|ei f, 2n chat

pleite (gehen go*) broke; 2 f bankruptcy; F flop

Plomb|e f seal; Zahn2: filling; **2ieren** seal; fill

plötzlich sudden(ly)

plump clumsy

plündern plunder, loot

Plural m plural

plus plus; 2 n plus; im ~ econ. in the black; **2quamperfekt**

n past perfect

Po m bottom, behind

Pöbel m mob, rabble

pochen Herz etc.: throb; ~ auf fig. insist on

Pocken pl smallpox sg; **~impfung** f smallpox vaccination

Podium n podium, platform

poetisch poetic(al)

Pokal m Sport: cup; **~endspiel** n cup final; **~spiel** n cup tie

pökeln pickle, salt

Pol m pole; 2ar polar

Pole m Pole

Police f (insurance) policy

polieren polish

Politik f politics sg, pl; bestimmte: policy; **~ker(in)** politician; 2sch political

Politur f polish

Polizei f police pl; **~beamter,** **~beamtin** police officer; **~revier** n police station; **~streife** f police patrol; **~stunde** f closing time

Polizist(in) police(wo)man

polnisch Polish

Polster n pad; Kissen: cushion; **~möbel** pl upholstered furniture sg; 2n upholster, stuff; wattieren: pad

Polter|abend m eve of the wedding (party); 2n rumble

Pommes frites pl chips pl, Am. French fries pl

Pony n pony; m fringe, Am. bangs pl

populär popular

Por|e f pore; **2ös** porous

Porree m leek

Portemonnaie n purse

Portier m porter

Portion f portion, share; *bei Tisch:* helping, serving

Porto n postage; **2frei** postage paid

Porträt n portrait

Portugies|e, ~in, 2isch Portuguese

Porzellan n china

Posaune f trombone

Position f position

positiv positive

Possessiv... possessive ...

Post f post, *bsd. Am.* mail; *~sachen:* mail, letters *pl;* **~amt** n post office; **~anweisung** f money order; **~beamter, ~beamtin** post-office (*Am.* postal) clerk; **~bote, ~botin** → **Briefträger(in)**

Posten m post; *Stelle:* a. job; *mil.* sentry; *econ.* item; *Waren:* lot

Post|fach n (PO) box; **~karte** f postcard; **~kutsche** f stagecoach; **~lagernd** poste restante, *Am.* general delivery; **~leitzahl** f postcode, *Am.* zip code; **~scheck** m postal che|que, *Am.* -ck; **~scheckkonto** n National Giro account; **~sparbuch** n National Savings Bank (*Am.* postal savings) book; **~stempel** m postmark; **2wendend** by return (of post), *Am.* by return mail

Pracht f splendo(u)r

prächtig splendid

Prädikat n gr. predicate

prahlen brag, boast

Prakti|kant(in) trainee, *Am. a.* intern; **~ken** pl practices pl; **~kum** n practical training (period), *Am. a.* internship; **2sch** practical; useful, handy; **~er Arzt** general practitioner

Praline f chocolate

prall tight; *drall:* plump; *Sonne:* blazing; **~en** bounce; **~ gegen** hit*

Prämie f premium; bonus

Prä|position f preposition; **~sens** n present (tense)

Präservativ n condom

Präsident(in) president

prasseln *Feuer:* crackle; **~ gegen** beat* against

Präteritum n past (tense)

Praxis f practice; *med. ~räume:* surgery, *Am.* doctor's office

predig|en preach; **2er(in)** preacher; **2t** f sermon

Preis m price; *erster etc.:* prize; *Film etc.:* award; **~ausschreiben** n competition

Preiselbeere f cranberry

Preis|erhöhung f rise *od.* increase in price(s); **2gekrönt** prize(-winning); **~nachlaß** m discount; **~stopp** m price freeze; **2wert** inexpensive

Prellung f contusion, bruise

Premier|e f first night; **~minister(in)** prime minister

Press|e f, **⒉en** press
prickeln, ⒉ n tingle
Priester(in) priest(ess)
prima great, super
primitiv primitive
Prinz m prince; **~essin** f princess
Prinzip n (im in) principle
Prise f: e-e ~ a pinch of
privat private; **⒉... Leben, Schule etc.:** private ...
Privileg n privilege
pro per; **das ⒉ und Kontra** the pros and cons pl
Probe f trial, test; Muster: sample; thea. rehearsal; **auf die ~ stellen** put* to the test; **~fahrt** f test drive; **~flug** m test flight; **⒉n** thea. rehearse
probieren try; kosten: a. taste
Problem n problem
Produ|kt n product; **~ktion** f production; Menge: a. output; **⒉ktiv** productive; **⒉zieren** produce
Professor(in) professor; **~i** m pro(fessional)
Profil n profile; Reifen: tread; **⒉ieren: sich ~** distinguish o.s
Profit m, **⒉ieren** profit (**von** from)
Programm n program(me); EDV program; TV Kanal: channel; **⒉ieren** program; **~ierer(in)** program(m)er
Projekt n project; **~or** m projector
Prolog m prolog(ue)
Promillegrenze f (blood) al-

cohol limit
prominen|t prominent; **⒉z** f notables pl, VIPs pl
prompt prompt, quick
Pronomen n pronoun
Propeller m propeller
prophezeien prophesy, predict
Prosa f prose
Prospekt m brochure
prost cheers!
Prostituierte f prostitute
Protest m protest; **~ant(in)**, **⒉antisch** Protestant; **⒉ieren** protest
Prothese f artificial limb; Zahn⒉: denture(s pl)
Protokoll n record, minutes pl; pol. protocol
protzig show(off)y
Proviant m provisions pl
Provinz f province
Provis|ion f commission; **⒉orisch** provisional
provozieren provoke
Prozent n per cent; **~satz** m percentage
Prozeß m jur. lawsuit; Straf⒉: trial; chem. etc. process
prozessieren go* to law
Prozession f procession
prüde prudish
prüf|en examine, test; kontrollieren: check; **~er(in)** examiner; tech. tester; **⒉ung** f exam(ination); test
Prügel pl: ~ **bekommen** get* a beating sg; **⒉n** beat*, clobber; sich ~ (have* a) fight*
pst s(s)h!; hallo: psst!

Psychi|ater(in) psychiatrist; **2sch** mental

Psycho|analyse f psycho-analysis; **~loge** m psychologist; **~logie** f psychology; **~login** f psychologist; **2logisch** psychological; **~terror** m psychological warfare

Pubertät f puberty

Publikum n audience; *Sport*: spectators pl

Pudding m pudding

Pudel m poodle

Puder m powder; **~dose** f compact; **2n** powder (*sich* o.s.); **~zucker** m powdered sugar

Puff m F whorehouse

Pull|i m (light) sweater; **~over** m sweater, pullover

Puls m pulse (rate); **~ader** f artery

Pult n desk

Pulver n powder

pummelig chubby

Pumpe f, **2n** pump

Punkt m point (a. fig.); *Tup-fen*: dot; *Satzzeichen*: full stop, *Am.* period; *Stelle*: spot, place; **~ zehn Uhr** 10 (o'clock) sharp

pünktlich punctual; **2keit** f punctuality

Pupille f pupil

Puppe f doll (a. F fig.); *thea.* puppet; *zo.* chrysalis, pupa

pur pure; *Whisky*: straight

Püree n purée, mash

purpurrot crimson

Purzel|baum m somersault; **2n** tumble

Pustel f pustule

pusten blow*; *keuchen*: puff

Pute(r) turkey (hen *od.* cock)

Putz m plaster(ing); **2en** v/t clean; *wischen*: wipe; *sich die Nase (Zähne)* **~** blow* (brush) one's nose (teeth); v/i do* the cleaning; **~frau** f cleaning woman

Puzzle n jigsaw (puzzle)

Pyramide f pyramid

Q

Quacksalber m quack

Quadrat n, **~... Meter, Wurzel** etc., **2isch** square (...)

quaken v/i croak; *Frosch*: croak

Qual f pain, torment, agony

quälen torment; *Tier etc.*: be* cruel to; F pester; *sich* **~** struggle

Qualifi|kation f qualification; **2zieren: (sich) ~** qualify

Qualität f quality

Qualle f jellyfish

Qualm m (thick) smoke; **2en** smoke

qualvoll very painful; *Schmerz*: agonizing

Quantität f quantity

Quarantäne f quarantine

Quark m cottage cheese; curd(s pl)

Quartal n quarter
Quartett n quartet(te)
Quartier n accommodation
Quarz m quartz (a. in Zssgn)
Quatsch m nonsense; **2en** chat; contp. babble
Quecksilber n mercury
Quelle f spring; source (a. fig.); **2n** pour, stream
quer across (a. ~**über**); **2flöte** f flute; **2schnitt** m cross-section; **~schnittsgelähmt** paraplegic; **2straße** f inter-

secting road
quetsch|en squeeze; med. bruise; **2ung** f bruise
quiek(s)en squeak, squeal
quietschen squeal; Reifen: a. screech; Tür: creak
quitt quits, even
Quitte f quince
quitt|ieren (give* a) receipt (for); **den Dienst** ~ resign; **2ung** f receipt
Quote f quota; share

R

Rabatt m discount
Rabbi(ner) m rabbi
Rabe m raven
Rache f revenge, vengeance
Rachen m throat
rächen revenge (**sich** o.s.)
Rad n wheel; Fahr2: bike
Radar m, n radar; **~falle** f speed trap; **~kontrolle** f radar speed check
radfahre|n cycle, (ride* a) bike; **2r(in)** cyclist
radier|en erase; **2gummi** m eraser; **2ung** f etching
Radieschen n (red) radish
radikal radical
Radio n (im on the) radio; **2aktiv** radioactive; **~recorder** m radiocassette recorder; **~wecker** m clock radio
Radius m radius
Rad|kappe f hubcap; **~rennen** n cycle race; **~tour** f bi-

cycle tour; **~weg** m bike path od. route
raffiniert refined; fig. clever, cunning
ragen tower (up), rise*
Rahm m cream
Rahmen m, 2 frame
Rakete f rocket; mil. a. missile; **~nabwehr...** antiballistic ...
rammen ram; mot. a. hit*
Rampe f ramp
Ramsch m junk, trash
Rand m edge, border; Seite: margin; Glas, Hut: brim; Teller, Brille: rim; fig. brink
randalier|en (run*) riot; **2er** m hooligan, rioter
Rang m rank (a. mil.)
rangieren rail. shunt, Am. switch; fig. rank
Ranke f tendril; **2n:** sich ~ creep*, climb

Ranzen *m* satchel

ranzig rancid, rank

Rappe *m* black horse

rar rare, scarce

rasch quick, swift; prompt

rascheln rustle

rasen race, speed*; *toben*: rage (*a. Sturm*), be* furious; **~d** raging; *Tempo*: breakneck; *Kopfschmerz*: splitting; **~ werden (machen)** go* (drive*) mad

Rasen *m* lawn; **~mäher** *m* lawn mower

Raser *m* speed(st)er; **~ei** *f* frenzy; *mot.* reckless driving

Rasier|... *Creme, Pinsel, Seife etc.*: shaving ...; **~apparat** *m* (safety) razor; electric razor; **2en** shave (*a. sich ~*); **~klinge** *f* razor blade; **~messer** *n* razor; **~wasser** *n* aftershave

Rasse *f* race; *zo.* breed

rasseln rattle

Rassen|trennung *f* (racial) segregation; **~unruhen** *pl* race riots *pl*

Rassismus *m* racism

Rast *f* rest, stop; **2en** rest, stop, take* a break; **2los** restless; **~platz** *m mot.* lay-by, *Am.* rest area; **~stätte** *f mot.* service area

Rasur *f* shave

Rat *m* (*ein* a piece of) advice; *pol.* council

Rate *f* instal(l)ment; rate; *in* **~n** by instal(l)ments

raten advise; guess (*a. er~*); *Rätsel*: solve

Ratenzahlung *f* → *Abzahlung*

Rat|geber(in) adviser; *Buch*: guide; **~haus** *n* town (*Am. a.* city) hall

Ration *f* ration; **2alisieren** rationalize, *Am.* reorganize; **2ieren** ration

rat|los at a loss; **~sam** advisable

Rätsel *n* puzzle; **~frage**: riddle; *fig. a.* mystery; **2haft** puzzling; mysterious

Ratte *f* rat

rattern rattle, clatter

Raub *m* robbery; *Beute*: loot; *Opfer*: prey; **2en** rob; *j-n*: kidnap

Räuber(in) robber

Raub|mord *m* murder with robbery; **~tier** *n* beast of prey; **~überfall** *m* holdup; armed robbery; **~vogel** *m* bird of prey

Rauch *m* smoke; **2en** smoke; **2 verboten** no smoking; **~er(in)** smoker (*a. rail.*)

Räucher|... *Lachs etc.*: smoked ...; **2n** smoke

rauchig smoky

rauh rough, rugged; *Klima, Stimme*: *a.* harsh; *Haut etc.*: chapped; **2reif** *m* hoarfrost

Raum *m* room (*a. fig.*); *Welt2*: space; *Gebiet*: area; **~anzug** *m* spacesuit

räumen leave*; evacuate; *Straße, Lager*: clear; **~ in** put* *s.th.* (away) in

Raumfahrt *f* space flight;

~fahrt... space ...; **~inhalt** *m* volume; **~kapsel** *f* space capsule

räumlich three-dimensional

Raumschiff *n* spacecraft; **bemannt**: *a.* spaceship

Raupe *f* caterpillar (*a. tech.*)

Rausch *m* intoxication; **e-n ~ haben** be* drunk; **2en** rush; *fig.* sweep*

Rauschgift *n* drug(s *pl*); **~handel** *m* drug traffic(king); **~händler(in)** drug trafficker, *sl.* pusher; **~süchtige(r)** drug addict

räuspern: *sich ~* clear one's throat

Razzia *f* raid

reagieren react (*auf* to)

Reaktor *m* reactor

real real; **~istisch** realistic; **2ität** *f* reality; **2schule** *f* secondary school

Rebe *f* vine

Rebell *m* rebel; **2ieren** rebel, revolt, rise*

Rebhuhn *n* partridge

Rechen *m*, **2** rake

Rechen|aufgabe *f* (arithmetic) problem; **~fehler** *m* error, miscalculation; **~schaft** *f*: **~ ablegen über** account for; **zur ~ ziehen** call to account

Rechn|en *n* arithmetic; **2en** calculate; *Aufgabe*: do*; **~ mit** expect; count on *s.o.*; **~er** *m* calculator; computer; **~ung** *f* calculation; *econ.* bill, *Am. Lokal*: *a.* check

recht right; *pol.* right-wing; **~ haben** be* right

Recht *n* right (*auf* to); *jur.* law; *fig.* justice

Recht|e *f* right (hand); *pol. the* right (wing); **~eck** *n* rectangle; **2eckig** rectangular; **2fertigen** justify; **~fertigung** *f* justification; **2lich** legal; **2mäßig** legal, lawful; legitimate

rechts on the right; *pol.* right(ist); *nach* ~ to the right

Rechtsan|walt, ~wältin lawyer, *Am. a.* attorney

Rechtschreibung *f* spelling

Rechts|händer(in): **~ sein** be* right-handed; **~schutzversicherung** *f* legal costs insurance; **~verkehr** *m* driving on the right; **2widrig** illegal

recht|wink(e)lig rightangled; **~zeitig** in time (**zu** for)

Reck *n* horizontal bar

recken stretch (*sich* o.s.)

Redakt|eur(in) editor; **~ion** *f* editorial staff, editors *pl*

Rede *f* speech (*halten* make*); **2gewandt** eloquent; **2n** talk, speak*; **~sart** *f* saying

redlich honest, upright

Red|ner(in) speaker; **2selig** talkative

reduzieren reduce

Reeder(in) shipowner; **~ei** *f* shipping company

reell *Preis etc.*: fair; *echt*: real; *Firma*: solid

reflektieren reflect

reflexiv, ℒ... reflexive

Reform f reform; **⌒haus** n health food shop (Am. store); ℒ**ieren** reform

Regal n shelves pl

rege active, lively; busy

Regel f rule; med. period; ℒ**mäßig** regular; ℒ**n** regulate; erledigen: take* care of; **⌒ung** f regulation; e-r Sache settlement

regen: (sich) ⌒ move, stir

Regen m rain; **⌒bogen** m rainbow; **⌒mantel** m raincoat; **⌒schauer** m shower; **⌒schirm** m umbrella; **⌒tag** m rainy day; **⌒tropfen** m raindrop; **⌒wald** m (tropical) rain forest; **⌒wasser** n rainwater; **⌒wetter** n rainy weather; **⌒wurm** m earthworm; **⌒zeit** f rainy season

Regie f direction

regier|en reign; govern; ℒ**ung** f government, Am. a. administration; Monarchie: reign

Region f region

Regisseur(in) director

registrieren register, record; fig. note

regne|n rain; **⌒risch** rainy

regulieren regulate, adjust; steuern: control

regungslos motionless

Reh n deer, roe; weiblich: doe; gastr. venison; **⌒bock** m (roe)buck; **⌒kitz** n fawn

Reib|e f, **⌒eisen** n grater;

ℒ**en** rub; gastr. grate; **⌒ung** f friction

reich rich (an in), wealthy

Reich n empire, kingdom (a. eccl., zo.); fig. world; **das Dritte ⌒** the Third Reich

reichen reach (bis to; nach [out] for); zu⌒: a. hand, pass; genügen: be* enough; **das reicht** that will do

reich|haltig rich; **⌒lich** plenty (of); ziemlich: rather; ℒ**tum** m wealth (an of); ℒ**weite** f reach; mil. range

Reif m (hoar)frost; bracelet; ring

reif ripe; bsd. fig. mature; ℒ**e** f ripeness; maturity; ℒ**en** ripen, mature

Reifen m hoop; mot. etc. tyre, Am. tire; **⌒panne** f puncture, Am. a. flat

Reihe f line, row (a. Sitz ℒ); Anzahl: number; Serie: series; **der ⌒ nach** in turn; **ich bin an der ⌒** it's my turn; **⌒nfolge** f order

Reiher m heron

Reim m rhyme; ℒ**en: (sich) ⌒** rhyme

rein pure; sauber: clean; Gewissen, Haut: clear; ℒ**fall** m flop; **⌒igen** (chemisch: dry-)clean; ℒ**igung** f (chemische: dry) cleaning; Betrieb: (dry) cleaners pl; **⌒rassig** pureblooded; Tier: thoroughbred

Reis m rice

Reise f trip; journey; mar.

voyage; **Rund⁀**: tour; **⁀an-**
denken f souvenir; **⁀büro** n
travel agency; **⁀führer(in)**
guide(book); **⁀gesellschaft**
f tourist party, Am. tour
group; **⁀leiter(in)** courier,
Am. tour guide; **2n** travel;
durch ⁀ tour ...; **⁀nde(r)**
travel(l)er; **⁀paß** m passport;
⁀scheck m travel(l)er's
cheque (Am. check); **⁀**
tasche f travel(l)ing bag;
⁀ziel n destination

reißⁱn tear*; Witze: crack;
⁀end torrential; **2verschluß**
m zip(per Am.); **2zwecke** f
drawing pin, Am. thumb-
tack

Reitⁱ... Schule, Stiefel etc.:
riding ...; **2en** ride*; **⁀er(in)**
rider, horse|man (-woman);
⁀hose f (riding) breeches pl

Reiz m appeal, attraction;
med. etc. stimulus; **2bar** irritable; **2en** irritate (a. med.);
provoke; anziehen: appeal
to; Karten: bid; **2end** de-
lightful; nett: kind; **2voll** attractive

Reklam|ation f complaint;
⁀e f advertising; Anzeige:
advertisement, F ad

Rekord m record

Rekrut(in) recruit

relativ relative; **2pronomen**
n relative pronoun

Religi|on f religion; **2ös** reli-
gious

Reling f rail

Reliquie f relic

Renn|bahn f racecourse; **2en**
run*; **⁀en** n race; **⁀fah-**
rer(in) racing driver; racing
cyclist; **⁀läufer(in)** ski racer;
⁀pferd n racehorse; **⁀rad** n
racing bicycle; **⁀sport** m racing; **⁀stall** m racing stable;
⁀wagen m racing car

renovieren Haus: renovate;
Zimmer: redecorate

rent|abel profitable; **2e** f
(old-age) pension

Rentier n reindeer

Rentner(in) pensioner

Reparatur f repair; **⁀werk-**
statt f repair shop

reparieren repair, F fix

Report|age f report; **⁀er(in)**
reporter

Reptil n reptile

Republik f republic; **⁀a-**
ner(in), **2anisch** republican

Reserve f reserve; **⁀rad** n
spare wheel; **⁀tank** m reserve
tank

reservier|en reserve (a. ⁀
lassen); freihalten: keep*,
save; **⁀t** reserved (a. fig.)

Residenz f residence

resignieren give* up

Respekt m, **2ieren** respect

Rest m rest; **⁀e** pl remains pl;
Essen: leftovers pl

Restaurant n restaurant

restaurieren restore

rest|lich remaining; **⁀los** en-
tirely, completely

rette|n save (vor from); rescue (aus from); **2r(in)** res-
cuer

Rettich m radish

Rettung f rescue

Rettungs|boot n lifeboat; ~**mannschaft** f rescue party; ~**ring** m life belt (*Am.* preserver)

Reue f repentance, remorse

revanchieren: sich ~ pay* s.o. back

Revision f jur. appeal

Revolution f revolution; **ℒär, ~är(in)** revolutionary

Revolver m revolver

Rezept n med. prescription; gastr., fig. recipe

Rezeption f reception desk

Rhabarber m rhubarb

Rheuma n rheumatism

Rhythmus m rhythm

Ribisel f östr. currant

richten fix; get* s.th. ready; ~ **auf** direct to; *Waffe, Kamera*: point at; **(sich)** ~ **an** address (o.s.) to; **sich** ~ **nach** go* by, act according to; *abhängen von*: depend on

Richter(in) judge

richtig right; correct; *echt*: real; ~ **gehen** *Uhr*: be* right; ~ **nett** etc. really nice etc.; *das* **ℒe** the right thing (to do); ~**stellen** put* right

Richtlinien pl guidelines pl

Richtung f direction

riechen smell* (*nach* of)

Riegel m bolt, bar (a. *Schokolade* etc.)

Riemen m strap; *Gürtel, tech.*: belt; *Ruder*: bar

Riese m giant

rieseln trickle, run*; *Schnee*: fall softly

riesig huge, gigantic

Riff n reef

Rille f groove

Rind n cow; ~**er** pl cattle pl

Rinde f bark; *Käse*: rind; *Brot*: crust

Rind|erbraten m roast beef; ~**fleisch** n beef

Ring m ring; fig. a. circle

Ringel|natter f ring-snake; ~**spiel** n östr. merry-go-round

ring|en wrestle; fig. a. struggle; *Hände*: wring*; **ℒen** n wrestling; **ℒer(in)** wrestler; **ℒkampf** m wrestling match; **ℒrichter** m referee

Rinn|e f groove, channel; **ℒen** run*, flow*; ~**stein** m gutter

Rippe f rib

Risiko n risk; **ℒkant** risky; **ℒkieren** risk

Riß m tear; *Sprung*: crack; *Haut*: chap

rissig cracked; chapped

Ritt m ride; ~**er** m knight

Ritze f chink; **ℒn** scratch

Rival|e, ~in rival

Robbe f seal; **ℒn** crawl

Robe f robe; gown

Roboter m robot

robust robust, sturdy

röcheln moan; et.: gasp

Rock m skirt

Rodel|bahn f toboggan run; **ℒn** toboggan; ~**schlitten** m sled(ge), toboggan

roden clear; pull up

Rogen m roe
Roggen m rye
roh raw; *grob:* rough; *fig.* brutal; **2kost** f crudités pl; **2öl** n crude (oil)
Rohr n tube, pipe; → *Schilf*
Röhre f tube (a. Am. TV), pipe; Brt. TV etc. valve
Rohstoff m raw material
Roll|aden m rolling shutter; **~bahn** f runway
Rolle f roll; *tech. a.* roller; *thea.* part, role; *Garn etc.:* reel; **2n** roll; **~r** m scooter
Roll|kragen m turtleneck; **~schuh** m roller skate; **~stuhl** m wheelchair; **~treppe** f escalator
Roman m novel
romantisch romantic
Röm|er(in), **2isch** Roman
röntgen, **2bild** n X-ray; **2-strahlen** pl X-rays pl
rosa pink
Rose f rose; **~nkohl** m Brussels sprouts pl; **~nkranz** m rosary
rosig rosy
Rosine f raisin, currant
Rost m rust; *tech.* grate; *Brat2:* grill; **2en** rust
rösten roast; *Brot:* toast
rost|frei rustproof, stainless; **~ig** rusty; **2schutzmittel** n anti-rust agent
rot red; **~ werden** blush; **~blond** sandy(-haired)
Röteln pl German measles sg
röten: (sich) **~** redden

Rothaarige(r) redhead
rotieren rotate, revolve
Rot|kehlchen n robin; **~kohl** m red cabbage; **~stift** m red pencil; **~wein** m red wine; **~wild** n (red) deer
Roulade f roulade, roll
Route f route
Routine f routine
Rübe f turnip; (sugar) beet
Rubin m ruby
Ruck m jerk, jolt, start
Rückblick m review (**auf** of)
rücken move; shift; **näher ~** (be*) approach(ing)
Rücken m back; **~lehne** f back(rest); **~mark** n spinal cord; **~schwimmen** n backstroke; **~wind** m tailwind; **~wirbel** m dorsal vertebra
Rück|erstattung f refund; **~fahrkarte** f return (ticket), Am. round-trip ticket; **~fahrt** f return trip; **auf der ~** on the way back; **2fällig: ~ werden** relapse; **~flug** m return flight; **2gängig: ~ machen** cancel; **~grat** n spine, backbone; **~halt** m support; **~kehr** f return; **~licht** n taillight; **~porto** n return postage; **~reise** f → *Rückfahrt*
Rucksack m rucksack, Am. a. backpack; **~tourist** m backpacker
Rück|schlag m setback; **~schritt** m step back(ward); **~seite** f back, reverse; **~sicht** f consideration; **~ nehmen auf** show* considera-

---

rücksichtslos

498

tion for; 2sichtslos inconsiderate (gegen of); skrupellos: ruthless; Fahren etc.: reckless; 2sichtsvoll considerate; ~sitz m back seat; ~spiegel m rearview mirror; ~spiel m return match or. game; ~stand m arrears pl; chem. residue; 2ständig backward; ~tritt m resignation; ~trittbremse f backpedal (Am. coaster) brake; 2wärts backward(s); ~wärtsgang m reverse (gear); ~weg m way back; 2wirkend retroactive; ~zahlung f repayment; ~zug m retreat

Rudel n pack; Rehe: herd

Ruder n rudder; Riemen: oar; ~boot n rowing boat, Am. rowboat; 2n row

Ruf m call (a. fig.); cry, shout; Ansehen: reputation; 2en call; cry, shout; ~ lassen send* for

Rüge f reproof, reproach

Ruhe f quiet, calm; Gemüts2: calm(ness); Erholung: rest (a. phys.); in ~ lassen leave* alone; 2los restless; 2n rest (auf on); ~pause f break; ~stand m retirement; ~störung f disturbance (of the peace); ~tag m: Montag ~ closed on Mondays

ruhig quiet; calm

Ruhm m fame; Hel. glory

Rühr|ei pl scrambled eggs pl; 2en stir (a. gastr.), move

(beide a. sich ~); fig. a. touch, effect; 2end touching, moving; ~ung f emotion

Ruin m ruin; ~e f (ups a pl); 2ieren ruin (sich o.s.)

rülpsen belch

Rum m rum

Rummel m bustle; Reklame etc.: ballyhoo; ~platz m fair, Am. a. amusement park

rumpeln rumble

Rumpf m anat. trunk; mar. hull; aer. fuselage

rümpfen Nase: turn up

rund adj round; adv about; ~ um a(round); 2blick m panorama; 2e f round; Rennen: lap; 2fahrt f tour

Rundfunk m (im on the) radio; Gesellschaft: broadcasting corporation; ~hörer m listener; pl a. (radio) audience sg; ~sender m radio station; ~sendung f broadcast

Rund|gang m tour (durch of); 2herum all (a)round; 2lich plump; ~reise f tour (durch round); ~schreiben n circular

Runz|el f wrinkle; 2(e)lig wrinkled; 2eln → Stirn

rupfen pluck

Rüsche f frill, ruffle

Ruß m soot

Russe m Russian

Rüssel m Elefant: trunk; Schwein: snout

Russ|in f, 2isch Russian

rüsten arm (**zum Krieg** for war); **sich ~** prepare, get* ready (**zu, für** for)

rüstig vigorous, fit

Rüstung f armo(u)r; mil. armament; **~s...** Kontrolle, Wettlauf: arms ...

Rute f rod; Gerte: switch

Rutsch|bahn f, **~e** f slide, chute; **2en** slide*, slip (a. aus~); mot. etc. skid; **2ig** slippery

rütteln v/t shake*; v/i jolt; **~ an** rattle at

S

Saal m hall; **...2** a. ... room

Saat f Säen: sowing; junge ~: crop(s pl)

Säbel m sab|re, Am. -er

Sabotage f sabotage

Sach|bearbeiter(in) official in charge; **2dienlich** relevant; **~e** f thing; Angelegenheit: matter; gute etc.: cause; **~en** pl things pl; clothes pl; **2gerecht** proper; **~kenntnis** **2kenntnis** f expert knowledge; **2kundig** expert; **2lich** matter-of-fact, businesslike; objective

sächlich gr. neuter

Sach|register n (subject) index; **~schaden** m damage to property

sacht(e) softly; F easy

Sach|verhalt m facts pl (of the case); **~verständige(r)** expert (witness jur.)

Sack m sack, bag; **~gasse** f blind alley, cul-de-sac, dead end (street) (alle a. fig.)

säen sow (a. fig.)

Saft m juice; **2ig** juicy

Sage f legend, myth

Säge f saw; **~mehl** n sawdust

sagen say*; mitteilen: tell*

sägen saw*

sagenhaft legendary; F fabulous, incredible

Sahne f cream

Saison f season

Saite f string, chord; **~ninstrument** n string(ed) instrument

Sakko m, n sport(s) coat

Salat m salad; Kopf2: lettuce; **~sauce** f salad dressing

Salbe f ointment, salve

Salmiak m, n ammonium chloride; **~geist** m liquid ammonia

salopp casual

Salto m somersault

Salz n, **2en** salt; **2ig** salty; **~kartoffeln** pl boiled potatoes pl; **~säure** f hydrochloric acid; **~streuer** m saltcellar, Am. salt shaker; **~wasser** n salt water

Same(n) m seed; biol. sperm, semen

samm|eln collect; Sport: collector; **~lung** f collection

Samstag m Saturday

samt (along) with

Samt *m* velvet

sämtlich: ~e *pl* all the; *Werke*: the complete

Sanatorium *n* sanatorium

Sand *m* sand

Sandale *f* sandal

Sand|bank *f* sandbank; **2ig** sandy; **~papier** *n* sandpaper

sanft gentle, soft

Sänger(in) singer

sanitär sanitary

Sanitäter(in) ambulance *od.* first-aid (wo)man, *Am.* paramedic; *mil.* medic

Sankt Saint, *abbr.* St.

Sard|elle *f* anchovy; **~ine** *f* sardine

Sarg *m* coffin, *Am. a.* casket

Satellit *m* satellite

Satire *f* satire

satt F full (up); *sich ~ essen* eat* one's fill; *ich bin ~* I've had enough; *~ haben* be* fed up with

Sattel *m*, **2n** saddle

sättigend filling

Satz *m* sentence, clause; *Sprung*: leap; *Tennis, Werkzeug etc.*: set; *econ.* rate; *mus.* movement; F *contp.* fine; **~ung** *f* statute; **~zeichen** *n* punctuation mark

Sau *f* sow; **2...** F damn ...

sauber clean; *ordentlich*: neat, tidy; F *contp.* fine; **2keit** *f* clean(li)ness; tidiness; **~machen** clean (up), tidy (up)

sauer sour; acid; *Gurke*: pickled; *wütend*: mad; **saurer Regen** acid rain; **2kraut** *n* sauerkraut; **2stoff** *m* oxygen; **2teig** *m* leaven

saufen drink*; F booze

Säufer(in) drunkard

saugen suck (*an et.* [at] s.th.)

säug|en suckle, nurse; **2etier** *n* mammal; **2ling** *m* baby, infant

Säule *f* column, pillar

Saum *m* hem(line); seam

Sauna *f* sauna

Säure *f* acid

sausen rush, dash; *Ohren*: ring*; *Wind*: howl

Saxophon *n* saxophone

S-Bahn *f* suburban fast train

Schabe *f* cockroach; **2n** scrape

schäbig shabby

Schach *n* chess; *~ (und matt)!* check(mate)!; **~brett** *n* chessboard; **~figur** *f* chessman; **2matt**: *~ setzen* checkmate; **~spiel** *n* (game of) chess

Schacht *m* shaft

Schachtel *f* box; pack(et)

schade a pity, F too bad; *wie ~!* what a pity!

Schädel *m* skull; **~bruch** *m* fracture of the skull

schaden (do*) damage (to), harm, hurt*

Schaden *m* damage (*an* to); *körperlicher*: injury; **~ersatz** *m* damages *pl*; **~freude** *f*: **~empfinden** gloat; **~froh** gloating(ly)

schadhaft defective

schäd|igen damage, harm; **~lich** harmful, injurious; **2ling** m zo. pest

Schaf n sheep; **~bock** m ram

Schäfer|(in) shepherd(ess); **~hund** m sheepdog; *deutscher:* Alsatian

schaffen create (a. er~), cause; bewältigen: manage; bringen: take*; arbeiten: work; *es ~* make* it

Schaffner(in) conductor (-ress), Brt. rail. guard

Schaft m shaft; Gewehr: stock; Stiefel: leg; **~stiefel** pl high boots pl

schal stale, flat; fig. a. empty

Schal m scarf

Schale f bowl, dish; Ei, Nuß etc.: shell; Obst, Kartoffel: peel, skin; **~n** pl Kartoffeln: peelings pl

schälen peel, skin; *sich ~* Haut: peel od. come* off

Schall m sound; **~dämpfer** m silencer; mot. Am. muffler; **2dicht** soundproof; **2en** sound; klingen, dröhnen: ring* (out); **~mauer** f sound barrier; **2platte** f record

schalt|en switch, turn; mot. change gear; **2er** m switch; rail. ticket office; Post, Bank: counter; **2hebel** m gear (tech., aer. control) lever; **2jahr** n leap year; **2tafel** f switchboard, control panel

Scham f shame (a. ~gefühl)

schämen: sich ~ be* od. feel*

ashamed (*wegen* of)

schamlos shameless

Schande f disgrace

schändlich disgraceful

Schanze f ski-jump

Schar f group, crowd; Gänse etc.: flock; **2en:** sich ~ gather round

scharf sharp (a. fig.); **~gewürzt:** hot; Munition: live; F hot; → **geil**; ~ *auf* crazy about; *j-n: a.* hot on

Schärfe f sharpness; Härte: severity; **2n** sharpen

Scharf|schütze m sharpshooter; sniper; **~sinn** m acumen

Scharlach m med. scarlet fever; **2rot** scarlet

Scharnier n hinge

Schärpe f sash

scharren scrape, scratch

Schaschlik m, n (shish) kebab

Schatten m shadow; *im ~* in the shade; **~ierung** f shade; **2ig** shady

Schatz m treasure; fig. darling

schätz|en estimate (*auf* at); F reckon; *zu ~ wissen* appreciate; **2ung** f estimate; **~ungsweise** roughly

Schau f show; exhibition

Schauder m, **2n** shudder

schauen look (*auf* at)

Schauer m shower; → **Schauder**; **2lich** dreadful, horrible

Schaufel f shovel; Kehr2: dustpan; **2n** shovel; dig*

Schaufenster

502

Schaufenster *n* shop window; **~bummel** *m*: **e-n ~ machen** go* window-shopping

Schaukel *f* swing; **2n** swing*; *Boot*: rock; **~pferd** *n* rocking horse; **~stuhl** *m* rocking chair

Schaum *m* foam; *Bier*: froth; *Seife*: lather

schäumen foam (*a. fig.*); *Seife*: lather; *Wein*: sparkle

Schaum|gummi *m* foam rubber; **2ig** foamy, frothy

Schauplatz *m* scene

Schauspiel *n* spectacle; *thea.* play; **~er(in)** *f* actor (-ress)

Scheck *m* che|que, *Am.* -ck; **~karte** *f* cheque (*Am.* check cashing) card

Scheibe *f* disc, *Am.*, *EDV* disk; *Brot etc.*: slice; *Fenster*: pane; *Schieß2*: target; **~nbremse** *f* dis|c (*Am.* -k) brake; **~nwischer** *m* windscreen (*Am.* windshield) wiper

Scheid|e *f* sheath; *anat.* vagina; **2en** divorce; **sich ~ lassen** get* a divorce; *von j-m*: divorce s.o.; **~ung** *f* divorce

Schein *m* certificate; *Formular*: form, *Am.* blank; *Geld2*: note, *Am.* a. bill; *Licht2*: light; *fig.* appearance; **2bar** seeming, apparent; **2en** shine*; *fig.* seem, appear, look; **2heilig** hypocritical; **~werfer** *m* searchlight; *mot.* headlight; *thea.* spotlight

Scheiß|... damn ..., fucking ...; **~e** *f*, **2e** shit*

Scheitel *m* parting, *Am.* part

scheitern fail, go* wrong

Schellfisch *m* haddock

Schelm *m* rascal; **2isch** impish

schelten scold

Schema *n* pattern

Schemel *m* stool

Schenkel *m* *Ober2*: thigh; *Unter2*: leg; *math.* leg

schenken give* (**zu** for)

Scherbe *f*, **~n** *m* (broken) piece, fragment

Schere *f* scissors *pl*; *große*: shears *pl*; *zo.* claw; **2n** shear*, clip, cut* (*a. Haare*)

Schererei[en *f* trouble *sg*

Scherz *m*, **2en** joke; **2haft** joking(ly)

scheu shy; **2** *f* shyness; **~en** *v/i* shy (**vor** at); *v/t* shun, avoid; **sich ~ zu** be* afraid of doing s.th.

scheuer|n scrub; *wund2*: chafe; **2tuch** *n* floor cloth

Scheune *f* barn

Scheusal *n* monster

scheußlich horrible

Schicht *f* layer; *Farb2 etc.*: coat; *dünne*: film; *Arbeits2*: shift; *pol.* class; **2en** pile up

schick smart, chic, stylish

schicken send*

Schicksal *n* fate, destiny

Schiebe|dach *n* *mot.* sunroof; *Fenster*: sash window; **2n** push, shove; **~tür** *f* sliding door

Schiebung f put-up job

Schiedsrichter(in) referee (a. Fußball), umpire (a. Tennis)

schief crooked; **schräg:** sloping, **Turm:** leaning; fig. **Bild** etc.: false

Schiefer m slate, shale

schiefgehen go* wrong

schielen squint

Schienbein n shin(bone)

Schiene f rail; med. splint; fig. (beaten) track; **2n** splint

schier sheer, pure; **~ unmöglich** next to impossible

schieß|en shoot* (a. fig.), fire; **Tor:** score; **2erei** f gunfight; **2scheibe** f target; **2stand** m rifle range

Schiff n ship, boat; **~ahrt** f navigation; **2bar** navigable; **~bruch** m shipwreck; **~ erleiden** be* shipwrecked; fig. fail; **2brüchig** shipwrecked

schikanieren push around

Schild n sign; **Namens2** etc.: plate; m shield; **~drüse** f thyroid gland

schilder|n describe; **2ung** f description

Schildkröte f turtle; **Land2**: Brt. tortoise

Schilf(rohr) n reed

schillern be* iridescent

Schimm|el m white horse; **Pilz:** mo(u)ld; **2eln** go* mo(u)ldy; **2(e)lig** mo(u)ldy

Schimmer m, **2n** glimmer

Schimpanse m chimpanzee

schimpf|en scold, tell* s.o.

off; **2wort** n swearword

Schindel f shingle

Schinken m ham

Schirm m umbrella; **Sonnen2**: sunshade; **Schutz-, Bild2**: screen; **Mütze:** peak; **~mütze** f peaked cap

Schlacht f battle (bei of); **2en** slaughter, butcher; **~feld** n battlefield; **~schiff** n battleship

Schlacke f cinder, slag

Schlaf m sleep; **~anzug** m pyjamas pl, Am. pajamas pl

Schläfe f temple

schlafen sleep*; **~ gehen, sich ~ legen** go* to sleep

schlaff slack; **Muskeln:** flabby; **kraftlos:** limp

Schlaf|gelegenheit f sleeping accommodation; **2los** sleepless; **~losigkeit** f med. insomnia; **~mittel** n sleeping pill(s pl)

schläfrig sleepy, drowsy

Schlaf|saal m dormitory; **~sack** m sleeping bag; **~tablette** f sleeping pill; **~wagen** m sleeping car; **~zimmer** n bedroom

Schlag m blow (a. fig.); **mit der Hand:** slap; **Faust2:** punch; med., Uhr, Blitz: stroke; electr. shock; **Herz** etc.: beat; **Schläge** pl beating sg; **~ader** f artery; **~anfall** m stroke; **~baum** m barrier; **~bohrer** m percussion drill; **2en** hit*, beat* (a. besiegen, Herz, Eier); strike*

(a. Blitz, Uhr[zeit]); knock (zu Boden down); Sahne: whip; sich ~ fight* (um over); → fällen; ~er m hit; (pop) song

Schläger m bat; Person: tough; → Golf-, Tennisschläger; ~ei f fight

schlag|fertig quick-witted; 2sahne f whipped cream; 2wort n catchword; 2zeile f headline; 2zeug n drums pl; 2zeuger(in) drummer, percussionist

Schlamm m mud

Schlampe f slut; 2ig sloppy, messy

Schlange f zo. snake; Menschen~: queue, Am. line; ~ stehen queue (Am. line) up

schlängeln: sich ~ wriggle; wind one's way od. o.s

schlank slim; 2heitskur f: e-e ~ machen be* od. go* on a diet

schlau clever; listig: sly

Schlauch m tube; Spritz2: hose; ~boot n rubber dinghy; life raft; 2en wear* s.o. out

Schlaufe f loop

schlecht bad; ~ werden verderben: go* bad; → übel

schleichen creep*, sneak

Schleier m veil (a. fig.)

Schleife f bow; Fluß, tech., EDV etc.: loop

schleifen drag; schärfen: grind*, sharpen; Holz: sand; Glas, Steine: cut*

Schleim m slime; med. mu-

cus; ~haut f mucous membrane; 2ig slimy (a. fig.); mucous

schlemm|en feast; 2er(in) gourmet

schlendern stroll, saunter

schlenkern dangle, swing*

schlepp|en drag (a. sich ~); mar., mot. tow; 2er m tug; mot. tractor; 2lift m ski tow

Schleuder f sling, catapult; Waffe: Am. slingshot; Trokken2: spin drier; 2n v/t fling*, hurl; Wäsche: spindry; v/i mot. skid

schleunigst at once

Schleuse f sluice; Kanal: lock

schlicht plain, simple; ~en settle; 2er(in) mediator

schließ|en shut*, close (beide a. sich ~); für immer: close down; (be)enden: finish; Frieden: make*; ~ aus conclude from; 2fach n rail. etc. (luggage) locker; Bank: safe-deposit box; ~lich finally; immerhin: after all

schlimm bad; furchtbar: awful; ~er worse; am ~sten (the) worst

Schlinge f loop, noose (a. Galgen2); med. sling; ~n wind*; binden: tie; 2ern roll; ~pflanze f creeper, climber

Schlips m (neck)tie

Schlitten m sled(ge); Rodel2: toboggan; Pferde2: sleigh; ~fahrt f sleigh ride

Schlittschuh m skate (a. ~ laufen); ~läufer(in) skater

Schlitz m slit; *Einwurf*♀: slot; *Hose*: fly; ♀en slit*, slash
Schloß n lock; *Bau*: castle, palace
Schlosser(in) mechanic, fitter; locksmith
schlottern shake* (**vor** with)
Schlucht f ravine, canyon
schluchzen sob
Schluck m swallow, draught; **~auf** m, **~en** n the hiccups pl; ♀en swallow
Schlummer m slumber
schlüpf|en slip (**in** into; **aus** out of), slide*; ♀er n briefs pl; *Damen*♀, *Kinder*♀: a. panties pl; **~rig** slippery
schlurfen shuffle (along)
schlürfen slurp
Schluß m end; *Ab*♀, *~folgerung*: conclusion
Schlüssel m key; **~bein** n collarbone; **~bund** m, n bunch of keys; **~loch** n keyhole
Schluß|folgerung f conclusion; ♀licht n taillight; fig. tail-ender; **~verkauf** m (end-of-season) sale
schmächtig slight, thin
schmackhaft tasty
schmal narrow; *Figur*: thin, slender; ♀spur... fig. small-time ...
Schmalz n lard; fig. schmaltz; ♀ig schmaltzy
Schmarren m östr. gastr. pancake; F trash
schmatzen eat* noisily, smack one's lips
schmecken taste (**nach** of);

schmeckt es? do you like it?
Schmeich|elei f flattery; ♀elhaft flattering; ♀eln flatter; **~ler(in)** flatterer
schmeißen throw*, chuck; *Tür*: slam
schmelzen melt* (a. fig.)
Schmerz m pain (a. **~en** pl), *anhaltender*: ache; fig. grief, sorrow; ♀en hurt* (a. fig.), ache; **~ensgeld** n punitive damages pl; ♀haft painful; ♀los painless; **~mittel** n painkiller; ♀stillend pain-relieving
Schmetter|ling m butterfly; ♀n smash (a. Tennis)
Schmied m (black)smith; **~e** f forge, smithy; **~eeisen** n wrought iron; ♀en forge; *Pläne*: make*
schmiegen: sich ~ an snuggle up to
schmier|en tech. grease, lubricate; *Butter etc.*: spread*; *schreiben*: scrawl **~ig** greasy, dirty; fig. filthy
Schminke f make-up; ♀n make* (**sich** o.s.) up
Schmirgelpapier n emery paper
schmollen sulk, pout
Schmor|braten m pot roast; ♀en braise, stew
Schmuck m jewel(le)ry; *Zierde*: decoration
schmücken decorate
Schmuggel m smuggling; ♀eln smuggle; **~ler(in)** smuggler

schmunzeln

schmunzeln smile (to o.s.)

Schmutz m dirt, filth; **2ig** dirty, filthy

Schnabel m bill, beak

Schnalle f buckle; **2n** buckle; F et.. **get*** it

schnapp|en catch*; **sich ~** snatch; **nach Luft ~** gasp for air; **2schuß** m snapshot

Schnaps m hard liquor

schnarchen snore

schnattern cackle; chatter

schnauben snort; **(sich) die Nase ~** blow* one's nose

schnaufen pant, puff

Schnauz|bart m (walrus) m(o)ustache; **~e** f snout, muzzle; V trap, kisser

Schnecke f snail; Nackt2: slug; **~nhaus** n snail shell

Schnee m snow; **~ball-schlacht** f snowball fight; **2bedeckt** Berg: snow-capped; **~flocke** f snow-flake; **~gestöber** n snow flurry; **~glöckchen** n snow-drop; **~kette** f snow chain; **~mann** m snowman; **~matsch** m slush; **~pflug** m snow|plough, Am, -plow; **~sturm** m snowstorm, blizzard; **~wehe** f snowdrift; **2weiß** snow-white

Schneide f edge; **2n** cut* (a. mot.); schnitzen, tranchieren: carve; Ball: slice; **~r** m tailor; **~rin** f dressmaker; **~zahn** m incisor

schneien snow

Schneise f firebreak, lane

schnell fast, quick; **(mach) ~!** hurry up!; **2gaststätte** f fast food restaurant; **2hefter** m folder; **2igkeit** f speed; **2im-biß** m snackbar; **2straße** f motorway, Am. expressway

schnippisch pert, saucy

Schnitt m cut; Durch2: average; Film: editing; **~blu-men** pl cut flowers pl; **~e** f slice; (open) sandwich; **~lauch** m chives pl; **~muster** n pattern; **~punkt** m (point of) intersection; **~stelle** f EDV interface; **~wunde** f cut

Schnitzel n cutlet; Wiener ~: Wiener schnitzel; n, m chip; Papier2: scrap

schnitzen carve, cut*

schnoddrig brash, snotty

Schnorchel m snorkel

Schnörkel m flourish

schnorren sponge, cadge

schnüffeln sniff; fig. snoop

Schnuller m dummy, Am. pacifier

Schnulze f tearjerker

Schnupfen m cold

schnuppern sniff

Schnur f string, cord

Schnürlsamt m östr. corduroy

Schnurr|bart m m(o)ustache; **2en** purr

Schnür|schuh m laced shoe; **~senkel** m shoelace

Schock m, **2ieren** shock

Schokolade f chocolate

Scholle f Erd2: clod; Eis2: (ice) floe; zo. plaice

schon already; *jemals:* ever; *sogar:* even; **hast du ~ ...?** have you ... yet?; **~ gut!** never mind!

schön beautiful; *gut, nett:* nice; *Wetter:* fine; **~ warm** nice and warm; **ganz ~ ...** pretty ...

schonen go* easy on; *Kräfte etc.:* save; *j-s Leben:* spare; **sich ~** take* it easy

Schönheit *f* beauty

Schonzeit *f* close season

schöpf|en scoop, ladle; *fig.* → *Luft, Verdacht etc.;* **2er** *m* creator; **~erisch** creative; **2ung** *f* creation

Schorf *m* scab

Schornstein *m* chimney; *mar., rail.* funnel; **~feger** *m* chimneysweep(er)

Schoß *m* lap; *Leib:* womb

Schote *f* pod, husk, shell

Schotte *m* Scot(sman); **die ~n** *pl* the Scots *pl*

Schotter *m* gravel

Schott|in *f* Scot(swoman); **2isch** Scottish; *Produkt:* Scotch

schräg slanting, sloping

Schramme *f,* **2n** scratch

Schrank *m* cupboard; *Kleider2:* wardrobe; *Am. Wand2:* closet

Schranke *f* barrier (*a. fig.*)

Schraube *f,* **2n** screw; **~nschlüssel** *m* spanner, wrench; **~nzieher** *m* screwdriver

Schreck *m* fright, shock; **e-n**

~ einjagen scare; **~en** *m* terror; *Greuel:* horror; **2haft** jumpy; **2lich** awful, terrible

Schrei *m* cry; *lauter:* shout, yell; *Angst2:* scream

schreiben write*; *tippen:* type; *recht~:* spell*

Schreib|en *n* letter; **2faul: ~ sein** be* a poor correspondent; **~heft** *n* → *Heft;* **~maschine** *f* typewriter; **~papier** *n* writing paper; **~tisch** *m* desk; *Angst2* spelling; **~waren** *pl* stationery; **~warengeschäft** *n* stationer's

schreien cry; *lauter:* shout, yell; *angstvoll:* scream

Schreiner *m* → *Tischler*

Schrift *f* (hand)writing; **~art:** script; *print.* typeface; **2lich** *adj* written; *adv* in writing; **~steller(in)** author, writer; **~verkehr** *m,* **~wechsel** *m* correspondence

schrill shrill, piercing

Schritt *m* step (*a. fig.*); **~ fahren!** slow

schroff jagged; *steil:* steep; *fig.* gruff; *kraß:* sharp

Schrot *m, n* coarse meal; *hunt.* (small) shot; **~flinte** *f* shotgun

Schrott *m* scrap metal

schrubben scrub, scour

schrumpfen shrink*

Schub|fach *n* drawer; **~karren** *m* wheelbarrow; **~kraft** *f* thrust; **~lade** *f* drawer

schüchtern shy

Schuft m contp. bastard; 2en work like a dog

Schuh m shoe; **~anzieher** m shoehorn; **~creme** f shoe polish; **~geschäft** n shoe shop (Am. store); **~größe** f: **~ 9** (a) size 9 (shoe); **~macher(in)** shoemaker

Schul|bildung f education; **~buch** n textbook

Schuld f guilt; Geld2: debt; **die ~ geben** blame; **es ist (nicht) meine ~** it is(n't) my fault; **~en haben** be* in debt; 2en owe; 2ig bsd. jur. guilty (an of); responsible (for); **j-m et. ~ sein** owe s. o. s. th.; **~ige(r)** m f offender; person etc. responsible od. to blame; 2los innocent

Schule f (auf od. in der) at school; höhere ~ secondary school; 2n train

Schüler(in) school|boy (-girl), bsd. Brt. pupil, Am. mst student

Schul|fernsehen n educational TV; 2frei: **~er Tag** (school) holiday; **heute ist ~** there's no school today; **~freund(in)** schoolmate; **~funk** m schools programmes pl; **~mappe** f schoolbag; 2pflichtig: **~es Kind** school-age child; **~schwänzer(in)** truant; **~stunde** f lesson, class, period

Schulter f shoulder; **~blatt** n shoulder blade

Schund m trash, junk

Schuppe f zo. scale; **~n** pl Kopf2n: dandruff sg

Schuppen m shed

Schurke m villain

Schürze f apron

Schuß m shot; Spritzer: dash; Ski: schuss

Schüssel f bowl, dish (a. TV)

Schuß|waffe f firearm; **~wunde** f gunshot wound

Schuster m shoemaker

Schutt m rubble, debris; **~abladen verboten!** no dumping!; **~abladeplatz** m dump

Schüttel|frost m shivering fit; 2n shake*

schütten pour (a. F regnen)

Schutz m protection; Zuflucht: shelter; **~blech** n mudguard, Am. fender

Schütz|e m ast. Sagittarius; Tor2: scorer; **guter ~** good shot; 2en protect; shelter

Schutz|engel m guardian angel; **~heilige(r)** patron (saint); **~impfung** f inoculation; Pocken: vaccination; 2los unprotected; wehrlos: defen|celess, Am. -seless; **~umschlag** m (dust) jacket

schwach weak; unzulänglich: poor; leise: faint

Schwäch|e f weakness; 2en weaken; 2lich weakly; zart: delicate, frail

schwach|sinnig feeblemind-ed; F idiotic; 2strom m low-voltage current

Schwager m brother-in-law

Schwägerin f sister-in-law

Schwester

Schwalbe f swallow

Schwall m gush (a. fig.)

Schwamm m sponge; **~erl** n östr. mushroom

Schwan m swan

schwanger pregnant; **2schaft** f pregnancy; **2schaftsabbruch** m abortion

schwanken sway (a. fig. innerlich); **torkeln**: stagger; **~ zwischen ... und** vary from ... to

Schwanz m tail; V sl. cock

schwänzen: die Schule ~ play truant, skip school

Schwarm m swarm; Fische: shoal; F dream; Idol: idol

schwärmen swarm; erzählen: rave; **~ für** be* mad about

Schwarte f rind; F Buch: tome

schwarz black; **~es Brett** notice (Am. bulletin) board; **2arbeit** f moonlighting; **2brot** n rye bread; **2fahrer(in)** fare dodger; **2seher(in)** pessimist; pirate TV viewer; **2weiß... ** Film etc.: black-and white ...

schwatzen, schwätzen chat; Schule: talk

Schwebe|bahn f cableway; **2n** be* suspended; Vogel, aer.: hover (a. fig.); **2gleiten**: glide; fig. in Gefahr: be*

Schwed|e, ~in Swede; **2isch** Swedish

Schwefel m sul|phur, Am. -fur

Schweif m tail (a. ast.)

schweig|en be* silent; **2en** n silence; **~end** silent; **~sam** quiet, reticent

Schwein n pig (a. fig.); contp. swine, bastard; **~ haben** be* lucky

Schweine|braten m roast pork; **~fleisch** n pork; **~rei** f mess; Gemeinheit: dirty trick; Schande: crying shame; **~stall** m pigsty (a. fig.)

Schweiß m sweat, perspiration; **2en** tech. weld

Schweizer|(in), **2isch** Swiss

schwelgen: ~ in revel in

Schwelle f threshold; **2en** swell*; **~ung** f swelling

schwenken swing*; Hut: wave; spülen: rinse

schwer heavy; schwierig: difficult, hard (a. Arbeit); Wein etc: strong; ernst: serious; **2 Pfund ~ sein** weigh two pounds; **~ arbeiten** work hard; **2behinderte(r)** disabled person; **~fällig** clumsy; **2gewicht** n heavyweight; **~hörig** hard of hearing; **2kraft** f gravity; **2punkt** m cent|re (Am. -er) of gravity; fig. emphasis

Schwert n sword

schwer|verdaulich indigestible, heavy; **~verständlich** difficult to understand; **~verwundet** seriously wounded; **~wiegend** weighty, serious

Schwester f sister; Nonne: a. nun; Kranken**2**: nurse

Schwieger... *Eltern, Mutter, Sohn etc.:* ...-in-law

schwielig horny

schwierig difficult, hard; **2keit** *f* difficulty, trouble

Schwimm|bad *n* (*Hallen*2: indoor) swimming pool; **2en** swim*; **~er(in)** *m* life swimmer; *ins* 2 *kommen* start floundering; **~er(in)** swimmer; **~flosse** *f* flipper, *Am.* swimfin; **~gürtel** *m* life belt; **~haut** *f* web; **~weste** *f* life jacket

Schwindel *m* dizziness; *Betrug:* swindle; *Ulk:* hoax; **~anfall** *m* dizzy spell; **2n** fib, lie

Schwind|ler(in) swindler; **2lig** dizzy; *mir ist ~* I feel dizzy

Schwinge *f* wing; **2n** swing*; *phys.* oscillate

Schwips *m:* *e-n ~ haben* be* tipsy

schwitzen sweat, perspire

schwören swear*

schwul gay; *contp.* queer

schwül sultry, close

Schwung *m* swing; *fig.* verve, F pep; *Energie:* drive; **2voll** full of life

Schwur *m* oath; **~gericht** *n* *appr.* jury court

sechs six; **2eck** *n* hexagon; **~eckig** hexagonal; **~te, 2tel** *n* sixth; **~tens** sixthly, in the sixth place

sech|zehn(te) sixteen(th); **~zig** sixty; **~zigste** sixtieth

See¹ *m* lake

See² *f* sea, ocean; *an der ~* at the seaside; **~bad** *n* seaside resort; **~gang** *m:* *starker ~* heavy sea; **~hund** *m* seal; **2krank** seasick

Seel|e *f* soul; **2isch** mental

See|macht *f* sea power; **~mann** *m* seaman, sailor; **~meile** *f* nautical mile; **~not** *f* distress (at sea); **~reise** *f* voyage, cruise; **~streitkräfte** *pl* naval forces *pl;* **~zunge** *f* (*Brt.* Dover) sole

Segel *n* sail; **~boot** *n* sailing boat, *Am.* sailboat; **~fliegen** *n* gliding; **~flugzeug** *n* glider; **2n** sail; **~schiff** *n* sailing ship; **~tuch** *n* canvas

Segen *m* blessing (*a. fig.*)

Segler(in) yachts(wo)man

segnen bless

sehen see*; *blicken:* look; *sich an~:* watch; *~ nach* look after; **~swert** worth seeing; **2swürdigkeit** *f* sight

Sehne *f* sinew; *Bogen:* string

sehnen: *sich ~ nach* long for

sehn|lich(st) *Wunsch:* dearest; **2sucht** *f* longing, yearning; **~süchtig** longing, yearning

sehr very; *mit vb:* (very) much, greatly

seicht shallow (*a. fig.*)

Seid|e *f* silk; **~enpapier** *n* tissue (paper); **2ig** silky

Seife *f* soap; **~nblase** *f* soap bubble; **~nschaum** *m* lather

Seil *n* rope; **~bahn** *f* cableway

sein¹ his; her; its

sein² be*; *existieren:* a. exist; **2** *n* being; existence

seinerzeit in those days

seit _mit Zeitpunkt:_ since; _mit Zeitraum:_ for; ~ **1990** since 1990; ~ **2 Jahren** for two years; ~ **langem** for a long time; ~ **dem** _adv_ since then; (ever) since; _cj_ since

Seite _f_ side; _Buch:_ page

Seiten... _Straße etc.:_ side ...; ~**stechen** _e_ in stitches _pl;_ ~**wind** _m_ crosswind

seit|lich to side ..., at the side(s _pl);_ ~**wärts** sideways

Sekretär _m_ secretary; _Möbel:_ bureau; ~**in** _f_ secretary

Sekt _m_ champagne

Sekt|e _f_ sect; ~**or** _m_ sector

Sekunde _f_ second

selbe same

selbst _pron: ich_ ~ (I) myself; _mach es_ ~ do it yourself; _von_ ~ by itself, automatically; _adv_ even

selbständig independent; **2keit** _f_ independence

Selbst|bedienung _f_ self-service; ~**beherrschung** _f_ self-control; **2bewußt** self-confident; **2gemacht** home-made; ~**gespräch** _n_ monolog(ue); ~ **führen** talk to o.s.; ~**kostenpreis** _m: zum_ ~ at cost (price); **2los** unselfish; ~**mord** _m_ suicide; **2sicher** self-confident; **2süchtig** selfish; **2tätig** automatic; **2verständlich** of course, naturally; _für_ ~ _halten_ take* _s.th._ for granted; ~**verständlichkeit** _f_ a mat-

ter of course; ~**verteidigung** _f_ self-defen·ce, _Am._ -se;
~**vertrauen** _n_ self-confidence; ~**verwaltung** _f_ self-government, autonomy

selchen _bsd. östr._ smoke

selig _eccl._ blessed; _verstorben:_ late; _fig._ overjoyed

Sellerie _m, f_ celery

selten _adj_ rare; _adv_ rarely, seldom; **2heit** _f_ rarity

seltsam strange, F funny

Semester _n_ term

Semikolon _n_ semicolon

Seminar _n univ._ department; _Übung:_ seminar; _Priester2:_ seminary; _Fortbildung:_ workshop

Semmel _f_ roll

Senat _m_ senate

send|en send*; _Radio etc.:_ broadcast*, transmit; _TV a._ televise; **2er** _m_ transmitter; radio _od._ TV station; **2ung** _f_ broadcast, program(me); _econ._ consignment, shipment

Senf _m_ mustard

senior _adj_ senior; **2en** _pl_ senior citizens _pl;_ **2enpaß** _m_ senior citizen's rail pass

senk|en lower; _Kopf: a._ bow; _reduzieren: a._ reduce, cut*; _sich_ ~ drop, go* _od._ come* down; **2recht** vertical

Sensation _f_ sensation

Sense _f_ scythe

sensibel sensitive

sentimental sentimental

September _m_ September

Serie f series; *Satz*: set

Serum n serum

Service¹ n service

Service² m service

servieren serve

Serviette f napkin

Servus: ~! hi!; bye!

Sessel m armchair, easy chair; **~lift** m chair lift

setzen put*, set* (*a. print., agr., Segel*), place; *sich* ~ sit* down; *Bodensatz*: settle; *sich ~ auf* (*in*) get* on (into); ~ *auf wetten*: bet* on

Seuche f epidemic

seufze|n, **2r** m sigh

Sex m sex; **~ismus** m sexism; **~ual...** sex ...; **2uell** sexual

sich oneself; *sg* himself, herself, itself; *pl* themselves; *sich* yourself, *pl* yourselves; *einander*: each other

Sichel f sickle

sicher safe, secure (*vor* from); *gewiß*: certain, sure; *selbst~*: confident; **2heit** f safety; certainty

Sicherheits|... security ...; *bsd. tech.* safety ...; **~gurt** m seat *od.* safety belt; **~nadel** f safety pin

sicher|n secure (*sich* o.s.); **~stellen** secure; **2ung** f safeguard; *tech.* safety device (*Waffe*: catch); *electr.* fuse

Sicht f visibility; *Aus*2: view; *in ~ kommen* come* into view; **2bar** visible; **2lich** obvious(ly); **~vermerk** m visa; **~weite** f: *in* (*außer*) ~ within

(out of) view

sickern trickle, ooze, seep

sie she; *pl* they; **2** *sg*, *pl* you

Sieb n sieve; *Tee*: strainer

sieben¹ sieve, sift

sieben² seven; **~te**, **2tel** n seventh; **~zehn(te)** seventeen(th); **~zig** seventy; **~zigste** seventieth

siedeln settle

siede|n boil; **2punkt** m boiling point

Sied|ler(in) settler; **~lung** f settlement; *Wohn*2: housing development

Sieg m victory; *Sport*: a. win

Siegel n seal; *privat*: signet

sieg|en win*; **2er(in)** winner

siehe: ~ *oben* (*unten*) see above (below)

siezen: *sich* ~ be* on 'Sie' terms

Signal n, **2isieren** signal

Silbe f syllable

Silber n, **2n** silver

Silhouette f silhouette; *Stadt*: a. skyline

Silvester n New Year's Eve

Sinfonie f symphony

singen sing*

Singular m singular

Singvogel m songbird

sinken sink*; *econ.* fall*

Sinn m sense; *Bedeutung*: a. meaning; *im* ~ *haben* have* in mind; (*keinen*) ~ *ergeben* (not) make* sense; *es hat keinen* ~ it's no use; **~es-organ** n sense organ

sinn|lich sensual; *Wahrneh-*

mung: sensory; **~los** senseless; useless
Sippe f family, clan
Sirup m syrup
Sitte f custom, habit; **~n** pl morals pl; manners pl
sittlich moral
Situation f situation
Sitz m seat; *Kleid*: fit; **2en** sit*; *sein*: be*; *passen*: fit*; **~ bleiben** remain seated; **2enbleiben** ped. have* to repeat a year; **~platz** m seat; **~ung** f session; meeting
Skala f scale; *fig.* range
Skandal m scandal
Skelett n skeleton
skeptisch sceptical
Ski m ski (*a.* **~ laufen** *od. fahren*); **~läufer(in)** skier; **~lift** m ski lift; **~schuh** m ski boot; **~springen** n ski jumping
Skizze f, **2ieren** sketch
Sklav|e, **~in** slave
Skonto m, n (cash) discount
Skorpion m scorpion; *ast.* Scorpio
Skrupel m scruple; **2los** unscrupulous
Skulptur f sculpture
Slalom m slalom
Slip m → *Schlüpfer*
Smoking m dinner jacket
so so, thus; like this *od.* that; **~ ein** such a; **(nicht) ~ wie** (not) as ... as; **~bald** as soon as
Socke f sock; **~l** m base; *Statue*, *fig.*: pedestal

Sodbrennen n heartburn
soeben just (now)
sofort at once, immediately; **2bildkamera** f instant camera
Software f software
Sog m suction; *aer.*, *fig.* wake
so|gar even; **~genannt** so-called
Sohle f sole; *Tal*: bottom
Sohn m son
solange as long as
Solar|... *Zelle etc.*: solar ...; **~ium** n solarium
solch such
Sold m pay; **~at(in)** soldier
Söldner m mercenary
solid(e) solid; *fig. a.* sound
Solist(in) soloist
Soll n debit; *Plan2*: target
sollen be* to; be* supposed to; **soll ich ...?** shall I ...? *sollte(st)* should; *stärker*: ought to
Sommer m summer; **2lich** summer(y); **~sprossen** pl freckles pl; **~zeit** f summertime; daylight saving time
Sonde f probe (*a. med.*)
Sonder|... *Angebot*, *Ausgabe*, *Zug etc.*: special ...; **2bar** strange, F funny; **~ling** m eccentric, crank; **~müll** m hazardous waste; **2n** but; **nicht nur ..., ~ auch** not only ... but also
Sonnabend m Saturday
Sonne f sun; **Sich: ~ sich** sunbathe; **~naufgang** m sunrise; **~nbad** n sunbath; **~n-**

brand *m* sunburn; ~brille *f*
sunglasses *pl*; ~finsternis *f*
solar eclipse; ~kollektor *m*
solar panel; ~licht *n* sun-
light; ~schein *m* sunshine;
~schirm *m* sunshade; ~n-
schutz *m* Mittel: sun
lotion; ~nstich *m* sunstroke;
~nstrahl *m* sunbeam; ~nuhr
f sundial; ~nuntergang *m*
sunset

sonnig sunny
Sonntag *m* Sunday
sonst otherwise, *m* pron:
else; *normalerweise:* normally; *wer etc.* ~? who *etc.* else?;
~ *noch et.?* anything else?;
wie ~ as usual; ~ *nichts*
nothing else
Sorge *f* worry, problem; *Ärger:* trouble; *Für* 2: care; *sich*
~*n machen (um)* worry
(about); *keine* ~! don't
worry!; 2n: ~ *für* care for,
take* care of; *dafür* ~, *daß*
see (to it) that; *sich* ~ *um*
worry about
sorg|fältig careful; ~los care-
free; *nachlässig:* careless
Sorte *f* sort, kind, type; 2**ieren** sort, arrange; 2**iment** *n*
assortment
Soße *f* sauce; *Braten* 2: gravy
souverän *pol.* sovereign
so|viel *cj* as far as; *adv:* ~ ...:
as much; ~**weit** *cj* as far as;
adv so far; ~ *sein* be* ready;
~**wieso** anyway
Sowjet *m*, 2**isch** Soviet
sowohl: ~ ... *als (auch)* both

... and, ... as well as
sozial social; 2... *Arbei-
ter(in), Demokrat(in) etc.:*
social ...; 2**hilfe** *f* social security; 2**ismus** *m* socialism;
2**ist(in),** ~**istisch** socialist;
2**wohnung** *f* council flat,
Am. public housing unit
sozusagen so to speak
Spalt *m* crack, gap; ~**e** *f* ~
Spalt: *print.* column; 2**en:**
(sich) ~ split*
Späne *pl* shavings *pl*
Spange *f* clasp; *Zahn* 2: brace
Spani|er(in) Spaniard; 2**sch**
Spanish
Spann *m* instep; ~**e** *f* span;
2**en** stretch; *Bogen:* draw*;
be* (too) tight; 2**end** excit-
ing, thrilling; ~**ung** *f* tension
(*a. tech., pol.*); *electr.* voltage; *fig.* suspense; ~**weite** *f*
spread
Spar|buch *n* savings book;
2**en** save; economize (on);
er 2: spare; ~**er(in)** *f* saver
Spargel *m* asparagus
Spar|kasse *f* savings bank;
~**konto** *n* savings account
spärlich scanty; sparse
sparsam economical
Spaß *m* fun; *Scherz:* joke; ...
macht ~ ... is fun; ~**vogel** *m*
joker
spät late; *zu* ~ *kommen* be*
late; *wie* ~ *ist es?* what time
is it?
Spaten *m* spade
spätestens at the latest
Spatz *m* sparrow

spazieren|fahren go* (*j-n*: take*) for a ride; *Baby*: take* out; **~gehen** go* for a walk

Spazier|fahrt *f* drive, ride; **~gang** *m* walk; **e-n ~ machen** go* for a walk; **~gänger(in)** walker, stroller

Specht *m* woodpecker

Speck *m* bacon

Spedition *f* shipping agency; *Möbel*♀: removal (*Am.* moving) firm

Speer *m* spear; *Sport*: javelin

Speiche *f* spoke

Speichel *m* spit(tle), saliva

Speicher *m* storehouse; *Wasser*♀: reservoir; *Boden*: attic; *EDV* memory; **~einheit** *f* storage device

speien spit*; *fig.* spew

Speise *f* food; *Gericht*: dish; **~eis** *n* ice cream; **~kammer** *f* larder, pantry; **~karte** *f* menu; ♀n *v/i* dine; *v/t* feed*; **~röhre** *f* gullet; **~saal** *m* dining room; **~wagen** *m* dining car, diner

spekulieren speculate

Spende *f* gift; donation; ♀n give* (*a. Blut*); donate

Spengler *m* plumber

Sperling *m* sparrow

Sperr|e *f* barrier; *rail. a.* gate; *Verbot*: ban (on); *Sport*: suspension; ♀en close*; *Strom etc.*: cut* off; *Scheck*: stop; *Sport*: suspend; **~ in** lock (up) in; **~holz** *n* plywood; **~ig** bulky; **~stunde** *f* (legal)

closing time

Spesen *pl* expenses *pl*

speziall|sieren: sich ~ specialize (*auf* in); ♀st(in) specialist; ♀tät *f* special(i)ty

speziell special, particular

Spiegel *m* mirror; **~bild** *n* reflection; **~ei** *n* fried egg; ♀n reflect; *glänzen*: shine*; *sich ~* be* reflected

Spiel *n* game; *Wett*♀: *a.* match; **~en**, **~weise**: play; *Glücks*♀: gambling; **auf dem ~ stehen** be* at stake; **aufs ~ setzen** risk; **~automat** *m* slot machine; **~bank** *f* casino; ♀en play; gamble; ♀end *fig.* easily; **~er(in)** player; gambler; **~feld** *n* (playing) field; **~film** *m* feature film; **~halle** *f* amusement arcade, game room; **~kamerad(in)** playmate; **~karte** *f* playing card; **~marke** *f* chip; **~plan** *m* program(me); **~platz** *m* playground; **~raum** *m* scope; **~regel** *f* rule; **~sachen** *pl* toys *pl*; **~verderber(in)** spoilsport; **~waren** *pl* toys *pl*; **~zeug** *n* toy(s *pl*)

Spieß *m* spear, pike; *Brat*♀: spit; *Fleisch*♀: skewer

Spinat *m* spinach

Spind *m, n* locker

Spinn|e *f* spider; ♀en spin*; F *fig.* be* nuts; talk nonsense; **~webe** *f* cobweb

Spion *m* spy; **~age** *f* espionage; ♀ieren spy

Spirale 516

Spirale f spiral
Spirituosen pl spirits pl
Spital n hospital
spitz pointed; Winkel: acute; Zunge: sharp; 2e f point; Finger2 etc.: tip; Turm: spire; Berg etc.: peak, top; Gewebe: lace; fig. head; F toll: super; **an der ~** at the top; **~en** point, sharpen; **~findig** quibbling; **2name** m nickname
Splitter m, **2n** splinter
Sporn m spur
Sport m sports pl, sport (a. ~art); Fach: physical education; **(viel) ~ treiben** do* (a lot of) sports; **~...** Nachrichten, Verein, Wagen etc.: mst sports ...; **~kleidung** f sportswear; **~ler(in)** athlete; **2lich** athletic; fair: fair; Kleidung: casual; **~platz** m sports field; stadium
Spott m mockery; Hohn: derision; **2billig** dirt cheap; **2en** mock (über at); make* fun (of)
spöttisch mocking(ly)
Sprache f language; Sprechen: speech; Sprechweise: a. talk; **2los** speechless
Spray(dose f) m, n aerosol
sprechen speak*; talk; **2er(in)** speaker; TV etc. announcer; Vertreter(in): spokesperson; **2stunde** f office (Brt. med. consulting) hours pl; **2stundenhilfe** f receptionist; **2zimmer** n

consulting room
spreizen spread* (out)
sprengen blow* (up); Wasser: sprinkle; Rasen: water; fig. break* up; **2ung** f explosive; **2stoff** m blasting; blowing up
sprenkeln speckle, spot
Sprichwort n proverb
sprießen sprout
Springbrunnen m fountain
springen jump, leap*; Ball: bounce; Schwimmen: dive*; Glas: crack; zer~: break*
Spritze f syringe; Injektion: shot, injection; **2n** splash; sprühen: spray; med. inject; Fett: spatter; Blut: gush; **~r** m splash; gastr. dash
spröde brittle (a. fig.)
Sproß m shoot, sprout
Sprosse f rung, step
Spruch m saying, words pl
Sprudel m mineral water; **2n** bubble (a. fig.)
Sprüh|dose f aerosol (can); **2en** spray; Funken: throw* out; **~regen** m drizzle
Sprung m jump, leap; Schwimmen: dive; Riß: crack; **~brett** n springboard (a. fig.); Schwimmen: a. diving board; **~schanze** f ski jump
Spucke f spit(tle); **2n** spit*
spuken: ~ in haunt s.th.; **in ... spukt es** ... is haunted
Spule f spool, reel; electr. coil
Spül|e f (kitchen) sink; **2en** rinse; wash up (the dishes);

W.C.: flush the toilet; **~maschine** *f* dishwasher; **~mittel** *n* (liquid) detergent

Spur *f* trace (*a. fig.*); *mehrere*: track(s *pl*); *Fahr2*: lane; *Tonband*: track

spüren feel*; sense

Staat *m* state; government; **2lich** state; *Einrichtung*: *a.* public; **~sangehörigkeit** *f* nationality, citizenship; **~sanwalt, ~sanwältin** (public) prosecutor, *Am.* district attorney; **~sbürger(in)** citizen; **~sdienst** *m* civil service; **~smann** *m* statesman; **~soberhaupt** *n* head of (the) state

Stab *m* rod, bar; *mil., Team*: staff; *mus., Staffel2*: baton; **~hochsprung**: pole; **~hochsprung** *m* pole vault

stabil stable; *robust*: solid

Stachel *m* spine, prick; *Insekt*: sting; **~beere** *f* gooseberry; **~draht** *m* barbed wire; **2ig** prickly

Stadi|on *n* stadium; **~um** *n* stage, phase

Stadt *f* town; city; **~gebiet** *n* urban area; **~gespräch** *n* *fig.* talk of the town

städtisch municipal

Stadt|mitte *f* town *od.* city cent|re, *Am.* -er; **~plan** *m* city map; **~rand** *m* outskirts *pl*; **~rat** *m* town (*Am.* city) council; **~rundfahrt** *f* sightseeing tour; **~teil** *m*, **~viertel** *n* district, area, quarter

Staffel *f* relay race *od.* team; *mil.* squadron; **~ei** *f* easel

Stahl *m* steel

Stall *m* stable; cowshed

Stamm *m* stem (*a. gr.*); *Baum2*: trunk; *Volks2*: tribe; **~baum** *m* family tree; *zo.* pedigree; **2eln** stammer; **2en**: **~** *aus* come* (*zeitlich*: date) from; **~gast** *m* regular

stämmig stocky, sturdy

Stammkunde *m* regular (customer)

stampfen *v/t* mash; *v/i* stamp (one's foot)

Stand *m* standing position; *Verkaufs2*: stand, stall; *Niveau*: level; *sozialer*: status; class; profession; *Sport*: score; **~bild** *n* statue

Ständer *m* stand; rack

Standesamt *n* registry office, *Am.* marriage license bureau; **2lich**: **~e Trauung** civil marriage

stand|haft steadfast; **~halten** withstand*, resist

ständig constant(ly); *Adresse etc.*: permanent

Stand|licht *n* sidelights *pl*, *Am.* parking lights *pl*; **~ort** *m* position; **~punkt** *m* point of view

Stange *f* pole; *Metall2*: rod, bar; *Zigaretten*: carton

Stanniol *n* tin foil

Stanze *f*, **2n** punch

Stapel *m* pile, stack; **2n** pile (up), stack

stapfen trudge, plod

Star *m zo.* starling; *med.* cataract; *Film etc.*: star

stark strong; *mächtig, leistungs~.*: a. powerful; *Raucher, Verkehr*: heavy; *Schmerz*: severe; F super

Stärke *f* strength, power; *chem.* starch; **2n** strengthen (*a. fig.*); *Wäsche*: starch

Starkstrom *m* heavy current

Stärkung *f* strengthening; *Imbiß*: refreshment

starr stiff; *unbeweglich*: rigid; **~er Blick** (fixed) stare; **~en** stare (**auf** at); **~köpfig** stubborn

Start *m* start (*a. fig.*); *Sport*: takeoff; *Rakete*: liftoff, launch(ing); **~bahn** *f* runway; **2bereit** ready to start (*aer.* for takeoff); **2en** *v/i* start; *aer.* take* (*Rakete*: lift) off; *v/t* start; *Rakete*: launch

Station *f* station; *Kranken*2: ward; *fig.* stage

Statistik *f* statistics *pl*

Stativ *n* tripod

statt instead of; **~ dessen** instead; **~ zu** instead of *ger*

Stätte *f* place; scene

stattfinden take* place

stattlich imposing; *Summe etc.*: handsome

Statue *f* statue

Stau *m* (traffic) jam, congestion (*a. med.*)

Staub *m* dust (*a. ~ wischen*)

Staubecken *n* reservoir

staub|en make* dust; **~ig** dusty; **2sauger** *m* vacuum

cleaner; **2tuch** *n* duster

Stau|damm *m*; **2en** dam up; **sich ~** *mot. etc.* be* stacked up; *med.* congest

staunen be* astonished *od.* amazed (**über** at)

Staupe *f* distemper

Stausee *m* reservoir

stech|en prick; (*sich* one's finger *etc.*): prick*; *Insekten*: sting*; *Mücke etc.*: bite*; *mit Messer*: stab; **~end** *Blick*: piercing; *Schmerz*: stabbing; **2-uhr** *f* time clock

Steckdose *f* (wall) socket

stecken *v/t* stick*, put*; **~ an** pin to; *mit Nadel etc.: festsitzen*: stick*, be* stuck; **~bleiben** get* stuck; **2pferd** *n* hobbyhorse; *fig.* hobby

Steck|er *m* plug; **~nadel** *f* pin

Steg *m* footbridge

stehen stand*; *sein*: be*; *hier steht, daß* it says here that; *es steht ihr* she looks good in it; *wie(viel) steht es?* what's the score?; *wie steht's mit ...?* what about ...?; **~bleiben** stop; come* to a standstill; **~lassen** leave* (*j-n*: standing there; *et.*: as it is; *Schirm etc.*: behind; *Essen*: untouched)

Stehlampe *f* standard (*Am.* floor) lamp

stehlen steal*

Stehplatz *m* standing room

steif stiff (**vor** with)

Steig|bügel *m* stirrup; **2en** climb (*a. aer.*); *hoch~, zuneh-*

men: rise*, go* up; → *einsteigen etc.;* **⊇ern:** (sich) ~
increase; *verbessern:* improve; **~ung** *f* gradient;
Hang: slope

steil steep

Stein *m* stone; **~bock** *m* ibex;
ast. Capricorn; **~butt** *m* turbot; **~bruch** *m* quarry; **~gut**
n earthenware; **⊇ig** stony;
~kohle *f* hard coal; **~zeit** *f*
Stone Age

Stelle *f* place; *Fleck:* spot;
Punkt: point; *Arbeits⊇:* job;
Behörde: authority; **freie** ~
vacancy; **ich an deiner** ~ if I
were you

stellen put*, place; set* (*a.
Uhr, fig.*); *leiser etc.:* turn;
Frage: ask; **sich** ~ (go* and)
stand*; *fig.* give* o.s. up

Stellung *f* position; *Stelle:*
job; **~nahme** *f* opinion, comment; **⊇slos** unemployed

Stellvertreter(in) representative; *amtlich:* deputy

stemmen lift; **sich** ~ **gegen**
press against; *fig.* resist

Stempel *m* stamp; *Post⊇:*
postmark; *bot.* pistil; **⊇n**
stamp

Stengel *m* stalk, stem

Steno|graphie *f* shorthand;
⊇graphieren take* *s.th.*
down in shorthand; **~typi-
stin** *f* shorthand typist

Steppdecke *f* quilt

Sterbe|hilfe *f* euthanasia,
mercy killing; **⊇en** die (**an**
of); **⊇lich** mortal

Stereo(...) *n* stereo (...)

steril sterile; **~isieren** sterilize

Stern *m* star (*a. fig.*); **~en-
banner** *n* Star-Spangled
Banner, Stars and Stripes *pl*;
~schnuppe *f* shooting star;
~warte *f* observatory

stet|ig constant; *gleichmäßig:*
steady; **~s** always

Steuer¹ *n* (steering) wheel;
mar. helm, rudder

Steuer² *f* tax; **~berater(in)**
tax adviser; **~bord** *n* starboard; **~erklärung** *f* tax return; **~frei** tax-free; *Waren:*
duty-free; **~knüppel** *m* joystick (*a. Computer*); **~mann**
m mar. helmsman; *Rudern:*
cox(swain); *Auto:* driver; *mot. a.*
drive*; *tech., fig.* control;
~rad *n* steering wheel; **~ru-
der** *n* helm, rudder; **~ung** *f*
steering; *tech.* control; **~
zahler** *m* taxpayer

Stich *m* prick; *Bienen⊇:* sting;
Mücken⊇: bite; *Messer⊇:*
stab; *Nähen:* stitch; *Karten:*
trick; *Graphik:* engraving;
im ~ **lassen** let* *s.o.* down;
verlassen: abandon, desert;
~probe *f* spot check; **~tag**
m fixed day; **~wort** *n thea.* cue;
Lexikon: entry, *Brt. a.* head-
word; **~e** *pl* notes *pl*

stick|en embroider; **~ig** stuf-
fy; **⊇oxid** *n* nitrogen oxide;
⊇stoff *m* nitrogen

Stiefel *m* boot

Stief|... *Mutter etc.:* step...;
~mütterchen *n* pansy

...ege 520

Stiege f östr. staircase

Stiel m handle; Besen: stick; Glas, Pfeife, Blume: stem

Stier m bull; ast. Taurus; **~kampf** m bullfight

Stift m pen; Blei2: pencil; tech. pin; 2en found; spenden: donate

Stil m style

still quiet, silent; unbewegt: still; sei(d) ~! be quiet!; 2e f quiet(ness), silence; **~egen** close down; **~en** Baby: nurse, breastfeed*; Schmerz: relieve; Hunger, Neugier: satisfy; Durst: quench; Blutung: stop; **~halten** keep* still; **~schweigend** fig. tacit; 2stand m standstill, stop

Stimm|band n vocal cord; **2berechtigt** entitled to vote; **~e** f voice; pol. vote; 2en v/i be* true od. right od. correct (a. Summe); pol. vote; v/t tune; **~recht** n right to vote; **~ung** f mood; atmosphere; **~zettel** m ballot

stinken stink* (nach of)

Stipendium n scholarship

Stirn f forehead; die ~ runzeln frown; **~höhle** f sinus

stöbern rummage (about)

stochern: ~ in Feuer: poke; Zähnen: pick; Essen: pick at

Stock m stick; **~werk:** floor, stor(e)y; im ersten ~ on the first (Am. second) floor

stock|en stop (short); zögern: falter; Verkehr: be* jammed; 2werk n stor(e)y, floor

Stoff m material; Gewebe: fabric, textile; Tuch: cloth; chem. etc. substance; Thema, Lern2: subject (matter)

stöhnen groan, moan

stolpern stumble, trip

stolz proud; 2 m pride

stopfen v/t stuff, fill (a. Pfeife); Socke, Loch: darn, mend; v/i Essen: be* filling (med. constipating)

Stoppel f stubble

stopp|en stop; Zeit: time; 2schild n stop sign; 2uhr f stopwatch

Stöpsel m stopper, plug

Storch m stork

stören disturb, bother; be* in the way

störrisch stubborn

Störung f disturbance; trouble (a. tech.); breakdown; TV etc. interference

Stoß m push, shove; Schlag: blow, knock; Anprall: impact; Schwimm2: stroke; Erschütterung: shock; Wagen: jolt; Stapel: pile; **~dämpfer** m shock absorber; 2en push, shove; knock, strike*; **~ an** od. gegen bump od. run* into od. against; sich ~ an knock one's head against; **~ auf** come* across; Probleme etc.: meet* with; Öl etc.: strike*; **~stange** f bumper; **~zeit** f rush hour, peak hours pl

stottern stutter

Straf|anstalt f prison; 2bar

punishable, criminal; **~e** f punishment; *jur.*, *Sport*, *fig.*: penalty; *Geld~*: fine; **2en** punish

straff tight; *fig.* strict

Straf|porto n surcharge; **~raum** m penalty area; **~zettel** m ticket

Strahl m ray (a. fig.); *Licht*: a. beam; *Blitz*: flash; *Wasser etc.*: jet; **2en** radiate; *Sonne*: shine*; *phys.* be* radioactive; *fig.* beam; **~ung** f radiation, rays pl

Strähne f strand

stramm tight

strampeln kick; *fig.* pedal

Strand m (am on the) beach; **2en** strand; *fig.* fail; **~korb** m roofed wicker beach chair

Strang m rope; *anat.* cord

Strapaz|e f strain, exertion; **2ieren** wear* out; **2ierfähig** durable

Straße f road; *e-r Stadt etc.*: street; *Meerenge*: strait(s pl.)

Straßen|arbeiten pl roadworks pl; **~bahn** f tram(car), *Am.* streetcar; **~café** n pavement (*Am.* sidewalk) café; **~karte** f road map; **~sperre** f roadblock; **~verkehrsordnung** f traffic regulations pl, *Brt.* Highway Code

sträuben *Federn*: ruffle (up); **sich ~** *Haare*: stand* on end; **sich ~ gegen** struggle against, resist

Strauch m shrub, bush

Strauß m *zo.* ostrich; *Blumen*: bunch, bouquet

streben: **~** strive* for

Strecke f distance; *Route*: route; *rail.* line; **2n** stretch (**sich** o.s.), extend

Streich m trick, prank; **2eln** stroke, caress; **2en** paint; *schmieren*: spread*; *aus~*: cross out; *absagen*: cancel; **über et.** ~ run* one's hand over s.th.; **~ durch** roam; **~holz** n match; **~orchester** n string orchestra

Streife f patrol(man); **2n** stripe; *berühren*: brush (against); *Kugel*: graze; *Thema*: touch on; **~ durch** roam; **~n** m stripe; *Teil*: strip; **~nwagen** m patrol car

Streik m strike; **2en** (go* od. be* on) strike*

Streit m quarrel, argument, fight; *pol. etc.* dispute; **2en** (**sich**) quarrel, argue, fight* (**um** for); **~kräfte** pl (armed) forces pl

streng strict, severe (a. *Kritik*, *Strafe*, *Winter*)

Streß m (**im** under) stress

stress|en cause stress; put* *s.o.* under stress; **~ig** stressful

streuen scatter; *Weg*: grit

Strich m stroke; *Linie*: line; **auf den ~ gehen** walk the streets; **~code** m bar code

Strick m rope; **2en** knit*; **~jacke** f cardigan; **~nadel** f knitting needle; **~waren** pl knitwear sg; **~zeug** n knitting

Striemen m welt, weal

Stroh n straw; **~dach** n thatched roof; **~halm** m straw

Strom m (large) river; electr. current; fig. stream

strömen stream, flow, run*; Regen, Menschen: pour

Strom|kreis m circuit; **~schnelle** f rapid

Strömung f current

Strophe f stanza, verse

Strudel m whirlpool, eddy

Struktur f structure

Strumpf m stocking; **~hose** f tights pl, pantie-hose

struppig shaggy

Stück n piece; Teil: a. part; Zucker: lump; thea. play

Student(in) student

Stud|ie f study; **2ieren** study, be* a student (of); **~ium** n studies pl; studying law etc

Stufe f step; Stadium, Raketen2: stage

Stuhl m chair; med. stool (specimen); **~gang** m (bowel) movement

stumm dumb, mute

Stummel m stump (a. med.), stub (a. Zigarren2)

Stummfilm m silent film

Stümper m bungler

Stumpf m stump (a. med.)

stumpf blunt, dull (a. fig.); **~sinnig** dull

Stunde f hour; Unterricht: lesson, class

Stunden|kilometer pl kilomet|res (Am. -ers) per hour;

2lang adv for hours; adj hours of ...; **2lohn** m hourly wage; **~plan** m timetable, Am. schedule; **2weise** by the hour

stündlich hourly, every hour

stur pigheaded

Sturm m storm; mil. assault

stürm|en storm; Sport: attack; fig. rush; **2er(in)** forward; **~isch** stormy

Sturz m fall (a. fig.); Regierung etc.: overthrow

stürzen fall*; rush; Regierung: overthrow*

Sturzhelm m crash helmet

Stute f mare

Stütze f support; fig. a. help

stutzen v/t trim, clip; v/i stop short; (begin* to) wonder

stützen support (a. fig.); **sich ~ auf** lean* on

stutzig: **~ machen** make* suspicious; → **stutzen**

Stützpunkt m base

Styropor n polystyrene, Am. styrofoam

Subjekt n gr. subject; contp. character; **2iv** subjective

Sub|stantiv n noun; **~stanz** f substance; **2trahieren** subtract

Suche f search (nach for); auf der **~ nach** in search of; **2n** look (intensiv: search) for; **~r** m phot. viewfinder

Sucht f addiction

süchtig: **~ sein** be addicted to drugs etc.; **2e(r)** addict

Süd|(en m) south; **~früchte**

pl tropical fruits *pl*; 2**lich** south(ern); **~ost(en** *m*) southerly; **~ost(en** *m*) southeast; **~pol** *m* South Pole; **~ west(en** *m*) southwest
süffig pleasant (to drink)
Sülze *f* jellied meat
Summe *f* sum (*a. fig.*), (sum) total; *Betrag:* amount
summen buzz, hum
Sumpf *m* swamp, bog; **~..** *Pflanze etc.:* *mst* marsh ...; 2**ig** swampy, marshy
Sünde *f* sin; **~nbock** scapegoat; **~r(in)** sinner
Super *n Benzin:* Brt. fourstar, *Am.* premium; **~lativ** *m* superlative; **~markt** *m* supermarket
Suppe *f* soup; **~nschüssel** *f* tureen

Surf|brett *n* surfboard; 2**en** go* surfing
süß sweet (*a. fig.*); **~en** sweeten; 2**igkeiten** *pl* sweets; 2**speise** *f* sweet; 2**stoff** *m* sweetener; 2**wasser** *n* fresh water
Symbol *n* symbol; 2**isch** symbolic(al)
symmetrisch symmetric(al)
sympathisch nice, likable; *er ist mir* **~** I like him
Symphonie *f* symphony
Symptom *n* symptom
Synagoge *f* synagogue
synchronisieren synchronize; *Film etc.:* dub
synthetisch synthetic
System *n* system; 2**atisch** systematic, methodical
Szene *f* scene

T

Tabak *m* tobacco
Tabelle *f* table; **~nkalkulation** *f EDV* spreadsheet
Tablett *n* tray; **~e** *f* tablet, pill
Tachometer *m* speedometer
Tadel *m* reproof, rebuke; 2**los** faultless; excellent; 2**n** criticize; *förmlich:* reprove
Tafel *f* (black)board; → *Anschlagbrett*; *Schild:* sign; *Gedenk*2 *etc.:* plaque; *Schokolade:* bar
täfel|n panel; 2**ung** *f* panel(l)ing
Tag *m* day; *am* **~e** during the

day; *guten* **~!** hello!; *beim Vorstellen:* a. how do you do?; → *heute*
Tage|buch *n* diary; 2**lang** for days; 2**n** hold* a meeting
Tages|anbruch *m* (*bei* at) dawn; **~ausflug** *m* day trip; **~licht** *n* daylight; **~lichtprojektor** *m* overhead projector; **~zeitung** *f* daily (paper)
täglich daily
tagsüber during the day
Tagung *f* conference
Taille *f* waist
Takt *m mus.* time; *Einzel*:

bar; *mot.* stroke; ~**gefühl**: tact; ~**ik** *f* tactics *sg, pl*; **2los** tactless; ~**stock** *m* baton; **2voll** tactful

Tal *n* valley

Talent *n* talent, gift

Talisman *m* charm

Tampon *m* tampon

Tang *m* seaweed

Tank *m* tank; **2en** get* (some) petrol (*Am.* gas), fill up; ~**er** *m* tanker; ~**stelle** *f* petrol (*Am.* gas) station; ~**wart** *m* petrol (*Am.* gas) station attendant

Tanne *f* fir (tree); ~**nzapfen** *m* fir cone

Tante *f* aunt

Tanz *m*, **2en** dance

Tänzer(in) dancer

Tape|te *f*, **2zieren** wallpaper

tapfer brave; courageous

Tarif *m* rate(s *pl*)

tarn|en camouflage; *fig.* disguise; **2ung** *f* camouflage

Tasche *f* bag; pocket

Taschen|buch *n* paperback; ~**dieb(in)** pickpocket; ~**geld** *n* pocket money; ~**lampe** *f* torch, *Am.* flashlight; ~**messer** *n* pocket knife; ~**rechner** *m* pocket calculator; ~**tuch** *n* handkerchief; ~**uhr** *f* pocket watch

Tasse *f* cup (*Tee* of tea)

Tast|atur *f* keyboard; ~**e** *f* key; **2en** grope (*nach* for); **sich ~ feel*** *od.* grope one's way; ~**entelefon** *n* push-button phone

Tat *f* act, deed; *Handeln*: action; *Straf2*: offen|ce, *Am.* -se; crime; **2enlos** inactive

Täter(in) culprit, offender

tätig active; busy; **2keit** *f* activity; occupation; job

tat|kräftig active; **2ort** *m* scene of the crime

tätowier|en, **2ung** *f* tattoo

Tat|sache *f* fact; **2sächlich** actual(ly), real(ly)

tätscheln pat, pet

Tatze *f* paw

Tau¹ *n* rope

Tau² *m* dew

taub deaf; *Finger*: numb

Taube *f* pigeon; *poet.* dove

taubstumm deaf and dumb; **2e(r)** deaf mute

tauch|en dive; *U-Boot*: submerge; **~ in** dip into; **2er(in)** (*Sport*: skin) diver; **2sport** *m* skin diving

tauen thaw, melt

Tauf|e *f* baptism, christening; **2en** baptize, christen

taug|en be* good (*zu* for); **nichts ~ be*** no good; ~**lich** fit (*for service*)

taumeln reel, stagger

Tausch *m* exchange; **2en** exchange (*gegen* for), F swap

täusch|en mislead*; **sich ~ be*** mistaken; ~**end** striking; **2ung** *f* deception

tausend(ste) thousand(th)

Tauwetter *n* thaw

Taxi *n* taxi, cab; ~**stand** *m* taxi rank (*Am.* stand)

Technik *f* technology; *Ver-*

fahren: technique (*a. Sport, Kunst*); **~er(in)** technician

technisch technical; technological; **~e Hochschule** college *etc.* of technology

Technologie *f* technology

Tee *m* tea; **~kanne** *f* teapot; **~löffel** *m* teaspoon

Teer *m*, **2en** tar

Teesieb *n* tea strainer

Teich *m* pond, pool

Teig *m* dough, paste; **~waren** *pl* noodles *pl*; pasta *sg*

Teil *m*, *n* part; *An*2: portion, share; **zum ~** partly, in part; **2bar** divisible; **~chen** *n* particle; **2en** divide; share (*a. sich et. ~*); **2haben** share (**an** in); **~haber(in)** partner; **~nahme** *f* participation; *An*2: sympathy; **2nahmslos** apathetic; **2nehmen**: **~** an take* part in, participate in; **~nehmer(in)** participant; **2s** partly; **~ung** *f* division; **2weise** partly, in part

Teint *m* complexion

Telefax *n* → *Fax*

Telefon *n* (tele)phone; **~buch** *n* phone book, telephone directory; **~gespräch** *n* (tele-)phone call; **2ieren** (tele)phone; **2isch** by (tele-)phone; **~ist(in)** (telephone) operator; **~karte** *f* phonecard; **~nummer** *f* (tele)phone number; **~zelle** *f* (tele)phone booth (*Brt. a.* box); **~zentrale** *f* (tele)phone) exchange

tele|grafieren telegraph; **2-gramm** *m* telegram; **2objektiv** *n* telephoto lens

Telex *n*, **2en** telex

Teller *m* plate

Tempel *m* temple

Temperament *n* temper(ament); *Schwung*: life, F pep; **2voll** full of life

Temperatur *f* (*messen take* *s.o.'s*) temperature

Tempo *n* speed; *mus.* time; **~-30-Zone** 30 kmph zone; **~limit** *n* (nationwide) speed limit

Tendenz *f* tendency, trend

Tennis *n* tennis; **~platz** *m* tennis court; **~schläger** *m* (tennis) racket

Teppich *m* carpet; **~boden** *m* (wall-to-wall) carpeting

Termin *m* date; *Arzt*2: appointment; *Frist*: deadline

Terrasse *f* terrace

Terror *m* terror; **~anschlag** *m* terrorist attack; **2isieren** terrorize; **~ismus** *m* terrorism

Tesafilm *m* sellotape (*TM*), Am. scotch tape (*TM*)

Testament *n* (last) will; *eccl.* Testament

Test *m*, **2en** test

teuer expensive; **wie ~ ist es?** how much is it?

Teufel *m* devil

Text *m* text; *Lied*: words *pl*

Textilien *pl* textiles *pl*

Textverarbeitung *f* word processing

Theater n theat|re, Am. -er; F fig. fuss; **~besucher** m playgoer; **~kasse** f box office; **~stück** n play

Theke f bar, counter

Thema n subject, topic; bsd. mus. theme

Theologie f theology

theor|etisch theoretic(al); **2ie** f theory

Therapie f therapy

Therm|al... thermal; **~ometer** n thermometer; **~osflasche** f thermos (TM)

Thrombose f thrombosis

Thron m throne

Thunfisch m tuna

Tick m kink; med. tic; **2en** tick

tief deep (a. fig.); niedrig: low (a. Ausschnitt)

Tief n meteor. low (a. fig.); **~e** f depth (a. fig.); **~enschärfe** f depth of focus; **2gekühlt** deep-frozen; **~kühl...** → Gefrier...

Tier n animal; **~arzt, ~ärztin** vet; **~kreis** m ast. zodiac; **~quälerei** f cruelty to animals

Tiger m tiger; **~in** f tigress

tilgen econ. pay* off

Tinte f ink; **~nfisch** m squid

Tip m tip; Wink: a. hint

tippen tap; schreiben: type; raten: guess; play Lotto etc.; Toto: do* the pools

Tisch m table; den ~ decken set* (Brt. a. lay*) the table; **~decke** f tablecloth; **~ler(in)** cabinetmaker, carpenter,

bsd. Brt. a. joiner; **~tennis** n table tennis

Titel m title; **~bild** n cover (picture); **~blatt** n, **~seite** f front page

Toast m, **2en** toast

toben rage; Kinder: romp

Tochter f daughter

Tod m death; **2... müde, sicher** etc.: dead ...

Todes|anzeige f obituary (notice); **~opfer** n casualty; **~strafe** f capital punishment; death penalty

tödlich fatal; deadly

Toilette f toilet (a. **~n...**), Am. mst bathroom

tolerant tolerant

toll super, great; **~en** romp; **2-wut** f rabies

tolpatschig clumsy

Tomate f tomato

Ton¹ m clay

Ton² m sound; mus., fig.: tone; Farb2: a. shade; Note: note; Betonung: stress; **~abnehmer** m pickup; **2angebend** dominant; **~art** f key; **~band** n tape; **~bandgerät** n tape recorder

tönen v/i sound, ring*; v/t tint (a. Haar); dunkel: shade

Ton|fall m tone (of voice); accent; **~film** m sound film

Tonne f ton; Faß: barrel

Topf m pot; **~en** m östr. curd(s pl)

Töpfer(in) potter; **~ei** f pottery (a. ~waren)

Tor n gate; Fußball etc.: goal

Torf *m* peat

torkeln reel, stagger

Tor|latte *f* crossbar; **~linie** *f* goal line; **~pfosten** *m Sport:* goalpost; **~schütze(nkönig)** *m* (top) scorer

Torte *f* gateau, layer cake

Torwart *m* goalkeeper

tosend thunderous

tot dead (*a. fig.*); **~er Punkt** *fig.* deadlock; low point

total total; complete; **2schaden** *m* write-off, *Am.* total loss

Tote *m, f* dead man *od.* woman; (dead) body, corpse; **~** *pl* casualties *pl*, fatalities *pl*

töten kill

Totenschein *m* death certificate

Toto *m*, F *n* football pools *pl*

Totschlag *m* manslaughter, homicide; **2en** kill

toupieren backcomb

Tour *f* tour (*durch* of); **~ismus** *m* tourism; **2ist(in)** tourist; **~nee** *f* tour

trabe|n trot; **2r** *m* trotter

Tracht *f* costume; *Schwestern* *etc.*: uniform; **~ Prügel** beating

trächtig pregnant

Tradition *f* tradition; **2ell** traditional

Trafik *f östr.* tobacconist's

Trag|bahre *f* stretcher; **2bar** portable; *Kleidung:* wearable; *fig.* bearable

träge lazy, indolent

tragen carry; *Kleidung, Haar*

etc.: wear*; *fig.* bear*

Träger *m* carrier; *med.* stretcher-bearer; *am Kleid etc.:* strap; *tech.* support; *arch.* girder

Trag|fläche *f aer.* wing; **~flügelboot** *n* hydrofoil

trag|isch tragic; **2ödie** *f* tragedy

Tragtüte *f* carrier bag

Train|er(in) coach; **2ieren** *v/i* practi|se, *Am.* -ce, train; *v/t* train; *Team etc.:* a. coach; **~ing** *n* practi|ce, *Am.* -se; **~ingsanzug** *m* track suit

Traktor *m* tractor

trampeln trample, stamp

trampen hitchhike

Träne *f* tear; **2n** water; **~ngas** *n* teargas

tränken water; *et.:* soak

Transfusion *f* transfusion

Transistor *m* transistor

transitiv *gr.* transitive

Transport *m* transport(ation); **2ieren** transport; **~mittel** *n* (means *sg* of) transport(ation)

Traube *f* bunch of grapes; *Beere:* grape; **~nsaft** *m* grape juice; **~nzucker** *m* glucose, dextrose

trauen marry; trust (*j-m* s.o.); **sich ~** dare

Trauer *f* sorrow; mourning; **~feier** *f* funeral (service); **~kleidung** *f* mourning; **2n** mourn (*um* for)

Traum *m* dream

träumen dream*

traumhaft dreamlike; F a real dream, like a dream
traurig sad
Trau|ring *m* wedding ring; **~schein** *m* marriage certificate; **~ung** *f* marriage, wedding; **~zeuge, ~zeugin** witness to a marriage
treff|en hit*; *begegnen*: meet* (*a.* **sich ~**); *kränken*: hurt*; *Entscheidung*: make*; ***nicht ~*** miss; **2en** *n* meeting; **2punkt** *m* meeting place
treib|en *v/t* drive* (*a. tech.*); *Sport*: do*; *j-n*: push; *v/i* drift, float; *bot.* shoot*; **2gas** *n* propellant; **2haus** *n* hothouse, greenhouse; **2-hauseffekt** *m* greenhouse effect; **2riemen** *m* belt; **2stoff** *m* fuel
trenn|en separate (*a.* **sich ~**); *ab~*: sever; *pol.*, *Wort*: divide; *teleph.* disconnect; ***sich ~ von*** part with; *j-m*: leave*; **2ung** *f* separation; division; **2wand** *f* partition
Treppe *f* staircase, stairs *pl*; **~nhaus** *n* staircase; hall
Tresor *m* safe; bank vault
treten kick; step (***auf*** on; ***aus*** out of; ***in*** into); *fahren*: pedal
treu faithful; loyal; **2e** *f* faithfulness; loyalty; **~los** unfaithful; disloyal
Tribüne *f* platform; *Sport*: (grand)stand
Trichter *m* funnel; crater
Trick *m* trick
Trieb *m* *bot.* (young) shoot; *Natur2*: instinct; sex urge; **~kraft** *f fig.* driving force; **~wagen** *m* rail car; **~werk** *n* engine
triftig valid
Trikot *n* tights *pl*; *Sport*: shirt
trink|bar drinkable; **~en** drink* (***auf*** to; ***zu*** *et.* with *s.th.*); **2er(in)** drinker; **2geld** *n* tip; **2halm** *m* straw; **2spruch** *m* toast; **2wasser** *n* drinking water
trippeln trip
Tripper *m* gonorrh(o)ea
Tritt *m* step; *Fuß2*: kick; **~brett** *n* running board
Triumph *m*, **2ieren** triumph
trocken dry (*a. Wein*); **2haube** *f* hair dryer; **2heit** *f* dryness; *Dürre*: drought; **~legen** drain; *Baby*: change
trockn|en dry; **2er** *m* dryer
Troddel *f* tassel
Trödel *m* junk; **2n** dawdle
Trog *m* trough
Trommel *f* drum; **~fell** *n anat.* eardrum; **2n** drum
Trompete *f* trumpet
Tropen *pl* tropics *pl*
tröpfeln drip; *regnen*: drizzle
tropf|en drip; **2en** *m* drop; **2-steinhöhle** *f* stalactite cave
tropisch tropical
Trost *m* comfort
trösten comfort, console
trostlos miserable; *Gegend etc.*: desolate
Trottel *m* idiot
trotz in spite of, despite; **2** *m*

defiance; **~dem** in spite of it; **~ig** defiant; sulky

trüb(e) cloudy; *Wasser:* a. muddy; *Licht etc.:* dim; *Farbe, Wetter:* dull

Trubel m (hustle and) bustle

trübsinnig gloomy

trügerisch deceptive

Truhe f chest

Trümmer pl ruins pl; debris sg; *Stücke:* fragments pl

Trumpf m trump(s pl)

Trunkenheit f drunkenness; **~ am Steuer** drink driving

Trupp m troop; group; **~e** f troop; *thea.* company

Truthahn m turkey

Tschechoslowak|e, ~in, **2isch** Czechoslovak(ian)

Tube f tube

Tuberkulose f tuberculosis

Tuch n cloth; → *Hals-, Kopf-, Staubtuch*

tüchtig (cap)able, efficient; F *fig.* good; *arbeiten etc.:* hard, a lot

tückisch treacherous

Tugend f virtue

Tulpe f tulip

Tumor m tumo(u)r

Tümpel m pool

Tumult m tumult, uproar

tun do* (*j-m et.* s.th. to s.o.); *legen etc.:* put*; **zu ~ haben** be* busy; **so ~, als ob** pretend to

Tunke f sauce; **2n** dip

Tunnel m tunnel

tupfe|n dab; *tüpfeln:* dot; **2n** m dot, spot; **2r** m med. swab

Tür f door

Turb|ine f turbine; **~olader** m turbo(charger)

Türk|e, ~in Turk; **~is** m turquoise; **2isch** Turkish

Türklinke f doorhandle

Turm m tower; *Kirch2:* a. steeple; **~spitze** f spire; **~springen** n platform diving

Turn|en n gymnastics sg; *Fach:* physical education, PE; **2en** do* gymnastics; **~er(in)** gymnast; **~halle** f gym(nasium); **~hose** f gym shorts pl

Turnier n tournament

Turn|schuh m gym shoe; **~verein** m gymnastics (*Am.* athletics) club

Tür|rahmen m door case od. frame; **~schild** n door plate

Tusche f India(n) ink; **2ln** whisper; *fig.* rumo(u)r

Tüte f bag

TÜV m compulsory (car) inspection; *Brt.* MOT (test)

Typ m type; *tech. a.* model; F fellow, guy

Typhus m typhoid (fever)

typisch typical (*für* of)

Tyrann m tyrant; **2isieren** tyrannize (over), F bully

U

U-Bahn f underground; *London:* mst Tube; *Am.* subway

übel bad; *mir ist (wird)* ~ I'm feeling (getting) sick; 2 n evil; **2keit** f nausea; **~nehmen** take* offen|ce (*Am. -se*) at *s.th.*

üben practi|se, *Am. -ce*

über over; *oberhalb:* a. above; *mehr als:* a. more than; *quer* ~: across; *reisen* ~: via; *Thema:* about, of; *Buch etc.:* a. on; ~ *Nacht* overnight; **~all** everywhere; ~ *in* throughout, all over

über|anstrengen overstrain (*sich* o.s.); **~belichten** overexpose; **2en** outbid*; *fig.* beat*; *j-n:* a. outdo*; 2-**bleibsel** n remains pl

Überblick m survey (*über* of); *Vorstellung:* general idea; 2en overlook; *fig.* see*

über|bringen bring*, deliver; **~dauern** survive; **~drüssig** tired of; **~durchschnittlich** above(-)average

übereinander on top of each other; **~schlagen** Beine: cross

überein|kommen agree; ~**stimmen:** ~ (*mit*) *Person:* agree (with); *Sache:* correspond (with, to); **2stimmung** f agreement; correspondence

überempfindlich hypersensitive; *reizbar:* touchy

überfahr|en run* over; *Ampel:* jump; *fig. j-n:* bulldoze; **2t** f crossing

Überfall m assault; *Raub*2: (bank *etc.*) robbery, holdup; **2en** attack; hold* up

überfällig overdue

Überfallkommando n flying (*Am.* riot) squad

über|fliegen fly* over od. across; *fig.* glance over; **~fließen** overflow; **2fluß** m abundance (*an* of); **~flüssig** superfluous; **~fluten** flood; **~fordern** overtax

überführ|en transport; *jur.* convict (*gen* of); **2ung** f mot. flyover, *Am.* overpass

überfüllt overcrowded

Übergang m crossing; *fig.* transition; **~szeit** f transitional period

über|geben hand over; *sich* ~ throw* up; **~gehen** pass (*in* into; *zu* on to); **2gewicht** n (*haben* be*) overweight; *fig.* predominance; **~glücklich** overjoyed; **~greifen:** ~ *auf* spread* to; **~handnehmen** increase, be* rampant; **~haupt** at all; *sowieso:* anyway; ~ *nicht*(s) not(hing) at all; **~heblich** arrogant

überhol|en overtake*; tech.

overhaul; **~t** outdated; **2ver|bot** n no overtaking

über|kochen boil over; **~laden** overload; **~lassen:** *j-m* **et. ~** let* s.o. have s.th.; *fig.* leave* s.th. to s.o.; **~lasten** overload; *fig.* overburden; **~laufen** run* over; *mil.* desert (**zu** to); *adj* overcrowded

überleben survive; **2de(r)** survivor

überlegen think* about *s.th.*; **es sich anders ~** change one's mind; *adj* superior (*dat* to; **an** in); **2ung** *f* consideration, reflection

Über|lieferung *f* tradition; **2listen** outwit; **~macht** *f* superiority; **2mäßig** excessive; **~mitteln** send*, transmit; **2morgen** the day after tomorrow; **2müdet** overtired; **2mütig** overenthusiastic; **~nächst** the next but one; **~e Woche** the week after next

übernacht|en stay overnight; **2ung** *f* overnight stay; **~ und Frühstück** bed and breakfast

über|natürlich supernatural; **~nehmen** take* over; *Verantwortung, Führung usw.:* take*; *erledigen:* take* care of; *sich ~* overtax o.s.; **~prüfen** check; *j-n:* screen; **~queren** cross; **~ragen** tower above; **~ragend** superior

überrasch|en, **2ung** *f* surprise

über|reden persuade; **~reichen** present; **2reste** *pl* remains *pl*; **~rumpeln** (take* by) surprise

Überschall... supersonic ...

über|schätzen overrate; **~schlagen** *auslassen:* skip; *econ.* make* a rough estimate of; *sich ~* turn over; *Person:* go* head over heels; *Stimme:* break*; **~schnappen** crack up; **~schneiden:** *sich ~* overlap; **~schreiten** cross; *fig.* go* beyond; *Maß, Befugnis:* exceed; *Tempo: a.* break*; **2schrift** *f* heading, title; *Schlagzeile:* headline; **2schuß** *m*, **~schüssig** surplus; **2schwemmung** *f* flood

Übersee... overseas ...

übersehen overlook (*a. fig.*)

übersetz|en translate (**in** into); **2er(in)** translator; **2ung** *f* translation

Übersicht *f* general idea (**über** of); *Zusammenfassung:* summary; **2lich** easy to survey; *gegliedert:* clear

über|siedeln (re)move (**nach** to); *auslassen:* skip; **~stehen** *v/i* just out; *v/t* get* over; *überleben:* survive (*a. fig.*); **~steigen** *fig.* exceed; **~stimmen** outvote

Überstunden *pl* overtime *sg*; **~ machen** work overtime

überstürz|en: *et.* **~** rush things; **~t** (over)hasty

übertragbar 532

übertrag|bar transferable; *med.* contagious; **~en** broadcast*, transmit (a. *Kraft, Krankheit*); *Blut*: transfuse; *Organ*: transplant; *econ., jur.* transfer; **~en** *adj* figurative; **2ung** *f* radio *od.* TV broadcast; transmission; transfusion; transfer

übertreffen surpass, F beat*; *j-n: a.* outdo*

übertreib|en exaggerate; **2ung** *f* exaggeration

über|treten *jur. etc.* break*, violate; **2tritt** *m* change (*zu* to); *eccl.* conversion; **~völkert** overpopulated; **2völkerung** *f* overpopulation; **~vorteilen** cheat; **~wachen** supervise, oversee*; *bsd. tech.* control, monitor (a. *med.*); *polizeilich:* shadow

überwältigen overwhelm; **~d** overwhelming

überweis|en *Geld:* remit (*an* to); **2ung** *f* remittance

über|winden overcome*; *sich ~ zu* bring* o.s. to *inf;* **2zahl** *f: in der ~* in the majority

überzeug|en convince (*von* of); **2ung** *f* conviction

überziehen put* *s.th.* on; *tech. etc.* cover; *Bett:* change; *Konto:* overdraw*

üblich usual, common

U-Boot *n* submarine

übrig remaining; *die ~en pl* the others *pl,* the rest *pl;* **~**

sein (*haben*) be* (have*) left; **~bleiben** be* left, remain; **~ens** by the way; **~lassen** leave*

Übung *f* exercise; *Üben, Erfahrung:* practice

Ufer *n* shore; *Fluß:* bank; *ans ~* ashore

Uhr *f* clock; *Armband2 etc.:* watch: *um vier ~* at four o'clock; (*um*) *wieviel ~ ...?* (at) what time ...?; **~armband** *n* watchstrap; **~macher(in)** watchmaker; **~zeiger** *m* hand

Uhu *m* eagle owl

ulkig funny

Ulme *f* elm

Ultra..., **2...** *Schall, violett etc.:* ultra...; *rot:* infra...

um (a)round; *zeitlich:* at; *ungefähr:* about, around; **~ so besser** *etc.* that's even better *etc.;* **~ ... willen** for ...'s sake; **~ zu** (in order) to

um|armen: (*sich*) **~** embrace; **~bauen** rebuild*; **~blättern** turn over; **~bringen** kill (*sich o.s.*); **~buchen** change one's booking (*for*)

umdrehen turn (a)round (*a. sich ~*); **2ung** *f tech.* revolution

umfallen fall*; *zs.-brechen:* collapse; *tot ~* drop dead

Umfang *m* circumference; *Ausmaß:* size; *fig.* extent; **2reich** extensive

um|formen transform, convert; **2frage** *f* (opinion) poll, survey; **~funktionieren:** ~ *in od.* **zu** turn into

Umgang *m* company; **~sformen** *pl* manners *pl*; **~sprache** *f* colloquial speech

umgeb|en surround; *adj* surrounded (**von** by); **2ung** *f* surroundings *pl*, vicinity; *Milieu:* environment

umgeh|en: ~ *mit* deal* with, handle, treat; **2ungsstraße** *f* bypass

um|gekehrt *adj* reverse, opposite; *adv* the other way round; *und* ~ and vice versa; **~graben** dig* (up); **~hängen** put* on; *Bilder:* rehang*

umher (a)round, about

um|hören: *sich* ~ keep* one's ears open, ask around; **~kehren** turn back; *et.:* turn (a)round; **~kippen** tip over; → **umfallen**; **~klammern** clasp (in one's arms)

Umkleideraum *m* changing (*Sport:* locker) room

umkommen be* killed (**bei** in); F ~ *vor* be* dying with

Umkreis *m* vicinity; **im** ~ **von** within a radius of

Umlauf *m* circulation; **~bahn** *f* orbit

umlegen put* on; *verlegen:* move; *Kosten:* share; *sl. töten:* bump off

umleit|en divert; **2ung** *f* diversion, *Am. mot.* detour

umliegend surrounding

umrech|nen convert; **2nungskurs** *m* exchange rate

um|ringen surround; **2riß** *m* outline; **~rühren** stir; **2satz** *m econ.* sales *pl*; **~schalten** switch (over) (**auf** to); **~schauen** → **umsehen**

Umschlag *m* envelope; *Hülle:* cover, wrapper; *Buch:* jacket; *Hose:* turn-up, *Am.* cuff; *med.* compress; *econ.* handling; **2en** *Boot etc.:* turn over; *fig.* change

um|schnallen buckle on; **~schreiben** rewrite*; *Begriff:* paraphrase; **~schulen** retrain; **~schwärmen** swarm (a)round; *fig.* idolize, worship; **2schwung** *m* (drastic) change; **~sehen:** *sich* ~ look back; look around (**nach** for); *sich* ~ *nach suchen:* be* looking for; **~sein** be* over; *Zeit:* be* up

umsonst free (of charge); *vergebens:* in vain

Um|stand *m* fact; *Einzelheit:* detail; **~stände** *pl:* **unter diesen** (**keinen**) **~n** under the (no) circumstances; **unter** ~**n** possibly; **keine** ~ **machen** not go* to (*j-m:* cause) any trouble; **in anderen** ~**en sein** be* expecting; **2ständlich** complicated; *langatmig:* long-winded; **zu** ~ too much trouble

um|steigen change; **~stellen** change (**auf** to); *Möbel etc.:* rearrange; *Uhr:* reset*; ~ **umzingeln**; *sich* ~ **auf** change (over) to; *anpassen:*

adjust (o.s.) to; **~stellung** f change; adjustment; **~stimmen** change s.o.'s mind; **~stoßen** knock over; et.: a. upset* (a. Plan); **~sturz** m overthrow; **~stürzen** upset*, overturn

Umtausch m, **~en** exchange (**gegen** for)

um|wandeln transform, convert; **~weg** m detour

Umwelt f environment; **~...mst** environmental ...; **~freundlich** non-polluting; abbaubar: biodegradable; **~schädlich** harmful, polluting; **~schutz** m environmental protection; **~schützer(in)** environmentalist; **~verschmutzung** f (environmental) pollution

um|werfen upset*, overturn; **~ziehen** move (**nach** to); sich **~** change; **~zingeln** surround; **~zug** m move (**nach** to); parade

unabhängig independent; **~keit** f independence

un|absichtlich unintentional; **~achtsam** careless

unan|gebracht inappropriate; pred. a. out of place; **~genehm** unpleasant; peinlich: embarrassing; **~nehmlichkeiten** pl trouble sg; **~ständig** indecent

un|appetitlich unappetizing; schmuddelig: grubby; **~artig** naughty, bad

unauf|fällig inconspicuous;

~hörlich continuous; **~merksam** inattentive

unausstehlich unbearable

unbarmherzig merciless

unbe|baut undeveloped; **~deutend** insignificant; geringfügig: a. minor; **~dingt** adv by all means; **~fahrbar** impassable; **~friedigend** unsatisfactory; **~friedigt** dissatisfied; disappointed; **~fugt** unauthorized; **~greiflich** incomprehensible; **~grenzt** unlimited; **~gründet** unfounded; **~hagen** n uneasiness; **~haglich** uneasy; **~herrscht** uncontrolled; lacking self-control; **~holfen** clumsy, awkward; **~kannt** unknown; **~kümmert** carefree; **~liebt** unpopular; **~merkt** unnoticed; **~quem** uncomfortable; lästig: inconvenient; **~rührt** untouched; **~** sein Mädchen be* a virgin; **~schränkt** unlimited; Macht: a. absolute; **~schreiblich** indescribable; **~ständig** unstable, unsettled (a. Wetter); **~stechlich** incorruptible; **~stimmt** indefinite (a. gr.); unsicher: uncertain; Gefühl: vague; **~teiligt** not involved; gleichgültig: indifferent; **~wacht** unguarded; **~waffnet** unarmed; **~weglich** motionless; fig. inflexible; **~wohnt** uninhabited; Gebäude: unoccupied; **~wußt** uncon-

scious; **~zahlbar** priceless (*a. fig.*), invaluable
unbrauchbar useless
und und; *na* ~? so what?
un|dankbar ungrateful; *Aufgabe*: thankless; **~definierbar** nondescript; **~denkbar** unthinkable; **~deutlich** indistinct; **~dicht** leaky
undurch|dringlich impenetrable; **~lässig** impervious, impermeable; **~sichtig** opaque; *fig.* mysterious
un|eben uneven; **~echt** false; *künstlich*: artificial; *imitiert*: imitation; F *contp.* fake, phon(e)y; **~ehelich** illegitimate; **~empfindlich** insensitive (*gegen* to); *haltbar*: durable; **~endlich** infinite; *endlos*: endless
unent|behrlich indispensable; **~geltlich** free (of charge); **~schieden** undecided; **~ enden** end in a draw *od.* tie; **2schieden** *n* draw, tie; **~schlossen** irresolute
uner|bittlich inexorable; **~fahren** inexperienced; **~freulich** unpleasant; **~hört** outrageous; **~kannt** unrecognized; **~klärlich** inexplicable; **~laubt** unlawful; *unbefugt*: unauthorized; **~meßlich** immense; **~müdlich** indefatigable, untiring; **~reicht** unequal(l)ed; **~sättlich** insatiable; **~schöpflich** inexhaustible; **~schütterlich** unshak(e)able; **~setz**-

lich irreplaceable; *Schaden*: irreparable; **~träglich** unbearable; **~wartet** unexpected; **~wünscht** undesirable
unfähig incapable (*zu* of *ger*); incompetent; **2keit** *f* incompetence
Unfall *m* accident; **~flucht** *f* hit-and-run offen(c)e, *Am.* -se
un|faßbar unbelievable; **~förmig** shapeless; misshapen; **~frankiert** unstamped; **~freiwillig** involuntary; *Humor*: unintentional; **~freundlich** unfriendly; *Wetter*: nasty; *Zimmer, Tag*: cheerless; **~fruchtbar** infertile; **2fug** *m* nonsense; ~ treiben be* up to no good
Ungar(in), 2isch Hungarian
unge|bildet uneducated; **~bräuchlich** unusual; **~bunden** free, independent
Ungeduld *f* impatience; **2ig** impatient
unge|eignet unfit; *Person*: a. unqualified; **~fähr** approximate(ly), rough(ly); *adv a.* about; **~fährlich** harmless; *sicher*: safe
ungeheuer vast, huge, enormous; **2** *n* monster
unge|hindert unhindered; **~hörig** improper; **~horsam** disobedient; **~kürzt** unabridged; **~legen** inconvenient; **~lernt** unskilled; **~mütlich** uncomfortable; **~ werden** get* nasty; **~nau** inaccurate; *fig.* vague; **~nieß**-

bar uneatable; undrinkable; *Person:* unbearable; **~nügend** insufficient; *Leistung:* unsatisfactory; **~niert** (free and) easy; **~pflegt** unkempt; **~rade** odd

ungerecht unjust (*gegen* to); **2igkeit** *f* injustice

ungern unwillingly; **~ tun** dislike doing s.th

unge|schickt clumsy; **~spritzt** organic(ally grown); **~stört** undisturbed, uninterrupted; **~sund** unhealthy

ungewiß uncertain; **2heit** *f* uncertainty

unge|wöhnlich unusual, uncommon; **2ziefer** *n* pests *pl*; *Läuse etc.:* vermin *pl*; **~zogen** naughty; **~zwungen** informal

ungläubig incredulous

unglaub|lich incredible; **~würdig** untrustworthy; *et.:* incredible

ungleich unequal, different; **~mäßig** uneven; irregular

Unglück *n* misfortune; *Pech:* bad luck; *Unfall etc.:* accident; *stärker:* disaster; *Elend:* misery; **2lich** unfortunate; *traurig:* unhappy; **2licherweise** unfortunately

un|gültig invalid; **~günstig** unfavo(u)rable; *nachteilig:* disadvantageous; **~handlich** unwieldy, bulky; **2heil** *n* evil; disaster; **~ anrichten** wreak havoc; **~heilbar** incurable; **~heimlich** creepy,

eerie; F *fig.* tremendous(ly); **~höflich** impolite; **~hörbar** inaudible; **~hygienisch** insanitary

Uniform *f* uniform

uninteress|ant uninteresting; **~iert** uninterested

Union *f* union

Universität *f* university

Universum *n* universe

unkenntlich unrecognizable; **2nis** *f* ignorance

un|klar unclear; *ungewiß:* uncertain; **im ~en sein** be* in the dark; **2kosten** *pl* expenses *pl*; **2kraut** *n* weeds *pl*; **~leserlich** illegible; **~logisch** illogical; **~lösbar** insoluble; **~mäßig** excessive; **2menge** *f* vast quantity

Unmensch *m:* **kein ~ sein** have* a heart; **2lich** inhuman

un|mißverständlich unmistakable; **~mittelbar** immediate(ly), direct(ly); **~möbliert** unfurnished; **~modern** out of style; **~möglich** impossible; **~moralisch** immoral; **~mündig** under age; **~natürlich** unnatural; *geziert:* affected; **~nötig** unnecessary

unord|entlich untidy; **2nung** *f* disorder, mess

un|parteiisch impartial, unbias(s)ed; **~passend** unsuitable; improper; → **unangebracht; ~passierbar** impassable; **~päßlich** indisposed, unwell; **~persönlich**

impersonal; **~politisch** apolitical; **~praktisch** impractical; **~pünktlich** unpunctual; **~rasiert** unshaven

unrecht wrong; **~haben (tun)** be* (do* *s.o.*) wrong; **2** *n* injustice; **~** wrong(ful)ly; **~mäßig** unlawful

un|regelmäßig irregular; **~reif** *fig.* immature; **~rein** *fig.* unclean

Unruh|e *f* restlessness; *pol.* unrest; *Besorgnis*: anxiety; **~n** *pl* disturbances *pl*; *stärker*: riots *pl*; **2ig** restless; *Meer*: rough; *fig.* uneasy

uns (to) us; each other; **~** (*selbst*) ourselves

un|sachlich not objective; personal; **~sauber** dirty; *fig. a.* unfair; **~schädlich** harmless; **~scharf** blurred; **~schätzbar** invaluable; **~scheinbar** plain; **~schlüssig** undecided

Unschuld *f* innocence; **2ig** innocent

unselbständig dependent (on others)

unser our; **~es** *etc.* ours

un|sicher unsafe, insecure (*a. psych.*); → *ungewiß*; **~sichtbar** invisible; **2sinn** *m* nonsense; **~sittlich** indecent; **~sozial** unsocial; **~sterblich** immortal; **2stimmigkeiten** *pl* disagreements *pl*; **~sympathisch** disagreeable; **... ist mir ~** I don't like ...; **~tätig** inactive; idle

unten below; down (*a. nach ~*); downstairs; *von oben bis ~*: from top to bottom

unter under; *weniger als*: *a.* less than; *bsd.* **~halb**: below; *zwischen*: among

Unter|arm *m* forearm; **2belichtet** underexposed; **~bewußtsein** *n*: *im ~* subconsciously; **2binden** stop; **~bodenschutz** *m* underseal

unterbrech|en interrupt; **2ung** *f* interruption

unter|bringen *j-n*: accommodate, put* *s.o.* up; find* a place for *s.th.*; **~drücken** suppress; *pol.* oppress

unter|e lower; **~einander** between *od.* among each other; *räumlich*: one under the other; **~entwickelt** underdeveloped

unterernähr|t undernourished; **2ung** *f* malnutrition

Unter|führung *f* underpass, *Brt. a.* subway; **~gang** *m* *ast.* setting; *Schiff*: sinking; *fig.* fall; **2gehen** go* down; *mar. a.* sink*; *ast. a.* set*

Untergrund *m* subsoil; *pol., fig.* underground; **~bahn** *f* → *U-Bahn*

unterhalb below, underneath

Unterhalt *m* maintenance, support (*a. Zahlungen*); **2en** entertain; *Familie*: support; *econ.* run*, keep*; **sich ~** (*mit*) talk (to, with); **sich gut ~** have* a good time; **~ung** *f* conversation, talk; entertainment; *econ.* upkeep

Unter|hemd *n* vest, *Am.* undershirt; **~holz** *n* undergrowth; **~hose** *f* underpants *pl*; **2irdisch** underground; **~kiefer** *m* lower jaw; **~kleid** *n* slip; **~kunft** *f* accommodation; **~lage** *f* base; **~n** *pl* documents *pl*; **2lassen** fail to do s.th.; *Rauchen:* refrain from *ger*; **2legen** *adj* inferior (*j-m* to s.o.); **~leib** *m* abdomen, belly; **2liegen** be* defeated (*j-m* by s.o.); *fig.* be* subject to; **~lippe** *f* lower lip; **~mieter(in)** *f* lodger

unternehm|en do* s.th. (*gegen* about s.th.); *Reise:* go* on; **2en** *n* undertaking; *econ.* business; **2er(in)** business owner, entrepreneur; *Arbeitgeber:* employer; **~ungslustig** adventurous

Unteroffizier *m* noncommissioned officer

Unterricht *m* instruction; lessons *pl*, classes *pl*; **2en** teach*; (*inform of*)

Unter|rock *m* slip; **2schätzen** underestimate; **2scheiden** distinguish; **sich ~** differ; **~schenkel** *m* shank

Unterschied *m* difference; **2lich** different; varying

unterschlag|en embezzle; **2ung** *f* embezzlement

unter|schreiben sign; **~schrift** *f* signature; **2seeboot** *n* submarine; **2setzer**

---

m coaster; **~setzt** stocky; **~ste** *j-m:* be* in *s.o.'s* charge; **sich ~** dare; **~stellen** *et.:* put* (*in* in[to]); *annehmen:* assume; *j-m:* put* under the charge of; **sich ~** take* shelter; **~streichen** underline (*a. fig.*)

unterstüt|zen support; **2zung** *f* support; *staatliche: a.* aid; *Fürsorge:* welfare

untersuch|en examine (*a. med.*), investigate (*a. jur.*); *chem.* analyze; **2ung** *f* examination (*a. med.*), investigation (*a. jur.*); *med. a.* checkup; *chem.* analysis; **2ungshaft** *f* custody pending trial

Unter|tasse *f* saucer; **2tauchen** dive*, submerge (*a. U-Boot*); *j-n:* duck; *fig.* disappear; **~teil** *n, m* lower part; **~titel** *m* subtitle; **~wäsche** *f* underwear; **2wegs** on the *od.* one's way; **2werfen** subject (*dat* to); **sich ~** submit (*dat* to); **2würfig** servile; **2zeichnen** sign; **2ziehen** put* on underneath; *sich dat ~ med.* undergo*; *Prüfung:* take*

un|tragbar unbearable; **~trennbar** inseparable; **~treu** unfaithful; **~tröstlich** inconsolable; **2tugend** *f* bad habit

unüber|legt thoughtless; **~sichtlich** *Kreuzung etc.:* blind; *komplex:* intricate; **~windlich** insuperable

539   **Ursache**

ununterbrochen uninterrupted; *ständig:* continuous

unver|ändert unchanged; **~antwortlich** irresponsible; **~besserlich** incorrigible; **~bindlich** not binding; *Art etc.:* noncommittal; **~daulich** indigestible; **~dient** undeserved; **~geßlich** unforgettable; **~gleichlich** incomparable; **~heiratet** unmarried, single; **~käuflich** not for sale; **~letzt** unhurt; **~meidlich** inevitable; **~nünftig** unwise, foolish

unverschämt rude, impertinent; **2heit** *f* impertinence

unver|ständlich unintelligible; *unbegreiflich:* incomprehensible; **~wüstlich** indestructible; **~zeihlich** inexcusable; **~züglich** immediate(ly), without delay

unvoll|endet unfinished; **~kommen** imperfect; **~ständig** incomplete

unvor|bereitet unprepared; **~eingenommen** unbias(s)ed; **~hergesehen** unforeseen; **~sichtig** careless; **~stellbar** unthinkable; **~teilhaft** *Kleid:* unbecoming

unwahr untrue; **2heit** *f* untruth; **~scheinlich** improbable, unlikely; F incredibly

un|wesentlich irrelevant; *geringfügig:* negligible; **2wetter** *n* (violent) storm; **~wichtig** unimportant

unwider|ruflich irrevocable; **~stehlich** irresistible

Unwille(n) *m* indignation; **2kürlich** involuntary

un|wirksam ineffective; **~wissend** ignorant; **~wohl** unwell; uneasy; *Essen:* **~würdig** unworthy *(gen* of); **~zählig** countless

unzer|brechlich unbreakable; **~trennlich** inseparable

Un|zucht *f* sexual offen|ce, *Am.* -se; **2züchtig** indecent; *Buch etc.:* obscene

unzufrieden dissatisfied; **2heit** *f* dissatisfaction

unzu|gänglich inaccessible; **~länglich** inadequate; **~rechnungsfähig** mentally incompetent; **~sammenhängend** incoherent; **~verlässig** unreliable

üppig luxuriant, lush; *Figur:* a. voluptuous; *Essen:* rich

uralt ancient (a. F *fig.*)

Uran *n* uranium

Ur|aufführung *f* première; **~enkel(in)** great-grand|son (-daughter); **~heberrechte** *pl* copyright *sg*

Urin *m* urine

Urkunde *f* document; *Zeugnis, Ehren2:* diploma

Urlaub *m* holiday(s *pl*), *bsd. Am.* vacation; *amtlich, mil.:* leave; **~er(in)** *f* holidaymaker, *Am.* vacationist

Urne *f* urn; *pol.* ballot box

Ur|sache *f* cause; *Grund:* reason; **keine ~!** not at all, you're welcome; **~sprung** *m* origin; **~sprünglich** original(ly)

Urteil *n* judg(e)ment; *Strafmaß:* sentence; **~en** judge (*über j-n* s.o.); **~sspruch** *m*

vage vague

Vakuum *n* vacuum

Vanille *f* vanilla

Vase *f* vase

Vater *m* father; **~land** *n* native country

väterlich fatherly, paternal

Vaterunser *n* Lord's Prayer

Vegeta|rier(in), **2risch** vegetarian; **~tion** *f* vegetation

Veilchen *n* violet

Vene *f* vein

Ventil *n* valve; *fig.* vent, outlet; **~ator** *m* fan

verabred|en agree (up)on, arrange; *sich ~* make* a date (*geschäftlich:* an appointment); **2ung** *f* appointment; *bsd. private:* date

verab|scheuen detest; **~schieden** *parl.* pass; *Offizier:* discharge; *sich ~ (von)* say* goodbye (to)

ver|achten despise; **~ächtlich** contemptuous; **2achtung** *f* contempt; **~allgemeinern** generalize; **~altet** outdated

veränder|lich changeable, variable; **~n:** (*sich*) *~*

verdict

Urwald *m* primeval forest; *Dschungel:* jungle

Utensilien *pl* utensils *pl*

Utop|ie *f* illusion; **2isch** utopian; *Plan etc.:* fantastic

V

change; **2ung** *f* change

veran|lagt inclined (*zu, für* to); *... ~ sein* have* a gift for *music etc.*; **2lagung** *f* (pre)disposition (*a. med.*); talent, gift; **~lassen** cause; **~stalten** organize; sponsor; **2stalter(in)** organizer; sponsor; **2staltung** *f* event; *Sport: a.* meeting, *Am.* meet

verantwort|en take* the responsibility for; *sich ~ für* answer for; **~lich** responsible; *j-n ~ machen (für)* hold* s.o. responsible (for); **2ung** *f* responsibility; **~ungslos** irresponsible

ver|arbeiten process; *fig.* digest; **2arbeitung** *f* processing (*a. EDV*); **~ärgern** annoy

Verb *n* verb

Verband *m* bandage; *Bund:* association, union; **~(s)kasten** *m* first-aid kit; **~(s-)zeug** *n* dressing material

ver|bannen banish (*a. fig.*), exile; **~bergen** hide* (*a. sich ~*), conceal

verbesser|n improve; *be-*

richtigen: correct; **ℒung** *f* improvement; correction

ver|beugen: *sich ~* bow (*vor* to); **ℒung** *f* bow

ver|biegen twist; **~bieten** forbid*, prohibit; **~billigen** reduce in price

verbind|en *med.* bandage (up); connect (*a. tech., teleph.*); **kombinieren**: combine (*a. chem. sich ~*); *fig.* associate; **~lich** obligatory, binding (*a. econ.*); *nett*: friendly; **ℒung** *f* connection; combination; *chem.* compound; *univ.* students' society, *Am.* fraternity; sorority; *sich in ~ setzen mit* get* in touch with

ver|blassen fade; **~bleit** leaded; **~blüffen** amaze; **~blühen** fade; wither; **~bluten** bleed* to death; **~borgen** hidden

Verbot *n* ban (on *s.th.*), prohibition; **ℒen** prohibited; *Rauchen ~* no smoking

Verbrauch *m* consumption (*an* of); **ℒen** consume, use up; **~er** *m* consumer

Verbrechen *n* crime (*begehen* commit); **~r(in)**, **ℒrisch** criminal

verbreiten: (*sich*) spread*; **~rn**: (*sich*) ~ widen

verbrennen| burn*; *Leiche*: cremate; *Müll*: incinerate; **ℒung** *f* burning; cremation; incineration; *med.* burn; **ℒungsmotor** *m* internal

combustion engine

ver|bünden: *sich ~* ally o.s. (*mit* to, with); **ℒte** *m*, *f* ally

ver|bürgen: *sich ~ für* answer for; **~büßen**: *e-e Strafe ~* serve a sentence

Verdacht *m* suspicion; **~ schöpfen** become* suspicious

verdächtig suspicious; **ℒe** *m*, *f*, **~en** suspect

verdammen condemn; **~t** damned; **~!** damn (it)!; **~ gut** *etc.* damn good *etc.*

ver|dampfen evaporate; **~danken** owe *s.th. to s.o.*

verdau|en digest; **~lich** (*leicht* easily) digestible; **ℒung** *f* digestion; **ℒungsstörungen** *pl* constipation *sg*

Verdeck *n* top; *mar.* deck; **ℒen** cover (up), hide*

ver|derben spoil* (*a. fig. Spaß etc.*); *Fleisch etc.*: go bad; *sich den Magen ~* set* one's stomach; **~derblich** perishable; **~deutlichen** make* clear; **~dienen** *Geld*: earn; *fig.* deserve

Verdienst[1] *m* income

Verdienst[2] *n* merit

ver|doppeln: (*sich*) double; **~dorben** spoiled (*a. fig.*); *Magen*: upset; *moralisch*: corrupt; **~drängen** displace; *psych.* repress; **~drehen** twist (*a. fig.*); *Augen*: roll; *den Kopf ~* turn *s.o.'s* head; **~dreifachen**: (*sich*) ~ triple; **~dummen**

get* (*j-n:* make*) stupid;
~dunkeln darken (*a. sich*);
~dünnen dilute; **~dunsten**
evaporate; **~dursten** die of
thirst; **~dutzt** puzzled

verehr|en worship (*a. fig.*);
bewundern: admire; **2er(in)**
admirer; fan; **2ung** *f* reverence; admiration

vereidigen swear* in; *Zeugen:* put* under an oath

Verein *m* club; society
vereinbar|en agree (up)on,
arrange; **2ung** *f* agreement,
arrangement

vereinfachen simplify
vereinig|en (*sich*) ~ unite;
2ung *f* union; *Akt:* unification

ver|eisen ice up; *med.*
freeze*; **~eitert** → *eitrig;* **~**
engen: (*sich*) ~ narrow; **~**
erben leave*; *biol.* transmit
verfahren proceed; *sich* ~
get* lost; **2** *n* procedure;
tech. a. process; *jur.* proceedings *pl*

Verfall *m* decay (*a. fig.*); **2en**
decay (*a. fig.*); *Haus etc.: a.*
dilapidate; *ablaufen:* expire
Verfass|er(in) author; **~ung**
f condition; *pol.* constitution

verfaulen rot, decay
verfilm|en film; **2ung** *f* filming; film version
ver|fliegen evaporate; *fig.*
wear* off
verfluch|en curse; **~t** → *verdammt*

verfolge|n pursue (*a. fig.*);
jagen: chase; *eccl., pol.*
persecute; *lesen ecc.:* follow;
2r *m* pursuer

verfrüht premature

verfüg|bar available; **~en** order; ~ *über* have* at one's
disposal; **2ung** *f* order; *zur*
~ *stehen* (*stellen*) be*
(make*) available

verführe|n seduce; **~risch** seductive; tempting

vergammeln rot; *fig.* go* to
the dogs

vergangen, **2heit** *f* past
Vergaser *m* carburet(t)or
vergeb|en give* away; *verzeihen:* forgive*; **~lich** *adj*
futile; *adv* in vain

vergehen go* by, pass; **2** *n*
offen|ce, *Am.* -se

Vergeltung *f* retaliation
ver|gessen forget*; *Schirm
etc.:* leave*; **~geßlich** forgetful; **~geuden** waste
vergewaltig|en, **2ung** *f* rape
ver|gewissern: *sich* ~
make* sure (*gen* of); **~gießen** *Blut, Tränen:* shed*;
verschütten: spill* (*a. Blut*)
vergift|en poison (*a. fig.*);
2ung *f* poisoning
Vergißmeinnicht *n* forget-me-not
Vergleich *m* comparison; *jur.*
compromise; **2bar** comparable; **2en** compare
vergnüg|en: *sich* ~ enjoy
o.s.; **2en** *n* pleasure; *viel* ~!
have fun!; **~t** cheerful

ver|graben bury; **~griffen** *Buch:* out of print

vergrößer|n enlarge (*a. phot.*); *opt.* magnify; **sich ~** increase; **2ung** *f* enlargement; **2ungsglas** *n* magnifying glass

verhaft|en, 2ung *f* arrest

verhalten: *sich* **~** behave; **2** *n* behavio(u)r, conduct

Verhältnis *n* relationship; *Relation:* relation, proportion, *math.* ratio; *Liebes2:* affair; **~se** *pl* conditions *pl*; *Mittel:* means *pl*; **2mäßig** comparatively, relatively

verhand|eln negotiate; **2-lung** *f* negotiation; *jur.* hearing; *Straf2:* trial

ver|hängnisvoll fatal, disastrous; **~harmlosen** play *s.th.* down; **~haßt** hated; *Sache:* *a.* hateful; **~hauen** beat* *s.o.* up; *Kind:* spank; **~heerend** disastrous; **~heilen** heal (up); **~heimlichen** hide*, conceal; **~heiratet** married; **~hindern** prevent; **~höhnen** deride, mock (at)

Verhör *n* interrogation; **2en** interrogate, question; *sich* **~** get* it wrong

verhungern die of hunger, starve (to death)

verhüt|en prevent; **2ungs-mittel** *n* contraceptive

ver|irren: *sich* **~** lose* one's way; **~jagen** drive* away; **~kabeln** cable

Verkauf *m* sale; **2en** sell*; **zu** **~** for sale

Verkäuf|er(in) seller; *bsd. im Laden:* (shop) assistant, *Am.* (sales)clerk; **2lich** for sale

Verkehr *m* traffic; *öffentlicher:* transport(ation *Am.*); *Geschlechts2:* intercourse; **2en** *Bus etc.:* run*; **~ in** frequent; **~ mit** associate *od.* mix with

Verkehrs|ampel *f* traffic light(s *pl*); **~behinderung** *f* holdup, delay; **~minister(in)** Minister of Transport; **~mittel** *n* means of transport(ation *Am.*); *öffentliche* **~** *pl* public transport(ation *Am.*); **~polizei** *f* traffic police *pl*; **~stau** *m* traffic jam *od.* congestion; **~teilnehmer** *m* road user; **~unfall** *m* traffic accident; **~verbund** *m* linked transport system; **2widrig** contrary to traffic regulations; **~zeichen** *n* traffic sign

ver|kehrt wrong; **~** (*herum*) upside down; inside out; **~kennen** mistake*, misjudge; **~klagen** sue (*auf, wegen* for); **~klappen** dump in the ocean; **~kleiden** disguise (*sich o.s.*); *tech.* cover; **~kommen** *v/i* become* run-down; *Person:* go* to the dogs; *adj* rundown; *moralisch:* depraved; **~kracht:** **~ sein** (*mit*) have* fallen out (with); **~krüppelt** crippled; **~künden** announce; *Urteil*: pronounce; **~kürzen** shorten

Verlag *m* publishing house

verlangen ask for, demand; **2** *n* desire

verlänger|n lengthen; *fig.* prolong (*a. Leben*); extend; *Ausweis*: renew; **2ung** *f* extension; renewal; **2ungsschnur** *f* extension lead (*Am.* cord)

ver|langsamen slow down (*a. sich ~*); **2laß** *m*: *auf ... ist* (*kein*) **~** you can('t) rely on ...; **~lassen** leave; *sich ~ auf* rely on; **~läßlich** reliable

Verlauf *m* course's way; **2en** run*; *sich ~ auf* lose* one's way

verle|ben spend*; *Zeit etc.*: *a.* have*; **~t** dissipated

verlege|n move; *Brille*: mislay*; *tech.* lay; *zeitlich*: postpone; *Buch*: publish; *adj* embarrassed; **2nheit** *f* (*Geld2*: financial) embarrassment; **2r(in)** publisher

Verleih *m* hire *od. Am.* rental (service); *Film2*: distributors *pl*; **2en** lend*; *Autos etc.*: hire (*Am.* rent) out; *Preis*: award

ver|leiten mislead* (*zu* into ger); **~lernen** forget*; **~lesen** read* out; *sich ~* misread* s.th.

verletz|en hurt (*sich* o.s.), injure; *fig. a.* offend; **2te** *m*, *f* injured person; **die ~n** *pl* the injured *pl*; **2ung** *f* injury

verleugnen deny

verleumd|en, **2ung** *f* slander; *schriftlich*: libel

verlieb|en: *sich ~ (in)* fall* in love (with); **~t** in love (*in* with); *Blick*: amorous

verlieren lose*

verlob|en: *sich ~* get* engaged (*mit* to); **2te(r)** fiancé(e *f*); **2ung** *f* engagement

ver|lockend tempting; **~loren** lost; **~lorengehen** be* *od.* get* lost; **~losen** draw* lots for; **2losung** *f* raffle, lottery; **2lust** *m* loss; **~machen** leave*, will; **~mehren** (*sich*) **~** increase; *biol.* multiply; **~meiden** avoid; **~meintlich** supposed; **~messen** measure; *Land*: survey; *adj* presumptuous; **~mieten** let*, rent; *Autos etc.*: hire (*Am.* rent) out; *zu ~* to let; for hire; *Am. für beide*: for rent; **~mischen** mix; **~missen** miss; **~mißt** missing (*mil.* in action)

vermitt|eln *v/t* arrange; *j-m et. ~* get* *od.* find* *s.o. s.th.*; *v/i* mediate (*zwischen* between); **2ler(in)** mediator, go-between; **2lung** *f* mediation; *Herbeiführung*: arrangement; *Stelle*: agency; *teleph.* exchange

Vermögen *n* fortune

vermumm|t masked, disguised; **2ungsverbot** *n* ban on wearing masks at demonstrations

vermut|en suppose; **~lich**

probably; **2ung** f supposition

ver|nachlässigen neglect; **~nehmen** jur. question, interrogate; **~neigen:** sich ~ bow (vor to); **~neinen** deny; answer in the negative

Vernetzung f network(ing)

vernicht|en destroy; **2ung** f destruction

verniedlichen play down

Ver|nunft f reason; **2nünftig** sensible, reasonable (a. Preis)

veröffentlich|en publish; **2ung** f publication

ver|ordnen med. prescribe; **~pachten** lease

verpack|en pack (up); tech. package; **2ung** f pack(ag)ing; Papier2: wrapping

ver|passen miss; **~pesten** pollute, foul; **~pfänden** pawn; **~pflanzen** transplant

verpfleg|en board, feed*; **2ung** f board, food

ver|pflichten engage; sich ~ zu undertake* to; **~pflichtet** obliged; **~pfuschen** ruin; **~prügeln** beat* s.o. up; **~putzen** arch. plaster

Ver|rat m betrayal; pol. treason; **2raten: (sich)** ~ betray (o.s.), enter* (o.s.) away; **~räter(in)** traitor

verrechn|en **~ mit** set* off against; sich ~ miscalculate (a. fig.); **2ungsscheck** m crossed cheque, Am. check for deposit only

verregnet rainy, wet

verreisen go* away (geschäftlich: on business)

verrenk|en dislocate (sich et. s.th.); **2ung** f dislocation

ver|riegeln bolt, bar; **~ringern** decrease, lessen (beide: a. sich); **~rosten** rust

verrück|en move, shift; **~t** mad, crazy (beide: nach about); **2te** m, f mad|man (-woman), lunatic

verrutschen slip

Vers m verse

versag|en fail; **2n** n, **2r(in)** failure

versalzen fail; fig. spoil

versamml|eln: (sich) ~ gather, assemble; **2lung** f assembly, meeting

Versand m dispatch, shipment; **~Haus, Katalog:** mail-order ...

ver|säumen miss; Pflicht: neglect; zu tun: fail; **~schaffen** get*; sich ~ a. obtain; **~schärfen:** sich ~ get* worse; **~schätzen:** sich ~ make* a mistake (a. fig.); sich um ... ~ be* ... out (Am. off); **~schenken** give* away; **~schicken** send* (off); econ. a. dispatch; **~schieben** shift; zeitlich: postpone

verschieden different; **~e** pl mehrere: several; fig. miscellaneous; **~artig** various

ver|schimmeln get* mo(u)ldy; **~schlafen** oversleep; adj sleepy (a. fig.)

2schlag m shed; ~schlagen adj cunning; ~schlechtern: (sich) ~ make* (get*) worse, deteriorate; 2schleiß m wear (and tear); ~schließen close; absperren: lock (up); ~schlimmern → verschlechtern; ~schlingen devour (a. fig.); ~schlossen closed; locked; fig. reserved; ~schlucken swallow; sich ~ choke; 2schluß m fastener; aus Metall: a. clasp; Flaschen2: cap, top; phot. shutter; ~schlüsseln (en)code; ~schmelzen merge, fuse; ~schmerzen get* over s.th.; ~schmieren smear; ~schmutzen soil, dirty; Umwelt: pollute; ~schneit snow-covered; ~schnüren tie up; ~schollen missing; ~schonen spare; ~schreiben med. prescribe (gegen for); sich ~ make* a slip of the pen; ~schrotten scrap; ~schuldet in debt; ~schütten spill*; j-n: bury alive; ~schweigen hide*, say* nothing about; ~schwenden, 2schwendung f waste; ~schwiegen discreet; ~schwimmen become* blurred; ~schwinden disappear, vanish; ~schwommen blurred (a. phot.)

Verschwör|er(in) conspirator; ~ung f conspiracy, plot

versehen: sich ~ make* a mistake; 2 n oversight; aus ~ = ~tlich by mistake

ver|senden → verschicken; ~sengen singe, scorch; ~setzen move; dienstlich: transfer; Schule: move up, Am. promote; verpfänden: pawn; F j-n: stand* s.o. up; sich in j-s Lage ~ put* o.s. in s.o.'s place; ~seuchen contaminate

versicher|n insure (sich o.s.); sagen: assure, assert; 2te(r) the insured; 2ung f insurance (company); assurance; 2ungspolice f insurance policy

ver|sickern trickle away; ~sinken sink*

Version f version

versöhn|en reconcile; sich (wieder) ~ become* reconciled; make* (it) up (mit with s.o.); 2ung f reconciliation

versorg|en provide, supply; betreuen: take* care of; 2ung f supply; care

verspät|en: sich ~ be* late; ~et belated; delayed; 2ung f delay; ~ haben be* late

ver|speisen eat* (up); ~sperren bar, block (up), obstruct (a. Sicht); ~spotten make* fun of, ridicule; ~sprechen promise; sich ~ make* a slip (of the tongue); 2sprechen n promise; ~staatlichen nationalize

Verstand m mind; Vernunft: reason; Intelligenz: brain(s

Vertreter(in)

pl); **den ~ verlieren** go* out of one's mind

verständ|igen inform; **sich ~** communicate; *einig werden:* come* to an agreement; **2igung** *f* communication; **~lich** intelligible; understandable; **2nis** *n* comprehension; understanding; **~nisvoll** understanding

verstärk|en reinforce; strengthen; *Radio, phys.:* amplify; *steigern:* intensify; **2er** *m* amplifier; **2ung** *f* reinforcement(s *pl mil.*)

verstauben get* dusty

verstauch|en, 2ung *f* sprain

verstauen stow away

Versteck *n* hiding place; **2en** hide* (*a. sich*), conceal

verstehen understand*, *F* get*; *einsehen:* see*; **sich (gut) ~** get* along (well) (*mit* with)

Versteigerung *f* auction

verstell|bar adjustable; **~en** move; *tech.* adjust; *versperren:* block; *Stimme:* disguise; **sich ~** put* on an act

ver|steuern pay* tax on; **~stimmt** out of tune; *F* cross; **~stohlen** furtive

verstopf|en block, jam; **~t** *Nase:* stuffed up, *Am.* stuffy; **2ung** *f med.* constipation

verstorben late, deceased; **2e** *m, f* the deceased

Verstoß *m* offen|ce, *Am.* -se; **2en: ~ gegen** violate

ver|strahlt contaminated (by

radioactivity); **~streichen** *Zeit:* pass; *Frist:* expire; **~streuen** scatter; **~stümmeln** mutilate; **~stummen** grow* silent

Versuch *m* attempt, try; *Probe:* trial; *phys. etc.:* experiment; **2en** try (*a. kosten*), attempt; **~ung** *f* temptation

ver|tagen adjourn; **~tauschen** exchange

verteidig|en defend (**sich** o.s.); **2er(in)** defender; *jur.* counsel for the defen|ce, *Am.* -se; **2ung** *f* defen|ce, *Am.* -se; **2ungsminister** *m* Minister (*Am.* Secretary) of Defen|ce, *Am.* -se

verteilen distribute

vertief|en: (sich) ~ deepen; **sich ~ in** *fig.* become absorbed in; **2ung** *f* hollow

Vertrag *m* contract; *pol.* treaty; **2en** endure, bear*, stand*; *ich kann ... ihn/ Essen etc. ...* doesn't agree with me; *Lärm, j-n etc.:* I can't stand ...; **sich ~** → **verstehen**

ver|trauen *n* trust; **2en** confidence; trust; **~lich** confidential; **~t** familiar

vertreiben drive* away; expel (**aus** from) (*a. pol.*); *Zeit:* pass; kill

vertret|en substitute for; *pol., econ.* represent; *Idee etc.:* support; **2er(in)** substitute; *pol., econ.* representative; *Handels*♀: sales representative

ver|trocknen dry up; **~trö-sten** put* off

verun|glücken have* (*tödlich*: die in) an accident; **~sichern** make* *s.o.* feel insecure *od.* uncertain, F rattle

verursachen cause

verurteil|en condemn (*a. fig.*), sentence, convict; **♀ung** *f* jur. conviction

ver|vielfältigen copy; **~voll-kommnen** perfect; **~voll-ständigen** complete; **~wak-keln** *phot.* blur; **~wählen:** *sich* ~ dial the wrong number; **~wahrlost** neglected

verwalt|en manage; **♀er(in)** *f* manager; **♀ung** *f* administration (*a. pol.*)

verwand|eln turn (*a. sich* ~) (*in* into); **♀lung** *f* change, transformation

verwandt related (*mit* to); **♀e(r)** relative, relation; **♀-schaft** *f* relationship; *Verwandte:* relations *pl*

Verwarnung *f* warning

verwechs|eln confuse (*mit* with), mistake* (for); **♀lung** *f* confusion; mistake

ver|wegen bold; **~weigern** deny, refuse

Verweis *m* reprimand; reference (*auf* to); **♀en** refer (*auf, an* to); *hinauswerfen:* expel

verwelken wither (*a. fig.*)

verwend|en use; *Zeit etc.:* spend* (*auf* on); **♀ung** *f* use

ver|werfen reject; **~werten** (make*) use (of); **~wirk-lichen** realize

verwirr|en confuse; **♀ung** *f* confusion

ver|wischen blur; *Spuren:* cover; **~witwet** widowed; **~wöhnen** spoil*; **~worren** confused

verwund|bar vulnerable (*a. fig.*); **♀en** wound

Verwund|ete(r) wounded (person), casualty; **~ung** *f* wound, injury

ver|wünschen curse; **~wü-sten** devastate; **~zählen:** *sich* ~ miscount; **~zaubern** enchant; **~ in** turn into; **~ zehren** consume

Verzeichnis *n* list, catalog(ue); register

verzeih|en forgive*; *bsd. et.:* excuse; **♀ung** *f* pardon; (*j-n*) *um* ~ *bitten* apologize (to s.o.); **~!** sorry!; *vor Bitten etc.:* excuse me!

verzerren distort; *sich* ~ become* distorted

verzicht|en *auf* do* without; *aufgeben:* give* up

ver|ziehen *Kind:* spoil; *das Gesicht* ~ make* a face; *sich* ~ *Holz:* warp; F disappear; **~zieren** decorate

verzinsen pay* interest on

verzöger|n delay; *sich* ~ be* delayed; **♀ung** *f* delay

verzollen pay* duty on; *et.* (*nichts*) *zu* ~ s.th. (nothing) to declare

verzweif|eln despair; **~elt** desperate; **2lung** *f* despair

Veto *n* veto

Vetter *m* cousin

Video *n* video; **~...** *Kassette, Recorder, Spiel etc.*: video ...; **auf ~ aufnehmen** videotape; **~text** *m* teletext; **~thek** *f* video shop

Vieh *n* cattle *pl*; **~zucht** *f* cattle breeding

viel a lot (of), much; **~e** *pl* a lot (of), many

vielbeschäftigt very busy; **2falt** *f* (great) variety; **~leicht** perhaps, maybe; **~mehr** rather; **~sagend** meaningful; **~seitig** versatile; **~versprechend** promising

vier four; **2eck** *n* quadrangle, square; **~eckig** square; **2linge** *pl* quadruplets *pl*; **2taktmotor** *m* four-stroke engine; **~te** fourth

Viertel *n* fourth (part), quarter (*a. Stadt2*); **(ein)** **~ vor (nach)** (a) quarter to (past); **~jahr** *n* three months *pl*, quarter (of a year); **2jährlich** quarterly; *adv a.* every three months; **~stunde** *f* quarter of an hour

vierzehn fourteen; **~ Tage** *pl* two weeks *pl*; **~te** fourteenth

vierzig forty; **~ste** fortieth

Villa *f* villa

violett violet, purple

Virus *n, m* virus

Visum *n* visa

Vitamin *n* vitamin

Vize... vice-...

Vogel *m* bird; **~perspektive** *f* bird's-eye view; **~scheuche** *f* scarecrow

Vokab|el *f* word; **~n** *pl* = **~ular** *n* vocabulary

Vokal *m* vowel

Volk *n* people; nation

Volks|hochschule *f* adult evening classes *pl*; **~lied** *n* folk song; **~musik** *f* folk music; **~republik** *f* people's republic; **~tanz** *m* folk dance; **~wirtschaft(slehre)** *f* economics *sg*; **~zählung** *f* census

voll *adj* full; **~er** full of; *adv* fully; *zahlen etc.*: in full

voll|automatisch fully automatic; **2bart** *m* full beard; **2beschäftigung** *f* full employment; **~enden** finish, complete; **~endet** *gr.*, *fig.* perfect; **~füllen** fill (up); **2gas** *n* full throttle; **~geben** F step on it; **~gießen** fill (up)

völlig complete(ly), total(ly)

voll|jährig of age; **2jährigkeit** *f* majority; **~kommen** perfect; **2korn...** wholemeal ..., *bsd Am.* whole grain ...; **2macht** *f*: **~ haben** be* authorized; **2milch** *f* whole (*Brt. a.* full-cream) milk; **2mond** *m* full moon; **2pension** *f* full board; **~ständig** complete(ly); **~tanken** fill up; **2wertkost** *f* wholefood(s *pl*); **~zählig** complete

Volt n volt

Volumen n volume

von räumlich, zeitlich: from; für Genitiv: of; Passiv: by; **~einander** from each other

vor in front of; zeitlich, Reihenfolge: before; Uhrzeit: to; **~ e-m Jahr** etc. a year etc. ago; **~ allem** above all

Vor|abend m eve; **~ahnung** f presentiment, foreboding

voran (dat) at the head (of), in front (of), before; **Kopf ~** head first; **~gehen** go* ahead; **~kommen** get* along

Vorarbeiter(in) fore(wo)man

voraus (dat) ahead (of); **im ~** in advance, beforehand; **~gehen** go* ahead; zeitlich: precede; **~gesetzt: ~, daß** provided (that); **~sagen** predict; **~schicken** send* on ahead; **~, daß** first mention that; **~sehen** foresee*; **~setzen** assume; **2setzung** f Bedingung: prerequisite; **~en** pl requirements pl; **~sichtlich** adv probably; **2zahlung** f advance payment

vorbehalten: sich ~ reserve; **Änderungen ~** subject to change

vorbei räumlich: by, past (an s.o., s.th.); zeitlich: over, past, gone; **~fahren** drive* past; **~gehen** pass, go* by; **nicht treffen:** miss; **~lassen** let* pass

vorbereit|en prepare (a. sich

~); **2ung** f preparation

vorbestellen reserve

vorbeugen prevent (e-r Sache s.th.); **(sich) ~** bend* forward; **~d** preventive

Vorbild n model; **sich zum ~ nehmen** follow s.o.'s example; **2lich** exemplary

vorbringen bring* forward; sagen: say*, state

Vorder|... Achse, Rad, Sitz, Teil etc.: front ...; **2e** front; **~bein** n foreleg; **~grund** m foreground; **~seite** f front; Münze: head

vor|dräng(e)ln: sich ~ jump the queue, Am. cut* into line; **~dringen** advance; **2druck** m form, Am. a. blank; **~ehelich** premarital; **~eilig** hasty, rash; **~eingenommen** prejudiced (**gegen** against); **~enthalten:** j-m et. **~** withhold* s.th. from s.o.; **~erst** for the time being

Vorfahr m ancestor

vorfahr|en drive* up; **2t** f right of way; **die ~ beachten** give* way, Am. yield (right of way)

Vorfall m incident, event

vorfinden find*

vorführ|en show*, present; **2ung** f presentation, show (-ing); thea., Film: a. performance

Vor|gang m event; biol., tech. etc.: process; **~gänger(in)** predecessor; **~garten** m front garden (Am. yard);

2**gehen** go* (up) to the front; → **vorangehen**; *geschehen*: go* on; *wichtiger sein*: come* first; *verfahren*: proceed; *Uhr*: be* fast; **~gesetzte(r)** superior, boss; 2**gestern** the day before yesterday

vorhaben plan, intend, be* going to *do s.th.*; 2 *n* intention, plan(s *pl*); project

Vorhand *f* forehand

vorhanden existing; *verfügbar*: available; **~ sein** exist; 2**sein** *n* existence

Vorhang *m* curtain

vor|her before, earlier; *im voraus*: in advance; **~herrschend** predominant

Vorhersage *f* forecast, prediction; 2**n** predict

vor|hin a (short) while ago; **~ig** previous; 2**kenntnisse** *pl* previous knowledge *sg od.* experience *sg*

vorkommen be* found; *geschehen*: happen; *scheinen*: seem; *sich ... ~ feel*~ ...; 2 *n* occurrence

Vorkriegs... prewar ...

Vorladung *f* summons

Vor|lage *f* *Muster*: pattern; *parl.* bill; *Sport*: pass; 2**lassen** let* pass; *empfangen*: admit; 2**läufig** *adj* provisional; *adv* for the time being; 2**laut** forward, pert

vorlege|n present; *zeigen*: show*; 2 *r m* rug

vorles|en read* (out) (*j-m* to

s.o.); 2**ung** *f* lecture (*über* on)

vorletzte next-to-last; **~ Nacht** the night before last

Vor|liebe *f* preference; 2**marsch** *m* advance; 2**merken** put* *s.o.*('s name) down

Vormittag *m* (**am** in the; **heute** this) morning

Vormund *m* guardian

vorn in front; *nach ~* forward; *von ~* from the front (*zeitlich*: beginning)

Vorname *m* first name

vornehm distinguished; *fein*: fashionable, F posh; **~ tun** put* on airs; 2**en: sich et.~** decide to do s.th.

vornherein: von ~ from the first *od.* start

Vorort *m* suburb; **~(s)zug** *m* suburban train

Vor|rang *m* priority (**vor** over); **~rat** store, stock (**an** of); **Vorräte** *pl a.* provisions *pl*, supplies *pl*; 2**rätig** in stock; **~recht** *n* privilege; **~richtung** *f* device; 2**rücken** move forward; **~runde** *f* preliminary round; **~saison** *f* off(-peak) season; **~satz** *m* resolution; *jur.* intent; 2**sätzlich** *bsd. jur.* wil(l)ful; **~schein** *m*: **zum ~ kommen** appear, come* out

Vorschlag *m* suggestion, proposal; 2**en** suggest, propose

Vor|schrift *f* rule, regulation; *tech., med.* instruction; 2**schriftsmäßig** according to regulations *etc.*; **~schule** *f* preschool; **~schuß** *m* advance; **2sehen** *jen* *jur.* provide; **sich ~ be*** careful, watch out (**vor** for)

Vorsicht *f* caution, care; **~!** look out!, (be) careful!; **~, Stufe!** mind the step!, *Am.* caution: step!; **2ig** careful; **~smaßnahme** *f:* **~n treffen** take* precautions

Vorsilbe *f* prefix

Vorsitz *m* chair(manship); **~ende(r)** chairperson, chair|man (*f a.* -woman), president

Vorsorge *f* precaution; **2lich** as a precaution

Vorspeise *f* hors d'oeuvre

Vorspiel *n* prelude (*a. fig.*); *sexuell:* foreplay; **2en:** *j-m et. ~* play s.th. to s.o.

Vor|sprung *m* projection; *Sport:* lead; **e-n ~ haben be*** ahead (*a. fig.*); **~stadt** *f* suburb; **~stand** *m* board (of directors); *Club:* managing committee; **2stehen** protrude; *fig.* **be*** the head of

vorstellen *Uhr:* put forward; introduce (**sich** o.s.; **j-n j-m** s.o. to s.o.); **sich et. ~** imagine s.th.; **sich ~ bei** have* an interview with; **2ung** *f* introduction; *Gedanke:* idea; *thea. etc.* performance; **~sgespräch** *n* interview

Vor|strafe *f* previous conviction; **~n** *pl* police record;

2täuschen feign, pretend

Vorteil *m* advantage; **2haft** advantageous (**für** to)

Vortrag *m* lecture (**halten** give*); **2en** *Gedicht:* recite; *äußern:* express, state

vortreten step forward; *fig.* protrude (*a. Augen*)

vorüber → **vorbei**; **~gehen** pass, go* by; **~gehend** temporary

Vor|urteil *n* prejudice; **~verkauf** *m thea.* advance booking; **~wahl** *f teleph.* (STD) code, *Am.* area code; **~wand** *m* pretext

vorwärts forward, on(ward); **~!** let's go!; **~kommen** (make*) progress

vor|weg beforehand; **~wegnehmen** anticipate; **~weisen** show*; **~werfen:** *j-m et. ~* reproach s.o. with s.th.; → **beschuldigen**; **~wiegend** chiefly, mainly, mostly

Vorwort *n* foreword; *des Autors:* preface

Vorwurf *m* reproach; **j-m (sich) Vorwürfe machen** reproach s.o. (o.s.) (**wegen** for); **2svoll** reproachful

Vor|zeichen *n* omen, sign (*a. math.*); **2zeigen** show*; **2zeitig** premature; **2ziehen** *Vorhänge:* draw*; *fig.* prefer; **~zug** *m* geben: preference: *haben:* advantage; *Wert:* merit; **2züglich** exquisite

vulgär vulgar

Vulkan *m* volcano

W

Waag|e f scale(s pl Brt.); *Fein2:* balance; *ast.* Libra; **2(e)recht** horizontal
Wabe f honeycomb
wach watchful; **~ werden** wake* up; **2e** f guard (a. *mil.*); *Posten:* a. sentry; *mar., med.* watch; *Polizei2:* police station; **~en** (keep*) watch
Wacholder m juniper
Wachs n wax
wachsam watchful
wachsen¹ wax
wachsen² grow* (a. *sich ~ lassen*); *fig.* a. increase
Wächter(in) guard
Wachtturm m watchtower
wackel|ig shaky; *Zahn:* loose; **2kontakt** m loose contact; **~n** shake*; *Tisch etc.:* wobble; *Zahn:* be* loose
Wade f calf
Waffe f weapon (a. *fig.*); **~n** pl a. arms pl
Waffel f waffle; *Eis2:* wafer
Waffenstillstand m armistice, truce
wagen dare; *riskieren:* risk; *sich ~ in* venture into
Wagen m car; → *Lastwagen etc.;* **~heber** m jack; **~spur** f (wheel) track
Waggon m wag(g)on, *Am.* car
Wahl f choice; *pol.* election; **~akt:** voting, poll; *zweite ~*

econ. seconds pl
wähle|n choose*; *pol.* vote; *j-n:* elect; *teleph.* dial; **2r(in)** voter; **~risch** particular
Wahl|fach n optional subject, *Am.* a. elective; **~kampf** m election campaign; **~kreis** m constituency; **2los** (adv a) at random; **~recht** n right to vote, franchise; **~urne** f ballot box
Wahnsinn m insanity, madness (a. *fig.*); **2ig** insane, mad; *adv* F awfully
wahr true; *wirklich:* a. real
während *prp* during; *cj* while; *Gegensatz:* a. whereas
Wahr|heit f truth; **2nehmen** perceive, notice; *fig. ergreifen:* seize; **~sager(in)** m fortune-teller; **2scheinlich** probably, (most *od.* very) likely; **~scheinlichkeit** f probability, likelihood
Währung f currency
Wahrzeichen n landmark
Waise f orphan; **~nhaus** n orphanage
Wal m whale
Wald m wood(s pl), forest; **~sterben** n acid rain damage (to forests), waldsterben
Wall m rampart
Wallfahrt f pilgrimage
Wal|nuß f walnut; **~roß** n walrus

Walze f roller; cylinder

wälzen (sich) ~ roll

Walzer m waltz

Wand f wall

Wandel m, 2n: sich ~ change

Wander|er, ~in hiker; 2n hike; ziehen, streifen: wander (a. fig.); ~ung f hike; ~weg m (hiking) trail

Wand|gemälde n mural; ~lung f change; ~schrank m built-in cupboard, Am. closet; ~tafel f blackboard

Wange f cheek

wanke|lmütig fickle, inconstant; ~n stagger, reel

wann when, (at) what time; seit ~? (for) how long?, since when?

Wanne f tub; bathtub

Wanze f bedbug; F fig. bug

Wappen n coat of arms

Ware f goods pl; Artikel: article; Produkt: product; ~nhaus n department store; ~nlager n stock; ~nprobe f sample; ~nzeichen n trademark

warm warm; Essen: hot

Wärm|e f warmth; phys. heat; 2en warm (up); ~flasche f hot-water bottle

Warn|dreieck n mot. warning triangle; 2en warn (vor of, against); ~ung f warning

warten wait (auf for)

Wärter(in) guard; Zoo: keeper; Museum etc.: attendant

Warte|saal m, ~zimmer n waiting room

Wartung f maintenance

warum why, F what (...) for

Warze f wart

was what; ~ kostet ...? how much is ...?

wasch|bar washable; 2becken n wash|basin, Am. -bowl

Wäsche f wash(ing), laundry; Tisch2, Bett2: linen(s pl); Unter2: underwear; ~klammer f clothes peg (Am. pin); ~leine f clothesline

waschen (sich) ~ wash (die Haare etc. one's hair etc.); ~ und legen have a shampoo and set

Wäscherei f laundry

Wasch|lappen m flannel, Am. washcloth; ~maschine f washing machine, washer; ~pulver n detergent, washing powder; ~salon m launderette, Am. a. laundromat

Wasser n water; ~ball m beach ball; Sport: water polo; 2dicht waterproof; ~fall m waterfall; ~flugzeug n seaplane; ~graben m ditch; ~hahn m tap, Am. a. faucet

wässerig watery

Wasser|kraftwerk n hydroelectric power station; ~leitung f water pipe(s pl); ~mann m ast. Aquarius

wässern water

Wasser|rohr n water pipe; 2scheu afraid of water; ~ski n water skiing; ~ laufen waterski; ~sport m water od. aquatic sports pl; ~stoff m hydrogen; **~stoffbombe** f hydrogen bomb, H-bomb; **~verschmutzung** f water pollution; **~waage** f spirit level; **~weg** m waterway; *auf dem* ~ by water; **~welle** f waterwave; **~werk** n waterworks *sg, pl*

waten wade

watsch|eln waddle; **2e(n)** f *östr.* slap in the face

Watt n *electr.* watt; *geogr.* mud flats *pl*

Watte f cotton (wool)

web|en weave*; **2stuhl** m loom

Wechsel m change; *Geld2:* exchange; *Bank2:* bill of exchange; *Monats2:* allowance; **~geld** m (small) change; **~kurs** m exchange rate; **2n** change; *ab~:* vary; *Worte:* exchange; **~strom** m alternating current; **~stube** f exchange (office)

wecke|n wake* (up); **2r** m alarm clock

wedeln wave (*mit et.* s.th.); *Ski:* wedel; *Hund:* wag its tail

weder: ~ ... *noch* neither ... nor

Weg m way (*a. fig.*); *Pfad:* path; *Route:* route; *Fuß2:* walk

weg away; *verschwunden, verloren:* gone; *los, ab:* off; ~ (*hier*)! (let's) get out (of here)!; **~bleiben** stay away; **~bringen** take* away

wegen because of

weg|fahren leave*; *mot. a.* drive* away; **~fallen** be* dropped; **~gehen** go* away (*a. fig.*), leave*; *Ware:* sell*; **~jagen** drive* away; **~lassen** let* *s.o.* go; *et.:* leave* out; **~laufen** run* away; **~machen** *Fleck etc.:* get* out; **~nehmen** take* away (*j-m* from s.o.); *Platz etc.:* take* up; **~räumen** clear away; **~schaffen** remove

Wegweiser m signpost

weg|werfen throw* away; **~wischen** wipe off

weh: ~ *tun* hurt* (*sich* o.s.)

Wehen f labo(u)r *sg*

wehen blow*; *Fahne: a.* wave

wehleidig hypochondriac

Wehr n weir

Wehr|dienst m military service; **2en:** *sich* ~ defend o.s.; **2los** defen|celess, *Am.* -seless

Weib|chen n *zo.* female; **2lich** female; *gr.,* *Art:* feminine

weich soft (*a. fig.*); *Ei:* softboiled; F **~ werden** give* in

Weiche f *rail.* points *pl, Am.* switch

weichlich soft, F sissy

Weide f *bot.* willow; *agr.* pasture; **~land** n pasture; **2n** pasture, graze

weiger|n: *sich* ~ refuse; **2ung** f refusal

weihen *eccl.* consecrate

Weihnacht|en n Christmas; **~sabend** m Christmas Eve; **~sbaum** m Christmas tree; **~sgeschenk** n Christmas present; ~slied *n* (Christmas) carol; ~smann *m* Father Christmas, Santa Claus

Weih|rauch *m* incense; ~wasser *n* holy water

weil because; since, as

Weile *f:* e-e ~ a while

Wein *m* wine; *Rebe:* vine; ~bau *m* winegrowing; ~beere *f* grape; ~berg *m* vineyard; ~brand *m* brandy

weinen cry (*vor* with; *um* for; *wegen* about, over)

Wein|faß *n* wine cask; ~karte *f* wine list; ~lese *f* vintage; ~probe *f* wine tasting; ~stock *m* vine; ~traube *f* → Traube

weise wise

Weise *f Art u.* ~: way; *mus.* tune; *auf diese (m-e)* ~ this (my) way

weisen show*; ~ aus *od. von* expel *s.o.* from; ~ auf point at *od.* to

Weisheit *f* wisdom; ~zahn *m* wisdom tooth

weiß white; 2brot *n* white bread; 2e(r) *m* white (man *od.* woman); 2wein *m* white wine

weit *adj* wide; *Reise, Weg:* long; *wie* ~ *ist es?* how far is it?; *adv* far; *bei* ~*em* by far; *von* ~*em* from a distance; *zu* ~ *gehen* go* too far

weiter *adj* further; ~e *pl noch:* another; *adv* on, further; *und so* ~ and so on; *nichts* ~ nothing else; ~... *arbeiten*

etc.: mst go* on *doing s.th.*; ~fahren go* on; ~geben pass (*an* to); ~gehen move on; *fig.* continue; ~kommen get* on (*fig.* in life); ~können be* able to go on; ~machen go* on, continue

weit|sichtig longsighted, *Am. u. fig.* farsighted; 2sprung *m* long (*Am.* broad) jump; ~verbreitet widespread; 2winkel *m phot.* wide-angle lens

Weizen *m* wheat

welch *interr pron* what, which; ~e(r)? which one?; *rel pron* who, which, that

Wellblech *n* corrugated iron

Welle *f* wave; *tech.* shaft

wellen: (*sich*) ~ wave; 2länge *f* wavelength (*a. fig.*); 2linie *f* wavy line

wellig wavy

Welt *f* world; ~all *n* universe; 2berühmt world-famous; ~krieg *m* world war; 2lich worldly; ~meister(in) world champion; ~raum *m* (outer) space; ~reise *f* world trip *od.* tour; ~rekord *m* world record; ~stadt *f* metropolis; 2weit worldwide

wem (to) whom, F mst who ... to; *von* ~ mst who ... from

wen whom, mst who

Wende *f* turn; *Änderung:* change; ~hals *m* F *pol.* turncoat; 2n: (*sich*) ~ turn (*nach* to); *gegen* against; *an j-n* [*um Hilfe*] to *s.o.* [for help];

bitte ~! please turn over!; ~**punkt** m turning point

wenig little; ~(e) pl few pl; ~**er** less; pl fewer; math. minus; **am** ~**sten** least (of all); ~**stens** at least

wenn when; falls: if

wer who; auswählend: which; ~ **von euch?** which of you? ~ **auch (immer)** who(so)ever

Werbe|**fernsehen** n TV commercials (Brt. a. adverts) pl; ~**funk** m radio commercials (Brt. a. adverts) pl; **2n** advertise (**für et.** s.th.); ~ **um** court; ~**spot** m commercial

Werbung f advertising, (Sales) promotion; a. pol. etc.: publicity

werden become*, mit adj: mst get*; allmählich: grow*; blaß ~ etc.: turn; Futur: will; Passiv: **geliebt** ~ be* loved (**von** by); **was willst du** ~? what do you want to be?

werfen throw* (a. zo.) ([mit] **et. nach** s.th. at; **sich** o.s.); aer. Bomben: drop

Werft f shipyard

Werk n work; Tat: a. deed; tech. works pl; Fabrik: factory; ~**meister(in)** fore|man (-woman); ~**statt** f workshop; repair shop; ~**tag** m workday; **an** ~**en** on weekdays; ~**zeug** n tool(s pl); feines: instrument

wert worth; lesens~ etc.: worth reading etc.; **2** m value; Sinn, Nutzen: use; ~**e** pl

data sg, pl, figures pl; ~ **legen auf** attach importance to; **2gegenstand** m article of value; ~**los** worthless; **2papiere** pl securities pl; **2sachen** pl valuables pl; ~**voll** valuable

Wesen n being, creature; Kern: essence; Natur: nature, character; **2tlich** essential

weshalb → warum

Wespe f wasp

wessen whose; what ... of

Weste f waistcoat, Am. vest

West|(**en** m) west; **2lich** western; Wind etc.: west(erly); pol. West(ern)

Wett|**bewerb** m competition; ~**e** f bet; **2en** bet* (**mit j-m um et.** s.o. s.th.)

Wetter n weather; ~**bericht** m weather report; ~**lage** f weather situation; ~**vorhersage** f weather forecast

Wett|**kampf** m competition; ~**kämpfer(in)** competitor; ~**lauf** m, ~**rennen** n race; ~**rüsten** n arms race; ~**streit** m contest

wichtig important; **2keit** f importance

wickeln wind*; Baby: change

Widder m ram; ast. Aries

wider against, contrary to; **2haken** m barb; ~**legen** refute, disprove; ~**lich** disgusting, sickening; ~**setzen:** **sich** ~ oppose; ~**spenstig** unruly (a. Haar), stubborn

~sprechen contradict; 2~spruch *m* contradiction (*in sich* in terms); 2stand *m* resistance (*a. phys.*); ~standsfähig resistant; ~strebend reluctantly; ~wärtig disgusting; 2wille *m* aversion; *Ekel*: disgust; ~willig reluctant

widm|en dedicate (*sich* o.s.); 2ung *f* dedication

wie how; ~ *ich* (*neu*) like me (new); ~ *er sagte* as he said; → *so*

wieder again; *immer* ~ again and again; → *hin*; 2aufbau *m* reconstruction; 2aufbereitungsanlage *f* (nuclear fuel) reprocessing plant; ~aufnehmen resume; ~bekommen get* back; ~bringen bring* back; ~erkennen recognize (*an by*); ~geben give* back, return; *schildern*: describe; ~gutmachen make* up for; ~herstellen restore; ~holen repeat; 2holung *f* repetition; ~kommen come* back, return; ~sehen: (*sich*) ~ see* (each other) again; *auf* 2! good-bye!; ~vereinigung *f* reunification

Wiege *f* cradle; 2n weigh; *Baby*: rock; ~nlied *n* lullaby

wiehern neigh; F guffaw

Wiese *f* meadow

Wiesel *n* weasel

wie|so → *warum*; ~viel how much (*pl* many); ~vielte: *der* 2 *ist heute?* what's the date today?

wild wild (*a. fig.*); *auf* about); 2n game; *gastr. mst* venison; 2erer *m* poacher; 2leder *n* suede; 2nis *f* wilderness; 2schwein *n* wild boar

Wille *m* will; *s-n* ~*n durchsetzen* have* one's way; ~nskraft *f* willpower

willkommen welcome

wimm|eln swarm (*von* with); ~ern whimper

Wimpel *m* pennant

Wimper *f* eyelash; ~ntusche *f* mascara

Wind *m* wind

Windel *f* nappy, *Am.* diaper

winden wind* (*a. sich* ~); *sich* ~ *vor* writhe in

wind|ig windy; *fig.* shady; 2mühle *f* windmill; 2pocken *pl* chicken pox *sg*; 2schutzscheibe *f* windscreen, *Am.* windshield; 2stärke *f* wind force; 2stille *f* calm; 2stoß *m* gust; 2surfen *n* windsurfing

Windung *f* bend, turn

Wink *m* sign; *fig.* hint

Winkel *m math.* angle; *Ecke*: corner

winken wave (*mit et.* s.th.)

winseln whimper, whine

Winter *m* winter; *Skin* wintry; ~sport *m* winter sports *pl*

Winzer(in) winegrower

winzig tiny, diminutive

Wipfel *m* (tree)top

wir we; ~ *sind's* it's us

Wirbel *m* whirl (*a. fig.*); *anat.* vertebra; *Haar*2: cowlick; F *Getue*: fuss; 2n whirl; **~säule** *f* spine; **~sturm** *m* cyclone, tornado

wirk|en work; be* effective (**gegen** against); (*er*)*scheinen*: look, seem; **~lich** real (-ly), actual(-ly); **2lichkeit** *f* reality; **~sam** effective; **2ung** *f* effect; **~ungsvoll** effective

wirr confused; *Haar*: tousled; **2warr** *m* mix-up, chaos

Wirt(in) land|lord (-lady)

Wirtschaft *f* economy; *Geschäftswelt*: business; → **Gastwirtschaft**; **2lich** economic; *sparsam*: economical; **~sminister** *m* minister for economic affairs

wischen wipe; → **Staub**

wissen know* (**von** about); 2 *n* knowledge

Wissenschaft *f* science; **~ler(in)** scientist; **2lich** scientific

wissenswert worth knowing; **2es** useful facts *pl*

witter|n scent, smell*; **2ung** *f* weather; *hunt.* scent

Witwe(r) widow(er)

Witz *m* joke; **~bold** *m* joker; **2ig** funny; *geistreich*: witty

wo where; **~anders(hin)** somewhere else

Woche *f* week; **~nende** *n* weekend; **2nlang** for weeks; **~nlohn** *m* weekly wages *pl*; **~nschau** *f* newsreel; **~ntag** *m* weekday

wöchentlich weekly; **einmal** ~ once a week

wo|durch how; *durch was*: through which; **~für** for which; **~?** what (...) for?

Woge *f* wave (*a. fig.*)

wogegen whereas, while

wo|her where ... from; **~hin** where (... to)

wohl well; *vermutlich*: I suppose; *sich ~ fühlen* be* well; *seelisch*: feel* good; 2 *n s.o.'s* well-being; *zum ~!* your health!, F cheers!; **~behalten** safely; **2fahrts...** welfare ...; **~habend** well-to-do; **~ig** cosy, snug; **2stand** *m* prosperity; **2tat** *f fig.* pleasure, relief; *seelisch*: benefit ...; **~tätig** charitable; **2tätigkeits...** Konzert *etc.*: benefit ...; **~tuend** pleasant; **~verdient** well-deserved; **2wollen** *n* goodwill; **~wollend** benevolent

wohn|en live (*in* in; *bei j-m* with *s.o.*); *vorübergehend*: stay (at; with); **2gemeinschaft** *f*: *in e-r ~ leben* share a flat (*Am.* apartment) *od.* house; **2mobil** *n* camper; **2sitz** *m* residence; **2ung** *f* flat, *Am.* apartment; **2wagen** *m* caravan, *Am.* trailer; **2zimmer** *n* living room

wölb|en (*sich*) ~ arch; **2ung** *f* vault, arch

Wolf *m* wolf

Wolke *f* cloud; **~nbruch** *m* cloudburst; **~nkratzer** *m* skyscraper; **2nlos** cloudless

wolkig cloudy, clouded

Woll|... *Decke etc.*: wool(l)en ...; **~e** *f* wool

wollen want (to); *lieber ~* prefer; **~ wir (...)?** shall we (...)?; **~ Sie bitte ...** will you please ...; *sie will, daß ich ...* she wants me to *inf*

wo|mit which ... with; **~?** what ... with?; **~möglich** perhaps; if possible; **~nach** what ... for?; **~ran: ~ denkst du?** what are you thinking of?; **~rauf** after (*örtlich:* on) which; **~ wartest du?** what are you waiting for?; **~raus** from which; **~ ist es?** what is it made of?; **~rin** in which; **~?** where?

Wort *n* word; *beim ~ nehmen* take* *s.o.* at his word

Wörterbuch *n* dictionary

wörtlich literal

wort|los without a word; **2schatz** *m* vocabulary; **2-stellung** *f* word order; **2wechsel** *m* argument

wo|rüber what ... about?; **~rum: ~ handelt es sich?** what is it about?; **~von** what ... about?; **~vor** what ... of?; **~zu** what ... for?

Wrack *n* wreck

wringen wring*

Wucher *m* usury; **2n** grow* rampant; **~ung** *f* growth

Wuchs *m* growth; build

Wucht *f* force; **2ig** heavy

wühlen dig*; *Schwein:* root; *fig.* **~ in** rummage in

wulstig *Lippen:* thick

wund sore; **~e Stelle** sore; **2e** *f* wound

Wunder *n* miracle; **2bar** wonderful, marvel(l)ous; **2n** surprise; *sich ~* be* surprised (*über* at); **2schön** lovely; **2voll** wonderful

Wundstarrkrampf *m* tetanus

Wunsch *m* wish (*a. Glück2*); *Bitte:* request

wünschen wish, want (*a. sich ~*); **~swert** desirable

Würde *f* dignity

würdig worthy (*gen* of); **~en** appreciate

Wurf *m* throw; *zo.* litter

Würfel *m* cube; *Spiel2:* dice; **2n** (play) dice; *gastr.* dice; **2zucker** *m* lump sugar

Wurfgeschoß *n* missile

würgen choke

Wurm *m* worm; **2en** gall; **2stichig** wormeaten

Wurst *f* sausage

Würze *f* spice; *fig. a.* zest

Wurzel *f* root (*a. math. etc.*)

würz|en spice, season; **~ig** spicy, well-seasoned

wüst *F* messy; *wild:* wild; *öde:* waste; **2e** *f* desert

Wut *f* rage, fury

wüten rage, fury; **~d** furious

X, Y, Z

X-Beine pl knock knees pl
x-beliebig: *jede(r, -s)* ~e ... any (... you like)
x-mal umpteen times
x-te: *zum* ~n *Male* for the umpteenth time
Xylophon n xylophone

Yacht f yacht

Zack|e f, **2en** m (sharp) point; **2ig** jagged
zaghaft timid
zäh tough; ~**flüssig** thick, viscous; *fig.* slow-moving
Zahl f number; *Ziffer:* figure; **2bar** payable
zählbar countable
zahlen pay*; ~, *bitte!* the bill (*Am. a.* check), please!
zähle|n count; ~ *zu* rank with; **2r** m counter; meter
Zahl|karte f paying-in (*Am.* deposit) slip; **2los** countless; **2reich** *adj* numerous; *adv* in great number; ~**tag** m payday; ~**ung** f payment
zahm, zähmen tame
Zahn m tooth; *tech. a.* cog; ~**arzt, ~ärztin** dentist; ~**bürste** f toothbrush; ~**fleisch** n gums pl; **2los** toothless; ~**lücke** f gap between the teeth; ~**pasta** f toothpaste;

~**rad** n cogwheel; ~**radbahn** f rack railway; ~**schmerzen** pl toothache sg; ~**stocher** m toothpick

Zange f pliers pl; *Kneif2:* pincers pl; *med.* forceps pl; *Greif2:* tongs pl; *zo.* pincer
zanken → *streiten*
zänkisch quarrelsome
Zäpfchen f anat. uvula; *med.* suppository
Zapf|en m *Faß:* tap, *Am.* faucet; *Pflock:* peg; **2en** tap; ~**hahn** m tap, *Am.* faucet; ~**säule** f petrol (*Am.* gas) pump
zappeln fidget, wriggle
zart tender; *sanft:* gentle
zärtlich tender, affectionate; **2keit** f affection; *Liebkosung:* caress
Zauber m magic, spell, charm (*alle a. fig.*); ~**er** m wizard, magician; **2haft** charming; ~**in** f sorceress; ~**künstler(in)** f illusionist, conjurer; **2n** v/t conjure; do* magic (tricks)
Zaum m bridle (*a.* ~**zeug**)
Zaun m fence
Zebra n zebra; ~**streifen** pl zebra crossing
Zeche f bill; (coal) mine
Zecke f tick
Zeh m, ~**e** f toe; *Knoblauch:*

clove; **~enspitze** f tip of the toe; **auf den ~n gehen** tiptoe.

zehn ten; **2kampf** m decathlon; **~te, 2tel** 2tel n tenth

Zeichen n sign; Merk2: a. mark; Signal: signal; **~block** m drawing block; **~papier** n drawing paper; **~trickfilm** m (animated) cartoon

zeichn|en draw*; kenn~: mark (a. fig.); **2er(in)** draughts|man (-woman), Am. drafts|man (-woman); **2ung** f drawing; zo. marking

Zeige|finger m forefinger, index finger; **2n** show* (a. sich ~); **~ auf (nach)** point at (to); **~r** m Uhr2: hand; tech. pointer, needle

Zeile f line

Zeit f time; gr. tense; **zur ~** at the moment; **in letzter ~** recently; **laß dir ~** take your time; **~alter** n age; **2gemäß** modern, up-to-date; **~genosse, ~genossin, 2ge-nössisch** contemporary; **~karte** f season ticket; **2lich** adj time ...; adv: ~ planen etc. time s.th.; **~lupe** f slow motion; **~punkt** m moment; date, (point of) time; **~raum** m period, space (of time); **~schrift** f magazine; **~ung** f (news)paper

Zeitungs|kiosk m newsstand; **~notiz** f press item; **~verkäufer(in)** newsvendor, Am. newsdealer

Zeit|verlust m loss of time;

~verschwendung f waste of time; **~vertreib** m pastime; **2weise** for a time; **~zeichen** n time signal

Zell|e f cell; teleph. booth; **~stoff** m, **~ulose** f cellulose

Zelt n tent; **2en** (ge*) camp(ing); **~lager** n camp; **~platz** m campsite

Zement m cement

Zensur f censorship; Schule: mark, grade

Zentimeter m, n centimet|re, Am. -er

Zentner m 50 kilograms

zentral central; **2e** f headquarters sg, pl; **2einheit** f EDV central processing unit, CPU; **2heizung** f central heating; **2verriegelung** f mot. central locking

Zentrum n cent|re, Am. -er

zerbrech|en break* (to pieces); **sich den Kopf ~** rack one's brains; **~lich** fragile

Zeremonie f ceremony

Zerfall m decay; **2en** disintegrate, decay (a. fig.)

zer|fetzen tear* to pieces; **~fließen** melt; **~fressen** eat*; chem. corrode; **~gehen** melt; **~kauen** chew; **~kleinern** cut* up; mahlen: grind*; **~knirscht** remorseful; **~knittern** (c)rumple, crease; **~knüllen** crumple up; **~kratzen** scratch; **~legen** take* apart od. to pieces; Fleisch: carve; **~lumpt** ragged; **~mahlen**

grind*; **~platzen** burst*; explode; **~quetschen** crush; **~reiben** grind*, pulverize; **~reißen** v/t tear* up od. to pieces; **sich ~** *Hose etc.*: tear*; v/i tear*; *Seil etc.*: break*

zerr|en drag; *med.* strain; **~** **an** tug at; **2ung** f strain

zer|sägen saw* up; **~schel-** **len** be* smashed (*Schiff:* wrecked); *aer. a.* crash; **~schlagen** break*, smash (*a. fig. Drogenring etc.*); **~schneiden** cut* (up *od.* into pieces); **~setzen: (sich)** decompose; **~splittern** shatter; *Holz etc., fig.:* splinter; **~springen** burst*; *Glas:* crack

Zerstäuber m atomizer

zerstör|en destroy; **2er** m destroyer (*a. mar.*); **2ung** f destruction; **2ungswut** f vandalism

zerstreu|en disperse, scatter; **sich ~** fig. take* one's mind off things; **~t** absent-minded; **2ung** f distraction

zer|stückeln cut* up; **~teilen** divide; *Fleisch:* carve; **~tre-** **ten** crush (*a. fig.*); **~trüm-** **mern** smash; **~zaust** tousled

Zettel m slip (of paper); *Nachricht:* note

Zeug n stuff (*a. fig. contp.*); *Sachen:* things *pl*

Zeug|e m witness; **2en** become* the father of; *biol.* procreate; **~enaussage** f

testimony, evidence; **~in** f witness; **~nis** n (school) report, *Am.* report card; certificate, diploma; *vom Arbeitgeber:* reference

Zickzack m zigzag (*a. im ~* *fahren etc.*)

Ziege f (she-)goat; F witch

Ziegel m brick; *Dach2:* tile; **~stein** m brick

Ziegen|bock m he-goat; **~le-** **der** n kid

ziehen v/t pull, draw* (*a. Strich*); *Blumen:* grow*; *heraus~:* pull *od.* take* out; **j-n ~ an** pull s.o. by; **auf sich ~** *Aufmerksamkeit etc.:* attract; **sich ~** run*; **dehnen:** stretch; v/i pull (**an** at); *sich bewegen, um~:* move; *Vögel, Volk:* migrate; *gehen:* go*; *reisen:* travel; *ziellos:* wander; **es zieht** there is a draught (*Am.* draft)

Zieh|harmonika f accordion; **~ung** f *Lotto etc.:* draw(ing)

Ziel n aim; *fig. a.* goal, objective; *Sport:* finish; *Reise2:* destination; **2en** (take*) aim (**auf** at); **~los** aimless; **~** **scheibe** f target

ziemlich adj quite a; adv fairly, rather, F pretty

Zier|de f (*zur* as a) decoration; **2en** decorate; **sich ~** make* a fuss; **2lich** dainty

Ziffer f figure; **~blatt** n dial, face

Zigarette f cigarette; **~nau-** **tomat** m cigarette machine

Zigarre f cigar
Zigeuner(in) gipsy, *Am.* gypsy
Zimmer n room; **~mädchen** n chambermaid; **~mann** m carpenter
zimperlich fussy; *prüde:* prudish
Zimt m cinnamon
Zink n zinc; **~e** f tooth; *Gabel:* prong
Zinn n pewter; *chem.* tin
Zins|en pl interest sg; **~satz** m interest rate
Zipfel m corner; *Mütze:* tip, point; *Wurst♀:* end; **~mütze** f pointed *od.* tassel(l)ed cap
Zirk|el m circle (*a. fig.*); *math.* compasses pl; **♀ulieren** circulate; **~us** m circus
zischen hiss; *Fett:* sizzle
Zit|at n quotation; **♀ieren** quote; *falsch* ~ misquote
Zitrone f lemon
zittern tremble, shake* (*vor* with)
zivil civil; **♀** n civilian (*Polizei:* plain) clothes pl; **♀bevölkerung** f civilians pl; **♀dienst** m alternative national service; **♀isation** f civilization; **♀ist** m civilian
zögern hesitate
Zoll m customs sg; *Abgabe:* duty; *Maß:* inch; **~abfertigung** f customs clearance; **~amt** n customs office; **~beamter, ~beamtin** customs officer; **~erklärung** f customs declaration; **♀frei**

duty-free; **~kontrolle** f customs examination; **♀pflichtig** liable to duty, dutiable
Zone f zone
Zoo m zoo
Zoologie f zoology
Zopf m plait; *Kind:* pigtail
Zorn m anger; **♀ig** angry
zottig shaggy
zu prp *Richtung:* to, toward(s); *Ort, Zeit:* at; *Zweck, Anlaß:* for; ~ *Weihnachten schenken etc.:* for Christmas; *Schlüssel etc.* ~ key *etc.* to; *adv* too; *geschlossen:* closed, shut; *Tür* ~! shut the door!; **~allererst** first of all
Zubehör n accessories pl
zubereit|en prepare; **♀tung** f preparation
zubinden tie (up)
Zucht f zo. breeding; *bot.* cultivation; *Rasse:* breed; *fig.* discipline
züchte|n breed*; *bot.* grow*; **♀r(in)** breeder; grower
Zuchthaus n prison; **~strafe** f imprisonment
zucken jerk; twitch (*mit et.* s.th.); *vor Schmerz:* wince; *Blitz:* flash; → **Achsel**
Zucker m sugar; **~dose** f sugar bowl; **~krank, ~kranke(r)** diabetic; **♀l** n *östr.* → **Bonbon**; **♀n** sugar; **~rohr** n sugarcane; **~rübe** f sugar beet
Zuckungen pl convulsions pl
zudecken cover (**sich** o.s.)

zu|drehen turn off; **~dring-**
lich: ~ werden get* fresh (**zu**
with)
zuerst first; *anfangs:* at first
Zufahrt f approach; **~sstraße**
f access road
Zu|fall m (**durch**) by chance;
2fällig adj accidental; adv by
accident, by chance; **~flucht**
f refuge, shelter
zufrieden content(ed),
satisfied; **2heit** f content-
ment; satisfaction; **~stellen**
satisfy; **~stellend** satisfacto-
ry
zu|frieren freeze* over; **~fü-**
gen do*, cause; *Schaden ~*
a. harm; **2fuhr** f supply
Zug m rail. train; *Menschen,*
Wagen etc.: procession;
Fest2: parade; *Gesichts2:*
feature; *Charakter2:* trait;
Luft2, Schluck: draught,
Am. draft; *Schach etc.:*
move; *Ziehen:* pull; *Rau-*
chen: a. puff
Zu|gabe f extra; *thea.* encore;
~gang m access (a. fig.);
2gänglich accessible (**für** to)
(a. fig.); **2geben** add; fig.
admit; *Schach etc.:*
close, shut*; *geschehen:* happen; **~ auf** walk up to, approach (a. fig.)
Zügel m rein (a. fig.); **2los**
uncontrolled
Zuge|ständnis n concession;
2tan attached (**dat** to)
zugig draughty, *Am.* drafty
zügig brisk, speedy

Zugkraft f traction; fig. draw,
appeal
zugleich at the same time
Zugluft f draught, *Am.* draft
zugreifen grab it; *beim die-*
nen: help o.s.; *kaufen:* buy*
zugrunde: ~ gehen perish; **~**
richten ruin
zugunsten in favo(u)r of
Zugvogel m migratory bird
zu|haben be* closed; **2hau-**
se n home; **2hälter** m pimp
zuhören listen (**dat** to);
2r(in) listener; pl a. audience
sg, pl
zu|jubeln cheer; **~kleben**
seal; **~knallen** slam; **~knöp-**
fen button (up); **~kommen:**
~ auf come* up to; et. auf
sich **~ lassen** wait and see
Zu|kunft f future; **2künftig**
adj prospective; adv in future
zu|lächeln smile at; **2lage** f
bonus; **~lassen** allow; j-n:
admit; *amtlich:* license, register (a. mot.); F *eilen:*
F hurry; **2lassung** f admis-
sion; *mot. etc.* licen|ce, *Am.*
-se; **~letzt** in the end; als
letzte(r, -s): last; **~liebe** for
s.o.'s sake; **~machen** close;
F hurry
zumindest at least
zumut|en: j-m et. ~ expect
s.th. of s.o.; **2ung** f unrea-
sonable demand
zunächst first of all; *vorerst:*
for the present
Zu|nahme f increase; **~name**
m surname

zünden
566

zünd|en *tech.* ignite, fire; 2-
holz *n* match; 2kerze *f*
spark(ing) plug; 2schlüssel
m ignition key; 2ung *f* ignition

zunehmen increase (*an* in);
Person: put* on weight

Zuneigung *f* affection

Zunge *f* tongue

zunichte: ~ machen destroy

zu|nicken nod to; ~nutze:
sich ~ machen utilize,
make* use of; ~packen *fig.*
work hard

zupfen pluck (*an* at)

zurechnungsfähig of sound
mind; responsible

zurecht|finden: sich ~ find*
one's way; ~kommen get*
along (*mit* with); ~machen
get* ready, prepare; sich ~
do* (*Am.* fix) o.s. up

zureden encourage *s.o.*

zurück back; *hinten:* behind;
~bringen, -fahren, -nehmen,
-schicken *etc.:* ... back; ~be-
kommen get* back; ~blei-
ben stay behind; *fig.* fall*
behind; ~blicken look back;
~führen lead* back; ~ auf
attribute to; ~geben give*
back, return; ~geblieben
fig. backward; *geistig:* re-
tarded; ~gehen go* back,
return; *fig.* decrease; ~ auf
Zeit etc.: date back to;
~gezogen secluded; ~hal-
ten hold* back; sich ~ control o.s.; ~haltend reserved;
2haltung *f* reserve; ~kom-

men come* back, return
(*beide: fig. auf* to); ~lassen
leave* (behind); ~legen
put* back (*Geld:* aside);
Strecke: cover; ~schlagen
v/t Angriff: beat* off; *Decke
etc.:* throw* back; *Ball:* return; *v/i* hit* back; ~
schrecken shrink* (*vor*
from); ~setzen *mot.* back
(up); *fig.* neglect *s.o.*; ~stel-
len put* (*Uhr:* set*) back;
fig. put* aside; *mil.* defer;
~treten step *od.* stand*
back; resign (*von Amt:*
from); withdraw* (*von Vertrag:* from); ~weisen turn
down; ~werfen throw* back
(*a. fig.*); ~zahlen pay* back
(*a. fig.*); ~ziehen draw*
back; *fig.* withdraw*; sich ~
retire, withdraw*; *mil. a.*
retreat

Zuruf *m* shout; 2en shout
(*j-m et.* s.th. to *s.o.*)

Zusage *f* acceptance; *Versprechen:* promise; *Einwilli-
gung:* assent; 2n promise; accept (an invitation); *passen:*
suit

zusammen together; 2ar-
beit *f* cooperation; ~arbei-
ten work together; cooper-
ate; ~brechen break* down,
collapse; 2bruch *m* breakdown (*a. med.*); völliger:
collapse; ~fallen collapse;
zeitlich: coincide; ~fassen
summarize; sum up; 2fas-
sung *f* summary; ~gehören

belong together; 2**hang** *m* connection; *textlich*: context; **~hängen be*** connected; **~hängend** coherent; **~klappen** fold up; *fig.* break* down; **~kommen meet***; **~kunft** *f* meeting; **~legen** fold up; *Geld*: club (*Am.* pool) together; **~nehmen** Mut *etc.*: muster (up); *sich ~* pull o.s. together; **~packen** pack up; **~passen** match, harmonize; 2**prall** *m* collision; **~prallen** collide; **~rechnen** add up; **~rücken** move up; **~schlagen** *Hände*: clap; beat* *s.o.* up; **~setzen** put* (*sich get**) together; *tech.* assemble; *sich ~ aus* consist of; 2**setzung** *f* composition; *chem., ling.* compound; **~stellen** put* together; *anordnen*: arrange; 2**stoß** *m* collision; *fig. a.* clash; **~stoßen** collide; *fig. a.* clash; **~treffen meet***; *zeitlich*: coincide; **~zählen** add up; **~ziehen** contract (*a. sich ~*)

Zu|satz *m* addition; *chem. etc.* additive; 2**sätzlich** additional, extra

zuschau|en look on, watch; 2**er(in)** spectator; *TV* viewer; *pl* audience *sg, pl*; 2**erraum** *m* *thea.* auditorium

zuschicken send* (*dat* to)

Zuschlag *m* surcharge (*a. Post*); 2**en** strike*; *Tür etc.*: slam shut; *fig.* act

zu|schließen lock (up); **~schnappen** *Hund*: snap; *Tür*: snap shut; **~schneiden** cut* out; *Holz*: cut* (to size); **~schrauben** screw shut; 2**schrift** *f* letter; 2**schuß** *m* allowance; *staatlich*: subsidy; **~sehen** → zuschauen; **~sehends** *schnell*: rapidly; **~senden** send* to; **~setzen**: *j-m ~* press s.o. (hard)

zusicher|n: *j-m et. ~* assure s.o. of s.th.; 2**ung** *f* assurance

zu|spitzen: *sich ~* become* critical; 2**stand** *m* condition, state, F shape; **~stande**: ~ *bringen* manage; ~ *kommen* come* about; **~ständig** responsible, in charge; **~stehen**: *j-m steht et. zu* s.o. is entitled to (do) s.th.

zustell|en deliver; 2**ung** *f* delivery

zustimm|en (*dat*) agree (to *s.th.*; with *s.o.*); 2**ung** *f* approval, consent

zustoßen happen to *s.o.*

Zutaten *pl* ingredients *pl*

zuteilen assign, allot

zu|tragen: *sich ~* happen; **~trauen**: *j-m et. ~* credit s.o. with s.th.; 2**trauen** *n* confidence (*zu* in); **~traulich** trusting; *Tier*: friendly

zutreffen be* true; ~ *auf* apply to *s.o.*; **~d** right, correct

zutrinken: *j-m ~* drink* to s.o.

Zutritt *m* → Eintritt

zuverlässig reliable; **2keit** f reliability

Zuversicht f confidence; **2lich** confident, optimistic

zuviel too much (pl many)

zuvor before, previously; **~kommen** anticipate; **~kommend** obliging

Zuwachs m increase

zu|weilen at times; **~weisen** assign; **~wenden: (sich) ~** turn (dat to); **~wenig** too little (pl few); **~werfen** Tür: slam (shut); **j-m et. ~** throw* to s.o.; Blick: cast* at s.o.; **~wider: ... ist mir ~** I hate od. detest ...; **~winken** wave to; signal to; **~ziehen** v/t Vorhänge: draw*; Schlinge etc.: pull tight; **sich ~** med. catch*; v/i move in; **~züglich** plus

Zwang m compulsion; Gewalt: force; **2los** informal

zwängen squeeze (sich o.s.)

zwanzig twenty; **~ste** twentieth

zwar ich kenne ihn, **aber** I do know him, but; **und ~** that is, namely

Zweck m purpose; guter ~ good cause; es hat keinen ~ (zu inf) it's no use (ger); **2los** useless; **2mäßig** practical; angebracht: wise

zwei two; **2** f Note: B, good; **~deutig** ambiguous; Witz: off-colo(u)r; **~erlei** two kinds of; **~fach** double

Zweifel m doubt; **2haft**

doubtful, dubious; **2los** no doubt; **2n** doubt (an et. s.th.)

Zweig m branch (a. fig.); kleiner: twig; **~geschäft** n, **~stelle** f branch

Zwei|kampf m duel; **2mal** twice; **2motorig** twin-engined; **2seitig** two-sided; pol. bilateral; **~sitzer** m two-seater; **2sprachig** bilingual; **2spurig** mot. two-lane; **2stöckig** two-stor|eyed, Am. -ied

zweit second; aus ~er Hand second-hand; wir sind zu ~ there are two of us; **~beste** etc.: second-...

zwei|teilig two-piece; **~tens** secondly

Zwerchfell n diaphragm

Zwerg(in) dwarf; midget

Zwetsch|(g)e, ~ke östr. f plum

zwicken pinch, nip

Zwieback m rusk, zwieback

Zwiebel f onion; Blumen2: bulb

Zwie|licht n twilight; **~spalt** m conflict; **~tracht** f discord

Zwilling m twins pl; ast. Gemini sg; **~s... Bruder** etc.: twin ...

zwingen force; **2er** m kennels sg

zwinkern wink, blink

Zwirn m thread, yarn

zwischen between; unter: among; **~durch** in between; **2ergebnis** n intermediate result; 2**fall** m incident; 2**landung** f stop(over); 2**raum** m space, interval; 2**stecker** m adapter; 2**stück** n connection; 2**wand** f partition; 2**zeit** f: **in der ~** meanwhile

zwitschern twitter, chirp
Zwitter m hermaphrodite

zwölf twelve; **um ~** (*Uhr*) at twelve (o'clock); at noon; at midnight; **~te** twelfth
Zyankali n cyanide
Zylind|er m top hat; *math., tech.* cylinder
zynisch cynical
Zypresse f cypress
Zyste f cyst

Britische und amerikanische Abkürzungen

a.m.	*ante meridiem* (=*before noon*) vormittags
BBC	*British Broadcasting Corporation* (*brit. Rundfunkgesellschaft*)
CET	*Central European Time* MEZ, mitteleuropäische Zeit
CIA	*Central Intelligence Agency* (*amer. Geheimdienst*)
Co.	*Company* Gesellschaft *f*
c/o	*care of* (wohnhaft) bei
COD	*cash* (*Am.* **collect**) *on delivery* per Nachnahme
CPU	*central processing unit* Computer: Zentraleinheit *f*
ECU	*European Currency Unit* Europäische Währungseinheit
e.g.	*exempli gratia* (=*for instance*) z. B., zum Beispiel
enc(l).	*enclosure(s)* Anlage(n *pl*) *f*
F	*Fahrenheit* F, Fahrenheit *f* (*Thermometereinteilung*)
FBI	*Federal Bureau of Investigation* (*amer. Bundeskriminalamt*)
ft	*foot, feet* Fuß *m, pl*
gal(l).	*gallon(s)* Gallone(n *pl*) *f*
GB	*Great Britain* Großbritannien *n*
GMT	*Greenwich Mean Time* WEZ, westeuropäische Zeit
GP	*general practitioner* Arzt *m*/Ärztin *f* für Allgemeinmedizin
GPO	*General Post Office* Hauptpostamt *n*
Inc., inc.	*incorporated* (amtlich) eingetragen
IOC	*International Olympic Committee* IOK, Internationales Olympisches Komitee
£	*pound sterling* Pfund *n* Sterling
lb(.)	*pound(s)* Pfund *n, pl* (*Handelsgewicht*)
LCD	*liquid crystal display* Flüssigkristallanzeige *f*
Ltd.	*limited* mit beschränkter Haftung
M	*Brit.* **motorway** Autobahn *f*; **medium (size)** mittelgroß
MA	*Master of Arts* Magister *m* der Philosophie
MD	*Doctor of Medicine* Dr. med., Doktor *m* der Medizin

571

MP	*Member of Parliament* Parlamentsabgeordnete *m*, *f*; *Military Police* Militärpolizei *f*	
mph	*miles per hour* Meilen in der Stunde	
Mr	['mɪstə] *Mister* Herr *m*	
Mrs	['mɪsɪz] *ursprünglich* **Mistress** Frau *f*	
Ms	[mɪz] Frau *f (neutrale Anrede für Frauen)*	
Mt	*Mount* Berg *m*	
NATO	['neɪtəʊ] *North Atlantic Treaty Organization* NATO *f*, Nordatlantikpakt-Organisation *f*	
OPEC	['əʊpek] *Organization of Petroleum Exporting Countries* Organisation *f* der Erdöl exportierenden Länder	
oz	*ounce(s) (Handelsgewicht)*	
p	*Brt.* F *penny, pence (Währungseinheit)*	
PC	*personal computer* PC, Personalcomputer *m*	
PhD	*Doctor of Philosophy* Dr. phil., Doktor *m* der Philosophie	
p.m.	*post meridiem* (= *after noon*) nachmittags, abends	
PO	*Post Office* Postamt *n*; *postal order* Postanweisung *f*	
RAM	[ræm] *random access memory Computer:* Speicher *m* mit wahlfreiem Zugriff	
ROM	[rɒm] *read only memory Computer:* Nur-Lese-Speicher *m*, Fest(wert)speicher *m*	
S	*small (size)* klein	
$	*dollar(s)* Dollar *m, pl*	
TU	*trade(s) union* Gewerkschaft *f*	
UK	*United Kingdom* Vereinigtes Königreich *(England, Schottland, Wales u. Nordirland)*	
UN(O)	*United Nations (Organization)* UN(O) *f*, (Organisation *f* der) Vereinte(n) Nationen *pl*	
US(A)	*United States (of America)* USA *pl*, Vereinigte Staaten *pl* (von Amerika)	
USSR	*Union of Sovereign Soviet Republics* UdSSR *f*, Union *f* der Souveränen Sowjetrepubliken	
VAT	[vi: eɪ 'ti:, væt] *value-added tax* MwSt., Mehrwertsteuer *f*	
VIP	[vi: aɪ 'pi:] *very important person* VIP *f (prominente Persönlichkeit)*	
XL	*extra large (size)* extra groß	

Unregelmäßige englische Verben

Die an erster Stelle stehende Form bezeichnet das Präsens (present tense), nach dem ersten Gedankenstrich steht das Präteritum (past tense), nach dem zweiten das Partizip Perfekt (past participle).

alight – alighted, alit – alighted, alit

arise – arose – arisen

awake – awoke, awaked – awoken, awaked

be – was (were) – been

bear – bore – borne *getragen*, born *geboren*

beat – beat – beaten, beat

become – became – become

beget – begot – begotten

begin – began – begun

bend – bent – bent

bet – bet, betted – bet, betted

bid – bade, bid – bidden, bid

bind – bound – bound

bite – bit – bitten

bleed – bled – bled

bless – blessed, blest – blessed, blest

blow – blew – blown

break – broke – broken

breed – bred – bred

bring – brought – brought

broadcast – broadcast(ed) – broadcast(ed)

build – built – built

burn – burnt, burned – burnt, burned

burst – burst – burst

buy – bought – bought

can – could

cast – cast – cast

catch – caught – caught

choose – chose – chosen

cling – clung – clung

come – came – come

cost – cost – cost

creep – crept – crept

cut – cut – cut

deal – dealt – dealt

dig – dug – dug

do – did – done

draw – drew – drawn

dream – dreamed, dreamt – dreamed, dreamt

drink – drank – drunk

drive – drove – driven

dwell – dwelt, dwelled – dwelt, dwelled

eat – ate – eaten

fall – fell – fallen

feed – fed – fed

feel – felt – felt

fight – fought – fought

find – found – found

flee – fled – fled

fling – flung – flung

fly – flew – flown

forbid – forbad(e) – forbid(den)

forecast – forecast(ed) – forecast(ed)
forget – forgot – forgotten
forsake – forsook – forsaken
freeze – froze – frozen
get – got – got, *Am. a.* gotten
gild – gilded – gilded, gilt
give – gave – given
go – went – gone
grind – ground – ground
grow – grew – grown
hang – hung – hung
have – had – had
hear – heard – heard
hew – hewed – hewed, hewn
hide – hid – hidden, hid
hit – hit – hit
hold – held – held
hurt – hurt – hurt
keep – kept – kept
kneel – knelt, kneeled – knelt, kneeled
knit – knitted, knit – knitted, knit
know – knew – known
lay – laid – laid
lead – led – led
lean – leant, leaned – leant, leaned
leap – leapt, leaped – leapt, leaped
learn – learned, learnt – learned, learnt
leave – left – left
lend – lent – lent
let – let – let
lie – lay – lain
light – lighted, lit – lighted, lit
lose – lost – lost
make – made – made

may – might
mean – meant – meant
meet – met – met
mow – mowed – mowed, mown
pay – paid – paid
prove – proved – proved, *Am. a.* proven
put – put – put
quit – quit(ted) – quit(ted)
read – read – read
rid – rid, *a.* ridded – rid, *a.* ridded
ride – rode – ridden
ring – rang – rung
rise – rose – risen
run – ran – run
saw – sawed – sawn, sawed
say – said – said
see – saw – seen
seek – sought – sought
sell – sold – sold
send – sent – sent
set – set – set
sew – sewed – sewn, sewed
shake – shook – shaken
shall – should
shave – shaved – shaved, shaven
shear – sheared – sheared, shorn
shed – shed – shed
shine – shone – shone
shit – shit(ted), shat – shit(ted), shat
shoot – shot – shot
show – showed – shown, showed
shrink – shrank, shrunk – shrunk

574

shut – shut – shut
sing – sang – sung
sink – sank, sunk – sunk
sit – sat – sat
sleep – slept – slept
slide – slid – slid
sling – slung – slung
slit – slit – slit
smell – smelt, smelled – smelt, smelled
sow – sowed – sown, sowed
speak – spoke – spoken
speed – sped, speeded – sped, speeded
spell – spelt, spelled – spelt, spelled
spend – spent – spent
spill – spilt, spilled – spilt, spilled
spin – spun – spun
spit – spat, *Am. a.* spit – spat, *Am. a.* spit
split – split – split
spoil – spoiled, spoilt – spoiled, spoilt
spread – spread – spread
spring – sprang, *Am. a.* sprung – sprung
stand – stood – stood
steal – stole – stolen
stick – stuck – stuck
sting – stung – stung
stink – stank, stunk – stunk
stride – strode – stridden

strike – struck – struck
string – strung – strung
strive – strove – striven
swear – swore – sworn
sweat – sweated, *Am. a.* sweat – sweated, *Am. a.* sweat
sweep – swept – swept
swell – swelled – swollen, swelled
swim – swam – swum
swing – swung – swung
take – took – taken
teach – taught – taught
tear – tore – torn
tell – told – told
think – thought – thought
thrive – thrived, throve – thrived, thriven
throw – threw – thrown
thrust – thrust – thrust
tread – trod – trodden
wake – woke, waked – woken, waked
wear – wore – worn
weave – wove – woven
weep – wept – wept
wet – wet, wetted – wet, wetted
win – won – won
wind – wound – wound
wring – wrung – wrung
write – wrote – written

Zahlwörter

Grundzahlen

0 zero, nought [nɔ:t]	70 seventy *siebzig*
1 one *eins*	80 eighty *achtzig*
2 two *zwei*	90 ninety *neunzig*
3 three *drei*	100 a *od.* one hundred
4 four *vier*	*(ein)hundert*
5 five *fünf*	101 a hundred and one
6 six *sechs*	*hundert(und)eins*
7 seven *sieben*	200 two hundred
8 eight *acht*	*zweihundert*
9 nine *neun*	572 five hundred and
10 ten *zehn*	seventy-two *fünfhun-*
11 eleven *elf*	*dert(und)zweiundsiebzig*
12 twelve *zwölf*	1000 a *od.* one thousand
13 thirteen *dreizehn*	*(ein)tausend*
14 fourteen *vierzehn*	1066 *als Jahreszahl*: ten sixty-
15 fifteen *fünfzehn*	six *tausendsechsund-*
16 sixteen *sechzehn*	*sechzig*
17 seventeen *siebzehn*	1998 *als Jahreszahl*: nineteen
18 eighteen *achtzehn*	(hundred and) ninety-
19 nineteen *neunzehn*	eight *neunzehnhundert-*
20 twenty *zwanzig*	*achtundneunzig*
21 twenty-one *einundzwanzig*	2000 two thousand *zwei-*
22 twenty-two *zweiund-*	*tausend*
zwanzig	5044 *teleph.* five 0 [əʊ] (*Am.*
30 thirty *dreißig*	*a.* zero) double four
31 thirty-one *einunddreißig*	*fünfzig vierundvierzig*
40 forty *vierzig*	1,000,000 a *od.* one million
41 forty-one *einundvierzig*	*eine Million*
50 fifty *fünfzig*	2,000,000 two million *zwei*
51 fifty-one *einundfünfzig*	*Millionen*
60 sixty *sechzig*	1,000,000,000 a *od.* one
61 sixty-one *einundsechzig*	billion *eine Milliarde*

Ordnungszahlen

1st	first *erste*	**40th**	fortieth *vierzigste*
2nd	second *zweite*	**41st**	forty-first *einund-vierzigste*
3rd	third *dritte*		
4th	fourth *vierte*	**50th**	fiftieth *fünfzigste*
5th	fifth *fünfte*	**51st**	fifty-first *einund-fünfzigste*
6th	sixth *sechste*		
7th	seventh *sieb(en)te*	**60th**	sixtieth *sechzigste*
8th	eighth *achte*	**61st**	sixty-first *einund-sechzigste*
9th	ninth *neunte*		
10th	tenth *zehnte*	**70th**	seventieth *siebzigste*
11th	eleventh *elfte*	**80th**	eightieth *achtzigste*
12th	twelfth *zwölfte*	**90th**	ninetieth *neunzigste*
13th	thirteenth *dreizehnte*	**100th**	(one) hundredth *hun-dertste*
14th	fourteenth *vierzehnte*		
15th	fifteenth *fünfzehnte*	**101st**	hundred and first *hundert(und)erste*
16th	sixteenth *sechzehnte*		
17th	seventeenth *siebzehnte*	**200th**	two hundredth *zwei-hundertste*
18th	eighteenth *achtzehnte*		
19th	nineteenth *neunzehnte*	**300th**	three hundredth *drei-hundertste*
20th	twentieth *zwanzigste*		
21st	twenty-first *einund-zwanzigste*	**572nd**	five hundred and seventy-second *fünf-hundert(und)zweiund-siebzigste*
22nd	twenty-second *zweiundzwanzigste*		
23rd	twenty-third *dreiund-zwanzigste*		
30th	thirtieth *dreißigste*	**1000th**	(one) thousandth *tausendste*
31st	thirty-first *einund-dreißigste*	**1,000,000th**	(one) millionth *millionste*